Lawrence J. Crabb
66 Liebesbriefe

Für meine Schwiegertöchter
Kimmie und Lesley,
deren Hunger danach,
Gott durch sein Wort kennenzulernen,
mich angeregt hat, dieses Buch zu schreiben.

Wir fragen:
«Wo passt Gott in die Geschichte meines Lebens?»,
obwohl doch die eigentliche Frage ist:
«Wo passt mein kleines Leben
in die große Geschichte der guten Absichten Gottes?»
*CHRISTOPHER J.H. WRIGHT*

Lawrence J. Crabb

# 66 Liebesbriefe

*Eine Einladung, an der größten Liebesgeschichte der Welt teilzuhaben*

BRUNNEN
VERLAG BASEL · GIESSEN

**Bibliografische Information der Deutschen Nationalbibliothek**
Die Deutsche Nationalbibliothek verzeichnet diese Publikation in der Deutschen Nationalbibliografie; detaillierte bibliografische Daten sind im Internet über www.dnb.de abrufbar.

Die Bibeltexte sind, soweit nicht anders angegeben,
der revidierten «Hoffnung für alle» entnommen.

Titel der amerikanischen Originalausgabe: «66 Love Letters» von Dr. Larry Crabb, herausgegeben von Thomas Nelson. Thomas Nelson is a registered trademark of Thomas Nelson, Inc., 501 Nelson Place, P.O. Box 141000, Nashville, TN 37214, USA.



Übersetzung aus dem Amerikanischen:
Christian Rendel, Witzenhausen



Umschlag: Spoon Design, Olaf Johannson, Langgöns
Bild Umschlag: Shutterstock.de
Satz: InnoSet AG, Justin Messmer, Basel
Druck: Bercker, Kevelaer
Printed in Germany

ISBN 978-3-7655-1111-0

# Inhalt

**Sechster Teil**
**Tanzstunden für Schwerfällige:**

# Danksagungen

Normalerweise brauche ich etwa zwölf Monate, um ein Buch zu schreiben. Dieses hier dauerte dreieinhalb Jahre. Wenn Sie aus der Lektüre von 66 *Liebesbriefe* auch nur einen Bruchteil des Nutzens ziehen, den es mir eingebracht hat, es zu schreiben, dann werden Sie mit mir den folgenden Leuten danken wollen:

- Dem Verlagsteam bei Thomas Nelson. Ihr habt mit ganzem Herzen an diesem Projekt gearbeitet.
- Dem Gebetsteam, das meine Frau Rachael organisiert hat, um dafür zu sorgen, dass jeden Tag für mich gebetet wurde, während ich mich lesend, studierend, betend, nachdenkend und schreibend durch jedes Buch der Bibel hindurcharbeitete. Ich habe eure Gebete gespürt.
- Den über dreitausend Gebetspartnern in aller Welt, die Rachaels Gebetsinitiative für NewWay Ministries unterstützen. Ihr habt für alles gebetet, was wir tun, auch für das Schreiben dieses Buches. Dafür bin ich euch dankbar.
- Der Kleingruppe für geistliche Prägung, der ich seit über fünf Jahren angehöre. Danke, dass ihr mich kennt und immer noch an mich glaubt.
- Andi, der Operationsleiterin bei NewWay Ministries. Deine Leidenschaft, deine Ideen und deine loyale Liebe sorgen dafür, dass es mit unserer Arbeit vorangeht. Du bist eine Klasse für sich.
- Meiner Familie: Ken und Lesley sowie Kep und Kimmie. Mit euch ist es die reinste Freude, Eltern, Schwiegereltern und Großeltern zu sein.
- Ein besonderer Dank an Kep, den leitenden Direktor von NewWay Ministries, der zugleich als mein Literaturagent und meine Schreibkraft fungiert. Er ließ es sich nicht nehmen, meine handschriftlichen Kritzeleien in seinen Computer einzutippen, und lieferte mir während dieses langwierigen Prozesses einen stetigen Strom an Ermutigung und Ratschlägen. Und an Rachael, der für ihre innige Unterstützung, ihre erprobte und bewährte Geduld und ihre aufopferungsvolle Wegbegleitung bei Gottes Berufung in unserem Leben mehr Verdienst zukommt als jedem anderen (abgesehen vom Geist Gottes). Liebling, du bist ein unvergleichlicher Schatz!

# Prolog:

# Unseren Platz in Gottes Geschichte finden

Wahres Christentum verwandelt das Mögliche in das Tatsächliche.

*James Houston*

Dieses Buch nahm seinen Anfang zu Beginn des Frühjahrs 2006, eines Morgens um zwei Uhr. Ich war am Abend zuvor früh zu Bett gegangen, konnte aber nicht schlafen. Gegen halb zwei Uhr morgens gab ich es auf.

Ohne jedes Gefühl der Dankbarkeit dafür, dass ich wach und am Leben war, kletterte ich aus dem Bett, griff mehr aus Instinkt als aus einem Verlangen heraus nach meiner Bibel und stapfte nach unten zu meiner Lieblingsschmollecke, einem bequemen Sessel vor unserem gasbetriebenen Kamin. Ich schaltete den Kamin ein und setzte mich hin mit einer Gefühlsmischung aus drei Unzen Zorn darüber, dass ich wach war, und einer halben Unze Dankbarkeit für die augenblickliche Wärme des Feuers, dessen Entfachung mir keinerlei Mühe abverlangte. Ich hätte noch dankbarer dafür sein können, doch dafür blieb kein Raum neben meinem angeborenen Gefühl, dass ich, wenn ich schon nicht schlafen konnte, dann doch wenigstens ein Recht auf warme Füße hätte.

In dieser Gemütsverfassung machte ich es mir also im Sessel bequem, die Füße auf einem Kissen dem Feuer entgegengestreckt. Die Stehlampe warf ein weiches Licht über meine linke Schulter, und ich träumte davon, dass jemand mir einen extra heißen Latte macchiato bringen würde.

Dreißig Minuten lang jammerte ich vor mich hin, zu Gott, nehme ich an. Er war der einzige Zuhörer, und ich war nicht davon überzeugt, dass er wusste, wie elend ich mich fühlte – berechtigterweise, angesichts einiger übler Dinge, die in meinem Leben vor sich gingen. Denn wenn er es wüsste, würde er doch sicher etwas dagegen tun.

Als mir das Jammern zu öde wurde, fiel mir ein Vers ein. Er steht im fünften Kapitel des Buches Hosea, der letzte Teil des Verses 15: «In ihrer Not werden sie wieder meine Nähe suchen …»

Ich verspürte eine leise Faszination. Redete Gott da zu mir? Ich griff nach der ungeöffneten Bibel, die ich zuvor auf das Sitzkissen gelegt hatte, schlug den Vers auf und starrte mindestens eine Minute lang einfach nur diese neun Wörter an.

*Okay,* dachte ich, *die erste Hälfte des Verses habe ich geschafft. Ich fühle mich in Not. Wie komme ich jetzt von da zur zweiten Hälfte? Wie suche ich wieder Gottes Nähe?* Schon dadurch, dass ich mich selbst diese Frage stellen hörte, löste sich eine Verklemmung in mir. Mir wurde klar, dass ich angenommen hatte, es wäre *seine* Aufgabe, mich zu suchen. Ich war ja das verlorene Schaf, das einsam in der Nacht vor sich hinblökte. Ist das denn nicht das Stichwort für den Guten Hirten, die 99 schlafenden Schafe zurückzulassen und mich suchen zu kommen? [Matthäus 18,12]

Ich konnte die wütende Passivität eines verwöhnten Bengels hinter dieser Annahme spüren. Ein Flämmchen der Hoffnung begann die Eisschicht auf meinem Herzen anzutauen. Er war mir ja bereits nachgekommen, und zwar ein gutes Stück. Die Inkarnation war eine große Reise. Er war hierher gekommen und hatte mich bereits gefunden. Jetzt war er mir nahe genug, dass ich ihn reden hören konnte. Ihn in meiner Not zu suchen, hieß vielleicht doch nicht, dass ich abwarten sollte, bis er etwas tat. Er hatte ja bereits eine ganze Menge getan – alles, würden manche sagen. Vielleicht hieß es eher, dass ich offensiv lauschen sollte, warten, ja, aber nicht darauf, dass er mehr tun würde, sondern darauf, dass ich gut zuhören oder besser auf die Geschichte hören würde, die er erzählte.

Diese Verschiebung meines Blickwinkels veränderte meine Haltung. Sie brachte meinen Verstand in Gang. Ich weiß noch, wie ich dachte: *Vielleicht ist es meine Aufgabe, daran zu glauben, dass er gerade jetzt redet, und vielleicht ist es mein Job, hinzuhören, vielleicht auch hinzuschauen. Wie gern würde ich jetzt in einer Vision Jesus sehen. Ein Engel würde mir auch schon reichen, falls Jesus gerade mit einem anderen verlorenen Schaf beschäftigt ist.*

Ach was, ich wäre schon damit zufrieden, wenn ich nur einmal richtig akustisch seine Stimme hören könnte. Abraham hörte Gott reden. Warum kann ich das nicht auch? *Zeig dich mir! Sprich zu mir! Ich bin ganz Auge und Ohr. Ich suche dich, Gott. Komm schon. Ich bin in Not, und ich suche deine Nähe. Lass mich dich sehen. Lass mich dich hören.*

Mein Gejammer war zu einem frommen Fordern gereift. Diese Erkenntnis ließ mich verstummen. Die Wahrheitsflamme brannte ein wenig heller. Gott hatte sich mir bereits in seinem Sohn geoffenbart, und er hatte ein ganzes Buch geschrieben, um mir seinen

Sohn vorzustellen. Und in diesem Moment sprach er aktiv in der Bibel zu mir. Darum haben ja Christen in aller Welt seit jeher die Bibel als das *Wort Gottes* bezeichnet – die Rede Gottes, Gottes Offenbarung Jesu Christi durch den Heiligen Geist.

Was das bedeutet, ähnelt dem, was ich bereits erkannt und erfahren hatte. Ich lernte meine Frau kennen, als wir beide zehn Jahre alt waren. Unsere erste richtige Verabredung hatten wir mit zwölf. Irgendwie wussten wir beide, dass wir ein Paar waren, und das auf lange Sicht. Von da an, bis wir mit 21 heirateten, schrieben wir einander Hunderte von Liebesbriefen. Über vierzig Jahre später bewahren wir sie immer noch in einem Dutzend Kartons auf.

Sie wohnte zwei Stunden von uns entfernt, und da wir uns nicht viele Telefonate leisten konnten, waren Briefe unsere bevorzugte Kommunikationsform. Das war, bevor irgendein Eindringling in das Leben der langsamen Gangart Gespräche im Schaukelstuhl durch E-Mails ersetzte. Ich erinnere mich noch, wie ich immer ungeduldig zum Briefkasten ging, in der Hoffnung, auf einem an mich adressierten Umschlag die auf dem Kopf stehend aufgeklebte Briefmarke zu sehen (die zu unserer Zeit ein Code war, der für «Ich liebe dich» stand).

Rachaels Worte waren der Brief. Wenn ich jene Worte las, konnte ich Rachael zu mir sprechen hören. Stimmte es wirklich, dass die Worte in der Bibel eigentlich *Gottes* Worte sind und dass ich Gott zu mir sprechen hören könnte, wenn ich lernte, seine Liebesbriefe richtig zu lesen, so wie ich, wenn auch viel leichter, gelernt hatte, Rachaels Liebesbriefe zu lesen?

Ich traf eine Entscheidung. Es war jetzt etwa zwanzig vor drei. Statt mit geschlossenen Augen dazusitzen und zu warten, bis ich Gott mit meinen geistlichen Augen sehen konnte (was immer das bedeuten mag), und statt die frühmorgendliche Stille und Einsamkeit zu nutzen, indem ich meine Innenwelt so weit zur Ruhe kommen ließ, um irgendwie Gott in meiner Seele zu hören (wie auch immer man das macht), beschloss ich, herauszufinden, wie ich es anstellen konnte, ihn aus der Bibel zu mir sprechen zu hören. Ich wollte nicht nur, dass ein Vers mich anrührte. Ich wollte hören, wie Gott mir seine Geschichte erzählte.

Eine Reihe von Fragen begann aus mir hervorzusprudeln: Gott, warum hast du das 1. Buch Mose geschrieben? Was möchtest du mir durch das 3. Buch Mose mitteilen? Könntest du mir sagen, warum ich mir die Mühe machen soll, Obadja zu lesen oder womöglich gar zu studieren? Worum es im Römerbrief geht, ahne ich, glaube ich, aber wie redest du zu mir im Judasbrief oder in der Offenbarung?

Da ich gerade die Offenbarung erwähnt habe, macht es dir etwas aus, wenn ich dich etwas frage, Gott? Hättest du die Bibel nicht mit etwas leichter Verständlichem abschließen können? Ich weiß, die Theologen nennen das Buch apokalyptische Literatur, aber das sagt mir nur, dass es mit Absicht verwirrend und schwer verständlich ist.

Gott, warum hast du die Offenbarung geschrieben? Wenn ich es recht bedenke, warum hast du überhaupt jedes der 66 Bücher geschrieben?

Diese letzte Frage verwandelte meine halbe Unze Dankbarkeit für meine warmen Füße in ein Pfund Lobpreis für das, was ich jetzt kommen sah: Vielleicht würde Gott ja tatsächlich meine Frage beantworten. Vielleicht könnten ja er und ich ein Gespräch miteinander führen, das mich in seine Geschichte einladen würde.

Die Bibel hat mich schon seit frühester Jugend fasziniert. Ich glaube, meine Faszination hat etwas damit zu tun, wie ich meinen Vater dabei beobachtete, als er sie las. Manchmal, und gar nicht selten, verbrachte er einen ganzen Abend damit, das 3. Buch Mose durchzulesen, obwohl das Fernsehprogramm gar nicht so schlecht war. Für mich ergab das keinen Sinn. Aber es brachte mich zum Nachdenken: *Was hat es mit diesem Buch auf sich?*

Als Jugendlicher besuchte ich mehrere Bibelkonferenzen im Jahr. Als ich sechzehn war, hörte ich einen großen Prediger namens S. Lewis Johnson an fünf aufeinanderfolgenden Abenden über Sacharja predigen. Ich erinnere mich noch heute an einige Gedanken, die er aus dem dritten Kapitel entwickelte. Und diese Gedanken verschaffen mir immer noch eine Gänsehaut.

Wenn Dr. Johnson ans Rednerpult trat, stellte er sich dahinter auf, legte seine Bibel und seine Notizen zurecht, blickte dann auf und sagte: «Nehmen Sie Ihre Bibeln und schlagen Sie Sacharja auf.» Ich stellte mir vor, wie ein Zug aus dem Bahnhof rollte. Im Geist konnte ich Dr. Johnson rufen hören: «Alles einsteigen! Dieser Zug fährt auf Berghöhen, die Sie noch nie gesehen haben. Sind Sie bereit?» Ich saß jeden Abend total gespannt in der ersten Reihe.

Die Bibel faszinierte mich, aber sie verwirrte mich auch. Ich konnte die 66 Teile des Puzzles nicht zusammensetzen. Ich konnte das Bild, das sie formten, nicht erkennen. Ich konnte die Geschichte, die in den 66 Büchern erzählt wurde, nicht heraushören. Die 66 Punkte waren schwer miteinander zu verbinden.

Im Psychologiestudium habe ich gelernt, dass unsinnige Silben wie *bas* oder *alk* schwer zu merken sind. Echte Wörter kann man sich leichter merken, besonders, wenn sie zu einem sinnvollen Satz zusammengefügt sind. Versuchen Sie einmal, sich folgende vier Wörter zu merken: *Katze, die, sah* und *ich*. Es wird Ihnen viel leichter fallen, wenn Sie sie zu einem Satz anordnen: *Ich sah die Katze.*

Etwas Ähnliches wollte ich mit der Bibel machen. Ich wollte, dass Gott mir einen oder vielleicht auch zwei oder drei Sätze gab, die mir einen Schlüssel zum 1. Buch Mose lieferten, die mir deutlich machten, was er mir mitteilen wollte, wenn ich dieses Buch las. Ich wollte einen oder vielleicht auch zwei oder drei Sätze für jedes Buch, die ich zu einem Text zusammenfügen konnte und die mir in einem einzigen langen Absatz die Geschichte erzählen würden, in die ich mein Leben einbauen konnte. Ich wollte zusammenfassende Sätze über jedes der Bücher zu der Geschichte zusammenfügen, die Gott in der Bibel erzählte. Ich wollte die Handlung begreifen und sehen, wie jedes Kapitel (jedes der 66 Bücher) diese Handlung vorantrieb.

Inzwischen war es fast drei Uhr morgens. Meine Aufregung wurde stärker. Der Zug fuhr aus dem Bahnhof aus. Und ich war an Bord. Ich stellte mir meinen Vater vor, wie er in seinem Sessel vor unserem Kohlenkamin saß und das 3. Buch Mose las, während im Fernsehen der Komiker Red Skelton seinen Monolog begann. Jetzt begann es einen Sinn zu ergeben.

«Dad, jetzt kommt Red Skelton.»

«Heute Abend nicht, Larry. Weißt du, ich bin mit etwas anderem beschäftigt.»

Dad ergötzte sich an der Bibel. Jeden Tag kaute er auf verschiedenen Teilen davon herum. Mehrmals sagte er mit der Leidenschaft eines jungen Mannes am Tag vor seiner Hochzeit zu mir: «Die Bibel ist eine Liebesgeschichte, die mit einer Scheidung beginnt. Alles vom dritten Kapitel des ersten Buches Mose bis zum Ende der Offenbarung ist die Geschichte eines verratenen Liebhabers, der um uns wirbt, damit wir in seine Arme zurückkehren und für immer die Liebe einer Familie genießen können.»

Dads Lieblingsvers, oder zumindest der, den er am häufigsten zitierte, war Johannes 6,68. Jesus hatte gerade ein paar harte Dinge gesagt, die bei den meisten seiner Anhänger nicht gut angekommen waren. Als viele von ihnen daraufhin beschlossen, sich abzuwenden zu einem leichteren Leben als dem, von dem er sprach, sah Jesus Petrus an und fragte: «Du willst doch nicht etwa auch gehen, oder?» Die Antwort des Petrus war Dads immerwährender Lieblingsvers: «Herr, zu wem sollten wir denn gehen? ... Nur deine Worte schenken ewiges Leben.»

Das alles fiel mir wieder ein, als ich zu nachtschlafender Zeit im Frühjahr 2006 am Kamin saß. Ganz neu ging mir auf, dass Gott eine Geschichte erzählte, eine Liebesgeschichte, die im ersten Kapitel (dem 1. Buch Mose) beginnt, sich durch 64 Kapitel (2. Mose bis Judas) fortsetzt und im 66. Kapitel (der Offenbarung) ihren Höhepunkt erreicht. Und ich betete: «O Gott, wirst du mir sagen, was du mir in jedem dieser Kapitel mitteilen willst? Ich möchte deine Geschichte kennen. Ich möchte in deiner Geschichte vorkommen. Ich möchte Leidenschaft für deine Geschichte empfinden.»

Ich stellte mir jedes Kapitel als einen Liebesbrief Gottes an mich vor – an mich, seinen unbeständigen Freund, seinen untreuen Ehepartner, sein verwöhntes Kind. Er will mich immer noch haben. Er hat einen riesigen Preis bezahlt, um mich zu bekommen. Er hat mich bereits gefunden. Und nun erzählt er mir die ganze Geschichte darüber, wie ich unsere Beziehung zerstört habe und wie er sie wieder zusammenfügt. Und er lässt mich wissen, wie alles ausgehen wird. Jetzt konnte ich jedes Wort in der Bibel als ein Wort des Lebens sehen. Kein Wunder, dass Dad diesen Vers so liebte.

Ich nahm mir einen Stift und einen Block Papier, besann mich auf über vierzig Jahre, in denen ich die Bibel gelesen, über sie nachgedacht und sie gelehrt hatte, wandte mich dem 1. Buch Mose zu und fragte mich: *Was weiß ich über dieses Buch, das mir helfen könnte, zu begreifen, warum Gott es geschrieben hat? Was will er mir in diesem ersten Liebesbrief sagen? Wie fängt seine Geschichte an? Kann ich in ein paar Sätzen ausdrücken, was ich ihn im 1. Buch Mose sagen höre? Gott, lass mich dich durch dein Wort reden hören.*

Ich überlasse es den Theologen, sich einen Reim auf das zu machen, wovon nur Theologen etwas verstehen, und das, was mir in den Sinn gekommen ist, zu vertiefen oder falsche Richtungen, die ich eingeschlagen habe, zu korrigieren. An jenem frühen Morgen sah ich mich selbst als das, was ich wirklich bin: ein bloßer Christ, ein hungriger Nachfolger Jesu, der unbedingt hören will, was Gott ihm zu sagen hat, ein Mann in Not, der nur eines will – nicht Linderung der Not (obwohl das auch sehr nett wäre), sondern Hoffnung. Hoffnung auf Nähe und Sinn und Freude für immer in der Beziehung zu Gott.

Um genauer zu fassen, worauf ich offensiv (und abhängig) lauschen wollte, gab ich mich einem kurzen Tagtraum hin. Stellen wir uns vor, der berühmte britische Schriftsteller C. S. Lewis käme zum Abendessen zu mir nach Hause. Nachdem ich meine Einschüchterung und Ehrfurcht überwunden hätte (was eine Weile dauern würde), stellte ich mir vor, wie ich ihm ein Glas Portwein einschenkte und ihn, während wir uns am Kamin wärmten, fragte: «Professor Lewis» – dass er mich einladen würde, ihn «Jack» zu nennen, ließ ich mir nicht einmal im Tagtraum einfallen –, «warum haben Sie jedes Ihrer Bücher geschrieben? Was haben Sie sich erhofft, würde ein Leser wie ich erfahren oder klarer begreifen, wenn ich *Dienstanweisung für einen Unterteufel* oder *Die große Scheidung* oder *Pardon, ich bin Christ* lese? Können Sie diese Frage mit einem, zwei oder drei Sätzen je Buch beantworten?»

Ich stellte mir vor, wie ich seine Antworten auf Band aufzeichnete, um sie hinterher korrekt zu Papier bringen und darüber eingehend nachdenken zu können, bevor ich jedes seiner Bücher wieder las.

Das war es, was ich mir an jenem frühen Morgen von Gott erbat. Aber es war kein Tagtraum. Gott *war* dort in meinem Wohnzimmer. Er lud mich ein, ihn Abba, Liebhaber, Freund zu nennen. Und er sprach zu mir, durch 66 Liebesbriefe.

Bis halb sechs hatte ich bekommen, worum ich gebeten hatte. Zumindest fast. Ich hatte mir auf drei Blättern Papier die Anfänge dessen notiert, wovon ich glaubte, dass Gott es mir durch jedes der 39 Kapitel mitteilen wollte, die den ersten Teil seiner Geschichte (das Alte Testament) bilden. Es blieb einem späteren Zeitpunkt vorbehalten, Sätze zu hören, die Gottes Hauptaussage in jedem der 27 Kapitel im zweiten Teil (dem Neuen Testament) wiedergaben.

Erst dann kam mir dieser Gedanke: Wenn ich an andere weitergab, was Gott uns allen meiner Meinung nach durch jedes der biblischen Bücher mitteilen möchte, ließ sich dadurch vielleicht ein ernstes, zunehmendes Problem in der Gemeinde eindämmen und einer Lösung näherbringen. Die meisten Christen kennen die Bibel nicht sehr gut. Viele wünschten, sie besser zu kennen. Aber nicht jeder ist davon überzeugt, dass er es nötig hat, sie zu kennen. Inspirierende Musik, ein paar biblische Tipps zum Leben, ein paar interessante christliche Bücher und hin und wieder eine ernsthafte Bibelarbeit werden allzu oft als ausreichend betrachtet, um das *christliche* Leben führen zu können, das die Leute gerne führen möchten.

Es macht mir Sorgen, wie begeistert wir heute davon sind, Visionen zu empfangen und prophetische Worte zu hören, die wir für direkte Mitteilungen Gottes halten, die aber die Bibel umgehen und uns glauben lassen, es wäre gar nicht so wichtig, ihren Inhalt zu kennen. Kurze Abschnitte, über die wir meditieren, bewegen uns, und wir verspüren innere Eindrücke und Erfahrungen, die wir dem Heiligen Geist zuschreiben, haben dabei jedoch die größere Geschichte der Bibel kaum verstanden. Wir versuchen, zum Herzen Gottes vorzudringen, ohne auf das Wort Gottes zu hören. Immer wenn ich Rachael damals nicht sehen konnte, entdeckte ich ihr Herz, indem ich ihre Worte las. Es ist ratsam, es bei Gott genauso zu machen.

Wenn man sich der biblischen Erzählung immer bewusster wird und fest entschlossen ist, immer mehr darüber zu erfahren, dann haben Visionen, prophetische Worte, eindrucksvolle Passagen und innere Empfindungen ihren Platz. Ohne dieses Bewusstsein und diese Entschlossenheit jedoch könnten diese Kommunikationskanäle Gottes stattdessen zu Einfallstoren für die eigensüchtige Einbildungskraft werden. Es hat keinen Sinn, ein paar Puzzleteile anzustarren und sich einzubilden, man könnte das Gesamtbild sehen, das aus allen 66 Teilen entstehen könnte. Es reicht nicht aus, sich von ein paar guten Bibelversen inspirieren und belehren zu lassen und dann davon auszugehen, wir wüssten genug, um selbst Teil der Geschichte Gottes zu werden.

Ich schreibe dieses Buch, um Ihnen zu helfen (ebenso wie mir geholfen wird), das Bild zu sehen, das deutlich zutage tritt, wenn alle 66 Teile des biblischen Puzzles zusammengefügt werden. Danach können wir uns die einzigartige Färbung und Musterung jedes Teils genauer anschauen und sie ernsthaft studieren.

Ich möchte, dass Sie hören, ebenso wie ich mich zu hören sehne, was Gott uns durch jeden seiner Liebesbriefe mitteilt. Wenn Sie alle Teile zu der ganzen Geschichte verweben, werden Sie die größte Liebesgeschichte zu hören bekommen, die je erzählt wurde. Es wird Sie umhauen. Egal, was für Zweifel, Enttäuschungen oder

Katastrophen Ihren Weg kreuzen, Sie werden nach Ihrer Bibel greifen und die Hoffnung neu entdecken. Zusammen mit Petrus und meinem Vater und nun auch mit mir werden Sie sagen: «Herr, zu wem sollten wir denn gehen? Nur deine Worte schenken ewiges Leben.» Das ist das Leben, das wir wollen. Und Sie werden in der Lage sein, aus der Bibel jene Weisheit herauszuschöpfen, die Sie brauchen, damit Ihr Leben gelingt, wie die äußeren Umstände auch immer aussehen mögen.

Nun, ich glaube, Sie haben inzwischen einen guten Eindruck davon bekommen, worum es in diesem Buch geht. Ein paar weitere Bemerkungen werden diesen Prolog zum Ende bringen und Sie auf das Folgende vorbereiten.

Erstens, die Kapitel sind alle recht kurz. Das ist absichtlich so. Dieses Buch ist nicht im Entferntesten als eine umfassende Analyse der biblischen Bücher gedacht. Im ersten Kapitel (über das 1. Buch Mose) schreibe ich den Satz nieder, der meiner Meinung nach auf einfache Weise ausdrückt, was Gott uns mitteilen möchte, wenn wir das 1. Buch Mose durchlesen. Ich schreibe in der ersten Person, so als ob Gott selbst direkt zu uns redet, was er vielleicht auch tut. Ob ich ihn richtig gehört habe oder nicht, müssen Sie entscheiden.

Zweitens füge ich dann mehrere Absätze hinzu, die Gott, glaube ich, hinzufügen würde, wenn er gefragt würde: «Könntest du diese zusammenfassenden Sätze ein wenig entfalten und mir einen kurzen, einfachen Überblick darüber geben, wie dieses Kapitel das ausdrückt, was du mir mitteilen willst?»

Schließlich sage ich zu jedem Kapitel, was in mir geschieht – was ich denke und fühle –, wenn ich zuhöre, wie Gott mir sagt, was er mir mitteilen will. Vielleicht fühlen Sie sich angeregt, Ihre eigene Reaktion ebenfalls niederzuschreiben.

Im Epilog füge ich die 66 Puzzleteile dann zusammen. Ich reihe die zusammenfassenden Absätze zu jedem der 66 Liebesbriefe zu einer fortlaufenden Geschichte zusammen. Ich möchte, dass Sie und ich zumindest einen kleinen Blick auf das herrliche Bild erhaschen, das Gott aus all den Teilen bildet. Und ich möchte, dass Sie und ich überwältigt über diese Liebesgeschichte staunen, die Gott uns erzählt. Es ist wirklich die größte Liebesgeschichte, die je erzählt wurde. Und wir kommen darin vor.

Ein letzter Gedanke. Ich bin promovierter Psychologe. Ich habe buchstäblich Tausende von Menschen beraten, die mit jedem Problem gerungen haben, das man sich vorstellen kann. Ich kenne mich auf laienhafter Ebene auch ein wenig mit großen Philosophen wie Blaise Pascal aus. Ich habe große Schriftsteller wie Fjodor Dostojewski gelesen. Ich habe viele Stunden damit verbracht, die Weisheit großer Denker wie C. S. Lewis, großer Mystiker wie des Heiligen Johannes vom Kreuz und großer Theologen wie John Owen aufzusaugen.

Dabei bin ich zu einem Schluss gekommen: Wenn Sie sich selbst ehrlich betrachten, wenn Sie durch eine klare Linse Ihr Leben in dieser Welt anschauen, dann wird Ihnen nichts anderes so viel nützen wie das Hören auf Gott, wenn er durch die 66 Liebesbriefe, aus denen die Bibel besteht, zu Ihnen spricht.

Ich hoffe, dieses Buch hilft Ihnen, ebenso wie es mir hilft, die unvergleichliche Schönheit zu sehen, die Gott aus seinem recht unansehnlichen Ausgangsmaterial erschafft. Und ich hoffe, wir werden gemeinsam die beispiellose Liebesgeschichte hören, die er uns erzählt.

Nichts wird Sie tiefer verändern oder mit mehr Hoffnung erfüllen, als zu hören, wie Gott in der Bibel zu Ihnen spricht. Wahres Christentum verwandelt das Mögliche in das Tatsächliche. Wenn die biblische Axt das gefrorene Meer in uns durchbricht und die warme Strömung freisetzt, die aus unserer von Gott eroberten Mitte fließt, werden wir zu den Menschen, als die wir gedacht sind. Wir können den *neuen Weg* des Geistes gehen, den *neuen Weg,* auf dem die Liebe zu Gott und zu anderen Menschen mehr gilt als alles andere; den *neuen Weg,* der die ersten Dinge an die erste Stelle setzt und alles andere an die zweite Stelle, wo es hingehört.

Die Bibel erzählt die Geschichte, wie das passiert. Sie *können* Gott reden hören. Sie *können* erfahren, wer er ist, was er vorhat und wohin er will. Und Sie können sich ihm in der Geschichte anschließen, die er erzählt.

Jetzt wissen Sie, wie dieses Buch entstanden ist. Bevor Sie sich hineinstürzen, möchte ich noch deutlich machen, auf welche Weise das Buch zu Ihnen sprechen kann. Dadurch, dass Sie hören, was Gott in den Briefen ausdrückt, die er geschrieben hat, kann sich Ihr Denken über das Leben verändern und die Art und Weise, wie Sie leben, von Grund auf verwandeln. So ist es zumindest mir gegangen. Dasselbe wünsche ich Ihnen.

# Wie dieses Buch zu Ihnen sprechen kann

Ihr Leben ist Teil einer größeren Geschichte. Alles, was Sie tun, ob es nun etwas Alltägliches ist wie das Warten in einer langen Schlange an der Supermarktkasse oder etwas Ernstes wie der Umgang mit einer Familienkrise, gehört mit zu dieser Geschichte. Alles, was Ihnen geschieht – das Wunderbare, das Schreckliche und alles, was dazwischen liegt –, treibt die Handlung voran.

Der Trick ist, die Geschichte zu kennen, ihre Handlung zu begreifen und jeden Tag daran zu denken. Das ist schwierig. Aber nur auf diese Weise können Sie sich entscheiden, bewusst in der größeren Geschichte mitzuwirken. Nur so können Sie die transzendente Freude darüber empfinden, dass Sie die Geschichte voranbringen, egal, was in Ihrem Leben, in der kleineren Geschichte, geschieht, die so leicht den größten Teil Ihrer Aufmerksamkeit für sich vereinnahmt.

Je älter ich werde, desto mehr glaube ich daran, dass genau jetzt, mitten in dem Gemisch von Gutem und Schlechten, welches in der kleineren Geschichte eines jeden von uns vor sich geht, eine größere Geschichte erzählt wird, und zwar eine richtig gute. Nur haben wir die Geschichte völlig verdreht. Wir haben die Handlung verändert, um darin Platz für unser Leben zu schaffen, wie wir von unserer begrenzten Perspektive aus gerne möchten, dass es ablaufen soll.

Ich spreche von Christen – nicht von uns allen, aber von den meisten von uns. Und ebenso von Nichtchristen. Wir alle biegen unser Verständnis vom Sinn des Lebens so hin, dass unsere empfundenen Wünsche Platz darin finden. Wir alle verändern die Handlung des Lebens in ein Drama, das die Sehnsüchte unseres Herzens – nach Intimität, Respekt, Erfüllung und einem behaglichen Leben – schneller befriedigt, als es im ursprünglichen Skript vorgesehen ist. Die Auswirkungen sind katastrophal.

Unsere Kultur der schnellen Befriedigung, in der im Leben alles glattgehen muss, unsere Ich-will-alles-und-zwar-sofort-Kultur, hat unser Verständnis der christlichen Geschichte zu etwas verbogen, was sie nicht ist und niemals war. Wer dieser Lüge glaubt, wird zu etwas, als das kein Mensch und schon gar kein Christ jemals gedacht war. Wer die Geschichte verdreht, der degradiert den menschlichen Geist.

Wenn Sie davon ausgehen, das Christentum bedeute die Befriedigung all Ihrer Wünsche in diesem Leben, einschließlich der tiefsten Wünsche in Ihrem Herzen, dann leben Sie, wie kein Mensch jemals leben sollte. Sie verlangen Befriedigung. Dafür leben Sie. Sie glauben, einen Anspruch darauf zu haben. So werden Sie unfähig zu echter Liebe und sind nur zu selbstsüchtiger Leidenschaft imstande.

Wenn etwas schiefgeht, wenn Sie im Leben scheitern oder das Leben Ihnen übel mitspielt, ist es vollkommen natürlich, dass Sie wissen möchten, was Sie tun sollen, statt danach zu fragen, wie Sie denken sollen. Sie rühren herum und wenden sich hin und her. Sie versuchen sich eine Strategie einfallen zu lassen, mit der Sie den Schaden begrenzen, das Unbehagen lindern und ein gewisses Maß an innerem Frieden zurückgewinnen können.

Es ist schwer, die Panik beiseitezuschieben. Durch den Schmerz hindurchzugehen. Die Befriedigung auf später zu verschieben. Mit dem Gefühl zu leben, leer, wertlos, verraten zu sein. Und zu fragen: «Okay, wie sieht hier der große Überblick aus? Was für ein Mensch will ich inmitten dieses Durcheinanders sein, für meine Kinder, für meine Freunde, für mich, für Gott? An welchen Werten will ich festhalten? Was zählt für mich am meisten, koste es, was es wolle? Worum geht es eigentlich im Moment in meinem Leben, und welches Feuer brennt noch in mir, das mich antreibt, weiter auf etwas wahrhaft Gutes zuzugehen? Welchen Unterschied macht die sichere Hoffnung auf den Himmel in diesem Moment für meine Einstellungen, meine Leidenschaften und meine Entscheidungen?»

Wenn das Leben uns übel mitspielt, ist es nur natürlich, dass wir sofort fragen: «Was kann ich tun, damit mein Leben besser wird? Was kann ich tun, um mich vor noch mehr Schmerz zu schützen?» Aber wäre es vielleicht menschlicher, zu fragen: «Was für eine Geschichte erzählt mein Leben?»

Wenn wir es schaffen, die menschlichere Frage zu stellen, tritt die Wissenschaft in die zweite Reihe zurück, und Religion und Philosophie treten in den Vordergrund, im Sinne von: Hier ist die richtige Art zu denken. Dies sind die Überzeugungen, an denen es festzuhalten gilt. Erzähle mit deinem Leben diese Geschichte, und du bist auf dem Weg zu Sinnerfüllung, Hoffnung und Glück.

Ehrliche Menschen jedoch wissen, wenn sie schon lange genug leben, dass nichts so funktioniert, wie es sollte, und dass auch nichts je so funktionieren wird, jedenfalls nicht in diesem Leben. Es sind nicht nur die Armen, die wir immer bei uns haben werden, es sind auch die Probleme und die unerfüllten Wünsche. Ich bin seit vierzig Jahren Psychologe, ein ziemlich guter sogar, aber ich habe noch nie jemanden geheilt. Ich habe zwar vielen Menschen geholfen, die mit Dingen zu kämpfen hatten, aber selbst diejenigen, denen ich am meisten helfen konnte, kämpfen immer noch mit irgendetwas.

Die schlichte Wahrheit ist, dass das Leben hart ist. Es wird niemals so gut sein, wie wir es uns wünschen, und es wird für jeden unvermeidlicherweise schmerzhaft schwer, bevor es vorüber ist.

Die Frage ist also: Welche Geschichte sollten wir mit unserem Leben erzählen? Um was zu erreichen? Mein Leben erzählt eine Geschichte. Ihr Leben erzählt eine Geschichte. Wenn es eine gute Geschichte gibt, die ich erzählen kann – eine, die mir in schlechten Zeiten die feste Hoffnung gibt, dass gute Zeiten vor mir liegen, und eine, die mich dazu befreit, hier und heute mit Freude und einem Ziel vor Augen zu leben –, dann möchte ich diese Geschichte kennen und sie leben.

Das Christentum ist die Geschichte, die in der Bibel erzählt wird. Christliche Gemeinden existieren, um diese Geschichte weiterzuerzählen. Allzu oft jedoch tun christliche Gemeinden alle möglichen guten Dinge, ohne die gute Geschichte zu erzählen, die Gutes erst zu Gutem macht. Rund um die Welt werden in Gemeinden leidende Menschen ermutigt, verletzte Menschen geheilt, eifrige Menschen herausgefordert, süchtige Menschen befreit, irregeleitete Menschen auf biblische Prinzipien verwiesen, denen sie folgen können. Es wird halsstarrigen Menschen entgegengetreten. Selbstsüchtige Menschen werden herausgefordert, den Armen zu essen zu geben, Heime für Obdachlose zu bauen und Medikamente für Leute mit HIV zur Verfügung zu stellen. Ängstliche Menschen werden beruhigt, trauernde Menschen getröstet. Schamerfüllte Menschen werden herzlich in den Arm genommen. Und ziellose Menschen, die sonst Zeit mit zu viel Fernsehen vergeuden würden, werden mit sinnvollen Aktivitäten auf Trab gehalten.

Doch der Sinn all dieser guten Dinge, der eigentliche Grund, sie zu tun, das eigentlich Gute, das durch sie bewirkt wird, wird leicht übersehen. Wo das geschieht, wird das Christentum zu einer Möglichkeit degradiert, hier und jetzt das Maximum aus dem Leben herauszuholen und der glücklichste und gesündeste und erfüllteste Mensch zu werden, der man nur sein kann. Ich nenne das ein «Gut-genug»-Christentum.

Wenn Sie der Bibel glauben und ihre Handlung in groben Zügen kennen, wissen Sie, dass die eigentliche Geschichte des Lebens vor langer Zeit begann, nämlich auf einem Familientreffen. Die Handlung entfaltete sich während einer Familienspaltung, das heißt, eigentlich während zweier Familienspaltungen: die erste in Eden, die zweite auf Golgatha. Und der Höhepunkt der Geschichte ist nicht dann erreicht, wenn Sie in Ihr neues Haus einziehen, wenn Ihre Kinder heiraten, wenn Sie den fünfzigsten Hochzeitstag Ihrer großartigen Ehe feiern oder wenn Sie auf ein einsames Leben voller Aufopferung für andere zurückblicken. Sondern erst bei einem weiteren Familientreffen in einer anderen Welt – einem Festmahl, bei dem die Familie viel größer ist und wo die Zufriedenheit, nach der Sie sich in dieser Welt immer gesehnt haben, ohne sie je ganz zu erlangen, beginnen und nie wieder enden wird.

Wenn Sie Ihr Augenmerk mehr auf die kleinere Geschichte Ihres Lebens von Ihrer natürlichen Geburt bis zu Ihrem natürlichen Tod richten, werden Sie alles missverstehen, worauf es ankommt. Sie werden Ihre Freuden und Sorgen mit der Fülle der echten Freude, die vor Ihnen liegt, und mit den echten Sorgen verwechseln, die Sie nie erleben werden. In Dingen, die sich für Sie schrecklich anfühlen, werden Sie nichts anderes sehen als Tragödien, die man wenn möglich ungeschehen machen, wenn nötig erdulden und um jeden Preis in Zukunft verhindern muss.

Gutes, das Ihnen passiert, Dinge, die Ihnen legitimes Vergnügen bereiten, und das Gute, das Sie tun, die Akte des Anstands und der opferbereiten Freundlichkeit, werden in Ihren Augen wertvoller erscheinen, als sie es in Wirklichkeit sind. Sie werden sich an sie klammern wie ein Geizkragen an sein Gold. Sie werden Ihnen zu viel bedeuten. Immerzu werden Sie in der Furcht leben, sie zu verlieren. Aus einem fordernden Anspruchsdenken heraus werden Sie alles rechtfertigen, was nötig ist, um sie zu behalten, damit sie weiter Ihrem Wohlbefinden dienen. Sie werden ein Leben führen, das «in sich selbst verkrümmt» ist, um Augustinus zu zitieren.

Doch wenn Sie den Meister der Geschichtenerzähler seine Geschichte erzählen hören, verschiebt sich etwas im Zentrum Ihres Herzens. Dann halten Sie mitten in den herrlichsten Segnungen oder mitten in den schrecklichsten Prüfungen oder vielleicht auch nur mitten im Alltag plötzlich inne und sagen: «Ach, *darum* geht es also im Leben!»

Pastoren, die diese Geschichte deutlicher hören, halten ihre Predigten aus anderen Gründen. Ehemänner, Ehefrauen, Eltern und Freunde gehen anders miteinander um und sind auf andere Ziele aus. Geschäftsleute und hoch qualifizierte Berufstätige definieren Erfolg anders. Leute, die im Krankenhaus liegen, betrachten ihre Krankheiten anders und stellen sich der Behinderung und dem Tod auf andere Weise.

Alles, was Sie bisher eine Katastrophe genannt hätten, sehen Sie nun als eine schmerzhafte, aber seltsamerweise auch willkommene Gelegenheit, mehr von Gottes Geschichte zu erzählen, nicht weil Sie müssen, sondern weil Sie es wollen. Und alles Gute, woran Sie sich bisher geklammert haben, sehen Sie nun als das, was es in Wirklichkeit ist: ein bloßer Tropfen des Vergnügens in einem Ozean der Freude, ein Tropfen, den Sie verlieren können, ohne wirklich etwas zu verlieren.

Diese gute Geschichte wird nicht in den Fernsehnachrichten oder in den Zeitungsschlagzeilen erzählt. In den meisten Hochschulen ist keine Rede davon. Nicht einmal in allen Gemeinden oder an allen theologischen Seminaren wird sie erzählt. Und sie lässt sich nie vollständig in Dichtung, Romanen, Gemälden, musikalischen Kompositionen oder Filmen wiedergeben, wenn auch diese Kunstformen manchmal Fenster in die Geschichte eröffnen und einen Einblick in ihre Wunder gestatten.

Die größere Geschichte, von der ich spreche, wird nur an einer Stelle vollständig und akkurat (soweit Menschen sie erfassen können) erzählt: in der Bibel. Und alle ihre 66 Bücher sind notwendig, um die Geschichte zu erzählen. Jedes davon hat einen notwendigen und entscheidenden Platz darin. Daraus folgt natürlich, dass wir, je besser wir verstehen, was der Geschichtenerzähler uns in jedem der Kapitel, die er schrieb, sagen will, die Geschichte umso besser kennen werden und sie umso besser leben können.

Ich entdecke, dass ich Gott umso besser kennenlerne, je mehr ich mich danach sehne, zu hören, was er durch jedes Kapitel (und mit Kapitel meine ich Buch) der Bibel sagt. Und ich merke, dass er nur eine *gute* Geschichte erzählen kann. Eine schlechte zu erzählen, dazu wäre er nicht imstande. Wenn Sie sehen, wie sich das Drama vom 1. Buch Mose bis zur Offenbarung entfaltet, erkennen Sie, dass der Dramatiker so großzügig und freundlich ist, dass der

Weihnachtsmann sich daneben knauserig und mürrisch ausnimmt. Sie schauen stattdessen Mutter Teresa oder Billy Graham an, um eine bessere Vorstellung zu gewinnen, wie der Dramatiker ist, und dann merken Sie, dass selbst ihr vorbildliches Leben im Vergleich zu ihm vollständig verblasst.

Wenn Sie die Geschichte hören, spüren Sie die Kraft des Geschichtenerzählers, neben dem «Superman» wie ein Schwächling wirkt. Der Stählerne entpuppt sich im Vergleich als totaler Wackelpudding. Sie erzittern, wenn Sie die unerreichbar hohen und unerbittlichen Maßstäbe des Geschichtenerzählers erkennen, bis Sie merken, dass dies nicht die Forderungen eines Tyrannen sind, der von Ihnen verlangt, dass Sie alles nach seinen Wünschen tun, sondern der Ruf eines Liebenden, der Sie einlädt, seine Vollkommenheit zu genießen.

Je tiefer Sie die in der Bibel erzählte Geschichte verstehen und in ihr leben, desto mehr werden Sie eine Liebesgeschichte hören, die in Geschichte, Literatur und Film ohne Beispiel ist. Sie porträtiert eine Art von Liebe, wie selbst Shakespeare sie nicht ersinnen konnte, eine reine Liebe, von der selbst Hollywoods beste Nachahmung nur ein kümmerlich verstümmeltes Abbild ist.

Sie und ich, wir spielen in dieser Geschichte mit, entweder als kleine Schurken oder als kleine Helden. Es gibt auch einen Oberschurken, die Quelle des Bösen, und einen überragenden Helden, die Quelle alles Guten. Wir spielen nie mehr als eine Nebenrolle, aber dennoch ist die Rolle, die wir spielen, wichtig. Sie ist sogar sehr wichtig. Deswegen kommt es darauf an, dass wir die Geschichte richtig verstehen, dass wir ihre Handlung begreifen, damit wir mit ihrem Strom fließen können statt gegen ihn.

Nach vierzig Jahren Beratungstätigkeit (und nachdem ich noch viel länger versucht habe, mein eigenes Leben in den Griff zu bekommen) bin ich überzeugt davon, dass ich für Menschen, die mit dem Leben ihre Mühe haben, wie auch für solche, die selbstzufrieden und zu schnell glücklich sind, nichts Besseres tun kann, als die Geschichte Gottes zu erzählen, so gut es mir möglich ist. Der Schlüssel zum guten Leben, das uns schon jetzt zur Verfügung steht, liegt darin, dass wir uns Gottes Geschichte anschließen, das Leben so sehen, wie er es sieht, und lernen, so zu leben, wie er möchte, dass wir leben.

Aber dazu müssen wir die Geschichte erst kennen. Wir müssen sie gemeinsam hören, erzählt nicht von mir oder von irgendeinem anderen Menschen, sondern von Gott selbst. Wir müssen den Meister der Geschichtenerzähler seine Geschichte erzählen hören. Und das bedeutet, dass wir die Bibel lesen und lauschen, wie die Handlung sich durch alle 66 Kapitel hindurch entfaltet und entwickelt.

Ich lese die Bibel nun seit mehr als einem halben Jahrhundert, niemals als Gelehrter – ich beanspruche keine theologische Fachkenntnis für mich –, sondern immer als ein Suchender. Ich bin ein Gottsucher, ein Mann, der weiß, dass es niemals ausreicht, Bibelverse auswendig zu lernen oder mit Dogmen übereinzustimmen, die von angesehenen Gelehrten verkündet werden, auch wenn beides seinen Platz hat. Ebenso wenig reicht es aus, über bestimmte Passagen zu meditieren oder persönlich über inspirierende Geschichten nachzudenken, die über die Seiten der Bibel verstreut sind. Das alles ist gut, aber es reicht nicht, um mich in der Art, wie ich lebe und denke und mit anderen umgehe, in die größere Geschichte hineinzuheben. Dazu braucht es mehr.

Mir gefällt, wie der Theologe N. T. Wright es in einem Interview ausgedrückt hat: «Es ist möglich, einen Haken hinter Dreieinigkeit, Inkarnation, Sühnegeschehen, Auferstehung, Heiliger Geist, Wiederkunft zu setzen, und es ist doch nur wie bei einem Kind, das vorgegebene Punkte erst mit Linien zu einem Bild verbinden muss. Die große Geschichte – und die Bibel ist ja schließlich im Grunde eine Geschichte –, *darauf* müssen wir unsere Aufmerksamkeit richten, statt nur dogmatische Aussagen daraus zu abstrahieren. Die Dogmen sind wahr, sie sind auch wichtig, aber man muss sie in den richtigen Zusammenhang stellen.»

Mein Leben ist eine Geschichte, die zu einer größeren Geschichte gehört. Ebenso ist es mit Ihrem Leben. Heute, in meinen Sechzigern, sehe ich das klarer als noch in meinen Fünfzigern. Ich nehme an, ich werde es noch klarer sehen, wenn der Ablauf der Zeit mich dem Ende meiner kleineren Geschichte näher rücken lässt und ich allmählich erkenne, dass sie tatsächlich ziemlich kurz ist. Wie N. T. Wright möchte ich die vielen Wahrheiten, die in der Bibel offenbart werden, zu der einen wahren Geschichte verweben, an der teilzunehmen ich eingeladen bin. Ich möchte die Punkte auf die richtige Weise miteinander verbinden.

Es stehen viele größere Geschichten zur Auswahl, viele Religionen und Philosophien, die intelligente, anständige Leute als Kontext akzeptieren, der ihrem Leben Sinn gibt. Ich aber möchte diejenige Geschichte kennenlernen und an ihr teilhaben, die nur in der Bibel erzählt wird. Ich glaube, dass Gott der Meister der Geschichtenerzähler ist und dass er die Bibel geschrieben hat. Immer mehr sehe ich die 66 Bücher der Bibel als 66 Liebesbriefe, die Gott an uns geschrieben hat, um uns seine Geschichte zu erzählen und uns wissen zu lassen, wie wir zu einem wesentlichen Teil davon werden können.

Aber dabei gibt es ein Problem. Sie haben es sicher schon bemerkt, ebenso wie ich: *Die Briefe sind schwer zu verstehen.* Sie scheinen in keinem Zusammenhang zueinander zu stehen, wie 66 Puzzleteile, die sich nicht leicht zu einem Bild zusammenfügen lassen. Was hat Haggai mit Philemon zu tun? Ich kann hintereinander Nahum und den Galaterbrief lesen, die Bibel zuklappen und nicht die leiseste Ahnung haben, was ich daraus entnehmen soll. Wie hängt die Geschichte von Ruth mit den Geschichten zusammen, die Lukas in der Apostelgeschichte erzählt? Ich habe Mühe damit, die Punkte zu verbinden.

Und wenn wir schon dabei sind, ehrlich zu sein, geben wir ruhig gleich zu, dass diese Liebesbriefe eine mühsame, ja langweilige Lektüre sein können. Wann hat Sie zum letzten Mal beim Lesen des dritten Buches Mose (Leviticus) die Spannung gepackt?

Es sind schon Tausende von Büchern geschrieben worden, viele von Theologen, manche von Amateuren wie mir, die uns helfen sollen, die Bibel richtig zu lesen. Aber ich kenne keines, das mit ein paar Sätzen zusammenfasst, was Gott uns in jedem einzelnen Buch der Bibel mitteilen möchte. Sätze, die, zu einem langen Absatz zusammengefügt, den Kern der Geschichte wiedergeben, die Gott erzählt. Solche Sätze möchte ich in diesem Buch liefern, so gut ich kann.

Nun jedoch möchte ich Sie einfach zu der größten Liebesgeschichte einladen, die je erzählt wurde. Wenn Sie sie hören, werden Sie darin vorkommen wollen. Mag sein, dass Sie sie als schöne Fiktion oder religiöse Rhetorik abtun oder sie als eine größere Geschichte von vielen sehen, aus denen Sie auswählen, um Ihrer kleineren Geschichte Bedeutung und Hoffnung zu injizieren.

Doch vielleicht wird die Geschichte der Bibel für Sie ebenso wie für mich den Klang der Wahrheit haben. Es ist eine Geschichte, die Sie so tief hinabführen wird, wie Sie nie gehen wollten, und so hoch hinauf, wie Sie es sich nie haben träumen lassen. Es ist eine Geschichte, in der die Kraft liegt, nicht etwa Ihnen alles zu geben, was Sie sich in dieser Welt wünschen, sondern die kleine Geschichte Ihres Lebens in dieser Welt in einen Teil einer bedeutungsvollen und wunderbaren größeren Geschichte zu verwandeln. Es ist die einzige Geschichte, die sich jetzt zu erzählen lohnt, während Sie auf die Befriedigung all Ihres Verlangens in der nächsten Welt warten, wo Sie dem Erzähler der Geschichte begegnen werden.

Eine dringliche Anregung: Versuchen Sie nicht, dieses Buch in ein oder zwei Wochen durchzulesen, so wie Sie einen Roman oder ein gutes christliches Buch über Nachfolge lesen würden.

Wenn Sie ein strukturierter Typ sind, lesen Sie ein Kapitel pro Woche. So werden Sie innerhalb von 66 Wochen ein Gefühl für die Geschichte Gottes entwickeln. Sind Sie mehr der künstlerische Typ, finden Sie Ihren eigenen Rhythmus. So oder so, lesen Sie jedes Kapitel langsam. Achten Sie darauf, wo Sie sich mit meinen Zweifeln und Kämpfen und Sehnsüchten identifizieren können. Wenn möglich, nehmen Sie sich die Zeit, auch den Liebesbrief selbst zu lesen. Nur das, was in der Bibel steht, ist Gottes Wort. Was ich geschrieben habe, ist das, was ich Gott durch jeden der Briefe zu mir sagen höre.

Lesen Sie einen Brief nach dem anderen. Blättern Sie nicht vor zu Johannes, wenn Ihnen 4. Mose zu langweilig wird. Unterstreichen Sie Sätze, die Ihnen besonders auffallen. Lassen Sie sich vom Geist leiten, vielleicht auch, um zu hören, was Gott ganz direkt zu Ihnen sagt in den konkreten Herausforderungen, in denen Sie stehen.

Eine weitere dringliche Anregung: *Sprechen Sie über jedes Kapitel in einer kleinen Gruppe.* So mache ich es auch. Wenn Sie sich wöchentlich treffen, bekommen Sie in weniger als anderthalb Jahren ein Gespür für die Geschichte, die Gott erzählt, das Sie in ihre unglaublich lebensverändernde Dramatik hineinziehen wird. Dieser Lohn ist alle Disziplin wert.

Noch ein Letztes möchte ich Ihnen ans Herz legen: Orientieren Sie sich bei Ihrem persönlichen Nachdenken und in Ihren Gruppengesprächen an der Studienanleitung, die ich geschrieben habe. Zu jedem Liebesbrief habe ich dessen Botschaft in einen Kerngedanken gefasst und einige Fragen dazu gestellt, die Ihnen helfen sollen, diesen Gedanken auf Ihr Leben anzuwenden. Sie können die Studienanleitung zu diesem Buch (allerdings nur auf Englisch) bei www.newwayministries.org herunterladen.

Damit genug der Vorrede. Lassen Sie uns jetzt zuhören, wie sich die Geschichte entfaltet, Kapitel für Kapitel.

# Erster Teil

## *Ein Sturz, ein Versprechen, und die Geschichte beginnt: Genesis bis Deuteronomium*

Was stimmt eigentlich nicht mit der Welt? Irgendetwas ist faul. So viel ist klar. Aber was? Philosophen, Politiker, Religionsführer und gewöhnliche Leute wie Sie und ich schlagen sich mit dieser Frage schon seit Jahrhunderten herum.

Eine weitere Frage folgt der ersten auf dem Fuße: Wie lässt sich das Problem beheben?

Lässt sich irgendeine dieser Fragen wirklich maßgeblich beantworten?

Durch all die Jahrhunderte, in denen diese Fragen gestellt wurden, haben etliche intelligente, nachdenkliche und selbstkritische Menschen in den ersten fünf Büchern der Bibel zumindest einen Ansatzpunkt für eine Antwort gesucht. Sie waren der Überzeugung, dass die Wurzel all dessen, was mit der Welt und mit Ihnen und mir nicht stimmt, eine Abwendung von Gott sei, eine Abwendung, die ursprünglich im ersten Garten durch den ersten Mann und die erste Frau vollzogen wurde.

Und seither hat niemand von sich aus zu Gott zurückkehren wollen. Also hat Gott sich uns zugewandt, mit einem Versprechen, das den Anstoß zu seiner Liebesgeschichte gibt.

# *1. Liebesbrief*

## Genesis (1. Mose)

## Ich habe einen Plan: Du bist zu meinem Fest eingeladen

«Gott, was teilst du mir im Buch Genesis mit?»

«Was ich dir sagen und zu verstehen geben möchte, ist Folgendes:

**Du hast viel kaputtgemacht, aber ich habe einen Plan!**

Im 1. Buch Mose fange ich an, die Geschichte zu erzählen, wie jeder versagt und ich Erfolg habe. Ich möchte, dass ihr wisst, wie kaputt ihr all das Schöne gemacht habt, das ich geschaffen habe. Nichts funktioniert mehr so, wie es sollte. Aber ich habe einen Plan, den all euer Versagen nicht zunichtemachen kann. In eurer Seele gibt es eine Kapazität für Schönheit, die ich wiederherstellen werde. Das ist ein Versprechen. Wie ich meinen Plan ausführen werde, davon gebe ich euch in diesem ersten Liebesbrief einen kleinen Eindruck.»

«Gott, könntest du noch etwas mehr sagen? Wie machst du diese Botschaft im 1. Buch Mose deutlich?»

«Ich will nicht, dass du Angst davor hast, zu versagen, sonst wirst du nur dafür leben, dass dir alles gelingt. Und ich will nicht, dass du Angst davor hast, dass Dinge in deinem Leben schiefgehen – das werden sie – oder dass du dich leer fühlen wirst – das wirst du. Wenn du dich vor Problemen, vor Leere oder Einsamkeit fürchtest, wirst du für Annehmlichkeiten und Erfüllung leben. Und das wird nur alles noch kaputter machen, als es schon ist.

Hast du dich jemals gefragt, *warum* ich alles geschaffen habe? *Warum* mein Geist, mein Sohn und ich die Sterne, den Mond, die Planeten erschaffen haben? Und *warum* wir das Paradies auf der Erde gemacht haben? Wir drei haben Vorbereitungen für ein Fest getroffen, wollten andere zu einem Tanz einladen, zu dem Tanz, an dem wir uns schon länger als seit Anbeginn der Zeit erfreuen. Aber es gab keine ‹anderen›, die wir dazu hätten einladen können.

Also beschlossen wir bei einem Familienrat, Leute zu erschaffen, Menschen wie dich, an denen wir uns erfreuen könnten, so wie sie sich an uns und an all dem Schönen, das wir geschaffen hatten, erfreuen würden. Darum erschufen wir Adam und Eva mit all den Wünschen, die nur wir befriedigen konnten. Die Pläne für das Fest waren in vollem Gang.

Aber dann kam etwas dazwischen. Wir wussten natürlich, dass es so kommen würde. Adam und Eva kamen in ihrer Torheit zu dem Schluss, sie würden glücklicher sein, wenn sie sich um sich selbst kümmerten, als wenn sie uns vertrauten. Sie taten genau das, was du auch getan hättest, wenn du an ihrer Stelle gewesen wärst. Sie beschlossen, ihre eigene Party zu geben, ohne uns. Das ist ebenso töricht, wie wenn man versucht, in einem luftleeren Raum zu atmen, oder wie wenn man versucht zu singen, obwohl man gar keine Stimmbänder hat. Es geht nicht. Es gibt keine Party ohne uns, nur das Gefängnis der Einsamkeit.

Adam und Eva trafen dieselbe Entscheidung, die auch du immer wieder getroffen hast, seit du ein Kind warst – dich vor Schmerz zu schützen und dein Wohlergehen selbst in die Hand zu nehmen, mit mir zu feilschen, um das zu bekommen, was du dir vom Leben wünschst. Diese Entscheidung hat in Eden alles kaputtgemacht, genauso wie sie heute noch dein Leben kaputtmacht. Adam und Eva fühlten sich unsicher und fingen an zu kämpfen. Ihr Sohn Kain empfand Neid – eine Emotion, die Luzifer einen Platz in der Hölle verschaffte – und brachte Abel um.

Ein paar Generationen später wurde es so schlimm, geriet unser Plan so sehr ins Trudeln, dass ich nichts als Schmerz empfand, wenn ich mir ansah, was passierte. Also ertränkte ich alle, außer Noah und seiner Familie. Ich hatte nicht vor, meine Pläne für ein Fest zu einer Gewaltorgie verkommen zu lassen, die nur immer schlimmer werden würde, bei der die Leute sich immer nur gegenseitig zu ihrem eigenen Vergnügen ausnutzen würden und niemals jemand jemand anderen lieben würde. Das wäre die Hölle gewesen. Mein Plan war der Himmel. Ich bewahrte jene Leute davor, noch tiefer in die Hölle auf Erden hinabzusinken.

Aber meinen großen Plan wollte ich deswegen nicht aufgeben. Ich wusste, eines Tages würde ich auf eine Gemeinschaft von Menschen hinabblicken, die ich neu erschaffen und über die ich mich zutiefst freuen würde, so dass ich von neuem würde sagen können: ‹Das ist gut. Das ist sehr gut!›

Dann betrank sich Noah, seine Kinder gerieten in Schwierigkeiten, und deren Nachkommen – ein Haufen fähiger Leute, die die Zivilisation mit den Künsten, der Industrie und der Landwirtschaft aufbauten – wurden stolz. Sie schöpften aus derselben Energie, mit der Adam und Eva von der verbotenen Frucht aßen, als sie sich daranmachten, ihr Leben zu einer befriedigenden, organisierten Existenz ohne mich in der Mitte aufzubauen.

So errichteten sie diesen albernen Turm, um den alle sich versammeln sollten. Ihr Ziel war die Einheit untereinander ohne Vereinigung mit mir. Sie dachten, sie könnten miteinander Freundschaft schließen, ohne zuerst mit mir Freundschaft zu schließen. Aber das geht nicht. Um ihnen das klarzumachen, machte ich ihre Pläne zunichte, indem ich sie unterschiedliche Sprachen sprechen ließ. Ich durchkreuzte einen Plan, der ohnehin nicht funktionieren konnte.

Wieder einmal war alles kaputt. Jeder lebte nur für den Erfolg, für ein angenehmes, erfülltes Leben. Keiner hatte Sinn für meinen Plan für ein wahrhaft gutes Leben.

Aber ich hatte einen Plan. Ich habe immer einen Plan. Ich erwählte Abraham – einen ganz gewöhnlichen Menschen, der Gott so wenig ehrte wie jeder andere –, um eine ganz neue Zivilisation zu gründen, ein neues Reich; um eine neue Art von Menschen zu gestalten, die eine neue Art von Gemeinschaft bildeten. Und zwar diesmal eine hörende Gemeinschaft, bestehend aus Menschen, die mich kennen, die auf mich hören und die fürsorglich miteinander umgehen, um zu lieben – sowohl Liebe zu empfangen, als auch Liebe zu geben.

Natürlich versagte Abraham, so wie jeder andere, so wie du auch. Deshalb habe ich dir gesagt, dass du dich nie vor Versagen fürchten sollst. Wenn du das tust, lebst du für einen Erfolg, den du nie erreichen kannst. Aber mir ist es gelungen. Ich gab Abraham die Art von Glauben, die du *wollen* musst, die du *brauchst,* um dich meiner Geschichte anzuschließen. Das möchte ich dir mitteilen, wenn du von meinem Freund Abraham liest.

Als Nächster kam Isaak. Ich sorgte dafür, dass er dem Abraham und der Sara geboren wurde, als sie naturgemäß eigentlich schon keine Kinder mehr hätten bekommen können. Und das tat ich, um etwas deutlich zu machen: *Niemand schließt sich aus eigener Kraft meiner Geschichte an.* Ich möchte, dass du das weißt.

Und dann kam Jakob. Der war vom ersten Tag an ein selbstsüchtiger, manipulativer, verunsicherter Chaot. Oh, erfinderisch war er durchaus, sehr clever und voller Ehrgeiz; ein Mann, der es in deiner Welt weit hätte bringen können. Doch die Talente, die er hatte, waren nicht das, was man braucht, um in meiner Geschichte groß herauszukommen. Also fing ich an, an ihm zu arbeiten. Ich offenbarte mich Jakob sieben Mal, um ihm zu verstehen zu geben, dass er mich brauchte, wenn aus seinem Leben etwas werden sollte. Er ist ein gutes Bild dafür, wie ich Menschen langsam verändere, durch viel Versagen auf ihrer Seite und Probleme in ihrem Leben hindurch und mit tonnenweise, ja geradezu unendlich viel Geduld und Gnade auf meiner Seite.

Lies die Geschichte von Jakob und fasse Mut: Ich kann jeden in ein Ebenbild meines Sohnes verwandeln. Doch der Weg dahin ist nie leicht oder kurz. Es brauchte fast 150 Jahre voller schrecklicher Familienprobleme, um aus Jakob Israel zu machen, einen Mann, der in den Kämpfen des Lebens gelernt hatte, mir zu vertrauen. Aber ich brachte es zustande. Das tue ich immer.

Ich schließe meinen ersten Liebesbrief damit, dass ich über Josef spreche. Wenn du liest, was in seinem Leben geschah, möchte ich, dass du heraushörst, dass selbst Leute, die mir gut dienen, durch große Kämpfe gehen. Aber nie ohne Sinn und Zweck, wenn es auch oft im Dunkeln bleiben wird, welchem genauen Zweck die Kämpfe dienen, bis du auf dem ewigen Fest mit mir tanzt – und dann wird es dich eigentlich gar nicht mehr interessieren. Jeder Moment des Leidens, den du erduldest, ist Teil der guten Geschichte, die ich erzähle. Ich möchte nicht, dass du überrascht bist, wenn du nach Jahren, in denen du mir dicht nachgefolgt bist, immer noch in jede Menge Schwierigkeiten gerätst.

Wenn du damit fertig bist, meinen ersten Liebesbrief an dich zu lesen, möchte ich, dass du erkennst, dass ich nie unterschätzt habe, wie gründlich du dein Leben kaputtmachen oder wie schmerzhaft du kämpfen und leiden würdest, und ich möchte, dass auch du dein Versagen und deine Kämpfe nicht unterschätzt. Sie gehören alle zu der Geschichte, die ich erzähle.

Doch ebenso wenig habe ich meine Entschlossenheit oder meine Fähigkeit unterschätzt, in das Chaos, das du angerichtet hast, und in den Schmerz, den du empfindest, einzugreifen und alles herumzudrehen. Ich kann und ich werde alles wiedergutmachen. Unterschätze mich niemals! Ich habe einen Plan, und zwar einen sehr guten, und ich werde ihn bis zum Ende durchführen. Garantiert! Vertrau mir. Warum? Weil ich dich liebe, selbst wenn du alles kaputtmachst. Ich liebe dich mitten in deinem Leid, auch wenn ich es nicht so schnell lindere, wie du es dir wünschst. Ich bin deines Vertrauens würdig, egal, was in deinem Leben geschieht. Ich habe einen guten Plan, und nichts wird mich davon abhalten, ihn auszuführen. Du musst jetzt in der Spannung zwischen Qual und Hoffnung leben.

Das ist es, was ich dir mitteilen möchte, wenn du das 1. Buch Mose liest.»

«Gott, darf ich dir meine ehrliche Reaktion auf deinen ersten Liebesbrief sagen?»

«Natürlich! Ich wünsche mir, dass du immer ehrlich zu mir bist. Ich weiß ja schon alles, was in dir vorgeht, aber du wirst meine Liebe tiefer erfahren, wenn du mir sagst, was du auf dem Herzen hast.»

«Gut, dann los! Gott, das 1. Buch Mose verwirrt und frustriert mich. Ich kapiere wirklich nicht, warum du bei der Sintflut alle getötet hast. Sind diese Leute alle in die Hölle gekommen? Und waren die Leute *nach* der Flut denn nicht genauso schlimm wie die *davor*?

Du sagst, ich soll mich nicht vor Versagen fürchten, oder vor Schmerz, Leere und Einsamkeit. Nun, ich fürchte mich aber; ich fürchte mich mehr davor, dass mein Leben schiefläuft, als vor allem anderen. Du sagst mir, dass du mich mit Wünschen geschaffen hast, die nur du befriedigen kannst. Aber warum befriedigst du sie dann nicht?

Ich glaube nicht, dass es falsch von mir ist, dass ich Befriedigung will. Du hast die Sehnsucht in mich hineingelegt. Willst du mir sagen, dass meine tiefste Sehnsucht sich auf dich richtet und dass ich bis zum Himmel warten soll, bis selbst dieser Wunsch sich völlig erfüllt? Und in der Zwischenzeit soll ich dir gehorchen und vertrauen? Das ist schwer!

Ich glaube nicht, dass ich so einen großen Glauben habe wie Abraham. Ich könnte den Gedanken nicht ertragen, einen meiner beiden Söhne zu verlieren, geschweige denn, einem von ihnen ein Messer in den Leib zu rammen, weil du es mir befohlen hast.

Ich glaube daran, dass ich ein Kind der Verheißung bin, so wie Isaak. Ich weiß, dass es ein Wunder ist, dass ich wiedergeboren wurde. Aber meine Identität ist an so viele andere Dinge als an meinen Status als dein Kind geknüpft.

Jakobs Leben gibt mir Hoffnung. Vielleicht werde ich tatsächlich einmal zu dem Menschen werden, der zu sein ich mich sehne. Aber warum muss das so lange dauern? Das frustriert mich.

Und Josef! So viel Not, bis er endlich gesegnet wurde. Muss das so sein? Und ich glaube nicht einmal, dass du die Segnungen garantierst, die ich mir wünsche, zumindest nicht in diesem Leben. Josef gelangte zu Macht und Einfluss in Ägypten und wurde zu einem Helden für seine wiederhergestellte Familie. Ich glaube nicht, dass du mir etwas Ähnliches verheißen hast.

Gott, ich will weder meine Sünde und meine Not noch deine Macht und Liebe unterschätzen. Aber es liegt mir so im Blut, das Böse in mir und den Schmerz, den ich empfinde, zu verleugnen, einfach um emotional zu überleben, und es fällt mir wirklich schwer, deine Macht und Liebe zu sehen, wenn so viele Dinge schiefgehen.

Du hast gesagt, ich soll ehrlich sein. Gott, ich kann mich für deinen ersten Liebesbrief eigentlich noch nicht so sehr erwärmen, wenn auch die Verheißung der wiederhergestellten Schönheit etwas tief in mir anrührt. Ich glaube, ich muss noch mehr lesen. Danke fürs Zuhören.»

«Ich höre immer zu. Und ich werde mich nie von dir abwenden. Ja, lies weiter.»

# 2. Liebesbrief
# Exodus (2. Mose)

## Du musst mich kennen, um mir zu vertrauen

«Gott, was möchtest du mir zu verstehen geben, wenn ich das Buch Exodus lese?»

«Vor allem möchte ich, dass du Folgendes begreifst:

**Ich werde alles tun, was nötig ist, um meinen Plan auszuführen!**

Ich habe dich nicht geschaffen, damit du dich unglücklich oder leer fühlst. Mein Plan war, ist und bleibt, dass du Anteil an meiner Freude haben sollst. Aber du hast dich selbst in eine so üble Lage gebracht, so weit weg von mir, dass du keine Hoffnung mehr auf echtes Glück hattest. Ich konnte es nicht ertragen, dich in diesem Zustand zu lassen.

Also zeigte ich meine *Macht*, indem ich dich befreit habe. Ich offenbarte meine *Heiligkeit*, indem ich dir mitgeteilt habe, wie du leben musst, um mir nahe zu bleiben. Und ich bewies meine leidenschaftliche *Liebe*, indem ich kam, um bei dir zu wohnen. Das steht alles im Buch Exodus.»

«Da musst du mir auf die Sprünge helfen, Gott. Wenn es das ist, worum es im Buch Exodus geht, wieso hast du das nicht so einfach und klar gesagt wie eben, statt so einen langen Brief zu schreiben?»

«Hör gut zu: Solange du meine Botschaft nicht in die Geschichten wirklicher Menschen eingebettet wahrnimmst, wirst du nicht das Zutrauen haben, dass meine Macht sich auch in deiner Geschichte auswirken könnte. Und solange du dir nicht vorstellst, wie es war, ein Leben in der Wüste zu beginnen, indem du hörst, wie ich Gesetze aufstellte, die niemand einhalten konnte, wirst du das erdrückende Gewicht meiner Heiligkeit nicht spüren. Aber dieses Gewicht musst du erst einmal spüren, um zu begreifen, was nötig ist, damit unheilige Menschen mir nahekommen können. Und was dazu nötig ist, wird durch die Stiftshütte sorgfältig und eindrücklich veranschaulicht.

Die Dramatik der ersten achtzehn Kapitel meines zweiten Liebesbriefes zeigt, was für einen riesigen Aufwand ich treiben muss, um schwache, hilflose Menschen aus der Gebundenheit an eine böse Macht zu befreien, die größer ist als sie selbst. Frag einfach einen Sexsüchtigen, wovon ich spreche. Oder sieh es einmal so: Ich kann und ich will dich von allem loslösen, was deinen heiligen Hunger nach mir betäubt und dich hungriger nach etwas anderem als mir sein lässt.

Aber auf dieser Erde wirst du dich nie so vollständig auf meine Macht verlassen, dass du genauso leben wirst, wie ich es möchte. Deshalb habe ich Mose die Zehn Gebote und all die anderen Vorschriften aufschreiben lassen. Nicht, damit du dich kasteist vor lauter Hass gegen dich selbst, weil du es nie richtig hinkriegst, sondern um dich emporzuheben in das befreiende Erlebnis, so verkommen, wie du bist, unter liebevolle Augen treten zu können. Wenn du 2. Mose 19–24 liest und siehst, wie genau ich es mit all diesen Vorschriften nehme, denen du gehorchen solltest, es aber nie tust, dann lass dich von dem Gewicht meiner Heiligkeit in die Freude meiner Liebe hineinziehen. Ich will immer noch mit dir zusammen sein.

Vergiss es nie: *Ich habe einen Plan*. Ich habe vor, dich im Kreis meiner Liebe schwindelnd vor Glück zu machen. Wenn du 2. Mose 25–40 liest, wo ich all die architektonischen Einzelheiten über die Stiftshütte aufgezeichnet habe, dann mach dir klar, zu welchem Aufwand ich bereit bin, um bei dir zu sein. Stell dir vor: Ich, der Gott des Universums, bekleidet mit Pracht und geschmückt mit Herrlichkeit, wohne in einem nach meinen Maßstäben schlichten Zelt in einer öden Wildnis. Natürlich war es ziemlich prachtvoll für ein Zelt, aber vergleiche es einmal damit, wie du dir den Himmel vorstellst. Und dennoch habe ich darin gewohnt, nur um Leuten wie dir nahe zu sein.

Wenn du von dem Exodus aus Ägypten liest, den ich herbeigeführt habe, wenn du über all die Gesetze nachdenkst, die ich erlassen habe und an die du dich nie gehalten hast, und wenn du meine Bereitschaft siehst, campen zu gehen, um bei meinem Volk zu sein, dann mach dir Folgendes klar: *Ich werde tun, was immer nötig ist, um meine Familie vollkommen wiederherzustellen und für immer bei ihr zu sein.*»

«Gott, folgende Gedanken kommen mir, während du mir das alles sagst:

Erstens gehen mir immer wieder die Probleme in meinem Leben durch den Kopf, gegen die du nichts unternimmst. Und du versprichst ja auch gar nicht, sie anzupacken, damit mein Leben besser wird. Ich glaube, ich habe kapiert, dass der Exodus aus Ägypten ein Bild dafür ist, wie ich aus dem Reich der Finsternis befreit wurde, aber mich interessiert viel mehr, wie ich von meinem Leid und meinen Problemen befreit werde. Vielleicht ist das der Grund, warum ich gar nicht so beeindruckt davon bin, wie du deine Macht gebrauchst.

Zweitens glaube ich, dass ich deine Maßstäbe tiefer gehängt habe, damit ich sie erreichen kann. Wenn ich all die Gesetze lese, die du durch Mose erlassen hast, sehe ich deutlicher, wie heilig und streng du bist. Aber das löst in mir ein Gefühl aus, das mir nicht gefällt, nämlich das Gefühl, dass ich so oder so gleich machen könnte, was mir passt, denn das zu tun, was ich tun sollte, schaffe ich sowieso nicht. Ich erzähle viel über Zerbrochenheit, aber offenbar erlebe ich selbst nicht viel davon, denn ich denke immer noch, ich hätte ein Recht darauf, dass für mich alles gut läuft, oder zumindest besser, als es tatsächlich der Fall ist.

Und drittens fällt es mir schwer, einen Zusammenhang zu sehen zwischen dem, was du durch die Stiftshütte ausdrückst, und den Belastungen und Problemen, mit denen ich mich jeden Tag herumschlage. Du sagst, du seist bei mir, aber wenn du weißt, was ich alles durchmache, warum hilfst du mir dann nicht etwas mehr? Ich glaube, ich muss wohl erst einmal weiterlesen. Im Moment wünschte ich, der Plan, den du dir vorgenommen hast, sähe ein bisschen anders aus. Was übersehe ich da?»

«Eine ganze Menge. Hab etwas Geduld damit, wie wenig du weißt und wie langsam du lernst. Ich habe sie auch. Ich habe dir 66 Liebesbriefe geschrieben. Bisher hast du erst zwei gelesen. Der dritte macht deutlich, was mit dir vor allem nicht stimmt, so dass deine Freude blockiert wird. Du hast noch einiges zu lesen und noch viel mehr zu lernen.»

# 3. Liebesbrief
# Leviticus (3. Mose)

## Heiligkeit kommt vor Glück: Heiligkeit *ist* Glück

«Gott, deine ersten beiden Liebesbriefe waren zumindest interessant. Bei diesem dritten musst du mir wirklich auf die Sprünge helfen. Warum in aller Welt hast du das Buch Leviticus geschrieben, wenn du doch etwas viel Nützlicheres, Praktischeres hättest schreiben können? Zum Beispiel darüber, wie ich eine engere Beziehung zu meiner Frau bekomme? Oder wie ich mein Selbstwertgefühl aufbauen kann, damit ich nicht so viel mit Unsicherheit und Angst zu kämpfen habe?»

«Du darfst nicht versuchen, mich in deine Pläne einzupassen. Deine Pläne sind zu klein. Stattdessen musst du dich in meine Pläne einpassen. Vergiss nicht, ich habe einen Plan. Und zwar einen guten! Ich habe das Buch Leviticus geschrieben, um dir eines klarzumachen:

**Der schwierigste Teil meines Plans, der Teil, der mich am meisten kostet, ist es, dich heilig zu machen.**

Du möchtest, dass ich deine Probleme löse, aber du weißt gar nicht, was dein schlimmstes Problem ist – das Problem, aus dem sich alle anderen ergeben. Du begreifst noch nicht, dass die Distanz zu mir das tödlichste Problem ist, das du hast.

Du gehst davon aus, dass wir prima miteinander auskommen, während du losläufst und versuchst, mit dem Leben klarzukommen. Und von mir erwartest du, dass ich dabei mitmache. Wenn du das Buch Leviticus liest, wird dir auffallen, dass ich niemals die zweitrangigen Probleme der Leute löse. In all den Versen über Hautinfektionen habe ich nie irgendwelche Salben verschrieben oder einfach die Krankheit geheilt, was ich ohne weiteres hätte tun können. Ich habe den Leuten lediglich gesagt, dass sie mit einem eiternden Geschwür nicht in meine Gegenwart treten dürfen. Das Problem, um das es ging, war die Anbetung und die Nähe zu mir, nicht Gesundheit, Wohlstand oder persönlicher Komfort.

Alle 27 Kapitel des Buches Leviticus wurden geschrieben, um dir deutlich zu machen, dass die Beziehung zu mir *immer* schwerer wiegt als jedes andere Anliegen und dass deine Beziehung zu mir immer, *immer* zu meinen Bedingungen laufen wird. Das übersehen die meisten Leute – sie sehen erst ihre Bedürfnisse und betrachten mich dann als einen Gott, der möchte, dass sie zufrieden und glücklich sind, und zwar noch bevor ich mich mit ihrer Unheiligkeit befasse.

Doch weil ich sie – und dich – liebe, habe ich einen Weg geschaffen, damit euer Leben sich um mich als eure *erste Priorität* drehen kann. Alles andere – deine Ehe, dein Bankkonto, dein Selbstwertgefühl, deine Krebserkrankung – sind *zweitrangige Dinge*. Wenn die *erste Priorität* (also ich) den ersten Platz in deinem Leben einnimmt, dann wirst du auch alle *zweitrangigen Dinge* genießen können. Und dann erst bist du zu Hause; vorher nicht.

Du hast noch einen weiten Weg vor dir, bis es in deinem Leben so weit ist, aber ich habe einen Plan, um dich dahin zu bringen und dich heilig zu machen. Darum geht es im Buch Leviticus: die Notwendigkeit, heilig zu sein, damit du mir nahe sein kannst.»

«Ich glaube, ich verstehe, was du sagst. Aber kannst du mir sagen, wo du das alles im Buch Leviticus zum Ausdruck bringst? Es liest sich teilweise ziemlich zäh.»

«Mir hat es viel Freude gemacht, das Buch Leviticus zu schreiben. Jedes Motiv in dem Buch wirft ein Schlaglicht auf meinen Sohn. Übrigens, in den Büchern Genesis und Exodus kommt er auch überall vor. Hast du ihn dort erkannt? Er kommt auch in jedem anderen biblischen Buch vor, das du lesen wirst. Wenn du das Buch Leviticus liest, ist es besonders wichtig, dass du das Buch nicht in eine starre Gliederung zwängst. Weide dich einfach an den Bildern von Jesus.

Das erste Motiv – *Opfer* – erstreckt sich über die ersten sieben Kapitel. Sie handeln alle davon, dass Jesus der einzige Weg zu mir ist. Denk dir das *Brandopfer* als ein Bild dafür, wie sich mein Sohn aus Liebe am Kreuz ganz und gar mir hingibt. Lass dich durch das *Speiseopfer* daran erinnern, dass Jesus ein vollkommener Mensch war, so, wie ich mir jeden Menschen ursprünglich gedacht hatte. Er war die vollkommene Person, die sich bereitwillig, freiwillig, ja sogar gerne für unvollkommene Menschen opferte, um mir zu gefallen. Was für ein Sohn!

Und weil er sich mir um deinetwillen geopfert hat, können wir beide einander nun begegnen. Ich bin nicht mehr zornig auf dich wegen deiner Sünde, und du hasst mich nicht mehr. All das wird durch das *Dankopfer* dargestellt. Du sollst auch wissen, dass diese drei ersten Opfer für mich ein lieblicher Duft sind. Immer dann, wenn ihr das Abendmahl feiert, erfreue ich mich auf besondere Weise an der Hingabe meines Sohnes an mich. Ich liebe es, euch dabei zuzuschauen, wie ihr ihm eure Liebe zeigt.

Die letzten beiden Opfer sind anders. Das *Sündopfer* sagt dir, dass mein wunderbarer Sohn zur Sünde wurde. Dieser Gedanke erschreckt mich noch immer. Er ist kein lieblicher Duft. Doch was dabei herauskommt, ist unglaublich lieblich. Und im *Schuldopfer* spiegelt sich wider, wie wertvoll der Tod meines Sohnes jedes Mal ist, wenn du sündigst. Und das tust du immer noch, jeden Tag. Klammere dich an Jesus, wenn du dich dem stellst, was du getan hast, und wir können in engem Kontakt miteinander bleiben.

Die nächsten drei Kapitel (8 bis 10) handeln alle vom Priestertum. Aaron ist ein Bild für Jesus. (Ein noch besseres ist Melchisedek. Von ihm kannst du in 1. Mose 14,18–20 und Hebräer 7 lesen.) Hier ist ein kleines Detail, das du vielleicht übersiehst. Es steht in 3. Mose 8. In Vers 12 lasse ich Mose den Aaron mit Öl salben, noch *bevor* (in Vers 30) für das Sündopfer ein Stier geschlachtet wird. Aaron, der als Hohepriester ein Bild für meinen Sohn war, brauchte keine Reinigung, bevor er die Salbung meines Geistes empfing. Jesus war sündlos. Auch er brauchte keine Reinigung, sondern nur die Salbung des Geistes.

Aarons Söhne hingegen, die ein Bild für dich als Priester in meiner Familie darstellen, brauchten Vergebung, bevor ich sie salben konnte. Wenn dann Jesus sündlos ist und du Vergebung empfangen hast, werdet ihr beide zusammen für die priesterliche Tätigkeit gesalbt. Mein Sohn als der große Hohepriester, und du als ein weniger großer niederer Priester mit dem Auftrag, durch die Heiligkeit deines Lebens andere in meine Gegenwart zu ziehen.

Darüber habe ich auch in Hebräer 2,11 geschrieben: ‹Jetzt haben sie alle den einen Vater: sowohl Jesus, der die Menschen in die Gemeinschaft mit Gott führt, als auch die Menschen, die durch Jesus zu Gott geführt werden.› Ich liebe es, Porträts meines herrlichen Sohnes zu malen. Lies und bete an! Gib meinem Sohn Ehre! Ich tue es auch.

Weitere Motive sind die Notwendigkeit der *Reinheit*, die Notwendigkeit, dass jedes Opfer auf dem *Altar* dargebracht werden muss (der ein Symbol für Golgatha ist – nur Blut, das dort durch meinen Sohn vergossen wurde, hat die Kraft, Leben zu geben). Außerdem die Vorschriften zum *Fasten*, das Menschen mit meiner Heiligkeit anstecken soll, während sie mich als ihre *erste Priorität* feiern, und die Wegweisungen zum Leben im *verheißenen Land* (Kanaan), einem Bild für meinen Plan, dass ihr ein heiliges Leben in einer unheiligen Welt führen sollt.

Konzentriere dich auf den Kern meiner Botschaft im Buch Leviticus: dass mein Plan darauf hinausläuft, dich heilig zu machen. Dann wirst du überall in dem Brief meine Liebe – und meinen Sohn – erkennen. Mein Geist wird dir dabei helfen.»

«Vielleicht fange ich an, dich ein bisschen deutlicher zu hören, Gott. Lass mich dir erzählen, was heute Morgen passiert ist.

Als ich aufwachte, drehten sich meine Gedanken um ein persönliches Anliegen. Irgendwo in meinem Hinterkopf war mir bewusst, dass ich irgendwie dachte, du müsstest etwas deswegen tun, tätest es aber nicht. Ich war ein bisschen gereizt deswegen. Aber gestern Abend vor dem Schlafengehen hatte ich das Buch Leviticus in einem Sitz durchgelesen. (Ich glaube, es hat mir sogar beim Einschlafen geholfen.) Die Verse über gespaltene Hufe und Hautinfektionen habe ich nur überflogen, aber ich habe es gelesen, um zu hören, was du mir sagen wolltest. Und die Botschaft drang zu mir durch: *Dass ich in irgendeiner Situation heilig bin, ist dir wichtiger, als dass ich herausfinde, was ich tun kann, um irgendeine Situation zu verbessern.*

Heute Morgen ist mir dann klar geworden, dass ich versucht habe, dich in meine Pläne einzupassen. Dich zu benutzen, wie ich mein Auto benutze, als ein Vehikel, das mich dahin bringt, wohin ich will. Dann richtete ich meinen Blick stattdessen darauf, was es hieße, heilig zu sein, dich an die erste Stelle zu setzen, deinen Charakter sichtbar zu machen. Ich dachte über die Opfer nach und über das, was sie aussagten: über Jesus, über meinen Status als gereinigter Priester, der ich nach meinem Bad im Blut Christi durch und durch rein bin. Und über meine Gelegenheit, mit dir an einem Festmahl teilzunehmen und in dieser frustrierenden Welt für dich zu leben. Das hat mir einen richtig fassbaren, spürbaren Frieden gegeben. Die Energie war ganz real. Ich fühlte mich lebendig.

Nun, ich habe noch 63 weitere Liebesbriefe zu lesen. Ich glaube, ich brauche eine Pause. Die ersten drei waren ganz schön gehaltvoll. Ich werde weiterlesen, aber vielleicht nicht jetzt gleich.»

«Verdaue erst einmal, was ich dir gesagt habe. Wenn du so weit bist, werde ich zur Stelle sein, um dir mehr zu geben. Noch viel mehr.»

## *4. Liebesbrief*

# Numeri (4. Mose)

## Dich heilig zu machen bedeutet harte Arbeit für uns beide

«Gott, was möchtest du, dass ich aus diesem vierten Liebesbrief mitnehme?»

«Später, in Matthäus 7,13–14, wirst du hören, wie mein Sohn die Botschaft ganz deutlich macht, aber schon jetzt im Buch Numeri drücke ich sie in Form einer Geschichte aus. Die Botschaft ist Folgende:

**Auf dem Weg zu dem Ziel, zu dem ich dich führe, wirst du schreckliche Niederlagen und erdrückende Konflikte erleben, aber es ist der richtige Weg, auch wenn du das Gefühl hast, er bringe dich um.**

In meinem vierten Liebesbrief mache ich deutlich, dass der Weg zum Leben steinig ist. Du wirst jedes neue Abenteuer im Leben mit naiver Hoffnung und Begeisterung in Angriff nehmen. Jede Hochzeit wird voller Leidenschaft beginnen, aber später werden Probleme kommen. Jedes geschmückte Kinderzimmer wird ein Baby aufnehmen, das später Herausforderungen mit sich bringt, mit denen man nicht gerechnet hat. Jede Gemeindegründung, jede neue christliche Organisation, jeder Hauskreis, die mit fröhlichen Hoffnungen beginnen – alles, was du tust, wie gut organisiert und mit welch guten Absichten auch immer –, wird auf Probleme stoßen. Wenn du ein Gespür für die Genüsse hast, für die ich dich geschaffen habe, wird alles in diesem Leben dich enttäuschen, auch der beste Ehepartner, die besten Kinder, der beste Job, die beste Gemeinde, der beste Urlaub.

Und diese Enttäuschung wird dich dazu bringen, dich zu fragen, ob du vielleicht vom richtigen Weg abgekommen bist. Vielleicht gibt es ja einen besseren, befriedigenderen, weniger holprigen Weg durch dein Leben. Aber den gibt es nicht, jedenfalls keinen, der zu echter Freude führt. Um dir das zu sagen, habe ich das Buch Numeri geschrieben. Der Weg zum Leben wird dich durch schreckliche Niederlagen und erdrückende Konflikte führen. Aber nur *dieser* Weg führt dich zu dem Leben, das du willst, dem Leben, das ich dir gebe.»

«Aber Gott, von den Pastoren mancher sehr erfolgreicher Gemeinden höre ich etwas ganz anderes. Und in etlichen Büchern von Leuten, die dich lieben, steht, der richtige Weg sei nicht annähernd so schwierig, wie du es darstellst. Sind das alles falsche Propheten? Haben sie überhört, was du uns im Buch Numeri deutlich machen möchtest?»

«Geistliche Leiter, die verbreiten, ich wäre dazu da, eure Probleme zu lösen und euer Leben angenehm und gedeihlich zu machen, tun etwas, wovon ich dir gesagt habe, dass du es niemals tun sollst. Sie unterschätzen die Energie (und missverstehen völlig die Natur) der Unheiligkeit im menschlichen Herzen, der ich mit aller Härte begegnen muss, um euch zu meinem Fest zu bringen. Und diese Unterschätzung führt sie dazu, auch die Strenge meiner Liebe zu unterschätzen. Mein Knecht C. S. Lewis hat es richtig verstanden: Ich bin *nicht* harmlos, aber ich bin gut. Ich werde euch nicht verhätscheln, genauso wenig, wie ein Chirurg sich damit begnügen würde, ein krebskrankes Kind in den Arm zu nehmen. Ich werde euch nicht verhätscheln, sondern ich werde euch reinigen. Und dazu ist mehr nötig – nicht weniger – als eine Umarmung.

Mein vierter Liebesbrief beginnt damit, dass ich Mose auftrage, das Volk zu zählen – daher der Titel ‹Numeri› – und es auf eine Reise vorzubereiten. Ich beendete das Buch Exodus damit, dass ich in die Stiftshütte einzog. Dann ließ ich das Volk zwei Monate lang (das ist die Zeitspanne, über die sich das Buch Leviticus erstreckt) an Ort und Stelle verharren, während ich ihm bewusst machte, dass ihre Heiligkeit mein allerererstes Anliegen war. Das Buch Numeri beginnt damit, dass Mose die Menschen auf eine Reise zur Freude vorbereitet, für die sie elf Tage gebraucht hätten, wenn sie sich das Buch Leviticus zu Herzen genommen und sich mehr um ihre Heiligkeit gekümmert hätten als um ihre Behaglichkeit.

Über zwei Millionen Menschen machten sich begeistert und fröhlich auf den Weg. Ein kurzes Signal auf zwei silbernen Posaunen rief sie alle zusammen; auf ein weiteres, langes Signal hin setzten sie sich in Marsch. Alles war geregelt; jeder wusste, was er zu tun hatte, genau wie eine glückliche Familie auf einem Ausflug zu Disney World oder eine wachsende Gemeinde, die zum ersten Mal in ihrem neuen Gebäude zusammenkommt. Vom Ausgangspunkt aus sieht der Weg zur Freude glatt und eben aus, so weit das Auge blickt.

Ist dir aufgefallen, dass 603 550 Männer im Alter von über zwanzig Jahren – die Soldaten, die Israels Feinde besiegen, ihre Frauen und Kinder beschützen und auch ihr Eigentum verteidigen sollten – ihren Marsch nach Kanaan voll echter Zuversicht begannen? *Wir sind auf dem Weg. Wir können es schaffen.*

Doch 603 548 von ihnen erreichten nie das Ziel. Sie wanderten vierzig Jahre lang durch die Wüste, und jeder Einzelne von ihnen fand dort den Tod. Nur zwei aus der ursprünglichen Schar, Josua und Kaleb, setzten je ihren Fuß in das verheißene Land. Weißt du, warum?

Weil alle anderen *vermessen* und *ungläubig* waren. Lies 1. Korinther 10,1–12 und Hebräer 3,7–19, wo ich darüber spreche. In seiner *Vermessenheit* glaubte mein Volk, durch sorgfältige Planung, gute Organisation und das Symbol meiner Gegenwart (erinnerst du dich an die Bundeslade?) wäre garantiert, dass ihnen nur Gutes widerfahren würde. Sie schauten nie tief genug in sich selbst hinein, um das schreckliche Unheil zu sehen, das in ihren eigenen Herzen schlummerte. Der vermessene Glaube, alles, was oberflächlich gut aussieht, sei gewiss auch gut, macht euch blind für euer eigentliches Problem.

Und außerdem wollten sie nicht *glauben*, dass ich jedes Problem überwinden konnte – die inneren ebenso wie die schwierigen Umstände, die ihrer echten Freude im Weg standen. Deshalb weigerten sie sich, den schmalen Weg des Glaubens zu gehen, auf dem man sich bereitwillig Niederlagen und Konflikten aussetzt, in dem Wissen, dass ich einen Plan habe, sie zu überwinden.

Sei nicht schockiert, wenn du liest, wie streng ich wegen ihrer Vermessenheit und ihres Unglaubens mit ihnen umging. Ich hasse die Sünde, und ich bestrafe Sünder. Das ist Teil meines Plans. Aber auch das sollst du wissen: Ich töte nur, um wieder aufzuerwecken. Alles in dir, was schlecht ist, vernichte ich, um alles in dir, was gut ist, freizusetzen. Und ich kenne das Gute in dir, das noch tiefer in deinem Herzen sitzt als die Schlechtigkeit.

Ich kenne es, weil ich es selbst dort hineingelegt habe. *Es ist das Gute, das von meinem Sohn kommt.*»

«Gott, ich habe gerade noch einmal das Buch Numeri gelesen. Und nachdem ich gehört habe, was du mir durch diesen vierten Liebesbrief zu verstehen geben willst, habe ich drei Gedanken dazu.

Erstens brachte es für Israel eine Menge Probleme mit sich, dich als seinen Gott zu haben. Ich glaube, ich kann verstehen, wieso sie am liebsten zurück nach Ägypten gerannt wären und dich und deinen wunderbaren Plan für ihr Leben vergessen hätten. Die Denkweise der Welt geht davon aus, dass das Leben viel angenehmer und leichter sein müsste. Kein Wunder, dass so viele Christen – so wie ich – dieser Denkweise zuneigen und sich einzureden versuchen, dass Christen durchaus den Wegen der Welt folgen dürfen, wenn wir sie nur ein bisschen ‹verchristlichen›.

Zweitens beklage ich mich wirklich eine Menge, genau, wie die Israeliten über ihr schweres Leben murrten. Das tue ich auch. Ich kann in einem schicken Ferienhotel in der heißen Badewanne sitzen und trotzdem irgendetwas finden, worüber ich mich ärgern kann. Das macht mir Angst. Vielleicht willst du ja auch, dass es mir Angst macht, wie wenig ich deinen Maßstäben entspreche, damit ich verstehe, wovon ich durch deine vollkommene Liebe befreit werde.

Drittens ist, wenn in meinem Leben etwas schiefgeht, besonders in meinem inneren Leben, mein erster Gedanke immer der, dass es doch einen Weg geben müsste, dir nachzufolgen, durch den alles besser würde. Doch im Buch Numeri höre ich dich sagen, dass der Weg zum Leben, zu dem Leben, das ich eigentlich will, schwierig und lang ist.

Ich glaube, mir wird allmählich klar, dass es darauf ankommt, dir zu vertrauen und dir nachzufolgen, vor allem anderen. Das ist etwas, was ich mir merken muss.»

«Allerdings. Und meinen nächsten Liebesbrief habe ich geschrieben, um dir genau dabei zu helfen. Lies weiter.»

## 5. Liebesbrief

## Deuteronomium (5. Mose)

# Du verlässt mich, aber ich verlasse dich nie

«Dieses fünfte und letzte Buch des Mose macht mir wirklich zu schaffen, Gott. Mose hält seine letzte Predigt – dein ganzer Brief an mich ist seine Predigt –, *und keiner kapiert sie!* Was möchtest du mich durch diesen Liebesbrief lehren?»

«Du wirst immer wieder dasselbe gesagt bekommen, wenn du Männern und Frauen zuhörst, die mich gut kennen – solchen Leuten, die schon alles Mögliche durchgemacht haben, die sich ehrlich mit sich selbst und mit anderen auseinandergesetzt haben, die dem Leben ins Auge geschaut und es verwirrend und enttäuschend gefunden, aber trotzdem auf mich geschaut haben. Leute, die zugegeben haben, wie ratlos und beunruhigt sie darüber sind, wie ich handle, aber durch all das gelernt haben, mir zu vertrauen. Und was sie sagen, ist das, was ich dir im Buch Deuteronomium sage. Es ist das, was Mose durch all das Schwere und all den Segen in seinem Leben lernte. Es ist das, was Gläubige zu allen Zeiten immer wieder erfahren haben:

**Ich bin den Treulosen treu. Ich halte immer mein Wort. Glaube daran, und du wirst wissen, dass ich dich durch alles, was passiert, meinem Fest immer näher bringe. Sei mir treu, und du kannst schon heute, da, wo du jetzt bist, ein paar Tanzschritte lernen. Das ist es, was ich dir durch meinen fünften Liebesbrief zu verstehen geben möchte.»**

«Aber Gott, ich kann mir nicht vorstellen, dass Mose zum Tanzen zumute war. Du hast ihm doch gesagt, dass seine Gemeinde, noch während er seine letzte Predigt hielt, schon vorhatte, dagegen zu rebellieren, und dass sie nach seinem Tod gegen alles verstoßen würden, was er gesagt hatte. Und ich selber weiß auch nicht recht, ob mich das Buch Deuteronomium zum Tanzen bringen wird. Was könnte mir denn die Zuversicht geben, dass die geistliche Wegweisung, die ich aus Büchern, Predigten und Gesprächen empfange, mir tiefer ins Herz gehen wird, als Moses Worte in die Herzen der Israeliten drangen?»

«Lass mich dir das Buch Deuteronomium erklären. Vergiss nicht, ich entfalte meinen Plan langsam. In diesem Liebesbrief mache ich drei Dinge noch klarer als in meinen ersten vier Briefen.

Erstens: Ich bin der einzige wahre Gott. Es gibt keinen anderen. Wenn es dir nicht passt, was ich tue, dann gibt es keinen Plan B. Das steht in 5. Mose 6,4–5.

Zweitens: Ich habe dich *herausgeholt*, um dich *hineinzubringen*. Du warst in deiner Selbstsucht ebenso gefangen, wie die Israeliten unter Ägypten versklavt waren, wo sie an nichts anderes denken konnten als an sich selbst. Daran, wie wir ein besseres Leben bekommen, nicht daran, wie wir Gott lieben können. Aus diesem Gefängnis habe ich dich herausgeholt, um dich in die Freiheit der Liebe zu führen. Liebe ist bedeutungslos, wenn sie nicht auch dann lebendig bleibt, wenn derjenige, den du zu lieben behauptest, distanziert und unnahbar erscheint. Wenn du mich nur so lange liebst, wie ich deine Wünsche prompt erfülle, dann ist deine Liebe auch wieder nur eine Form der Selbstsucht. Deine Liebe wird erst dann zum Vertrauen, wenn du beschließt, daran zu glauben, dass ich dich aus etwas Schlechtem herausgeholt habe, um dich in etwas Gutes zu führen, und zwar *bevor du dieses Gute erfährst*. Dann nämlich beruht deine Liebe auf dem Vertrauen in meinen Charakter, nicht auf dem Genuss gegenwärtiger Segnungen. Lies, was ich darüber in 5. Mose 6,23 gesagt habe.

Drittens: Ich verlange nichts von dir außer dieser Art von Liebe. Sie schließt ein, dass du mich respektierst als der, der ich bin, dass du mir folgst, wohin immer ich dich führe, dass du mir von ganzem Herzen dienst und dass du jedem Gebot, das ich dir gebe, gehorchst. Das habe ich in 5. Mose 10,12–13 von Israel verlangt. Und das verlange ich auch von dir.

Aber damit verlange ich etwas, das weder du mir geben kannst noch Israel mir geben konnte. Ihr seid nicht imstande, mich so zu lieben. Den Israeliten habe ich gesagt, sie müssten all diese halsstarrige Selbstsucht wegschneiden, die ihre Herzen überwucherte, um mich so lieben zu können, wie ich es geboten hatte. Das steht in 5. Mose 10,16. Doch nicht einmal das konnten sie tun. Deshalb offenbarte ich zum ersten Mal meinen Plan, es für sie zu tun. In 5. Mose 30,6 habe ich deutlich gemacht, dass *ich ihre Herzen verändern würde, damit sie mich so lieben könnten, wie ich es von ihnen verlangte.*

Weißt du noch, wie Israel im Buch Exodus versprach, mich zu lieben und mir zu gehorchen? ‹Wir wollen alles tun, was der Herr befiehlt!› Das war ihr Versprechen in 2. Mose 19,8. In 5. Mose 5,28–29 sagte ich zu Mose, ihre Absichten seien zwar gut, aber ich sei tief bekümmert, dass ihre Motive immer noch selbstsüchtig waren. Sie würden ihr Versprechen nicht halten, ja *konnten* es gar nicht. Erst brauchten sie ein verändertes Herz, ein beschnittenes Herz, bei dem die dicke Schicht der Selbstsucht erkannt, bereut und abgeschnitten wurde. Sie brauchten ein neues Herz. Aber es sich selbst zu verschaffen stand nicht in ihrer Macht. Deshalb versprach ich, ihnen eines zu geben.

Lies das Buch Deuteronomium und erkenne, dass niemand mir gefallen kann, wenn ich nicht das Leben meines Sohnes, der mir *immer* gefällt, in sein Herz hineinlege. Und genau das habe ich versprochen. Das habe ich getan. Ich bin den Treulosen treu. Glaube daran, und mach dir bewusst, dass du mir jetzt treu sein *kannst*. Nicht vollkommen treu, aber du *kannst* lernen, im Einklang mit meinem Sohn zu leben – jeden Tag ein bisschen anmutiger.»

«Das hilft mir sehr, Gott. Aber darf ich dir noch eine Frage stellen? Was hat Mose empfunden, als du ihm sagtest, dass vierzig Jahre treuer Dienst für Israel nicht zur Treue aufseiten Israels führen würden? Ich kenne zwei Pastoren. Der eine hat seiner Gemeinde dreißig Jahre lang gedient, der andere elf. Beide Gemeinden haben sich gegen sie gewandt. Sie wurden hinausgeworfen. Das war niederschmetternd für sie. Wie war das für Mose?»

«Du musst die große Geschichte im Blick behalten, sonst wird die kleinere keinen Sinn ergeben. Manchmal wird sie einfach nur schrecklich sein. Mose war der einzige Mensch, den ich je mit eigenen Händen begraben habe. Und ich habe ihn in ein geheimes Grab gelegt, das niemand finden konnte. Hast du dich je gefragt, warum ich das in 5. Mose 34,5–6 erwähnt habe?

Mein Plan war, dass er nicht lange dort bleiben sollte. Sicher, er war entmutigt, was Israel anbetraf, als er starb, und er war enttäuscht, dass ich ihn nicht ins verheißene Land einziehen lassen würde. Doch Satan wusste, was ich vorhatte. Er wusste, dass ich den Plan hatte, Mose und Elia mit meinem Sohn zusammentreffen zu lassen, wenn er einst auf dem Berg der Verklärung vor Petrus, Jakobus und Johannes seine Herrlichkeit offenbaren würde. Darum ging es auch in dem Kampf, den mein Engel Michael mit Satan ausfocht: um den begrabenen Leichnam des Mose (ich erwähne das in Judas 9).

Als Mose und Elia mit meinem Sohn über den wahren Exodus sprachen, über *seinen* Tod und *seine* Auferstehung, wurde dadurch für Mose alles in die richtige Perspektive gerückt. Das, was mein Sohn bei dem wahren Exodus vollbrachte, machte es möglich, dass mein Geist die Herzen der Menschen beschneiden konnte. Das heißt, er konnte sie dazu bewegen, mich zu lieben, auch dann, wenn ich ihre Wünsche nicht befriedige, weil ihre Hoffnung sich auf meinen Charakter richtet. Sie wissen, dass ich jeden, den ich dazu einlade, zu meinem Fest bringen werde. Das ist mein Plan. Was glaubst du wohl, was Mose empfand, als er meinen Plan erkannte und merkte, welche Rolle er selbst darin bereits gespielt hatte? Er war ziemlich begeistert.»

«Oh Gott, wenn doch nur das, was du da sagst, ganz in mein Herz eindringen könnte. Ich glaube, wenn es das täte, wäre ich ein neuer Mensch.»

«Das ist mein Plan. Lies weiter.»

# Zweiter Teil

## Die Handlung tritt in der Weltgeschichte zutage: Josua bis Esther

In den nächsten zwölf Liebesbriefen verdichtet sich die Handlung beträchtlich. Von einem Brief zum nächsten wird sie immer schwergewichtiger, verwirrender, ermutigender und deprimierender. Doch ein Thema tritt klar hervor: *Wir sind in Not, und Gott möchte uns retten.* Aber wir können nicht gerettet werden, solange wir nicht wissen, dass wir Rettung brauchen, und solange wir nicht wissen, was mit uns nicht stimmt und *weshalb* wir der Rettung bedürfen.

Wenn Sie diesen nächsten Teil der Geschichte lesen, machen Sie sich bewusst, dass die Tiefe unserer Not das Wunder und die Enormität dessen, was Gott tun muss, um seine Liebesgeschichte zu ihrem großartigen Schluss zu führen, nur noch strahlender hervortreten lässt.

Machen Sie sich auf eine Achterbahnfahrt gefasst. Ihre Emotionen werden zu neuen Tiefen hinabsinken und sich dann wieder zu neuen Höhen aufschwingen. Da wir nun einmal so ganz und gar aus dem Takt des Planes Gottes geraten sind, kann es nicht anders sein. Aber bleiben Sie dran. Wir sind unterwegs zu einer Höhe, die nie wieder aufhören wird.

# 6. Liebesbrief

# Josua

## Lerne, die Sünde mehr zu hassen als das Leid

«Gott, in deinem sechsten Brief wird aber viel Blut vergossen. Was möchtest du, dass ich dich sagen höre, wenn ich lese, wie Israel unter Josua in das verheißene Land ging, so viele der Menschen tötete, die dort bereits lebten, und dann in deren Häuser einzog? Ist das wirklich ein Liebesbrief? Es hört sich eher wie ein Kampfruf an.»

«Es *ist* ein Kampfruf. Um mich zu lieben und heilig zu werden, musst du erkennen, dass es *in* dir einen Feind gibt, der dir mehr Ärger machen wird als alle *äußeren* Feinde, sogar mehr als der Teufel. Ich will, dass du kämpfst, aber ich möchte, dass du den richtigen Kampf kämpfst. Ich möchte, dass du Folgendes verstehst, wenn du meinen Liebesbrief über Josua liest, wie er das Volk nach Kanaan führte:

**Um mich zu lieben und meinem Plan treu zu sein, musst du alles in dir hassen, das mir entgegensteht. Du musst alles an dir hassen, was irgendjemandem oder irgendeiner Sache außer mir den ersten Platz in deinem Leben geben will. Du wirst Hilfe brauchen, um zu erkennen, was das ist.»**

«Und wie bringst du das im Buch Josua zum Ausdruck?»

«Um zu hören, was ich im Buch Josua sage, musst du zwei Fehler vermeiden.

Erstens: Verwechsle Kanaan nie mit dem Himmel. Das verheißene Land der Zeit Josuas symbolisiert das Leben, das ich euch verspreche, *bevor* ihr in den Himmel kommt, also während ihr noch hier lebt. Mein Versprechen an euch, wenn ihr in den Himmel kommt (der übrigens auch diese Erde sein wird, wiederhergestellt in ihrer ganzen Schönheit), ist, dass es dort keinen Kampf geben wird, nur Harmonie. Kein Scheitern, nur Erfüllung. Und völlige Freude, das beste Leben für immer. Mein Versprechen für euch jetzt ist, dass ihr mir näherkommen und meinem Sohn ähnlich werden könnt, aber dazu werden anstrengende Kämpfe und demütigende Niederlagen nötig sein.

Zweitens: Denke nie, die Feinde in Kanaan wären nur die Dinge, die in der Welt um dich her im Argen liegen. In der Welt liegt so manches im Argen. Und dagegen musst du eintreten. Aber dein schlimmster Feind ist in dir selbst. Und damit meine ich nicht den Teufel. Ich meine deine Tendenz, das, was du willst, mehr zu wollen als das, was *ich* will, und zu glauben, das wäre aus meiner Sicht vollkommen in Ordnung. Das ist es nicht. Als ich die schrecklich bösartigen Menschen in Kanaan durch Josua töten ließ, ging es mir viel mehr um die Neigung meines Volkes, sich zu der auf Selbstschutz und Vergnügen bedachten Lebensweise der Kanaaniter hinlocken zu lassen. Ich wollte, dass mein Volk, das ich dazu erwählt hatte, heilig zu sein, seiner fleischlichen Seite keinen Raum gab – jener unheiligen Neigung, mich zu benutzen, um sich ein gutes Leben zu machen, anstatt mir zu vertrauen, meinen Liebesplan durch Segnungen *und* Nöte zu verwirklichen.

Ich erzähle Josuas Geschichte in drei Teilen. Zuerst führte er das Volk dabei an, *in das Land einzuziehen*. Das ist die Geschichte von der Überquerung des Jordans, die ich in Josua 1 bis 5 erzähle. Zweitens führte Josua das Volk dabei an, *die Feinde zu besiegen*, die im Land lebten, Feinde, die zu keinem schlimmeren Übel imstande waren als mein Volk selbst. Das steht in Josua 6 bis 12. Und drittens führte er das Volk dabei an, *die Vorräte zu genießen*, die das Land zu bieten hatte. Sie sind nur ein Vorgeschmack dessen, was ich bei dem ewigen Fest, das ich geben werde, für meine Familie bereithalte. All dies wird in Josua 13 bis 24 erzählt.

Beachte, dass der Einzug ins Land – die Überquerung des Jordans – keine Konflikte mit sich brache, sondern nur Vertrauen erforderte. Doch sobald sie im Land waren, gab es Kämpfe auszustehen. Wenn man Christen einlädt, für Jesus zu leben, indem man andeutet, das christliche Leben sei voller Segnungen, wie ein Einzug in ein Land, in dem Milch und Honig fließen und in dem es keine echten Kämpfe gibt, so werden sie alle nach vorn kommen. Gemeinden, die sich nie mit dem realen Kampf beschäftigen, den es verlangt, meinem Sohn nachzufolgen, wachsen zwar oft zu beträchtlicher Größe, aber sie bestehen zumeist aus «kleinen» Christen.

Der Sieg über die Feinde bedeutete für Israel Konflikte, Niederlagen und die Notwendigkeit scharfen Urteilsvermögens, genauso wie in deinem Leben auch. Israel musste echte Schlachten führen, mit echten Schwertern, die echtes Blut vergossen. Manchen aus dem Volk, wie Achan, war es lieber, Segnungen zu genießen, als in den Kampf zu ziehen. Diese Vorliebe führte in die Niederlage, und das wird dir ebenso ergehen.

Auch ein scharfes Urteilsvermögen ist schwer zu erlangen. Selbst Josua passierte es, dass er einen Feind für einen Freund hielt, ein schreckliches Fehlurteil. Von diesem Vorfall kannst du in Kapitel 9 lesen.

Und trotz aller Anstrengungen Josuas gerieten die Menschen meines Volkes manchmal über den Genuss ihrer Segnungen in Streit. Darauf solltest du achten. Anspruchsdenken und Neid werden dir zu schaffen machen, bis zu stirbst. Du brauchst Urteilsvermögen, um sie wahrzunehmen, sie als falsch zu erkennen und zu wissen, wie du deinen Weg durch sie hindurchfindest.

Eure Leiter sind alle unvollkommen, aber ihr werdet sie brauchen, um den eigentlichen Kampf effektiver führen zu können, um euch Kompromissen und Täuschungen zu widersetzen und eure Segnungen zu genießen, ohne dass Anspruchsdenken eure Dankbarkeit verdirbt. Es lassen sich in diesem Leben beträchtliche Siege erringen, aber nur durch Kämpfe, die uns bis zum Himmel begleiten werden. Das ist es, was ich dir im Buch Josua zu verstehen geben möchte.»

«Nun, hier ist meine Reaktion, Gott, oder zumindest eine der stärksten, die mir sofort in den Sinn kommt. Ich liebe die Stelle, wo du, nachdem du Josua angewiesen hattest, alle Soldaten zu beschneiden (was für eine merkwürdige Vorbereitung auf den Angriff auf Jericho), und nachdem ganz Israel das Passa gefeiert hatte, sofort damit aufhörtest, das Manna herabzusenden. Nach vierzig Jahren nichts als Manna konnte dein Volk Brot und Getreide genießen, Nahrung aus dem verheißenen Land.

Das bringt mich ins Nachdenken. Wenn ich in der Wüste des schwachen Glaubens und der komfortorientierten Hingabe bleibe, wird meine Speise von dir Manna sein, und ich werde mich danach sehnen, schmackhaftere Dinge zu essen, die es anderswo gibt. Ich werde zurück nach Ägypten wollen. Wenn ich aber Ernst damit mache, radikal alles zu glauben, was du sagst, und dir mein Leben wirklich anzuvertrauen, wenn ich den Jordan überquere und meinem wahren Feind gegenübertrete, dann wirst du mir die ‹köstlichen Speisen› auftragen, von denen du in Jesaja 55,2 sprichst. Davon habe ich schon gekostet, wenn auch nur ein paar Krümel, aber sie sind *gut*.

Und wenn ich mir einbilde, ich wäre dir wirklich hingegeben, obwohl ich mich dem Kampf nicht stellen will, der sowohl in mir als auch um mich her stattfindet, dann werde ich hungern. Und ich werde mir am Ende mit der Zuckerwatte, die das ‹Gut-genug-Christentum› zu bieten hat, den Magen verderben.

Gott, ich möchte das essen, was du jetzt schon an köstlichen Speisen gibst, in dem Wissen, dass es nur ein Vorgeschmack auf das ist, was du bei dem Fest auftragen wirst. Ich glaube, ich werde das Buch Josua noch einmal lesen. Ich möchte besser verstehen, was für einen Kampf ich in meinem Innern ausfechten muss und wie ich mich für ihn rüsten kann.»

«Vergiss nicht, was ich gesagt habe: Dein schlimmster Feind ist in deinem Innern. Lies das Buch Josua noch einmal, damit sich dir ganz klar einprägt, dass du in einem Kampf stehst. Dann lies meinen nächsten Brief, um deinen schlimmsten Feind noch klarer zu erkennen.»

# 7. Liebesbrief
# Richter

## Die Sünde sitzt tief in dir

«Gott, das Leben ist verwirrend genug, ohne dass man das Buch der Richter lesen muss. Die Geschichten handeln alle von Leuten, deren Leben eine Zeitlang gut läuft, dann bergab geht, dann wieder besser wird, dann wieder schlechter. Und du lässt keinen Zweifel daran, dass du hinter alledem steckst – dass du schlechte Zeiten dann eintreten lässt, wenn dein Volk nicht so lebt, wie du es möchtest, und dann wieder gute Zeiten herbeiführst, wenn es Buße tut. Ist es das, was ich aus diesem siebten Liebesbrief entnehmen soll? Dass du in meinem Leben schlimme Dinge passieren lässt, wenn ich böse bin; wenn ich dagegen Buße tue und mich gut benehme, dafür sorgst, dass alles für mich glatter läuft?»

«Nein. Im Buch der Richter hat mein Volk nie Buße getan.»

«Wirklich? Ich dachte, das hätten sie, und deswegen hättest du sie gesegnet. Nun, ich muss zugeben, dass ich froh bin, von dir zu hören, dass gut zu sein nicht immer eine Garantie dafür ist, dass einem Gutes passiert. Das ist es doch, was du sagst, oder? Denn ich habe schon oft erlebt, dass guten Menschen Schlimmes passiert ist, und umgekehrt. Es geht dir also nicht darum, dass ich mich darauf verlasse, dass du mich mit guten Dingen segnest, wenn ich gut lebe. Darüber bin ich froh. Ich könnte den Druck nicht ertragen, gut sein zu müssen, obwohl es mir natürlich gefallen würde, die Dinge in der Hand zu haben. Aber es geht dir nicht darum, dass ich Gutes tue, um ein gutes Leben zu haben. Aber worum dann?»

«Ich möchte, dass du begreifst, dass du dasselbe Problem hast, das du in allen Geschichten, die ich im Buch der Richter erzähle, auch bei meinem Volk sehen kannst. Dein Problem ist dasselbe, ebenso schlimm und tief gehend. Und ich möchte, dass du einsiehst, dass kein System aus Belohnungen und Strafen etwas an dieser verfahrenen Situation ändern kann, weder bei dir noch bei den Israeliten.»

«Gott, ich weiß, dass ich alles andere als perfekt bin. Ich weiß auch, dass das, was mich davon abhält, öfter gut zu sein, sich nicht dadurch aus dem Weg räumen lässt, dass du mich bestrafst, wenn ich böse bin, und mich belohnst, wenn ich gut bin – auch wenn das bei kleinen Kindern nötig erscheint. Aber ich bin mir überhaupt nicht im Klaren darüber, was mein eigentliches Problem ist. Und das Buch der Richter zu lesen, hilft mir auch nicht weiter. Du schilderst da einen Kerl, der seine tote Geliebte in Stücke schneidet und die Teile ihres Körpers an die zwölf Stämme schickt und meint, damit gäbe er eine Botschaft weiter, die irgendwie Gott ehren würde. Damit kann ich nichts anfangen. Wenn du möchtest, dass ich kapiere, was mit deinem Volk nicht stimmt und mit mir ebenso wenig, dann brauche ich Hilfe. Wirst du das im Buch der Richter deutlich machen?»

«Möchtest du, dass ich das tue?»

«Ich glaube schon. Aber wenn du mich schon so fragst, bekomme ich Angst, dass es mir nicht gelingen wird, zu erkennen, was mein tiefstes Problem ist. Ist es Sünde? Furcht? Scham? Unsicherheit? Aber noch mehr Angst habe ich davor, dass du es deutlich machen wirst. Und dass mich das total erschlägt. Ich schätze, das erschreckt mich wohl deshalb so sehr, weil deine Erfolgsquote im Buch der Richter bei dem Bestreben, schlechte Menschen gut zu machen, bestenfalls durchwachsen ist. Fast alle wurden eher noch schlimmer. Ich weiß, du hast gesagt, dass kein System von Belohnungen und Strafen etwas an dem ändert, was mit den Leuten im Grunde nicht stimmt, aber mir scheint, dass du mit dieser Herangehensweise nicht besonders viel zustande gebracht hast. Du bist mit deinem Volk umgegangen, wie ein schwacher Vater vielleicht mit einem verwöhnten Bengel umgehen würde. Du hast ihnen eine Abreibung verpasst, wenn sie nicht gespurt haben, wie du es wolltest, und du hast es im Zorn getan. Und wenn sie dann laut genug gequengelt haben, hast du ihrem Gejammer nachgegeben. Bei so einer Erziehung würde es doch mit jedem Kind nur noch schlimmer werden. Bleibt für mich die Frage: Wirst du mich wirklich verändern? Wenn ich mich dem stelle, was an mir so schrecklich ist, wirst du es dann in Ordnung bringen? Und wenn ja, wie?»

«Ich kann es, und ich werde es auch tun. Auf meine Art und zu meiner Zeit. ICH BIN dazu fähig.»

«Gott, ich weiß, nach diesem kommen noch 59 weitere Liebesbriefe, die ich zu lesen habe. Also erwarte ich nicht, jetzt schon den ganzen Zusammenhang zu erfassen. Aber was soll ich im Buch der Richter erfassen? Was sagst du mir in diesem verwirrenden, entmutigenden Brief?»

«Höre Folgendes, wenn du die Geschichten liest, die ich im Buch der Richter erzähle:

**Meine Menschen haben nie tief in sich selbst hineingeschaut, um zu erkennen, wovor sie sich am meisten fürchteten. Sie haben nie erkannt, dass es etwas Schlimmeres gibt als ein schwieriges Leben. Schlimmer als Gefühle der Unzulänglichkeit und Unsicherheit. Schlimmer als Unbequemlichkeit und Schmerz. Ihre schlimmste Angst war, dass sie die Segnungen verlieren könnten, die ihnen Behaglichkeit und ein Gefühl des persönlichen Wohlergehens verschafften. Deshalb hatten sie nie einen Gedanken für mich übrig, solange sie ein angenehmes Leben hatten. Und wenn Leid in ihr Leben kam, wenn ihre Furcht vor dem Verlust der Segnungen Wirklichkeit wurde, kehrten sie zu mir zurück – nicht, um eine Beziehung zu mir zu pflegen, sondern nur, um das gute Leben wiederzubekommen, das sie für ihr größtes Gut hielten.»**

«Gott, deine Liebesbriefe bringen mich dazu, das Wort *Liebe* ganz neu zu definieren. Bist du sicher, dass das Buch der Richter ein Liebesbrief ist?»

«Ein Arzt muss dich erst einmal davon überzeugen, dass deine Krankheit ernst ist, bevor du dich mit einer radikalen, drastischen Behandlung einverstanden erklären wirst. Ich biete nichts Geringeres als eine Herztransplantation an. Das ist mein Plan, weil das eure einzige Hoffnung ist.

Ich heile nie nur oberflächlich. Viele meiner Kinder wünschen es sich und glauben, ich täte es. Aber ich tue es nicht. Mein Plan ist, dich von innen heraus zu verändern, deine *Motive* zu verändern. Die Gründe, warum du tust, was du tust. Und ich will die *Wirkung* verändern, die du auf andere Menschen hast, so dass die Art, wie du mit anderen umgehst, in ihnen einen Durst nach mir weckt und sie in eine äußerste, dankbare Abhängigkeit von mir hineinzieht.

Wenn du mich mehr liebst als alles andere, wird alles, was du tust, mir gefallen, weil deine Motive zwar nie ganz rein, aber heilig sein werden. Und wenn du andere Menschen mit einer Authentizität und Leidenschaft liebst, die sie zu mir hinzieht, wirst du auch etwas von der Freude spüren, die ich darüber empfinde. Ja, das Buch der Richter ist ein Liebesbrief. Denk es dir als ein beunruhigend klares MRT-Bild, das dich bereit macht, dich den geschickten, heilenden Händen eines fürsorglichen und begabten Chirurgen anzuvertrauen, der dir einen guten Ausgang garantiert.»

«Gott, kannst du mir sagen, wie du das alles im Buch der Richter hinüberbringst? Ich habe das Buch gelesen, aber ich bin mir nicht sicher, dass ich das herausgehört habe, was du mir gerade gesagt hast.»

«Ich habe zwölf Führer – die ich Richter nannte – eingesetzt und mit übernatürlichen Gaben versehen, um mein Volk aus dem Elend zu befreien. Doch ich erzähle nur die Geschichten von sechs Richtern: Otniël, Ehud, Debora, Gideon, Jeftah und Simson. Ihnen solltest du besondere Aufmerksamkeit schenken. Wie immer wirke ich durch unvollkommene Menschen, um meinen Plan zu verfolgen, bis der vollkommene Mensch kommt. Dann werde ich meinen Plan vervollständigen.

Du wirst merken, wie sich ein mühseliger Kreislauf immer neu wiederholt, ohne dass es sichtbar vorwärtsgeht. Eher wird es noch schlimmer. Mein Volk vergisst mich, weil es ihm mehr um das gute Leben geht als um denjenigen, der es ihnen schenkt. Das ist das erste Stadium des Kreislaufs. Dann werde ich zornig und nehme ihnen ihr gutes Leben weg. Damit habe ich natürlich ihre Aufmerksamkeit. Sie erinnern sich an mich und flehen um Erleichterung. Sie bitten mich, ihnen das gute Leben zurückzugeben, das sie für die Quelle ihrer größten Freude halten. Und ich tue es auch. Ich stelle Richter auf und rüste sie aus, Befreier im Grunde, die ihnen helfen, ihre Feinde zu besiegen, und meinem Volk das angenehme Leben verschaffen, das sie unbedingt haben wollen. Dann wiederholt sich der Kreislauf. Nach einer Weile vergessen sie mich, weil sie ja eigentlich nicht *mich* wollen. Sie wollen nur das gute Leben, das ich ihnen schenken kann. Dann werde ich wieder zornig, und das Ganze geht von vorne los.

Mach nicht den Fehler, zu übersehen oder abzumildern, wie zornig ich wurde. *Du musst meinen Zorn spüren, bevor du das Ausmaß meiner Liebe würdigen kannst.* Sechs Mal schreibe ich ausdrücklich, dass ich in meinem Zorn das gute Leben wegnahm, das mein Volk genoss. Du kannst es nachschlagen: Richter 3,8; 3,12; 4,2; 6,1; 10,7 und 13,1. Aber vergiss nicht: Unter dem Strich steht bei mir nicht der Zorn. Das Zentrum meines Herzens ist Liebe. So war es immer. So wird es immer sein. Es ist wahr, was der Verfasser des Hebräerbriefes, von mir inspiriert, über mich sagte: ‹Gott tut, was für uns das Beste ist, und trainiert uns, Gottes heiliges Bestes zu leben.› So hört sich Hebräer 12,10 in einer Version an, die ihr *The Message* nennt. Und denk auch an Folgendes: *Heiligkeit besteht darin, mich zu lieben und nicht danach zu verlangen, mich nach deinem Belieben benutzen zu können. Und sie besteht darin, andere zu lieben und dein Wohlergehen für das ihre zu opfern.* Heiligkeit ist für dich der Weg zur Freude, und zwar der einzige Weg. Wenn du das begreifst, wirst du verstehen, dass alle meine 66 Briefe an dich, einschließlich des Buches der Richter, Liebesbriefe sind.

Ich habe das Buch der Richter geschrieben, um Folgendes deutlich zu machen: *Nur wenn Menschen tief in sich selbst hineinblicken, werden sie wirklich Buße tun.* Mein Volk im Buch der Richter hat nie Buße getan. Ihre große Liebe blieb durchweg ihr Gefühl des eigenen Wohlergehens. Sie verstanden nie, dass Liebe – echte Liebe, die Liebe, die mich ausmacht – beinhaltet, dass man sein Wohlergehen um eines anderen Menschen willen verliert.

Dieses mangelnde Verständnis ist wie eine Epidemie, nicht nur in der Kultur, sondern auch in den heutigen Gemeinden. Und es steckt auch in dir. Du neigst, ebenso wie alle anderen, dazu, dich auf mich zu stützen, weil du von mir ein gutes Leben voller Segnungen erwartest. *Und dieses Auf-mich-Stützen verwechselst du mit Liebe.* Du hast mehr Angst davor, das gute Leben zu verlieren, als davor, die enge Beziehung zu mir zu verlieren (oder gar nicht erst aufzubauen). Du siehst noch nicht ein, dass der größte Segen für dich darin besteht, bei mir zu sein, egal, was sonst noch in deinem Leben passieren mag.

Solange dein Erschrecken vor dem Elend (das *keine* Sünde ist) dich dazu treibt, vor allem anderen dir selbst die Segnungen des Lebens zu sichern (was sehr wohl Sünde ist), wirst du unbußfertig, fern von mir und unfähig zur Liebe bleiben. Und keine Abfolge von guten oder schlechten Zeiten wird dich verändern, genauso wenig, wie sie mein Volk im Buch der Richter veränderte.

Du fragst dich, wie du das Buch der Richter als einen Liebesbrief lesen und dich an der Lektüre erfreuen kannst? Mach es so wie ich. Richte deine Aufmerksamkeit beharrlich auf meinen Sohn. Seinetwegen kannst du mich jetzt lieben, statt mich nur benutzen zu wollen. Du kannst meiner Liebe vertrauen, auch dann, wenn das Leben unsäglich schwer ist. Das ist es, was mein Sohn möglich gemacht hat, als die Soldaten Nägel in seine Hände und Füße schlugen. Seine Motive sind jetzt in dir. Und du kannst auf andere so einwirken, wie er es tat, zumindest ein wenig.»

«Gott, ich habe wohl durchaus etwas gemeinsam mit den Leuten, deren Geschichten du im Buch der Richter erzählst. Es ist wirklich so, dass ich dich benutzen will, um das Leben zu bekommen, das ich mir wünsche. Es ist so schwer einzusehen, dass meine falschen Motive meine Wirkung auf andere Menschen beeinträchtigen können. Aber wenn das stimmt, dann muss zwischen dir und mir etwas stattfinden, was viel mehr mit einer Beziehung zu tun hat. Etwas ganz anderes als Belohnung und Strafe. Etwas, was ebenso zutiefst persönlich ist, wie Sex zutiefst körperlich ist. Du musst *in* mich hineinkommen und dein Leben in meines ausgießen, damit deine Motive und deine Art zu lieben tiefer in mich eindringen als meine manchmal gut getarnte Motivation, dich zu benutzen. Verstehe ich dich richtig, Gott?»

«Es gibt noch etliches mehr, das du verstehen musst, bevor mein Plan, dich zu verändern, verwirklicht wird. Lies meinen nächsten Liebesbrief. Ruth, Naomi und Boas werden dir ein Bild davon zeigen, was aus dir werden könnte.»

# 8. Liebesbrief
# Ruth

## Ich habe das Heilmittel

«Gott, ich bin ziemlich sicher, dass ich das Buch Ruth verstanden habe. Ich glaube, endlich weiß ich einmal, was du mir in einem deiner Liebesbriefe zu sagen versuchst, *bevor* du es mir sagst. Schau, ob ich es richtig verstanden habe: Ruth ist eine zarte Liebesgeschichte über eine junge Frau, die, obwohl ihr Mann gestorben ist, bei ihrer Schwiegermutter bleibt, die selbst nicht nur ihren Mann, sondern auch ihre beiden Söhne verloren hat. Dann greifst du ein und arrangierst, dass Ruth Boas kennenlernt und ihn heiratet, einen reichen Verwandten von Naomi, der nun Ruth und Naomi aus all ihren Problemen heraushilft. Und weil diese Und-sie-lebten-glücklich-bis-an-ihr-Lebensende-Geschichte in der schrecklichen Richterzeit spielt, sagst du mir damit, dass ich inmitten der menschlichen Hässlichkeit nach dem von Gott geschaffenen Schönen Ausschau halten soll. Und vielleicht lässt du mich auch wissen, dass du manchmal doch Leute aus ihren Schwierigkeiten befreist, die im Gegensatz zu diesen undankbaren Typen im Buch der Richter zu schätzen wissen, was du tust, und dir treu bleiben. Habe ich das richtig verstanden?»

«Rührt dich diese Botschaft an?»

«Ein bisschen schon. Es ist eine herzerwärmende, schöne Botschaft.»

«Ich gebe mich aber nie damit zufrieden, Leuten das Herz mit einer schönen Botschaft zu erwärmen. Ich dringe in die Herzen der Menschen ein und verwandle sie mit einer wahren Botschaft.»

«Okay, dann habe ich es wohl doch noch nicht ganz verstanden. Was ist es denn dann, was du mir durch das Buch Ruth mitteilst?»

«Ich habe dir ja schon gesagt, dass du ein ziemlich tiefsitzendes Problem hast. Du schätzt das, was ich dir geben kann, höher ein als das Vorrecht und die Freude, mich zu kennen und durch diese Erfahrung radikal verändert zu werden. Und vieles von dem, was in deinem Leben passiert, benutzt du dazu, dein auf dem Kopf stehendes Wertesystem zu rechtfertigen und zu stärken. In der Geschichte von Ruth stelle ich eine tiefe Wahrheit dar:

**Was auch immer in deinem Leben geschieht, ich kann dein Herz erreichen mit der Kraft, dich zu jemandem zu formen, der mich höher schätzt als jeden anderen und alles andere. Ich bin entschlossen, deine Werte umzukehren.»**

«Aber das tust du langsam, oder? Ich meine, richtig langsam, nach langen Zeiten der Not, in denen es so aussieht, als würdest du überhaupt nicht handeln, und die die Leute glauben lassen, dir wäre es völlig egal, was sie durchmachen. Ich glaube, ich habe mich von Ruths Geschichte mit falscher Hoffnung einlullen lassen, weil ich nur eine schöne, romantische Geschichte gesehen habe, in der eine Aschenputtelfigur den Prinzen heiratet und eine mürrische alte Schwiegermutter einen knuddeligen kleinen Enkel bekommt, der sie wieder fröhlich macht. Ich möchte ja auch, dass meine Geschichte ein Happy End hat, lieber früher als später.»

«Mein Plan hat ein Happy End, ein wunderbares Finale, viel besser, als du es dir vorstellen kannst, aber das Happy End ist nur für die Heiligen. Ich habe es auf deine Heiligkeit abgesehen, um jeden Preis, den mich das aufgrund meiner Natur kosten wird, um jeden Preis, den dich das aufgrund deiner Natur kosten wird, und wie viel Zeit es auch immer erfordern wird. Es gibt hartnäckige Hindernisse, die ich überwinden muss, um dich heilig zu machen. Um drei davon geht es im Buch Ruth: um *natürliche Benachteiligungen*. Sie zu überwinden, erscheint euch wichtiger, als ein unheiliges Wertesystem abzulegen. Um *gescheiterte Träume*. Sie bringen so viel Schmerz in euer Leben, dass es euch schwerfällt, die darin liegende Chance zu sehen, euch zu neuen Höhen des Vertrauens aufzuschwingen. Und um *materielle Güter*, die es so leicht machen, euren Narzissmus hinter einer Großzügigkeit zu verstecken, die nichts mit Opferbereitschaft zu tun hat.»

«Gott, von alledem habe ich im Buch Ruth nichts mitbekommen. Zeig mir, wie diese Botschaften in diesem Brief vermittelt werden. Und bitte mach es mir ganz deutlich. Ich weiß nicht, wovon du redest.»

«Jedes dieser drei Hindernisse der Heiligkeit (neben tausend anderen) sorgt auf seine eigene Weise dafür, dass persönliche, radikale Heiligkeit auf deiner Prioritätenliste weit unten bleibt. Meine Kraft im menschlichen Herzen überwindet sie alle.

*Schau dir Ruth an.* Sie hatte mit überwältigenden Benachteiligungen zu kämpfen. Armut. Rassismus. (Israel hasste Moab. Ruth war eine Moabiterin.) Keine Aussicht auf einen Job. Verwitwet. *Aber sie schätzte Beziehungen höher als Vorteile.* Obwohl sie nur in Ansätzen ahnte, dass ich da war, führte ihr Durst nach guten Beziehungen dazu, gegenüber Naomi loyal zu sein und an mich zu glauben. Sie traf Entscheidungen, die töricht gewesen wären, es sei denn, ich existierte und hätte einen liebevollen Plan für sie. Niemand kann Beziehungen höher schätzen als Vorteile, ohne zu glauben, dass ich am Werk bin und auf ein Happy End hinarbeite, das die gegenwärtigen Schwierigkeiten rechtfertigt.

*Und Naomi.* Als ihr Mann mit ihr und ihren beiden Söhnen nach Moab zog, um Arbeit zu finden, rechnete sie fest damit, sie würden alle in ihre Heimat Bethlehem zurückkehren, wenn die Wirtschaft sich wieder erholte. Ihr Plan erschien vernünftig. Dagegen sah meiner schrecklich aus, als er sich entfaltete. Als ihr Mann und ihre beiden Söhne alle starben und sie mit ihren beiden moabitischen Schwiegertöchtern allein in Moab zurückblieb, war Naomi unglücklich, enttäuscht und pleite. Sie war von einem Scherbenhaufen zerschlagener Träume umgeben. Im Gegensatz zu Ruth war der Glaube nicht Naomis Stärke. *Aber Naomi gab nie auf.* Schon die leiseste Hoffnung, dass ihre Probleme sie nicht würden erdrücken können, ließ sie weitergehen, obwohl sie keine Ahnung hatte, dass ein guter Plan seinen Lauf nahm. Es war schiere, nackte Hoffnung – unvernünftige Hoffnung, Hoffnung ohne sichtbaren Anhaltspunkt. Sie wusste es damals nicht, aber der Enkelsohn, den sie am Ende dieses Briefes in ihren Händen hielt, das Kind von Boas und Ruth, wurde der Großvater Davids. Und das bedeutete, dass zur menschlichen Ahnenreihe meines Sohnes nun eine Heidin gehörte, eine moabitische Frau sogar. Mein Plan, alle Völker zu erreichen, war einen Schritt weitergekommen. Inzwischen weiß Naomi das alles. Die nicht gefühlte, aber vage gespürte und nicht totzukriegende Hoffnung in Naomi ist zur Freude gereift. Kein zerschlagener Traum kann meinem Plan im Wege stehen, wo es Hoffnung gibt.

*Und Boas schließlich,* der Held der Geschichte, ist ein Bild für meinen Sohn. Er war reich, aber sein Herz wurde davon nicht stumpf. Durch sein Verlangen nach Liebe wurde Geld zu einer Nebensache für ihn. Und seine Integrität hinderte ihn daran, dieses Verlangen auf unmoralische oder ungesetzliche Weise befriedigen zu wollen. Boas war ein guter Mann. Sieh in ihm ein schwaches Abbild meines Sohnes. Mein Sohn war über alle Maßen reich, doch er gab alles auf, um wie du zu werden, dein Verwandter. Und er bezahlte den Preis, den meine Heiligkeit verlangte, um dein Erlöser zu werden. Ja, Ruths Leben ist eine Und-sie-lebten-glücklich-bis-an-ihr-Lebensende-Geschichte. Aber es ist *kein* Gleichnis für meine Macht, euch das Leben angenehm zu machen. Es ist ein Gleichnis für meine Macht, Menschen heilig zu machen. Mach dir klar: Heiligkeit, und nur Heiligkeit, bringt Freude. Kein Problem in deinem Leben, sei es ein schwieriges Problem wie Benachteiligung oder Verlust oder ein angenehmes Problem wie Reichtum, kann meinen Plan aufhalten. Glaube und Hoffnung zusammen setzen die Liebe frei. Und Liebe ist Heiligkeit. Höre auf das, was ich in diesem Liebesbrief sage: *Egal, wie finster die Welt um dich oder wie schwierig die Welt in dir auch sein mag, mein Plan überwindet alle Hindernisse der Heiligkeit.*»

«Gott, du sagst im Buch Ruth viel mehr, als ich je ohne deine Hilfe heraushören könnte. Aber was du sagst, dringt trotzdem nicht so tief in mein Inneres durch, wie es sollte, glaube ich. Es gibt so viele Hindernisse der Heiligkeit in meinem Leben, die ich nicht überwinden kann. Wenn ich zum Beispiel abgelehnt werde, ist es mir eigentlich egal, ob ich heilig werde oder nicht. Dann will ich bloß weg, oder aber es den anderen heimzahlen. Oder ich zermartere mir das Hirn, was ich tun sollte, was das Richtige wäre, und fühle mich am Ende schuldig, belastet und unzulänglich.

Und wenn Träume sich zerschlagen, scheint mein Glaube eher schwächer als stärker zu werden. Nicht immer, aber ganz besonders dann, wenn mir das Leben so willkürlich, so unfair vorkommt. Und wenn alles gut für mich läuft, dann möchte ich, dass es so bleibt. Ich mache mir mehr Sorgen darum, dass meine Lage schlechter werden könnte, als darum, dass ich selbst schlechter werden könnte. Persönliche Heiligkeit steht eigentlich nicht an der Spitze meiner Prioritätenliste. Ich wünschte, es wäre anders. Oder vielleicht wünsche ich es mir auch gar nicht. Fällt dir dazu etwas ein?»

«Lies weiter.»

# 9. Liebesbrief
# 1. Samuel

## Das Heilmittel wird wehtun

«Gott, ich merke, dass deine Geschichte jetzt in Schwung kommt, dass die Sache allmählich so läuft, wie sie sollte. Das gefällt mir, glaube ich, denn ich möchte, dass alle Voraussetzungen gegeben sind, damit mein Leben sich in eine gute Richtung bewegen kann. Nach der trostlosen Richterzeit kommt es mir so vor, als ob es Zeit für eine Atempause für Israel ist. Was also möchtest du mir in diesem neunten Liebesbrief zu verstehen geben? Ich hoffe, du wirst mir sagen, wie ich durch jeden Schlamassel in meinem Leben so hindurchkomme, dass mir wieder die Sonne besserer Tage aufgeht. Ist es Israel im 1. Buch Samuel nicht genauso ergangen? In diesem Brief läuft es doch wirklich gut für dein Volk.»

«Es stimmt: ‹Die mit Tränen säen, werden mit Freuden ernten› [Luther]. Diese Worte in Psalm 126,5 schrieb einer, der nach langer Verbannung in einem fremden Land nach Hause zurückkehrte. Es stimmt aber auch, dass nur Tränen aus dem Herzen ein Gelächter aus vollem Halse freisetzen können. Und dieses Gelächter ist es, das ich mit dir zusammen genießen möchte. Was ich dir im 1. Buch Samuel sagen will, soll dich auf das echte Lachen vorbereiten, indem es echte Tränen vertieft. Echte Tränen fließen nicht nur *aus* deinem Herzen, sondern sie werden auch durch das ausgelöst, was *in* deinem Herzen passiert. In diesem Liebesbrief sollst du mich sagen hören:

**Wenn etwas in deinem Leben schiefgeht oder du Angst hast, es könnte etwas schiefgehen, wirst du versucht sein, deine Ethik für Pragmatismus zu opfern. Du wirst dein Herz fragen hören: ‹Was kann helfen, die Lage zu verbessern?› Die Frage: Was ist in dieser Lage das heilige Verhalten, das dem Herrn gefallen wird?, wirst du weniger deutlich hören.»**

«Gott, ich habe keine Ahnung, wovon du redest.»

«Ich weiß. Erwarte nie, hören zu können, was ich in meinen Briefen sage, solange du sie mit deiner natürlichen Agenda im

Hinterkopf liest. Du bist mehr ein Ptolemäer als ein Kopernikaner. Claudius Ptolemäus, ein Astronom des ersten Jahrhunderts, dachte, die Sonne drehe sich um die Erde. Du gehst von Natur aus davon aus, dass meine Agenda sich um deine dreht. Sechzehn Jahrhunderte später fand Nikolaus Kopernikus heraus, dass die Erde sich um die Sonne dreht. Es braucht eine lange Zeit, bis du verstehst, dass ich nicht deinetwegen da bin, sondern du meinetwegen. Und es braucht noch mehr Zeit, bis du anfängst, dich über diese Anordnung zu freuen. Geh an meine Briefe mit all deinen Frustrationen, Hoffnungen und Fragen heran, aber komm nicht in der Erwartung, dass ich dir Ratschläge geben werde, wie du deine Ziele am besten verwirklichst. Ich habe einen viel besseren Plan.»

«Gott, das begreife ich einfach nicht. Nein, lass es mich genauso sagen, wie ich es meine: *Ich begreife dich einfach nicht*. Sag mir doch einfach, was ich tun muss, damit wir miteinander auskommen und alles gut läuft, und ich werde es tun. Ich verspreche es! Warum musst du mir unbedingt all diese uralten Geschichten erzählen, deren Botschaften so versteckt sind, dass ich sie nicht einmal hören kann? Das ewige Gerätsel, was du mir mit all diesen Geschichten über biblische Gestalten wie Hanna, Samuel, Saul und David sagen willst, macht mich manchmal so mutlos, dass ich die Bibel zuklappe und lieber fernsehe oder ins Kino gehe. Da verstehe ich wenigstens die Geschichten.»

«Geschichten, die *von* Menschen erfunden wurden, setzen sich aber auch nie mit dem auseinander, was *in* den Menschen am tiefsten im Argen liegt. Sie strömen in Richtungen, in die du dich sowieso schon bewegst. Und diese Richtungen sind falsch. Die Geschichten, die ich erzähle, vermitteln meine Botschaft nur an verzweifelte Menschen. Menschen, die so unglücklich sind, dass sie begreifen, dass ihre Lebensweise unter der Oberfläche furchtbar verkehrt ist. Solchen Menschen ist es wichtiger, ihren größten Fehler zu überwinden, als dass in ihrem Leben alles glattläuft.»

«Vielleicht bin ich allmählich auch so weit. Noch nicht ganz, schätze ich. Aber irgendwie habe ich das Leben schon aufgegeben. Je mehr ich mich damit auseinandersetze, was ich wirklich vom Leben in dieser Welt erwarte, desto mehr merke ich, dass ich es nicht nur nicht habe, sondern auch nie bekommen werde, egal, wie gut alles in meinem Leben laufen mag. Und ich glaube, ich sehe langsam ein, dass das Böse nicht nur in der Welt ist, sondern auch in mir. Ich bin mit Makeln behaftet, und zwar so, dass ich es gar nicht genießen kann, was du schenkst, wer du bist. Vielleicht bin ich also so weit, dir ohne meine übliche Agenda zuzuhören. Willst du mir noch einmal sagen, was du in diesem Brief ausdrückst und wie du es tust?»

«Mir ist bewusst, dass in deinem Leben manches schiefgeht, dass deine Familie und deine Freunde dich nicht immer gut behandeln, dass nichts genauso läuft, wie du es willst. Der Schmerz, den dir das Leben verursacht, macht mich auch traurig. Aber wir haben unterschiedliche Prioritäten. Du fragst, was helfen kann, dein Leben besser zu machen, die Ungerechtigkeit zu beseitigen, unter der du leidest, dafür zu sorgen, dass immer mehr Dinge in deinem Leben so laufen, wie sie sollten. Ich dagegen möchte, dass du dich fragst, wie Heiligkeit in deiner Situation aussehen würde, was für eine Situation auch immer es ist. Eine Heiligkeit, die vielleicht nichts an dem Unrecht ändert, unter dem du leidest, die aber uns beiden hilft, uns aneinander zu erfreuen.

Um das deutlich zu machen, erzähle ich die Geschichte von Hanna. Für unfruchtbare Frauen ist es typischerweise die größte Freude, wenn sie schwanger werden, ein Kind zur Welt bringen und ihr gesundes Neugeborenes in den Schlaf wiegen. Hanna wollte unbedingt ein Kind bekommen, aber noch wichtiger als die Mutterschaft war es ihr, Anteil an meinem Plan zu haben. Darum sang sie ihr Freudenlied nicht, als sie ihr Kind gebar, sondern als sie ihren kleinen Samuel seiner höheren Berufung übergab. Was das für eine Berufung sein würde, ahnte sie nicht. Nur, dass sie etwas mit meinem Plan zu tun hatte.

Samuels Geschichte erzähle ich, um dir vor Augen zu führen, wie die geistlichen Führer Israels, als sie am Ende von Samuels Leben Schwierigkeiten kommen sahen, mich vergaßen. Nein, sie *lehnten mich sogar ab* und folgten ihrer eigenen Agenda, um ihr Leben nach ihrer eigenen Weisheit gelingen zu lassen. Sie bestanden darauf, dass Samuel einen Menschen, einen anderen König als mich, einsetzte, um sie zu führen. Sie wollten sich an die Art und Weise anpassen, wie andere Leute ihr Leben gestalteten, was ja für diese anderen auch ganz gut zu funktionieren schien. Die Israeliten dagegen hatten noch nie einen anderen König als mich gehabt. Doch nun waren sie nicht mehr davon überzeugt, dass sie bekommen würden, was sie wollten, wenn ich weiterhin ihr König blieb. Dir geht es genauso, und zwar jedes Mal, wenn du mit einem Freund aneinandergerätst und tust, was immer nötig ist, damit du dich durchsetzen kannst. Du lehnst mich ab und verneigst dich vor dem Fürsten dieser Welt, als wäre er ein guter König, der nur dein Bestes will. Dabei merkst du nicht einmal, was du tust. Pastoren machen es genauso, wann immer sie hochfliegende Absichten hegen, statt dafür zu sorgen, dass Menschen meinem Sohn ähnlicher werden. Sie schätzen Effizienz und Effektivität höher als Liebe und Demut, wenn sie ihre Gemeinden bauen.

Es tut mir weh, zu sehen, wie mein Volk einem geringeren Gut nachjagt als dem, mich zu kennen. Es stört mich, wenn ich sehe, wie sie sogenannten bewährten Methoden folgen, damit etwas Gutes passiert, und diese Managementmethoden höher schätzen als jene heiligen, sich selbst verleugnenden Beziehungen, die mir gefallen, egal, was passiert. *Du wirst meine zentrale Botschaft in diesem Brief verstehen, wenn du verstehst, wie tragisch es ist, nach einem anderen König als mir zu verlangen.* Eine Zeitlang kann es funktionieren, dem Weg eines anderen zu folgen. Oft führt es zu dem seichten, kurzlebigen Lachen des Stolzes auf ein verwirklichtes Ziel. Wenn du meinen Wegen folgst, werden sie dich durch Trübsal und Leere zum wirklichen Lachen führen, zu einem Lachen, wie es nur Personen in einer heiligen Beziehung genießen können.

Die Geschichte von Saul illustriert, was ich damit sagen will. Saul war groß und gut aussehend und nahm einen guten Anfang. Meinem Volk zuliebe befähigte ich ihn dazu, ein paar Siege zu erringen. Doch er hörte sein Herz nur danach fragen, was er im Moment tun könnte, damit es noch besser für ihn lief. Nicht einmal in seinen letzten Tagen hörte er sein Herz je nach Heiligkeit rufen. Die wahrsten Worte seines Lebens sprach Saul aus, als er begriff, dass David, der Mann, dessen Tod er wünschte, der von mir erwählte neue König war. Zu David sagte er: ‹Siehe, ich habe töricht und sehr unrecht getan› [Luther]. So steht es in 1. Samuel 26,21. Ein König, der töricht handelt, passt nicht in meinen Plan hinein.

Und darum schließe ich diesen Brief, in dem ich David vorstelle. In 5. Mose 17,14–20 hatte ich meine Absicht kundgetan, Israels Wunsch nach einem König nachzukommen. Jeder möchte gern jemanden haben, dem er folgen kann. Mein Plan dreht sich um einen König, der mehr auf mich aus ist als auf die Annehmlichkeiten der Macht. Einen Mann, der die Gemeinschaft mit mir mehr genießt, als sich mit Sex, Geld oder Erfolgen zu vergnügen. Einen, der seine Pläne unter meinen Plan stellt. David ist ein Bild dieses Königs. David scheiterte, aber töricht war er nicht. Er war ein Mann nach meinem Herzen, wenn auch nie in so vollkommener Weise wie der König, der mir vorschwebte. Wenn er kommt (und ja, ich spreche von meinem Sohn), wird er ein Königreich aufrichten, wie es weder David noch Salomo sich hätten vorstellen, geschweige denn es hätten erschaffen können.

Der Tag ist gekommen. Das Königreich ist angebrochen, noch nicht vollständig, aber es ist auf dem Weg. Ein Reich mit einem König, der mich verehrt, der immer meinen Willen tut. Und es ist ein Reich voller Menschen – Menschen, die die Kraft haben, nie zu sagen: ‹Gib uns einen anderen König.› Menschen, die fähig sind, meine Agenda der Heiligkeit höher zu schätzen als ihre eigene Agenda, in der es darum geht, dass alles nach ihren Wünschen läuft. Wenn du diesen Liebesbrief liest und darüber nachdenkst, wie Hannas Freude, Samuels Integrität, Sauls mit Makeln behaftete Persönlichkeit und das Herz Davids zusammenspielen, dann hör auf dein Herz. Weil mein Sohn gekommen ist und du nun ihm gehörst, wirst du dich selbst weinen hören darüber, wie sehr du danach verlangst, dass ich mit deiner Agenda zusammenarbeite. Und dann wirst du den Schrei nach Heiligkeit aus deinem tiefsten Innern aufsteigen hören.»

«Gott, das bewegt mich sehr. Und es überführt mich. Ich gerate in einen Streit und versuche, zu beweisen, dass ich recht habe. Ich beschließe, dir nachzufolgen. Dann geht etwas schief, und schon fühle ich mich leer und bin bereit, alles zu tun, damit ich mich wieder besser fühle. So oft herrscht das, was ich will, ob es dir gefällt oder nicht, als König über meine Entscheidungen. Ich möchte deinem König begegnen, deinen Sohn sehen. Können wir nicht die nächsten dreißig Liebesbriefe überspringen und gleich zum guten Teil der Geschichte übergehen, wo Jesus kommt?»

«Du bist noch nicht so weit, dass du hören könntest, was er dir zu sagen hat. Das Skalpell muss erst noch tiefer schneiden, bevor die Medizin hilft. Darum gehen die 39 Liebesbriefe des Alten Testaments den 27 des Neuen voraus. Blättere nicht vor. Lies weiter.»

# 10. Liebesbrief
# 2. Samuel

## Das Heilmittel wird dich groß machen

«Gott, ich weiß, das führt jetzt vielleicht vom Thema ab, aber ich möchte dir von einem Traum erzählen, den ich letzte Nacht hatte. Ich hatte das 2. Buch Samuel durchgelesen, bevor ich schlafen ging. Aus irgendeinem Grund beschäftigte mich besonders dieser Vorfall im sechzehnten Kapitel, wo ein Mann namens Schimi David beschimpfte und mit Steinen bewarf, während David auf der Flucht vor seinem Sohn Absalom war und um sein Leben rannte. Was mich daran so packte, war, dass David, der doch sehr darunter litt, dass sein geliebter Sohn ihm sein Königreich raubte und seinen Tod wollte, Schimi behandelte, als ob er ihm eine Botschaft von Gott übermittelte. Ich konnte das einfach nicht so sehen. Ich hätte es gern gehabt, wenn David den Kerl verprügelt hätte.

Dann schlief ich ein. In meinem Traum sahen mich drei aufsässige Teenager, vielleicht vierzehn oder fünfzehn Jahre alt, allein die Straße entlanggehen. Sie fingen an, mich mit dicken Stöcken zu bewerfen, so wie Abschnitte von Dachlatten, und schrien mir zu, ich sei ein Verlierer und ein Schwächling. Ich stürzte mich sofort auf sie, warf die beiden Kleineren zu Boden, schnappte mir dann den Größten und drückte sein Gesicht in die Erde. Es tat richtig gut. Eine Stunde später kamen sie an mir vorbei, und ich streckte dem Jungen, dem ich am härtesten zugesetzt hatte, meine Hand entgegen und sagte: ‹Tut mir leid. Ich hätte das mit dir nicht machen dürfen. Es war nicht richtig von mir.›

Als ich heute Morgen aufwachte und mich an den Traum erinnerte, dachte ich an den Satz von Blaise Pascal, wahre Religion erkläre sowohl das Übel als auch die Größe der Menschen. Und dabei musste ich an die Geschichte von David denken, wie du sie in diesem zehnten Liebesbrief erzählst. Er war ein wirklich großer Mann, der manche üblen Dinge tat. Ich habe keine Ahnung, worauf ich mit alledem hinauswill, aber ich frage mich, ob es etwas mit dem zu tun hat, was du mir im 2. Buch Samuel sagen willst. Sprichst du auch heute noch durch Träume zu Menschen? Ich weiß, dass du es früher getan hast.»

«Ich spreche in die Seelen der Menschen. Die Seele ist, wer du in meiner Gegenwart bist.»

«Als ich gestern Abend das 2. Buch Samuel las, habe ich bewusst in deiner Gegenwart gewartet, weil ich hören wollte, was du mir zu sagen hattest. Habe ich in Schimis Geschichte etwas gehört, das in meine Seele einging und dann in meinem Traum zum Vorschein kam?»

«David war ein Mann nach meinem Herzen, aber ebenso wie du und jeder andere auch war er zutiefst mit Makeln behaftet. Und dennoch gab ich ihm mein Wort, meine liebevolle Absicht niemals von seinem Leben wegzunehmen, wie ich es mit Saul tat, und dafür zu sorgen, dass seine Dynastie für immer Bestand hätte. Es machte mir enorme Freude, ihm das zu sagen, denn natürlich dachte ich dabei daran, wie mein Sohn ein neues Königreich herbeiführen würde, das den Menschen eine neue Art und Weise gab, in dieser kaputten Welt zu leben. Eine Lebensweise, die typisch sein würde für Menschen, die auf dem Weg zu meinem Fest sind. Wenn du die Geschichte von Davids vierzigjähriger Herrschaft über Israel liest und siehst, was für ein Mensch er war, in seinem Übel wie in seiner Größe, sollst du mich Folgendes sagen hören:

**Egal, ob du diejenigen, die dich misshandeln, fertigmachst oder ihnen vergibst, ob du elendig scheiterst oder nobel handelst, lebe immer mit dieser Zuversicht: Ich werde alles Böse besiegen. Sowohl das Böse in dir als auch das Böse in der Welt. Es wird ein Fest geben. Und du wirst dabei sein. Genau wie David. Ich habe ihm mein Wort gegeben, und dir gebe ich ebenso mein Wort.»**

«Gott, das muss ich hören. Ich verliere so leicht die Zuversicht, wenn ich sehe, was sich in der Welt alles abspielt: das offenkundige Übel der Terroristen und das unauffälligere Übel in den Gemeinden und in mir. Je mehr ich das Böse erkenne und begreife, dass kein Politiker, kein General, Pastor oder Therapeut es besiegen kann, desto mehr brauche ich das Wissen, dass deine Planung für das Fest im Gange ist. Sag mir, wie ich diesen Liebesbrief lesen muss, um diese Mut machende Botschaft deutlich zu hören.»

«Auch die besten Menschen können das Böse nicht besiegen, weil auch der beste Mensch, der als Adams Nachkomme geboren wurde, nicht gut genug ist. In Hesekiel 14,14 nenne ich drei Männer als Beispiele für ein rechtschaffenes Leben: Noah, Daniel und Hiob. Noah, der zu seiner Zeit der makelloseste Mensch war, das Oberhaupt der einzigen Familie, die ich nicht durch die Sintflut zu vernichten beschloss, betrank sich [1. Mose 9,21]. Daniel, der mir in einer gottlosen Kultur auf bemerkenswerte Weise die Treue hielt, bekannte sich zu seiner Bosheit als Angehöriger eines bösen Volkes [Daniel 9,5–9]. Und Hiob tat, nachdem er ohne Grund gelitten hatte, Buße für seine Forderung, ich möge ihn besser behandeln [Hiob 42,6]. Selbst meine besten Leute haben ihre Fehler.

Auch David. Doch wenn du seine Geschichte liest, möchte ich, dass du die Momente seiner Größe ebenso siehst wie das Böse, das er zeigte. Erkenne, dass du meinen Plan voranbringen kannst, auch wenn du immer noch scheiterst. Mach dir bewusst, wie du schon jetzt auf dem Fest tanzen kannst, so wie David vor der Bundeslade tanzte. *Bete an!* Schau, wie du andere mit zum Fest bringen kannst, so wie David Mefi-Boschet an seinen Tisch einlud. *Zeige Barmherzigkeit!* Schau, wie du, so wie David in Israel und Mutter Teresa in Indien, einen kleinen Winkel deiner Welt in einen Tanzboden verwandeln kannst, indem du straffälligen Jugendlichen, fremdgehenden Ehepartnern und sexuellen Gewalttätern mit Vergebung begegnest. Und schau auch, wie es geschehen kann, dass du das Fest verdirbst, wie David es tat, indem er mit der falschen Frau tanzte.

Ich möchte nicht, dass du die Momente der Größe in diesem Liebesbrief übersiehst, die meinen Sohn offenbaren und dir zeigen, wie eine Welt ohne das Böse eines Tages aussehen wird. Hier sind vier davon:

Erstens trauerte David über den Tod Sauls – des Mannes, der versucht hatte, ihn zu töten –, statt ihn zu bejubeln [1,17]. *Das ist eine neue Art zu leben.*

Zweitens wartete David geduldig sieben Jahre in Hebron als König über nur einen Stamm, obwohl er wusste, dass ich ihn zum König über alle zwölf eingesetzt hatte. Er wartete meinen Zeitpunkt ab, um in Jerusalem einzuziehen, und er gewann die Loyalität Israels durch seinen gottesfürchtigen Charakter, nicht durch Manipulation, Marketing oder besseres PR-Management [5,1–5]. *Das ist eine neue Art zu leben.*

Drittens lud David den Nachkommen seines Feindes, einen behinderten Mann namens Mefi-Boschet, dessen Großvater Saul gewesen war, ein, regelmäßig an seinem Tisch zu essen. Stell dir vor, der Nachwuchs des geschlagenen Rivalen um die Präsidentschaft würde eingeladen, im Weißen Haus zu leben. *Das wäre eine neue Art zu leben.*

Viertens: Als Absalom im Kampf getötet wurde, nachdem er seinen Vater David von seinem Thron vertrieben hatte, rief David: «Wäre ich doch an deiner Stelle gestorben!» (19,1). Ähnlich sprach Paulus über sein eigenes Volk, das ihn abgelehnt hatte: «Käme es meinen Brüdern und Schwestern, meinem eigenen Volk, zugute, ich würde es auf mich nehmen, verflucht und von Christus getrennt zu sein» (Römer 9,3). Beide Männer waren bereit, ihr Wohlergehen für das anderer Menschen zu opfern. Die Liebe hatte sich in ihren Herzen tiefer eingenistet als die berechtigte Sorge um sich selbst. *Das ist wirklich eine neue Art zu leben.*

Andererseits jedoch verstieß David klar gegen meine Anweisung in 5. Mose 17,17, indem er seinem Harem viele Frauen hinzufügte. Und das tat er, gleich nachdem ich ihn gesegnet hatte [2. Samuel 5,13]. Gute Zeiten können einem das Gefühl geben, man hätte Anspruch auf noch mehr Freuden. Ein anderer klarer Verstoß gegen mein Gebot in 4. Mose 4,15 war, dass David es den gottlosen Philistern nachmachte und meine Bundeslade auf einem neuen Wagen transportierte. Ich hatte ausdrücklich verfügt, nur Leviten dürften die Bundeslade tragen. Als ich meinen Zorn zeigte, zog sich David wütend und ängstlich vor mir zurück [2. Samuel 6,3–9].

Ich habe auch über Davids Ehebruch berichtet, damit du zwei Dinge erkennst: erstens, dass große Menschen große Sünden begehen, wie alle anderen auch. Also sei wachsam. Und zweitens: Wenn alles gut läuft, so wie es bei David der Fall war, ist die Versuchung groß, in deiner Wachsamkeit nachzulassen und deinen Wünschen nachzugehen. David hätte an der Spitze seiner Armee stehen sollen. Stattdessen blieb er zu Hause, verführte die Frau eines seiner Soldaten und ließ dann den Soldaten umbringen, um die Sache zu verheimlichen.

Und dann ließ David – wie ein reicher Mann, der sich seines bleibenden Wohlstandes versichert, indem er jeden Tag den

Stand seiner Aktien kontrolliert – seine Armee zählen, um sich Gewissheit zu verschaffen, dass er an der Macht bleiben konnte. Für kurze Zeit (und das mehr als einmal) schätzte David ein behagliches Leben höher ein als ein heiliges und baute sein Haus auf Sand.

Doch von meinem Versprechen gegenüber David bin ich nie abgerückt. Und ich werde auch mein Versprechen dir gegenüber niemals brechen. *Es wird ein Fest geben, und ihr seid beide eingeladen.* Das ist meine Botschaft im 2. Buch Samuel. Es ist der Bund, den ich mit David geschlossen habe.»

«Gott, ich schätze, ich habe noch einen weiten Weg vor mir. Wenn du mir sagst, dass ich auf jeden Fall zu dem Fest kommen darf, egal, ob ich einen lästigen Lümmel verdresche oder die andere Wange hinhalte, dann bin ich in Versuchung, eine Weile lang so gut zu sein, wie ich kann. Aber dann werde ich wohl wieder tun, wonach mir ist, weil ich ja weiß, dass du mir vergibst und deinen Plan in meinem Leben weiterverfolgst. Ich weiß, das ist ein falscher Gedanke, aber ich bin mir nicht sicher, wie ich richtig denken soll. Und ich weiß, du wirst mir jetzt nicht mit irgendeinem gesetzlichen Geschwafel kommen, ich solle tun, was ich tun sollte, ob mir danach ist oder nicht.»

«Probleme gibt es im Leben aller Menschen, ob sie sich gut benehmen oder nicht. Probleme aber, die die Seele schwächen – Probleme, die im Leben meiner Nachfolger unnötig sind –, sind die natürliche Konsequenz daraus, dass man unmittelbare, seichte Freuden, die man sich sofort verschaffen kann, höher schätzt als dauerhafte und tiefe Freuden, die einen erst später erwarten. Das werde ich in meinen nächsten vier Briefen deutlich machen. Lies weiter.»

## *11. Liebesbrief*

## 1. Könige

# Mach nicht den Fehler Salomos: Erfolg ist keine Größe

«Gott, ich habe das Interesse daran verloren, noch mehr von deinen Liebesbriefen zu lesen, zumindest für den Augenblick. Ich habe eine schlimme Erkältung, mein Kopf tut mir weh, und ich bin mit etlichen Anrufen und E-Mails, die ich beantworten muss, im Rückstand. Und gerade gestern ist eine Frau, die mir nahesteht, von einem betrunkenen Verwandten verprügelt worden. Ich finde, sie sollte ihn anzeigen. Sie ist sich da nicht so sicher. Einem anderen Freund von mir wurde gesagt, dass er nur noch einen Monat zu leben hat, vielleicht auch zwei oder drei. Und er kennt deinen Sohn nicht. Ein Ehepaar aus meiner Bekanntschaft rief heute Morgen an, um mir zu sagen, ihre Ehe sei auf Grund gelaufen. Sie möchten gern mit mir reden. Und gerade eben erhielt ich per E-Mail die Nachricht, dass der Pastor eines Freundes offenbar auf einem Egotrip ist, durch den seine Gemeinde sich schwer verschuldet.

Ausgerechnet jetzt das 1. Buch der Könige zu lesen, würde sich so anfühlen, als müsste ich mir eine Vorlesung über Alte Geschichte anhören, obwohl ich eigentlich nur Schlaf, einen guten Arzt und genug Zeit und Weisheit brauche, um mit allem fertigzuwerden, was mir entgegengeschleudert wird. Ich fürchte, diesen nächsten Brief zu lesen, käme mir eher so vor, als würde ich vor Schmerzen schreiend auf einer Liege in die Notaufnahme gerollt, und du als der Arzt würdest meine Schreie ignorieren und mir ein Buch über die Geschichte der Krankheiten zum Lesen in die Hand drücken.

Okay, genug der Metaphern. Ich weiß, du hast mich schon verstanden. Was ich nicht will, ist, diesen nächsten Brief als eine Art fromme Pflichtübung zu lesen. Ich möchte dich mitten in meinem Leben reden hören, so wie es wirklich ist, mit triefender Nase und allem. Sieh mal, ich weiß, manchmal ist es einfach dran, ein Schläfchen zu machen oder ins Kino zu gehen oder ein anderes Buch zu lesen als die Bibel, aber ich möchte gerne wissen, was ich tun soll. Ich kriege mein Leben im Moment nicht in den Griff, und es macht mir nicht sonderlich viel Spaß. Wie kann ich dich im 1. Buch der Könige zu mir Dinge sagen hören, die ich mitten in dem, was in meinem Leben momentan los ist, nötig habe?»

«Du machst denselben Fehler wie Salomo. Du bist in Gefahr, deine Mitte zu verlieren, so wie Salomo seine verlor. Wenn das passiert, gerät alles ins Trudeln.»

«Dann glaubst du also wirklich, dass das, was du im 1. Buch der Könige sagst, etwas ist, das mir bei alledem helfen kann, was mich beschäftigt?»

«Was ich sage, spricht immer das an, was du brauchst.»

«Gott, ich muss herausfinden, wie ich mein Leben besser in den Griff bekomme, damit ich mit Kopfschmerzen und Freunden in Not und enttäuschenden Pastoren auf eine Art und Weise umgehen kann, die dir gefällt und mich nicht um den Verstand bringt.»

«Genau das war Salomos Fehler.»

«Was? Jetzt komme ich nicht mehr mit. Ich dachte, sein großer Fehler wäre gewesen, seinen Vater noch zu übertrumpfen und mit haufenweise Frauen zu schlafen, die ihn nichts angingen. Aber jetzt hast du mich neugierig gemacht. Was *war* denn Salomos Fehler, und was hat er mit mir zu tun? Und wie sagst du mir das alles im 1. Buch der Könige?»

«Es gibt viele Dinge, die ich dir zu verstehen geben möchte, wenn du diesen Liebesbrief liest. Das Wichtigste ist dies:

**Dein Wunsch, effektiv zu sein und dich auf biblische Prinzipien zu stützen, um in deiner Familie, deiner Gemeinde, deinem Beruf und deinen Freundschaften Erfolg zu haben, ist berechtigterweise stark. Doch wenn dieser Wunsch stärker wird als dein Wunsch, heilig zu sein und dich auf meine Kraft zu verlassen, damit du meinem Sohn ähnlicher wirst – egal, ob du in anderen Dingen Erfolg hast oder nicht –, dann wirst du meinen Plan nicht voranbringen. Da kannst du meinen Prinzipien folgen und so viel scheinbaren Erfolg haben, wie du willst. Und du wirst besonders angreifbar für schwere Sünden sein.»**

«Gott, ich bin mir nicht sicher, was du damit sagen willst, und noch unsicherer bin ich, wie du das im 1. Buch der Könige zum Ausdruck bringst.»

«Lies Salomos Gebet um Weisheit im dritten Kapitel. Salomo hatte bereits das betrügerische Bestreben seines älteren Bruders durchschaut, den Thron an sich zu reißen, den David ihm, Salomo, versprochen hatte. Und er hatte die Tochter des Pharaos geheiratet, um Ägypten als Verbündeten zu gewinnen. Salomo war noch nicht ganz zwanzig Jahre alt und musste ohne jegliche Erfahrung ein großes Land regieren. Er stand vor viel größeren Herausforderungen als du, und er fühlte sich überfordert und unzulänglich. Als ich ihn fragte, was ich für ihn tun solle, bat er mich um Weisheit für seine Führerschaft. Er wollte Israel nach meinen Prinzipien effektiv regieren. Und das war lobenswert. *Doch sein Wunsch, effektiv mit alledem umzugehen, was das Leben ihm entgegenschleuderte, wie du es ausdrückst, war stärker als sein Wunsch, mitten in all seinen schwierigen Herausforderungen heilig zu sein*. Das war Salomos Fehler.

Wenn effizientes Management – besonders, wenn man gut darin ist – wichtiger wird als heiliges Leben, dann wird der Mangel an Heiligkeit entweder gar nicht erst erkannt oder aber nicht als ernstes Problem betrachtet. Man fühlt sich zu Kompromissen berechtigt, einschließlich illegitimer Vergnügungen, um den Stress loszuwerden. Leute, denen nicht viel an Heiligkeit liegt, kommen oft sehr gut mit ihren Familien zurecht. Manchmal stehen sie an der Spitze großer christlicher Werke, und viele sind erfolgreich im Beruf. Doch das Zentrum meines Plans hat nichts mit guten Familien, christlichen Werken oder Karrieren zu tun. Wenn das Zentrum meines Plans nicht das Zentrum deiner Hoffnung ist, dann ist deine Innenwelt instabil, und deine Seele ist geschwächt.

Überleg dir einmal Folgendes. Der große Wert, den Salomo auf Macht legte, machte ihn anfällig für das Verlangen nach Vergnügungen. Die Kraft, sein Leben gut im Griff zu haben, füllt niemals die Tiefen der Seele aus. Sie liefert niemals die tiefe Befriedigung, für die ich euch geschaffen habe. Solange nicht die Hoffnung auf Heiligkeit deine Seele erfüllt, wird das Bedürfnis, dich mit irgendetwas zu füllen, dich dazu verleiten, Kompromisse zu machen. Sie werden dir notwendig erscheinen, ja sogar weise. Salomo heiratete viele ausländische Frauen und handhabte diese Beziehungen ‹effektiv›, indem er ihren falschen Göttern einen Platz im religiösen Leben Israels gab.

Diese eine Sünde war es, geboren aus Salomos Wunsch nach Weisheit, damit sein Leben gelingen möge, die das Königreich spaltete. Du sagst, du fühlst dich krank, deine Freunde leiden, und manche geistlichen Leiter enttäuschen dich. Auch Salomo hatte seine Schwierigkeiten. Und weil es ihm wichtiger war, ihnen effektiv zu begegnen, als mitten unter ihnen heilig zu sein, ging sein Erfolg in die Brüche. Sein Sohn Rehabeam, der die Torheit seines Vaters übernahm, war mehr daran interessiert, seine Unzulänglichkeiten zu bewältigen, als daran, heilig zu sein, und er machte sich zum Narren. Jerobeam, den Salomo als Aufseher über alle Bauarbeiter eingesetzt hatte, wandte sich gegen Salomo und führte eine Rebellion an, die das Königreich spaltete.

Mach dir bewusst: Wer effizientes Management über persönliche Heiligkeit stellt, öffnet der Sünde Tür und Tor. Jerobeam (der sich derselben Sünde schuldig machte) würdigte den Gottesdienst zu einer bloßen Freizeitbeschäftigung herab. Er stellte innerhalb der Grenzen seines Teils des geteilten Königreichs zwei goldene Kälber auf und sagte den Leuten, damit wäre es jetzt viel leichter für sie, ‹in die Kirche› zu kommen. Dabei hinderte er sie in Wirklichkeit nur daran, nach Jerusalem zu reisen, das in Rehabeams Gebiet lag, und damit womöglich noch ihre Gefolgschaft aufzugeben.

Sowohl für Rehabeams südliches Reich aus zwei Stämmen (genannt Juda) als auch für Jerobeams nördliches Reich aus zehn Stämmen (genannt Israel) begann nach den glorreichen Tagen Salomos der Abstieg bis hin zu den schrecklichen Zeiten der Gefangenschaft und Verbannung. Die Lektion, die du von diesem weisesten aller Menschen, der zum größten aller Narren wurde, lernen kannst, ist diese: *Führen, ohne dass man persönliche Heiligung über effektives Management stellt, bringt bestenfalls äußerlichen Erfolg hervor. An dem eigentlichen Kampf in der menschlichen Seele geht sie vorbei – dem Kampf darum, ob du dein Leben für mich verlierst oder dein Leben ohne mich gewinnst.*

Zu diesen Zuständen konnte ich nicht schweigen. Darum berief ich Elia, einen lästigen Außenseiter in der religiösen Kultur Israels unter Ahab, dem schlimmsten aller Könige Israels. Mach dich darauf gefasst: Wenn du Führer, die nichts als effektiv sind, herausforderst, indem du den Maßstab der Heiligkeit an sie anlegst, wirst du dich nicht sehr beliebt machen. Johannes der Täufer galt als merkwürdig. Mein Sohn wurde zum Irrlehrer erklärt. Ihnen folge nach. Schätze geistliche Prägung höher als erfolgreiches Management. Es könnte dich sonst das Leben kosten.»

«Gott, ich bin froh, dass ich zugehört habe, was du in diesem Brief zu sagen hattest. Meine Nase läuft immer noch, ich habe immer noch Kopfschmerzen, und ich fühle mich all den Problemen, die ich an mir selbst und anderen sehe, nicht gewachsen. Ich will immer noch mein Leben gut in den Griff kriegen – ordentlich Vitamin C nehmen, mich gründlich ausschlafen, weise auf die Herausforderungen des Lebens reagieren –, aber ich glaube, ich höre dich. Wenn ich mehr Wert darauf lege, dass du mich deinem Sohn gleichgestalten kannst, als darauf, mein Leben ordentlich zu handhaben, besteht eine gute Chance, dass ich am Ende Weisheit für beides gewinne.

Ich schätze, Salomo hätte es geholfen, was du durch Jakobus sagst: ‹Betrachtet es als ein pures Geschenk, Freunde, wenn Prüfungen und Herausforderungen von allen Seiten auf euch einstürmen. Ihr wisst doch, dass unter Belastungen euer Glaubensleben ans Licht gezogen wird und seine wahre Fahne zeigt. Versucht also nicht, vor der Zeit aus irgendetwas herauszukommen. Lasst den Dingen ihren Lauf, damit ihr euch zur Reife entwickelt und kein Mangel euch anhaftet. Wenn ihr nicht wisst, was ihr tun sollt, betet zum Vater. Er hilft gerne› (Jakobus 1,2–4 nach *The Message*).

Ich höre, wie du mir versprichst, mir die Weisheit zu geben, die ich brauche. Nicht unbedingt, damit alles so läuft, wie es sollte oder wie ich es will, sondern damit ich mich entwickle, wie ich es sollte und wie du es willst. Ich bin froh, dass ich deinen Brief gelesen habe, Gott. Was du gesagt hast, ändert wirklich meinen Blickwinkel. Paracetamol nehme ich aber trotzdem. Ich glaube, das hilft sehr gut, um mit meiner Erkältung fertigzuwerden.»

«Dein veränderter Blickwinkel ist gut. Lies weiter.»

# *12. Liebesbrief*

# 2. Könige

## Scheitern ist eine Gelegenheit, keine Niederlage

«Gott, deine Briefe zu lesen fühlt sich an, wie auf einer Achterbahn ins Nirgendwo zu fahren. Deine Geschichte über David führt mich auf höchste Höhen, doch wenn der dann stürzt, stürze ich mit ihm ab. Ist so das Leben für Leute, die dir nachfolgen? Salomo führt eine glorreiche Zeit herbei, doch dann löst er mit seiner Sexsucht einen Bürgerkrieg aus. Und dann schreibst du das 2. Buch der Könige. Gott, dies ist dein trostlosester Brief seit dem Buch der Richter. Was versuchst du damit zu sagen?

Warte. Bevor du es mir verrätst, lass mich noch Folgendes sagen. Es ist mir gerade eingefallen. Die Teilung deines Volkes in Norden und Süden, die nördlichen zehn Stämme des Reiches Israel und die südlichen zwei Stämme des Reiches Juda, erinnern mich an den amerikanischen Bürgerkrieg. Nur gibt es dabei keinen Abraham Lincoln. Gott, wo sind die Helden? Wo ist der nächste Josef, der nächste Mose, der nächste David? Wenn die Geschichte, die du im 2. Buch der Könige erzählst, so etwas wie eine Prophezeiung sein soll, wie mein Leben verlaufen wird, dann komme ich mir bei der Lektüre vor, als ob ich im Treibsand versänke. Ich finde keinen Felsen, auf den ich mich stellen kann.»

«Er kommt.»

«Ich weiß, du sagtest schon, dass du einen Plan hast. Aber alles, was ich im Moment wahrnehmen kann, ist der Sand unter meinen Füßen, der mich verschlingt. So muss sich wohl auch Israel gefühlt haben.»

«Niemand findet den Felsen, bis er ganz nach unten gesunken ist.»

«*Willst* du denn, dass es deinem Volk so richtig schlecht geht?»

«Mein Volk muss bis zur Hoffnungslosigkeit und Hilflosigkeit zermalmt werden, indem es erkennt, dass es vom Bösen verschlungen wird. Solange die Menschen sich einbilden, sie könnten ohne mich aus der Grube entrinnen, in die sie gefallen sind, werden sie sich nur auf sich selbst verlassen, nicht auf mich. Zu allen Zeiten haben nur ganz wenige Menschen, selbst unter meinen Nachfolgern, der Gegenwart des Bösen in sich selbst ins Gesicht gesehen.

Als mein Knecht Alexander Solschenizyn nach einer Zeit des erzwungenen Exils in seine russische Heimat zurückkehrte, wurde er dafür kritisiert, dass er sich mit Leuten traf, die zuvor unter der kommunistischen Schreckensherrschaft eine führende Rolle gespielt hatten. Mit einer Weisheit, die in der heutigen Gemeinde weitgehend verloren gegangen ist, sagte er seinen Kritikern, die Grenze zwischen Gut und Böse verlaufe nicht zwischen uns und ihnen, sondern sie laufe durch jeden von uns hindurch. Er erkannte, dass auch der Frömmste in meinem Volk mehr mit Stalin gemeinsam hat als mit meinem Sohn. Ich habe das 2. Buch der Könige geschrieben, damit du begreifst, wie tödlich das Böse in meinem Volk ist, und damit du vor seiner Macht, dein Leben zu ruinieren, erzitterst.»

«Gibt es denn auch irgendwelche *guten* Neuigkeiten im 2. Buch der Könige?»

«In der dunkelsten Nacht erklingt das schönste Lied. Wenn du diesen Liebesbrief liest, sollst du Folgendes hören:

**Mein Plan schreitet auch in den schlimmsten Zeiten voran. Mach es dir nicht zum Ziel, schlechte Zeiten in gute zu verwandeln. Natürlich sollst du dafür beten und tun, was du kannst, um die Welt zu verbessern, in der du lebst. Aber vor allem anderen strebe danach, mich besser kennenzulernen und mich in jeder Situation gut zu repräsentieren, egal, wie du dich fühlst.»**

«Noch einmal, Gott, ich habe nichts dergleichen gehört, als ich diesen deinen zwölften Brief las. Zeig mir, wie du diese Botschaft im 2. Buch der Könige vermittelst.»

«Vergiss nicht, dass meine Briefe erst zusammengenommen eine epische Geschichte ergeben. Die Handlung nahm ihren Lauf, als in Eden das Böse in die menschliche Seele eindrang. Du musst dir die trügerische Natur dieses Bösen bewusst machen. Es tarnt sich und entfaltet seine zerstörerische Wirkung langsam. Es versteckt sich unter Notwendigkeit, Vernunft, Effizienz, Pragmatismus, ja sogar Moral und guten Werken.

Das Böse, die rebellische, törichte Überzeugung, du könntest nach dem fröhlichen Takt des Lebens tanzen, ohne für das zu leben, was *ich* will, ist heute die zweitstärkste Kraft im Universum. Es ist eine fast persönliche Macht, die jedem Menschen, mit einer einzigen Ausnahme, im Blut liegt. Ich wiederhole es noch einmal: Das glauben nur ganz wenige Menschen, selbst in der Gemeinde. Und dennoch ist es wahr. Wenn ich nicht eingreife, wird die Schöpfung selbst mitsamt jedem Menschen, der je als Nachkomme Adams und Evas geboren wird, in die Gefangenschaft unter der isolierenden Macht des Bösen geführt werden.

Aber ich habe einen Plan. Ich werde die Schönheit Edens wiederherstellen. Ich werde eine Gemeinschaft von Männern und Frauen erschaffen, die ihr Leben im Einklang mit meiner Heiligkeit führen und mit mir in die Freude hineintanzen.

Abraham habe ich erwählt, um diese Gemeinschaft zu begründen. Er sollte andere durch den Freudentanz zu dem Fest hinzulocken. Das gelang ihm, doch zugleich scheiterte er auch. Ich wusste, dass das geschehen würde. Er war mein Freund, aber er war nicht mein Sohn.

Durch Jakob formte ich Abrahams Nachkommen zu einer Nation. Als David (den ich erwählte, nachdem das Volk sich Saul erwählt hatte) König wurde, versprach ich ihm, dass aus seinen Nachkommen ein gerechter König hervorgehen würde, ein Mann, in dem das Böse keinen Halt finden würde.

Doch bis dieser König käme – ich spreche natürlich von meinem Sohn, der stets mein Herz erfreut –, würde ich der Macht des Bösen gestatten, die Welt zu beherrschen. Nur, wenn mein Volk dessen zerstörerische Macht am eigenen Leib erführe, würde es demütig genug werden, um die gute Nachricht hören zu können, die mein Sohn bringen würde. Mein Plan war es, das Böse freizusetzen, obwohl ich ihm auch Grenzen setzte, um meine Absichten zu schützen, bis es seine ganze Gewalt zusammennahm, um das Leben des Menschen zu zerstören, auf den ich all meine Hoffnung setzen würde. Wenn du erst meinen Plan begreifst, wirst du erzittern, wenn du auf Golgatha stehst und erkennst, was dort geschehen ist.

Beachte in der Geschichte meines Volkes – wo du nun Zeuge zuerst der Zerstörung Israels und dann der Gefangennahme Judas wirst –, was ich im 2. Buch der Könige deutlich mache: *Jeder König, der in Juda herrschte, ob gut oder böse, war ein Nachkomme Davids.* Mein Erzfeind, die Quelle des Bösen, tat, was er konnte, um diese Linie zu vernichten. Er wusste (denn ich hatte es ihm gesagt), dass ich vorhatte, ihn durch einen Nachkommen Davids zu vernichten. Doch nicht einmal Satan kann meinen Plan aufhalten. *Die Linie Davids setzte sich fort.* Mein Sohn war auf dem Weg.

Selbst, als Joram König von Juda wurde und mich tief betrübte, indem er der Macht des Bösen in seinem Innern nachgab, war ich um meines Dieners David willen nicht bereit, Juda zu zerstören. *Ich hatte versprochen, für immer eine Lampe für David und seine Nachkommen brennen zu lassen.* Das kannst du in 2. Könige 8,16–19 nachlesen.

Und achte auch auf Manasse, den zugleich bösartigsten und am längsten herrschenden König von Juda. Nur mein Herz voller Liebe konnte die vielen Jahre seiner Bosheit überdauern. Als ich genug von ihm hatte, schickte ich ihn in eine schreckliche Gefangenschaft unter dem brutalen Heer Assyriens. Doch im Gegensatz zu den meisten Menschen, in denen das Böse die Herrschaft übernommen hat, demütigte Manasse sich tief. In 2. Chronik 33,10–20 kannst du nachlesen, wie meine vergebende Liebe Manasse erreichte. Wenn du spürst, wie das Böse dich übermannt, dann fass Mut. Buße führt zur Wiederherstellung. Am Ende seines Lebens tanzte Manasse zu meinem Rhythmus. Er ist jetzt bei mir.

Lies diesen Liebesbrief und mach dir Folgendes bewusst: *Das Böse ist real, und es ist in dir.* Das Böse verspricht Leben, aber es gibt den Tod. Es zerstört alles, wofür es sich zu leben lohnt. Weil mein Volk seinem Einfluss erlag, versank es in tiefem Elend. So wird es allen Völkern und Nationen ergehen, die Wohlstand höher schätzen als Heiligkeit. *Aber ich habe einen Plan.* Die Macht des Bösen wird ihn nicht aufhalten können. Lies diesen Liebesbrief und lass dich mit Hoffnung erfüllen: Die Linie Davids blieb erhalten.»

«Gott, was du da sagst, bürstet unsere Kultur total gegen den Strich, selbst in der Gemeinde. Wir reden viel mehr über Wunden und die Verheißungen der Therapie. Wir betrachten Leute eher als unsicher denn als schlecht, und wir geben ihnen Bestätigung, um ihr Selbstbild aufzupolstern. Und manche selbstgerechten Fanatiker, die eigentlich moralische Idioten sind, wettern gegen die Sünde bei anderen, als ob sie selbst überhaupt kein Problem damit hätten. Hm, ich schätze, ich mache es auch nicht anders.

Aber ich höre, wie du mir sagst, dass ich darauf achten soll, wie schrecklich und tief in mir verwurzelt die Wirklichkeit des Bösen ist. Und im 2. Buch der Könige machst du es mir schmerzlich klar, dass das Böse, wenn es nicht zugegeben, eingedämmt, vergeben und verändert wird, letzten Endes ins Seelen vernichtende Elend führt, und zwar immer. Wenn ich jetzt das 2. Buch der Könige lese und wenigstens ein wenig von dem höre, was du darin sagst, möchte ich mich mit Jeremia hinsetzen und weinen wie ein verlassenes Baby, während wir gemeinsam zuschauen, wie selbst Juda in die Babylonische Gefangenschaft verschleppt wird: ‹Ach, wie einsam und verlassen liegt sie da, die Stadt Jerusalem, in der sich einst die Menschen drängten!› Ich glaube, als ich gerade diese Worte aus Klagelieder 1,1 las, habe ich einen kurzen Blick auf das Grauen des Bösen erhascht und darauf, was es anrichten kann. Es bringt mich fast dazu, die Hoffnung auf deinen Plan zu verlieren. Lass mich hier nicht hängen!»

«Das werde ich nicht. Meine nächsten beiden Briefe wurden geschrieben, um in meinem Volk die Zuversicht wiederherzustellen, dass eines Tages ihre Füße auf dem Felsen stehen werden. Und deine auch. Lies weiter.»

# *13. Liebesbrief*
# 1. Chronik

## Leere jetzt, Fülle später – das ist ein Versprechen

«Gott, wenn ich diesen Liebesbrief lese, komme ich mir vor, als würde ich mir eine Wiederholung auf dem History Channel anschauen, mit einem einstündigen Vorspann und einer endlosen Liste von Namen vorweg. Die ersten neun Kapitel mit den Ahnenreihen lesen sich ungefähr so aufregend wie ein Telefonbuch. Und dann erzählst du für den Rest des 1. Buches der Chroniken noch einmal dieselbe Geschichte von David, die du schon in Samuel und den Büchern der Könige erzählt hast. Gibt es etwas Neues, das du mir durch diese etwas zähe Nacherzählung der Geschichte Davids mitteilen willst? Und haben jene endlosen Listen von Namen, die ich nicht aussprechen kann, irgendwelche Relevanz für den Punkt in meinem Leben, an dem ich bin?»

«Wo bist du?»

«Wie bitte?»

«Wo bist du? Wie erlebst du dich selbst, das Leben und mich in diesem Moment? Dieselbe Frage habe ich vor ein paar Jahren Adam gestellt.»

«Hm, lass mich einen Moment überlegen. Ich schätze, ich fühle mich zurzeit ein bisschen aus dem Gleichgewicht. Zu viel Arbeit, zu wenig Spaß. Lauter Leute, die zu kämpfen haben, lauter Dinge, die schiefliegen, lauter Konflikte und Spannungen. Mein Leben fühlt sich im Moment so an, als würde ich mit einer einzigen Dose Deospray in eine tiefe Jauchegrube hineinspringen. Ich tue mein Bestes, aber es stinkt immer noch erbärmlich. Und um ehrlich zu sein, kommt es mir nicht so vor, als ob du all das tust, was ich mir von dir erhofft habe. Eine Woche auf Hawaii würde sich für mich im Moment ausgesprochen gut anhören. Vielleicht auch ein Jahr.»

«Meinem Volk ging es genauso. Sie waren entmutigt und müde und fragten sich, ob ich sie verlassen hätte. Sie wünschten sich mehr Vergnügen und Zufriedenheit im Leben. Ich schrieb das 1. Buch der Chroniken, um ihnen Mut zu machen. Um ihnen die Hoffnung zu geben, die sie brauchten, um auf den schmalen Weg zurückzukehren und darauf zu bleiben. Meine Botschaft damals an sie und heute an dich ist folgende:

**Ihr könnt heute nicht mehr die Dinge genießen, die ihr früher genossen habt. Die Befriedigungen früherer Tage stehen euch nicht mehr zur Verfügung. Das Leben fühlt sich leer an. Viel Spaß gibt es nicht. Ich lade euch ein, euch in eurer Not zu freuen. Nichts anderes verschafft euch so sehr die Möglichkeit, euch voller Kraft und Freude ins Leben zu stürzen. Und zwar allein aufgrund meiner Verheißungen: der Verheißung meiner Gegenwart jetzt und meiner Befriedigung für immer. Wenn ihr diese Gelegenheit ergreift, seid ihr frei, das Leben leidenschaftlich anzupacken, für meine Ziele und ohne Ansprüche.»**

«*Das* drückst du im 1. Buch der Chroniken aus? Wo? Wie? Ich sehe das nicht.»

«Du siehst es deshalb nicht, weil du erwartest, dass meine Briefe eine unmittelbare Relevanz für deinen Wunsch nach einem ausgewogenen, erfüllenden und befriedigenden Leben haben. Dabei unterschätzt du das Hindernis deiner Unheiligkeit, das ich überwinden muss, bevor du das Leben führen kannst, das ich dir zugedacht habe. Weil du meine Briefe mit dem Anspruch liest, deine Leere müsse jetzt sofort gefüllt werden, siehst du gar nicht, was du dir wirklich wünschst. Und du kannst dich auch nicht für meine Verheißung begeistern, dass ich dieses Verlangen in der nächsten Welt mit vollen Händen befriedigen werde, weit über jedes Maß hinaus, dass du dir heute vorstellen kannst. Ich bin schon dabei, deinen Platz auf meinem Fest vorzubereiten. Aber du hast das Gespür für jene Wünsche verloren, die erst dann erfüllt werden können. Darum reduzierst du meine Brief auf praktische Handreichungen, wie du dir deine geringeren Wünsche jetzt schon erfüllen kannst.»

«Gott, ich will nicht das, was du sagst, in etwas verwandeln, wonach mir törichterweise die Ohren jucken. Ich weiß, dass ich das immer wieder tue, aber ich will es nicht. Wirklich nicht. Sag mir, was du mir durch diese Ahnenreihen und durch diese Version der Geschichte Davids mitteilen willst.»

«Du hast es richtig ausgedrückt. Dies ist eine andere Version der Geschichte als zuvor. Was diese Unterschiede zu bedeuten haben, wirst du nicht begreifen, ja, vielleicht wirst du sie nicht einmal bemerken, solange du nicht Folgendes erkennst: *Ich schreibe meinem Volk zu einer bestimmten Zeit und in einer bestimmten Situation. Diese Zeit und diese Umstände waren ganz anders als zuvor, als ich ihnen in den Samuelbüchern und den Büchern der Könige schrieb.*»

«Gott, hilf mir bitte auf die Sprünge. Ich verstehe wieder einmal nicht, wovon du sprichst.»

«Die vier Briefe davor habe ich geschrieben, kurz nachdem mein Volk in die Verbannung geführt wurde. Man hatte sie mit Gewalt aus ihren Häusern vertrieben und in einem fremden Land unter einem gottlosen König angesiedelt. Natürlich schrie mein Volk: ‹Foul!›, genau wie du es tust, wenn in deinem Leben Dinge schiefgehen und du keinen Sinn dahinter siehst. Sie sahen sich selbst ja als anständige Leute, die ein Recht darauf hätten, dass ich ihnen ein besseres Leben ermöglichte. Weil sie nicht erfassen konnten, dass meine Liebe ein Ziel verfolgt, das viel größer war als ihr augenblickliches Wohlergehen, hörten sie auf lächelnde Prediger, die ihnen sagten, sie könnten mich dazu überreden, alles für sie zum Besseren zu wenden, noch bevor ich sie heilig machte.

In den vier Briefen, die ich ihnen zu jener konkreten Zeit und in jener konkreten Situation schrieb, ging ich ausführlich auf die Geschichte ihres moralischen Versagens ein: auf den schwachen Charakter Sauls, auf das unsägliche Verbrechen, dessen David sich mit Batseba und Uria schuldig machte, und auf all die Probleme in der Familie Davids. Ich schilderte Salomos Abstieg in die Leere eines angenehmen Lebens und sein törichtes Bemühen, sich an gottlosen Frauen zu ergötzen, die ihn dazu verführten, ihren falschen Göttern Ehre zu erweisen. Sein Ego und seine Lüsternheit spalteten das Königreich. Dann hob ich die böse Wesensart jedes Königs hervor, der im Nordreich Israel herrschte, wie auch den allgemeinen geistlichen Niedergang Judas unter den neunzehn Männern – manche von ihnen gut, die meisten böse –, die auf Davids Thron saßen.

Meine Botschaft an diese Menschen, zu dieser Zeit, in dieser Situation und mit dieser Einstellung, war klar. Es war eine Botschaft strenger und demütigender Liebe: *Ihr habt keinen Anspruch auf ein schönes Leben. Hört auf zu jammern, als hättet ihr etwas anderes verdient als das, was ich euch gebe.* Das sage ich auch heute noch zu Leuten, deren Groll über das Leid, das sie erdulden, sie davon abhält, voll dankbarer Hoffnung im Strom meines Plans zu schwimmen.»

«Aber sagst du denn nicht im 1. Buch der Chroniken genau dasselbe?»

«Nein. In den beiden Briefen der Chroniken schreibe ich meinem Volk zu einer anderen Zeit und in einer anderen Situation. Und ich erzähle dieselbe Geschichte anders, um etwas anderes damit auszudrücken. In 1. und 2. Samuel und in 1. und 2. Könige schreibe ich einer Volksgemeinschaft in der *Verbannung*. In 1. und 2. Chronik schreibe ich der *wiederhergestellten Volksgemeinschaft.*»

«Gott, ich kann dir noch nicht ganz folgen.»

«Hör gut zu. Als mein Volk aus der Gefangenschaft freigelassen wurde und wieder nach Hause zurückkehren durfte, hatte es einen bestimmten Auftrag, als es wieder in Jerusalem eintraf: *den Tempel wiederaufzubauen*. Aber sie hatten keinen König, keine Häuser und nur sehr begrenzte Mittel. Sie waren sehr in Versuchung, sich mit der falschen Priorität im Hinterkopf zu organisieren, nämlich *ihr Leben wiederaufzubauen*. Doch ich sagte ihnen, sie sollten zuerst *den Tempel wiederaufbauen*. Ich verstehe (wie du auch), dass Leere und Not Leute dazu verführen können, Anbetung umzudefinieren – als ein Leben in der Hoffnung, dass im Leben alles gut wird. Aber ich möchte, dass mein Volk jetzt für die Freude lebt, mich zu kennen, und in Vorfreude auf das, was ich noch tun werde.

Auch dann, wenn das Leben so öde und notvoll ist, dass die Forderung nach Linderung gerechtfertigt erscheint, möchte ich, dass mein Volk eines weiß: *Allem Anschein zum Trotz sind die früheren prächtigen Zeiten Salomos nichts im Vergleich zu den glorreichen Tagen, die vor euch liegen*. Wenn ihr in der Wüste seid, kommt in meine Nähe, nicht mit einem Anspruchsdenken, sondern mit zuversichtlicher Hoffnung. Diese Hoffnung werdet ihr nur in meiner Gegenwart finden. Darum setzt eure Kräfte *zuerst* daran, den Tempel wiederaufzubauen, nicht euer Leben.»

«Ich glaube, jetzt komme ich hinterher, Gott. Aber wie genau sagst du das im 1. Buch der Chroniken?»

«Der verbannten, aber immer noch stolzen Volksgemeinschaft gegenüber hob ich die Sünde hervor. In der wiederhergestellten, aber entmutigten Volksgemeinschaft weckte ich neue Hoffnung. Alle Hoffnung dreht sich um meinen Sohn. Durch jeden kleinen Unterschied in dieser Version der Geschichte Davids weise ich auf ihn hin. Lass mich dir ein paar Beispiele zeigen. Du wirst noch mehr finden, wenn du danach Ausschau hältst.

In den Chroniken erwähne ich nichts von der siebenjährigen Wartezeit Davids in Hebron, bevor ich ihn auf den Thron ganz Israels setzte. *Wenn mein Sohn zurückkehrt, um sich auf Davids Thron zu setzen, wird es keine Verzögerung geben. Jedes Knie wird sich beugen, sofort und für immer.* Diese Hoffnung wirst du im Tempel entdecken.

Im 2. Buch Samuel schildere ich Davids Sünde mit Batseba in allen schändlichen Einzelheiten. Im 1. Buch der Chroniken sage ich nichts darüber. Stattdessen stelle ich David als einen Mann nach meinem Herzen dar – als ein fast scharfes Abbild meines kommenden Sohnes. *Mein Sohn ist der einzige Mensch, dessen Herz mir vollkommen zugekehrt war; der König, in dessen Herz ich meine größte Freude finde. Der vollkommene König kommt.* Diese Hoffnung wirst du im Tempel entdecken.

Davids Familienprobleme – Inzest, Mord, Rebellion – werden in der früheren Version seiner Geschichte eingehend geschildert, in dieser aber übergangen. Auch dieser Unterschied weist auf die große Hoffnung meines Volkes hin: *Wenn mein Sohn auf Davids Thron herrscht und mein Volk selbst mein Tempel ist, wird Satan in die ewige Finsternis verbannt sein, und das Reich des Lichts – ohne Probleme, ohne Belastungen – wird für immer als Segen auf der Welt liegen.* Diese Hoffnung wirst du im Tempel entdecken.

Selbst die beiden Sünden Davids, die ich im 1. Buch der Chroniken dennoch erwähne, offenbaren die Hoffnung, die mein Volk erst dann entdecken wird, wenn es den Tempel wiederaufbaut. Als David Buße dafür tat, dass er die Bundeslade auf einem neuen Wagen transportiert hatte – obwohl ich ausdrücklich angeordnet hatte, dass die Lade nur von Leviten getragen werden dürfe –, verstand er, dass die Form des Gottesdienstes sich nach mir richten muss, nicht nach kulturellen Moden oder praktischen Erwägungen. Diese Geschichte kannst du in 1. Chronik 13 und 15,1–2 nachlesen.

Und durch die Zählung seiner Soldaten verriet David, dass er sich stolz auf die Stärke seines Heeres stützte, statt sich demütig auf meine Kraft zu verlassen. Seine Strafe dafür führte ihn zu bußfertiger Anbetung an genau dem Ort, wo der Tempel errichtet werden würde. Diese Geschichte erzähle ich in 1. Chronik 21. Doch du musst auch den ersten Vers in Kapitel 22 lesen und ihn dir unterstreichen. Von beiden Sünden habe ich berichtet, um der wiederhergestellten Volksgemeinschaft zu zeigen, dass alles, auch ihr Versagen, sie immer wieder darauf hinweist, wie wichtig es ist, dass sie mich in ihrem Leben an die erste Stelle setzen. *Mein Sohn hat das möglich gemacht. Er ist eure Eintrittskarte zu dem Fest.* An dieser Hoffnung wirst du dich nur im Tempel erfreuen.»

«Gott, etwas, das ich schon wusste, hat gerade eine neue Bedeutung bekommen. *Ich bin der Tempel!* Du möchtest um jeden Preis, dass ich zu einem anbetenden Menschen werde. Dass ich nach deiner Leitung lebe, in meinen Beziehungen wie in meinen beruflichen Entscheidungen. Egal, ob es mir effektiv erscheint, um mein Leben erfüllender oder gedeihlicher zu machen, oder nicht. Verstehe ich dich richtig?»

«Ja, aber du musst mich jeden Tag hören. Diese Botschaft gerät leicht in Vergessenheit. Wenn du dich morgen wieder leer fühlst, wenn die Probleme und Enttäuschungen des Lebens weitergehen, wirst du wieder in Versuchung sein, mehr Energie darauf zu verwenden, dein Leben zu verbessern, als darauf, mir näherzukommen. Es ist nicht leicht, sich darin zu üben, dem Wiederaufbau des Tempels Vorrang vor dem Wiederaufbau deines Lebens zu geben. Es ist schon schwierig, es überhaupt zu merken, wenn du dagegen verstößt.

Und noch eines – ein Wort zu den Ahnenreihen, die du so langweilig findest. Die wiederhergestellte Volksgemeinschaft fand sie belebend. Ich verfolgte ihre Vorfahrenreihe zurück bis zu den Anfängen meines Plans, angefangen bei Adam über Noah, Abraham, Isaak und Jakob bis hinunter zu den Namen der Übriggebliebenen, die ich bewahrt hatte und die nun in Jerusalem versammelt waren. Und zu diesem Überrest gehörten all die

Leute, die nötig waren, um mich im Tempel anzubeten, wie ich angeordnet hatte. So wussten sie, dass sie Teil des Plans waren. Ich möchte, dass auch du das weißt. Wegen meines Sohnes gehörst nun auch du zur Familie. Du kommst auch zum Fest. Echte Hoffnung wirst du nur in meiner Gegenwart entdecken und genießen. *Bau den Tempel wieder auf.*»

# *14. Liebesbrief*

## 2. Chronik

## Wahres Vertrauen entsteht in der Dunkelheit

«Gott, es wird immer schwieriger, das zu leben, was du sagst. Egal, was in unserem Leben passiert – Wirbelstürme, Scheidungen, Krebs, was auch immer –, du möchtest, dass ich mehr über meine Beziehung zu dir und anderen nachdenke als darüber, wie ich mein Leben in den Griff bekomme. Und du willst, dass ich tief in mein Inneres schaue, auf meine Motive, damit ich sehe, ob ich nicht in Wirklichkeit nur an mich selbst denke, obwohl ich mir einbilde, für dich zu leben. Verstehe ich dich richtig?»

«Ja.»

«Nun, diese Botschaft kommt bei mir nicht sehr gut an, wenn ich echte Tragödien sehe. Ich habe gerade im Fernsehen einen Bericht über ein kleines Mädchen in Jerusalem gesehen, vielleicht sechs oder sieben Jahre alt, das kürzlich bei einem Bombenangriff schwer verletzt wurde. Sie wird den Rest ihres Lebens in einem Rollstuhl verbringen. Sie ist vom Hals abwärts gelähmt und kann nicht mehr verständlich sprechen. Für einige Monate werden die enormen medizinischen Ausgaben der Familie übernommen werden, und dann, so sagte der Sprecher: ‹Wer weiß, was danach mit ihr passieren wird?›

Gott, ich möchte schreien. Ich glaube, eben hätte ich dich am liebsten angeschrien. Hätte ich die Macht, ihr Leben in Ordnung zu bringen, sie wieder über einen Schulhof rennen und mit ihren Spielkameraden lachen zu lassen, dann würde ich Gebrauch davon machen. Ich würde sie als ein gesundes, fröhliches kleines Mädchen ihren Eltern zurückgeben. Du hast diese Macht, und du tust nichts. Willst du *wirklich* ihren am Boden zerstörten Eltern sagen, sie sollen mehr daran denken, dich im Tempel anzubeten, als daran, alles in ihrer Macht Stehende zu tun, um ihrer Tochter ein besseres Leben zu ermöglichen? Ich weiß, sich so gut wie möglich um Familie und Freunde zu kümmern, gehört auch zur Anbetung dazu, aber warum sollten diese Leute dich lieben, wenn du doch ihr Kind heilen könntest, es aber nicht tust?

Gott, bist du noch da?

Gott, antworte mir bitte. Ich weiß, ich wage mich zu weit vor, aber ich weiß nicht, was ich anderes denken soll.»

«Mir bricht das Herz, wenn ich dieses kleine Mädchen sehe. Ich habe sie zum Tanzen geschaffen.»

«Dann tu doch etwas!»

«Das habe ich schon. Ich TUE etwas. Ich werde etwas tun.»

«Gott, ich kapiere das einfach nicht. *Erklär mir, was du meinst!*»

«Ich schulde euch nichts. Ich gebe euch alles. Dein Wunsch, Dinge in Ordnung zu bringen, Leiden zu lindern, der Ungerechtigkeit entgegenzutreten, Wunden zu heilen, der Armut ein Ende zu machen und Freude zu erzeugen, ist lobenswert. Aber dein Wunsch ist zu schwach und geht in die falsche Richtung. Würde ich alles Falsche und Schmerzliche, das du siehst, in Ordnung bringen, ohne zuerst das Böse zu vernichten, so würde niemand auf meinem Fest tanzen. Es würde auch niemand wollen. Nach meinem Plan muss ich tun, was immer nötig ist, um das Böse in eurem tiefsten Innern zu vernichten, da, wo ihr stärker nach einem schönen Leben verlangt als nach mir. Und dieses götzendienerische Verlangen in euch muss ich durch die heilige Sehnsucht ersetzen, mich um jeden Preis zu kennen, mitten in eurem schlimmsten Leid. Nur dann wird sowohl für dieses kleine Mädchen wie auch für dich ewige Freude möglich.

Aus Gründen, die zu begreifen dein Verstand zu klein ist, muss ich Leiden zulassen, die keinem erkennbaren Zweck dienen. Was ich dir sagen kann, ist Folgendes: Hör gut zu. Es gibt ein Übel, das schlimmer ist als Bomben, Tsunamis und Krebs. Das alles sind *natürliche* Übel. Doch wenn Menschen dafür leben, ihren Willen zu bekommen, wenn sie selbst entscheiden, was gut für sie ist, und dafür leben, es zu bekommen, dann bricht in ihnen und zwischen ihnen die Hölle los. Habgier, liebloser Sex, fieberhaftes Grabschen nach Glück ohne Rücksicht auf andere. Leute, die nur ihre Meinung sagen wollen, anstatt sich die von anderen anzuhören. Die Unfähigkeit, Liebe zu geben oder zu empfangen. Die verwerfliche Gewohnheit, alle anderen zu Rivalen zu entmenschlichen. Widerwärtige Parodien gesellschaftlicher Höflichkeit, ohne dass wirklich Verbindung zwischen Menschen entsteht. Gelächter ohne Liebe, Weinen ohne Anbetung. All dies sind *moralische* Übel, wilde Bestien, die aus dem bösen Meer des Eigenwillens auftauchen – jenem Anspruch im Herzen eines jeden Menschen, sein eigenes Leben gelingen zu lassen [vgl. Galater 5,19–21 nach *The Message*; Daniel 7,3].

Erst wenn du das moralische Übel im menschlichen Herzen siehst, wirst du dich dem Geheimnis meines Plans ergeben. In dieser Welt vernichte ich das moralische Übel in meinem Volk. Das natürliche Übel werde ich in der nächsten beseitigen. Du hast Mühe damit, die Tragik im Leben dieses kleinen Mädchens mit meiner Liebe in Einklang zu bringen. Was du brauchst, ist das Vertrauen, dass ich solche schrecklichen Dinge, solche natürlichen Übel, die mein Herz viel mehr betrüben als deines, nur als Teil des Prozesses der Vernichtung des moralischen Übels zulasse, das mein Herz beleidigt. Denk nicht, ich würde dieses Mädchen bestrafen. Auf eine Art und Weise, die du nicht verstehen kannst, habe ich die Macht und die Weisheit, die ich brauche, um meinen Plan durch das Übel der Bomben und die Ungerechtigkeit des Leides voranzubringen.»

«Gott, da habe ich wohl einen Nerv getroffen. Steht von alledem etwas im 2. Buch der Chroniken?»

«Folgendes sage ich dir in meinem Brief, den du das 2. Buch der Chroniken nennst:

**Wie groß dein Schmerz oder wie verwirrend und tief dein Leid auch sein mag, lebe im Mysterium meiner Liebe. Gib dir Mühe, mir zu vertrauen. Gib nicht dem Bestreben Vorrang, dein Leben in dieser Welt so schön zu machen, wie du kannst. Du wirst leiden, manchmal auch ungerecht, doch du wirst bekommen, was du brauchst, um jeder Situation, in die du gerätst, mit Kraft und Weisheit zu begegnen, selbst, wenn es ein geliebtes Kind in einem Rollstuhl ist. Darin werden deine Freude, deine Hoffnung und deine tiefste Erfüllung liegen in dieser Zeit, während du noch einer Welt entgegensiehst, in der jedes Kind rennt und lacht.»**

«Gott, wie sagst du das alles in diesem Brief?»

«Vergleiche auch hier wieder, wie ich im 2. Buch der Chroniken die Geschichte meines Volkes anders erzähle als im 1. und 2. Buch der Könige.

Die ersten neun Kapitel in diesem Brief drehen sich um Salomos Werk des Tempelbaus. Der Tempel war ein prachtvolles Gebäude. Ganz Israel feierte dort meine Herrlichkeit. Als mein Volk, das nun nach seiner langen Gefangenschaft nach Jerusalem zurückgekehrt war, diese Geschichte las, wollte ich seinen Appetit auf die Herrlichkeit wecken, die noch kommen würde. Die Pracht Salomos ist nichts gegen die Pracht, die mein Volk feiern wird, wenn einst ein noch größerer König als Salomo den Thron besteigen wird. Indem mein Volk sich an Salomo erinnerte, wurde ihm die Leere der verlassenen Stadt umso stärker bewusst. Es sehnte sich nach einer Zufriedenheit, wie nur mein Sohn sie schenken kann. Leid ist notwendig, bis das Böse endgültig verbannt ist. Leid schließt den heiligen Ort in deiner Seele auf, der erst dann ausgefüllt werden kann, wenn du auf meinem Fest mit mir tanzt. Ich möchte, dass mein Volk, zu dem auch du gehörst, im Leiden durchhält mit der Hoffnung auf die völlige Zufriedenheit, wenn mein Sohn auf Davids Thron sitzt – und hin und wieder jetzt schon mit einem Vorgeschmack auf diese Zufriedenheit.

Beachte, dass ich in diesem Brief im Gegensatz zum 1. Buch der Könige nur auf einen Makel an Salomo zu sprechen komme. Es begann, als er die Tochter des Pharaos heiratete, um ein Bündnis mit Ägypten zu schließen, das er gar nicht brauchte. Du machst es genauso, wann immer du dich sexuellen Fantasien hingibst oder zu kontrollieren versuchst, wie eine andere Person dich behandelt. Du hast dann deinen eigenen Vorteil im Sinn, ohne deine Seele mir anzuvertrauen, so wie Salomo sein Königreich mit seinen eigenen Manövern schützte. Genau wie du wusste Salomo, dass er etwas Falsches tat. Und ebenso genau wie du hüllte er seinen Kompromiss in ein frommes Gewand. Hör zu, was er sagte: ‹Meine Frau soll nicht in dem Palast wohnen, der David, dem König von Israel, gehört hat. Diese Räume sind heilig, weil die Bundeslade des Herrn in ihrer Nähe stand› (2. Chronik 8,11). Salomo machte sich selbst etwas vor, indem er dachte, wenn er die Sünde auf Abstand hielte, könne er sich den Vergnügungen eines Kompromisses hingeben, ohne einen Preis dafür zu zahlen.

Nach diesem gut getarnten Kompromiss dauerte es nicht mehr lange, bis Salomo anfing Anbetungsstätten für die falschen Götter der vielen gottlosen Frauen zu bauen, die er später heiratete. Ihre Standorte rückten immer näher an Jerusalem heran. Lies nach, was ich in 1. Könige 11,7–8 darüber geschrieben habe. Mein Volk soll Folgendes wissen: *Wenn ihr auch nur in Kleinigkeiten dafür lebt, euch das Leben angenehmer zu machen, und euch auf eine Weise, die die Heiligkeit verletzt, Vergnügungen verschafft, wird eure Liebe zu einem schöneren Leben letzten Endes eure Liebe zu mir beschädigen.*

In diesem Brief sage ich im Gegensatz zum 1. und 2. Buch der Könige nichts über die Könige des Nordreichs. Es lohnte sich nicht, sie gegenüber meinem entmutigten Volk zu erwähnen, weil ich an ihnen nichts fand, was mich an meinen Sohn erinnert hätte. Und bei der Geschichte der Könige des Südreichs betonte ich nicht ihre militärische oder wirtschaftliche Stärke, sondern die Sehnsucht gewisser Könige nach *Heiligkeit im Tempel:*

- Asa tat, was er konnte, um Götzendienst zu beseitigen [2. Chronik 15].
- Joschafat führte mein Volk in die Anbetung im Tempel, als Feinde sie bedrohten [2. Chronik 20].
- Joasch zeigte in seinen frühen Tagen großen Eifer dafür, den Tempel wiederherzustellen [2. Chronik 24].
- Hiskias Entschluss, heilig im Tempel zu leben, verdiente drei Kapitel [2. Chronik 29–31].
- Nachdem Josia meine lange missachteten Anweisungen für den Gottesdienst entdeckt hatte, führte er mein Volk bei dem größten Passahfest an, das je gefeiert wurde [2. Chronik 34–35].

Was ich dir in diesem Brief sage, ist schwer zu hören und noch schwerer zu leben, aber es ist äußerst wichtig. Ich kann es auch so ausdrücken: *Lass dich nicht von Experten darin coachen, wie du dein Leben gelingen lassen kannst, ehe du nicht Ältesten folgst, die dich in meine Gegenwart führen werden.*»

«Gott, deine Anweisungen sind schwer zu befolgen, besonders wenn das Leben schon schwer genug ist.»

«Meine Anweisungen sind unmöglich zu befolgen.»

«Aber warum gibst du sie uns dann?»

«Um euer Herz bereit zu machen, auf meinen Sohn zu hören. Er erfreute mein Herz, indem er jede Anweisung vollkommen befolgte, und das tat er um euretwillen. Es war Teil meines Plans. Meine ersten 39 Briefe werden in euch einen Raum schaffen, den nur mein Sohn ausfüllen kann. Lies weiter. Ich habe einen Plan für dich und für das kleine Mädchen in Jerusalem.»

## *15. Liebesbrief*

## Esra

# Ich bin hier: Ich werde dich heilig und heil machen

«Gott, ich habe gerade das Buch Esra zu Ende gelesen, und als ich darüber nachdachte, was ich dich in diesem Brief sagen hörte, begannen aus einer Tiefe in mir, an die ich selten herankomme, die Tränen zu fließen. Mir hat deine Formulierung in Esra 6,22 sehr gefallen: Du ließest sie ‹in ein Meer der Freude tauchen› (nach *The Message*). Ich hatte das Gefühl, dass du das auch mit mir machst. Ich konnte gar nicht wieder aufhören zu weinen über die Hoffnung, tatsächlich mit dir zu tanzen – zu spüren, wie du dich über mich ebenso freust wie über deinen Sohn, und andere voller Begeisterung zu deinem Fest einzuladen. Ich weiß nicht genau, was diese Epiphanie ausgelöst hat. Aber ich glaube, ich habe gemerkt, wie tief hinunter du mich durch deine ersten vierzehn Briefe gebracht hattest, nur um mich in diesem auf höhere Höhen zu erheben, als ich es je für möglich gehalten hätte. Irgendwie habe ich jetzt ganz neu verstanden, was mein Vater mir einmal sagte: ‹Manchmal bin ich so überwältigt davon, was Gott in mich ausgießt, dass ich mich frage, ob ich ihn bitten sollte, es abzustellen.› Gott, könntest du das, was du im Buch Esra sagst und womit du mich in dieses Meer der Freude hast tauchen lassen, noch einmal in Worte fassen?»

«Du spürst dieselbe Freude, die ich empfand, als ich diesen Liebesbrief an dich schrieb. Was mein Sohn möglich gemacht hat, entzückt mich bis ins Innerste meines unendlichen Wesens: *Du wirst zu meinem Fest kommen*. Du bist für mich viel kostbarer, als der Mensch, den du auf der Erde am meisten liebst, es für dich ist. Im Buch Esra offenbare ich mehr darüber, wie mein Plan voranschreitet, um dich frei zu machen, damit du im Rhythmus meines Geistes tanzen kannst. Was ich dort sage und was du (dank meinem herrlichen Geist) allmählich zu hören beginnst, ist dies:

- **Ich werde tun, was immer nötig ist, um dein Herz frei zu machen, damit es sich an mir freuen kann.**
- **Ich werde auch die Herzen gottferner Menschen bewegen, um diesem Ziel zu dienen.**
- **Ich werde dein Herz aufwecken, damit es Anbetung mehr genießt als jeden anderen Segen auf Erden.**
- **Ich werde zulassen, dass starke Widerstände dich bedrücken, während du auf dem schmalen Weg zum Fest unterwegs bist.**
- **Manchmal wirst du scheitern – du wirst den leichteren Weg wählen, der zur sofortigen Befriedigung führt. Aber ich werde dafür sorgen, dass dir das Herz darüber bricht, dass du dich von mir entfernst, und werde dich zu einer anhaltenden, radikalen Buße anregen.**
- **Ich werde das Leben schaffende Werk in deinem Herzen vollenden, das ich bereits begonnen habe.**
- **Du wirst mit mir auf meinem Fest tanzen.»**

«Gott, ich habe es dringend nötig, das zu hören und es im tiefsten Innern zu glauben. Ich folge dir jetzt schon fast sechzig Jahre nach, aber ich stehe immer noch unter dem Einfluss, manchmal sogar unter der Herrschaft von Ängsten, die deine Liebe noch nicht ausgetrieben hat. Es passiert mir so leicht, dass ich die Liebe zu anderen verletze, indem ich mehr mein eigenes Wohlergehen im Sinn habe als das ihre, wenn ich mit ihnen umgehe. So oft sehe ich andere Menschen als Gelegenheiten, selbst Erfüllung zu empfinden, statt als Gelegenheiten, mit der unerschütterlichen, unangreifbaren Liebe Jesu auf sie zuzugehen. Und das entmenschlicht sie zu nützlichen Gegenständen, die ich entweder schätze oder verachte. Aber wenn ich in diesem Meer der Freude schwimme, *kann ich lieben! Dann bin ich frei!* Bitte, Gott, lass mich dich in diesem fünfzehnten Liebesbrief deutlich reden hören.»

«Du wirst ein paar Hintergrundinformationen brauchen, um mich in Esra gut zu verstehen. Unterschätze nie, wie wertvoll es ist, meine Briefe zu *studieren*, bevor du über sie *meditierst*. Ihre Wirkung wird dann viel tiefer gehen.

In Jeremia 29,10 sprach ich in die Zukunft hinein (die für mich immer *jetzt* ist) und verkündete, Babylon werde siebzig Jahre lang die beherrschende Weltmacht sein. Ich sagte *nicht*, mein Volk werde siebzig Jahre lang in der Verbannung leben. Von 606 v. Chr. bis 536 v. Chr. herrschte Babylon über die zivilisierte Welt. Mein Volk wurde 587 v. Chr. in die Verbannung geführt und kehrte 536 v. Chr. nach 51-jähriger Verbannung nach Juda zurück. Anhand dieser geschichtlichen Information kannst du sehen, dass ältere Leute in ihren Siebzigern, die Salomos Tempel noch vor seiner Zerstörung gesehen hatten, durchaus unter den fünfzigtausend Juden sein konnten (und es auch waren), die zu Fuß die fünfmonatige Reise aus dem Land der Verbannung in das Land der Verheißung zurücklegten.

Als die Meder und Perser sich 536 v. Chr. zusammenschlossen, um Babylon zu stürzen, rührte ich das Herz des persischen Herrschers Kyrus an, mein Volk freizugeben, damit es mit klaren Anweisungen, den Tempel wiederaufzubauen, nach Juda zurückkehren könnte. Das tat ich, indem ich dafür sorgte, dass Kyrus meine Worte durch Jesaja las. Bereits *zweihundert Jahre, bevor er auf die Welt kam,* nannte ich ihn dort drei Mal konkret als den Herrscher, der mein Volk aus der Verbannung entlassen würde. Du kannst diese Stellen in Jesaja 44,28, 45,1 und 45,13 nachlesen. Daraus sollst du dies lernen: *Egal, wer in den Regierungen in aller Welt die Macht in Händen hält, seien es Liberale oder Konservative, Tyrannen oder barmherzige Herrscher, ich werde sie nicht nur daran hindern, meinen letztgültigen Plan zu blockieren. Sondern ich werde sie auch gebrauchen, wann und wie es mir beliebt, um meinen Plan für dein Leben voranzubringen. Jubele über meine Macht. Sie garantiert, dass du zu meinem Fest kommst.*

Nun, mit diesem Hintergrund zu diesem Brief, der an mein Volk geschrieben wurde, nachdem die wiederhergestellte Volksgemeinschaft den Tempel wiederaufgebaut hatte, wirst du besser verstehen können, was ich dir durch das Buch Esra sage. In seinen ersten sechs Kapiteln erzähle ich nicht die Geschichte Esras, sondern die von Serubbabel, den ich auswählte, um schon etliche Jahre vor Esras Rückkehr fünfzigtausend Menschen zurück ins Land zu führen. Erst in den letzten vier Kapiteln dann erzähle ich die Geschichte von Esra – einem Schriftgelehrten –, der einige weitere Tausend Juden nach Juda führte, um alle daran zu erinnern, dass es mir vor allem um Heiligkeit geht, nicht so sehr um Wohlstand oder Vergnügen. Wenn du diesen Brief liest – der besser *Rückkehr auf den schmalen Weg* heißen sollte – und dir dabei vorstellst, du würdest ihn als ein Jude lesen, der in den wenig glorreichen Zeiten nach dem Exil im Land der Verheißung lebte, sollst du Folgendes hören: Er wird von neuem

Tränen der Hoffnung in dir freisetzen, denn dafür, dass er so auf mein Volk wirkt, habe ich ihn geschrieben.

Mein Volk versagte zwar auch weiterhin, aber es fiel nie wieder zurück in den unverblümten Götzendienst, vor falschen Göttern niederzufallen. *Du kannst schon in diesem Leben anfangen, mich genug zu lieben, dass du mehr nach mir verlangst als nach allem anderen.*

Die erste Gruppe der Rückkehrer aus der Verbannung zog wieder im verheißenen Land ein. Alle Bewegung zur Heiligkeit hin beginnt an diesem Punkt. *Auch du hast immer die Freiheit, zur Verheißung des Evangeliums zurückzukehren, wie sehr du auch gelitten oder versagt haben magst. Diese Verheißung besagt, dass du eines Tages inmitten eines heiligen, fröhlichen Volkes für immer auf meinem Fest tanzen wirst.*

Sobald mein Volk sich wieder im Land der Verheißung niedergelassen hatte, baute es den Altar wieder auf. Er wurde an derselben Stelle errichtet, wo der ursprüngliche Altar gestanden hatte. Der Opferaltar symbolisiert das ‹Hingegebensein› an mich. *Um auf den schmalen Weg zurückzukehren, brauchst du nur deinen Willen dem meinen zu unterstellen. Du hast ja, genau wie die Juden, oft genug gesehen, was passiert, wenn du auf deinem eigenen Willen beharrst.*

Vier Monate später begann mein Volk unter Serubbabel den Tempel wiederaufzubauen, als Zeugnis gegenüber der Welt, dass ich bei meinem Volk bin, um es zu heiligen. Mach dir bewusst: *Ich lasse dich in dieser Welt, nicht, damit du dich bequem zurücklehnst, sondern damit du durch die Kraft deiner heiligen, radikal aufopferungsvollen, den anderen in den Mittelpunkt stellenden Liebe andere mit in deine Beziehung zu mir einbeziehst und hineinziehst. Du bist hier, um auf die neue Art zu leben. Du sollst mir näherkommen, damit ich dich in das Ebenbild meines Sohnes umgestalte.*

Der Widerstand gegen den Wiederaufbau des Tempels erwachte rasch. Erst boten sich Kompromisse an [4,1–3], dann drohten Störungen, und schließlich gab es juristische Schwierigkeiten [Kapitel 5]. Der Widerstand zeigte Wirkung. Die Arbeiten am Wiederaufbau des Tempels wurden ‹verhindert› [4,24]. *Auch du wirst auf Widerstände stoßen, durch die der Kampf um die Heiligung so schwierig und der schmale Weg so steil und unwegsam wird, dass du für eine Weile vom schmalen Weg abweichen wirst.* Und wie mein geliebter und lange Zeit sehr geplagter Diener John Bunyan es in seinem Buch *Die Pilgerreise* beschreibt, wirst auch du den breiten, bequemeren Weg über die ‹Abwegswiese› einschlagen. Aber sei getrost: Ich werde dich nicht dort lassen!

Ich berief zwei Propheten, Haggai und Sacharja, und rüstete sie aus, nicht um die Widerstände aus dem Weg zu räumen, sondern um mein Volk zu ermahnen, trotz der Widerstände bei großem persönlichem Risiko weiterzubauen. Wenn das Leben unwegsam wird und ein Umweg über die Abwegswiese vernünftig erscheint, dann höre auf die treuen Männer und Frauen, die dich drängen, dem Kampf um die Heiligung nicht auszuweichen, wie schwierig oder gefährlich er auch sein mag.

Mein Volk baute weiter, und der Tempel wurde vollendet. Schöpfe Mut aus dieser Geschichte. Ich werde dir Kraft geben, um den guten Kampf zu kämpfen das Ziel gut zu erreichen. Du wirst es schaffen, auf mein Fest zu kommen. So ist mein Plan.

Serubbabel mühte sich zwanzig Jahre lang ab. Als Esra eintraf, sechzig Jahre, nachdem Serubbabels Werk abgeschlossen war, hatten in meinem Volk viele das Interesse an der Heiligung verloren und waren nur noch aufs Vergnügen aus. Sie waren vom schmalen Weg abgewichen, indem sie heidnische Frauen geheiratet und ‹das heilige Volk Gottes mit diesen Völkern vermischt› hatten [9,2]. Und bei dieser Treulosigkeit gingen die Führer meines Volkes allen voran.

Mach dir Folgendes bewusst: Du musst auf der Hut bleiben vor geistlichen Leitern, die Kompromisse machen und dich mehr mit der Hoffnung auf Segnungen locken als mit der Verheißung der Heiligkeit. Sie reden dir ein, in meiner Liebe sei mir mehr an deinem gegenwärtigen Wohlergehen gelegen als an deiner ewigen Freude. Ihnen sollst du widerstehen. Verlasse ihre Gemeinden. Geh nicht auf ihre Konferenzen, und lass die Finger von ihren Büchern.

Esra war zutiefst bestürzt, und zwar weniger über die Not meines Volkes als über die Kompromisse, die es eingegangen war. Heiligung war ihm so wichtig, dass er Tränen der Buße vergoss und nichts mehr essen und trinken wollte, weil er so sehr über das schändliche Verhalten meines Volkes trauerte. Als mein Volk die Bestürzung dieses gottesfürchtigen Mannes sah, scharte es sich zerknirscht zusammen und stand in einem Gewitter, in dem sich mein Schmerz über ihr Verhalten ausdrückte. Es folgte eine radikale Buße – eine schmerzhafte Buße unter großen Opfern, bei der Esra voranging. *Es gibt immer einen Weg zurück aus der Sünde. Tränen der Hoffnung werden immer dann fließen, wenn du nach deinem Scheitern meine liebevolle Barmherzigkeit erfährst. Ich liebe dich immer noch. Ich gebe dich nicht auf. Ich habe einen Plan.*»

«Gott, ich weiß, dass mir noch mehr Versagen bevorsteht. Doch je besser ich dich kennenlerne, desto mehr dreht sich für mich alles um dich und um deinen Plan und desto weniger um mich und mein Scheitern. Mir geht das Herz auf vor Dankbarkeit. Schon wieder steigen Tränen aus meinem tiefsten Innern auf.»

«Dein Kampf geht weiter, aber jetzt mit Hoffnung. Lies weiter. Hoffnung ist erst dann richtig verankert, wenn sie in meinem Sohn wurzelt.»

## *16. Liebesbrief*

# Nehemia

## Denk daran: Ein kleiner Gehorsam ist ein großes Werk

«Nun, Gott, ich glaube, mein Hochgefühl, das ich durch das Buch Esra empfunden habe, hat sich wieder verflüchtigt.»

«Das war kein Hochgefühl. Das war ein kleiner Einblick.»

«Wie meinst du das?»

«Als du meinen Brief an dich von Esra studiert und darüber nachgedacht hast, hat mein Geist dir die Augen geöffnet. Du hast einen kleinen Einblick in meinen Plan getan, in all das, was ich durch meinen Sohn tue, um dich für den Tanz bereit zu machen. Es ist gut, meinen Plan zu studieren. Ihn zu sehen, verwandelt dich. Deine Begeisterung war nicht nur eine emotionale Reaktion. Sie war die Leidenschaft, die immer dann freigesetzt wird, wenn du einen Blick in die Wirklichkeit tust.»

«Aber Gott, jetzt ist dieser Blick wieder dahin. Ich glaube immer noch daran, dass da ein wirklich guter Plan im Gange ist, aber ich stecke nicht mit drin. Ich fühle mich wieder ganz gewöhnlich und tue ganz gewöhnliche Dinge in einer ganz gewöhnlichen Welt. Manches ist gut, manches ist schlecht. Mal bin ich oben, mal unten, und ich gehe einfach weiter. Im Moment fühlt sich das Leben an wie Alltag – aufstehen, Kaffee kochen, tun, was zu tun ist, schlafen gehen. Nichts von alledem kommt mir besonders bedeutsam vor. Werde ich zu einem Fatalisten?»

«Es wird Zeit, dass du meinen nächsten Brief liest. Nehemia hat nicht viel mehr getan, als eine unscheinbare Mauer um eine scheinbar bedeutungslose Stadt zu bauen, in der ein relativ kleines Häuflein unwichtig aussehender Leute wohnte. Doch als die Leute ihn dafür auslachten, dass er sich einem so banalen Vorhaben widmete, erwiderte er: ‹Wir führen hier ein großes Werk aus› (6,3). Lies diesen Brief, und du wirst mich Folgendes sagen hören:

**Was immer jemand aus dem aufrichtigen Wunsch heraus tut, mich zu erkennen und andere zu mir zu ziehen, ist ein großes Werk. Und wenn du dich diesem Werk widmest, wirst du Kraft aus manchem Einblick in meinen sich entfaltenden Plan schöpfen. Meistens aber wird es nicht so sein. So oder so, du führst ein großes Werk aus.**

Jeder Vater, der einen undichten Wasserhahn repariert und dann vor dem Abendessen mit seinen Kindern noch betet, führt ein großes Werk aus. Jede Mutter, die dieses Abendessen zubereitet und sich diesem Gebet anschließt, führt ein großes Werk aus. Jeder einzelne Mensch, der hart arbeitet, um die Miete und seine Rechnungen zu bezahlen, und vor dem Schlafengehen in der Bibel liest, führt ein großes Werk aus. Ich sehe das alles. Und es gefällt mir. Ihr Lohn ist ihnen sicher.»

«Sag mir, wie du das in Nehemia zum Ausdruck bringst.»

«Was bewegt dich am tiefsten? Wenn du mit deinem Plan für dein Leben vorankommst, oder wenn mein Plan für die Welt Fortschritte macht? Ein Vertragsabschluss, oder wenn du bei deinen Verhandlungen den Charakter meines Sohnes sichtbar machst? Wenn du deinem Ehepartner begreiflich machen kannst, wie verlassen du dich fühlst, oder wenn du den Problemen in deiner Ehe so begegnest, dass dabei der Charakter meines Sohnes sichtbar wird?

Lies, was Nehemia im ersten Kapitel das Herz brach. Das waren nicht die Strapazen und Mühen, die ihm bevorstanden, wenn er sein wichtiges Amt am persischen Königshof verlassen würde, um nach Jerusalem zu gehen. Nehemia wusste, dass er zu einem großen Werk berufen war, als er hörte, dass mein Plan bei meinem Volk nicht weiterkam und *als er begriff, wie tief ihn das betrübte.* Er kam nicht darüber hinweg. Fast hundert Jahre waren vergangen, seit mein Volk in kleiner Zahl das relativ komfortable Leben in Persien hinter sich gelassen und in eine Ruinenstadt zurückgekehrt war. Und immer noch lagen die Mauern und Stadttore in Trümmern. In all dieser Zeit war mein Volk nicht bereit gewesen, die harte Arbeit auf sich zu nehmen und die Mauern wiederaufzubauen, um sich vor seinen Feinden in der Umgebung zu schützen. Ihnen war es wichtiger, im Heute so behaglich zu leben wie möglich, als ihrer Bestimmung zu folgen, ihrer Berufung, eine heilige Nation zu sein, durch die ich die ganze Welt segnen würde.

Nehemia war zutiefst empört und traurig darüber. Er erhaschte einen kleinen Blick auf das, was auf dem Spiel stand. Mein Volk ehrte mich nicht, und es nutzte auch nicht die Gelegenheit, die ich ihm gegeben hatte, an meinem Plan mitzuwirken. Nehemia ging es wie dir, wenn du einen Einblick in die Schlacht erhaschst, die im Himmel ausgefochten wird, und meinen endgültigen Sieg vor Augen siehst. Er war bereit, alles in seiner Macht Stehende zu tun, was es ihn auch kosten mochte, um mich zu ehren und diese Gelegenheit zu ergreifen und auch andere davon zu überzeugen, es ihm gleichzutun.

Wie es allen meinen treuen Dienern ergeht, wenn sie ein großes Werk in Angriff nehmen, stellten sich alsbald Widerstände ein. Furcht machte sich breit. Der Weg zum Leben ist schmal. Er ist uneben und steil. Doch Nehemias Bewusstsein, dass er ein großes Werk ausführte, trieb ihn weiter voran. Und die Mauer wurde in der Rekordzeit von 52 Tagen wiederaufgebaut. Stell dir Nehemias Befriedigung vor, als alle Einwohner sich in der Sicherheit der nun wieder geschützten Stadt versammelten und von neuem ihre Entschlossenheit bekundeten, meinem Plan für ihr Leben zu folgen, den Esra ihnen seinerzeit bei einer riesigen Bibelkonferenz erklärt hatte. Sowohl Esra als auch Nehemia tauchten in dieses Meer der Freude ein. Sie erhaschten einen kleinen Einblick in das, was ich tue.

Doch schon ein paar Jahre später, nachdem Nehemia inzwischen an den persischen Königshof zurückgekehrt und dann erneut nach Jerusalem gekommen war, nahm mein Volk den Gottesdienst schon nicht mehr ernst. Meine Vorschriften für die Heiligung wurden zum persönlichen Vorteil genutzt, und wieder einmal verstießen sie gegen meinen Ruf zur Heiligung, indem sie Ehen mit Ungläubigen eingingen. Mit Nehemias ‹Hochgefühl› war es vorbei. Doch der kleine Einblick, den er bekommen hatte, hielt ihn aufrecht. Er wusste, dass er ein großes Werk ausführte. Genauso, wie Eltern, deren Kinder ihnen das Herz brechen, sich immer wieder daran erinnern müssen, dass die Größe ihres Werkes sich nicht nach den Ergebnissen bemisst, die sie sehen, sondern nach ihrer Treue mir gegenüber. Was immer getan wird, um mich zu erkennen und mich bekannt zu machen, um meine Absichten voranzubringen, ist ein großes

Werk. Und ich werde jedes große Werk gebrauchen, das mein Volk vollbringt, um meinen großen Plan voranzubringen, wie klein es auch erscheinen mag. Wenn du erst diesen Plan in seiner ganzen Fülle und sein Endergebnis siehst, wirst du für immer in ein Meer der Freude eintauchen. Was du dann erlebst, wirst du bestimmt nicht mit einem Hochgefühl verwechseln.»

«Gott, meine Reaktion auf das, was du in diesem Liebesbrief sagst, überrascht mich selbst. Einerseits ist bei mir die Luft raus, andererseits fühle ich mich belebt. Ich bin zugleich erschöpft und gestärkt. Das Leben kommt mir immer noch größtenteils sehr gewöhnlich vor. Heute muss ich zum Beispiel ein paar Sachen aus der Reinigung abholen und mit meiner Steuererklärung anfangen. Zugleich aber ist mir irgendwie bewusst, dass gerade in diesem Moment durch mein Leben eine viel größere Geschichte erzählt wird. Und dass es Teil eines großen Werkes sein kann, ein paar Hemden aus der Reinigung zu holen. Bin ich verrückt? Ich sehne mich nach noch so einem Einblick, diesmal möglichst noch klarer und länger.»

«Ich sehe alles. Und bis zu dem Tag, an dem ich alles Böse verbanne und mein Sohn als König der Könige und Herr der Herren sichtbar wird, bin ich zugleich traurig und voller Freude, zugleich zornig und gelassen. Ich sehe alles, was falsch, alles, was schmerzlich ist. Mein Herz ist empört und gebrochen. Zugleich sehe ich aber auch zu allen Zeiten treue Nehemias in aller Welt, und ich sehe ihre großen Werke. Mein großer Plan begann im Garten Eden und wird sich in aller Stille entfalten bis mein Sohn in all seiner Herrlichkeit und Macht zurückkehrt. Der nächste Liebesbrief, die Geschichte von Esther, wird wieder für einen Einblick sorgen, wenn mein Geist dir die Augen öffnet. Bitte ihn darum.»

# 17. Liebesbrief
# Esther

## Niemand, niemand kann meinen Plan zunichtemachen

«Gott, nachdem ich deine ersten sechzehn Liebesbriefe gelesen habe und nun anfange, mich mit dem Buch Esther zu beschäftigen, muss ich dir eine Frage stellen. Es ist dieselbe Frage, die es mich zu stellen drängt, wenn ich sehe, was überall in der Welt heute los ist, besonders unter deinem Volk. Die Frage ist diese: *Läuft es mit deinem Plan eigentlich gut oder eher nicht?* Wird dein Volk tatsächlich heiliger oder nur lauter? Interessieren sich deine Nachfolger – und ich – überhaupt für Heiligkeit? Für das, was *du* darunter verstehst? Oder verwechseln wir Toleranz und Nettigkeit und geistliche Erfahrungen mit der tiefen Veränderung in der menschlichen Seele, die du dir wünschst? Die meisten von uns scheinen das Christentum eher für eine moralische und soziale politische Agenda zu halten, um den Menschen ein besseres Leben zu geben, als für einen Erlösungsplan, um diesem Dasein bessere Menschen zu geben.

Ich bin auf diese Frage gekommen, als ich Nehemia gelesen habe. In jenem Brief hast du die Geschichte des Alten Testaments zum Abschluss gebracht. Sie endete damit, dass nur eine Handvoll Leute aus deinem Volk da waren, wo du sie hattest hinbringen wollen, und die Mehrzahl dieser wenigen verehrten dich nur halbherzig in einem zweitklassigen Tempel. Auch Nehemia selbst war über ihren geistlichen Zustand frustriert. Und nach allem, was du für dieses Volk getan hattest, die du dir aus dem Nichts herausgepflückt hattest, kann ich mir kaum vorstellen, was du dabei empfunden hast.

Und dann las ich das Buch Esther. Gott, die meisten Angehörigen deines Volkes waren fünfzig Jahre, nachdem du ihnen allen die Möglichkeit verschafft hattest, wieder nach Juda zurückzukehren, immer noch in Persien. Was hat es damit auf sich? Das Einzige, was mir dazu einfällt, ist, dass dein Volk wohl damals die Annehmlichkeiten eines gesicherten weltlichen Lebensstils vorzog, so wie die meisten von uns heute auch. Mit einem dünnen religiösen Lacküberzug muss das Leben in Persien wohl viel verlockender ausgesehen haben als die Strapazen, eine heilige Volksgemeinschaft aus Trümmern wieder neu erstehen zu lassen. Was hast du damals dabei empfunden, Gott? Was empfindest du heute dabei? Für mich sieht es so aus, als ob es mit deinem Plan noch nie so richtig gut gelaufen wäre.»

> «Ich stehe über der Zeit und befasse mich mit allem, was in der Zeit geschieht. Ich lebe in dem vollkommenen Frieden einer ungefährdeten Hoffnung, und ich empfinde Trauer und Zorn, jeden Tag, und lauter Freude.»

«Ich weiß nicht, ob ich dir folgen kann. Du stehst so unerreichbar weit über mir. Aber den zweiten Teil habe ich ganz gut kapiert. Ich bin oft entmutigt und wütend. Was mir weniger gelingt, ist der Teil mit dem Frieden und der Hoffnung. Und damit bin ich immer noch bei meiner Frage: *Geht dein Plan eigentlich gut voran oder nicht?*»

> «Ich habe das Buch Esther geschrieben, damit du siehst, dass alles, was in der Zeit geschieht, unter meiner Kontrolle steht. Ich lasse nichts geschehen, was ich nicht gebrauchen kann, um meinen Plan voranzubringen. *Wie* ich etwas gebrauche, ist nicht immer leicht zu erkennen. *Dass* ich alles gebrauche, ist gewiss. Vieles von dem, was ich sehe, ist mir zuwider. Vieles von dem, was geschieht, macht mich traurig und stellt meine Geduld auf die Probe. Aber ich gebrauche alles, um meine Absichten zu verfolgen. Was ich nicht gebrauchen kann, lasse ich nicht zu.»

«Dann *geht* dein Plan also gut voran?»

> «Natürlich. Dass du diese Frage stellst, liegt nur an deiner geistlichen Kurzsichtigkeit. Von vor dem Anbeginn der Zeit, als mein Sohn, mein Geist und ich gemeinsam unseren Plan entwarfen, bis einst der ewige Tag aufdämmert, die Musik erklingt und der Tanz beginnt, folgt mein Plan einer geraden Linie, die niemand krümmen kann. Wenn nötig, greife ich durch ein Wunder ein, um die Linie gerade zu halten. Häufiger jedoch komme ich durch die Vorsehung sowohl den Naturereignissen als auch den freien Entscheidungen der Menschen zuvor, um meinen Plan gedeihen zu lassen. So habe ich es auch im Buch Esther gemacht. Aber mach dir Folgendes bewusst: Ich sage dir die Wahrheit: *Ob durch gezieltes Eingreifen* (wie so oft im Buch Exodus) *oder durch stilles Vorausgreifen* (wie durchweg in Esther), *ich sorge dafür,*

*dass mein Plan auf Kurs bleibt. ICH BIN Gott. Es gibt keinen anderen.»*

«Gott, das ist mir in Esther aufgefallen. Da ist nicht davon die Rede, dass du irgendwelche Wunder getan hättest, und du erwähnst dich selbst nicht einmal namentlich. Du bleibst außer Sicht, verborgen und doch handelnd. Warum? Hätte dein Volk dich nicht noch mehr bejubelt, wenn sie dich deutlicher hätten sehen können? Und mich interessiert immer noch, wie du zu all den Juden standest, die dich so wenig ehrten, dass sie nicht einmal ihr leichteres Leben in Persien, weit weg von deiner Gegenwart im Tempel, hinter sich lassen und nach Juda gehen wollten, wo du sie haben wolltest und wo ein schwereres Leben auf sie wartete.»

«Ich werde deine Frage beantworten und deine Neugier befriedigen. Um zu verstehen, was ich dir jetzt sagen werde, und zu hören, was ich dir durch diesen siebzehnten Brief mitteile, musst du dich mit der Geschichte von fünf Menschen vertraut machen: der von Xerxes, dem instabilen persischen König. Von Wasti, der schönen, bescheidenen und darum abgesetzten Königin. Von Haman, dem dämonisch inspirierten Judenhasser. Von Mordechai, dem treuen jüdischen Führer. Und von Esther, dem atemberaubend schönen jüdischen Waisenmädchen, das ich aus einem Schattendasein aufsteigen ließ, um mein Volk zu retten. Wenn du nun die Geschichte dieser fünf Menschen liest, sollst du Folgendes hören:

**Auch dann, wenn dir ein angenehmes Leben in dieser Welt wichtiger ist, als mich in meinem Tempel anzubeten, liebe ich dich dennoch. Ich werde dennoch meine letzte Absicht verwirklichen, dich zum Fest zu bringen. Ich werde dich immer vor allem beschützen (wenn auch oft durch Leiden), was diese Absicht durchkreuzen könnte, aber ich werde mich dir nicht immer zeigen. Du wirst stets von meiner fürsorglichen Vorsehung profitieren, aber du wirst nicht immer die innige Beziehung erfahren, die ich denen, die mich von ganzem Herzen suchen, häufiger zu schmecken gebe.»**

«Gott, ich möchte diese Einheit mit dir erleben. Ich habe sie schon geschmeckt. Ich will mehr davon. Ich lechze danach, zu hören, was du im Buch Esther zu mir sagst. Zeig mir, wie du deine Botschaft an mich im Buch Esther offenbarst.»

«Du hattest recht mit dem, was du vorhin gesagt hast. Mein ganzes Volk hätte die Gelegenheit nutzen sollen, die ich ihnen fünfzig Jahre vor den Ereignissen in der Geschichte von Esther schenkte. Sie hätten Persien verlassen und sich auf die fünfmonatige Reise nach Juda machen sollen. Doch nur fünfzigtausend taten es. Mehrere Millionen taten es nicht. Das hat mich sehr traurig gemacht. Sie brachten sich selbst um den Genuss meiner Gegenwart. Wo immer meine Leute in dieser Welt leben, ob in einem Haus oder in einem Zelt, sie werden leiden – nicht immer, aber es wird nicht ausbleiben. Der Unterschied ist folgender: Wenn mein Volk das Zelt eines Pilgers verschmäht und das Haus eines Menschen vorzieht, der seinen Schatz in dieser Welt hat, dann werde ich zwar immer noch bei ihm sein. Aber es wird sich dieser Wirklichkeit nicht gewiss sein. Den Verlust müssen mein Volk und ich beide tragen. Das bringt die Geschichte, die ich im Buch Esther erzähle, auf den Punkt. Hör zu.

König Ahasverus (dessen griechischer Name Xerxes lautete) war ein macht- und vergnügungshungriger Monarch. Als er in einer kriegerischen Auseinandersetzung mit einem ausländischen Feind den Kürzeren zog, setzte er eine Belohnung für denjenigen aus, dem eine Vergnügung einfiele, die er bisher noch nicht erlebt hatte. Wenn ich so einen Mann für meine Zwecke gebrauchen kann, musst du nicht in Panik darüber geraten, dass in deinem Staat die falsche Person zu Macht gelangen könnte. Deine persönliche Heiligkeit ist wichtiger als politischer Aktivismus.

Als Königin Wasti sich dem Befehl des Königs verweigerte, ihre weibliche Schönheit vor seinen betrunkenen Bankettgästen zur Schau zu stellen, wurde sie abgesetzt. Ich habe das nicht verursacht, aber ich habe es genutzt. Nachdem Wastis Thron frei geworden war, wurde die noch schönere Esther zur Königin gemacht und erlangte so eine Stellung, in der sie mein Volk Jahre später vor Hamans Plan, es auszurotten, schützen konnte. Wenn jemand sich entschließt, Satan nachzufolgen, erwählt er sich mich zum Feind. Das ist eine schlechte Wahl.

Hamans wahnsinniger Stolz, ein genetischer Defekt, den er von seinem Vater, dem Teufel, geerbt hatte, ließ in ihm den Hass gegen Mordechai auflodern, als der führende Jude sich nicht vor ihm niederwerfen wollte. In seinem dämonischen Groll darüber machte er sich unwissentlich zum Gehilfen des

Satans, indem er die Herkunftslinie zu vernichten versuchte, durch die mein Sohn, der größte Feind der Hölle, in die Welt kommen sollte. Als mein Volk erfuhr, dass Ahasverus Haman bevollmächtigt hatte, jeden der Juden zu töten, die in den 127 Provinzen Persiens verstreut lebten, fastete es, klagte und trauerte in Sack und Asche. *Doch nicht ein einziges Mal wandten sie sich namentlich an mich*.

Natürlich ging Hamans Plan nach hinten los, wie es Satans Schliche immer tun. Lies die Geschichte. Ich nutzte den natürlichen Umstand der Schlaflosigkeit des Königs, um ihn an eine unbeglichene Schuld gegenüber Mordechai zu erinnern. Während er wach lag, las ihm ein Diener aus den Chroniken seines Reiches vor, und so erfuhr der König, wie Mordechai ihm Jahre zuvor einmal das Leben gerettet hatte.

Am nächsten Tag fragte er Haman, was zu tun sei, um einen Mann zu belohnen, der eine besondere Ehre verdient habe. Haman, der meinte, der König spreche von ihm selbst, schlug einen extravaganten Plan vor, um den Würdenträger zu feiern. Als er hörte, der zu Ehrende sei Mordechai, war Haman gedemütigt und erschüttert.

Am selben Tag offenbarte Esther bei einem privaten Essen, das sie für den König, sich selbst und Haman gab, zum ersten Mal, dass sie eine Jüdin war und dass Hamans empörender und bösartiger Plan, alle Juden zu töten, auch ihren Tod bedeuten würde. Der König stürmte wütend aus dem Zimmer. Als er wenige Minuten später zurückkehrte, sah er Haman auf dem Sofa liegen, auf dem Esther lag, und um sein Leben flehen. Der König nahm irrtümlich an, Haman wolle seine Königin vergewaltigen, und ließ ihn prompt an den Galgen hängen, den Haman gerade errichtet hatte, um Mordechai hinzurichten.

Warum verschwören sich Herrscher gegen mich? Ich lache über ihre vergeblichen Pläne. Ich verspotte sie, und ich erschrecke sie in meinem Zorn. (Um das besser zu verstehen, lies den zweiten Psalm.)

Beachte, dass all dies natürliche Ereignisse waren, die ich für meine Zwecke nutzte – das Fest des Ahasverus, Wastis Weigerung, sich zum Vergnügen der Gäste des Königs zu erniedrigen, Mordechais Warnung, die dem König das Leben rettete, Hamans mörderischer Plan, Esthers Schönheit, ihre Stellung, ihr Mut und viele andere. Haman wurde getötet. Mein Volk erstarkte.

Ahasverus erhob Mordechai in eine höhere Stellung, und Esther herrschte als Königin anstelle von Wasti.

Das Purimfest, das Israel bis heute begeht, wurde eingesetzt, um den glücklichen Ausgang für mein Volk zu feiern. *Doch nirgendwo steht ein Wort davon, dass sie mich namentlich dafür priesen.* In seiner Not rief mein Volk mich nicht mit Namen an. In seiner Freude jubelte mein Volk nicht meinem Namen zu. Meine Macht hatte es beschützt, und sie feierten ihre Rettung, aber die enge Beziehung zu mir, für die ich es geschaffen hatte, suchte es nicht. Das ist es, neben vielen anderen Dingen, was ich dir in diesem siebzehnten Liebesbrief mitteile. Du bist mir wichtig. Sprich mich namentlich an. In allem, auch in deinen schlimmsten Qualen und Leiden, sieh mich mit den Augen des Glaubens. So werden du und ich eine liebevolle Beziehung zueinander haben.»

«Gott, nichts von alledem habe ich in diesem Brief erkannt, bis du es mir gezeigt hast. Aber jetzt, wo ich es sehe, merke ich, dass ich mich manchmal fühle wie einer deiner Nachfolger, die nach Juda zurückkehrten und die aufrichtig versprachen, dir auf dem schmalen Weg zu folgen, dann aber doch auf dem breiten landeten. Zu anderen Zeiten komme ich mir eher vor wie einer von denen, die in Persien blieben. Allzu oft interessiere ich mich mehr dafür, wie gut es in meinem Leben läuft, als dafür, ob ich deinem Sohn ähnlicher werde. Wenn ich ehrlich darüber nachdenke, wird mir klar, dass sich mein geistliches Leben mehr darum dreht, deine Segnungen zu genießen, als darum, dich zu kennen. Sind denn das meine einzigen beiden Möglichkeiten? Entweder auf den breiten Weg abzugleiten, obwohl ich eigentlich auf dem schmalen gehen und dich erkennen möchte, oder mir ein schönes Leben zu machen und mir einzubilden, ich wäre dir nahe, obwohl ich es eigentlich nicht bin? Ich möchte Persien verlassen und mich an die gerade Linie deines Plans für mich halten, damit ich heilig werde und mit dir tanzen kann. Ist das möglich?»

«Die Geschichte, wie mein Volk sowohl in Juda als auch in Persien versagte, soll dein Herz bereit machen, auf meinen Sohn zu hören. Bei ihm ist es möglich, nicht nur meine fürsorgliche Vorsehung zu erkennen, sondern auch meiner beständigen Gegenwart zu vertrauen und ein immer heiligeres Leben zu führen, in welchen Umständen du dich auch befinden magst. Meine nächsten fünf Briefe wurden geschrieben, um dir zu zeigen, wie du den schmalen Weg durch den Jordan ins verheißene Land des Lebens mit mir gehen kannst: ein heiliges Leben voller Hoffnung und Freude. Ich verlege mich jetzt von der Geschichtsschreibung auf die persönliche Wegweisung. Lies weiter.»

# Dritter Teil

## *Leben im Mysterium mit Weisheit und Hoffnung: Hiob bis Hoheslied*

Ich weiß nicht, wie es Ihnen geht, aber nachdem ich all diese Briefe über die Geschichte Israels gelesen und versucht habe, alles aufzunehmen, was Gott uns darin sagt, fühle ich mich nicht gerade besser. Ich fühle mich nicht leichter. Ich fühle mich nicht freier. Ich fühle mich nicht ermutigt. Ich fühle mich nicht begeistert. Ich fühle mich nicht herzlich geliebt. Und glücklicher fühle ich mich schon gar nicht. Das Einzige, was ich fühle, ist ein Drang, diese Briefe beiseitezulegen und stattdessen nach einem guten Roman zu greifen.

Wenn ich Gott bisher richtig verstanden habe, dann ist mir bewusster geworden, wie wichtig ihm Heiligung ist und wie abgrundtief unheilig ich bin. Ein schöner Anschub fürs Selbstwertgefühl. Ich fühle mich mehr verurteilt als geliebt. Ich möchte Gott gerne kennen. Ich möchte an seinem Plan mitarbeiten. Ich möchte tanzen. Ich möchte mich ungeduldig auf das Fest und all die Speisen freuen, die er bei dem Festmahl vor mir ausgebreitet hat.

Aber ich fühle mich schwerer und noch versunkener in mich selbst, als ich es war, bevor ich all diese Briefe las. Und Gott scheint weiter weg zu sein. Es kommt mir vor, als wäre die Nähe zu ihm jetzt schwerer zu erreichen, nicht leichter.

Ich glaube, das liebliche Christentum war mir lieber als das herbe. Aber ich bin mir ziemlich sicher, dass die herbe Version die echte ist. Und dennoch ist es auch so, dass es einfach leichter ist, die harten Aussagen in all den Briefen Gottes zu ignorieren und mich stattdessen auf ein paar verwässerte Ideen von Liebe und Annahme zu konzentrieren und ein paar Verse von «Amazing Grace» zu singen. (Die Stelle, wo es heißt, Gottes Gnade habe «einen Schuft wie mich» gerettet, lasse ich vielleicht lieber aus. Es ist angenehmer, das Kreuz als Bestätigung meines Wertes zu sehen statt als eine Bestätigung seiner Heiligkeit.) So kann ich mir ein christliches Leben nach einem positiven, fröhlichen, Hoffnung in diesem Leben verheißenden Rezept zusammenrühren.

Es zieht mich dahin, das zu tun, doch zugleich macht es mir Angst. Es ist ein verlockender Gedanke, ich könnte behaupten, Jesus zu lieben, ohne mich Tag und Nacht auf einen zähen Kampf in meinem Innern einlassen zu müssen, und mich stattdessen dem Genuss aller schönen Dinge des Lebens hingeben. Aber es macht mir auch Angst. Ich habe Angst, das zu verpassen, was Jesus meinte, als er sagte, er sei gekommen, um eine gute, ja wunderbare Nachricht zu bringen [Markus 1,14]. Ich möchte haben, was Gott schenkt, und zwar alles. Aber ich fürchte, ich werde nur einen trägen Abklatsch davon bekommen, wenn ich die Hürde der Heiligung umgehe und lieber jetzt meinem Glück und meiner Lebensfreude nachjage.

An diesem Punkt stehe ich also. Die ersten siebzehn Liebesbriefe Gottes wecken in mir die Frage: «Wie soll ich denn als kaputter Mensch unter lauter kaputten Menschen in dieser kaputten Welt leben?» Doch noch während ich diese Frage stelle, sehe ich Gott schon lächeln. Ich höre ihn ganz leise flüstern: *Lies weiter. Ich bereite dich darauf vor, eine gute Nachricht zu hören, die du kaum wirst fassen können. Mach dich bereit für meinen Sohn! Er ist auf dem Weg!*

Es wird Zeit, meinen Roman zur Seite zu legen und das Buch Hiob aufzuschlagen. Dann die Psalmen, die Sprüche, das Buch des Predigers und das Hohelied. Ich bin bereit. Ich hoffe, Sie auch.

# *18. Liebesbrief*

# Hiob

## Um in Hoffnung zu ruhen, musst du dich in Schmerzen winden

«Gott, ich weiß, dein Plan bist du selbst, nicht ein Programm oder eine unpersönliche Idee. Ich weiß, du bist es, der sein Leben in mich und all deine Kinder ausgießt. Und das ist Heiligkeit. Ich glaube, das habe ich verstanden, zumindest ein wenig. Was ich immer noch nicht verstehe, ist all das Leid, das du zulässt und vielleicht sogar verursachst. Gerade heute Morgen beim Frühstück erzählte mir ein befreundeter Pastor von einem seiner treuen Gemeindeglieder, dessen Körper voller bösartiger Tumore ist. Und er fürchtet sich mehr davor, an den Rollstuhl gefesselt zu sein, als vor Schmerzen oder gar vor dem Tod.

Was ich nicht kapiere, ist Folgendes: Ich komme mit, wenn du dein Volk bestrafst, wenn wir dir sagen, du sollst uns in Ruhe lassen, und dann machen, was uns passt, wie du es im Buch der Richter getan hast. Aber dieser Mann liebt dich; er ist ein guter Mensch. Trotzdem willst du ihn nicht einmal auf den Beinen halten, bis er stirbt, was du doch leicht tun könntest. Und mir scheint, du *würdest* es auch tun, wenn du sowohl allmächtig als auch gut wärst. Und das bist du. *Warum also tust du es nicht?* Ich habe das Buch Hiob gelesen, und die Geschichte hat meine Verwirrung nur noch verstärkt.»

> «Ich bestrafe Leute, die mich abweisen, indem ich ihnen ihren Willen lasse. Hölle heißt, dass sie für immer ihren Willen bekommen. In dieser Welt kann es ein gutes Gefühl sein, deinen Willen zu bekommen. In der nächsten ist es das niemals. Denen, die ich zu meinem Fest eingeladen habe, erweise ich meine Liebe, indem ich Leiden zulasse, das sie dazu bringt, sich auf mich als ihre einzige Lebensquelle zu konzentrieren. Das weckt ihre Geschmacksknospen, damit sie die üppige Speise genießen können, die ich ihnen anbiete. Himmel heißt, dass sie für immer meinen Willen bekommen.»

«Gott, ist es das, was im Buch Hiob passiert? Du erweist ihm *Liebe*, indem du Satan freie Hand lässt, sein Leben zu ruinieren? Das kapiere ich nicht. Und gefallen tut es mir schon gar nicht.»

«Um mich gut kennenzulernen, musst du zunächst einmal verwirrt über mich sein. Nur im Mysterium des Leidens wirst du aufhören, mich in dein Verständnis vom Leben hineinzwängen zu wollen. Folgendes sollst du lernen, wenn du das Buch Hiob liest:

**Wenn du im Mysterium vor mir stehst, wirst du schließlich vertrauensvoll in mir ruhen. Wenn du aus mir nicht schlau wirst, wirst du die Illusion aufgeben, Dinge vorhersehen und kontrollieren zu können, und die Freude und Freiheit der Hoffnung entdecken.»**

«Ich weiß nicht genau, was du damit meinst – im Mysterium vor dir stehen. Aber ist es das, wozu du Hiob gebracht hast, indem du ihm nicht erklärtest, was hinter den Kulissen vor sich ging? Ich habe mir nie einen Reim darauf machen können, wieso du ihn auf eine Art und Weise hast leiden lassen, die ihm absolut sinnlos erscheinen musste. Ohne Ziel und Zweck erscheint das Leiden nur grausam.»

«Leiden ohne Erklärung schafft die Möglichkeit des Vertrauens zu mir; eines Vertrauens, das mein Herz sieht. Solange du eine Erklärung für das Leiden hast, kannst du immer noch an der falschen Hoffnung festhalten, die Dinge unter Kontrolle zu haben. Zu meinem Plan gehört, dass ich alle Quellen der Hoffnung außer mir selbst beseitige und so den schmalen Weg zur Heiligkeit sichtbar mache. Nur dieser Weg führt zu meinem Fest. Ihn zu gehen heißt, mir in einer Finsternis zu vertrauen, die so finster ist, dass man keinerlei Grund zum Vertrauen sieht. Mein verstörter, aber vertrauender Diener Søren Kierkegaard hat es treffend ausgedrückt: ‹Solange es viele Quellen gibt, aus denen man Wasser schöpfen kann, wird keine Sorge um ein mögliches Versiegen des Wassers aufkommen.›

Sorge komme nur dann auf, wenn es nur eine Quelle gebe, sagte er weiter. Wenn ich als die einzige Quelle erkannt werde, die einem ausgetrockneten Menschen zur Verfügung steht, beginnt der geistliche Kampf. Kann man mir vertrauen? Wird man mir vertrauen? Das sind die Fragen, auf die ich von Hiob gewaltsam, ja brutal, eine Antwort erzwang. Wer nie in tiefster Qual mit diesen Fragen konfrontiert wird, der wird mich nie gut kennenlernen.»

«Gott, ich weiß nicht recht, ob es mir gefällt, worauf das hinausläuft.»

«Höre es mich deutlich sagen: Ich gebe dir kein Versprechen, dir die guten Dinge zu geben, die du dir in dieser Welt legitimerweise wünschst. Verlass dich nicht darauf, dass ich dir ein angenehmes, blühendes Leben schenken werde. Lass mich noch einmal Kierkegaard zitieren. Er gelangte durch Schmerz zur Weisheit. ‹Nichts ist gewisser als dies. Gott nahe zu kommen bringt die Katastrophe. Jeder, dessen Leben nicht relativ katastrophal ist, hat sich noch kein einziges Mal … an Gott gewandt; das ist ebenso unmöglich, wie die Leitung eines Generators zu berühren, ohne einen Schlag zu bekommen.›

Lerne auch, was mein jüdischer Diener Abraham Heschel entdeckte: ‹Gott ist nicht nett. Gott ist kein Onkel. Gott ist ein Erdbeben.› Die Welt der Christenheit, die sich weit vom Christentum entfernt hat, glaubt das nicht. Sie will es nicht glauben.»

«Ich auch nicht. Warum kannst du nicht nett sein? Ist es nicht liebevoll, nett zu sein, Leiden zu lindern und Freude wiederherzustellen?»

«Liebe strebt nach dem tiefsten Wohlergehen des anderen. Wenn dazu Leiden notwendig ist, dann lässt die Liebe das Leiden zu, ja, sie führt es manchmal sogar herbei. Doch Liebe lässt niemals mehr Leiden zu, als nötig ist, um das Wohlergehen des Geliebten zu erreichen.»

«Gott, ist es das, was ich aus deinem achtzehnten Liebesbrief lernen soll?»

«Ich habe das Buch Hiob geschrieben, um zu offenbaren, wer ICH BIN, im Gegensatz zu deiner Vorstellung von mir. Ich lasse Leiden zu, aber niemals mehr, sondern immer weniger, als ich selbst erleide. Betrachte Golgatha. Sieh meinen Sohn an. Wir tun alles für dein Wohlergehen, für deine ewige Freude, dafür, dich zu dem Fest zu bringen. Was wir damals erlitten, wirst du nie selbst erleben. Und wir leiden jetzt mit dir, bis das Fest beginnt und das Festmahl bereitet ist.

Hiobs Freunde machten einen Verkehrspolizisten aus mir. Halte dich ans Tempolimit, und ich lasse dich weiterfahren bis zum Strand. Fahr zu schnell, und ich werde deine Pläne vereiteln. Dieses falsche Bild von mir führt zu dem Aufschrei, den ich von vielen höre: ‹Ich habe das nicht verdient. Ich habe anständig gelebt. Du schuldest mir ein besseres Leben.› Dieser Aufschrei übertönt die Musik des Himmels. Es hindert den Aufschreienden daran, tanzen zu lernen.

Hiob wusste, dass seine Freunde sich irrten. Er wusste, dass sein Leiden keine Strafe für Sünde war, der er ein Ende hätte machen können, indem er ein besseres Leben führte. Was er jedoch nicht erkannte, war, dass sein Leiden ihm die Gelegenheit verschaffte, mich zu sehen. Hiob hatte schreckliche Angst, dass ich vielleicht mächtig, aber nicht gut wäre. Ein Universum in den Händen eines allmächtigen, aber lieblosen Gottes wäre ein grauenhafter Ort. Hiob war gezwungen, tiefe, schwere Fragen zu stellen.

Ich nahm ihm alle Quellen der Ermutigung, bis auf eine. Ich löschte alle Lichter aus, die Hiob auf einem angenehmen Weg durchs Leben geleitet hatten. Nicht etwa, um Satan etwas zu beweisen – dem bin ich nichts schuldig außer der Hölle. Sondern um mit dem Licht meiner Gegenwart Zugang zum Herzen Hiobs zu bekommen. In der Finsternis unerklärlichen Leidens lernte Hiob, dass weder er der Staatsanwalt noch ich der Angeklagte war. Meine Botschaft an ihn ist auch meine Botschaft an dich: Ich bin allmächtig und allgütig, auch in deiner dunkelsten Nacht. Vertrau mir. Du weißt nicht genug, um es nicht zu tun.

Wenn die Lichter ausgehen, wenn das Leiden dich in Verzweiflung, Leere, Sinnlosigkeit und Elend führt, vertrau mir. Ich nehme die Schuppen von deinen Augen, damit du bald mein Licht sehen kannst. Der Morgenstern wird sichtbar, wenn die Dunkelheit am tiefsten ist. Und wenn du ihn siehst, wirst du mich sehen und dich selbst entdecken. Mein Sohn kommt!

Hör noch einmal auf Kierkegaard. Er hatte etwas begriffen, wofür deine Generation keinen Sinn hat. ‹Gott bestraft die Gottlosen, indem er sie ignoriert. Darum haben sie Erfolg in der Welt – die schrecklichste Bestrafung, denn aus Gottes Sicht ist diese Welt im Bösen versunken. Denen aber, die er liebt, sendet Gott Leiden, als Hilfe, damit sie glücklich werden können, indem sie ihn lieben.› Das ist es, was ich dir in diesem Brief mitteilen möchte.»

«Gott, du wirst noch Arbeit mit mir haben, noch viel Arbeit. Ich glaube, ich wäre lieber so wie Hiob, als sein Leben noch angenehm war, obwohl er dich da nur vom Hörensagen kannte. Im Moment genieße ich viele Segnungen – ich habe eine großartige Frau, zwei Söhne, die mit dir auf dem Weg sind, zwei wunderbare Schwiegertöchter, fünf prächtige Enkelkinder, einen Dienst, der gut ankommt. Eigentlich möchte ich, dass es so bleibt, auch wenn das bedeutet, dass ich dich nicht besser kennenlerne als jetzt. Na ja, vielleicht meine ich das nicht so. Okay, hier ist meine Frage, nachdem ich nun gehört habe, was du mir im Buch Hiob mitteilst: Wenn ich bereit bin, meinen Segnungen als Quelle des Lebens zu entsagen, und dich als meine einzige Lebensquelle wahrnehme; wenn ich wirklich anfange, dich zu lieben – was werde ich dann erleben? Wie wird mein Leben in dieser Welt aussehen?»

«Um diese Frage zu beantworten, habe ich meinen nächsten Brief geschrieben. Lies weiter.»

# *19. Liebesbrief*
# Psalmen

## Stell deine schwierigsten Fragen und sing deine lautesten Lobpreislieder

«Gott, wenn ich deine Liebesbriefe lese, beschleicht mich das seltsame Gefühl, dass da eine völlig neue Denkweise zutage tritt. Sie kommt mir unnatürlich vor, aber angefüllt mit einer neuen Art von Hoffnung. Ich spüre aber auch, dass etwas in mir am Sterben ist. Etwas, wovon ich mir gewünscht habe, dass es weiterlebt.»

«Das, was da stirbt, muss auch sterben.»

«Gott, das macht mir Angst. Der Grund, auf dem ich stehe, verwandelt sich in Treibsand. Ich weiß, du gibst mir keine Garantie, dass du mich vor Schlimmem bewahren oder auch nur von meinen Unsicherheiten heilen wirst. Nur, dass du mich durch all das hindurchführen wirst, damit ich dich besser kennenlerne.

Aber was mir zu schaffen macht – und vielen anderen ergeht es ebenso –, ist die Angst: Angst vor Versagen. Angst vor Ablehnung, Angst vor schlimmen Ereignissen wie dem Tod eines Kindes oder dem Verlust einer Arbeitsstelle. Angst vor Missbilligung. Angst davor, nicht das Zeug zu guten Beziehungen oder zu einem erfolgreichen Leben zu haben. Angst davor, ein Außenseiter zu sein oder mich zum Deppen zu machen. Angst davor, mich auf jemanden zu verlassen und dann zu merken, dass diese Person nicht für mich da ist. Alle möglichen Ängste und Unsicherheiten. Es liegt auf der Hand, dass in mir irgendetwas nicht stimmt; sonst hätte ich nicht solche Angst. Aber ich weiß nicht, was es ist. Und mir ist nicht klar, was du dagegen unternimmst, was immer es ist. Ich bekomme Rat und Seelsorge von ein paar engen Freunden. Doch selbst die besten Gespräche scheinen nur im jeweiligen Augenblick von Bedeutung. Gleich danach steht das, wovor ich Angst habe, der Dämon, der immer noch lebt, wieder da und schnappt nach mir. Ich lese Bücher von weisen geistlichen Ratgebern. Für einen Tag bin ich begeistert und aufgewühlt, und ein Lichtstrahl leuchtet in meiner Seele auf. Dann wälzt sich der Nebel wieder heran, dunkler und dichter als zuvor. Doch immer noch schaue ich auf dich. Ich rufe nach dir; und sei es nur, weil mir nichts Besseres einfällt. Und doch glaube ich, glaube ich wirklich, dass du gut bist und dass sich irgendwie in dem ganzen Durcheinander meines Lebens ein guter Plan entfaltet. Meine Hoffnung liegt auf dir.»

«Du hast gerade einen Psalm gesungen.»

«Wirklich? Es hat sich mehr wie ein Grabgesang angefühlt. Etwas in mir stirbt, und es tut weh. Ich komme mir vor wie jemand, der dir folgen möchte, aber den Weg nicht findet.»

«Den Weg wohin?»

«Zum Leben, zu dem Leben, das ich haben will. Zur emotionalen Stabilität. Dahin, dass ich mich eher fest als unsicher fühle. Zu der aufregenden Gewissheit, dass dein Ziel und deine Freude in mir lebendig sind. Zu einer sicheren Hoffnung, die mich jeden Morgen mit der Bereitschaft aufstehen lässt, jede Möglichkeit im Abenteuer des Lebens zu nutzen.»

«Dein Wunsch nach Leben ist gut. Mein Geist wird diesen Wunsch wachhalten, in jeder Situation und durch jede dunkle Nacht hindurch. Was schlecht ist, ist dein Verständnis vom Weg zum Leben. Das muss sterben. Dein törichtes Verständnis ist das, was mit dir vor allem nicht stimmt. Du gehst davon aus, dass ich alle Kämpfe beseitige und durch Ruhe ersetze. Doch ich gebrauche die Kämpfe, um eine Ruhe unter den Kämpfen zum Vorschein zu bringen, die keine Not zerstören kann. Der Kampf mit Angst und Schmerz wird weitergehen. Nur im Sturm wirst du erfahren, dass es einen Anker gibt.»

«Gott, als ich dir von meinen Ängsten und Frustrationen erzählte, sagtest du, ich hätte einen Psalm gesungen. Ich weiß, dass dein neunzehnter Liebesbrief eine Sammlung hebräischer Gedichte ist, die gesungen wurden, wenn dein Volk sich versammelte, um dich anzubeten. Und ich weiß, sie sind voller Lobpreis und Gebete, voller Klagen und Jubel. Alles, was dein Volk durchmachte, während du deine Ziele mit ihm verfolgtest, kommt darin vor. Ich schätze, ich habe die Psalmen bisher als eine Art geistliches Aspirin betrachtet. Ein Mittel zum Wohlfühlen; eine Kostprobe des Lebens, das ich mir so sehr wünsche. Auf einen Anker im Sturm war ich eigentlich nicht aus. Mir schwebte eher ein kurzer Ausflug ans Ufer vor.»

«Es gibt keinen Ausflug außer dem Tod. Die Psalmen sind kein Betäubungsmittel. Sie sind keine Tasse heiße Schokolade an einem kalten Abend. Sie sind die Gebete von Leuten, die sich in einem finsteren Wald verirrt haben, zitternd vor Kälte, und sich im peitschenden Wind kaum aufrecht halten können. Sie sind der Lobpreis, der aus den Herzen dieser Leute hervorsprudelt, wenn sie sich auf mich werfen, damit ich sie rette, und der darauf vertraut, dass ich sie bei der Hand halte und nach Hause führe, ganz langsam, aber sicher. Hiob machte die Erfahrung, dass er seine Hoffnung, Dunkelheit und Kälte und Wind gehörten nicht zu meinem Plan, fahren lassen musste.

In den Psalmen offenbare ich, wie sich das Leben anfühlt für denjenigen, der im Sturm lebt und seine Augen auf mich gerichtet hält. Wenn du die Psalmen liest, sollst du mich Folgendes sagen hören:

**Setz dich mit den schweren Fragen auseinander, die das Leben dich zu stellen zwingt. Tu dich mit anderen Wanderern auf dem schmalen Weg zusammen, mit Pilgern, die ihre Verwirrung eingestehen und ihre Ängste spüren. Dann lebt gemeinsam in meiner Gegenwart diese Fragen aus.**

Eure Tränen werden zur Melodie eines neuen Liedes werden. Eure Dunkelheit wird zu einem Fenster werden, durch das neues Licht hereinscheint. Euer Zweifel wird sich in neuen Boden verwandeln, festen Boden, auf dem ihr stehen könnt. Rechnet damit, dass eure theologischen Schubladen in tausend Stücke zerbrechen werden und dass sich jede falsche Hoffnung, was meine Liebe euch in diesem Leben schenken werde, in Luft auflösen wird. Rechnet damit, dass eure persönlichen Träume sich zerschlagen werden und dass alle falsche Zuversicht auf das, was meine Macht euch in diesem Leben garantiert, zerrinnen wird.

Meditiert über jeden Psalm in dem Wissen, dass ich euch aufrufe, einen Weg zu gehen, der euch über lange Strecken keine Freude machen wird. Und dann trefft immer wieder die Entscheidung: *entweder, euch an mich zu klammern, wie ICH BIN, oder mich umzuformen, wie ihr mich haben wollt.* Es steht viel auf dem Spiel. Entweder werdet ihr euch selbst finden, indem ihr mich so findet, wie ich mich offenbare, oder ihr werdet euch selbst verlieren, indem ihr mich nach euren törichten Erwartungen erschafft. Trefft die richtige Entscheidung. Ich möchte, dass ihr ein neues Lied singt.»

«Gott, gerade gestern fragte mich ein Pastor nach meiner Meinung zu dem, was in der modernen Gemeinde als Anbetung bezeichnet wird. Ich sagte ihm, dass ich es meistens nicht ausstehen kann. Wo bleibt denn da der Kampf? Wo bleibt die Verwirrung? Wo bleibt das ehrliche Eingestehen unserer Leere? Wenn ich ein hübsches Mädchen auf Kommando lächeln sehe und fröhlich in ein Mikrofon singen höre und sie sich dabei einbildet, sie würde mich in die Anbetung leiten, dann möchte ich ihr am liebsten das Mikrofonkabel herausziehen und ihr eine knallen. Ist das falsch von mir?»

«Natürlich. Nur mein Sohn kann jemandem eine Ohrfeige geben und dabei heilig bleiben. Aber deine Sehnsucht, deine Leere zu spüren und deine Fragen in meiner Gegenwart zu stellen, zusammen mit anderen echten Pilgern, ist gut. Diese Sehnsucht befreit dich zu echter Anbetung und öffnet deine Ohren, damit du die Musik des Himmels hören und anfangen kannst zu tanzen – unbeholfen, aber immerhin im Takt. Wenn die Psalmen zum Maßstab für Anbetung werden, wird die ehrliche Gemeinschaft zu einer leidenden Gemeinschaft, die singt.

- *Dein Durst nach mir wird verzehrend sein.* ‹Um eines habe ich den Herrn gebeten … ich [will] erfahren, wie gut der Herr es mit mir meint› (Psalm 27,4).
- *In verzweifelter Verwirrung und Not wirst du mich kennenlernen, wie niemand, dem es gut geht, mich kennt.* ‹Unter Kummer schwindet mein Leben dahin … Ich aber, Herr, vertraue dir. Du bist mein Gott, daran halte ich fest!› (31,11 und 15).
- *Du wirst ein Verlangen verspüren, das nichts auf der Welt befriedigen kann, und das wird dir das Leben unerträglich machen. Erst dann wird klar werden, vor welcher Wahl du stehst: mir zu vertrauen und nach meiner Weise zu leben oder aus dem Leben schlau zu werden und nach deiner Weise zu leben.* ‹Aus dem fernen Land rufe ich zu dir, denn ich bin am Ende meiner Kraft› (61,3).
- *Wenn deine Seele betrübt ist, wirst du meine Stimme hören und Ruhe finden.* ‹Nur bei Gott komme ich zur Ruhe; er allein gibt mir Hoffnung› (62,6). ‹Eines hat Gott geredet, zwei Dinge sind es, die ich gehört, dass die Macht bei Gott ist und dein, Herr, die Gnade› (62,12–13; Elberfelder).

- *Du wirst Zeiten durchmachen, in denen die Gedanken an mich deine Not noch verschlimmern.* ‹Wenn ich an Gott denke, fange ich an zu seufzen› (77,4).
- *Doch jedes Leid wird einen Raum schaffen, den nur ich allein ausfüllen kann. Und ich werde es tun. Du wirst lernen, in Hoffnung auszuharren.* ‹Ich kann es kaum noch erwarten, ja, ich sehne mich danach, in die Vorhöfe deines Heiligtums zu kommen! … Glücklich sind alle … die gerne und voll Freude zu deinem Tempel ziehen. Wenn sie durch ein dürres Tal gehen, brechen dort Quellen hervor, und ein erfrischender Regen bewässert das Land› (84,3 und 6–7).
- *Du wirst eine Leidenschaft dafür bekommen, anderen in ihrer Zerbrochenheit zu begegnen und ihnen Mut zu machen, mit dir in Hoffnung auszuharren.* ‹Nie werde ich aufhören, auf dich zu hoffen. … Lass mich auch jetzt nicht im Stich, o Gott, jetzt, wo ich alt und grau geworden bin!› (71,14 und 18).
- *Du wirst lernen, meinen Weg zu lieben, was es auch kosten mag.* ‹Ich freue mich über deine Gebote wie über großen Reichtum› (119,14).
- *Du wirst wissen, dass du erkannt, vollkommen wahrgenommen und vollkommen geliebt bist.* ‹Herr … du kennst mich durch und durch. … Deine Gedanken sind zu schwer für mich, o Gott› (139,1 und 17).
- *Je deutlicher du mich siehst, desto froher wirst du ein neues Lied singen, das Leute, die auf dem breiten Weg leben und mich nur um der Segnungen willen suchen, niemals singen können. Du wirst vor mir ausgelassen tanzen – jetzt nur für Augenblicke, doch dann für immer in unendlicher Freude.* ‹Zur Ehre Gottes will ich singen mein Leben lang. … Der Herr regiert für immer und ewig. … Halleluja!› (146,2 und 10).»

«Gott, töte alles in mir, was mich von einer echten Begegnung mit dir abhält. Dein Plan ist hart, aber er ist gut. Du bist streng, aber du bist barmherzig. *Ich will dich besser kennenlernen.* Lass dein Licht auf den schmalen Weg scheinen, damit ich in dieser Welt so leben kann, wie du es willst.»

> «Wer alle falsche Hoffnung fahren lässt (so die Botschaft des Buches Hiob) und sich so für mich öffnet, wie er ist und wie ICH BIN, statt so, wie sie meinen, dass ich sein sollte (so die Botschaft der Psalmen), der ist bereit, auf meine Weise in dieser Welt zu

leben. Meinen nächsten Brief habe ich geschrieben, um zu zeigen, wie mein Weg in den alltäglichen Beziehungen des Lebens aussieht. Du bist jetzt so weit, dass du meine Anweisungen als eine Einladung zur Freiheit hören kannst.»

# 20. Liebesbrief

# Sprüche

## Du musst mich fürchten, um mir zu folgen

«Gott, du hast mir gerade gesagt, in diesem nächsten Brief wollest du mir zeigen, wie du möchtest, dass ich inmitten all dessen lebe, was in dieser Welt vor sich geht. Und du warst der Meinung, ich sei vielleicht bereit dafür, deine Anweisungen zu hören, nicht als eine Art Erfolgsrezept oder noch einen Satz Vorschriften, die ich sowieso nicht halten kann, sondern als eine Einladung zur Freiheit. Eine Einladung, in jeder Situation gerne deinem Weg zu folgen, auch wenn alles in mir darauf aus ist, die Dinge auf meine Art zu handhaben. So habe ich es zumindest verstanden. Vielleicht ist das auch nur das, was ich hören wollte. Hast du es wirklich ernst gemeint, als du sagtest, ich wäre vielleicht reif dafür, mit der Heiligung ganze Sache zu machen?»

«Ich schmeichle niemals. Ich ermutige nur mit der Wahrheit.»

«Nachdem ich deine ersten neunzehn Liebesbriefe gelesen habe, glaube ich selbst auch, dass ich so weit sein könnte. Aber gerade eben habe ich deinen zwanzigsten Brief gelesen, und nun habe ich ein Problem. Eigentlich sind es drei Probleme. Hier ist das erste: *Es ist schwer, deiner Handlungslinie zu folgen.* Du hast die ganze Zeit gesagt, uns in einer schönen Welt glücklich leben zu lassen, sei erst dein Plan für das nächste Leben. Jetzt gehe es dir erst einmal darum, uns in einer kaputten Welt heilig zu machen. Habe ich dich richtig verstanden?»

«Ja.»

«Dann passt das Buch der Sprüche aber nicht ins Bild. Es führt deine Geschichte in eine völlig andere Richtung. Die ersten sieben Verse sagen es ganz unverblümt: Du hast diesen Brief geschrieben, um mir zu helfen, weise zu leben. Und fast jeder einzelne Vers, der nach diesen ersten sieben kommt, sagt mir, dass es mir in meinem Leben ziemlich gut gehen wird, wenn ich Weisheit erlange und weise lebe. Nun ist mir klar, dass dein Plan eine Menge mehr beinhaltet als nur, mich in den Himmel zu bringen. Du hast vor, die himmlische Art und Weise, Dinge zu tun, auf die Erde zu bringen. Und das willst du durch Leute wie mich tun. Ich glaube, das habe ich verstanden.

Doch was mir zu schaffen macht, ist das, was dieser Brief zu versprechen scheint: dass nämlich eine weise Art zu leben garantiert zu einem gelungenen Leben voller Segnungen hier und jetzt führt. Hier ist ein Beispiel: ‹Mein Sohn, höre auf meine Worte; dann wirst du lange leben› (4,10). Heißt das, dass die Tochter meines Freundes, die schon in ihren Zwanzigern starb, nicht auf deine Worte gehört hat? Ich glaube das nicht. Hier ist noch ein Beispiel: ‹Wer Gott achtet und ehrt, hat ein gutes Leben. Er kann ruhig schlafen, denn Angst vor Unglück kennt er nicht› (19,23). Wenn es also in meinem Leben Probleme gibt, heißt das, dass ich dich nicht achte und ehre? Aber Paulus hatte doch in seinem Leben mit unzähligen Problemen zu kämpfen, und er fand mitten in der größten Not Zufriedenheit [Philipper 4,11–12]. Was stimmt denn nun? Welche Geschichte erzählst du? Die Geschichte, wie ich dich dazu bringe, mein Dasein mit Frieden, langem Leben und Wohlstand zu segnen? Oder ist es die Geschichte von deinem Plan, mich in diesem Leben heilig und im nächsten für immer glücklich und zufrieden zu machen?

Das ist das eine Problem. Hier ist das zweite: Als Salomo dich um Weisheit bat, als du ihm anbotest, ihm zu geben, was immer er wollte, da hat es dir gefallen, dass er nicht um Geld, militärische Macht oder langes Leben bat [1. Könige 3,5–15]. Aber das hatte er ja auch schon alles. Nun, langes Leben vielleicht nicht, aber welcher gesunde Zwanzigjährige denkt schon ans Sterben? Er war König Davids Sohn, reich, Befehlshaber eines starken Heeres und im Begriff, den Thron seines Vaters zu besteigen. Wenn Bill Gates Präsident der Vereinigten Staaten würde, würde er dich wohl kaum darum bitten, sein künftiges Gehalt zu verdoppeln. Was bedeuten ihm schon ein- oder zweihunderttausend Dollar mehr? Es würde ihm gehen wie Salomo: Das Einzige, wovon er nicht sicher sein könnte, dass er es bereits besaß, wäre das Know-how, wie man ein Land regiert. Natürlich bat Salomo um Weisheit. Und nun willst du, dass ich voller Begeisterung einem Kerl zuhöre, der alles hat, was die Welt zu bieten hat, und einem gewöhnlichen Otto Normalverbraucher wie mir erklärt, wie ich mein Leben in den Griff kriege? Wir leben in zwei verschiedenen Welten. Das ist so, wie wenn gewissenhafte Eltern mit missratenen Kindern sich anhören, wie ein berühmter Christ mit sechs wohlgeratenen, gesunden, frommen, erfolgreichen Kindern ihnen erklärt, wie er das gemacht hat. Und dann kommt es noch dicker: Kaum hat Salomo mich aufgefordert, seinem Beispiel zu folgen und der Lüsternheit zu widerstehen, sammelt er sich mehr Frauen, als Tiger Woods Golfbälle hat.

Aber der Gipfel ist mein drittes Problem. Das ist der Punkt, an dem ich wirklich aussteige. In deinem nächsten Brief, dem Buch des Predigers, gibt Salomo zu, dass seine ach so tolle Weisheit bei ihm nur Leere hinterlassen und ihn eher unglücklich als glücklich gemacht hat [Prediger 1,16–18]. Warum also soll ich auf ihn hören, wenn er mich auffordert, eine Diät zu machen, die er befolgt hat und dabei fett geworden ist? Das sind die Gedanken, die mir durch den Kopf gehen, wenn ich das Buch der Sprüche lese. Ich weiß, dass mein Denken falsch ist, aber ich sehe nicht, wo der Fehler liegt.»

«Dein Denken ist falsch, aber nicht hoffnungslos. Es ist gut, dass du mit meinen Worten Mühe hast. Allzu viele Kirchgänger lesen nur ein paar Lieblingsverse im Buch der Sprüche, etwa: ‹Erziehe dein Kind schon in jungen Jahren – es wird die Erziehung nicht vergessen, auch wenn es älter wird› (22,6). Und dann denken sie, sie hätten das Handbuch gefunden, mit dem das Leben auf jeden Fall gelingt; die Karte zum verheißenen Land. Du hast immerhin nicht diesen tödlichen Fehler gemacht, der nur bei oberflächlichem Lesen möglich ist. Aber du hast zwei entscheidende Wahrheiten übersehen, die ich in diesem Brief mitteile. Zwei Wahrheiten, die allem anderen, was ich dort sage, als Grundlage und Rahmen dienen. Hör mir jetzt zu:

**Erste Wahrheit: Die Weisheit, die ich dir anbiete, ist die Weisheit, nach der ich die Welt erschaffen habe, in dem geringen Maße, in dem du sie aufnehmen kannst. Ich habe das Leben so erschaffen, dass es nur gelingt, wenn es nach meinem Plan gelebt wird.**

**Zweite Wahrheit: Du kannst meine Weisheit nur hören und danach leben, wenn du mich zuerst fürchtest – wenn du in verzweifeltem Entsetzen vor mir niederfällst und dich mir in vertrauensvollem Staunen näherst.**

Die meisten Leute, die behaupten, mir nachzufolgen, erwarten, tanzen zu können, bevor sie erzittern. Aber das geht nicht. Sie wollen auf meinen Schoß klettern und mich Papa nennen, bevor sie sich vor mir verneigen und mich Herr nennen. Ohne Schrecken und Staunen werden Anbetung und Liebe zu einer Illusion, die törichtes Leben weise aussehen lässt.»

«Gott, das ist alles sehr interessant, aber du sagst nichts über die Probleme, vor denen ich stehe, wenn ich das Buch der Sprüche lese. Du beantwortest meine Fragen nicht.»

«Grübelst du über alles nach, was ich erschaffen habe, und erkennst dabei eine Weisheit, die dir fehlt? Betrachtest du das Leben und siehst dabei deinen Gott, dessen souveräne Macht dir den Mund verschließt, dessen kompromisslose Liebe dir die Ohren öffnet, damit du mich reden hörst? Wenn nicht, hast du keine Furcht vor mir. Du hast noch nicht einmal den Anfang der Weisheit.»

«Oh, ich schätze, ich habe mich zu weit vorgewagt damit, Antworten auf meine Fragen zu fordern. Es tut mir leid. Ich glaube, ich verstehe, was du sagen willst. Wie Hiob höre ich dich und halte mir mit der Hand meine große Klappe zu.»

«Dein Irrtum lässt hoffen. Du forderst immerhin keine Segnungen ein, die ich gar nicht versprochen habe. Stell ruhig weiter deine Fragen. Sie sind gut. Aber hör auf, Antworten zu verlangen. Verweile mit deinen Fragen lange genug in meiner Gegenwart, und dir werden die Worte ausgehen. Dann wirst du einen kurzen Blick darauf erhaschen, wer ICH BIN, der dir die Lippen versiegeln wird. Wenn du dich dann nicht bewusst von mir abwendest, wirst du vor meiner Macht erzittern und dich meiner Güte ergeben. Du wirst mich fürchten, und deine Ohren werden sich öffnen, um meine Weisheit zu hören. Ich habe es genauso gemeint, wie ich es gesagt habe: Die Furcht des Herrn ist der Anfang der Weisheit, nicht ihr Ziel. Mein Sohn ist der Anfang und das Ende.»

«Gott, ich höre. Sag mir, wie ich dich in diesem Brief zu mir sprechen hören kann.»

«Dann hör zu: Durch Weisheit habe ich alles Leben so geschaffen, dass es in Harmonie mit Integrität in Schönheit zusammenwirkt. Diese Weisheit ist es, die ich durch meinen Diener Salomo mitteile.

Seit dem Garten Eden ist der Weg, der den Menschen instinktiv richtig erscheint – Klatsch und Tratsch, Ausschweifung, vorlautes Reden, mehr auf Geld aus sein als auf Beziehungen, Abkürzungen nehmen, um sich Vorteile zu sichern –, zuverlässig falsch. Dieser törichte Weg ruiniert die Harmonie, verrät die Integrität und besudelt die Schönheit.

Ich gab Salomo das Urteilsvermögen, um den Weg der Weisheit zu erkennen und den Weg der Torheit im täglichen Leben zu meiden. Wenn du das Buch der Sprüche liest, musst du damit rechnen, dich bloßgestellt und beschämt zu fühlen. Vieles von dem, was du tust, ist töricht. Du kannst aber auch damit rechnen, den Reiz der Weisheit zu spüren. Ich habe dir ein Herz gegeben, das sich danach sehnt, den schmalen Weg einzuschlagen.

Aber erliege nicht dem Irrtum, diesen Brief als Handbuch für ein erfolgreiches Leben aufzufassen. Eines Tages werden alle, die im neuen Himmel und auf der neuen Erde leben, auf dem Weg der Weisheit gehen. Dann wird das Leben überall voller Segnungen sein – voller Harmonie, Integrität und Schönheit. Achte diesen Brief als eine Wegweisung zu einer umsichtigen Lebensweise, die heute Segnungen hervorbringen *kann* und es ganz sicher tun *wird*, wenn erst mein Sohn zurückkehrt. Auf jeden Fall lassen sich in dieser Welt durch umsichtiges Leben meine Absichten besser verwirklichen.

Lass dich durch deinen Wunsch nach langem Leben, blühender Gesundheit, innigen Beziehungen, materiellen Annehmlichkeiten und sinnvollem Tun dazu anspornen, heilig zu sein bis zu dem Tag, an dem eine durch und durch geheiligte Volksgemeinschaft die Fülle aller Segnungen genießen wird.

Lass dich durch die Weisheit Salomos auf den schmalen Weg leiten, der deine eigene Torheit bloßstellen, deine Arroganz zerschlagen, deinen Appetit auf Heiligung schüren, deine Liebe freisetzen und dich mit Hoffnung erfüllen wird.»

«Gott, meine Fragen bleiben, aber ich will sie nicht mehr stellen. Ich glaube, ich verstehe jetzt ein bisschen besser, was es heißt, in ihnen zu lieben, sie zu spüren, sie in deiner Gegenwart anzunehmen. Ich möchte das Buch der Sprüche noch einmal langsamer lesen. Diesmal nicht mit einer Abwehrhaltung und mit klareren Erwartungen. Ich möchte darüber nachdenken, was es heißt, auf meine Gedanken und Gefühle zu achten [4,23]. Versuchungen zu widerstehen, indem ich mir klarmache, was es mich kostet, wenn ich nachgebe [7,21–23]. Zu glauben, dass auf den, der Gott gehorcht, Freude wartet [10,28]. Leute nicht mehr spüren zu lassen, dass sie mich nerven [12,16]. Zu erkennen, dass ich ohne Heuchelei gleichzeitig lachen und leiden kann [14,13]. Meine Pläne zu machen, aber mich deinem Plan zu ergeben [19,21]. Statt Gerechtigkeit zu verlangen, darauf zu warten, dass du alles Unrecht beseitigst [20,22]. Mit guten Freunden zufrieden zu sein, egal, ob *wichtige* Leute mich kennen oder nicht [25,6–7]. Leute, denen es schlecht geht, nicht durch heiteres Getue aufmuntern zu wollen [25,20]. Meine Gefühle unter Kontrolle zu halten, auch dann, wenn ich stinksauer bin [29,11]. Und nicht so voreilig zu reden, wenn Leute mir erzählen, was in ihrem Leben vor sich geht [29,20]. Ich schätze, ich habe eine Menge zu lernen.»

«Ich werde das gute Werk fortsetzen, das ich in deinem Leben begonnen habe. Mein Plan ist auf Kurs. Doch wenn du weiser lebst, wirst du dazu neigen, ein umsichtiges Leben als Selbstzweck zu betrachten und zu glauben, du könntest deine Seele allein dadurch mit Sinn und Freude erfüllen, dass du weise Entscheidungen triffst. Das wird nicht funktionieren. Nur wenige verstehen, worum es im Leben eigentlich geht und worin das höchste Gut besteht. Meinen nächsten Brief habe ich geschrieben, um dir zu zeigen, worin das höchste Gut *nicht* besteht. Mach dich darauf gefasst, mit deiner Einsamkeit und deiner Leere konfrontiert zu werden, wenn du weiterliest. Dort entlang führt der Weg zur Freude.»

# 21. Liebesbrief
## Prediger

### Der Weg nach oben ist der Weg nach unten

«Gott, beim Lesen deines nächsten Liebesbriefs musste ich an ein Zitat von John Stuart Mill denken. Der sagte irgendwo, es sei besser, ein unzufriedener Sokrates zu sein als ein zufriedenes Schwein. Ich habe Sokrates immer darin zugestimmt, dass das ungeprüfte Leben nicht lebenswert ist. Doch wenn ich darüber nachdenke, was Salomo im Buch des Predigers geschrieben hat, wird mir klar, dass es ziemlich hart sein kann, ein geprüftes Leben zu leben. Da scheint es ein zufriedenes Schwein doch noch besser zu haben.»

«Ist es das, was du willst – die Leere des Daseins überdecken und mit der Illusion der Zufriedenheit leben?»

«Manchmal schon. Wenn ich das durchziehen könnte. Aber ich kann es nicht. Und das ist deine Schuld. Du warst es, der die Ewigkeit in mein Herz eingepflanzt hat. Ich bringe es einfach nicht fertig, mich mit der seichten Fröhlichkeit und aufgesetzten Begeisterung zufriedenzugeben, die in allzu vielen christlichen Gemeinden und im größten Teil der weltlichen Gesellschaft zu finden sind. Ich wünschte, ich könnte es. Nicht einmal meine engen Beziehungen in der Familie und meine ansehnlichen Erfolge in meinem Dienst helfen da. Ich schätze, ich muss William Barrett zustimmen, der sagte: ‹Es ist besser, der eigenen Existenz in Verzweiflung gegenüberzutreten, als ihr überhaupt nicht gegenüberzutreten.› Aber ich frage mich trotzdem, ob ich mich unbedingt erst so leer fühlen muss, um die Fülle zu empfangen, die du schenkst. Viele populäre Prediger scheinen nicht so zu denken.»

«Es gibt keine Abkürzung zu einer tiefen Begegnung mit meinem Sohn. Der Anfang des Evangeliums ist eine schlechte Nachricht: Du bist nicht nur ein Sünder, sondern deine Sünde hat dich auch leer und einsam gemacht. Du lechzt danach, dich erfüllt und mit anderen verbunden zu fühlen, und bist bereit, alles zu tun, um der Langeweile und der Sinnlosigkeit zu entrinnen. Aber erst dann, wenn du aufhörst, aus der echten Dunkelheit in das künstliche Licht zu fliehen, erst wenn du die schlechte

Nachricht hörst, dass das Leben leer ist, dass *du* leer bist, wirst du die gute Nachricht hören können, die zu überbringen mein Sohn gekommen ist.

Ich schrieb das Buch des Predigers durch den Geist und die Seele des Mannes, der in der ganzen Menschheitsgeschichte am ehesten dazu gerüstet war, ohne eine tiefe Verbindung zu mir im Leben Fülle zu finden. Wenn Gemeinden heute viel zu seicht sind, dann liegt es daran, dass sie sich der schlechten Nachricht nicht stellen, die Salomo entdeckte. Die Fragen, die er nicht beantworten konnte, stellen sie gar nicht erst. So wird die Leere mit allen möglichen Ablenkungen überspielt. Einsamkeit wird mit Geselligkeit betäubt. Sinnlosigkeit wird durch Betriebsamkeit verleugnet. Wenn mein Volk sich voreilig und oberflächlich mit den schönen Dingen des Lebens zufriedengibt, wird es die unfassbare Neuigkeit nicht begreifen, dass meine Wirklichkeit der Freude, der Gemeinschaft und des Sinns in seine Wirklichkeit eingedrungen ist.»

«Gott, was sind das für Fragen, die Salomo stellte, aber nicht beantworten konnte?»

«Salomo hatte den Mut, zu fragen, warum es überhaupt etwas gibt und nicht nichts. Worum es im Leben überhaupt geht, wohin es sich bewegt und was das höchste Gut ist, das vollkommen heil und vollkommen zufrieden macht, wenn man es entdeckt. Viele Gemeinden verkünden die Wahrheit, dass ein Leben zu meiner Ehre diese Fragen beantwortet, aber sie leiern sie glatt und ungefähr ebenso tief empfunden herunter, wie ein Verkäufer dir einen schönen Tag wünscht, wenn du seinen Laden verlässt.»

«Und was sagst du mir durch das Buch des Predigers? Ich kenne die richtige Antwort auf Salomos Fragen – genau das, was du eben sagtest: zu deiner Ehre leben, indem ich mich ganz auf dich verlasse, dass du mich annimmst und mir Zufriedenheit schenkst. Das ist die Antwort, die Jesus mich zu glauben lehrte. Und ich glaube sie. Ich glaube ihm. Ich glaube dir. Doch die Wahrheit dieser Antwort ist noch längst nicht so tief in mich eingedrungen, wie ich es gerne möchte.

Schon seit einigen Monaten frage ich mich, Gott, ob ich depressiv bin. Ich habe zu viele der Symptome. Ich fühle mich leerer als je zuvor. Und verwirrt. Auch zynischer. Nichts bringt mir wirklich tiefe Freude. Den ganzen Tag lang frage ich mich immer wieder: ‹Na und?› oder ‹Wozu das alles?› Ich tue, was ich tun muss, um über die Runden zu kommen, und ich kann mich immer noch auf ein gutes Steak freuen. Aber am liebsten würde ich gar nichts tun. Doch diese Aussicht langweilt mich auch.»

«Du steckst mitten in der Prediger-Erfahrung. Es ist der schmale Weg zum Leben, den die meisten Leute mit Zerstreuungen, Geselligkeit und Betriebsamkeit vermeiden. Höre, was ich zu allen sage, die Ohren haben zu hören. Dies ist die Botschaft meines 21. Liebesbriefs – eine Botschaft, die man nur in der Stille hören kann:

**Ich senke dich hinab in die Tiefen der Verzweiflung, um dich auf die höchsten Gipfel der Freude zu erheben. Der Weg nach oben ist der Weg nach unten. Einen anderen Weg gibt es nicht. Mein Liebeslied kannst du erst dann hören, wenn du keine andere Musik mehr hörst.»**

«Gott, ich komme mir vor wie die Jünger deines Sohnes, als ihnen klar wurde, wie hart seine Botschaft war, und sie erleben mussten, wie etliche seiner Anhänger sich nach einem anderen Messias umzusehen begannen.»

«Dann werde ich dir dieselbe Frage stellen, die ich auch ihnen stellte. Wirst du der Masse folgen und fortgehen? Oder wirst du meinem Sohn auf dem schmalen Weg zum Leben folgen?»

«Ist denn der Weg wirklich *so* schmal? Muss ich erst im Elend der Leere versinken, bevor ich den Fels der Hoffnung unter meinen Füßen spüren kann? Und wie lange wirst du mich in der Prediger-Erfahrung Salomos verharren lassen, bevor ich Salomos Lied hören kann?»

«Wenn ich deine letzte Frage beantworten würde, würdest du dich mehr auf einen Zeitplan stützen als auf mich. Meine Antwort auf deine erste Frage lautet: Ja. Hör mir gut zu:

- Erst wenn du in die Würde der Verzweiflung stürzt, wo alles Reden über mich dir nichts mehr bedeutet und wo jeder Dienst für mich sinnlos erscheint …

- Erst wenn die wohlfeile Weisheit keine Hoffnung mehr in dir wecken kann …
- Erst wenn weder die legitimen noch die illegitimen Freuden, die dir zu Gebote stehen, dich noch befriedigen oder auch nur deiner leeren Seele mehr als vorübergehende Linderung verschaffen können …
- Erst wenn aller Reichtum, den du angehäuft hast, aller Besitz, der sich in deinem Leben breitgemacht hat, alle Erfolge, die deinen Lebenslauf schmücken, erst wenn all das bei dir nur die Erkenntnis hinterlässt, dass es die Leere in deinem Herzen nicht füllen wird, auch wenn du noch mehr davon bekommst …
- Erst wenn die Zeit, die du mit Freunden verbringst, dich nicht mehr aufleben lässt, wie sie es früher tat …
- Erst wenn die Taten aufopfernder Freundlichkeit, die dir viel Beifall eintragen, dir nicht mehr das Gefühl geben, etwas wert zu sein …
- Erst wenn dir die Dramatik, die Leidenschaft und die Aktivitäten in der Gemeinde leblos und langweilig vorkommen …
- Erst wenn du nirgends mehr Befriedigung für das Verlangen in deiner Seele findest – nicht in der Bibel, nicht im Gebet, nicht in der Musik, nicht bei Freunden, nicht in der Gemeinde …
- Erst wenn das alles geschieht, *wirst du so zur Musik des Himmels tanzen, wie ich es dir zugedacht habe, als ich dich schuf.* Erst dann wirst du mein Liebeslied so deutlich und so schön hören, wie ich es singe. Erst dann wirst du wissen, dass jeder Moment deines Lebens eine perfekt abgestimmte Note in der Harmonie der Ewigkeit ist.

Das ist es, was ich dir im Buch des Predigers sage.»

«Gott, ich glaube, ich höre dich jetzt, wie ich dich noch nie gehört habe, und ich rufe dir aus tiefstem Herzen zu: *Lass deine Gnade genug für mich sein!* Lass mich in der Prediger-Erfahrung bleiben, bis ich das Hohelied hören kann. Wenn der schmale Weg jede Hoffnung zunichtemacht, an die ich mich im Leben geklammert habe, dann überzeuge mich davon, dass ich auf Kurs bleiben kann, dass ich kein Recht dazu habe, einen Abweg über eine liebliche Au einzuschlagen. Sei es eine Gemeinde mit hohem Unterhaltungswert, wo Tränen durch Lächeln ersetzt werden und man die Langeweile mit aufregenden Aktivitäten vertreibt. Oder seien es sündige Vergnügungen, die verschleiern, dass ich eine Hoffnung brauche, die über das hinausgeht, was ich sehe. Gott, senke mich so tief in die Leere hinab, wie es nötig ist, damit ich nichts mehr höre außer Stille und in der dunklen Einsamkeit auf dich warte. Lass mich nicht mehr den Ruf irgendeiner verführerischen Sirene hören, sondern nur noch die Stimme deines Sohnes. Und bitte lass mich seine Stimme erkennen, wenn er spricht.»

«Keine Stimme ist stärker. Keine Stimme ist lieblicher. Keine andere Stimme kann dich mit der Hoffnung auf eine völlige und dauerhafte Zufriedenheit erfüllen. Du bist nun bereit, die Stimme der wahren Liebe zu hören. Nicht irgendeine Fälschung, die ihr Eigeninteresse mit Leidenschaft ummäntelt. Mein nächster Brief singt das Lied der Liebe. Hör es dir an und labe deine Seele an der Musik, nach der du dich vom Moment deiner Empfängnis an gesehnt hast. Deine Geschmacksknospen sind jetzt wach genug geworden, um dich an ein paar Kostproben von dem ewigen Festmahl zu ergötzen, das dich bald erwartet.»

## 22. Liebesbrief
## Hoheslied

# Ich bringe dir das Tanzen bei

«Gott, dies ist der erste unter deinen Briefen, der leicht als Liebesbrief zu erkennen ist. Doch gerade deshalb wirft er umso beunruhigender vertraute Fragen auf. Gestern schrieb mir eine befreundete Christin, eine Frau, von der ich weiß, dass du sie mehr liebst, als Salomo die Frau liebte, für die er in diesem 22. Liebesbrief sang. Und genau das ist das Problem. Es sieht nämlich nicht so aus, als ob du sehr liebevoll mit ihr umgehst.

In den vergangenen zwölf Monaten wurde bei ihr Schilddrüsenkrebs entdeckt. Durch einen Computerfehler wurde ihre Lebensversicherung gekündigt (dieses Durcheinander wurde inzwischen geklärt). Sie bekam Migräne. Es musste bei ihr eine Zahnwurzelbehandlung gemacht werden, und zwei Zähne wurden überkront. Eine schlimme Lungenentzündung entwickelte sich zu einem Lungenödem. Und in ihrem linken Auge verschloss sich ein Blutgefäß (vermutlich aufgrund ihrer Lupuserkrankung), so dass sie unwiederbringlich einen Teil ihrer Sehfähigkeit verlor.

Ich kann beim besten Willen nicht begreifen, wie Leute ehrlich mit offenen Augen durch die Welt gehen und immer noch glauben können, du wärest darauf aus, dass jeder Mensch die Art von Leben führt und sich so fühlt, wie wir alle es von Natur aus gerne hätten. Entweder tragen solche Leute Scheuklappen, oder sie denken, du meinst es gut und bist nett, seist aber wohl doch nicht so mächtig. Oder sie hoffen, ihr Prediger oder das nächste bahnbrechende Buch würde ihnen erklären, was sie tun können, um die Schleusen des Himmels aufzureißen, so dass sich alle Segnungen über sie ergießen können. Oder schlimmer noch, ihnen geht es gut in ihrem Leben, und sie bilden sich ein, sie hätten das verdient.

Mir ist die Sache völlig klar. Es geht dir überhaupt nicht darum, dass wir glücklich sind. Zumindest nicht jetzt, und jedenfalls nicht auf der Grundlage, dass wir alle Segnungen haben, die wir uns wünschen. Wenn es dir darum ginge, könntest du deine Sache wirklich besser machen.»

«Es geht mir durchaus darum, dass ihr glücklich seid, aber nur glücklich in mir. Eine andere Art von Glück gibt es nicht, weder jetzt noch später. Nur Fälschungen.»

«Gott, für viele Leute – und mir geht es allzu oft auch so – hört sich das an wie eine unpraktikable, mystische, Luftschlösser bauende Theologie. Aber diese Frau hat es kapiert, besser als ich. Ich schätze, sie hat wohl das Hohelied gelesen. Ich bin sicher, dass sie gehört hat, was du in diesem Liebesbrief sagst, oder was ich zumindest glaube, das du dort sagst. Sie weiß, dass du all ihre Nöte noch heute von ihr nehmen könntest, und obwohl du es nicht tust, findet sie ihr Glück darin, dich zu kennen und mitten in ihren Nöten auf dich zu hoffen.

Mich hat der Schluss ihres Briefes sehr bewegt. Sie schrieb: ‹Ich glaube immer noch, dass es einen Gott gibt – dass ich sein bin und er mein ist; dass er auf dem Thron sitzt – und dass er mit mir ächzt und noch mehr als ich den Tag herbeisehnt, an dem das Böse vernichtet ist und Tränen und Leid vorbei sind und alles gut wird.›

Ich glaube, sie hat gehört, was du im Hohenlied sagst. Habe ich recht?»

«Was ich zu dir, zu meiner leidenden Tochter und zu allen sage, die mich hören wollen, ist dies:

**Ich liebe dich. Ich freue mich über dich. Ich werde tun, was immer nötig ist, damit du an der köstlichen, das Leben definierenden Freude der Gemeinschaft zwischen meinem Sohn und mir Anteil bekommen kannst. Ich lade dich ein zum Festmahl der Liebe.»**

«Aber Gott, könnte sie nicht die Appetithäppchen, die es jetzt schon gibt, auch mit ein bisschen weniger Leiden genießen? Würde ein König, der seine Braut so liebt wie der im Hohenlied Salomos, ihre Not nicht lindern wollen, statt sie nur in die Arme zu nehmen, während sie sie erduldet?»

«Mit jeder Faser in mir möchte ich die Nöte meiner Tochter lindern und sie glücklich machen. Aber ich möchte ihre Nöte lindern und ihr Glück schenken, indem ich ihr Herz mit mir fülle. Jede andere Linderung wäre nur vorübergehend. Jedes andere Glück wäre eine Illusion.

Meine letzten fünf Liebesbriefe habe ich an Leute wie meine israelitischen Kinder geschrieben. Aus den ersten siebzehn Briefen hast du Folgendes gelernt: Viele, die behaupten, mir nachzufolgen, verkünden zwar ihre Hingabe an mich, aber ihr Glück suchen sie überall da, wo sie es leichter finden können. Was sie Anbetung nennen, sind nicht mehr als fromme, leidenschaftliche und manchmal hektische Bemühungen, mich zur Kooperation zu bewegen. Ein intensiver Ausdruck des Vertrauens auf meine Bereitschaft, ihre Wünsche zu erfüllen, nicht in Gemeinschaft mit mir, sondern mit Segnungen von mir.

In diesen fünf Briefen, die ihr zu Recht Weisheitsbriefe nennt, wecke ich das Verlangen danach, Zufriedenheit in einer unverdienten Liebesbeziehung zu finden, das ich in jedes menschliche Herz hineingelegt habe. Doch es wäre grausam, ein Verlangen zu wecken, ohne auch Hoffnung zu bieten. Ein Verlangen zu verspüren ohne die Hoffnung, dass es befriedigt wird, wäre die Hölle. Die Worte, die Dante über das Tor in die Welt Satans schrieb, sind treffend: ‹Lasst, dir ihr eintretet, alle Hoffnung fahren.› Verlangen mit Hoffnung jedoch ist etwas Liebliches. Es ist das überfließende Leben … soweit es jetzt schon erfahrbar ist. Verlangen mit einer Befriedigung, die neues Verlangen weckt, das schließlich völlig befriedigt wird, sobald man es empfindet – das ist das Fest. Das ist das Festmahl. Das ist der Himmel.

Vorerst möchte ich, dass du an den Appetithäppchen knabberst. Doch dazu brauchst du Weisheit. Höre meine Weisheit in diesen fünf Briefen:

- *Die Weisheit der Buße.* Erkenne und bereue die Sünde, Befriedigung zu fordern und sie dir dann aus einer Quelle verschaffen zu wollen, die du kontrollieren kannst. Kreuzige dein Fleisch. Mein Wort im Buch Hiob.
- *Die Weisheit der Anbetung.* Sei in deiner Beziehung zu mir aufrichtig. Leide und juble, klage und lobe, weine und lache. Sei in meiner Gegenwart alles, was du bist, ohne etwas anderes vorzugeben. Mein Wort im Buch der Psalmen.
- *Die Weisheit des Urteilsvermögens.* Bitte mich, dir in jedem Moment deines Lebens sowohl den breiten als auch den schmalen Weg zu zeigen. Vertraue darauf, dass mein Geist dir das Verlan-

gen gegeben hat, auf dem schmalen Weg durch das Leben *zum* Leben zu gehen. Geh einen Schritt nach dem anderen. Mein Wort im Buch der Sprüche.

- *Die Weisheit der Leere.* Stell dich der Sinnlosigkeit des Lebens. Empfinde sie. Versinke in ihren Tiefen. Dann ergreife die Gelegenheit, die deine Leere dir verschafft, um die Kraft der Hoffnung freizusetzen. Hoffe allein auf mich. Mein Wort im Buch des Predigers.

Und nun kommt der Gipfel nach dem Tal, die Dämmerung nach der langen Nacht. Das Hohelied nach dem Schrei der Verzweiflung. In diesem Brief breite ich die *Weisheit der Gemeinschaft* vor dir aus. Ich kenne die leidende Frau, von der du sprichst. Sie gehört mir, und ich gehöre ihr. Ich habe ihr Herz gewonnen und nehme es nun bis in den letzten Winkel in Anspruch, indem ich jede noch schwelende Hoffnung auf eine Befriedigung abseits von mir auslösche. In Momenten der Gemeinschaft schmeckt sie mich. Wenn diese Momente verblassen, dann leidet sie zutiefst. Doch selbst dann sehnt sie sich nicht nach weniger, sondern nach mehr als nur nach der Linderung ihres Leids. Sie sehnt sich legitimerweise nach Glück, nach Linderung ihres Leidens. Aber sie lernt, sich nach mir zu sehnen, danach, mich tiefer, voller, bleibender zu genießen. Die Hoffnung auf mich, darauf, dass ich bei ihr bin und für immer alles gut machen werde, hält sie aufrecht. Sie geht auf dem schmalen Weg. Sie lebt das überfließende Leben des geweckten Verlangens mit lieblicher Hoffnung. Das überfließende Leben des erfüllten Verlangens kommt später.»

«Gott, als dein Diener Johannes ‹an des Herrn Tag› (Offenbarung 1,10; Elberfelder) deine Weisheit hörte, als er deine Worte aß, während er auf Patmos gefangen saß, schmeckte dein Plan ihm süß, doch im Bauch spürte er die Schmerzen [Offenbarung 10,8–11]. Sowohl Jeremia als auch Hesekiel bekamen die Qualen zu spüren, die dein Plan erfordert. Doch als sie deine Worte der Weisheit aßen, wurden diese Worte ‹meine Freude und mein Glück› (Jeremia 15,16). Sie schmeckten wie Honig auf ihren Zungen [Hesekiel 3,2–3]. Wenn ich höre, wie du in diesem Liebesbrief die Weisheit der Gemeinschaft offenbarst, schmecke ich die Süße deiner Liebe, während sich zugleich mein Magen zusammenkrampft, wenn ich erkenne, was deine Heiligkeit mir abverlangt.

Aber eine Frage habe ich noch. Handelt dieser Brief von deinem Sohn, oder ist dein Sohn der Hintergrund für eine romantische Geschichte von einem reichen König, der eine arme Frau an seine Festtafel holt?»

«Mein Sohn ist für niemanden ein Hintergrund. Dieser Brief besingt die Liebe – die leidenschaftliche, romantische, sinnliche Liebe. Weil Musik die Sprache der Liebe ist, besingt der König in diesem Brief die Liebe zwischen sich selbst und seiner Braut mit idyllischer Lyrik, mit musikalischen Bildern, nicht mit sachlichen Beschreibungen. Ich habe euer Gehirn mit zwei Hälften geschaffen. Die eine, damit ihr meine *Wahrheit* erkennt, die andere, damit ihr meinen *Weg* erkennt und nach dem *Leben* verlangt, zu dem mein Weg führt. Lies diesen Brief mit der Hälfte, die singt, die sich sehnt, die genießt, die hofft, die mit der Aussicht auf das Festmahl zu locken ist.

Der menschliche Schreiber des Briefs dachte nicht an meinen Sohn, als er dieses Lied niederschrieb. Ich dachte an ihn. Ich denke immer an ihn. Lies das Hohelied Salomos als einen wonnevollen Ausdruck der Liebe zwischen einem König der Antike und seiner Braut. Doch lass beim Lesen dein Herz (und deine rechte Gehirnhälfte) in die Freude der Liebe zwischen meinem Sohn und mir emporschweben, in das Staunen der Liebe meines Sohnes zu dir und in die Hoffnung deiner Gemeinschaft mit uns in dieser Liebe. Meine von Nöten geplagte Tochter findet in dieser Hoffnung Ruhe für ihre Seele. Das ist mein Plan für alle meine Kinder. Es ist auch mein Plan für dich.»

«Gott, so vieles von deiner Wirklichkeit muss ich erst noch erleben. Werde ich in *diesem* Leben jemals tanzen lernen? Dass ich es im nächsten tun werde, weiß ich. Kann ich auch nur deine Musik hören, solange der Lärm dieser Welt mir in den Ohren gellt? Kann ich mit meinem Mund, der so voll mit dem Geschmack von Junkfood ist, deinen Honig schmecken?»

«Ich habe die Propheten berufen, um den Lärm zum Schweigen zu bringen und zu offenbaren, was es deiner Seele antut, wenn du dich von Junkfood ernährst. Hör dir an, was ich durch sie sage. Danach wirst du bereit sein, zu hören, was ich durch meinen Sohn zu dir sage.»

# Vierter Teil

## *Ein Wort an die Törichten: Jesaja bis Maleachi*

Ein Freund, über dessen Leben zurzeit von allen Seiten Katastrophen hereinbrechen, sagte mir: «Ich versuche zu glauben, dass Gott mich noch liebt, aber es fällt mir schwer. Ich muss alles neu überdenken, was ich bisher unter Liebe verstanden habe.» Nachdem ich die ersten 22 von Gottes 66 Liebesbriefen gelesen habe, geht es mir genauso.

Mir wird immer klarer, wie leicht ich zu der Annahme neige, dass jemand, der mich liebt, doch wohl ein Gespür dafür haben wird, was ich mir am meisten wünsche, und es mir geben wird, wenn er kann. Und dass es ihm auf dem Herzen liegen wird, was mir am meisten Not macht. Dass er meine Wünsche erfüllen wird. Dass er meine Probleme lösen wird – wenn er mich liebt und wenn er es kann.

Nun, Gott ist gut. Das wissen wir alle. Und weil er gut ist, liebt er uns. «Jesus loves me, this I know.» Dieses Lied habe ich gesungen, seit ich ein kleines Kind war. Und er ist mächtig. Eines der ersten langen Wörter über Gott, die ich in der Sonntagsschule lernte, war *allmächtig*. Gott kann alles. Auch dieses kleine Liedchen habe ich tausend Mal gesungen: «God can do anything, anything, anything. God can do anything – but fail.» – «Gott kann alles – außer versagen.»

Rechnen Sie es sich selbst aus. Es ist nicht gerade höhere Mathematik. Eins plus eins ist zwei. Ein Gott, der mich liebt und alles tun kann, ergibt ein herrliches Leben für mich. Daraus folgt so sicher, wie auf jede Hochzeit die Glückseligkeit folgt, dass Gottes Liebesgeschichte von lauter Segnungen für mich erzählt.

Oder etwa nicht? Vielleicht braucht mein Verständnis von Liebe eine Generalüberholung. Jetzt, in meinen Sechzigern, wo ich allmählich alt werde, dämmert es mir, dass ich vielleicht über Liebe eher wie ein Dreijähriger denke und nicht wie ein gereifter Nachfolger Gottes. Ohne viel darüber nachzudenken, gehe ich davon aus, dass jemand, der die Mittel hat, mir viel Liebe zu erweisen, meine tiefsten Wünsche erfüllen würde, deren ich mir bewusst bin. Und dass er jedes Problem lösen würde, das aus meinem Blickwinkel meiner Zufriedenheit im Weg steht.

Aber angenommen, mir ist aus irgendeinem Grund gar nicht bewusst, was ich am meisten will. Vielleicht weiß ich gar nicht, woran ich mich am meisten freuen kann, so, wie mein Schöpfer mich konstruiert hat. Angenommen, ich bin wie ein Kind, das die Bonbons in der Schale und den Brokkoli auf dem Teller sieht und ganz arglos nach den Bonbons greift. Wenn es überhaupt darüber nachdenkt, rechnet es damit, dass seine Mutter lächelnd die Bonbons in die Reichweite seines ausgestreckten Arms schieben wird.

Nun fügen wir dieser Szene hinzu, dass das Kind Diabetes hat. Ein Problem, das es weder erkennt noch versteht, das aber der Mutter stets unübersehbar vor Augen steht. Also zieht die Mutter die Schale mit den Bonbons außer Reichweite des Kindes, deutet dann auf den Brokkoli und weist es freundlich, aber unnachgiebig an: «Iss.» Ich höre das dreijährige Kind verwirrt wimmern: «Mama, ich mag aber keinen Brokkoli. Warum darf ich denn keine Bonbons haben? Hast du mich denn nicht lieb?»

Dieselbe verwirrte Klage habe ich in mir selbst aufsteigen hören, als ich eine biblische Geschichte nach der anderen las, in der Gott die Bonbons aus der Reichweite Israels wegzog und ihm stattdessen Gemüse auf den Teller häufte. Die 22 Liebesbriefe, die wir bisher gelesen haben, sind ermüdend voll mit Gericht. Probleme werden schlimmer statt besser. Wünsche bleiben unerfüllt. Grausame Feinde, vor denen Gott das Volk anscheinend mal schützt und mal nicht. Zyklen aus Leid, gefolgt von Segnungen, gefolgt von noch mehr Leid. Und darüber hinaus Lebensprinzipien, die schwer zu befolgen sind. Sicher, eine Reihe Wunder von Weltklasse sind auch mit dabei – der Exodus aus Ägypten und die Durchquerung trockenen Fußes von einem Meeresarm und von einem Fluss, um nur zwei zu nennen. Dennoch: Gottes Güte und Allmacht sorgten nicht für das Leben, das ich mir gewünscht hätte, wenn ich einer der Israeliten in jenen frühen Tagen ihrer Geschichte gewesen wäre. Und das soll eine *Liebesgeschichte* sein?

Wenn man diese 22 Briefe mit der Reife eines an Diabetes leidenden Kindes liest, das nichts von seiner Krankheit weiß und nicht verstehen kann, warum seine Mutter ihm nicht erlaubt, Bonbons zu essen, dann wird man vielleicht etwa Folgendes hören:

- **Genesis:** Vom Paradies in die Wüste, von Disney World ins Ghetto.
- **Exodus:** Die peinigende Hoffnung auf ein Wiederlangen des Paradieses.
- **Leviticus:** Vorschriften für die Rückkehr ins Paradies; so viele Vorschriften, dass ein Gesetzesfanatiker daran ersticken könnte.
- **Numeri:** Ein Familienausflug nach Disney World, bei dem nur zwei von zweihunderttausend Familienmitgliedern dort ankommen.
- **Deuteronomium:** Ein langer Vortrag darüber, was man im Paradies tun und lassen soll, von einem alten Mann, auf den niemand hört.
- **Josua:** Sieben Jahre in Disney World, aber mit kriechenden Schlangen und lauernden Tigern. Mehr Angst als Spaß. Mehr Tod als Freude.
- **Richter:** Nörgelnde Kinder und ein inkonsequenter Vater, der eine Weile Nachsicht übt und dann hart straft. Ergibt keinen Sinn.
- **Ruth:** Eine Oase der Liebe in einer Wüste der Tragik. Nur eine Oase?
- **1. Samuel:** Aufstand in den Rängen, der zu einer schwachen, korrupten Regierung führt.
- **2. Samuel:** Endlich ein guter Herrscher und ein gutes Leben!
- **1. Könige:** Bürgerkrieg; alles bricht auseinander.
- **2. Könige:** Die Schurken verlieren; dann verlieren die Helden auch.
- **1. Chronik:** Geschichtsrevision; das Glas ist halb voll.
- **2. Chronik:** Noch mehr Revision; Hoffnung regt sich.
- **Esra:** Rückkehr nach Disney World, nachdem ein Tornado darüber hinweggefegt ist. Das soll das verheißene Land sein?
- **Nehemia:** Ein paar Achterbahnen werden wieder aufgebaut, man erhebt Anspruch auf mehr. Spaß haben, wo immer man kann.
- **Esther:** Eine Katastrophe wird abgewendet; man bemüht sich um ein gutes Leben fern der Heimat.

- **Hiob:** Ein Leben, das wegen Gott den Bach runtergeht!
- **Psalmen:** Ehrliches Reden mit Gott: fröhliche Lieder, bittere Klagen, verzweifelte Tränen, rachsüchtiger Zorn, Hoffnung auf die Zukunft.
- **Sprüche:** Tausend Gedanken, wie man aus allem das Beste machen kann.
- **Prediger:** Gott an Erde: «Seht ihr es nicht? Seid ihr so blind? Ihr bleibt innerlich leer, selbst, wenn euer Leben so gut läuft, wie es nur geht.»
- **Hoheslied:** Ein kurzer Blick auf die Schönheit in einer hässlichen Welt.

Wenn ich bei meinem üblichen Verständnis von Liebe bleibe, dann ist das der Reim, den ich mir bisher auf Gottes Geschichte machen kann. Siebzehn Briefe schildern eine trostlose, deprimierende Geschichte, eine Achterbahnfahrt durchs Leben, die mit einer Katastrophe endet. Fünf weitere Briefe reden ehrlich über echte Kämpfe und necken uns dann mit Andeutungen auf einen liebenden Gott, der hinter den Kulissen wirkt, um seine – und meine – Geschichte zu einem glücklichen Ende zu bringen.

Und wo führt Sie das hin? Mich führt es dahin, dass ich im Dunkeln sitze, verirrt im Wald. Blinzelnd schaue ich nach Osten und sehne mich verzweifelt danach, einen Blick auf den Sonnenaufgang zu erhaschen, von dem ich immer noch hoffe, dass er bevorsteht. Gott ist Liebe, und er ist allmächtig. Das weiß ich. Ich glaube es auch. Aber was tut er? Wie sieht echte Liebe aus? Ich bin verwirrt, stelle mir tausend Fragen und werde offen dafür, meine Vorstellungen von Liebe neu zu überdenken.

Und jetzt: *Hier kommen die Propheten!* Ich habe von ihnen gehört, aber ich habe noch nicht viel von dem gehört, was sie sagen. Wenn Sie die Briefe bis hierher gelesen haben, dann sind sie mit Richtern, Priestern, Volksführern und Leviten inzwischen vertraut. Aber *Propheten?*

Gott scheint hier einen anderen Gang einzulegen. Vielleicht, um unser Denken über Liebe zu verändern. Es ist Zeit, durch die Propheten von ihm zu hören. Sechzehn von ihnen schrieben nieder, was sie verkündeten, die «schreibenden Propheten». Sechzehn Propheten, siebzehn weitere Liebesbriefe. (Jeremia schrieb zwei davon.) Sie bereiten uns darauf vor, Gott durch seinen Sohn zu uns sprechen zu hören. Wie werden sie das machen? Wer sind sie? Warum ausgerechnet jetzt?

Propheten. Besondere Gottesmänner, denen die Augen geöffnet wurden, so dass sie sahen, was die meisten Menschen in jeder Kultur und jeder Generation nicht sehen. Seher, die von einem inneren Feuer getrieben wurden, anderen zu sagen, was sie sahen. Und das verschaffte ihnen eine Menge Probleme. Ihre Botschaft von dem heiligen Gott der Liebe war nicht das, was die Leute, die an einen netten Gott der Liebe glaubten, erwarteten.

Weil Propheten in das Herz und die Gedanken Gottes sehen konnten, konnten sie auch in die Herzen und Gedanken der Menschen sehen. Sie wussten, dass die Menschen von Gott geschaffen worden waren, um sich an Gott selbst zu erfreuen, indem sie ihm in jeder Situation vollkommen vertrauten. Doch allzu viele Israeliten – ebenso wie ich, und ich vermute, ebenso wie Sie – sahen die Sache ganz anders. Sie hatten nur Sinn für ihr drängendes Sehnen nach einem besseren Leben voller auf Abruf verfügbarer Segnungen hier und jetzt. Wenn sie ihren Durst nach Gott gespürt hätten, dann hätten sie damit das Ruder aus der Hand gegeben. Deshalb machten sie sich nur diejenigen Wünsche bewusst, von denen sie glaubten, sie – vielleicht durch Gott – befriedigen zu können. Und sie stellten sich nur jenen Sehnsüchten, deren Erfüllung sie in diesem Leben ganz und gar erlangen konnten. Ich denke an Freuden wie Sex, Essen, Stolz und Macht.

Die Propheten wussten, dass die Glückseligkeit, für die alle Menschen geschaffen wurden, jene Glückseligkeit, die ihnen zu verschaffen Gott unendliche Mühe auf sich genommen hatte, von der Heiligkeit abhängt – von einem verzehrenden Verlangen nach Gott, das stärker ist als unser Verlangen nach irgendetwas anderem, was vielleicht auch auf unserer Wunschliste steht.

Und diese Einsicht ließ die Propheten erkennen, wo das eigentliche Problem der Menschen lag: *Niemand war heilig.* Jeder wollte Gott eher ausnutzen als ihn ehren. Die Leute glaubten, ein Anrecht auf die Segnungen zu haben, die sie wollten, und dieses Anspruchsdenken verschlang jede Neigung zu demütiger Ergebung, die vielleicht in ihnen gesteckt haben mochte.

Wenn also die Menschen hörten, wie die Propheten «Strafgericht!» riefen, dann war ihre Antwort: «Wofür?» Sie wollten, dass die Propheten aufhörten, von dem heiligen Gott zu reden, von der Notwendigkeit, heilig zu sein, um glücklich werden zu können.

Ihre Überlegung war: «Wir versuchen doch nur, unsere Wünsche zu erfüllen, damit wir zufrieden sind mit uns und unserem Leben und uns nicht so einsam fühlen. Nicht so leer. Glücklicher. Was ist falsch daran? Erzählt uns besser von dem liebenden Gott, der auf diese Wünsche eingeht, die in uns so sehr auf Erfüllung drängen. Wir wollen von einer Liebe hören, die die Probleme löst, die uns den Weg zu dem Glück, das wir wollen, versperren. Das ist der Gott, von dem wir hören wollen. Der Gott, den wir anbeten wollen, der Gott, der uns so liebt, wie wir geliebt werden wollen.»

Ich verstehe ihre Empfindungen. Wenn man auf einer Krebsstation liegt, sich um ein mit allerlei Schwierigkeiten kämpfendes Kind sorgt, den Tod eines geliebten Menschen betrauert oder sich allein oder unsicher fühlt – alles Dinge, die ich erlebt habe –, dann fällt es schwer, sich Gedanken über Heiligung zu machen. Es brennt einem viel mehr unter den Nägeln, eine Lösung zu finden. Besonders dann, wenn das Leben schwer ist, denken wir, Liebe bestehe darin, dass der andere mit unserem Streben, Zufriedenheit, Glück und Erfüllung zu finden, kooperiert. Kein Wunder, dass Propheten damals so unpopulär waren und es bis heute sind.

Dabei versprachen sie Lösungen. Sie weckten Hoffnung. Zuerst läuterndes Gericht, Zerbrochenheit, Heiligung. Dann Freude, Schönheit, die Beziehungen, die wir uns immer gewünscht haben. Die Propheten offenbarten einen Gott, dessen Liebe sich durchsetzen würde. Einen Gott, dem man vertrauen konnte – und sollte. Einen Gott, der schon dabei ist, ein unvergleichliches Festbankett vorzubereiten, und der versprochen hat, jeden, der auf der Gästeliste steht, zu dem Fest zu bringen. Den gewaltigen Eintrittspreis wird er selbst bezahlen. Ein Gott, der seine Disney World in einer Pracht und Herrlichkeit wiederherstellt, wie Walt selbst sie sich nie hätte träumen lassen.

Gericht und Läuterung. Zerbrochenheit und Hoffnung. Buße und Vertrauen. Heiligung, dann Glück. Aufwachen, um unser wahres Verlangen zu spüren und uns unseren wahren Problemen zu stellen. Geöffnete Augen, um Gottes Leben als das Leben zu sehen, für das wir geschaffen sind – das Leben, das wir uns immer gewünscht haben. Das Leben, für das wir alles andere gerne hingeben, damit wir es empfangen, leben, genießen können.

Darum geht es in den nächsten siebzehn Liebesbriefen, die Gott uns durch sechzehn auf Gott versessene Männer schrieb, die «überkochten» (eines der hebräischen Worte für *Prophet* hat diese Nebenbedeutung) von dem, was sie gesehen hatten: grauenhafte Schrecken und unvorstellbare Schönheit. Sie sprachen und sie schrieben, um unser Verständnis von Liebe so zu verändern, wie es sein muss, damit wir wissen können, dass Gott uns wahrhaftig liebt, egal, was wir durchmachen. Er tut uns Gutes; jetzt in diesem Moment. Er liebt uns so sehr, dass er unser wahres Verlangen stillt, unser tiefstes Verlangen, das wir vielleicht noch nicht wahrnehmen. Und er ist so mächtig, dass er jedes Hindernis der Heiligkeit aus dem Weg räumt, damit wir glückselig werden können wie er.

Zuerst Gericht über die Unheiligkeit. Dann Hoffnung, in der sich die Schönheit der Heiligkeit offenbart. Es ist Zeit, auf die Propheten zu hören. Wir werden in Versuchung sein, unsere Ohren zu verschließen. Vielleicht auch, die Propheten zu steinigen. Aber es ist ratsamer, ihnen zuzuhören. Durch sie erzählt Gott eine Liebesgeschichte, und zwar eine wirklich gute.

# 23. Liebesbrief
# Jesaja

## Mach dich erst auf eine Ohrfeige und dann auf eine Umarmung gefasst

«Gott, ich habe gerade deinen 23. Liebesbrief durchgelesen. Mir ist aufgefallen, dass er mit Ausnahme der Psalmen in mehr Kapitel aufgeteilt ist als alle anderen Briefe, die du mir geschrieben hast. Und noch etwas ist mir aufgefallen. Das Buch Jesaja teilt sich in 66 Kapitel, und sie folgen demselben Muster wie deine 66 Briefe.

Für mich sieht es so aus: 39 Kapitel lang sprichst du im Buch Jesaja mehr darüber, was mit deinem Volk nicht stimmt, als über alles andere. Ich muss dir sagen, wenn Rachael mir einen 66 Seiten langen Liebesbrief schreiben würde, in dem sie sich auf den ersten 39 Seiten ausführlich über alle meine Fehler auslässt, dann würde ich fest damit rechnen, auf den verbleibenden 27 Seiten ihre Bedingungen für die Scheidung zu lesen. Die Botschaft, die du in den ersten 39 Kapiteln des Buches Jesaja übermittelst – und du wiederholst sie ja immer wieder –, lautet, dass du heilig bist und ich nicht. Es hört sich wirklich so an, als ob du drauf und dran bist, mir zu sagen, dass mit uns Schluss ist. Und in mir weckt es den Drang, mir jemanden zu suchen, der nicht so vollkommen oder vielleicht nicht so anspruchsvoll ist und sich eher mit mir abgeben würde.

Aber dann überraschst du mich. Die letzten 27 Kapitel verwendest du größtenteils darauf, von unserer wunderbaren gemeinsamen Zukunft zu reden. Und davon, wie sehr du dir wünschst, dass ich mich mit dir zusammen darauf freue und dass jemand, den du einfach nur ‹deinen Knecht› nennst, das alles möglich machen wird. Gott, ich komme mir vor, als hätte ich eine Ohrfeige bekommen und wäre dann in die Arme genommen worden – eine schallende Ohrfeige, und dann eine Umarmung, dass mir die Luft wegbleibt. Darauf war ich nicht gefasst. Wenn man um jemandes Zuneigung wirbt, fängt das normalerweise damit an, dass einer erkennt, was er an der anderen Person attraktiv findet, und dann eine langfristige Beziehung zu dieser Person anstrebt. Bei dir ist das ganz anders. Vielleicht meinst du das ja, wenn du sagst, du seist heilig. Und vielleicht ist es nur ein literarischer Zufall, aber wie gesagt, in deinen 66 Liebesbriefen folgst du demselben Muster: 39 Ohrfeigen, dann 27 Umarmungen. So sieht wohl heilige Liebe aus.»

«Nichts, was ich tue, ist Zufall, und nichts, was ich zulasse, ist zufällig. Ich will dich noch auf etwas anderes aufmerksam machen. Das wird dir noch mehr über heilige Liebe sagen. Mein letztes Wort im Buch Jesaja ist eine schallende Ohrfeige [Jesaja 66,24]. Ich verspreche dort, dass alle, die sich gegen mich auflehnen, verachtenswert, widerwärtig selbstsüchtig werden. Lies auch mein letztes Wort im Buch Maleachi [4,6]. Dort drohe ich, mein Volk heimzusuchen und es zu verfluchen.

Doch zum Schluss meines letzten Liebesbriefes überlasse ich das letzte Wort meinem Sohn. Lies Offenbarung 22,20–21. Mit einer Freude, die nur mein Geist und ich völlig nachempfinden können, verkündet mein Sohn: ‹Ich komme bald!› Und mein Volk weiß, dass er kommt, um das Leben zu bringen und nicht einen Fluch. ‹Ja, komm, Herr Jesus!›, erwidert es. Und dann schaut der Apostel Johannes, während sein Blick noch an der unsichtbaren Welt voller Schönheit hängt, auf die Menschen, deren Hirte er so viele Jahre lang war. Er sieht all ihren Schmerz, ihre Angst und ihr Versagen und flüstert mit der Vollmacht eines lange bewährten Glaubens: ‹Bis er kommt, ist seine Gnade bei uns, auch in der Verbannung, in all unserem Leiden. Wir mögen vor Qualen aufschreien, aber wir leben in Hoffnung.›

Von unheiligem Elend, das bloßgestellt und verdammt wird, zur heiligen Freude, die umsonst geschenkt und für immer verheißen wird: *Das ist die Geschichte meiner Liebe.* Ohne meinen Sohn wäre die Geschichte im Buch Jesaja nach 39 zornigen Kapiteln zu Ende. Der Trost im 40. Kapitel würde nie gespendet. Der im Buch Maleachi angedrohte Fluch würde ausgeführt werden. Doch dann kommt mein Sohn ins Spiel. Sieh eine Schönheit, wie du sie nirgends sonst sehen kannst. Er wurde geohrfeigt, damit du umarmt werden kannst. Ich habe ihn geohrfeigt – ich bringe diese Worte kaum über die Lippen –, damit ich dich umarmen kann. Damit ich meiner Liebe zu dir freien Lauf lassen kann, so wie ich sie schon immer in meinen Sohn ausgegossen habe. Ja, eine schallende Ohrfeige, die du verdient hattest, von mir verabreicht an den, der meine Umarmung verdient hatte. Nun gibt es kein Gericht mehr über die, die es wert wären, verlassen zu werden. Nun gibt es nichts mehr als eine ewige Umarmung. Das ist die Geschichte des Buches Jesaja. Diese Geschichte erzähle ich in all meinen 66 Liebesbriefen: die verborgene Geschichte meiner Liebe.»

«Gott, sie ist wirklich verborgen. Sie ist schwer zu erkennen. Aber warum? Warum kapieren wir sie nicht? Warum kapiere ich sie nicht? Warum haben so viele von uns das Gefühl, mehr geohrfeigt als umarmt zu werden? Erst gestern habe ich meinen Arm um die Schultern einer Freundin gelegt, deren Leben ein schmerzhaftes, verwirrendes Durcheinander ist. Meine Worte kamen mir selber kraftlos vor, aber ich sprach sie trotzdem aus, weil sie wahr sind. ‹Ich möchte, dass du weißt, wie sehr Jesus dich liebt, und dass ich dich auch liebe.› Sie sah mich an, als wäre ich ein Arzt, der einem Patienten mit Nierensteinen Aspirin verabreicht, und sagte: ‹Weißt du, ich wünschte nur, er würde mir ein bisschen mehr von seiner Liebe zeigen. Von dir fühle ich mich mehr geliebt als von ihm.›

Ein anderer Freund glaubt, in deiner Liebe ginge es nur um die geistlichen Höhenflüge, die er manchmal erlebt, wenn er mir schluchzend erzählt, wie leer er sich fühlt. Doch diese ‹göttlichen Begegnungen› mit deiner Liebe scheinen ihn nicht dazu freizumachen, seine schwierige Frau besser zu lieben. Er zieht sich von ihr zurück, damit er deine Liebe ungestört erfahren kann. *Gott, was übersehen wir? Was ist es, das wir an deiner Liebe nicht verstehen?*»

«Meine Liebe macht Menschen heilig. Nur wer weiß, dass er unheilig ist, wer seine Unheiligkeit mehr hasst als seinen Schmerz und seine Leere, erfährt die verwandelnde Kraft meiner Liebe. Nur heilige Menschen leben gut. Nur heilige Menschen lieben.»

«Gott, das läuft allem zuwider, woran wir glauben. Du sagst, Liebe bedeute gar nichts, solange wir nicht zugeben, wie unliebenswert wir sind. Die meisten Leute, die über diese Dinge predigen, sagen, unser großes Problem sei unsere Unsicherheit, und die Lösung liege darin, umarmt zu werden, nicht geohrfeigt. Du sagtest gerade, dass nur *heilige* Menschen gut leben. Fast jeder, den ich kenne, glaubt, dass nur *geliebte* Menschen gut leben. Menschen, die als wertvoll bejaht werden, nicht als unheilig verdammt. Nur diese Menschen sind zur Liebe fähig. Ist das falsch?»

«Wir können Heiligkeit und Liebe nicht voneinander trennen. Liebe wird auf eine bloße Gefühlsregung reduziert, wenn Menschen ihre Unheiligkeit nicht sehen. Und eine bloße Gefühlsregung kann niemanden verändern. Sie hat nicht die Kraft, unheilige Menschen in Menschen, die lieben, zu verwandeln. Das ist es, was ich in meinem 23. Liebesbrief allen sage, die Ohren haben zu hören:

**Egal, was dir auch passieren mag, dein schlimmstes Problem liegt in dir selbst. Und dieses Problem liegt nicht darin, wie schlecht du dich fühlst, sondern darin, wie unzulänglich du liebst. Deine Unheiligkeit besteht in deinem Scheitern daran, mich mehr zu lieben als alles andere und andere Menschen zu lieben, was es dich auch kosten mag. Wenn du deine Unheiligkeit erkennst und dich ohne Ausflüchte zu ihr bekennst, werden dir die Ohren aufgetan werden, damit du meine Worte des Trostes und der Hoffnung hören kannst. Und diese Worte bringen dich auf den schmalen Weg hin zu Beziehungen, die von heiliger Liebe geprägt sind. Eine andere Art Liebe gibt es nicht.»**

«Gott, zeig mir, wie du das im Buch Jesaja zum Ausdruck bringst.»

«Halte dir immer drei Worte vor Augen, während du das Buch Jesaja liest: *Gericht*, *Trost* und *Hoffnung*. Und mach dir bewusst, was mein Diener Paulus in Kolosser 1,5 erklärte: Sowohl der feste Glaube, dass ich in allen Situationen gut bin, als auch die Liebe, die jeden Preis zu zahlen bereit ist, um einen anderen Menschen zu segnen, entspringen aus der Hoffnung. Ohne mein Gericht bedeutet mein Trost nichts. Ohne Trost gibt es keine Hoffnung. Und ohne Hoffnung wird der Glaube dem Zweifel und dem Zynismus weichen, und die Liebe wird im Schmerz des Lebens ersticken.

- *Gericht*. In den ersten 39 Kapiteln des Buches Jesaja sollst du hören, wie ich über dein Verlangen nach irgendetwas jenseits von mir und auf deine Weigerung, mir zu vertrauen, wenn es im Leben schwierig wird, das strengste Urteil ausspreche.
- *Trost*. Dann sollst du hören, wie ich meinem verurteilten Volk Trost zuspreche. Trost, wie nur diejenigen ihn empfangen können, die zutiefst betrübt darüber sind, wie sehr sie das Gericht verdient haben – Leute, die wissen, dass ihr Verlangen nach etwas jenseits von mir Verrat ist. Beachte, dass der Trost, den ich spende und der in den Kapiteln 40 bis 55 beschrieben wird, nichts mit Mitgefühl oder Bestätigung zu tun hat. Es ist der Trost der Vergebung, der in meiner heiligen Liebe wurzelt, und der

Trost der Heilung, die nur durch meine Kraft zu erlangen ist. Solchen Trost und solche Heilung biete ich denen, die über ihre Selbstsucht zutiefst erschüttert sind. Die Wirkung meines Trostes ist es, deinen Blick von deiner Leere abzuwenden, nicht in Verleugnung, sondern in der Hoffnung auf ewige Fülle. Das befreit dich dann dazu, nichts von irgendjemandem zu fordern und allen alles zu geben. Wie mein Sohn.

- *Hoffnung*. Meine letzten elf Kapitel, 56 bis 66, verweisen auf die Hoffnung. Ich heile deine Unheiligkeit nicht, indem ich darüber hinwegsehe oder Verständnis dafür zeige. Darüber hinwegzusehen hieße, den Flecken auf der Röntgenaufnahme zu übersehen, der dein Untergang sein wird. Verständnis dafür aufzubringen angesichts der Leiden, die du durchgemacht hast, hieße, sie zu entschuldigen. Ich heile deine Selbstsucht nicht, indem ich dir Bestätigung für dein Selbstwertgefühl gebe. Ich löse dein tiefstes Problem durch meine selbstaufopfernde, versöhnende Umarmung, die alles vergibt, was in dir unheilig ist. Lies Jesaja 53. Meine Schönheit wird in meinem Sohn geoffenbart, der für dich wenig anziehend aussieht, solange mein Geist dir nicht die Augen öffnet. Wie jemand, der verachtet und ausgestoßen ist. Mein Sohn offenbart die Schönheit der heiligen Liebe, einer Liebe, die alles Böse in einem anderen absorbiert, ohne auch nur daran zu denken, sich vor dem Schmerz zu schützen, den das Böse einem selbst zufügen kann. Durch die Schönheit heiliger Liebe verwandle ich dein Leben in pure Freude. Ich gestalte dich zu einer puren Wonne. Lies jene Worte der Hoffnung in Jesaja 65,17–19.»

«Gott, das ist so radikal. *Du* bist so radikal. Aber ich kapiere es immer noch nicht, nicht tief genug, um dich so radikal zu machen, wie dein Sohn es ist. Ich versuche immer noch, deiner Ohrfeige auszuweichen und trotzdem deine Umarmung zu genießen.»

«Es macht dir Kummer, dass du es nicht ‹kapierst›. Und es macht dir Kummer, dass andere es nicht ‹kapieren›. Das ist gut. Unbekümmerte Leute haben verschlossene Ohren. Nur bekümmerte Leute hören meine Liebesgeschichte. Jeremia war ein zutiefst bekümmerter Prophet, der entdeckte, dass meine Liebe in seinem Herzen war, wie ein Feuer, das niemals ausgehen würde. Lies meinen nächsten Brief. Er wird dir helfen, noch etwas tiefer in meine Liebesgeschichte einzudringen.»

# 24. Liebesbrief
# Jeremia

## Es ist Wasser im Brunnen

«Gott, ich bin verwirrt. Warum fühle ich mich so sehr zu Jeremia hingezogen? Seit ich angefangen habe, ernsthaft über das Leben nachzudenken, im Grunde seit meinen späten Teenagerjahren, war Jeremia meine Lieblingsgestalt in der Bibel. Und das, obwohl doch in seinem Leben so ziemlich alles schiefgegangen ist, was schiefgehen konnte. Sein persönliches Leben war ein einziges Elend, sein Verkündigungsdienst ein totaler Misserfolg. Verglichen mit seinem Leben war und ist meines ein Spaziergang im Park. Warum also habe ich diesen Brief von dir häufiger gelesen als irgendeinen anderen? Bin ich so eine Art geistlicher Sadist? Oder denke ich irgendwie, indem ich von dem Durcheinander in seinem Leben lese und seine Lektionen stellvertretend durch sein Leiden lerne, könnte ich mir solch extremes Elend ersparen? Ich glaube, es hat einen anderen, tieferen Grund, dass ich von Jeremia so fasziniert bin. Aber ich weiß nicht, welchen. Und ich weiß nicht, was du mir durch seine Geschichte sagen willst.»

«Wovor fürchtest du dich am meisten?»

«Darf ich fragen, warum du diese Frage aufwirfst?»

«Das wirst du verstehen, wenn ich auf deine Antwort reagiere.»

«Wovor ich mich am meisten fürchte? Nun, ich glaube, das Sterben ist es nicht. Als ich Krebs hatte, war ich dicht dran, aber ich war gelassen und hätte es so oder so angenommen. Aber – und das ist merkwürdig – als mein Arzt mir letzten Monat sagte, ich sei diabetesgefährdet, hat mich das zermürbt. Die Drohung, mit einer langwierigen Krankheit klarkommen zu müssen, hat etwas tief in mir getroffen.»

«Was hat es denn getroffen?»

«Etwas tief in mir; so viel weiß ich. Vielleicht irgendeine Grundangst, dass nichts hilft. Ich treibe regelmäßig Sport, ernähre mich vernünftig und halte mein Gewicht ziemlich dicht am Ideal. Eigentlich müsste ich gesund sein. Dieser Schreck mit dem Diabetes fühlt sich an, als wäre da etwas enthüllt worden, was ich schon weiß, aber mit aller Gewalt zu ignorieren versuche. Nämlich, dass nichts die Garantie bietet, dass es so funktioniert, wie es sollte.

Aber meine Angst geht noch tiefer. Sie ist nicht nur ein schmollendes ‹Es hilft ja doch alles nichts›. Sie ist ein panischer Schrecken, dass ich, wenn ich das Leben so sehen könnte, wie es wirklich ist, erkennen würde, dass nichts eine Rolle spielt. Mehr als einmal habe ich mitten in der Nacht wie gelähmt am Fußende meines Bettes gestanden, und mir fiel kein einziger guter Grund ein, warum ich mich bewegen oder irgendetwas tun sollte. Ich hatte sogar schon Träume, in denen mein Leben eine schwielige Hand war, eingetaucht in einen riesigen Eimer Wasser. Solange sie da drinnen war, konnte man eine gewisse Wasserverdrängung messen. Die Hand bewirkte etwas. Doch sobald sie herausgezogen wurde, bewegte sich das Wasser noch ein paar Sekunden lang, und dann gab es keinen Hinweis mehr darauf, dass die Hand je dagewesen war. Nichts deutete darauf hin, dass meine paar Jahre auf der Erde irgendetwas bewirkt hatten.

Manchmal kommt es mir vor, als ob ich verzweifelt versuche, weiter an das zu glauben, was ich früher einmal als wahr erkannte. Zu deinem Denksystem zurückzukehren, eine Weltanschauung anzunehmen. Von einer Erfahrung überwältigt zu werden, die mir zumindest einen Ruheort verschafft. Zu wissen, dass es mich letzten Endes befriedigen wird, dir nachzufolgen. Gott, ich habe eine Todesangst davor, dass etwas passieren könnte, das mich dazu bringt, dich aufzugeben. Dass ich ein schlechtes Ende nehme, die Hoffnung verliere, die mir Kraft gibt, und unfähig werde, irgendjemanden zu lieben. Wenn das geschieht, werde ich mich in Nichts auflösen. Gott, das erschreckt mich. Ich will keinen Glauben haben, der zerstört werden könnte.»

«Jetzt bist du wirklich bereit, zu hören, was ich dir in meinem 24. Liebesbrief sage. Es ist dies:

**Ich verspreche dir nicht, dich vor dem Leiden in dieser Welt zu schützen. Was ich dir verspreche, ist die Kraft, an meine Güte zu glauben, wenn schlimme Dinge passieren. Die Kraft, zuversichtlich zu hoffen, dass ein guter Plan sich entfaltet, auch wenn du nichts siehst, was diese Hoffnung untermauert. Und die Kraft, meine Güte und Liebe anderen zu zeigen, egal, wie beun-**

**ruhigt oder leer du dich auch fühlst, selbst denen, die mit zu deiner Beunruhigung und Leere beitragen. Das ist die Fülle, die ich dir verspreche, bis du bei meinem Fest ankommst.»**

«Gott, sagst du eigentlich jemals etwas, das in unsere Kultur passt? Für die meisten Leute bedeutet Glaube, dass du dafür sorgen wirst, dass unser Leben gelingt. Wir hoffen in der Zuversicht, dass du uns, wenn wir alles richtig machen, geben wirst, was wir wollen. Zum Beispiel gute Gesundheit, wenn wir uns richtig ernähren und Sport treiben. Und bei der Liebe geht es uns darum, geliebt zu *werden* – uns selbst bestätigt zu fühlen und die Leute zu lieben, dich eingeschlossen, die uns diese guten Gefühle vermitteln.

Ich sehe zwei Reiche aufeinanderprallen: die Art und Weise, wie du das Leben in dieser Welt eingerichtet hast, und die Art und Weise, wie alle sich das Leben wünschen. Gerade habe ich eine Rezension über das Buch gelesen, das zurzeit die Bestsellerlisten in Amerika anführt, *The Secret*. Gott, wenn ich dich richtig verstehe, dann ist dieses Buch wertloser als Müll. Die Mitwirkenden schreiben Zeug wie dieses: ‹Das Universum unterstützt mich in allem, was ich tue. Das Universum befriedigt meine Bedürfnisse sofort.› Wenn man ‹das Universum› gegen ‹Gott› austauscht, ist das, was dieses Buch lehrt, genau das, woran viele Christen glauben. Aber du hast Jeremia gesandt, um den Juden genau das Gegenteil zu sagen: dass du nämlich ihre selbstsüchtigen Pläne aktiv vereiteln und sie vernichten würdest, wenn sie nicht Buße täten.

Aber das ist nicht das Geheimnis, das wir gerne hören möchten. Dieses grauenhafte Buch behauptet, dass wir ‹alles Gute verdienen, was das Leben zu bieten hat›, und dass wir es bekommen können, einfach, indem wir es uns wünschen. Und manchmal glauben wir das, selbst wir Christen. Wir glauben nicht wirklich daran, dass wir die Hölle verdienen, und wir sind überzeugt davon, dass Beten uns alles Gute einbringen müsste, was wir wollen und worauf wir Anspruch zu haben meinen. Ein Leben ohne Diabetes zum Beispiel. Die blinden Gotteslästerer, die diesen teuflischen Schund geschrieben haben, preisen ihr Buch an, indem sie versprechen, den Leuten die ‹Großartigkeit dessen, der Du bist›, bewusst zu machen. Du großgeschrieben. Nicht Du, Gott, sondern Ich, Ich bin großartig! Gott, diese Denkweise hat auch die Gemeinde infiziert. Ich spüre den Zusammenprall der Reiche am deutlichsten, wenn ich in der

Gemeinde manche ‹Lobpreislieder› singe und Predigten darüber höre, wie man dich dazu bringt, uns zu segnen.

Gott, zeig mir, wie du in diesem 24. Liebesbrief mit deiner Botschaft unsere Kultur gegen den Strich bürstest. Ich möchte durch Jeremias Elend hören, dass ich ein Mann des Glaubens, der Hoffnung und der Liebe sein kann, auch wenn nichts in meinem Leben so läuft, wie ich es will.»

«Lies meinen 24. Brief in diesem Wissen: *Niemand kann meine gute Nachricht hören, ohne das Gute daran zu banalisieren, es sei denn, er hört zuvor meine schlechte Nachricht, ohne das Schlechte daran zu verharmlosen.* Ihr habt die guten Dinge des Lebens nicht verdient. Ich habe euch dafür geschaffen, sie zu genießen, aber verdient habt ihr sie nicht. Kierkegaard, mein Jeremia des neunzehnten Jahrhunderts, hat das richtig verstanden. Er nannte die Bücher der Bibel Liebesbriefe von mir an alle, die sie hören wollten, aber er nannte sie auch ‹ein Handbuch für die, die geopfert werden›. Der Kultur seiner Zeit hielt er, so wie Jeremia es mit der Kultur seiner Zeit tat, diese Worte entgegen: ‹Erst wenn ein Mensch so elend geworden ist, dass es sein einziger Wunsch, sein einziger Trost ist, zu sterben – erst dann beginnt das Christentum.› Während ich dir das sage, steht Jeremia an meiner Seite und lächelt vor Freude. Eben hat er Amen gesagt.

Kierkegaard hielt der Kirche in Dänemark dieselbe Botschaft entgegen, die Jeremia nach Jerusalem brachte. Und den Dänen gefiel sie genauso wenig wie den Juden. Die Dänen machten sich über Kierkegaard lustig, als sie ihn sagen hörten: ‹Es ist gerade unsere Sündenerkenntnis, die uns näher zu Gott führen kann.› Ohne eine beständige Sündenerkenntnis ist jedes Gefühl der Nähe zu mir nur eine Fälschung. Mit Sündenerkenntnis jedoch wird das Feuer der läuternden Heiligung deinen Glauben an meine Güte, deine Hoffnung auf bessere Tage und deine Liebe zu mir und zu dieser ‹Gott verlassenden› Welt untermauern. Folgende Wahrheiten ziehen sich durch meinen 24. Brief:

- Als König Josia das Buch mit meinem Gesetz entdeckte und erkannte, wie weit er und sein Volk vom Weg abgekommen waren, feierte Juda unter seiner Führung das größte Passahfest Israels aller Zeiten [2. Chronik 35,1 und 18]. Doch mein Volk heuchelte seine Anbetung nur [Jeremia 3,10]. Ihr Lobpreis war ein unheiliger Lärm in meinen Ohren [Jeremia 7,1–8]. Ihr Vertrauen war nur ein Deckmantel für ihr Anspruchsdenken. Sie dachten, ich würde sie vor Leid bewahren. Ihre Religion verschaffte ihnen eine Illusion der Sicherheit [Jeremia 7,9–11]. *Mein Volk hatte keine Sündenerkenntnis.*

- Propheten, die behaupteten, in meinem Namen zu sprechen, predigten das falsche Evangelium der nachsichtigen Liebe, des Segens ohne Heiligung, der Sünde ohne Konsequenzen [Jeremia 28]. Und diese Lüge gefiel meinem Volk damals sehr, genauso, wie sie ihm heute gefällt [Jeremia 5,30–31].
- Drei Mal wies ich Jeremia an, nicht mehr für das Volk zu beten, das er und ich liebten [Jeremia 7,16; 11,14; 14,11]. Er musste erfahren, dass heilige Liebe niederreißt, bevor sie wiederaufbaut. Sünde *wird* bestraft [Jeremia 1,10]. Damals wusste er nicht (jetzt weiß er es), dass mein Plan vorsah, dass ich meinen Sohn schlagen würde, um mein Volk heilen zu können.
- Lies aufmerksam, was dort über Jeremias innere Kämpfe steht. Sechs Mal fasste er seine innere Not in Worte [Jeremia 11,18–23; 12,1–4; 15,10–21; 17,12–18; 18,18–23; 20,7–18]. Er spürte dieselbe Angst wie du. Einmal erschien ich ihm wie ein ausgetrockneter Brunnen, nicht mehr wie eine Quelle, aus der das Wasser des Lebens sprudelte. Das war das einzige Mal, dass ich ihm sagte, er solle Buße tun. Ich rettete Jeremia – so wie ich dich retten werde – vor seiner schlimmsten Angst, und das ist *nicht* deine Angst vor dem Leiden. Jeremia litt, und du wirst auch leiden. Ich rettete ihn vor dem treulosen Unglauben, vor der hoffnungslosen Verzweiflung und vor der lieblosen Selbstversessenheit. Und nun hat mein Sohn es möglich gemacht, dass du ein Leben des überfließenden, wenn auch schwer geprüften *Glaubens*, der überfließenden, wenn auch schwer geprüften *Hoffnung* und der überfließenden, wenn auch ernsthaft herausgeforderten *Liebe* führen kannst. Das ist die gute Nachricht, die ich dir in diesem Brief übermittle.»

«Gott, ich glaube, hilf meinem Unglauben. Ich hoffe, hilf meiner Hoffnungslosigkeit. Ich liebe, hilf meiner Lieblosigkeit. Werde ich in deinem nächsten Brief die Hilfe finden, die ich brauche? Ich weiß nicht, ob mein Glaube an deine Güte, meine Hoffnung auf deinen Plan oder meine Kraft zu lieben, wenn ich unglücklich bin, es überleben werden, wenn ich die Klagelieder lese. Ich kann es nicht erwarten, deinen Sohn zu sehen.»

«Noch nicht. Erst wenn die Nacht am dunkelsten ist, tritt der Morgenstern hervor. Lies weiter. Wahres Christentum beginnt in der Einöde. Dein Glaube wird nicht scheitern. Deine Hoffnung wird sich nicht trüben. Deine Liebe wird nicht sterben. Lass dich weiter von Jeremia auf dem Weg zu meinem Sohn leiten. Für dich gibt es vielleicht keinen besseren Führer als ihn.»

# 25. Liebesbrief
# Klagelieder

## Quälender Durst führt zu froher Hoffnung

«Von all deinen Briefen bisher wirft dieser, Gott, für mich die schwierigsten Fragen auf. Leviticus kam mir zäh vor, das Buch der Richter hat mich frustriert, doch die Klagelieder sind eine Qual. Und sie erschrecken mich. Das Leiden, das du Menschen auferlegt hast, die du zu lieben behauptest, geht so weit über alles hinaus, was ich bisher gesehen oder erlebt habe, dass ich fragen muss: *Was war denn so verkehrt an deinem Volk, dass du es so streng behandelt hast?* Es kommt mir grausam vor. Eher so, wie ein wahnsinniger Diktator mit Bürgern umgehen würde, die einen Staatsstreich planen, und nicht wie ein liebender Gott seine auf Abwege geratenen Kinder behandeln sollte. Was für einen Wert könnte denn ein so extremes Leiden je gehabt haben – ein Leiden, das du selbst herbeiführtest?»

> «Du wirst seinen Wert erkennen, wenn du die Sünde verstehst, die das Leiden verdiente.»

«Gott, geht dir denn Gerechtigkeit vor Barmherzigkeit?»

> «Meine Gerechtigkeit dient den höheren Zielen meiner Liebe. Immer.»

«Nun, wie ich schon in unserem Gespräch über deinen letzten Brief sagte: Wenn ich sehe, wie du dein Volk behandelst, habe ich eine Todesangst, dass mir so viel Schlimmes widerfahren könnte, dass ich deine Barmherzigkeit aus den Augen verliere. Und ich habe Angst, dass ich dann vielleicht meinen Glauben an dich als jemanden, den ich kennen und dem ich dienen will, über Bord werfe und stattdessen nur noch lebe, um Vergnügen oder Erleichterung zu finden, wo ich nur kann. Vielleicht würde ich mich auch nur in einen dunklen Winkel verkriechen und jammern, mich selbst bemitleiden und mich schrecklich missverstanden fühlen. Wer behauptet, solche Ängste nicht zu haben, geht davon aus, dass deine Liebe den Katastrophen eine vernünftige Grenze setzen wird. Aber das ist ein Luftschloss.»

«Die Wärme meiner Barmherzigkeit kannst du nur in dem Maße spüren, in dem du den Schrecken meines Zorns schmeckst. Erst wenn du anerkennst, dass mein Zorn gerecht ist, wirst du über das Wunder meiner Gnade staunen und dadurch verändert werden. Das ist mein Plan. Die Klagelieder werden ihn vorantreiben.»

«Gott, im Moment sitze ich auf meiner Terrasse, umgeben von blühenden Blumen, kühler Luft und zwitschernden Vögeln. Alles Leiden erscheint weit weg und völlig unnötig. Sitze *ich* auch in einem Luftschloss?»

«In deinen Freuden flüstere ich dir meine Liebe zu, wie eine Mutter leise über dem Kind in ihren Armen singt. Aber ich möchte, dass du erwachsen wirst.»

«Gott, ich bin aber kein Baby, das kein anderes Leid kennt als einen vorübergehend leeren Magen und eine volle Windel. Mein Glaube hat bereits einen Flugzeugabsturz überstanden, bei dem mein einziger Bruder ums Leben kam, eine lebensbedrohliche Krebserkrankung, ein halbes Dutzend herzzerreißender Notsituationen in unserer Familie und den unerwarteten, verwirrenden Niedergang mehrerer lebenslanger Freundschaften. Trotzdem muss ich zugeben, dass ich noch nichts erlitten habe, was auch nur annähernd vergleichbar wäre mit dem, was du über dein Volk brachtest, als Babylon Jerusalem belagerte, Tausende von Juden ins Exil verschleppte, Tausende weitere niedermetzelte und dann die Stadt, einschließlich des Tempels Salomos, ganz und gar zerstörte.

In deinem letzten Brief hast du dich gegen fast jeden heutigen Prediger in Amerika gestellt, als du versprachst, du würdest dein Volk *unglücklich* machen [Jeremia 7,34]. Und jetzt, in den Klageliedern, hältst du dein Wort. Die Nachkommen deines guten Freundes Abraham wurden unter den Nationen angesehen ‹wie Dreck und Abfall› (Klagelieder 3,45). ‹Kinder und Greise liegen auf den Straßen, Mädchen und junge Männer – durchbohrt vom Schwert der Feinde. Am Tag, als dein Zorn sie traf, hast du sie ohne Mitleid abgeschlachtet (2,21). Und junge Mütter ‹aßen ihre eigenen Kinder, die sie vorher liebevoll gepflegt hatten› (2,20).

Kannibalismus, Mord, Demütigung. Gott, was hast du dir dabei gedacht? Und du willst mir sagen, das alles sei wegen deines *furchtbaren Zorns* geschehen? Diesen Ausdruck verwendest du vier Mal in den Klageliedern [1,12; 2,3 und 6; 4,11] und mindestens acht Mal im Buch Jeremia, als du vor diesen bevorstehenden Katastrophen warntest [4,8 und 26; 12,13; 25,37–38; 44,6; 49,37; 51,45]. Wie konnte damals irgendjemand aus deinem Volk sich an dich schmiegen wie an einen liebevollen Vater? Und wenn du heute derselbe bist wie gestern, wie soll ich dann in deiner Gnade ruhen und deine nie endende Barmherzigkeit genießen, von der ich glauben soll, dass sie jeden Morgen neu ist [Klagelieder 3,22–23]?

Gott, gerade ist mir etwas eingefallen. Ich kann mich nicht erinnern, je eine Predigtreihe über diesen Brief gehört zu haben. Er passt einfach nicht in das Verständnis unserer Kultur vom Christentum. Eine Mehrzahl der Amerikaner heute sagt, dass sie an dich glauben und dich kennen wollen. *Aber für wen halten sie dich?* Und ich frage mich auch, für wen ich dich all die Jahre hindurch gehalten habe. Ich habe auch noch nie über die fünf Klagelieder gepredigt, aus denen dieser Brief besteht. Über deine große Treue habe ich tausend Mal gesungen. Meistens hatte ich dabei Bilder vor Augen, wie ich meine Terrasse genieße oder mit meinen Enkelkindern spiele. Aber damit reiße ich doch jene zwei Verse [3,22–23] über deine Barmherzigkeit und Treue aus ihrem grauenhaften Zusammenhang. Vielleicht bin ich ja wie die meisten Kirchgänger heutzutage: geistlich schlaff und narzisstisch naiv. Ein ausreichend guter Christ, der sich das ‹Gott-ist-dazu-da-mich-mit-einem-schönen-Leben-zu-segnen›-Evangelium mehr zu eigen gemacht hat, als mir bewusst war.»

> «In diesem Moment flüsterte ich nicht mehr durch deine Freuden zu dir. Jetzt spricht mein Geist durch dein Gewissen. Dein Verstand beschäftigt sich mehr damit, wo du im Irrtum bist, als damit, was dir Angst macht – mehr mit dem Bösen in deinem Herzen als mit der Angst in deinem Bauch.»

«Das soll mir wohl Mut machen. Nun, eines ist jedenfalls sicher: Kein vernünftiger Mensch könnte diesen deinen 25. Brief lesen und immer noch der freudschen Theorie anhängen, der Glaube an dich sei eine Wunscherfüllungsfantasie. Niemand, der sich den Vater zurechtidealisieren will, den er sich immer gewünscht hat, würde sich den Gott ausdenken, als der du dich in diesem Brief offenbarst. Niemand, der bei Verstand ist, wünscht sich einen *heiligen* Gott des Zorns. Wir würden alle einen nachsichtigen Großvater vorziehen, der möchte, dass die Kinder sich alle eine schöne Zeit machen. So hat C. S. Lewis es ausgedrückt. Ich glaube, er hat recht. Und das ist der Gott der Amerikaner.»

«Lewis hat recht. Und das ist tatsächlich der Gott der Amerikaner. Aber du irrst dich, wenn du glaubst, dass niemand, der bei Verstand ist, sich meine Existenz wünschen würde, so wie ICH BIN. Nur die, die nicht bei Verstand sind, ziehen einen freundlich-einfältigen Großvater vor, der mit seinen Kindern nach Disney World geht, wenn sie eigentlich ins Krankenhaus gehören. Leute, die bei Verstand sind, zieht es in jeder Situation zu mir hin, denn ich bin ihre einzige Quelle wahrer Sinnerfüllung, freudigen Zugehörigkeitsgefühls und erfrischender Ruhe. Aber keiner ist recht bei Verstand, wenn er in diese Welt kommt. Wenn ich nicht durch das Leid nach ihnen rufe, bleiben alle in der Täuschung stecken.»

«Gott, rufst du in diesem Brief nach mir? Ich habe meine Terrasse verlassen. Ich bin in deinem Wort. Ich möchte dich hören.»

«Wenn du Ohren hast zu hören, wirst du Folgendes hören:

**Jeder Moment des Leidens stellt einen scharfen, aber dennoch barmherzigen Ruf zur Buße dar. Und jeder Moment des Leidens bietet eine schmerzliche Gelegenheit zur Hoffnung.**

Lies, wie mein Prophet auf das Leiden reagierte. ‹Deine Propheten› – er meinte die falschen Propheten – ‹weissagten nichts als Lug und Trug› (2,14). Und dann, als alles, was er sich von mir erhofft hatte, dahin war, stieg eine andere, wahrere Hoffnung in ihm auf, als er sich an meinen Charakter erinnerte und wieder zu Verstand kam [3,17–18 und 21].»

«Gott, ich bin viel zu selten bei Verstand. Ruf mir zu. Lass mich deinen Ruf zu Buße und Hoffnung hören.»

«Mach dich mit der Lektion der Klagelieder vertraut: *Im Leiden geschieht etwas Gutes, was in der Freude nicht geschehen kann.* Eine Weggabelung wird erreicht. Ein Punkt der Entscheidung wird deutlich, den du von deiner Terrasse aus nicht sehen kannst. Du bist in einen Graben gefallen, aus dem nur ich dich wieder befreien kann. Es ist ein Graben der Täuschung. Du verleugnest das Verlangen in deinem Herzen, das die schönen Dinge des Lebens nie ganz befriedigen können. Und du erkennst nicht die Hässlichkeit in deiner Seele – die arrogante Leidenschaft, die dich dazu verleitet, härter über andere zu urteilen als über dich selbst.

Du bist immer noch so töricht, zu glauben, was Adam und Eva an dich weitergegeben haben: die irrige und stolze Idee, du hättest ein Recht darauf, selbst zu definieren, was gut und schlecht für dich ist, und dann mit meiner Hilfe so zu leben, dass du das Gute erlangst und das Schlechte meidest. Durch Leiden wird deine Verleugnung des Verlangens sowie der Arroganz durchbrochen. Es öffnet dir die Augen dafür, dass du hilflos in einem Graben liegst, den du selbst ausgehoben hast. Wenn alles Gute im Leben dir entweder weggenommen oder als unbefriedigend entlarvt wird, dann endlich entdeckst du deine Sehnsucht nach dem Allerbesten im Leben, der Beziehung zu mir ... zu meinen Bedingungen. Und dann endlich erkennst du deine unentschuldbare und abscheuliche Arroganz, mit der du denkst, ich sei nur dazu da, dir zu geben, was du für gut hältst. In dieser stolzen Arroganz bildest du dir ein, du hättest die nötige Weisheit, zu unterscheiden, was gut und was tödlich für deine Seele ist. Sie steckt hinter jeder Scheidung (bei zumindest einem der Partner), jeder sexuellen Abhängigkeit, jedem verurteilenden Wort, jeder verborgenen Unsicherheit, jeder Tendenz, andere zu beherrschen, jeder um sich selbst kreisenden Angst – hinter allem, was unheilig ist.

Vielleicht verstehst du jetzt besser die Sünde, die mich dazu veranlasste, mein Volk ins Exil zu treiben. Mein Handeln war gerecht. Und meine Gerechtigkeit diente den Zwecken meiner Liebe. Ich rief meinem Volk zu: *Lebt nicht dafür, euch selbst Befriedigung zu verschaffen. Bekennt das Übel eurer Arroganz. Bereut eure Selbstbestimmung. Vertraut mir in jedem Moment des Leidens. Ich will euch nichts Böses. Mein Plan für euch ist, dass es euch wohlergehen soll, indem ihr euch an mir freut und auf meinem Fest tanzt. Im Graben der Verleugnung könnt ihr nicht tanzen.*»

«Gott, nimm meine Verleugnung von mir. Lass mich den Graben sehen, in dem ich so oft lebe. Lass mich aufblicken und sehen, wie sich dein furchtbarer Zorn über deinen Sohn ergießt, damit ich deine Barmherzigkeit erfahren kann. Deine Güte, die immer wieder neu ist, wann immer ich aus dem Graben emporblicke. Gott, ich weiß, du hast Worte zitiert, die Lewis geschrieben hat: ‹Gott flüstert in unseren Freuden, er spricht in unserem Gewissen; in unseren Schmerzen aber ruft er laut. Sie sind sein Megafon, eine taube Welt aufzuwecken.› Bitte lass mich unter deinen Rufen, die mich vor Furcht erstarren lassen, deine sanfte, liebevolle Stimme flüstern hören. Aber hör nicht auf zu rufen. Ich bin immer noch ziemlich taub.»

«Ich bleibe meinen liebevollen Absichten treu. Lies weiter.»

# 26. Liebesbrief
## Hesekiel

## Stell dich dem Bösen in dir – dann schau auf meine Herrlichkeit

«Gott, warum ist es eigentlich für mich so schwer, zu sehen, was in meinem Herzen vor sich geht, wo du es doch so deutlich sehen kannst? Du siehst sowohl die tiefen Sehnsüchte in meinem Herzen, die die guten Dinge in diesem Leben nie befriedigen können, als auch die halsstarrige Arroganz, die meint, die guten Dinge müssten mich befriedigen und ich hätte ein Anrecht auf diese Befriedigung. Ich weiß, dass beides in mir vorhanden ist – das Verlangen nach dir und diese Arroganz. Aber ich spüre mein Verlangen nach dir nicht stark genug, um mehr nach dir zu trachten als nach irgendeinem anderen Gut. Und meistens erscheint es mir auch ganz vernünftig, anzunehmen, dass ich gute Dinge in meinem Leben haben sollte, und es mir zur Priorität zu machen, sie mir zu verschaffen.

Aber meine Blindheit ist so subtil. Erst gestern Abend beim Essen mit guten Freunden, gläubigen Freunden, die dich lieben, haben wir den größten Teil des Abends darüber geredet, wie furchtbar wir die arrogante Blindheit anderer finden. Während dieses Gesprächs fühlte ich mich überlegen, wie ein unschuldiges Opfer der Sünde anderer. Und das Gefühl gefiel mir. Es stillte ein Verlangen in mir. Sicherlich nicht mein Verlangen nach dir, aber immerhin mein Verlangen danach, mich selbst gut zu finden. Ich merkte durchaus, dass da in mir etwas Falsches vor sich ging, war aber zu sehr darin gefangen, den Augenblick zu genießen, als dass ich groß darauf geachtet hätte.

Wie hat Jonathan Edwards es ausgedrückt? ‹Nichts macht einen Christen für den Teufel so unerreichbar wie Demut.› Gestern Abend konnte der Teufel mich ziemlich leicht erreichen. Ich glaube, er hatte seinen Arm um mich gelegt. Gott, warum sehe ich mein Verlangen nach dir und meine Neigung, mich mit etwas anderem zufriedenzugeben, nicht klarer? Wenigstens so klar, dass ich mit meinen Freunden andere Tischgespräche führe? Ich bringe das zur Sprache, weil ich, nachdem ich das Buch Hesekiel gelesen habe, den Eindruck habe, dass du in diesem Brief etwas ausdrückst, was meine geistliche Sehfähigkeit verbessern könnte.»

«Blindheit für deine eigene Innenwelt verschafft dir eine falsche Selbstsicherheit, die Fehler anderer klar sehen zu können. Doch du kannst die Fehler anderer nur dann zutreffend und mit heiliger Liebe erkennen, wenn du zuvor deine eigenen erkennst und noch strenger beurteilst. Ohne dass dir der Heilige Geist den Blick für dich selbst öffnet, ist das, was du für berechtigtes Erkennen der Fehler anderer hältst, in Wirklichkeit nur stolzes Verurteilen, und dazu bist du nicht qualifiziert.»

«Aber darum geht es mir ja, Gott. Ich *habe* gestern Abend beim Essen andere Leute verurteilt. Das weiß ich. Ich konnte ihre Fehler viel leichter erkennen als meine eigenen. Ich wollte ihre Fehler sehen. Es hat mir Spaß gemacht. Aber warum? Was stimmt nicht mit mir?»

«Du bist weit genug fortgeschritten auf dem Weg zur Demut – auch wenn du noch einen weiten Weg vor dir hast –, um zu hören, was ich dir in diesem 26. Liebesbrief sage:

**Erst wenn du über das rohe Übel deiner anhaltenden Selbstversessenheit so bekümmert bist, dass du angesichts meiner Herrlichkeit überwältigt bist von dem Verlangen, so zu lieben wie mein Sohn, wirst du dich in der Tiefe verändern. Erst dann wird die unvergleichliche Schönheit seines Charakters in der Art und Weise, wie du mit anderen umgehst, sichtbar werden.»**

«Gott, ich bin mich selbst so leid. Ich bin reizbar, stolz, ungeduldig und verurteilend. Und es gelingt mir so gut, das als weises Urteilsvermögen zu tarnen, so dass meine Bosheit manchmal für Frömmigkeit durchgeht, zumindest vor meinem schwieligen Gewissen. Gott, ich rufe aus dem Graben zu dir hinauf – aus dem Graben der Täuschung, in den ich gefallen bin. Ich möchte mein Verlangen nach dir leidenschaftlicher spüren als all meine anderen Wünsche. Ich möchte sehen, wo ich so falsch liege, so dass nur noch ein Flehen um Gnade aus meinem Mund kommt. Zeig mir, was du mir im Buch Hesekiel sagen willst und was ich hören soll.»

«Erinnere dich an die geschichtlichen Zusammenhänge, die du bereits kennengelernt hast. Babylon besetzte Juda in mehreren Etappen. Über ein Jahrzehnt, bevor Nebukadnezar schließlich

Jerusalem plünderte und den Tempel zerstörte, wurden zehntausend aus meinem Volk, darunter der junge Priester Hesekiel (damals zwanzig Jahre alt), ins Exil verschleppt. Sie alle rechneten damit, schon bald nach Jerusalem zurückzukehren. Dass ich zulassen würde, dass die heilige Stadt verlassen liegt, hätten sie sich nicht träumen lassen. Sie kannten weder mich noch sich selbst.

Nach drei Jahren Gefangenschaft offenbarte ich mich Hesekiel in der ersten von drei Visionen [Kapitel 1–2], die ihn von einem Priester in einen Propheten verwandelte. Er sah meine Herrlichkeit, eine Pracht, die die Salomos so weit überstieg wie der Himmel ein Körnchen Sand übersteigt. Meine Herrlichkeit wurde Hesekiel klarer bewusst als die deprimierenden Lebensverhältnisse in der Verbannung. Nun war er geeignet, für mich zu meinem Volk zu sprechen.

Die Menschen im Exil erkannten, dass er zum Propheten berufen war. Viele Monate später, noch bevor Jerusalem fiel, kamen sie zu Hesekiel, um zu hören, was ich zu ihnen sagen würde. Sie rechneten immer noch damit, ich würde ihnen sagen, sie sollten ihre Sachen packen, nach Hause gehen und sich in Jerusalem ein schönes Leben machen. Sie wussten nicht, wer ICH BIN: der Herr, kompromisslos heilig und darum gerecht, wenn ich die Sünde bestrafe.

Während die Führer meines verbannten Volkes darauf warteten, dass Hesekiel sprach, ergriff ich Besitz von seinem ganzen Wesen und trug ihn in einer zweiten Vision [Kapitel 8] zurück zum Tempel in Jerusalem. Dort zeigte ich ihm, was an dem Ort geschah, der erbaut worden war, damit mein Volk mir dort begegnete und mich kennenlernte. Was dort im Tempel vor sich ging, ist ein Bild für das, was in jedem menschlichen Herzen abläuft, auch in deinem.

An diesem Ort, den ich für die Anbetung geschaffen hatte, öffnete ich meinem jungen Propheten die Augen und zeigte ihm vier Dinge, die ich nun auch dir zeigen werde: vier Gräuel, die in der Gegenwart meiner Herrlichkeit nicht existieren können.

Erstens stand am nördlichen Tor, dem Haupteingang, durch den der König von Juda den Tempel betreten würde, um anzubeten, das Götzenbild der Eifersucht. Dieses Götzenbild befindet sich auch in deinem Herzen. Es ist dein Verlangen, dich geliebt zu fühlen, gute Beziehungen zu genießen, Bestätigung zu bekommen, dich selbst als jemanden zu sehen, der Respekt verdient und ein Anrecht auf ein angenehmes Leben hat. Diese Wünsche werden für dich zum Götzenbild der Eifersucht, wenn sie dein Leben beherrschen.

Zweitens waren an den Wänden des Tempels Bilder von Reptilien, Insekten und Wölfen eingeritzt. Und die Führer meines Volkes betrachteten diese todbringenden Kreaturen mit *Wertschätzung*. Wenn du in der geheimsten Kammer deines Herzens mehr willst als mein Wohlgefallen, dann bricht sich die Macht deines Fleisches ungezügelt Bahn in der Art und Weise, wie du mit anderen umgehst. Die Schlange des Eigeninteresses, das Insekt der Selbstversessenheit und der Wolf des Selbstschutzes sprühen ihr Gift in deine Gespräche mit Freunden. So war es auch gestern Abend.

Drittens trauerten, wiederum am Nordtor, Frauen über den Tod des Tammus, des babylonischen Fruchtbarkeitsgottes. Das war ein Gott, der ein schönes Leben voller Segnungen verhieß. Wenn du irgendetwas höher schätzt als mich, wenn das Eigeninteresse dein Leben beherrscht, dann spürst du nur noch dein Verlangen nach alledem, was in dieser Welt zu haben ist: Gesundheit, herzliche Beziehungen, eine Arbeit, die dich ausfüllt. Und du nimmst an, es sei meine Aufgabe und meine Freude, dir diese Wünsche zu erfüllen. Ein Tammus lebt in deinem Herzen. Und du betrauerst seinen Tod. Vielleicht ist es, dass deine Frau dich nicht gut genug liebt. Vielleicht, dass dein Dienst dir keine Bestätigung für deine Gaben und deine Berufung verschafft. Oder vielleicht, dass deine Angehörigen und Freunde dir nicht genug Wertschätzung entgegenbringen. Darüber trauerst du mehr als über deine Distanz zu mir. Du weißt nicht, wer ICH BIN: der Herr, die Quelle des Lebens, für das du geschaffen wurdest.

Viertens kehrten mitten im Tempel, wo die Gemeinschaft mit mir möglich ist, die Priester meines Volkes mir den Rücken zu und beteten die Sonne an – die verlässliche Quelle einer unmittelbaren Erfahrung der Wärme. Diese Art Spiritualität ist es, auf die die Menschen auch heute noch aus sind. Mein Diener Paulus warnte meine Nachfolger in Kolossä, niemals von der Hoffnung des Evangeliums abzuweichen – von der Hoffnung auf Freude mitten im Leid jetzt und auf lauter Freude für immer später in einer vollkommenen Welt [Kolosser 1,23]. Im Exil vertauschte mein Volk die wahre Hoffnung mit einer falschen Hoffnung. Dasselbe tust du jedes Mal, wenn du dich von mir abwendest, um dich selbstgefällig an deiner Überlegenheit zu ergötzen. Jedes Mal, wenn du in deinem Herzen sagst: ‹Ich bin nicht wie die anderen, und mein Gefühl, die Sache besser im Griff zu haben als ein anderer, macht mich zufrieden mit mir selbst.›

Eure Sünde sitzt tief, und eure Bosheit ist widerwärtig. Schlangen aus der Hölle kriechen durch eure Seele. Ihr Gift durchströmt eure Worte. Das alles zeigte ich Hesekiel, und jetzt zeige ich es dir in dieser zweiten Vision, die in Kapitel 8 beschrieben wird.»

«Gott, ich habe nichts zu sagen. Wie Hiob lege ich mir die Hand über den Mund.»

«Bisher lag deine Hand über deinen Augen. Sie gehört über deinen Mund. Du hast nichts zu sagen. Aber jetzt *sieh* etwas. Sieh meine Herrlichkeit, diesmal nicht in heiligem Zorn, sondern nun in barmherziger Liebe, in meinem Plan, dich zu befreien, damit du mit mir tanzen kannst. Doch meine Gnade ist hart. Meine Liebe schreckt vor nichts zurück, um mein Reich herbeizuführen, mein Volk zu erneuern und meine Diener dazu zu bringen, die radikale Abhängigkeit von mir zu ihrer obersten Priorität zu machen. Am selben Tag, an dem ich Nebukadnezar gebrauchte, um den Tempel zu zerstören, in dem solche abscheulichen Gräuel vor sich gingen, nahm ich Hesekiels Frau, die er liebte, das Leben [Hesekiel 24]. Und ich befahl ihm, nicht zu weinen. Durch dieses merkwürdige Verhalten mitten in der Trauer lehrte ich mein Volk, dass sich die Münder der Arroganten nur in der Hoffnungslosigkeit schließen. Und nur dann wird die Herrlichkeit, die schiere Schönheit meines Plans sichtbar werden.

Siebzig Mal erkläre ich in diesem Brief, dass ich alles, was ich tue, nur zu einem Zweck tue: *Mein Volk soll wissen, ICH BIN der Herr.* Mich in meiner Heiligkeit zu erkennen heißt, dich in deiner Sündigkeit zu erkennen. Mich in meiner Liebe zu erkennen heißt, das Leben zu erfahren und zu wissen, dass ein Fest bevorsteht. Dass ihr mich erkennt: *Das ist mein Plan.*

In der dritten Vision, die ich Hesekiel gab (ab Kapitel 40), offenbarte ich einen wiedererbauten Tempel, wiederhergestellt unter den Maßgaben eines neuen Bundes, den ich mit meinem

Volk schloss. Mein Plan war es von jeher gewesen, in meinen Leuten ein neues Herz zu erschaffen, ein Herz, das mich als ihr größtes Gut schätzt – nicht mehr ein Götzenbild der Eifersucht. Eines, das danach verlangt, so zu lieben, wie ich liebe – keine Schlangen der Selbstversessenheit mehr. Eines, das nur aus meinem Brunnen des lebendigen Wassers trinkt – nicht mehr aus den Brunnen des Tammus, die irgendwann vertrocknen. Und eines, das tiefe Freude in der Gemeinschaft mit mir findet – und sich nicht mehr von mir abwendet, um nach billigen, schnellen, vorübergehenden Befriedigungen geringerer Begierden zu trachten [Hesekiel 36].

Es war – und ist – mein Plan, die vertrockneten Gebeine meines selbstsüchtigen Volkes zum Leben zu erwecken [Hesekiel 37]. Ich werde aus ihm eine Volksgemeinschaft erschaffen, über die ich die Worte schreiben kann, mit denen dieser 26. Brief endet: ‹Hier wohnt der Herr› (Hesekiel 48,35).»

«Ich kann es sehen, Gott, ich kann es sehen. Ich sehe deine Herrlichkeit. Und ich glaube, ich gewinne einen klareren Blick von meinem Verlangen nach dir und von dem Graben, aus dem ich nur um Gnade flehen kann. Aber ich brauche einen festen Grund, auf dem ich stehen kann, einen Ort, von dem aus ich deine Herrlichkeit immer wieder sehen kann. Ich weiß, ich werde wieder ins Selbstgespräch verfallen.»

«Die Grundlage, die du brauchst, wirst du in meinem nächsten Brief finden. Lies weiter. Du kommst der Antwort auf deine tiefsten Fragen allmählich näher.»

# 27. Liebesbrief
## Daniel

## Dein Leben ist vom Kurs abgekommen; mein Plan nicht

«Gott, was soll ich machen, wenn ich einen Brief von dir lese und nichts höre? Die Geschichten aus dem Buch Daniel sind mir alle seit Sonntagsschulzeiten wohlvertraut. Der Feuerofen, die Löwengrube und eine körperlose Hand, die ein Festgelage verdirbt, indem sie den Untergang des Gastgebers ankündigt. Aber worum geht es eigentlich?

Und ich bin schon lange verwirrt über all die Visionen und kryptischen Zeittafeln, die eigentlich klare Auskunft über die Zukunft geben sollten, aber stattdessen nur zu erbittertem Gelehrtenstreit geführt haben. Ich habe diesen 27. Brief immer wieder gelesen, bestimmt ein Dutzend Mal. Ich habe sogar zwei neuere Kommentare von ernsthaften Bibelforschern studiert, alles in der letzten Woche. Und ich habe buchstäblich auf Knien zu dir gebetet, du mögest mich hören lassen, was du mir durch all diese Geschichten und Visionen sagen willst. Bisher Fehlanzeige. Ich bin in Versuchung, das Buch zu überspringen und mit Hosea weiterzumachen. Aber ich weiß, dass du mir diesen Brief mit einer bestimmten Absicht geschrieben hast. Was soll ich tun?»

> «Wie ist es dir in der vergangenen Woche ergangen, während du dich mit meinem Brief beschäftigt hast?»

«Am liebsten hätte ich die Bibel zugeklappt, mir die Fernbedienung geschnappt und eine ‹Andy Griffith Show›-Wiederholung angeschaut. Ich mag es nicht besonders, in einer Welt zu leben, in der ich das Gefühl habe, ich müsste mir ständig Gedanken darüber machen, was morgen geschehen wird und wie ich heute leben soll. Aber genau dieses Gefühl überkommt mich, wenn ich das Buch Daniel lese. Ich wünsche mir ein einfaches, angenehmes, unkompliziertes Leben. Am liebsten würde ich nach Mayberry entfliehen, wo Tante Bee Pasteten backt, wo Barney unachtsame Fußgänger verhaftet und Sheriff Taylor am Ende eines gemächlichen Tages mit Opies hübscher Lehrerin auf seiner Terrasse sitzt und auf der

Gitarre klimpert. Die einzige Sorge, die ich in Mayberry habe, ist die Frage, an welcher Stelle des Sees an meinem freien Tag die Fische beißen werden.»

«Lies meine abschließenden Worte an dich in diesem Brief.»

«Das habe ich schon, ein Dutzend Mal. Aber da du mir sagst, ich solle sie noch einmal lesen, werde ich es tun. ‹Du aber geh deinen Weg bis zum Ende! Du wirst in der Erde ruhen, doch später wirst du auferstehen und das himmlische Erbe empfangen, das am Ende der Zeit auf dich wartet› (Daniel 12,13).

Dazu fällt mir etwas ein. Warum, weiß ich nicht. Gerade gestern habe ich von guten Freunden fünf Bücher von und über G.K. Chesterton geschickt bekommen. Heute Morgen habe ich in einem davon gelesen, dass Chesterton immer einen Degen in seinem Spazierstock verborgen bei sich trug. Mir gefiel die Antwort, die er gab, als jemand ihn nach dem Grund fragte: ‹Ich mag es, wenn Dinge sich zuspitzen.› Das tue ich auch. Vielleicht habe ich damit gerechnet, dass du alles, was du bisher gesagt hast, in diesem Brief auf eine Kernaussage zuspitzen würdest. Schließlich stufen die Gelehrten das Buch Daniel als apokalyptisch ein, so dass ich davon ausgehe, dass es ein Brief ist, in dem du aufdeckst, was bisher verborgen war. Wahrscheinlich bin ich deshalb so frustriert. Ich glaube, du möchtest, dass ich den Punkt erkenne, auf den sich alles zuspitzt, was du in den ersten 26 Briefen gesagt hast. Und ich spüre auch tatsächlich, dass etwas Spitzes mich sticht, wenn ich das Buch Daniel lese. Ich spüre, es ist etwas wirklich Wichtiges, aber ich kann es nicht in Worte fassen.»

«Wenn du das Stechen dieser Spitze spürst, die du nicht beschreiben kannst, welcher Wunsch beseelt dich dann am meisten? Was, glaubst du, könnte Mayberry dir bringen?»

«Wenn du mich so fragst, steigt vor allem ein Wunsch in mir auf: Ich möchte lachen. Ich möchte die Spitze spüren, wie alles in deinem Sohn zusammenkommt, bis das Blut kommt und mir schwindelig wird. Ich möchte mich lebendig fühlen, wie in einem gefährlichen Abenteuer, mich voller Leidenschaft in den wahren Kampf stürzen und vom Sieg träumen. Gott, ich möchte deinen Sohn anschauen und anfangen zu singen, egal was mich im Moment gerade ärgert oder mir Angst macht. Ich möchte mich fühlen wie ein kleines Kind, hoch in die Luft geworfen von einem lachenden, starken

Vater, der sich an dem erschrockenen Entzücken im Gesicht seines Kindes ergötzt. So möchte ich lachen.»

«Wenn ich meine Kinder in die Luft werfe, kommt der Schrecken vor dem Entzücken. Versetz dich in die Lage meines Volkes zur Zeit Daniels. Sie fühlten sich hoch in die Luft geschleudert, und das ohne Sicherheitsnetz. Sie konnten ihren Gott nicht sehen, der bereitstand, um sie aufzufangen. Viele Jahre lang hatte mein Volk meine Verheißungen falsch gedeutet, wie es so viele meiner Nachfolger auch heute tun. Sie lebten auf der Grundlage der Hoffnung, Davids Thron werde nie verwaisen, der Messias werde kommen, sich auf den Thron setzen und Israel wieder zu weltweitem Ruhm und beispiellosem Wohlstand verhelfen. Dass die heilige Stadt zerstört werden würde oder der heilige Tempel, der Ort meiner Gegenwart, je entweiht werden würde, hätten sie sich nie träumen lassen. Mein Volk lachte, bis all seine Hoffnungen zerschlagen wurden und sich als falsch entpuppten. Dann verzweifelten sie und mühten sich, mich so kennenzulernen, wie ICH BIN, während sie im Exil lebten.

Jerusalem lag in Trümmern. Einen König hatten sie nicht. Ungläubige hatten das Allerheiligste betreten und ungehindert die heiligen Schätze, die sie dort raubten, bis in ihre Heimat gebracht. Und die Theologie meines Volkes und alle seine Erwartungen brachen in sich zusammen. Was machte ich eigentlich? Was für einem Gott dienten sie eigentlich? Worauf konnten sie in Zukunft zählen?

Die größte Gefahr, die meinem Volk heute droht, ist der Wohlstand. Solche Segnungen verstärken die falsche Hoffnung, in ihrem Leben werde nie etwas ernsthaft schiefgehen, wenn sie nur beharrlich glauben, erwarten, vertrauen und lächeln. Zur Zeit Daniels rang mein Volk mit schwierigen Fragen, die in der Wohlstandsgemeinde deiner Zeit niemals gestellt werden. Dein Verlangen nach Mayberry, nach einer Ruhe, die du in dieser Welt nie finden wirst, ist gut. Es bedeutet, dass du nicht mehr auf der Grundlage einer falschen Hoffnung lebst.

Wenn du das Buch Daniel liest, halt dir die Leute vor Augen, zu denen ich damals sprach: ein desillusioniertes Volk im Exil, das herausfinden wollte, wer ICH BIN und was ich im Schilde führe, während sie in einer Welt lebten, die überhaupt keine

Ähnlichkeit mit Mayberry hatte. Folgendes sagte ich ihnen und sage es jetzt zu dir:

**Wenn sich alle deine Erwartungen zerschlagen, wie dein Leben verlaufen sollte; wenn ich dir vorkomme wie ein gleichgültiger, kaltherziger Herrscher, ein unnützer Gott, der seine Versprechen bricht, ein Vater, der seine Kinder im Stich lässt, dann freu dich! Du bist bereit für die Enthüllung, bereit dafür, mir zu begegnen, so wie ICH BIN!»**

«Gott, das habe ich in diesem Brief nicht hören können. Ich bin auch nicht sicher, ob ich es jetzt höre. Bitte geh mit mir all die Geschichten und Visionen durch, bis ich diese Botschaft so höre, dass sie mir den festen Boden wahrer Hoffnung unter die Füße gibt.»

«Daniel *strengte sich an*, um meine Worte zu hören und zu verstehen, was ich sagte. Er betete nächtelang um Weisheit [2,17–19] und war eine Zeitlang sehr verwirrt [4,19]. Sein Verstand war beunruhigt, sein Geist betrübt, als er darüber rätselte, was ich sagte [7,15.16.28]. Er verbrachte Stunden mit dem Bemühen, sich auf meine Worte einen Reim zu machen [8,15]. Wenn ich sprach, fiel er entsetzt zu Boden [8,17]. Seine Bemühungen um Verständnis ließen ihn erschöpft und krank zurück [8,27]. Während er über den Schriften brütete, flehte er in Sack und Asche um Verständnis [9,3]. Als das Verständnis dann kam, verfiel er in Depressionen [10,12.16]. Er fühlte sich schwach, sein Gesicht wurde bleich, und er lag hilflos vor mir, wenn er mich sprechen hörte [10,8]. Meine Worte schnürten ihm die Brust zu, so dass er kaum atmen konnte [10,16–17]. Als er mein letztes Wort hörte, das ich zu ihm sprach, verstand er seine Bedeutung nicht, und ich klärte ihn nicht darüber auf [12,8–12].

Wie so viele meiner Anhänger heute möchtest du die Theologie gerne in vorgekauten Häppchen bekommen. Weisheit ohne Anstrengung. Formeln ohne Mysterium. Ringe mit meinem 27. Brief, bis du diese Wahrheiten hörst:

- In Kapitel 1: Du musst eine Grenze ziehen, die zeigt, dass du nicht bereit bist, Kompromisse mit der Kultur zu machen.
- In Kapitel 2: Verlass dich angesichts der Mysterien des Lebens auf meine Weisheit.
- In Kapitel 3: Riskiere alles, was dir kostbar ist, um mir zu gehorchen.

- In Kapitel 4: Erkenne, dass niemand für meine heilige Liebe unerreichbar ist, nicht einmal derjenige, der dir am meisten Leid zugefügt hat.
- In Kapitel 5: Ich entscheide, wann die Grenze überschritten ist, nach der es kein Zurück mehr gibt. Komm dieser Grenze niemals zu nahe. Verachte nie, was heilig ist.
- In Kapitel 6: Mach dir bewusst, dass deine Feinde nie meinen Plan für dein Leben zunichtemachen können.
- In Kapitel 7: Während die Kultur hoffnungslos böse wird, wirst du hoffnungsvoll lebendig bleiben.
- In Kapitel 8: Du wohnst nicht in Mayberry. Tu nie so, als wohntest du dort.
- In Kapitel 9: Nur ein tiefes Bewusstsein der Sünde in dir macht dein Herz leer, damit es die tiefe Weisheit über das Leben von mir aufnehmen kann.
- In Kapitel 10: Wenn du erkennst, was bevorsteht, wirst du vor Furcht schwach werden. Sei stark!
- In Kapitel 11: Ich sehe die Zukunft klarer als du die Vergangenheit. Ich habe alles unter Kontrolle. Die Geschichte geht gut aus. Die Spitze wird dich zum Lachen bringen.
- In Kapitel 12: In schweren Zeiten wird das Fundament wahrer Hoffnung dich befähigen, mit dem Licht des Himmels zu erstrahlen.

Du aber geh deinen Weg. Dein Weg ist mein Weg. Verzweifle niemals. Deine Seele wird Leid erfahren, das sich anfühlen wird wie der Tod. Aber hab Hoffnung: Der schlimmste Aufruhr öffnet die Tür zum kostbarsten Geschenk. Egal, wie tief der Graben ist, in den du fällst, ich werde dich emporheben in eine unaussprechliche Freude. Das ist der Punkt, die Spitze dieses Briefes.»

«Gott, ich weiß, ich werde die Spitze nicht spüren, bis ich deinen Sohn sehe. *Lass mich ihn sehen!*»

«Für die nächsten zwölf Briefe wird mein Degen noch im Spazierstock verborgen bleiben. Lies weiter. Zur rechten Zeit werde ich meinen Degen zücken und dein Herz durchbohren. Du wirst lachend sterben.»

# 28. Liebesbrief
# Hosea

## Liebe ist tiefer als Hass

«Gott, ich lese deine Liebesbriefe nur aus einem Grund: Ich möchte deine Stimme hören. Doch nachdem ich nun die ersten beiden Verse dieses nächsten Briefes gelesen habe, bin ich nicht mehr so sicher, ob ich das wirklich will. Die ersten Worte, die Hosea dich zu ihm sagen hörte, lauteten: ‹Such dir eine Hure, und mache sie zu deiner Frau!› So stelle ich mir deinen wunderbaren Plan für das Leben eines Menschen nicht vor. Mag sein, dass das eine Ehe war, die im Himmel geschlossen wurde, aber Hosea muss es so vorgekommen sein wie eine Ehe, die in der Hölle geschlossen wurde. Nachdem ich mitgehört habe, was du zu Hosea sagtest, zögere ich etwas, dich zu fragen, was du mir in diesem Brief sagen willst.»

> «Jedes Wort, das ich je zu dir gesagt habe – und je sagen werde – ist eine Einladung, mein Herz voller Liebe kennenzulernen und in die Gemeinschaft meiner Liebe einzutreten. Für nichts weniger als das wurdest du geschaffen.»

«Und Gott, nichts wünsche ich mir mehr. Oder vielleicht doch. Ich fürchte, wenn die Erfahrung deiner Liebe bedeuten würde, dass ich meine treue, liebevolle Frau aufgeben und stattdessen eine Prostituierte heiraten müsste, dann hätte ich wohl einige Mühe (oder vielleicht auch gar keine), zu wissen, was ich mir wirklich wünsche. Heute scheint niemand mehr damit zu rechnen, dass du je so etwas von einem Menschen verlangen könntest. Aber es ist so ziemlich genau das, was du von Hosea verlangtest. Warum hast du das getan? Inwiefern ist es eine Einladung, dein Herz kennenzulernen, wenn du für einen guten Mann eine schlechte Ehe arrangierst?»

> «Niemand kann das Wesen wahrer Liebe begreifen, ohne die Qual des Verrats und den Hass, den er auslöst, zu spüren. Erst dann wird unter dem Schmerz und dem Zorn das wahre Wesen der Liebe zutage treten. Echte Liebe, die einzige Art Liebe, die unter gefallenen Menschen dauerhaft starke Beziehungen stiften kann, bekommt ihre Leidenschaft aus dem Charakter des Lie-

benden, nicht aus dem des Geliebten. Wenn du meine Stimme hören möchtest, und das tust du, dann höre mich in diesem Brief diese Worte zu dir sagen:

**Es wird dich unwiderstehlich zu meiner Liebe hinziehen, und du wirst fähig sein, sie an andere weiterzugeben, wenn du aus eigener Erfahrung entdeckst, dass die Liebe, die ich in dein Herz eingepflanzt habe, niemals zerstört werden kann. Weder durch Ablehnung, Verrat, Kritik noch durch andere Formen der Lieblosigkeit, die dir entgegenschlagen. Wahre Liebe offenbart sich dann als die stärkste aller Leidenschaften, wenn du am stärksten den Impuls spürst, die zu hassen, die dir Leid zugefügt haben.»**

«Gott, du bist aus einer anderen Welt. Niemand kann so lieben.»

«Mein Sohn kam in deine Welt, um diese Art von Liebe möglich zu machen. Als ich Hosea sagte, er solle die Frau, die ihm die schärfsten Dolche ins Herz geschleudert hatte, mit zu sich nach Hause nehmen, erhaschte er einen Blick auf die Art von Liebe, die ich über mein ehebrecherisches Volk ausgieße. Und er wurde fähig, aus einem Herzen heraus zu meinem Volk zu sprechen, das so war wie meines: gebrochen, zornig, aber immer noch liebend. Als das Schwert die Seite meines Sohnes durchbohrte, begann das Leben der Liebe sich auszubreiten wie eine *gute* Infektion. Jeder, der sich vor dem Kreuz verneigte, steckte sich damit an.»

«Gott, wenn ich die Geschichte von Hosea ernst nehme und mir bewusst mache, dass du tatsächlich dafür gesorgt hast, dass ein frommer Mann in einer gottlosen Kultur ein unglückliches Eheleben hatte, und wenn ich verstehe, dass du unter deiner Ehe Tag für Tag unsäglich leidest und dennoch deine Braut immer noch liebst, dann sehe ich, wie oberflächlich meine Liebe zu dir und zu jedem anderen Menschen eigentlich ist. Wenn jemand mich verletzt, ist es von Natur aus mein nächstes Ziel, mich davor zu schützen, wieder verletzt zu werden. Und wenn ich wütend auf jemanden bin, dann neige ich sehr leicht dazu, meiner Wut Luft zu machen, damit er meinen Standpunkt einsieht. Tief in mein Herz hineinzuschauen, die aufopfernde Liebe wahrzunehmen, die du dort hineingelegt hast, und dafür zu sorgen, dass der andere diese Liebe zu spüren bekommt, daran denke ich überhaupt nicht.

Aber du bist nicht so. Du bist anders. Ich glaube, das ist es, was du meinst, wenn du sagst, du seist heilig. Selbst deinem Volk zur Zeit Hoseas, diesen selbstsüchtigen Leuten, die deine Segnungen unter der Herrschaft eines bösen Königs genossen und sich deshalb einbildeten, dir zu gefallen, gabst du zwar zu verstehen, dass du verletzt warst. Aber vor weiteren Verletzungen geschützt hast du dich nicht. Und du gabst deinem glühenden Zorn Ausdruck, ohne es zu versäumen, auch deine noch glühendere Liebe zu erklären. So möchte ich auch mit anderen umgehen. Und ein bisschen tue ich es auch. Aber nicht sehr.»

«Wenn du meinen 28. Brief liest, stell dir vor, du sitzt in meiner Gegenwart, und ich lade dich ein, einen tiefen Blick in meinen Charakter zu tun. Höre diese Worte:

Deine Sünde bricht mir das Herz. Du hast die Macht, mir tiefen Schmerz zuzufügen. Ich leide mehr als jeder misshandelte Ehepartner, jedes im Stich gelassene Kind, mehr als alle Eltern, denen das Herz über ihre Kinder bricht, jeder verratene Freund in der Menschheitsgeschichte. Hoseas Schmerz war wie ein Tropfen in dem Ozean des Schmerzes, den ich jeden Tag empfinde.

Auf Verletzungen reagiere ich mit Wut, mit gerechtem Zorn, mit heiligem Hass. Aristoteles irrte sich, als er Zorn als das Verlangen nach Vergeltung definierte. Das ist unheiliger Zorn, pervertierter Hass. Laktanz, ein Vater meines Volkes im dritten Jahrhundert, hat es richtig verstanden. Zorn, sagte er, sei ‹eine Bewegung der Seele, die sich erhebt, um die Sünde einzudämmen›. Ich sehe mein Volk an und weiß, dass die Dinge nicht so sind, wie sie sein sollten. Eure Beziehung zu mir ist nicht die, für die ihr geschaffen wurdet. Ich fing an, mein Volk zu hassen, als es sich von mir abwandte und anderen nachlief, um die Befriedigung zu finden, die sie suchten. Meine Seele erhob sich, um ihre Sünde einzudämmen. Sie betrachteten mich so, wie ein lüsterner Mann eine Frau ansieht. Er benutzt sie und stößt sie dann von sich. Niemals liebt er sie. Er liebt nur das flüchtige Vergnügen, das sie ihm bietet, und dieses Vergnügen sucht er, wo immer er es finden kann. Mein Volk weiß nichts von der schieren Freude, mich zu kennen und eine wahre Liebesbeziehung zu mir zu haben. Davon kannst du in Hosea 9,15 lesen.

In meinem furchtbaren Leid und kochenden Zorn wollte ich mein Volk verlassen. Ich wollte euch verlassen, euch in die Hölle werfen und zu den Freuden des Himmels zurückkehren. Doch eine tiefere, stärkere, zwingendere Emotion stieg in mir auf. Ich kann nicht aufhören, euch bei mir haben zu wollen, und deshalb werde ich euch zu meinem Fest bringen, koste es, was es wolle. Ich liebe euch mit einer Liebe, die stärker ist als mein Wunsch, meinem Schmerz ein schnelles Ende zu machen. Einer Liebe, die stärker ist als der Hass, den zu empfinden meine Heiligkeit von mir verlangt. Hosea gab ich die Gelegenheit, diese Art von Liebe gegenüber meinem Volk zu demonstrieren. Ich möchte, dass du genauso liebst: dass du den Schmerz fühlst, wenn jemand dich verletzt; dass du den Zorn annimmst, der die Bosheit des anderen verurteilt und sich erhebt, um dessen Sünde einzudämmen. Und dass du dann die gefährlichste, göttlichste aller Emotionen in dir erkennst: eine Liebe, die den anderen nicht aufgeben kann [Hosea 11,8–9].

Um meine Liebe zu empfangen und sie an andere weiterzugeben, musst du Buße tun. Viele werden dir sagen, du müsstest erst von den Wunden geheilt werden, die du durch die Hände anderer erlitten hast. Aber Linderung deines Schmerzes zu verlangen ist wie im Bett liegen und jammern. Ich will, dass du Buße tust, dass du *aus tiefstem Herzen weinst*, wenn du erkennst, wie sehr du mich verletzt und meinen Zorn entfacht hast. Gib alle Hoffnung auf, von irgendjemandem oder irgendetwas außer mir Befriedigung für deine Seele zu bekommen. Lies noch einmal, was ich in Hosea 7,13–14 geschrieben habe. Dann lies die ersten drei Verse im sechsten Kapitel, wo mein Volk dachte, es tue Buße, in Wirklichkeit aber nur jammerte. Schließlich schlag das vierzehnte Kapitel auf. Dort in den Versen 1 bis 3 gebe ich dir ein Vorbild für echte Buße, für ein Schreien aus tiefstem Herzen, wenn du im Graben deiner Sünde liegst. Was immer du mich in den nächsten elf Briefen sonst noch sagen hörst oder tun siehst, vergiss dies eine nicht: Genau in der Mitte meines unendlichen Wesens, unter all den Verletzungen, die du mir zugefügt hast, und all dem Zorn, den ich gegen dich empfinde, liegt ein Ozean unendlicher Liebe. Ich lade dich ein, zu kommen und darin zu baden. Jedes Wort, das ich sage, ist Teil dieser Einladung.»

«Gott, ich *möchte* deine Einladung annehmen. Ich *sehne* mich danach, in deiner Liebe zu baden. Aber ich weiß immer noch nicht recht, wie ich hineinspringen kann.»

«Die kleinen Propheten, wie ihr sie nennt (Hosea ist der erste von ihnen), werden dir noch deutlicher vor Augen führen, wie tief der Graben ist, in den du gefallen bist, und wie hoch die Liebe, mit der ich dich beschenken möchte. Nimm dir ihre Botschaft zu Herzen. Viele in der heutigen Gemeinde sehen die Gräben als seichte Rinnen, aus denen sie sich mit ein wenig Anstrengung selbst befreien können, um auf festem Boden durchs Leben zu gehen. Sie irren sich. Nur aus der Tiefe des Grabens kannst du die Macht meiner Liebe sehen.»

# 29. Liebesbrief
# Joel

## Werde wach für das Verlangen, gib die Hoffnung auf dich selbst auf und bete richtig für dein Leben

«Gott, wenn in meinem Leben etwas schiefgeht, neige ich dazu, drei Fragen zu stellen: Warum geschieht das? Was kann ich dagegen tun? Und wie kann ich dich überreden, meine Situation zu verbessern? Wenn ich darüber nachdenke, was ich da erbitte, ist es offensichtlich, dass alle drei Fragen meinem erschrockenen Verlangen nach Kontrolle entspringen. Dir zu vertrauen ist viel zu riskant. Und in meinen Fragen spiegelt sich meine störrische, felsenfeste Überzeugung wider, dass ein gutes Leben mehr davon abhängt, dass alles gut für mich läuft, als davon, dass ich dich gut kenne.

Aber das ist die Botschaft, die die Massen anzieht und von der ich mir manchmal selber wünsche, du würdest sie predigen: Wenn ich nur genug Vertrauen habe und immer schön positiv bleibe, dann wird alles so laufen, wie ich es mir wünsche. Ich erinnere mich daran, wie die Heuschrecken, die du in diesem nächsten Brief beschreibst, meine Familie auffraßen. Ich ging damals einmal mitten in der Nacht lange spazieren und (ich weiß, du erinnerst dich auch) schrie eine Stunde lang zu dir empor: ‹Sag mir doch, was ich tun soll, und ich werde es tun. Ich tue alles, was du sagst, wenn du nur meine Familie wieder zusammenbringst.› Nachdem ich das Buch Joel gelesen habe, wird mir klar, dass du möchtest, dass ich anders bete und andere Fragen stelle, wenn eine Katastrophe hereinbricht. Habe ich recht?»

> «Deine Fragen und deine Gebete sind religiös, nicht gottesfürchtig. Sie entspringen deinem Bemühen, mich um deiner eigenen Ziele willen zu erreichen. Stattdessen sollten sie deiner Unterwerfung unter mein Bemühen entspringen, dich um meiner Ziele willen zu erreichen.»

«Das ist nicht leicht, Gott, weder für mich heute noch für dein Volk zur Zeit Joels. Die Israeliten waren nach langem Exil aus Babylon ins verheißene Land zurückgekehrt. Der Tempel war wiederaufgebaut. Die Wirtschaft kam wieder in Gang. Sie rackerten sich ab, um ihr Leben wiederaufzubauen, und dann, gerade, als es wieder in Schwung zu kommen schien, machte eine riesige Heuschreckenplage alles zunichte. Es war wie eine AIDS-Epidemie, die sich über Afrika ausbreitet, oder ein Tsunami, der ein ganzes Land unter seinen Wassermassen begräbt. Und du wolltest, dass dein Volk dafür sorgte, dass ihre Kinder, Enkelkinder und Urenkelkinder davon hörten, wie schrecklich das alles war, und es nie wieder vergaßen [1,3]. Warum war dir das so wichtig? Inwiefern war diese Katastrophe ein Teil deines Bemühens, dein Volk um deiner Ziele willen zu erreichen? Und du sagtest ihnen, sie sollten die Botschaft niemals aussterben lassen. *Welche Botschaft?* Was willst du mir durch diesen 29. Brief sagen, das mir hilft, ihn als Liebesbrief zu verstehen?»

«Eine Ehefrau sollte immer ihren Ehering tragen, genau wie ihr Mann. Wo immer sie hingeht, mit wem immer sie zusammen ist, was immer sie tut, sie soll sich an ihren Mann und an das Versprechen, das sie ihm gegeben hat, erinnern. In jedem Moment und jeder Situation ihres Lebens soll sie als sein Schatz leben, seine Liebe höher schätzen als alle anderen Wunder, und niemals gegen ihre höchste Berufung verstoßen: mit allem, was sie tut, seine Ziele zu unterstützen. Und ihr Mann darf sich niemals einer anderen hingeben. Er soll sein größtes Entzücken darin finden, seine Frau in all ihrer Schönheit, all ihren Gaben und all ihren Möglichkeiten vollkommen lebendig werden zu sehen. Und seine Ziele dürfen sie niemals unterdrücken, sondern müssen sie stets freisetzen, alles zu sein, was sie ist und werden kann. So ein Ehemann bin ich. Aber du bist nicht so eine Ehefrau. Meine Botschaft an dich in diesem Brief, die du hören sollst, ist diese:

**Lass jede Schwierigkeit, groß oder klein, offenbaren, ob du meine treue oder meine untreue Ehefrau bist. Tu Buße, wenn es nötig ist, und unterwirf dich dann umso vollständiger meinem Plan. Mein Plan ist es, dich vollkommen lebendig vor Freude, Sinn und Liebe zu machen.»**

«Wie immer, Gott, brauche ich deine Hilfe. Wie sagst du das in diesem Brief, und was *genau* sagst du eigentlich?»

«In jedem anderen prophetischen Brief schildere ich die Sünden meines Volkes, die eine Buße notwendig machen. In diesem Brief erhebe ich keine konkreten Vorwürfe. Es werden nicht ausdrücklich Götzendienst oder Ungerechtigkeit oder Selbstsucht verurteilt. Stattdessen wende ich mich gezielt an drei Gruppen:

- Dem Alkoholiker sage ich: *Wach auf!* Und wenn du wach bist, wirst du weinen. Hör auf, dich mit Wein zu betäuben, um nicht die harte Realität wahrzunehmen, dass auch das schönste Leben hier nicht deine Sehnsucht nach dem stillen kann, was du nicht haben kannst. Weine wie eine Frau, deren Bräutigam am Tag vor ihrer Hochzeit stirbt [1,5–8].
- Dem Bauern sage ich: *Lass die Hoffnung fahren!* Deine Hoffnung ruht auf deinem Getreide. Deine Freude entspringt aus deinen Segnungen. Weil eine gute Ernte für dich zum höchsten Gut geworden ist, ist dein Vertrauen zu mir zu einer selbstgefälligen Erwartungshaltung verkommen. Lass alle Hoffnung auf dieses Leben fahren, damit du Hoffnung auf meinen Plan gewinnst [1,11–12].
- Dem geistlichen Führer sage ich: *Bete richtig!* In Demut, als einer, der keinen Anspruch auf irgendetwas Gutes hat. In Unterwerfung vor mir als dem, der alles Gute gibt. Im Vertrauen, indem du an meinen Plan glaubst, dir alles Gute zu geben. In Demut, Unterwerfung und Vertrauen leite mein Volk im heiligen Gebet: kein Fordern, absolute Unterwerfung, inniges Vertrauen [1,13–15].

Ich wollte, dass mein Volk damals, *ebenso wie du heute,* still erkennt und demütig akzeptiert, dass bis zu meinem Tag, dem Tag des Herrn, das Leben nie so laufen wird, wie es sollte. An jenem Tag, nicht vorher, werde ich alles gutmachen. Ich sagte meinem Volk zur Zeit Joels, es solle nach vorn blicken zu einem anderen Tag, wenn mein Geist in jedem Mann, jeder Frau und jedem Kind wohnen würde, die sich in demütigem, hingegebenem Vertrauen an mich wenden. Er würde sie bevollmächtigen, mein Reich auf die Erde zu bringen. *Jener Tag ist gekommen.* Meine Gemeinde ist gegründet. Sie ist die Braut meines Sohnes, der Tempel meines Geistes. Mein Reich ist nahe. Es ist schon gegenwärtig, nur noch nicht vollkommen sichtbar. Die Musik hat begonnen. Der Regenbogen leuchtet da, wo der Himmel am dunkelsten ist, und verheißt, dass alle Heuschrecken vernichtet und dass alle Ernten reichlich sein werden. Das ist die Botschaft des Buches Joel, die Botschaft, die jede Generation hören soll, bis der letzte Tag kommt und das ewige Fest beginnt.»

«Gott, es wird mir peinlich bewusst – die Fragen, die ich stelle, wenn etwas schiefgeht, sind wirklich völlig daneben. Ich erkenne das jetzt. Wenn in meinem Leben alles durcheinandergerät, wenn Dinge schiefgehen, dann will ich nicht mehr klagen, in Hektik geraten und wütend fragen, warum so etwas ausgerechnet mir passiert. Ich will es mir nicht mehr zur obersten Priorität machen, alles geradezurücken, und meine besten Kräfte darauf verwenden, herauszufinden, was ich dazu tun kann. Und ich will nicht mehr so arrogant und töricht sein, zu denken, ich könnte irgendetwas tun, das dich dazu verpflichten würde, mit meinen Plänen zu kooperieren. Jetzt sehe ich ein, dass diese Haltung religiös ist, nicht gottesfürchtig.

Gott, sag mir, ob ich dich richtig verstehe oder nicht. Wenn Dinge schiefgehen und ich in Todesangst, wütend, frustriert und mit dem Anspruch, dass alles besser wird, zu dir komme, möchte ich lernen, Folgendes zu sagen: Ich möchte um deine Vergebung für meinen stolzen, ungebrochenen, fordernden Geist bitten. Ich möchte um deine Vergebung für meinen störrisch unabhängigen, unbeugsamen Geist bitten. Ich möchte um Vergebung für meinen verzweifelten, misstrauischen Geist bitten. Ich möchte dich ehren, wie eine gute Ehefrau ihren großartigen Mann ehrt. Ich möchte in deiner Fürsorge ruhen, wie ein Kind in den Armen seines Vaters ruht, auch dann, wenn jene Arme zu Werkzeugen schwer verständlicher Unterweisung oder schmerzhaft strenger Disziplin werden. Und ich möchte beten, dass dein Wille geschehe, nicht meiner, bis mein Wille deinem gleich ist. Und ich vertraue darauf, dass dein Wille besser ist als meiner, auch dann, wenn es nicht danach aussieht. Kein falscher Trost oder Wein mehr. Keine falsche Hoffnung auf gute Ernten mehr. Keine falschen Gebete mehr, die deine Segnungen höher schätzen als die Gemeinschaft mit dir.»

«Deine Worte hören sich gut an. Aber du wirst sie weder konsequent noch leidenschaftlich aussprechen, ehe du noch tiefer in die Verurteilung gestürzt und zu noch höherer Hoffnung aufgestiegen bist. Lies weiter. Am Horizont wartet eine Vision meines Sohnes.»

# 30. Liebesbrief
## Amos

## Echter Gottesdienst führt zu echter Veränderung

«Wenn ich nur in die Gemeinde ginge und nicht in der Bibel läse, würde ich nicht so viele Fragen stellen. Doch das Lesen dieses nächsten Briefes hat in mir Fragen aufgeworfen, von denen ich wünschte, sie wären mir nie in den Sinn gekommen. Zum Beispiel: Was für ein Gott *bist* du eigentlich? Und was in aller Welt *tust* du eigentlich? Im Buch Amos wirkst du eher wie ein wildes Tier, nicht wie ein leidenschaftlicher Liebhaber. Ich fange an zu verstehen, wieso ich mich nach all den Jahren, in denen ich dich zu kennen behauptet habe, manchmal so sehr zum Atheismus hingezogen fühle. Zu glauben, dass es dich nicht gibt, kann manchmal sicherer erscheinen, als sich dir zu stellen, wie du wirklich bist.»

> «Ich brülle wild wie ein Löwe gegen alles in dir an, was mein Wesen missachtet und sich meinem Plan widersetzt.»

«Gott, das tröstet mich nicht.»

> «Ich tröste nur die Zerbrochenen. Den Stolzen widerstehe ich. Die Unbußfertigen werde ich vernichten. Das Lot ist herabgesenkt [7,7–9]. Eure Verkrümmtheit ist offenbar. Du und alle anderen, ihr seid reif für das Gericht [8,1–3].»

«Gott, was für eine Verkrümmtheit? Was meinst du damit?»

> «Wenn ihr blind bleibt für eure Schuld, sucht ihr mich (falls ihr mich überhaupt sucht) nur für eure eigenen Zwecke. Und das nennt ihr dann Gemeinde. Aber eure Versammlungen sind nur ein Verein von Selbstsüchtigen. Ich verabscheue eure religiösen Versammlungen. Ich kann eure Zusammenkünfte nicht ausstehen [5,21]. Ihr begegnet mir dort nicht. Ihr begegnet nicht einmal euch selbst, auch wenn die Begeisterung und Kameraderie, die ihr dabei erzeugt, euch vorgaukeln, es wäre anders. Die Hungersnot der Wahrheit, die ich sende, wird eure Leere offenbaren

und zeigen, wie ausgehungert und ausgemergelt ihr wirklich seid. Ihr lebt von geistlicher Zuckerwatte und denkt, das sei Nahrung.»

«Gott, es macht mir keine Freude, dir zuzuhören. Ich habe dich das schon zuvor sagen hören, aber es wird jetzt noch klarer: Dir geht es wirklich überhaupt nicht darum, dafür zu sorgen, dass mein Leben so läuft, wie ich es mir wünsche. Und dennoch nennst du dich gut. Ich möchte dir glauben. Und ich glaube, ich könnte es, wenn du mir eine Frage beantworten würdest: *Wozu bist du gut?*»

«Ich schwöre bei meiner Heiligkeit [4,2]: Wie ein wilder Löwe wüte ich gegen dein Verlangen nach allem Guten, das du höher schätzt als mich. Und ich schwöre bei allem, was ICH BIN [6,8], dass ich wie ein Vater, der sein Kind züchtigt, weil er es nicht ertragen kann, es zu verlieren, jeden Preis zahlen werde, der nötig ist, um dich nach Hause zu bringen.»

«Gott, was bist du – ein Löwe oder ein Vater? Du verwirrst mich. Was willst du mir in diesem Brief sagen, das mir so schwerfällt zu hören?»

«Wenn du hören willst, was ich sage, und nicht nur, was du denkst, das ich sage, wirst du Folgendes hören:

**Eine Anbetung, die nichts daran ändert, wie du mit mir und mit anderen Menschen umgehst, ist falsche Anbetung. Bei einem Streben nach geistlicher Reife, bei dem die verborgene Energie dich dazu treibt, dich selbst zu schützen und deinen eigenen Vorteil zu vergrößern, mache ich nicht mit.**

Lies Amos und zittere. Dir sind nur deine unerfüllten Wünsche angesichts meiner scheinbaren Gleichgültigkeit bewusst. Wie die Leute, die auf dem Berg Karmel anbetend um den Altar Baals tanzten, singt und schreit ihr in euren Gemeinden und denkt, ihr könntet mich dazu überreden, euch die Segnungen zu schenken, die ihr wollt. Lies Amos und zittere. Aber tu es im Bewusstsein deines mit Sünden belasteten Beziehungslebens angesichts der Reinheit in meinen Beziehungen. Wie ich mit anderen umgehe, ist das Senkblei, der Maßstab, nach dem du beurteilt werden wirst. Ich werde jede Gemeinschaft vernichten – auch die, die du Gemeinde nennst –, die sich zusammenfindet, um sich selbst zu gefallen. Ich werde mein Reich bauen, eine

Gemeinschaft von zerbrochenen, von Freude erfüllten Menschen, die ganz auf meine Herrlichkeit und das Tanzen auf meinem Fest ausgerichtet sind. *Das ist die Gemeinde!*»

«Gott, darf ich mir denn nicht wünschen, dass Dinge gut für mich laufen? Darf ich denn nicht tun, was ich kann, um mein Leben und das der Menschen, die ich liebe, besser zu machen? Darf ich dich nicht um gute Gesundheit, gläubige Kinder, eine glückliche Ehe, ein anständiges Einkommen oder Bewahrung auf Urlaubsreisen bitten?»

«Der Fehler liegt nicht in dem, was du dir wünschst. Er liegt in dem, was du dir am *meisten* wünschst. Wenn es dir wichtiger ist, dass in deinem Leben alles gut läuft, als dass du mich kennst und mir gefällst, dann gehst du mit mir und anderen auf eine Art und Weise um, die gegen meine Natur geht. Und das ist Sünde – Beziehungssünde. Beziehungssünde zerstört Beziehungen und beseitigt die Quelle von Identität und Freude. In den ersten drei Kapiteln dieses Briefes entlarve ich den mir zutiefst verhassten Charakter der Beziehungssünde.

Beziehungssünde …

- … *behandelt Menschen wie Gegenstände, die man zum persönlichen Vorteil benutzt.* Das war die Sünde von Damaskus [1,3–5].
- … *schätzt deinen eigenen finanziellen Vorteil höher als das Wohlergehen anderer.* Das war die Sünde von Gaza [1,6–8].
- … *glaubt, das eigene Wort brechen zu können, wenn es dem Eigeninteresse dient.* Das war die Sünde von Tyrus [1,9–10].
- … *sieht nichts Falsches darin, Hass gegen Menschen zu schüren, die einen tief verletzt haben.* Das war die Sünde von Edom [1,11–12].
- … *hält es für gerechtfertigt, anderen um der persönlichen Befriedigung willen zu schaden.* Das war die Sünde von Ammon [1,13–15].
- … *hält Rache für ein legitimes persönliches Recht.* Das war die Sünde von Moab [2,1–3].
- … *missachtet die Maßstäbe für alle Beziehungen, die ich offenbare.* Das war die Sünde von Juda [2,4–5].
- … *strebt nach Befriedigung, indem sie einem Lebensplan folgt, der sich selbst dient, statt mich zu verherrlichen.* Das war, zusammen mit all den anderen, die Sünde Israels [2,6–3,2].

Und mein Volk sieht es nicht! Ohne ein tiefes Bewusstsein für die Beziehungssünde fühlt sich mein Volk damals wie heute fälschlicherweise selbstzufrieden in meiner Gegenwart. Die Menschen merken nichts davon und sind deshalb auch nicht beunruhigt darüber, wie weit ihre Art, miteinander umzugehen, hinter meiner zurückbleibt [6,1]. Durch Amos sagte ich meinem Volk, es solle aufhören, mich in Bethel, Beerscheba und Gilgal anzubeten [5,4–6]. Denn das war überhaupt keine Anbetung.

In Bethel begegnete ich Jakob [1. Mose 28,16]. Bei einer zweiten Begegnung mit ihm änderte ich seinen Namen von Jakob (einer, der nur auf seine Interessen bedacht ist) zu Israel (einer, der mit mir ringt). Mein Volk dachte, es könne mir in Bethel begegnen, dachte aber überhaupt nicht daran, sich von mir verändern zu lassen. Sie sahen an ihren Beziehungen und ihrem Umgang miteinander nichts, was unbedingt hätte verändert werden müssen.

In Beerscheba gab ich Abraham [1. Mose 21,22–31], Isaak [1. Mose 26,23–24] und Jakob [1. Mose 46,1–4] das Versprechen, bei ihnen zu sein. In allen Fällen versprach ich meine Gegenwart, um meine Absichten zu verwirklichen. Doch in den Tagen des Amos dachte mein Volk, meine Gegenwart wäre garantiert, auch wenn es seine eigenen selbstsüchtigen Absichten verfolgte.

Und Gilgal war der Ort, an dem mein Volk erstmals im verheißenen Land lagerte und nach vierzig Jahren Manna von seinen Früchten aß. Dort wurden alle männlichen Israeliten beschnitten, als Zeichen für meine Macht, diejenigen, die ich liebe, auch ohne die Annehmlichkeiten Ägyptens zu bewahren [Josua 4,19; 5,2–9]. Doch mein Volk, zu dem ich durch Amos sprach, war genauso wie so viele meiner Nachfolger heute. Sie glaubten, das Leben mit mir bedeute ein angenehmes Leben voller Segnungen in dieser Welt. Von dem guten Leben, das darin besteht, so mit anderen umzugehen, wie mein Sohn es tat, als er in dieser Welt lebte, ohne auch nur einen Ort zu haben, wo er seinen Kopf hinlegen konnte, wollten sie nichts wissen.

Ihre Beziehungssünde wurde in ihrer Religion nie entlarvt und verurteilt. Deshalb sagte ich ihnen, sie sollten damit aufhören, ihre abscheulich selbstzufriedene Religion in Bethel, Beerscheba und Gilgal auszuüben – und dasselbe sage ich auch dir.

Aber du musst diesen Brief bis zum Ende lesen. In den letzten fünf Versen kündige ich meinen Plan an, die wahre Anbetung wiederherzustellen, und damit die Befriedigung jedes menschlichen Verlangens. Ohne meinen Sohn könnte ich so etwas nicht versprechen. Mit meinem Sohn kann ich nichts Geringeres versprechen.»

«Gott, die Hungersnot nach einem Wort von dir, die du vorausgesagt hast [8,11–14], ist gekommen. Das postmoderne Christentum verleugnet die Wahrheit. Zumindest eine Wahrheit, die man mit Gewissheit kennen kann. Es erkennt kein Senkblei an, das deinen Charakter widerspiegelt, und verschleiert darum die Beziehungssünde. Und das populäre Christentum verleitet Menschen dazu, sich mit einer oberflächlichen Moral zufriedenzugeben, die nur darauf aus ist, uns deine Gunst zu sichern und unser empfundenes Bedürfnis nach Gnade dämpft. Mir scheint, die Gemeinde hat uns durch ihre relativistische Version der Wahrheit und durch ihre geschwächte Abhängigkeit von der Gnade die vermeintliche Freiheit verschafft, ein Leben nach eigenem Gutdünken zu führen. Zum Zittern sehen wir überhaupt keinen Anlass mehr. Gott, wo ist Wahrheit? Wo ist Gnade?»

«Er kommt. Lies weiter.»

# 31. Liebesbrief

# Obadja

## Freu dich! Ich werde das Böse besiegen

«Gott, warum Obadja? Mir scheint, du gehst hier ein ziemlich großes Risiko ein. Dieser Brief handelt von schweren familiären Spannungen, die lange Zeit zwischen Esau und seinen Nachkommen, den Edomitern, und Jakob und seinen Nachkommen, den Israeliten, schwelten. Wenn ich es richtig verstehe, hast du dich schließlich entschlossen, einzugreifen (dein Timing begreife ich nie so ganz). Du ergreifst Partei für Israel und kündigst an, Edom dafür zu bestrafen, dass es Israel so schlecht behandelt hat.

Ich sehe folgendes Risiko. Wenn ich ein Israelit wäre und gerade erlebt hätte, dass Babylon mein Haus niedergebrannt, die Hälfte meiner Freunde umgebracht und mich ins Exil verschleppt hätte, und Edom würde sich über meine Nöte hämisch freuen und versuchen, sie noch schlimmer zu machen, dann wäre ich wirklich sauer. Zumal die Edomiter ja meine Verwandten wären. Und wenn ich dann in deinem Brief lesen würde, Edom stünde der Untergang bevor, dann wäre ich wohl auch nicht frei von Häme. War das denn deine Absicht?»

«Lies meine letzten beiden Sätze in diesem 31. Liebesbrief.»

«Okay. Hier sind sie: ‹Befreier werden nach Jerusalem auf den Berg Zion kommen und über das Bergland der Edomiter herrschen. Ich, der Herr, aber werde König sein!›»

«Was siehst du, wenn du diese Worte liest?»

«Was ich schon vorher gesehen habe: dass du ganz anders bist als ich. Wenn jemand mich schlecht behandelt, meldet sich mein Gerechtigkeitssinn, und ich will, dass das Unrecht wiedergutgemacht wird, damit ich behaglich weiterleben kann. Oder ich sage einfach: ‹Schwamm drüber›, und gehe zur Tagesordnung über. Freilich wird dann der Ärger weiter in mir schwelen.

Aber du bist anders. Sowohl dein Gerechtigkeitssinn als auch dein göttliches Vergeltungsprinzip – ‹Man wird euch genau das antun, was ihr euren Brüdern von Juda angetan habt!› – haben immer ein höheres Ziel im Auge, als nur weiterzuleben oder die Situation ein bisschen zu verbessern. Du bringst ständig deinen Plan voran, das Reich der selbstsüchtigen Beziehungen durch das Reich der auf Gott versessenen Beziehungen zu ersetzen. Die letzten Sätze in diesem Brief deuten darauf hin, dass Israel, wenn Edom untergeht, sich über seine Bestrafung nicht hämisch freuen, sondern es von deinem Hauptquartier aus mit deiner Leidenschaft und Tugend beherrschen wird. Ist es das, was du mir vor Augen führen wolltest?»

«Ja, aber noch viel mehr als das. Bedenke, Obadja folgt auf Amos. Ich richte mein Volk (in Amos), bevor ich Edom richte (in Obadja). Mein Gericht beginnt immer im eigenen Haus [1. Petrus 4,17], und was ich bei Außenstehenden verurteile, verurteile ich zuerst in meiner Familie. Höre, um was es mir geht: Im Hebräischen ist *Edom* eine Nebenform von *Adam*. Und Esaus Name wurde zu Edom [1. Mose 25,30], als er die natürlichen Vorzüge dieser Welt (eine ordentliche Mahlzeit aus roten Linsen) höher schätzte als die geistlichen Vorzüge meines Plans (sein Erstgeburtsrecht). Esaus Wesen steckt auch in dir. Es ist dein Fleisch. Du bist ebenso schuldig wie Esau. Du lebst wie ein Kind Adams. Du lässt deine Entscheidungen von deinem Verlangen nach einem Leben regieren, das dir sofortige Befriedigung verschafft, und du verletzt das Leben in meinem Reich.

Wenn dein Ehepartner dich schlecht behandelt, ein Kind dich verletzt, ein Freund dich verrät, ein Kollege unfair auf dich reagiert, dann macht dein Gerechtigkeitssinn dich blind für deine eigene Beziehungssünde, die ebenso verdammungswürdig ist.»

«Und was sagst du mir nun in diesem Brief?»

«Ich sage dir Folgendes:

**Übe niemals Rache an einem anderen. Nur einer, der selbst nicht verdammungswürdig ist, kann gerechte Vergeltung üben, ohne selbst zu sündigen. Rache ist mein Vorrecht, nicht deines. Meine Rache wurzelt immer in dem Verlangen, zu erlösen. Ich töte, um aufzuerwecken.»**

«Und das steht alles in diesem Brief?»

«Mach dich mit der Geschichte vertraut. Esau wurde von Jakob Unrecht angetan. Doch es war falsch von Esau, an seinem Groll gegen Jakob festzuhalten [1. Mose 27,41]. Vergebung baut Gemeinschaft. Heimzahlen zerstört sie. Ich zahle niemals heim. Wenn ich das täte, würde das ja bedeuten, dass ich moralisch unter einem anderen stehe, der Unrecht getan hat. Ich stehe immer darüber.

Esaus Groll breitete sich aus wie eine Virusinfektion. Seine Nachkommen wollten Israel (unter Mose) auf seinem Weg ins verheißene Land nicht durch ihr Territorium ziehen lassen [4. Mose 20,14–18]. Edoms Wut schwelte, so wie dein unterschwelliger Ärger, viele Jahre lang vor sich hin, bis sie sich in seiner Freude über Israels Not Bahn brach wie glühende Lava. Ich habe nie Freude an der Not eines anderen, nicht einmal dann, wenn ich sie selbst verursache. Das Gericht ist für mich immer eine seltsame Arbeit, eine befremdende Aufgabe [Jesaja 28,21]. Ich habe keine Freude am Tod des Gottlosen [Hesekiel 18,23].

Edom zahlte es Israel heim. Ich habe es Edom nicht heimgezahlt. Heimzahlen zerstört Gemeinschaft. Immer. Ich bin gegen alles, was gegen Gemeinschaft wirkt. Und der Stolz, die Energie hinter dem Heimzahlen, steht ganz oben auf der Liste. Edom saß stolz in Sicherheit (so dachte es zumindest) in seinem Reich in den Bergen, geschützt von zerklüfteten Klippen und starken Kriegern, beraten von Männern von großer Weisheit [Obadja 3–4; 9–10]. Die Edomiter waren so stolz, dass sie nie ihre Herzen unter die Lupe nahmen. Ihre Rachegelüste ließen ihnen das Böse gut erscheinen, und davon ließen sie ihr Leben leiten. Nichts behindert meinen Plan, dich zu meinem Fest zu bringen, mehr als der Dünkel vermeintlicher Unabhängigkeit, der zu einer Haltung des Anspruchs auf Rache führt.

Fass Mut. Meine Botschaft an dich in diesem Brief enthält auch die Garantie, dass ich jedes Hindernis für den Bau meines Reiches, in dem mein Volk im Einklang mit meinem Plan und meinem Charakter leben wird, niederreißen kann und werde. So sicher, wie ich Edom ein schreckliches Ende gemacht habe, werde ich allem in dir, was Edom ähnlich ist, ein schreckliches Ende machen. Mein Sohn hat die Vollmacht, seine Gemeinde zu bauen, und keine Macht, nicht einmal die Pforten der Hölle, werden sie überwinden [Matthäus 16,18].»

«Gott, ich glaube, ich habe verstanden. Wenn ich die Rache in meine eigenen Hände nehme, also es anderen heimzahlen will, dann behindere ich damit deinen Plan. Die Rache gehört in deine

Hände, und dadurch werden Hindernisse für Gemeinschaft beseitigt, wird Gemeinschaft gefördert. Ich kann dir folgen.»

«Du folgst mir noch weniger, als du glaubst. Ich habe vor, zuzulassen, dass in deinem Leben Dinge geschehen, wie sie ja auch schon früher geschehen sind, die dir als unvereinbar mit meinem guten Plan für dich erscheinen werden. Kleine Dinge, kleine Ärgernisse, aber auch große Dinge wie Sorgen um die Gesundheit und Brüche in Beziehungen. Wie zuvor wirst du immer noch zögern, mir zu vertrauen. Lies meinen nächsten Brief, um zu verstehen, was ich meine.»

# 32. Liebesbrief
# Jona

## Füge dich meinem Plan – ich werde mich nicht deinem fügen

«Gott, ich lese all deine Liebesbriefe wieder als ein Mann, der gerade die Reihen der mittleren Altersgruppe hinter sich gelassen hat. Einer, der seit über fünfzig Jahren behauptet, dir nachzufolgen. Ich sage ‹behauptet›, denn ich fange an, mich zu fragen, ob ich dich jemals wirklich gekannt habe. Und schlimmer noch, ich fange an, mich zu fragen, ob ich es je wollte oder ob ich selbst jetzt Verlangen danach habe. Manchmal glaube ich, wenn ich könnte, würde ich lieber weiter an den Gott glauben, der ich wünschte, dass du wärest. Das würde mir weniger Schwierigkeiten machen, als dich als den Gott zu sehen, als den ich dich allmählich erkenne.

Ich kann gut nachfühlen, was C. S. Lewis am meisten Sorge bereitete, nachdem seine Frau gestorben war. Er machte sich keine Sorgen, genauso wenig wie ich, er wäre in großer Gefahr, ‹den Glauben an Gott preiszugeben›. Die eigentliche Gefahr, der er sich ausgesetzt sah, war die, ‹von Gott so entsetzliche Dinge zu glauben›. Und dann legte er noch einen Trumpf nach, von dem ich wünschte, ich verstünde ihn nicht: ‹Mir graut nicht vor der Schlussfolgerung: *Also gibt es eben doch keinen Gott*, sondern vor: *So also ist Gott in Wirklichkeit. Mach dir nichts vor.*›

War das nicht auch Jonas Problem? Sprang ihm nicht eben diese gefürchtete Schlussfolgerung ins Gesicht, als du ihm befahlst, Israels schlimmstem Feind eine Chance zu geben, Buße zu tun und gesegnet zu werden? Sah er da nicht etwas an dir, was er nicht begreifen konnte? Etwas, das sein Leben durcheinanderbringen konnte? Etwas, das ihn abstieß? Dass es dich nicht gibt, konnte er nicht glauben, aber er wollte so weit weg von dir, wie er nur konnte. Das hört sich an wie der Psalmist, der sagte: ‹Wenn ich an Gott denke, fange ich an zu seufzen› (Psalm 77,4). So geht es mir auch manchmal.»

«Du wirst erwachsen. Du bringst es nicht mehr fertig, dich über meine Liebe zu freuen, wie ein kleiner Junge sich über die Fürsorge freut, die er von einer guten Mutter empfängt, einer zärtlichen

Frau, die ihrem Kind ein nahrhaftes Essen und einen süßen Nachtisch zubereitet, noch eine Stunde lang mit ihm spielt und liest und ihn dann in ein warmes, gemütliches Bett steckt, mit dem Versprechen, dass morgen wieder ein schöner Tag sein wird.

Erwachsen zu werden, mich so zu sehen, wie ich bin, hat etwas an sich, was meine Nachfolger in Versuchung führt, vor mir wegzulaufen. Einen sicheren Abstand zu schaffen zu der ausgesprochen unsicheren und rätselhaft unerfreulichen Art und Weise, wie ich manchmal in das Leben derer eingreife, die ich liebe. Wenn der Atheismus sich als unmöglich erweist (und das ist er, außer für arrogante Narren), kann dann eine Art funktionaler Deismus attraktiv erscheinen. Dann brauchst du nicht zu viel über mich nachzudenken. Lenke dich mit den schönen Dingen des Lebens ab, die du genießen kannst, und kümmere dich nur um die schweren Dinge des Lebens, an denen du etwas ändern kannst.

Aber auch der Deismus wird sich als unmöglich erweisen. Du kannst meiner Gegenwart nicht entrinnen. Wie Amos sagte: ‹Auch wenn sie in die Totenwelt eindringen und sich verstecken könnten – ich würde sie sogar von dort zurückholen!› (9,2). Der Psalmist hat etwas verstanden, was Jona nicht verstand: ‹Wie könnte ich mich dir entziehen; wohin könnte ich fliehen, ohne dass du mich siehst?› (Psalm 139,7). Du wirst erwachsen. Die Zeit der naiven Anbetung und der seichten, begeisternden Nähe ist für dich vorbei. Einem Kind fällt es immer schwer, erwachsen zu werden und sich mir zu nähern, wie ICH BIN.»

«Gott, es überrascht mich ein wenig, dass Jona der Einzige unter deinen Dienern war, deren Geschichte du erzählst, der je tatsächlich vor deiner Gegenwart floh. Auch hier klingt in mir Lewis' Beschreibung nach, wie er das Erwachsenwerden erlebte: ‹Aber geh zu Ihm in verzweifelter Not, wenn jede andere Hilfe versagt, was findest du? Eine Tür, die man dir vor der Nase zuschlägt, und von drinnen das Geräusch doppelten Riegelns. Danach Stille. Du kannst genauso gut wieder gehen.› Genau das tat Jona. Während der vielen Jahre ihres aufopferungsvollen Dienstes spürte selbst Mutter Teresa deine Abwesenheit stärker als deine Gegenwart. Sie ging nicht weg, aber ich wette, es ist ihr nicht leichtgefallen.

Wie ich Jonas Geschichte verstehe, kam er, genau wie Lewis, in verzweifelter Not zu dir. Er sehnte sich danach, dass sein Volk vor

Assyrien, dem Reich des Bösen jener Zeit, beschützt würde. Das scheint doch ein vernünftiger, legitimer Wunsch zu sein. Aber du schwiegst nicht nur zu seiner Not, sondern du handeltest sogar aktiv gegen ihn, indem du ihm befahlst, der assyrischen Hauptstadt Ninive eine Chance zu geben, zu gedeihen und stark zu bleiben.

Gott, manchmal scheinst du gar nicht auf der Seite deiner Leute gegen diejenigen zu stehen, die sich deinen Maßstäben widersetzen: die Abtreibungsbefürworter, die Befürworter der Schwulenehe, die Pädophilen, die Terroristen und die machthungrigen, korrupten Politiker. Warum setzt du dich nicht energischer für die Sache deiner Gemeinde ein? Manchmal frage ich mich, was eigentlich das größere Problem ist – dass ich deiner Gegenwart entfliehe oder dass du meiner entfliehst. Ich kenne jede Menge Leute, die gegen soziale Übel kämpfen und denen du nicht sehr dabei zu helfen scheinst.»

«Sei still: Ich entfliehe deinen Impulsen, wenn sie falsch sind, aber nie deiner Gegenwart. Was du für meine Absichten hältst, sind oft nur deine eigenen, die du aus Stolz und Selbstgerechtigkeit und Verachtung gegenüber Menschen, die ich liebe, kreierst und verfolgst. Wenn du meinen 32. Brief liest, sollst du Folgendes hören:

**Du reduzierst mich auf einen Gott, der sich deinem Verständnis davon, was das Wichtigste ist, unterordnen soll. Das tödliche Eigeninteresse hinter den Zielen, für die du um göttliche Zustimmung buhlst, erkennst du nicht. Es ist falsch, wenn du meine Kooperation mit deinem Lebensverständnis verlangst. Weil ich dich liebe und weil meine Pläne für dich gut sind, verlange ich deine Kooperation mit mir. Einen anderen Weg, dich meiner Gegenwart zu erfreuen, gibt es nicht.»**

«Gott, zeig mir, wo genau Jona in die Irre ging. Ich glaube, ich mache vielleicht denselben Fehler.»

«Das tust du. Hör gut zu. Ursprünglich berief ich Jona, um Wohlstand für mein Volk anzukündigen, obwohl gerade ein böser König herrschte [2. Könige 14,23–27]. Als meine Berufung mit seinen Wünschen im Einklang stand, war Jona sehr gerne mein Prophet. Doch als ich ihm einen Auftrag gab, der gegen die Kultur ging, seinem Volk Anstoß gab und seinem Ruf schadete, rannte er auf und davon. Jonas Talent, seinen Ungehorsam zu rationalisieren, war ebenso hartnäckig wie deines. Er hielt es für legitim, seine Berufung zu kompromittieren, um seine Segnungen zu bewahren. Nicht einmal der drohende Tod in einem feuchten Grab oder zweiundsiebzig Stunden im Bauch eines Fisches brachten ihn zur Besinnung. Schließlich gehorchte er mir widerwillig, aber er war immer noch überzeugt, meine Aufgabe als Gott sei es eigentlich, mich um ihn und sein Volk so zu kümmern, wie er es für am besten hielt. Kein Prophet war je erfolgreicher in seiner Verkündigung, und keiner war je empörter über seinen eigenen Erfolg. Die Leute von Ninive taten Buße. Ich vergab ihnen. Und Jona wurde sauer. Israels Feinde waren nicht vernichtet worden.

Um meinem Ruf zu folgen, ist es immer erforderlich, dass du deinem Eigeninteresse und deinem selbstgerecht-moralistischen Verständnis vom Leben abstirbst. Das ist ein langsamer, qualvoller Tod, so schmerzhaft, dass es dir manchmal vorkommen mag, als wäre der physische Tod vorzuziehen. Ich linderte Jonas Elend, indem ich ihm Schatten vor der heißen Wüstensonne spendete. Zugleich tat ich das, um seine oberflächliche Selbstbezogenheit bloßzustellen. Er brachte es fertig, fröhlich im Schatten zu sitzen und immer noch Menschen, die mir am Herzen lagen, den Tod zu wünschen.

Ich ließ Jona mit derselben Frage zurück, die ich nun auch dir stelle: Wenn du in deinem Leben an einen Stolperstein stößt, den ich nicht aus dem Weg räume, obwohl ich es könnte, wirst du dann weiterhin meinen, ich sollte meine Weisheit der deinen unterstellen und das tun, was du für das Beste hältst?»

«Gott, ich bin Jona. Wenn das Leben mir übel mitspielt, denke ich instinktiv, dass du eingreifen und es besser machen solltest. So denke ich nun schon seit fünfzig Jahren. Werde ich mich je ändern?»

«Durch den Propheten Micha tue ich kund, was ich von dir *verlange* (was du leider nicht tust), was ich *offenbare* (was du nicht siehst), und wie ich *erlöse* (was du nicht ändern kannst). Ich werde dich heilig machen. Und ich werde es durch meinen Sohn tun. Bald wirst du ihn genauso lieben wie ich, wenn du seine Liebe zu mir und zu dir siehst. Nichts weniger als das wird das verändern, was in deinem Herzen verändert werden muss. Lies weiter.»

# 33. Liebesbrief
# Micha

## Du bist schuldig! Du bist begnadigt!

«Gott, manchmal frage ich mich, ob ich nicht das Christentum aufgeben muss, um Christus nachzufolgen. So vieles von dem, was ich von Kanzeln höre (besonders im Fernsehen), und so vieles von dem, was ich in christlichen Büchern lese, scheint das, was mir aus deinen Briefen klar geworden ist, einfach zu ignorieren. Oder es widerspricht ihnen sogar direkt. Willst du wirklich, dass die harten Wahrheiten, die du in Briefen wie Hosea, Amos und nun Micha ausgesprochen hast, deinem Volk heute verkündigt werden?

Wenn ich diesen 33. Liebesbrief lese, stelle ich mir vor, du würdest in der Gemeinde, in der ich am letzten Wochenende gepredigt habe, aufstehen und nach vorn gehen. Es ist eine gute Gemeinde voller Leute, die darauf vertrauen, dass dein Sohn ihnen vergeben hat. Leute, die mit voller Inbrunst anbeten und eifrig damit beschäftigt sind, in deinem Namen Gutes zu tun. Und ich frage mich: Würdest du wohl diese Leute so ansprechen, wie du die Leute zu Michas Zeit angesprochen hast? Damals sagtest du ihnen dies: ‹Gebt Acht, ihr Bewohner der Erde! Gott, der Herr, tritt als Zeuge gegen euch auf› (Micha 1,2).

Die Leute, vor denen ich am letzten Sonntag gepredigt habe, wären schockiert gewesen, solche Worte zu hören. Ich auch. Du hast die Juden damals behandelt wie einen Haufen Angeklagter vor Gericht, die schwerer Verbrechen schuldig sind. Du hast sie in einem Gerichtssaal zusammengetrieben und einen Prozess gegen sie geführt, ohne Verteidiger und mit dir selbst als Ankläger, Richter und Jury. Würdest du heute in einer Gemeinde voller begeisterter Jesus-Nachfolger dasselbe tun?»

> «Sag mir, was du bei meinem Volk heute beobachtest, wenn es sich versammelt, manchmal in riesiger Zahl, um mich anzubeten und zu hören, was ich sage.»

«Ich sehe zumeist nette Leute, die gerne in die Gemeinde gehen. Sie lassen sich von rhythmischer Musik mitreißen und hören gern leidenschaftliche Predigten. Aus diesen Predigten entnehmen sie, dass du ein guter Gott bist, ein Gott der Liebe, der für sie ist und sich danach sehnt, sie mit Freude, Sinn und allen guten Dingen des Lebens zu segnen.»

«Siehst du auch Zerbrochenheit vor einem heiligen Gott? Siehst du Klage über ihr Ringen mit Leere und Versagen? Siehst du Buße für Beziehungsverhaltensweisen, die strenge Strafe verdienen?»

«Nicht sehr oft.»

«Dann ist meine Botschaft aus Michas Zeit heute genauso notwendig wie damals.»

«Aber Gott, wir leben doch auf der *anderen* Seite von Golgatha. Uns ist bereits vergeben. Die meisten glauben, dass du dich nun als ein liebender Gott offenbart hast. Als ein Gott, dessen Zorn verraucht ist. Als Herr einer Gemeinschaft von Menschen, die nun bestätigt und für die Mission freigesetzt werden können. Du musst mir hier ein bisschen helfen. Was hast du damals in diesem 33. Brief zu deinem Volk gesagt, das du mir heute zu verstehen geben willst?»

«Diesen Brief habe ich geschrieben, als Juda und Israel wohlhabende, starke Nationen waren. Genau wie heute dachte mein Volk damals, es wäre mein Plan, dafür zu sorgen, dass sie wohlhabend und stark blieben, solange sie mir einen Platz in ihrem Leben einräumten. Es traf damals zu, es traf nach Golgatha zur Zeit des Paulus zu, und es trifft in heutigen Gemeinden immer noch zu: *Mein Volk versammelt sich, um Prediger das sagen zu hören, was sie hören wollen* [2. Timotheus 4,3–4].

Damals im Tempel und in allzu vielen Gemeinden heute hörte man auf heuchlerische Lügner, getarnt als Hirten und Lehrer. Geistliche Führer mit totem Gewissen, die behaupten, für mich zu sprechen, doch statt der Wahrheit, die das Ego beleidigt, nur das feilbieten, was sich gut vermarkten lässt (1. Timotheus 6,5). Einige gibt es auch, die stolz sind auf ihren Mut, eine selbst gewählte unpopuläre Botschaft vorzutragen und sich einreden, sie wären prinzipientreue Märtyrer für eine Wahrheit, die nur wenige hören wollen. In Wirklichkeit jedoch sind sie eigensüchtige Narzissten, die unverfroren Uneinigkeit aufrühren mit umstrittenen Lehren, die mein Volk verwirren und nur dem Bedürfnis des Lehrers nach Ansehen entgegenkommen. Wieder andre spüren einen Ruf zu einem Dienst mit größerer Reichweite, der eher von ihrem Fleisch kommt als von meinem Geist.

Riesige Menschenmengen versammeln sich, um schön klingende Lügen zu hören [Jeremia 5,31], während die pharisäische Elite sich darin gefällt, kühn zu Themen Stellung zu beziehen, die Gemeinden in Insider und Outsider, Erleuchtete und Blindgebliebene spalten. Höre, was ich zur Zeit Michas zu meinem Volk sagte. Heute sage ich es zu dir.

Wenn jemand sich mit gewinnendem Lächeln und glatter Zunge auf eine Kanzel (oder vor eine Fernsehkamera) stellt und verlockende Lügen verbreitet, wann immer er den Mund aufmacht, wenn ein Mann Gottes Predigten hält, die dir sagen, wie du alles von mir bekommst, was du willst – mehr Geld, bessere Gesundheit, einen größeren Dienst, eine glücklichere Familie, ein besseres Selbstwertgefühl, eine befriedigendere Erfahrung meiner Gegenwart –, dann werden die Leute in Scharen in seine Gemeinde strömen und sein Buch zu einem Bestseller machen [Micha 2,11].

Das ist die Botschaft, die ich durch Micha weitergab. Und es ist die Botschaft, die ich heute verkündige. Doch nur wenige hören zu. Wenn du Ohren hast zu hören, dann höre dies, wenn du meinen 33. Brief liest:

**Wie mein Volk in Samarien und Jerusalem zur Zeit Michas, das keine Zerbrochenheit kannte und deshalb auch keine Buße tat, wirst auch du hirntot bleiben, weil du so in deinem stolzen Denken verfangen bist, dass du dich von der Wahrheit nicht demütigen lassen wirst. Und du wirst seelentot bleiben, so hartgesotten in deinem Verlangen nach Befriedigung, dass du Leere als Weg, um mich kennenzulernen, nicht akzeptieren wirst. Du bist ohne Hoffnung. Du bist verloren, es sei denn, ICH BIN ein Gott, der Sünde vergibt, der in Gnade und Barmherzigkeit deine Selbstbezogenheit in die Tiefen des Meeres schleudert [Micha 7,16–20].»**

«Gott, es gibt ein paar Ausnahmen, aber allgemein ist das nicht die Botschaft, die ich in heutigen Gemeinden höre. Und ich glaube nicht, dass sie besonders gut ankommen oder große Menschenmengen anziehen würde.»

«Als Micha meinem Volk diese Botschaft ausrichtete, sagten ihm die Herrscher, Priester und Propheten, er solle den Mund halten. Sie warfen ihm Irrlehren vor. Er predige eine Botschaft, die unmöglich von einem Gott der bestätigenden Liebe stammen könne. Sie irrten sich.

Drei Mal in diesem Brief fordere ich dich auf, zuzuhören [1,2; 3,1; 6,1]. Jedes Mal verkünde ich dann eine Unheilsbotschaft, gefolgt von einer Botschaft der Hoffnung. Die Unheilsbotschaft macht mir keine Freude. Und diejenigen, die diese Botschaft treu ausrichten, sprechen sie unter Tränen aus [Micha 1,8; 7,1]. Diejenigen aber, deren Gehör durch ihre Selbstzufriedenheit getrübt ist, glauben weiterhin daran, dass ihre Hoffnung in religiöser Begeisterung und Aktivität liegt [Micha 6,6–7].

Doch die Hoffnung für dem Untergang geweihte Menschen liegt in dem Einen, der aus Bethlehem kommt [Micha 5,2–5]. Schon zu Michas Zeit war mein Sohn meine ganze Freude. Voller Freude gab ich diese Hinweise auf meinen Plan. Mein Plan ist auf Kurs. Er war es damals. Er ist es jetzt. Damals wie heute rufe ich mein Volk auf, sowohl mich als auch sich selbst in der Ruhe der Zerbrochenheit zu finden, in dem stillen Vertrauen der Buße [Jesaja 30,15]. Erst dann werden sie meine Hoffnungsbotschaft hören. Erst dann werden sie gerecht miteinander umgehen, was es ihr Eigeninteresse auch kosten mag. Erst dann werden sie sich danach sehnen, anderen zu vergeben, wie ich ihnen vergeben habe. Erst dann werden sie lernen, in Demut und Weisheit durch alle Lebensumstände zu gehen, geleitet von ihrer Erkenntnis, wer ICH BIN. Erst dann werden sie all ihre gunstheischenden Aktivitäten als abscheulich und sinnlos betrachten [Micha 6,6–8]. Das ist es, was ich dir in diesem 33. Liebesbrief sage.»

«Gott, gib mir die Kraft, gegen meine religiöse Kultur aufzustehen und unter Tränen und mit Hoffnung für deine Wahrheit einzutreten. Ich möchte deinem Sohn in das Leben deiner Familie hinein folgen.»

«Dazu wirst du mehr Kraft brauchen, als du dir vorstellen kannst. Mein Feind reduziert meine Unheilsbotschaft auf einen leichten Klaps auf die Hand. Meine Hoffnungsbotschaft hat er zu einer bloßen Bestätigung deines Wertes entwertet. Und er vollzieht sein Wirken oftmals von der Kanzel aus. Du musst mir vertrauen, dass ich meinen Feind überwinden und meinen Plan ausführen werde, auch, oder *gerade,* wenn du nichts Handfestes siehst, was dein Vertrauen unterstützt. Mein nächster Brief soll dich stärken, gegen falsche Lehrer aufzustehen, die dir Honig um den Mund schmieren, und in der Kraft der stolzverletzenden Wahrheit, die zum Leben führt, aufrecht zu stehen. Du hast mein Wort im Buch Micha gehört. Nun höre mich im Buch Nahum.»

## *34. Liebesbrief*

# Nahum

## Deine Beziehungen werden gelingen – dafür sorge ich

«Gott, mir ist ganz und gar nicht klar, was du mir in diesem nächsten Brief sagst. Ich weiß, es geht in allen drei Kapiteln um deinen Plan, Ninive zu zerstören – die Hauptstadt Assyriens, deren Bewohner hundert Jahre zuvor auf die Predigt Jonas hin Buße für ihre Grausamkeit getan hatten. Und du machst deutlich, dass dein Volk über die Nachricht jubeln soll, dass Ninive ausgelöscht wurde. Das ist begreiflich, da Assyrien immer noch eine starke Nation und eine ständige Bedrohung für Juda war. Dennoch scheint mir das eine ziemliche Kehrtwende zu sein. Es hatte dir doch überhaupt nicht gefallen, als Jona sich die Vernichtung Ninives wünschte. Nun jedoch kündigst du durch Nahum deinen Plan an, Ninive zu zerstören, und du sagst deinem Volk, es solle deswegen ein Fest veranstalten.

Gott, ich weiß nicht, was du mir durch diesen Brief zu verstehen geben möchtest. Die Geschichte ist schon interessant. Aber du sagtest doch, deine Botschaft an mich im Buch Nahum würde mich stärken, um in der Kultur des heutigen Christentums, die gerne Kompromisse mit der Wahrheit macht, unverbrüchlich für die Wahrheit einzustehen. Ich verstehe noch nicht, wie dieser Brief das bewerkstelligen soll. Offen gesagt hat mich dieses Stück antike Geschichte ziemlich gelangweilt.»

«Was hat sich in deinem Leben und in deiner Seele getan, als du meinen 34. Liebesbrief gelesen hast?»

«Ich bin genervt und erschöpft. Letzte Woche habe ich zwei Briefe von Leuten bekommen, mit denen ich im Zuge meines Dienstes zu tun hatte. Beide Briefe haben mich wütend gemacht. Zu Recht, glaube ich. Ich habe mir das Gehirn zermartert, ob ich freundlich antworten und Zugeständnisse machen oder meinen Standpunkt behaupten und ihnen zu verstehen geben soll, wie ich über ihre arrogante Haltung denke. Ich hasse solche Nervereien. Sie hören nie auf. Immer ist irgendetwas. Jetzt muss ich mich mit der Unfairness dieser Typen und mit meinem Verlangen herumschlagen, ihnen diesen Zahn zu ziehen. Ich bin müde. Ich will doch eigentlich nur leben, dich besser kennenlernen, meine Familie lieben und genießen, tiefe Gespräche mit nachdenklichen Freunden führen und hin und wieder ein bisschen Golf spielen. Ich würde mich gerne in meiner Seele ausgeruht fühlen, begierig, die Gelegenheiten des Lebens zu ergreifen. Stattdessen bin ich genervt, unter Druck und müde.»

«Ich sehe deine Erschöpfung. Ich kenne deine Kämpfe. Der Name *Nahum* bedeutet ‹Barmherzigkeit›. Lies diesen Brief, um meine Barmherzigkeit zu erfahren und meinen Trost zu spüren.»

«Jetzt kann ich dir überhaupt nicht mehr folgen. Wie soll es mir denn dabei helfen, inmitten meiner Nöte Ruhe zu finden und neue Kraft zu schöpfen, um für meine Überzeugungen einzustehen, wenn ich davon lese, wie du vor Tausenden von Jahren zornig beschlossen hast, eine Stadt zu zerstören?»

«Höre, was ich in diesem Brief zu dir sage:

**Ich schwöre bei meiner heiligen Liebe: Ich werde jeden Feind besiegen, der dich daran hindert, die Zufriedenheit, die du dir wünschst, die Ruhe, die du ersehnst, und die Freude, die du in Beziehungen erleben möchtest, zu finden.»**

«Gott, das erlebe ich aber nicht. Die Nervereien hören nicht auf. Je älter ich werde, desto schwieriger wird das Leben. Willst du mir etwa sagen, deine Ankündigung, Ninive zu zerstören, schließe irgendwie auch das Versprechen ein, mir ein Leben ohne Nervereien zu verschaffen?»

«Nein, noch nicht. In dieser Welt verspreche ich dir Bedrängnis. Aber ich habe diese Welt überwunden [Johannes 16,33]. Sie hat nicht mehr die Macht, die Freude der Hoffnung zu zerstören, die Ruhe, die daher kommt, dass du mich kennst und dich danach sehnst, dich in deinen Beziehungen in allen Situationen so zu verhalten wie ich. Der Tag kommt, an dem niemand mehr anderen mit Stolz, Eigeninteresse und Furcht begegnen wird. Dieser Brief ist mein Aufruf an dich, schon jetzt zu feiern, was ich später tun werde. Lass deine Hoffnung meine Liebe freisetzen, damit sie in dich und durch dich zu anderen strömt.

Durch Nahum zeige ich mich als der göttliche Streiter, der die Entschlossenheit und die Mittel besitzt, meine Welt von Sünde zu befreien und ihre Schönheit wiederherzustellen [Nahum 1,2–6]. Wenn ich Ninive betrachte, erinnere ich mich an Nimrod, einen Mann, der glaubte, er wäre stark genug, um mir zu widerstehen. Er erbaute Ninive, und seither war diese große Stadt ein Altar für die Selbstanbetung [1. Mose 10,8–12]. Ich habe geschworen, Ninive ein Ende zu machen [Nahum 1,8], und das werde ich auch tun. Seine Nachkommen, die von einem Beziehungsverhalten getrieben sind, das gegen meine selbsthingebende Art steht, werden mein Fest nicht stören können [Nahum 1,14].

- Ich kündigte Ninives Zerstörung an, als seine Macht noch ungebrochen war. Meinen Plan, dir Ruhe zu geben, kündige ich an, während die Nervereien dich immer noch täglich plagen.
- Ich sehe Ninive in den beiden Männern, die dich mit ihren Briefen attackiert haben. Ich sehe Ninive in dir. Noch sind die eigensüchtigen Ansprüche nicht durch aufopfernde Liebe verdrängt worden, weder in ihnen noch in dir. Blicke auf! Ich sende Einen, der gute Nachricht bringt. Der Friede ohne Nervereien ist auf dem Weg. Feiere meinen Plan schon jetzt, indem du inmitten deiner Nervereien so mit anderen umgehst, dass es mich widerspiegelt und dein Zutrauen zu meinem Plan zeigt [Nahum 1,5].»

«Gott, ich höre dich. Aber es dringt nicht zu mir durch. Ich bin immer noch sauer wegen dieser Briefe, und mir ist immer noch danach zumute, das meiste von dem, was in Gemeinden heute vor sich geht, einfach aufzugeben. Nichts läuft so, wie es sollte.»

«Mein Diener Martin Luther schrieb einmal: ‹Du hast die Gewichtigkeit der Sünde noch nicht bedacht.› Die eigensüchtige Energie hinter diesen Briefen, die so oft auch in der Gemeinde herrscht und auch in dir aktiv gegenwärtig ist, ist ein viel schlimmerer Angriff gegen mich als gegen dich. Erst wenn du erkennst, dass die Quelle deiner Nervereien eine schlimmere Beleidigung für mich ist als für dich, wirst du darin Ruhe finden, dass ich einen Plan habe, um damit fertigzuwerden. Lass mich dir einen kleinen Einblick geben, wie ich mit Sünde umgehe. Hör noch einmal auf Luther. Er sprach von dem Ruf, den ich meinem Sohn erteilte, einem Ruf, den er bereitwillig annahm.

Unser barmherziger Gott und Vater … sandte … Seinen eingeborenen Sohn in die Welt und warf auf ihn alle Sünde der Welt und sprach: ‹Sei du Petrus, der mich verleugnet hat; Paulus, mein Verfolger, Verspotter und grausamer Unterdrücker; David, der Ehebrecher; der Sünder, der den Apfel im Paradiese aß; kurz, sei Du mir der, der alle Sünde der Welt begangen hat, und siehe wohl zu, dass Du mir dafür zahlest und Genüge leistest.› Hier kommt nun das Gesetz und spricht: ‹Ich sehe, dass Er ein Sünder ist und als solcher alle Sünden der Welt auf sich genommen hat, und sehe auch außer Ihm sonst nirgends keine Sünde mehr, darum soll Er sterben am Kreuz. … Und das bedeutet, dass nun die ganze Welt von Sünden reingewaschen … ist. … Gott wollte nichts anderes in der ganzen Welt sehen, wenn sie glaubte, als eine bloße Reinigung und Gerechtigkeit.›

Ich habe Ninive vernichtet, indem ich alle seine Einwohner tötete. Die Energie Ninives, die in jedem Bewohner dieser Welt steckt, habe ich vernichtet, indem ich meinen Sohn tötete. Mein Plan ist es, das Unkraut der Nervereien und die Dornen des Leides zu beseitigen und dich für immer ohne diese Energie der Eigensucht in einer Welt leben zu lassen, die besser ist als Eden. Das ist die Wahrheit. Glaube sie, lebe sie und predige sie denen, die noch von der Energie Ninives beherrscht werden, jener bösen Leidenschaft, sich selbst durchs Leben zu schlagen, ohne Rücksicht darauf, was es andere kosten mag.»

«Gott, ich weiß, ich werde immer zu kämpfen haben mit Briefen, die mich aufregen, und mit meinem Impuls, Leuten, die solche Briefe schreiben, die Meinung zu sagen. Ich werde immer zu kämpfen haben mit Gemeinden, bei denen Bestätigung höher im Kurs steht als Zerbrochenheit, weil sie das Ninive, das immer noch in uns allen steckt, nicht sehen. Aber ich will gut kämpfen. Dieser 34. Brief stärkt diesen Wunsch in mir.»

«Außer meinem Sohn hat noch kein Mensch je den vollkommenen Kampf gekämpft. Doch niemand hat je besser gekämpft in einer Welt voller Nervereien, die ihn ärgerten und bedrückten, als Habakuk. Seine Geschichte erzähle ich in meinem nächsten Brief.»

# 35. Liebesbrief
## Habakuk

## Wenn nichts klappt, warte ab! Mein Plan ist gut

«Gott, wenn ich deinen nächsten Brief lese, wird mir klar, wie wenig ich verstehe oder zu schätzen weiß, wie du vorgehst. Nie habe ich ein so verzehrendes Verlangen gespürt, mehr aus meiner Beziehung zu dir herauszuholen, und nie habe ich weniger von dem gespürt, was ich mir so sehr wünsche.

Eben habe ich gelesen, dass John Newton, einer deiner aufrichtigen und bekannten Nachfolger, sich zutiefst nach einer tieferen, aufregenderen Erkenntnis deines Wesens sehnte. Er erwartete eine überwältigende Vision deiner Herrlichkeit, erlebte jedoch über lange Zeit hinweg nur eine verwirrende Empfindung deiner Abwesenheit. Das kenne ich. Ich möchte dich gern so gut kennen, dass ich vor Freude singe und mit Vollmacht rede, doch meistens kämpfe ich mit Zweifeln und fühle mich leer, allein und wenig überzeugt und noch weniger überzeugend, wenn ich rede.

Ich weiß nicht recht, was ich damit anfangen soll, aber als ich heute Morgen aufwachte, fühlte sich mein frustriertes Verlangen danach, dich zu kennen, seltsam wach und von lebendiger Hoffnung erfüllt an. Als ich gestern Abend zu Bett ging, war ich in Gedanken mit allem beschäftigt, was ich über deinen 35. Brief an mich weiß. Gibt es einen Zusammenhang zwischen meinen abendlichen Gedanken und meiner morgendlichen Hoffnung? Ich fürchte mich fast, das zu fragen. So oft schon bin ich enttäuscht worden. Dennoch: Gott, sprichst du durch Habakuk zu mir?»

«Natürlich. Ich spreche immer zu dir. Nur hörst du nicht immer zu.»

«Gott, ich weiß nicht genau, warum, aber ich glaube, ich höre jetzt zu. Was sagst du mir? Ich muss es wissen!»

«Deine Verzweiflung ist gut. Sie ist das Werk meines Geistes in dir. Menschen hören mich deutlich reden, wenn sie so ehrlich sind, sich einzugestehen, wie verwirrt sie darüber sind, wie ich ihre Gebete beantworte. Lies meinen 35. Liebesbrief und höre mich darin Folgendes sagen:

**Ignoriere nie die Mühe, die du damit hast, wie ich vorgehe. Stelle jede Frage, die in deinem Herzen aufsteigt, während du in dieser Welt lebst. Aber mach dich darauf gefasst, dass du mit meiner Antwort noch mehr Mühe haben wirst. Du must erst verwirrt herumstolpern, bevor du vor Freude tanzen kannst.»**

«Gott, deine Worte verlocken mich zur Hoffnung. Ich empfinde gerade dasselbe, was Jeremia empfand, als er dich als einen Gott erlebte, der verführt, aber nicht einlöst, was er verspricht [Jeremia 20,7]. Du hast ihn gelockt, indem du ihm Wasser versprachst, doch als er durstig zu dir kam, fand er nur einen vertrockneten Brunnen [Jeremia 15,16–18]. Und er war frustriert über dich. Du sagtest ihm, er solle Buße tun und sich durch die Mühe, die er damit hatte, wie er dich erlebte oder wie du vorgehst, niemals davon abhalten lassen, darauf zu warten, dass du einlöst, was du versprochen hast [Jeremia 15,19–21].

Gott, zeig mir, wie Habakuks Geschichte mir helfen kann, zuversichtlich zu warten. Ich möchte dich besser kennenlernen. Lass mich hören, wie du in diesem Brief diesen Wunsch in mir ansprichst.»

«Genau wie du sah Habakuk Probleme in der Gemeinde seiner Zeit. Probleme, für die ich ihm die Augen öffnete und gegen die ich dann nichts unternahm. Durch meine bisherigen Briefe habe ich auch dir die Augen geöffnet, damit du siehst, was dich am heutigen Christentum stört und mich entsetzt:

- Oberflächliche Anbetung, die zwar gute Stimmung bringt, aber keine Kraft zur Veränderung.
- Geistliche Leiter, die gierig nach Anerkennung, aber blind dafür sind, wie sehr ihr Dienst von ihrer Unsicherheit getrieben ist, und deshalb nicht fähig sind, Menschen zu wahrer Zerbrochenheit aufzurufen.
- Abwertende Auffassungen vom Kreuz, die den Tod meines Sohnes auf eine Bestätigung des Wertes der Menschen und auf einen Aufruf, andere ebenso zu bestätigen, reduzieren.
- Eine postmoderne Umdeutung des Christentums zu einer Geschichte vom Bau des Reiches, erzählt auf der Grundlage wahr-

heitsverleugnender Ungewissheit oder unerkennbarer Wahrheit. Das Ergebnis ist eine Religion der moralischen Flexibilität, die die Forderung nach Heiligung abschwächt.

- Eine dem Stolz schmeichelnde Betonung von Größe, Aktivität und Bekanntheit, die Gemeinde zu einem bloß inspirierenden Event korrumpiert und sie davon wegbringt, eine übernatürliche Möglichkeit zu sein, um mich kennenzulernen und um sich selbst und andere mit einem schmerzhaften Realismus zu erkennen, der mein Volk dazu treibt, immer abhängiger von mir zu werden und mir immer tiefer zu vertrauen.

Habakuk betete um Zerbrochenheit in seinem Volk und um Erweckung durch meinen Geist. Er erlebte keines von beiden.

Hör nun gut zu, wenn ich den Dialog entfalte, den ich mit meinem frustrierten Diener führte. Ich sehne mich danach, denselben Dialog auch mit dir zu führen. Ich ließ zu, dass Habakuk im Mysterium meines Schweigens verharren musste, bis er mit seiner Kraft am Ende war. Erst wenn die falsche Hoffnung aufgegeben ist, öffnet man sich für meine seltsame, aber wahre Hoffnung [Habakuk 1,2–4].

Ich zerschlug seine falsche Hoffnung, indem ich ihm meinen Plan offenbarte: Babylon, eine Nation, die noch bösartiger war als Juda, würde sich erheben und mein Volk in die Zucht nehmen. Und ich machte deutlich, dass all dies unter meiner Leitung geschehen würde [1,5–11]. Du und mein ganzes Volk, ihr sollt wissen, dass nichts mich überraschen kann – nicht einmal Adolf Hitler oder Osama bin Laden. Nichts ist je geschehen oder wird je geschehen, das ich nicht zu meinen Zwecken nutzen werde.

Doch das, was ich zulasse, scheint meinem heiligen und reinen Charakter zu widersprechen. Ich mutete Habakuk zu, wie ich auch dir zumute, in der Spannung zwischen dem üppig gedeihenden Bösen, sei es in der Gemeinde oder in der weltlichen Gesellschaft, und meinem Plan, die Schönheit meines Charakters in dieser Welt wiederherzustellen, zu leben. Diese Spannung ist es, die Habakuk dazu führte, sein Augenmerk von der Frustration über das, was er in der Welt sah, hin zum Staunen darüber zu verlagern, wie ich meinen Plan ausführe [2,1]. Diese veränderte Blickrichtung brachte Habakuk zum Schweigen, so dass ich reden konnte.

Daraufhin offenbarte ich ihm meinen Plan, auf dessen Entfaltung jeder warten muss [2,3]. Es gibt nur zwei Möglichkeiten, wie Leute darauf reagieren, wenn ich von ihnen verlange, auf etwas zu warten. Entweder weigern sie sich zu warten, und versuchen stattdessen, ihr Leben nach ihren eigenen Wünschen zu gestalten. Oder sie leben aus dem Glauben an meinen Charakter, bekennen ihre eigene Selbstsucht und ordnen sich meinem Plan und meinem Zeitplan unter, sie zu meinem Fest zu bringen [2,4].

Mach dir bewusst: Wer aus dem Glauben lebt, wird Kämpfe auszustehen haben, die solche, die ihr Leben selbst gestalten, nie erleben werden. Dieser Kampf, trotz Schmerzen, Verzweiflung und Verwirrung daran zu glauben, dass ein guter Plan auf dem Weg ist, wird ihnen die Augen öffnen, so dass sie mich deutlicher sehen können. Ist es das, was du willst? Wirst du diesen Preis zahlen?

Der Preis ist folgender: Du wirst unter Qualen beben, während du als ein sündiger, dich selbst an die erste Stelle setzender Mensch in einer sündigen, sich selbst an die erste Stelle setzenden Welt lebst. Dabei wird dir klar sein, dass keine Sünde ungestraft bleiben wird, obwohl es für eine Weile so aussehen wird, als ob ich nichts täte [3,16].

Du wirst es lernen, in der Leere und mit einer frustrierten Sehnsucht darauf zu warten, dass sich mein Liebesplan offenbart [3,17].

Wenn du Zutrauen zu mir und Hoffnung auf meinen Plan hast, wirst du aber nicht nur die Qual des Lebens in diesem Tal spüren, sondern auch vom Berggipfel des Glaubens aus meine Herrlichkeit sehen [3,18]. Nur diejenigen, die mit ihrer Verwirrung ringen und in Hoffnung ausharren, werden die Kraft empfangen, einen guten Kampf zu kämpfen und voller Zuversicht auszuharren.

Das ist meine Botschaft an dich in diesem 35. Liebesbrief. Kämpfe gut! Warte hoffnungsvoll!»

«Gott, ich habe immer noch Angst, dass du mein Verlangen, dich zu kennen, nur geweckt hast, um mich zu frustrieren. Dass ich wieder einmal zum Brunnen laufen und kein Wasser finden werde. Bitte! Hebe mich empor auf die Berghöhen. Lass mich zuversichtlich über all die Klippen der Verwirrung springen. Lass mich deine

Herrlichkeit sehen. Das ist mein Gebet. Ich werde still auf deine Antwort warten. Aber Gott, Warten ist schwer!»

«Heute ist der Tag des Bösen. Aber mein Tag kommt. Die Dämmerung bricht schon an. Lies davon in meinem nächsten Brief.»

# 36. Liebesbrief
# Zefanja

## Gib dich nicht mit kosmetischen Veränderungen zufrieden – das ist nicht mein Plan

«*Noch* ein Brief über das Gericht? Gott, wie oft musst du mich noch daran erinnern, dass du Sünden bestrafst, bis ich bereit bin, deinen Sohn zu sehen und die Gnade zu schätzen weiß? Noch mehr Unheilsdrohungen mit eingestreuten Andeutungen einer Hoffnung – es kommt mir vor, als wäre es mehr als genug. Und ich muss noch drei weitere Unheilsbriefe lesen, bevor du deinen Sohn offenbarst. Worauf willst du hinaus? Was sagst du mir in diesem Brief, was ich in den anderen noch nicht gehört habe?»

«Aufrichtige geistliche Leitung kann nur den Anschein einer Erweckung hervorbringen, nie eine wirkliche. Aufrüttelnde Musik und leidenschaftliche Predigten sind gut, aber sie haben in sich selbst keine Kraft, die Dinge an meinem Volk zu verändern, die falsch sind. Nur der Tod vernichtet das Böse. Nur der Tod stößt die Tür zur Auferstehung auf, zu einer neuen Lebensweise. Ohne das Wirken meines Geistes lösen eure begeisternden religiösen Versammlungen in meinem Herzen wenig Begeisterung aus. Ich möchte, dass du unter die Oberfläche schaust und das Problem siehst, das nur mein Sohn lösen kann.»

«Gott, ich habe gerade fünf Mal deinen 36. Brief gelesen. Die Kommentare der Theologen dazu habe ich auch studiert. Und ich habe stundenlang darüber gebrütet, was ich dich durch Zefanja alles sagen höre. Aber *das* habe ich dabei nicht herausgehört.»

«Dann hör gut zu. Meine Botschaft an dich ist in eine Geschichte eingewoben. Zefanja war der Ururenkel des gottesfürchtigen Hiskia. Und er war der Cousin Josias, des Königs, der meinem Volk eine Erweckung brachte, nachdem es lange Zeit von durch und durch gottlosen Königen regiert worden war. Die letzten beiden Jahre hatte Amon geherrscht, und davor 55 Jahre lang Manasse. Erinnere dich an den historischen Zusammenhang. Ich veränderte das Herz Manasses – eines der bösartigsten Könige, die je auf Davids Thron saßen –, doch erst durch ein strenges Gericht nach fünf Jahrzehnten böser Herrschaft.

In seinen letzten Jahren ehrte mich Manasse und wies die Israeliten an, mir nachzufolgen. *Aber mein Volk hörte nicht auf ihn!* (Lies die Geschichte in 2. Chronik 33, besonders die Verse 15 bis 17). Die Lektion der Geschichte blieb dem scharfsinnigen Zefanja nicht verborgen. Er verstand, dass nichts weniger als ein Gericht nötig ist, um neues Leben entstehen zu lassen. Und er erkannte, dass kein Herrscher, wie zerbrochen, demütig und bußfertig er auch sein mag, die Macht hat, zu verändern, was im menschlichen Herzen verändert werden muss.

Zefanja verstand diese Lektion. Josia nicht. Als Josia mit acht Jahren König wurde, war er natürlich geistlich noch nicht geprägt. Mit sechzehn Jahren fing er an, mich aufrichtig zu suchen, wie es sein Großvater Manasse im hohen Alter getan hatte. Kurz nach Josias 26. Geburtstag wurde das Buch mit meinen Geboten gefunden, das viele Jahre lang verschollen gewesen war. Josia las es und erkannte, wie weit mein Volk hinter meinen Maßstäben zurückgeblieben war. Wie die religiösen Moralisten der heutigen Zeit beschloss er, nicht nur meine Gebote zu befolgen – was gut war –, sondern auch von den Bewohnern Judas zu verlangen, mir Gehorsam zu schwören. Das war naiv [2. Chronik 34].

Josia verhielt sich ganz so wie du, als du als junger Vater dachtest, du könntest dafür sorgen, dass deine beiden Söhne zu gottesfürchtigen jungen Männern heranwachsen würden, indem du ihnen hohe Maßstäbe setztest und darauf pochtest. Sie hörten deinen Familienandachten zu und gingen in die Jugendgruppe, und du dachtest, sie wären mit dem Herzen dabei. Als Josia sah, dass seine Untertanen sich an meine Gebote hielten und ihren Gott in riesigen Versammlungen feierten, ging er wie du davon aus, der *Anschein* der Frömmigkeit sei ein Zeichen für *wirklich vorhandene* Frömmigkeit. Das war die Zeit, in der mein Prophet Jeremia sah, was wie ein mächtiges Wirken meines Geistes aussah, und mich sagen hörte: ‹Und danach kehrte [Juda] zu mir, dem Herrn, zurück, aber es war nur geheuchelt› (Jeremia 3,10).

Auch Zefanja verstand, dass die Erweckung, die von seinem gottesfürchtigen Cousin Josia angeführt wurde, nur oberflächlich war. Das war der Zeitpunkt, als er mit seiner Verkündigung in Juda begann. Was die meisten geistlichen Leiter dazu veranlasst hätte, mein Wirken im Herzen der Menschen zu bestätigen, führte Zefanja dazu, mein Gericht anzukündigen.»

«Gott, ich verstehe die Geschichte, und ich glaube, ich verstehe auch ihren Sinn. Aber kannst du mir in zwei Sätzen sagen, was du mir durch diesen Brief zu verstehen geben willst, das ich bisher noch nicht deutlich gehört habe?»

«Du sollst dies hören:

**Oberflächliche Veränderung wird oft mit tiefer Veränderung verwechselt. Wenn die Arznei bewegender Anbetungszeiten und inspirierender Predigten die Symptome der Sünde lindert, wird die Notwendigkeit der Operation der Zerbrochenheit nicht mehr erkannt.**

Wenn du meinen Sohn in der Meinung aufnimmst, Belehrung, Zucht und Inspiration reichten aus, um dich in der Spur zu halten, wirst du in ihm nur einen religiösen Cheerleader sehen, nicht den heiligen Erlöser, den du dringend brauchst.»

«Gott, zeig mir, wo du das in diesem Brief sagst.»

«Mein Volk war zufrieden damit, wie es mir nachfolgte. Es dachte, ich wäre auch zufrieden. Aber das war ich nicht. Ich begann meine Botschaft an die Leute damals damit, dass ich ankündigte, alles ‹auszurotten›, was ich sah [Zefanja 1,2]. Ich sagte, ich würde meine Hand gegen jeden erheben, der meinte, er könne mich anbeten und zugleich für sich selbst leben [1,4–6]. Ich würde all die niederwerfen, die dachten, sie könnten weiterhin nach einem schönen Leben voller Segnungen streben, ohne mich mit demütigem, zerbrochenem Herzen zu suchen [1,13–18; 2,1–3].

Der große Tag des Herrn, auf den sich mein Volk freute als auf einen Tag noch größerer Segnungen, verhieß stattdessen vor dem Segen ein strenges Strafgericht. Mein Volk erkannte in sich selbst nicht das Böse, das kein nur Bestätigung spendender Seelsorger, keine begeisternde geistliche Versammlung und kein mahnender geistlicher Leiter verändern kann. Ich möchte, dass du ebenso wie Jeremia und Zefanja hinter den äußeren Schein geistlicher Jubelfeste blickst und die Wirklichkeit des geistlichen Stolzes siehst, die oft dahinter lauert. Er muss vernichtet werden.

Dann möchte ich, dass du auf mich wartest. Dass du ausharrst, bis ich mein vernichtendes Gericht über jeden selbstsüchtigen Drang ausgieße, den ich hinter deiner religiösen Fassade erkenne [3,8]. Gib dich nicht mit weniger zufrieden. Nur eine Kreuzigung reicht aus, um mit der selbstversessenen Leidenschaft in dir, die eigenen Pfründe zu schützen, fertigzuwerden. Sie verdirbt Beziehungen, zerstört wahre Gemeinschaft und schließt die Möglichkeit ihrer Wiederherstellung aus.

Das Gericht, das ich ausgieße, wird ‹dafür sorgen, dass die anderen Völker nie mehr ihre Götzen anrufen. Sie alle werden nur noch zu mir, dem Herrn, beten und mir dienen› (3,9). Sie werden eine Gemeinschaft sein, die Gott anbetet und ganz und gar von ihm gepackt ist. Der Turm von Babel [1. Mose 11] war ein Sinnbild für die Entschlossenheit der Menschen, sich zu vereinigen, um sich ohne mich im Mittelpunkt ein schönes Leben zu sichern (wie es so viele Staaten auch heute tun). Doch ich machte ihre gegenseitige Verständigung und Zusammenarbeit unmöglich, indem ich sie zwang, in Worten zu sprechen, die aus ihren selbstversessenen Hintergedanken entsprangen. Sie konnten einander nicht verstehen, weil sie es nicht wollten. Sie wollten nur ihren Standpunkt behaupten und ihre persönlichen Ziele verfolgen. In diesem Brief gebe ich das Versprechen, den Fluch von Babel rückgängig zu machen. Ich werde mein Volk um mich versammeln und es eine gemeinsame Sprache der Anbetung und des Wartens lehren: die Sprache meines, nicht ihres Reiches.

Zuerst muss eine tiefe Erneuerung an die Stelle der oberflächlichen Erweckung treten, bei der die Herzen unverändert bleiben. Zuerst muss das Gericht des Todes die Macht der Selbstsucht vernichten und der auferstandenen Macht der Liebe das Tor öffnen. Erst dann wird mein Plan für alle sichtbar werden.

Mein 36. Brief beginnt mit meiner Ankündigung, alles auszurotten [1,2] und endet mit meiner unverbrüchlichen Verheißung, mein Volk nach Hause zu bringen. Ich werde die Herzen seiner Menschen verändern, so dass ich sie voller Freude betrachten kann, und das Leben meines Sohnes in sie ausgießen [3,18–20]. *Was für ein großartiger Tag wird das sein!*»

«Gott, ist mein Leben mehr Schein als Sein? Die Leidenschaft, dich für meine unmittelbare Befriedigung benutzen zu wollen, streitet in meiner Seele immer noch gegen meine Sehnsucht, du mögest mich zu deinem Wohlgefallen gebrauchen. Allzu oft gewinnt der Schurke den Kampf. Gott, ich bin das Kämpfen leid. *Lass mich Jesus sehen! Lass diesen Tag anbrechen!*»

«Bald. Sehr bald. Doch jetzt musst du noch warten, und du musst kämpfen. Die Herrlichkeit, die nicht nur deine Seele erfüllen und alles Dunkle daraus vertreiben wird, sondern auch die ganze Erde bedecken und ihre Schönheit wiederherstellen wird, ist das quälende Warten wert. Lass dich nicht von Furcht oder Mutlosigkeit beherrschen. Das ist die Botschaft meines nächsten Briefes. Lies ihn und juble vor Hoffnung.»

# 37. Liebesbrief
# Haggai

## Ich habe die Macht – du wirst heilig sein

«Gott, einen kleinen Punkt aus diesem 37. Brief würde ich gern zur Sprache bringen, bevor wir uns in die wichtigeren Dinge stürzen. Durch Haggai bezeichnest du dich selbst vierzehn Mal als *der Herr, der allmächtige Gott*. Das ist eine Menge in diesem kurzen Brief, dem kürzesten deiner ersten 39 neben Obadja. Warum? Ich weiß, es ist nur ein unwesentlicher Aspekt, aber gibt es etwas, das ich dich sagen hören sollte, wenn du diesen Namen für dich selbst gebrauchst?»

«Wie ich mich selbst *bezeichne*, ist gleichbedeutend damit, wie ich mich selbst *offenbare*. Ich gebrauche diesen Namen, der besser als *der Herr der Heerscharen* zu übersetzen ist, fast dreihundert Mal in meinen ersten 39 Briefen, jedoch nicht ein einziges Mal in den ersten acht. Zum ersten Mal stellte ich mich im 1. Buch Samuel mit diesen Namen vor, als ich schrieb: ‹Und dieser Mann [Elkana] ging Jahr für Jahr aus seiner Stadt hinauf, um den Herrn der Heerscharen anzubeten und ihm in Silo zu opfern. Dort aber waren die beiden Söhne Elis, Hofni und Pinhas, Priester des Herrn› (1. Samuel 1,3; Elberfelder).

Dann betete Hanna aus tiefster Not zu mir bei diesem Namen: ‹HERR der Heerscharen! Wenn du das Elend deiner Magd ansehen und meiner gedenken und deine Magd nicht vergessen wirst …› (1. Samuel 1,11; Elberfelder). Durch diesen Namen offenbare ich mich in der Gegenwart solch gottloser geistlicher Führer wie Hofni und Pinhas und inmitten menschlichen Elends wie dem von Hanna als der Gott, der die nötige Macht besitzt, um den Krieg gegen Sünde und Not zu gewinnen, egal, wie abscheulich die Sünde oder wie tief die Not ist. Wenn du mich unter diesem Namen kennst und deine Hoffnung auf all das setzt, was dieser Name über mich offenbart, wirst du die Botschaft Haggais richtig verstehen. Dann wirst du nicht dafür leben, dein eigenes Haus zu bauen, sondern meinen Tempel.»

«Gott, das hatte ich nicht erkannt. Dieser kleine Aspekt, den ich erwähnt habe, ist gar nicht so klein.»

«Nein, das ist er nicht. Du wirst nicht richtig hören, was ich dir in diesem Brief sage, solange du nicht erkennst, dass der *Herr der Heerscharen* eine feste Burg ist, in der du dich in jeder Situation bergen kannst. Egal, wie entmutigend deine Umstände auch sein mögen [Sprüche 18,10].»

«Sag mir mehr über diesen Namen.»

«David segnete das Volk im Namen des *Herrn der Heerscharen,* nachdem er die Bundeslade zurück nach Jerusalem gebracht hatte [2. Samuel 6,18]. Bis zu dieser Zeit war meine Gegenwart (dargestellt durch die Lade) in einem bloßen Zelt beherbergt gewesen. Als David einen Tempel erbauen wollte, der meiner Herrlichkeit mehr entsprach, sagte ich zwei Dinge zu ihm: Erstens sei ein bewegliches Zelt ein treffendes Symbol für mein Verlangen, mein Volk auf seinem strauchelnden Weg durchs Leben zu begleiten [2. Samuel 7,5–7]. Und zweitens werde mein Tempel Frieden bringen, weshalb ich nur einem Mann des Friedens erlauben würde, ihn zu bauen. Auf David traf das nicht zu. Auf seinen Sohn schon [1. Chronik 22,5–10].

David nahm meine Aussage demütig und gerne auf, ohne sie ganz klar zu verstehen. Mein Plan war (und ist) es, durch *meinen* Sohn, einem Nachkommen Davids, und durch mein Volk, den Tempel meiner Gegenwart, Frieden für die ganze Welt zu bringen. Als der *Herr der Heerscharen* werde ich meinen Tempel erbauen. David erkannte, dass der Tag kommen würde, an dem alle Menschen sagen würden: ‹Der *Herr der Heerscharen* ist Gott über Israel› (2. Samuel 7,26; Elberfelder; Hervorhebung vom Verfasser). Erinnere dich auch daran, dass Jesaja, als er meine Herrlichkeit im Tempel sah, meine Engel ausrufen hörte: ‹Heilig, heilig, heilig ist der *Herr der Heerscharen*› (Jesaja 6,1–3; Elberfelder, Hervorhebung vom Verfasser). Für dich wird es so aussehen, als ob ich dabei wäre, den Kampf gegen alles, was in der Welt verkehrt ist, zu verlieren. ICH BIN nicht am Verlieren! ICH BIN der *Herr der Heerscharen,* der Befehlshaber der himmlischen Heere, und ich erbaue meinen Tempel durch dich.

Von Anfang an war (und ist) es mein Plan, meine Gegenwart, meine Macht und meine Absichten *im Tempel* zu offenbaren.

Stell dir meine Freude vor, als ich meinen Sohn von sich selbst sagen hörte: ‹Hier ist einer, der ist mehr als der Tempel› (Matthäus 12,6). Stell dir meine unendliche Trauer und Freude vor, als ich meinen Sohn bei einer anderen Gelegenheit verkünden hörte: ‹Zerstört diesen Tempel! In drei Tagen werde ich ihn wieder aufbauen› (Johannes 2,19). Stell dir die Freisetzung meiner Macht vor, nachdem der Tempel des Leibes meines Sohnes zerstört und dann wieder aufgebaut worden war und ich Petrus diese nachpfingstlichen Worte einhauchte: ‹Zu ihm dürft ihr kommen. Er ist der lebendige Stein, den die Menschen weggeworfen haben. Aber in Gottes Augen ist er wertvoll und kostbar. Lasst auch ihr euch als lebendige Steine zu einem Haus aufbauen, das Gott gehört› (1. Petrus 2,4–5).

Mein Sohn ist der ‹Stein, der dieses Gebäude trägt und zusammenhält› (Epheser 2,20), ‹ein Grundstein, ein kostbarer Eckstein, der felsenfest steht› (Jesaja 28,16), der ‹Eckstein›, der aus Juda kommt (Sacharja 10,4). Und außerdem weißt du, dass ‹ihr Gottes Tempel seid und dass Gottes Geist in euch wohnt … denn Gottes Tempel ist heilig, und dieser Tempel seid ihr› (1. Korinther 3,16–17). Euer Leib ist nun der Tempel, in dem mein Geist wohnt [1. Korinther 6,19], und ich lebe und wandle nun unter euch als der *Herr der Heerscharen*, weil ihr nun ‹der Tempel des lebendigen Gottes› seid (2. Korinther 6,16–17).

Ich war sehr kritisch gegenüber Israel. Ich bin sehr kritisch gegenüber meiner Gemeinde. Aber ich, der *Herr der Heerscharen*, habe die Macht, einen herrlichen Tempel zu erbauen. Ich liebe mein Volk. Ich liebe meine Gemeinde. Du musst sie auch lieben. Sie ist mein Tempel. *Bau ihn auf!*

Haggai ahnte es nicht, aber all das war in meinen Gedanken gegenwärtig, als ich durch ihn als der *Herr der Heerscharen* sprach und mein Volk aufforderte, meinen Tempel zu erbauen. Meine Gedanken sind immer bei meinem Sohn. Mein Herz ist stets ganz von ihm und von meinem Volk eingenommen, von der Gemeinde, durch die ich mich der Welt offenbare.»

«Gott, ich bin überwältigt. Was ich für einen kleinen Nebenaspekt gehalten habe, ist eine Tür zu einem ganzen Universum voller Wahrheit. Ich will nicht behaupten, ich hätte alles verstanden, was du gerade gesagt hast, aber das, was ich verstanden habe, macht mich sprachlos.»

«Da nun dein Mund zu ist und deine Ohren offen sind, höre, was ich dir durch diesen 37. Liebesbrief sage:

**Egal, wie mutlos du bist, egal, wie wenig Anzeichen du von meiner Macht siehst, egal, wie weit mein Plan vom Kurs abgekommen zu sein scheint oder wie unwahrscheinlich die Erfüllung meines Versprechens dir vorkommt – egal, wie dunkel deine Nacht oder wie leer deine Seele auch sein mag, bau meinen Tempel. So spreche ich, der Herr der Heerscharen.»**

«Gott, was bedeutet das, dass ich deinen Tempel bauen soll?»

«Was immer du um meinetwillen tust, wofür du dein Eigeninteresse opferst, was immer du tust, um mich anderen zu offenbaren, wenn du dich am wenigsten dazu imstande fühlst, was immer du tust, das mir gefällt, ohne zu fragen, was es dich selbst kostet – das ist Bauen an meinem Tempel.»

«Gott, zeig mir, wie du das in diesem Brief zum Ausdruck bringst.»

«Erinnere dich an den historischen Zusammenhang. Salomos Tempel wurde im Jahr 587 v. Chr. zerstört, zehn Jahre, nachdem der babylonische König Nebukadnezar viele Angehörige meines Volkes in sein Land ins Exil verschleppt hatte. Jahrelang fühlten sie sich wie die vertrockneten Knochen, die Hesekiel im Tal liegen sah [Hesekiel 37]. Es fiel ihnen schwer, auch nur davon zu träumen, dass der Tag kommen würde, an dem sie nach Jerusalem zurückkehren und sowohl die heilige Stadt als auch den heiligen Tempel wiederaufbauen würden.

Dieser Tag kam im Jahr 538 v. Chr. Mein Volk machte sich sofort an die Arbeit. Binnen zwei Jahren war das Fundament des Tempels errichtet. Die jungen Leute tanzten vor Freude, während die Alten verzweifelt weinten [Esra 3,10–13]. Die Alten hatten nämlich Salomos Tempel noch gesehen und erkannten, dass das, woran sie da bauten, niemals auch nur annähernd so prachtvoll werden würde wie das Original. Die Entmutigung, die von den älteren Männern ausging, die oberflächliche Begeisterung der Jüngeren und die Widerstände von den Nachbarn, die nicht wollten, dass Jerusalem wieder erstarkte, wirkten zusammen, so dass sechzehn Jahre lang ‹in Jerusalem nicht weitergebaut werden› konnte (Esra 4,24). Dasselbe passiert auch heute, wenn du siehst, wie die Gemeinde ist, und das damit vergleichst, wie sie sein sollte, und sie dich dann anwidert oder du dich entmutigt davon zurückziehst.

Das war der Zeitpunkt, als ich Haggai berief, der selbst schon ein alter Mann war, und ihm auftrug, in meinem Namen als Herr der Heerscharen die Botschaft zu verkünden: *Baut meinen Tempel!* Im Lauf von vier kurzen Monaten richtete Haggai vier Botschaften aus:

1. *Lasst euch nicht durch Entmutigung oder Widerstände vom Kurs abbringen* [Haggai 1,1–15]. Wenn es scheint, als ob sich nichts Gutes tut, ist es leicht, ganz für die schönen Dinge zu leben, die du dir selbst verschaffen kannst, und das Interesse an meinem Plan zu verlieren. Doch bevor du dein Haus baust, *bau meinen Tempel!*
2. *Mach dir bewusst, dass das, was heute bedeutungslos erscheint, morgen als bedeutungsvoll offenbart werden wird* [2,1–9]. Mein Volk machte sich mit dem Regenten Serubbabel, dem Priester Jeschua und dem alten Propheten Haggai, der Seite an Seite mit seinem jüngeren Kollegen Sacharja arbeitete, an die Arbeit [Esra 5,1–2]. Ich wusste, dass nur die Hoffnung sie aufrecht halten würde, die Verheißung von Ergebnissen, die sie zu ihren Lebzeiten nicht mehr sehen würden. Deshalb gab ich Haggai diese zweite Botschaft. Lies sie genau. Es hat Freude gemacht, sie zu schreiben. Die zukünftige Herrlichkeit ist das gegenwärtige Leiden wert. Meine Gemeinde wird triumphieren. Deshalb *bau meinen Tempel!*
3. *Das Böse ist ansteckender als das Gute* [Haggai 2,10–19]. Besudelung durch falsche Prioritäten schwächt die Leidenschaft zu gehorchen und blockiert den Segen, den ich in deine Seele hineinbringen möchte. Die heilige Entschlossenheit zu gehorchen dagegen, breitet sich nur durch meinen Geist aus. Auch in der Dunkelheit werde ich die Kraft zur Verfügung stellen, meinen Plan voranzubringen. Das Böse wird verlieren. Das Gute wird gewinnen. *Bau meinen Tempel!*
4. *Ich werde meinen Plan durch den Mann meiner Wahl ausführen* [2,20–23]. Nicht jeder Nachkomme Davids ist meine Wahl. Jojakim, der König von Juda und Großvater Serubbabels, war nicht meine Wahl. Ich nahm das Siegel meiner Macht, symbolisiert durch den Siegelring, von seinem Finger [Jeremia 22,24–30]. Doch denselben Ring steckte ich Serubbabel an den

Finger, um zu verkünden, dass der Mann meiner Wahl kommt, um sich auf Davids Thron zu setzen und Vergebung und Frieden zu bringen. Verliere nicht die Hoffnung. Mein Sohn kommt. *Bau meinen Tempel!*»

«Gott, nichts wünsche ich mir mehr. Mach mich fähig, deinen Tempel zu bauen, dein Tempel zu sein, bis Jesus kommt.»

«Deine Worte hören sich gut an. Dein Verlangen ist echt. Aber ich muss noch tiefer in dein Herz hineingreifen. Du musst sehen, was in den himmlischen Gefilden geschieht, wohin kein menschliches Auge ohne die Hilfe meines Geistes schauen kann. In meinem nächsten Brief ziehe ich den Vorhang zurück, der die Erde bedeckt, um zu offenbaren, was in der unsichtbaren, aber dennoch wirklichen Welt geschieht. Der Herr der Heerscharen baut den Tempel. Lies weiter.»

# 38. Liebesbrief
# Sacharja

## Glaube, was du nicht sehen kannst

«Gott, ich versuche mir vorzustellen, wie das wäre, ein Jude zu sein, der mit aller Kraft am Bau des Tempels arbeitet, nachdem Haggai ihn mit der Verheißung großartiger Zeiten in der Zukunft auf Trab gebracht hat. Ich glaube, mich würden die langsamen Fortschritte und die knappen Ressourcen ziemlich frustrieren. Ich würde mich wahrscheinlich fragen, wie lange es denn noch dauern wird, bis ich all die Segnungen zu sehen bekomme, die mir in Aussicht gestellt worden sind. Es wäre schwer, nicht darin zu ermüden, Gutes zu tun.

Gestern Abend habe ich mich mit einer guten Freundin unterhalten, einer jungen Witwe, die sich leer fühlt. Sie spürt nichts von deiner tröstenden Gegenwart und hat in ihrem Leben an nichts wirklich Freude. Trotzdem baut sie am Tempel. Sie bleibt dir treu und tut, was sie kann, um andere zu ermutigen. Dabei ist sie nicht einmal sicher, worauf sie hoffen soll. Wird es ihr je besser gehen? Wirst du sie besuchen und ihr eine Begegnung mit dir schenken, die sie mit Freude erfüllen wird – *bevor* sie in den Himmel kommt?

Ich frage mich dasselbe. Im Augenblick bin ich so müde, dass ich mich eigentlich nur hinlegen möchte. Ich empfinde keine Begeisterung dafür, diesen nächsten Brief zu lesen. Aber ich bin entschlossen, zu tun, was zu tun ist. Ich möchte mehr Zeit mit meinen Enkelkindern verbringen und mit meiner Frau Golf spielen, aber ich habe einen Haufen Steine zum Tempel zu schleppen. Im Moment empfinde ich keine Leidenschaft, nur Pflicht. Und ich weiß eigentlich nicht, worauf ich hoffen soll. Es fällt mir schwer, weiterzumachen.

Ich weiß, dass du ein paar Monate, nachdem Haggai die Juden dazu gebracht hatte, die Arbeit am Tempel aufzunehmen, Sacharja beauftragt hast, zu ihnen zu sprechen. Ging es ihnen etwa damals auch so wie mir? Fühlten sie sich genauso leer und frustriert wie meine Freundin, die ihren Mann verloren hat? Wenn ja – und ich glaube, es war so –, dann möchte ich wirklich gerne hören, was du in diesem 38. Brief zu ihnen gesagt hast.»

«Ja. Mein Volk brauchte neuen Mut, um weiterzumachen. Als die Frau, die du als Mutter Teresa kennst, am Tempel baute, indem sie mich zu den ungeliebten Seelen und die ungeliebten Seelen zu mir brachte, lechzte auch sie über fünfzig Jahre lang verzweifelt danach, meine Gegenwart zu spüren. Einmal bat sie ihren Seelsorger um Fürbitte, ‹es möge Gott gefallen, diese Dunkelheit nur für ein paar Tage von meiner Seele zu nehmen›. Ich ließ sie viele Jahre lang darin verharren. Nur in der Dunkelheit konnte sie lernen zu sagen: ‹Meine qualvolle Verlassenheit ist so groß und zugleich die Sehnsucht nach dem Abwesenden so tief, dass das einzige Gebet, das ich noch sprechen kann, dieses ist … Jesus, ich vertraue auf dich. Ich werde deinen Durst nach Seelen stillen.›»

«Gott, damit ermutigst du mich nicht. Hast du die Juden verzweifelt nach einem Erleben deiner Gegenwart lechzen lassen, das nie kam? Wird sich die verwitwete Frau leer fühlen, bis sie stirbt? Was soll mich auf den Beinen halten, oder meinen Freund, dessen erwachsenes Kind ihm das Herz bricht, ohne dass eine Veränderung in Sicht ist? Was sagst du im Buch Sacharja zu deinem Volk, zu meinen Freunden, zu mir?»

«Wenn du meinen 38. Liebesbrief liest, sollst du Folgendes hören:

**Wenn du in diesem Augenblick sehen könntest, was in der unsichtbaren Welt vor sich geht, wärst du voller Hoffnung. Du musst mir vertrauen, dass ich richtig entscheide, ob und wann ich dir schon in diesem Leben einen Vorgeschmack der Herrlichkeit gebe, während du weiter am Tempel baust. Du bist ein Gefangener der Hoffnung geworden.»**

«Gott, du hast geschrieben: ‹Es ist aber der Glaube eine feste Zuversicht auf das, was man hofft, und ein Nichtzweifeln an dem, was man nicht sieht› (Hebräer 11,1; Luther). Und du hast hinzugefügt, dass es solcher Glaube ist, für den manche aus deinem Volk im Alten Testament gelobt wurden (Vers 2). Und dass wir, wenn wir auf etwas hoffen, was wir noch nicht haben, geduldig darauf warten [Römer 8,25]. Aber ich frage mich dabei Folgendes: *Fühlt Hoffnung sich gut an?»*

«Die Hoffnung, die ich schenke, verankert eine müde, leere, geplagte Seele in meinem Plan. Unter den schwierigen Gefühlen macht Hoffnung Mut, indem sie dir einen Grund gibt, voller Vorfreude durchzuhalten. *Fröhlichkeit* beruht auf gegenwärtigen Segnungen, die ich nicht garantiere. *Freude* beruht auf Zukunftshoffnung, und die garantiere ich.»

«Gott, zeig mir, wie du den Erbauern des Tempels zu Sacharjas Zeit Hoffnung geschenkt hast. Und zeig mir, wie du mir heute dieselbe Hoffnung schenken willst.»

«Rechne nicht damit, dich gut zu fühlen. Vielleicht wirst du dich gut fühlen, vielleicht auch nicht. Meine Hoffnung setzt im Zentrum deiner Seele an, um deinen Charakter zu stärken und deine Entschlossenheit in allen Lebensumständen zu vertiefen.

Meine erste Botschaft in diesem Liebesbrief lautet: *Kehrt zu mir zurück* [Sacharja 1,1–6]. Was meine Tochter Teresa während fünfzig Jahren Dunkelheit aufrecht hielt, war ihre Sehnsucht nach der Beziehung zu mir. Viele Leute arbeiten hart für meine Sache, ohne je ihren unstillbaren Durst nach mir zu entdecken, jenen Durst, den Mutter Teresa so stark empfand.

Als mein Volk sich demütigte, nachdem ich es aufgerufen hatte, Buße dafür zu tun, dass es den Tempel nur um der persönlichen Erfüllung willen baute, und stattdessen aus Liebe zu mir zu arbeiten begann, öffnete ich Sacharjas Augen, damit er in die unsichtbare Welt schauen und meinem Volk sagen konnte, was er dort sah. Beachte, dass nicht alle in meinem Volk diese Visionen empfingen. Sie hörten nur Sacharjas Bericht darüber. Dann lag es bei ihnen, seinen Worten zu glauben und sie als mein Wort an sie aufzufassen. Dasselbe fordere ich von dir. Ich verspreche dir nicht, dass du Visionen empfangen wirst. Vielleicht wirst du das, vielleicht auch nicht. Aber glaube an das, was ich dir in diesen Briefen sage.

Die acht Visionen (Kapitel 1 bis 6) waren apokalyptisch – das heißt, sie offenbarten etwas, das am besten in symbolischer Form zu erkennen war. Jede dieser acht Visionen enthüllte etwas, das für das natürliche Auge sonst nie sichtbar wäre:

1. *Meine Streitmacht steht bereit* [1,7–17]. Meine Truppen sind gerüstet und stehen bereit, die Schönheit meiner Erde wiederherzustellen. Mein Sohn wartet begierig auf meinen Befehl [1,12].

Er weiß, dass mein Zorn der Barmherzigkeit weichen wird. *Lebe in Hoffnung!*

2. *Meine Streitmacht rüstet sich zum Kampf* [2,1–4]. Vier Hörner, die mein Prophet sah, symbolisieren die Mächte der Welt, die meinen Plan zunichtemachen wollen. Vier Schmiede stellen meine Macht dar, die vier Hörner zu vernichten. Sacharja sah, wie die Schmiede sich vorbereiteten, die Hörner niederzuwerfen. *Lebe in Hoffnung!*
3. *Meine geschützte Stadt* [2,5–16]. Sacharja sah einen Mann, der Jerusalem vermaß, weil er voraussah, dass eine Schutzmauer um die Stadt benötigt werden würde. Ich sandte einen Engel, um dem Mann zu sagen, er solle seine Messschnur weglegen und sich freuen. Ich werde selbst die Mauer um meine Stadt sein. Nichts wird dir oder irgendeinem meiner Nachfolger geschehen, was meinen Plan zunichtemachen könnte. Und mein Plan für dich ist gut. *Lebe in Hoffnung!*
4. *Mein gereinigtes Volk* [3,1–10]. Väter von rebellischen Kindern fragen sich oft, was sie falsch gemacht haben. Witwen sorgen sich, dass ihre Männer vielleicht noch leben würden, wenn sie einen größeren Glauben hätten. Satan gefällt es, wenn du zwanghaft und abergläubisch auf dein Versagen starrst. Ich sehe all dein Versagen, all deinen Schmutz, und ich bade dich, bist du lieblich duftest. Lerne die Lektion Jeschuas. *Lebe in Hoffnung!*
5. *Ich gebe dir alles, was du brauchst* [4,1–14]. Es ist schwer, in der Dunkelheit weiter dem Ziel entgegenzustreben. Im Buch Jesaja habe ich dir gesagt, dass du nie dein eigenes Feuer entzünden sollst [50,10–11]. In dieser Vision verspreche ich, dass in der Gemeinschaft alles vorhanden sein wird, was ihr braucht (die beiden Ölbäume, aus denen sich das Öl in die Lampe ergießt), um an der Hoffnung festzuhalten. *Lebt in dieser Hoffnung!*
6. *Meine Heiligkeit siegt* [5,1–4]. Die riesige Buchrolle des Gerichts, beschrieben auf beiden Seiten wie die ursprünglichen Gesetzestafeln [2. Mose 32,15], wird jeden finden, der sich nicht um Gnade an mich gewandt hat, und ihn vernichten. Nur Menschen, die Vergebung und Reinigung empfangen haben, werden auf meinem Fest tanzen wollen. Du bist einer von ihnen. *Lebe in Hoffnung!*
7. *Mein geläutertes Volk* [Sacharja 5,5–11]. Du hast zwar Vergebung und Reinigung empfangen, aber deine Neigung, deinem Eigeninteresse nachzugehen, ist immer noch da. Ich werde sie

von dir nehmen, sie in einem Behälter verschließen und davontragen, so weit der Osten vom Westen ist. Eines Tages wirst du gut tanzen. *Lebe in Hoffnung!*

8. *Mein Geist ruht* [6,1–15]. Meine wartende, gerüstete Armee wird die Welt erobern. Alles wird gut sein. Mein Geist wird ruhen, nachdem sein Werk vollbracht ist. Dann wird es nichts mehr geben außer Freude und Fröhlichkeit. *Lebe in Hoffnung!*

Die Gesetzlichkeit, die in dir steckt, wird über das trauern wollen, was in der Vergangenheit schmerzlich war und immer noch schmerzlich ist. Wie die Delegation aus Bethel [7,2–3] wirst du dein Augenmerk mehr darauf richten wollen, Wunden der Vergangenheit zu heilen und deine gegenwärtige Leere zu füllen, als darauf, in Hoffnung zu leben. Aber halte dich nicht mit den Nöten von gestern oder den Problemen von heute auf. Lies den Leuten aus Bethel mein Wort aus Sacharja 7 und 8 vor, und beherzige es.

Dann lies langsam die letzten sechs Kapitel meines Briefes. Und höre Folgendes, während du liest: Ich kündigte im Voraus an, dass mein Sohn kommen würde. Man würde ihn hassen und töten. Was seine Mörder in böser Absicht taten, würde ich zum Guten wenden. Dann würde ich denen, die ich zum Fest einlade, die Augen öffnen, damit sie erkennen, was sie getan haben, indem sie meinen Sohn töteten. Ihnen würde ich in ihrer Zerbrochenheit mit einer reinigenden Quelle begegnen. Dann würde ich meinen Sohn auf den Thron dieser Welt setzen, und alles würde so sein, wie es sein soll. Das Fest wird beginnen. *Lebe in Hoffnung!*»

«Gott, für ein paar Sekunden erhasche ich einen kleinen Einblick in das, was du tust, und schon erfüllt mich Hoffnung. Aber der Einblick geht so rasch vorüber. Schon bin ich wieder gereizt und desillusioniert und verliere die Hoffnung aus dem Blick. Ich möchte, dass dein Geist mir die Augen weiter öffnet, und öfter.»

«Nur noch einen Brief bin ich davon entfernt, dir meinen Sohn vorzustellen. Wie deutlich du ihn siehst, wird davon abhängen, wie deutlich du erkennst, dass du ihn brauchst. Nicht, damit du jetzt mit einem schönen Leben gesegnet bist, sondern um die Vergebung zu empfangen, die dir das allerschönste Leben für immer garantiert. Mein letzter Brief offenbart, was du nicht sehen willst und was dich in die Zerbrochenheit führt. Du wirst verzweifelt nach dem lechzen, was nur mein Sohn dir geben kann. Mein Plan ist, dass du ihn als deinen höchsten Schatz erkennst und als Gefangener der Hoffnung lebst, bis das Fest beginnt.

Sechs Monate, bevor ich sie nach Hause holte, erlebte meine standhafte Tochter, die du Mutter Teresa nanntest und die so lange als meine Gefangene der Hoffnung lebte, eine noch tiefere Dunkelheit unerträglicher körperlicher und geistlicher Schmerzen. Einem Freund flüsterte sie zu: ‹Jesus verlangt zu viel.› Doch was ich von ihr verlangte, war nötig, um ihre Seele zu einer nahezu vollkommenen Vereinigung mit meinem Sohn zu befreien. Im Augenblick ihrer größten Schwäche griff sie nach einem Bleistift und kritzelte drei Worte auf einen Zettel: ‹Ich will Jesus.›

Mein Wort im Buch Sacharja wird dich zu diesem einzigen Verlangen führen, wenn du an das glaubst, was ich sage. Mein Wort im Buch Maleachi wird dich darauf vorbereiten, meinen Sohn als das Leben selbst zu begrüßen. Lies weiter. Wir sind fast da!»

# 39. Liebesbrief
# Maleachi

## Bald wirst du das Licht der Welt kommen sehen!

«Du hast gut zugehört, während ich in diesen ersten 38 Liebesbriefen zu dir sprach. In diesem letzten Brief, bevor ich meinen Sohn vorstelle, möchte ich klar und unmittelbar reden. Hör nun zu, wie du noch nie zuvor zugehört hast. Es gibt ein paar Dinge, die du wissen musst, ehe du verstehst, was ich dir in diesem 39. Brief sagen will.

Maleachi war mein letzter Prophet, der meine Worte verkündigte, bevor mein Sohn ein menschliches Kind wurde. Seiner Botschaft kommt eine einzigartige Bedeutung zu.

Als er sich zu Wort meldete, lebte mein Volk schon fast hundert Jahre lang mit einem wiederaufgebauten Tempel in Jerusalem. Nachdem der Tempel erbaut war, dachten die Leute, dass meine Verheißungen für ihr Wohlergehen sich nun hätten erfüllen müssen. Sie waren enttäuscht und desillusioniert. Sie waren nicht davon überzeugt, dass sie mir vertrauen konnten.

Einige Jahre zuvor hatte ich Esra aus Babylon zu ihnen gesandt, damit er ihnen sagte, sie seien immer noch verantwortlich dafür, mein Gesetz zu halten, trotz ihrer Enttäuschung. Sie taten Buße. Das gefiel mir.

Als Nächstes brachte ich Nehemia nach Jerusalem, damit er die Stadtmauer wiederaufbaute. Mein Volk folgte seinem Ruf, und trotz heftiger Widerstände wurde die Mauer in 52 Tagen fertiggestellt. Dann kehrte Nehemia nach Babylon zurück, wie er es versprochen hatte, und blieb dort eine Weile. Als er abermals nach Jerusalem zurückkehrte, stellte er zu seiner Überraschung und Empörung fest, dass mein Volk meinem Gesetz gegenüber gleichgültig geworden war. Sie versahen ihre Gottesdienste nur achtlos und gingen anmaßend davon aus, ihre religiösen Praktiken verschafften ihnen ein Anrecht auf meine Segnungen. Außer ihrem eigenen Wohlergehen waren sie für nichts empfänglich.

Das war die Situation, in der ich Maleachi berief, um mein letztes Wort vor der Ankunft meines Sohnes vierhundert Jahre nach der Abfassung dieses Briefes auszurichten. Nachdem ich jahrhundertelang mein Volk treu geliebt hatte, fand ich es immer noch blind für seinen beklagenswerten Zustand. Durch Maleachi erhob ich sieben Vorwürfe gegen sie und musste mir sieben unverzeihlich abgestumpfte Antworten anhören.

Schau dir diese Vorwürfe und die Antworten an. Danach bist du bereit, mein Wort an dich in diesem 39. Brief zu hören:

- **Erster Vorwurf:** Ich habe euch geliebt. Ihr wolltet meine Liebe nicht erwidern.
- **Erste Antwort:** Wie hast du uns geliebt? Du hättest uns besser lieben können [1,2].

- **Zweiter Vorwurf:** Ihr zeigt Verachtung für meinen Namen.
- **Zweite Antwort:** Wovon sprichst du? [1,6].

- **Dritter Vorwurf:** Euer Gottesdienst ist mangelhaft.
- **Dritte Antwort:** Wir finden ihn völlig in Ordnung [1,7].

- **Vierter Vorwurf:** Ihr ermüdet mich.
- **Vierte Antwort:** Wir finden, du solltest zufrieden mit uns sein [2,17].

- **Fünfter Vorwurf:** Ich habt euch von mir abgewandt. Wendet euch mir wieder zu.
- **Fünfte Antwort:** Wir schauen doch in deine Richtung. Was hast du für ein Problem? [3,6–7].

- **Sechster Vorwurf:** Ihr habt mich beraubt.
- **Sechste Antwort:** Wir haben nichts dergleichen getan [3,8].

- **Siebter Vorwurf:** Ihr habt Schlechtes über mich gesagt.
- **Siebte Antwort:** Nichts, was du nicht verdient hättest. Komm schon. Behandle uns besser. Wir sind doch deine Kinder, deine Günstlinge [3,13–14].

Doch unter diesen verhärteten, blinden Leuten fand ich meinen Überrest. Eine kleine Gruppe fand sich zusammen, um in Hoffnung auszuharren, und vertraute mir, dass ich einen guten Plan ausführte, auch wenn die Lage schlecht war [3,16]. Ich möchte, dass alle meines Volkes als Gefangene der Hoffnung zusammenleben. Sie sollen einander mit meinen Worten ermutigen, bis das Fest beginnt. Jetzt schon ein schönes Leben zu fordern, führt in eine elende Apathie gegenüber dem guten Leben, das darin besteht, mich gut zu kennen. Mit diesem Gedanken schließe ich meinen 39. Brief. Nun lass mich hören, was du dazu sagst.»

«Gott, du sagtest, ich hätte gut zugehört. Aber gerade eben, während du sprachst, fühlte ich mich abgelenkt. Nachdem ich 38 deiner Briefe gelesen habe, sollte ich eigentlich weiter fortgeschritten sein. Aber das bin ich nicht. Eben habe ich erfahren, dass die sechsjährige Tochter von guten Freunden von uns ungewöhnliche Ängste entwickelt. Gerade heute Morgen baten sie uns, für sie zu beten. Das habe ich auch getan. Doch während ich zu dir von ihren Sorgen sprach, hatte ich in meiner Bibel diesen 39. Brief aufgeschlagen. Und vergib mir, aber ich habe mich bei dem Gedanken ertappt: *Warum vergeude ich meine Zeit damit, Maleachi zu lesen, wenn ich doch meine psychologischen Kenntnisse anwenden könnte, um dahinterzukommen, was in diesem kleinen Mädchen vor sich geht und wie ich ihr helfen kann?*

Im Moment sitze ich in einem Café und lese zum zigsten Mal diesen Brief. Drei theologische Wälzer, in denen erklärt wird, worum es im Buch Maleachi geht, liegen rings um mich verteilt auf dem Tisch. Ich fühle mich gereizt, betrogen, gelangweilt und nutzlos. Das wurde auch nicht besser, als gerade eben zwei Männer in Fahrradkleidung hereinkamen und ich sie darüber reden hörte, wo sie heute entlangfahren wollen. Ich wette, keiner von ihnen hat auch nur einen Schimmer davon, was du im Buch Maleachi sagst, und sie sehen bestens gelaunt aus. Ich habe einen Schimmer, und ich bin mies drauf. Gott, um die Wahrheit zu sagen, würde ich auch viel lieber Fahrrad fahren, als diesen Brief zu lesen. Aber meine Bibel ist immer noch aufgeschlagen, und ich bin immer noch hier. Also, was sagst du im Buch Maleachi zu mir?»

«Was ich damals zu meinem Volk sagte, sage ich jetzt zu dir. Ich habe dich geliebt.»

«Und meine Antwort – vergib mir abermals – ist dieselbe wie ihre damals. Ich fühle mich nicht geliebt (erster Vorwurf). Sollte ich das? Wahrscheinlich wäre ich eher in Stimmung, dich anzubeten, wenn ich heute in den Bergen wandern ginge. Eben kam eine Frau ins Café und erzählte einer Freundin von einer Wanderung, die sie gestern in den Bergen von Colorado gemacht hat. Sie freute sich schon darauf, heute wieder loszuziehen. Ich glaube, deine Liebe wäre mir bewusster, wenn ich auf einem Berggipfel stünde und meinen Blick über einen endlosen Wald gelber Pappeln schweifen ließe. Doch du sagtest deinem Volk, das unter weit schlimmeren Bedingungen lebte als ich in meinem Café, du hättest es geliebt. Was hast du damit gemeint?»

«Höre, was ich dir in diesem 39. Liebesbrief sage:

**Ich habe dich auf eine Weise geliebt, die Menschen, die für keinen höheren Zweck leben als dafür, dieses Leben zu genießen, nicht nachvollziehen können. Ich liebe sie auch, aber sie sehen es nicht. Ich habe dich erwählt, Teil meines Plans zu sein, diese Erde und mein Volk in ihrer ganzen Schönheit wiederherzustellen. Ich habe dich erwählt, um Leute, die bisher bloß Fahrrad fahren, einzuladen, damit sie wie Adler in meine Gegenwart schweben. Um Wanderer, die nach Abenteuern und Begeisterung hungern, einzuladen, ihre Augen an meiner Herrlichkeit zu weiden. Deine Berufung ist es, meine Liebe zu offenbaren.»**

«Aber Gott, mir geht es wie Mutter Teresa. Ich rufe Leute zu etwas, das ich selbst nur so wenig erlebe. Ich humple mehr, als dass ich schwebe. Und ich sehe mehr Dunkelheit als Herrlichkeit.»

«Du zeigst Verachtung für meinen Namen, wenn du mich behandelst, als wäre ich ein Verkaufsautomat voller Süßigkeiten, die vorübergehende Befriedigung verschaffen (zweiter Vorwurf). Ich wünschte, die Türen zu deiner Gemeinde wären verriegelt und verrammelt, so dass ich nicht den selbstsüchtigen Lärm hören müsste, den ihr Gottesdienst nennt (dritter Vorwurf). Wo ist da die Hoffnung, oder wo ist die Klage, aus der heraus die Hoffnung entdeckt wird?

Du ermüdest mich mit deiner Vorstellung, Leute, die ein angenehmes Leben in Wohlstand und Frieden führen, seien die eigentlichen Gewinner. Dagegen seien Heilige wie mein Sohn Paulus und meine Tochter Teresa, die Gutes in der Gegenwart hingaben, um später Besseres zu ernten, die Verlierer. Was für eine Arroganz! (Vierter Vorwurf).

Jeder Moment, den du damit verbringst, dem Vergnügen nachzujagen, ist ein Moment, in dem du mir den Rücken zukehrst. Kehr um! Kehr zu mir zurück! Nicht um der Segnungen des Lebens willen, die dir Genuss bereiten, sondern um des Segens meiner Gegenwart willen, die die Hoffnung in dir wach hält (fünfter Vorwurf). Jedes Mal, wenn du auf den Kalender schaust, um zu sehen, wann du eine Aktivität einplanen kannst, die allein deiner Erfüllung dient, beraubst du mich. Jedes Mal, wenn du alles, was du im Portemonnaie hast, gebrauchst, um dir Befriedigung zu kaufen, bestiehlst du mich. Genieße jedes Vergnügen, das ich dir schenke, aber lebe nie für *jedes* Vergnügen, das du mitnehmen kannst. Pure Torheit! (Sechster Vorwurf).

Und noch schlimmer, du verbringst Zeit mit Freunden, die deine desillusionierten und zynischen Gefühle teilen, und spielst tatsächlich mit dem Gedanken, aller Dienst für mich sei vergeblich. Blasphemie! (Siebter Vorwurf).»

«Gott, ich bin in allen sieben Punkten schuldig.»

«Ich habe dich geliebt. Ich liebe dich immer noch. Unter deiner Dunkelheit, deiner Desillusionierung und deinen Zweifeln sehnst du dich danach, mich zu kennen, mir zu dienen, meinen Namen zu ehren, als Gefangener der Hoffnung auf mich zu warten. Das macht mir Freude. Du bist mein Schatz.

Höre nun mein letztes Wort, bevor du meinen Sohn sehen wirst. Wende dich dir selbst zu und lebe für Befriedigung und Erfüllung hier und jetzt, und du wirst dich selbst verlieren. Wende dich mir zu, opfere dein Vergnügen für meines, und du wirst mich und dich selbst finden: Ziel und Sinn für hier und jetzt, Freude für immer.»

«Gott, in mir regt sich etwas. Ich fühle es nicht, aber es ist mir bewusst. Wie bei einem erfahrenen Seemann, der das Land riechen kann, bevor er es sieht. Ich glaube, ich fange einen Lufthauch aus dem Himmel auf. Und diesen Duft möchte ich ins Herz eines ängstlichen kleinen Mädchen und in seine Eltern sprühen. Und in alle, die sich mit den kleinen Vergnügungen des Wanderns und Fahrradfahrens zufriedengeben.»

«Du bist bereit. Es ist Zeit, meinem Sohn zu begegnen.»

# Fünfter Teil

## Der Held betritt die Bühne: Matthäus bis Johannes

Wir wünschen uns bei jeder Liebesgeschichte ein Happy End. Aber viele haben keines. Gottes Liebesgeschichte hat eines. Es dauert nur lange, bis es so weit ist. Und das aus gutem Grund. Unser Verständnis von Liebe ist so verdreht, dass es jahrhundertelange Arbeit erfordert, es wieder zurechtzubiegen.

Denken Sie einmal darüber nach. Irgendwie sind wir auf den Gedanken gekommen, dass Gott, wenn er uns wirklich liebte, nicht zulassen würde, dass ein Hurrikan über New Orleans hereinbricht oder Wirbelstürme Myanmar verwüsten oder Erdbeben in China Tausende von Menschen das Leben kosten – jedenfalls nicht, wenn er etwas dagegen tun könnte. Jedes Mal, wenn ich von der neuesten Naturkatastrophe höre, von dem Terroranschlag tags zuvor, von Eltern, denen das Herz wegen ihrer Kinder bricht, oder von einem guten Freund, bei dem unheilbare Leukämie diagnostiziert wird, flüstert in mir eine Stimme, die ich nicht ganz dämpfen kann: *Gott, ich weiß, dass du gut bist, aber sag mir noch einmal: Wofür bist du gut?*

Vielleicht läuft die dämonische Verdrehung in unserem Verständnis von Liebe auf Folgendes hinaus: «Weil Gott Liebe ist, bedeutet das überfließende Leben, das Jesus uns versprochen hat, einen Überfluss an Segnungen, also an all den guten Dingen des Lebens, die uns glücklich machen.»

Woher haben wir diese Idee? Bestimmt nicht aus dem Alten Testament. Und (ich habe schon einmal gelinst) aus dem Neuen Testament auch nicht.

Jesus machte deutlich, dass das Leben, das wirkliche Leben, das Leben, für das er starb, um es uns zu geben, sich nicht um schöne

Häuser, glückliche Familien und gute Gesundheit in einer sicheren Welt mit boomender Wirtschaft dreht. Sondern es geht darum, dass wir den Vater Jesu als unseren Vater kennenlernen, in guten wie in schlechten Zeiten, und zu seinem Vater und zu allen anderen eine solche Beziehung haben, wie Jesus sie hat, in guten wie in schlechten Zeiten. Ich glaube, das ist damit gemeint, heilig zu sein. Heiligkeit besteht nicht darin, dass man Gutes tut und Böses lässt. Heiligkeit erfüllt sich darin, dass wir in guten, tiefen, liebevollen Beziehungen leben.

Und wenn das Heiligkeit ist, wenn es *das* ist, worum es im Leben wirklich geht:

> Dann ist das überfließende Leben, das Jesus uns geben möchte (zumindest für den Moment), nicht ein Überfluss an materiellen Segnungen. Sondern es ist ein Überfluss der engen Vertrautheit mit Gott und der liebevollen Beziehung zu ihm und zu anderen Menschen. Und zwar unabhängig davon, was für eine Mischung aus Segnungen und Rückschlägen uns begegnen mag oder was für eine Vielfalt an Gefühlen – Freude, Einsamkeit, Frieden, Schrecken – wir erleben.

Ich habe gerade noch einmal alles durchgelesen, was ich bisher geschrieben habe, all meine Dialoge mit Gott über das, was er mir in seinen ersten 39 Liebesbriefen begreiflich machen will. Und ich bin zu einer recht uneleganten Schlussfolgerung gekommen: Das Alte Testament ist eine Vorbereitung auf das Neue. Lassen Sie es mich noch einmal weniger unelegant ausdrücken: *Wenn die Botschaft seiner ersten 39 Briefe nicht bei uns ankommt, wird die Botschaft der letzten 27 auch nicht bei uns ankommen.* Oder schlimmer, wir werden sie verdrehen und denken, wir hätten sie kapiert. Wir werden sie passend zu unserer höllisch verdrehten Definition von Liebe zurechtstutzen. Wir werden nie von der tatsächlichen Liebesgeschichte gepackt werden, die uns den Atem nehmen und so demütigen könnte, dass aus uns selbstsüchtigen Liebhabern des kurzfristigen Wohlergehens gottsüchtige Liebhaber anderer Menschen werden – egal, was uns das kostet.

Der rote Faden, der sich durch das gesamte Alte Testament zieht, vom 1. Buch Mose bis zu Maleachi, die Botschaft Gottes, die er auf 39 einzigartigen Wegen jedem mitteilt, der offene Ohren hat, ist Folgendes:

«Was am meisten der Veränderung bedarf, sind nicht deine Lebensumstände. Kurzfristige Segnungen sind gefährlich für deine langfristige Freude. Wenn ich meine Macht einsetzen würde, um dein Leben auf eine Art und Weise gelingen zu lassen, die dich leicht und schnell zufriedenstellen würde, würde dir noch weniger als ohnehin schon bewusst werden, auf was für eine Art von Freude ich dich angelegt habe. Und du würdest noch halsstarriger nach allem anderen streben.

Du bist auf dem Weg in das ewige Elend. Ich kann mich nicht zurücklehnen und nichts dagegen tun. Dazu liebe ich dich zu sehr. Doch das einzige Heilmittel, das dagegen wirkt, wird dir manchmal schlimmer vorkommen als die Krankheit selbst. Deine naive Selbstbezogenheit kann nur im Leiden verwandelt werden, deinem Leiden in Maßen und meinem Leiden über die Maßen.

Aber eins sollst du wissen: Kein Leid, das du in diesem Leben erdulden wirst, ist es wert, mit der Freude verglichen zu werden, die dich im nächsten erwartet. *Lebe in Hoffnung!* Meine Liebesgeschichte hat einen großartigen Ausgang, der nie zu Ende geht.»

Lassen Sie mich noch einmal kurz in Schlaglichtern die Geschichte rekapitulieren, die Gott bisher erzählt hat, damit wir bereit sind, ihn den Rest der Story erzählen zu hören. Es wird gut. Haben Sie Geduld.

Im 1. Buch Mose höre ich Gott seine Liebe über uns alle ausschütten, wenn er die Anfangszeile seines Liebesliedes singt: «Ich habe einen großartigen Plan. Dafür habe ich dich gemacht. Du bist zu meinem großen Fest eingeladen, zu einer vollkommenen Beziehung in einer vollkommenen Welt. Und ich habe die feste Absicht, dich dort hinzubringen.»

Im selben Brief teilt Gott uns weiter mit, dass wir ein ziemliches Chaos angerichtet haben. Wir haben einen riesigen Schraubenschlüssel in das Getriebe seiner Pläne geworfen, was er natürlich schon längst vorausgesehen (und tatsächlich mit eingeplant) hatte, aber es ist doch ein Schraubenschlüssel, mit dem er sich befassen muss. Wir haben eine ganz und gar falsche Abzweigung genommen und bewegen uns nun weg von dem ewigen Tanz und hin zu gescheiterten Beziehungen, Einsamkeit und hasserfüllter Frustration. Wir sind mehr daran interessiert, jetzt zu bekommen, was wir wollen, als daran, Gott zu vertrauen, dass er uns gibt, was wir jetzt brauchen und was wir für die Ewigkeit am meisten wollen.

Und dank eines teuflischen Betrugs halten wir unsere Lebenseinstellung auch noch für christlich. Unser moralischer Kompass spielt dermaßen verrückt, dass wir uns tatsächlich einbilden, wir wären in einer guten Richtung unterwegs. Sein Fest, sein Reich der vertrauten, innigen Beziehung und des befriedigenden Zusammenseins und der sinnhaften Freude liegt nun hoffnungslos außerhalb unserer Reichweite. Wir bewegen uns immer weiter davon weg. Wir müssen umkehren. *Aber das wollen wir nicht!* Wir sehen nicht einmal ein, dass das nötig ist.

Vom 1. Buch Mose an spüre ich Gottes brennenden Zorn, der sich gegen alles richtet, was uns weiter in die falsche Richtung treibt. In unserem Innern stimmt etwas nicht, und das muss entschlossen beseitigt werden, ehe wir uns auch nur dem Gedanken an eine Umkehr hingeben können. Und etwas muss sich in uns verändern, bevor wir in der Lage sind, das Fest zu genießen, das Gott für uns plant, und wirklich beständig darauf zuzugehen. Wir sind unheilig. Wir haben uns von Gott abgesondert. Wir müssen heilig gemacht werden. Wir müssen uns selbst *für* Gott absondern.

Im 3. Buch Mose macht Gott deutlich, dass «vor dem wahren Glück die Heiligung kommen muss». Und uns heilig zu machen, uns dazu zu bringen, dass wir uns ihm zuwenden, so dass wir in eine gute Beziehung zu ihm und zueinander eintreten, ist harte Arbeit. Aber sie muss getan werden. In Josua höre ich ihn sagen, dass wir tatsächlich «lernen müssen, unsere Sünde, das Böse in uns, mehr zu hassen als unser Leid, das Böse, das uns widerfährt». Das ist viel verlangt. Es ist eine schwere Aufgabe.

Und die Lernkurve steigt nur langsam an. Kennen Sie etwa jemanden, der lieber weniger sündigen als weniger leiden würde? Nicht viele, nehme ich an. Warum nicht? Die Sünde hat sich so tief in uns eingenistet, dass wir meinen, wir wären einfach so, es wäre nicht so schlimm. Und wir glauben tatsächlich, der unheilige Weg des Eigeninteresses würde uns dahin bringen, wohin wir am meisten wollen. Das ist es, was ich Gott im Buch der Richter zu mir sagen höre – dass ich ein großes Problem habe, ein tief sitzendes und hartnäckiges.

Und ich werde dieses tief eingenistete unheilige Denken vor dem nächsten Leben nie vollkommen loswerden. Solange wir nicht vollkommen heilig sind, werden wir niemals vollkommen glücklich sein. Daraus folgt, dass wir damit rechnen müssen, «jetzt Leere zu erfahren, mit der Verheißung der Fülle für immer». Das macht Gott im 1. Buch der Chroniken deutlich.

Aber das gefällt uns nicht. Wir beharren auf unserem «Recht auf sofortiges Glück». Und da das Streben nach Heiligkeit uns nicht die gegenwärtige Erfahrung völligen Glücks verschafft, nach der wir lechzen, verfolgen wir unsere Ziele auf einem anderen Weg. Trotzdem wollen wir uns immer noch als gute, gottesfürchtige Leute betrachten. Um also die Illusion aufrechtzuerhalten, dass wir immer noch Gott wollen und ihm folgen, stellen wir uns ihn als einen Verkaufsautomaten für Segnungen vor statt als ein verzehrendes Feuer, das uns heilig macht. Wir beten den Gott an, den wir erschaffen, und das tun wir mit Begeisterung.

In Hesekiel erfahre ich: «Ehe wir erkennen, dass es böse ist, irgendetwas von Gott zu verlangen und ihn wie einen Verkaufsautomaten zu behandeln, dessen Job es ist, den Schokoriegel auszuspucken, werden wir nicht begreifen, wie seine Gegenwart uns Hoffnung, Freude und Befreiung von der Selbstsucht bringen kann.»

Aber wir bleiben blind. Wir gehen weiter auf der breiten Straße und erwarten, dass Gott unser Leben gelingen lässt. Wir werden fromm, um uns seiner Gunst zu versichern, und nennen das dann Anbetung. Wir hören nicht, wie Gott uns in Amos sagt, dass echte Anbetung echte Veränderung hervorbringt, von der Religion, die sich um uns selbst dreht, zur auf Gott ausgerichteten Beziehung.

An dieser Stelle der Geschichte wird deutlich, dass, wenn ich wirklich Gott nachjage, wenn es mein Lebensstil ist, den wahren Gott anzubeten, mein unheiliges und hässliches Anspruchsdenken allmählich von seinem beherrschenden Platz in meinem Herzen verdrängt werden wird. Ich werde die ersten Regungen eines Glaubens verspüren, der es mir ermöglicht, im Dunkeln zu warten, in dem beruhigenden Wissen, dass das Licht der Liebe Gottes eines Tages so hell scheinen wird, dass ich es mit meinen trüben Augen sehen kann.

Gerade wenn das Leben dunkel und bedrohlich bleibt, gerade wenn ich mich dem Hässlichen in mir stelle, das mich dazu treibt, Gott meine Faust entgegenzuschütteln und ihm zu sagen, er solle mich gefälligst glücklicher machen, erkenne ich, dass ich immer noch «jubeln kann in der Zuversicht, dass alles Hässliche eines Tages vernichtet werden wird». Das höre ich in Obadja.

Und von Jona lerne ich, dass meine unheilige Forderung, Gott möge gefälligst mit meinen Plänen kooperieren, sich schon jetzt Gottes Plan tiefer unterordnen kann, während Gottes Wege sich meinen selbstsüchtigen Erwartungen an ihn entziehen. Es wird ein schwerer Weg werden. Ich bin ziemlich halsstarrig. Aber Gott wird mich nicht aufgeben. Das gefällt mir, glaube ich.

Wenn das Leben keinen Sinn ergibt, wenn das, was Gott sichtbar tut, mich mehr frustriert, als dass es mich erfüllt, dann will er, dass ich im Glauben lebe. Er will, dass ich *warte – dass ich nicht in frustrierter Verzweiflung oder wütender Rebellion um mich schlage, sondern an dem Glauben festhalte, dass sein Plan gut und immer noch auf Kurs ist.* Auch dann, wenn er abwesend zu sein scheint. Oder schlimmer noch, gleichgültig. Oder noch schlimmer, wenn er nach meinem Gerechtigkeitsgefühl total unfair ist. Zum Beispiel, wenn ein zweijähriges Enkelkind in den Armen seiner Großmutter stirbt. Oder wenn ein Ehemann sich das Leben nimmt oder ein Kollege sich keinen Deut um meine Bedürfnisse schert. Das ist es, was ich Gott in Habakuk sagen höre. Er liebt mich immer, egal wie die Lage aussieht.

Das ist sehr unwegsames Gelände. Sein Plan, mich auf das Fest vorzubereiten, indem er mich heilig macht, ist mit vielen inneren Kämpfen verbunden. Er löst eine heftige Schlacht in meiner Seele aus. Ich will jetzt glücklich sein. Gott aber will mich jetzt heilig machen und verspricht mir Glück für später. In Zefanja sagt er mir, dass er nicht verpflichtet ist, mich jetzt durch die Segnungen des Lebens glücklich zu machen. *Kosmetische Chirurgie ist nicht das, was er vorhat.* Ich fange an, ihm zu glauben. Freilich gefällt mir das, was ich zu glauben anfange, nicht unbedingt.

Es folgt Haggai, der mir zusichert, dass *Gott die Macht hat, mich heilig zu machen,* also sozusagen eine erfolgreiche Operation am offenen Herzen durchzuführen. Dass er in der Lage ist, eine Leidenschaft in mir aufzurühren, die ihm Freude machen will. Eine heilige Leidenschaft, die erfolgreich mit meiner ohnehin schon starken, aber unheiligen Leidenschaft wetteifern kann, die ihn dazu überreden will, mir Freude zu machen, und zwar jetzt gleich und zu meinen Bedingungen.

Natürlich werde ich nicht immer verstehen oder schätzen, wie der Meisterchirurg sein Werk vollbringt. Darum sagt mir Gott in Sacharja, ich solle *glauben, was ich nicht sehen kann,* dass sich inmitten schlimmer Zeiten, schmerzhafter Zeiten, ein guter Plan entfaltet. Die Liebesgeschichte geht weiter.

Ich will sehen. Aber ich bin zu blind. Ich mühe mich verzweifelt, die schiere Güte seines Plans zu sehen, die stets aus der reinen Liebe in seinem Herzen strömt. Aber ich kann sie nicht sehen! In Maleachi, seinem 39. Liebesbrief, deckt er meine Blindheit auf und sagt mir, ich solle hoffnungsvoll im Dunkeln warten, bis *das Licht der Welt kommt.* Wenn ich ihm vertraue, «wird an jenem Tag die Rettung kommen, wie am Morgen die Sonne aufgeht», und ich werde anfangen zu tanzen und vor Freude zu springen wie «Kälber, die aus dem Stall hinaus auf die Weide dürfen» (Maleachi 3,20).

Nachdem ich mich mit Gott über seine ersten 39 Liebesbriefe ausgetauscht und versucht habe, herauszuhören, was er mir damit sagen will, fühle ich mich zugleich voller Hoffnung *und* entmutigt. Zugleich erwartungsvoll *und* ungeduldig, zugleich erwärmt von Gottes Liebe und niedergeschmettert von seinem Zorn. *Die Schlacht hat begonnen!* Ich weiß, dass ich kaputt bin. Ich weiß, dass tief in meinem Innern ein Kampf auf Leben und Tod tobt, den ich lieber ignorieren würde. Ich weiß, dass durch mich eine Energie fließt, die bewirkt, dass ich Gott, wenn überhaupt, dann nur zu meinen Bedingungen haben will.

Und ich weiß, dass diese abscheuliche Energie jedes Mal aus mir herausquillt, wenn ich mit jemandem in Beziehung trete, jedes Mal, wenn ich eine Entscheidung über irgendetwas treffe, jedes Mal, wenn ich Auto fahre. Ich will glücklich sein, will ein bestimmtes Gefühl in Bezug auf mich selbst und mein Leben haben, und ich denke, dass Sie und Gott und das Leben – und andere Autofahrer – damit kooperieren sollten. Ich will mich in dieser Welt mehr zu Hause fühlen, als es momentan der Fall ist.

Aber ich will auch Gott kennen und ihm folgen, sein Diener sein, sein Freund. Ich will mit ihm tanzen, so gut ich es jetzt schon kann, und mich darauf freuen, einmal für alle Ewigkeit einen wunderbar glücklichen und fröhlichen Wirbelsturm hinaufzutanzen.

Meine gegensätzlichen Wünsche prallen aufeinander. Gottes erste 39 Briefe haben mich davon überzeugt, dass die dunkle Seite gewinnen wird, falls er nicht irgendetwas Unvorstellbares dagegen unternimmt.

Außerdem haben sie mich davon überzeugt, dass diese Welt, die ich mir zurechtdekorieren möchte, damit ich mich darin zu Hause fühlen kann, ein rattenverseuchtes Loch ist, das ich niemals nach meinem Geschmack werde einrichten können. Ich kann ein bisschen Kosmetik betreiben, aber nur Gott kann diese Höhle in einen Palast verwandeln. Und das wird er. Er hat versprochen, alles neu zu machen – mich, Sie, alles auf der Erde, sogar die Erde selbst und den Himmel. Alles!

Doch bis auf weiteres sehe ich mich auf dem Boden dieser verfallenen Hütte liegen – schmutzig, ausgemergelt, zitternd, zu schwach, um aufzustehen. Hätte ich nicht Gottes erste 39 Briefe gelesen, so würde ich mich vielleicht immer noch in einem recht komfortablen Haus wohnen sehen, als ein ziemlich anständiger Mensch, der, wenn er nur Gott «vertraut», noch anständiger und komfortabler leben kann.

Aber das ist vorbei. Gott hat mich zu der Erkenntnis geführt, dass diese Welt, wie sie jetzt ist, nicht mein Zuhause ist, und dass ich nicht der Mensch bin, der ich sein möchte und der Gott möchte, dass ich bin. Nicht einmal annähernd. Alles, was ich tun kann, während ich hier hilflos auf dem Boden liege, ist, um Barmherzigkeit zu flehen. Wenn mir keine Barmherzigkeit zuteilwird, ist es aus mit mir. Dann bin ich dazu verdammt, für immer in meinem selbst geschaffenen Elend zu leben. Ich kann niemals jemanden mehr lieben als mich selbst, muss immer darauf bestehen, dass diese Welt in ihrem gegenwärtigen Zustand mich glücklich machen soll. Oder aber ich will sie verändern, und zwar um meinetwillen, damit mein Leben angenehmer und erfüllter wird.

Nun jedoch, da ich den ersten seiner letzten 27 Briefe aufschlage, weicht die Entmutigung der Hoffnung, die Ungeduld macht der Erwartung Platz, und aus meinem niedergeschlagenen Selbst erhebt sich das Leben. Ich ertappe mich dabei, wie ich die Worte eines alten Gospelsongs vor mich hin singe: *Something good is about to happen* – gleich wird etwas Gutes passieren.

Als ich in meiner Bibel das Matthäus-Evangelium aufschlage, geht die morsche Tür meiner Hütte auf. Ich höre die rostigen Angeln ächzen, als sie sich froh einer starken Hand ergeben. Ich blicke auf. Es ist der göttliche Arzt. *Er macht Hausbesuche!* Es ist der göttliche Retter. *Er hat meinen Schrei nach Barmherzigkeit gehört!* Es ist der göttliche Herr. *Er ist gekommen, um die Herrschaft zu übernehmen, um sein Reich in mir, in meinen Freunden, in der Welt aufzurichten!*

Ich habe ihn noch nie zuvor gesehen, aber ich erkenne ihn, als ob wir uns zum ersten Mal wieder begegneten. Wir sind einander schon durch Gott vorgestellt worden, in seinen ersten 39 Briefen. Aber die gegenseitige Vorstellung ist nun vorbei. Jetzt ist es Zeit, sich zu umarmen.

Hoffnung regt sich in mir, zwar noch nicht auf eine bessere Welt mit weniger Leid und mehr Segnungen, nicht einmal auf eine bessere Gemeinschaft von Freunden, sondern auf ein besseres Ich. Irgendwie habe ich schon immer gewusst, dass ich dazu geboren bin, zu tanzen, mit ihm, in einem heiligen Rhythmus. Vielleicht ist es jetzt so weit.

Er kommt auf mich zu, langsam, zielstrebig. Ich liege immer noch auf dem Boden, in der Gosse meiner Selbstsucht. Doch er kommt immer näher, kommt auf mich zu, wie ich mir immer vorgestellt habe, dass Mutter Teresa auf einen Leprakranken zugeht. Mit einem Lächeln. Mit Hoffnung. Die Augen voller Liebe.

Er kniet sich neben mir hin. Seine Knie versinken im Schlamm, in meinem Dreck. Das Wunder der Inkarnation überwältigt mich.

Sanft legt er seine rechte Hand auf meine Stirn. Er schaut mir direkt in die Augen, und aus seinem Blick strömt eine seltsame Mischung aus heiligem Feuer und stiller Liebe. Seine Lippen bewegen sich. Gleich wird er sprechen. Jetzt bin ich froh, dass ich Gottes erste 39 Liebesbriefe sorgfältig gelesen habe, auch wenn sie mir im ersten Moment nicht immer wie Liebesbriefe vorgekommen sind. Irgendwie merke ich in diesem Moment, dass jedes Wort in all jenen Briefen, ohne Ausnahme, mich darauf vorbereitet hat, zu hören, was Gottes Sohn jetzt gleich sagen wird.

Lassen Sie uns zuhören. Er ist mit guten Neuigkeiten gekommen, und wir sind endlich so weit, sie anzuhören.

# 40. Liebesbrief
## Matthäus

## Jesus übernimmt das Ruder

«Gott, ich habe gerade deinen 40. Liebesbrief gelesen. Nach den ersten 39 kommt es mir nun so vor, als ob du mich aufforderst, meine Meinung über alles zu ändern, was ich bisher geglaubt habe. Stimmt das?»

«Ja.»

«Und ich denke, um das zu tun, muss ich mir ins Gedächtnis rufen, was du mir in deinen ersten 39 Briefen gesagt hast. Sonst werde ich mir ein paar Sätze herauspicken, die mir gefallen, und mir ein Verständnis vom christlichen Leben zurechtzimmern, das mir gefällt und sich gut anfühlt. Nur wird es mich weiter an Dinge glauben lassen, von denen du möchtest, dass ich aufhöre, sie zu glauben. Liege ich damit auch richtig?»

«Ja.»

«Und noch etwas. Du möchtest mir vor Augen führen, dass jeder Brief im Alten Testament ein Liebesbrief ist, der zu der einen Liebesgeschichte gehört, die du erzählst. Sonst werde ich denken, deine Briefe im Neuen Testament würden eine neue Geschichte erzählen, die anders ist als die, die du im Alten Testament erzählt hast. Nämlich eine, die besser zu meinem falschen Verständnis von Liebe passt und mich darin bestätigt. Stimmt das auch?»

«Ja.»

«Aber das beunruhigt mich. Die meisten Leute deines Volkes heute haben keine Ahnung, was du uns in 1. Chronik oder Obadja oder Zefanja mitteilst. Und oftmals sehen sie gar kein Problem in ihrer Unwissenheit. Heißt das, dass die Leute in deiner Gemeinde in Gefahr sind, sich eine Geschichte auszudenken und sich einzubilden, sie hätten sie von dir gehört?»

«Die Gefahr besteht allerdings. Und was du befürchtest, passiert bereits.»

«Gott, ich kann mir nicht vorstellen, wie diese Gefahr überwunden werden kann. Es ist so schwer zu begreifen, inwiefern die ganze Geschichte des Alten Testaments etwas mit all dem zu tun hat, was heute in unserem Leben geschieht. Wie jeder andere, der sagt, dass er an dich glaubt, möchte ich dich jetzt kennen. Ich möchte dich so kennen, wie du heute bist, und verstehen, wie ich dir durch all das hindurch nachfolgen kann, was das Leben mir in diesem Augenblick beschert. Ich möchte dich kennen, die Kraft finden, in der heutigen Welt gut zu leben, möchte praktische Hilfe bekommen. Keiner deiner Anhänger wünscht sich eine Geschichtsstunde über dein Volk, wie es vor Jahrhunderten war.»

«Ich gebe keine Geschichtsstunden. Ich *bin* Geschichte. Ich *bin* das Gestern. Ich *bin* das Heute. Ich *bin* das Morgen. Nichts, was ich sage, ist irrelevant. Ich erzähle eine Geschichte, nicht zwei. Ich habe einen Plan: mein ganzes Volk zu dem großen Fest zu führen, über den schmalen Weg, der durch Leiden zu unvorstellbarer Freude führt.

Du läufst Gefahr, mich misszuverstehen, wenn du meine ersten 39 Briefe das Alte Testament nennst. Ich habe diesen Ausdruck nie benutzt. Er wurde in der Zeit meines Dieners Origenes geprägt, während des zweiten und dritten Jahrhunderts. Der Böse hat seither die Gelegenheit genutzt, mein Volk zu dem Gedanken zu verleiten, alt hieße so viel wie überholt. Das Alte Testament habe kaum mehr zu bieten als teilweise interessante geschichtliche Daten, aufgelockert mit ein paar anregenden Geschichten für Kinder und einigen eindrucksvollen Illustrationen neutestamentlicher Wahrheiten, über die sich die Erwachsenen Gedanken machen können.»

«Gott, so denken wohl heute die meisten deiner Anhänger. Das Alte Testament erscheint nicht nur deshalb alt, weil es lange vor dem Neuen Testament geschrieben wurde. Sondern auch und mehr noch, weil das, was du damals sagtest, mir heute manchmal etwa so relevant vorkommt wie ein medizinischer Aufsatz aus den 1950ern einem modernen Arzt oder wie eine alte Smith-Corona-Schreibmaschine Bill Gates vorkommen würde.

Und, Gott, es ist sogar noch schlimmer. Viele deiner Anhänger heute glauben, das Alte Testament ließe dich dastehen wie einen wutschnaubenden Gott des Zorns, einen ungehaltenen Gott, den wir jetzt vergessen und durch den liebenden Gott ersetzen können, als der du dich im Neuen Testament offenbart hast. Ich bin mir nicht sicher, was ich dieser Denkweise entgegenhalten soll. In vielen dieser ersten Briefe scheinst du ja wirklich außer dir zu sein vor Wut über dein Volk, weil es so viel sündigte.»

«Ich begegne euch in Liebe. Das habe ich immer getan, und das werde ich immer tun. Mein Zorn richtete sich damals und richtet sich heute gegen alles, was meinen liebevollen Absichten im Weg steht. Du darfst niemals etwas, das ich offenbare, zur Seite schieben oder als überholt betrachten. Meine späteren Briefe erzählen keine andere Liebesgeschichte als die, die ich in meinen früheren zu erzählen begonnen habe, sondern sie setzen sie fort.»

«Gott, hilf mir, die Kluft zu überbrücken. Nach Maleachi sehe ich einen Bruch. Nach dem Lesen dieses Briefes bin ich unsicher, ob wieder eine Flut kommen wird oder ob du alles wiedergutmachen wirst. Zeig mir, wie du nach vierhundert Jahren ohne weitere Kapitel die Geschichte wieder aufgreifst.»

«Johannes der Täufer. Zacharias. Maria. Simeon. Anna. Diese fünf hervorragenden Diener überbrücken die Kluft. Sie setzen die Geschichte meiner unermüdlichen und heiligen Liebe zu meinem unermüdlich und unentschuldbar sündigenden Volk fort.»

«Aber wie? Ich verstehe es noch nicht.»

«Vom Mutterleib an habe ich Johannes den Täufer mit meinem Geist erfüllt [Lukas 1,15]. Ich habe kein Risiko eines Missverständnisses zugelassen. Die Botschaft, die ich ihm auftrug, war zu wichtig. Mein Volk war verblendet durch sein selbstsüchtiges Verständnis davon, was als Nächstes in der Geschichte kommen müsste. Sie dachten, ich müsste nun den Messias senden, um sie zu *segnen*. Johannes wusste, dass der Messias kommen würde, um sie zu verändern, um ihre Seelen wiederherzustellen, bevor ich ihre Segnungen wiederherstellen würde.

Johannes forderte die Leute auf, Buße zu tun, ihre Erwartungen zu verändern, zu erkennen, dass ich ihnen die Fähigkeit geben würde, zu meiner Musik zu tanzen, während noch der Lärm der Hölle dröhnte. Ich offenbarte Johannes meinen Plan, dass mein Sohn als ein Lamm kommen würde, das ihnen ihre

Sünden vergeben würde, bevor er dann als Löwe brüllen und die Herrschaft über die Welt übernehmen würde. Das war schon in meinen ersten 39 Briefen für alle sichtbar, die Augen im Kopf hatten.

Auch Johannes' Vater Zacharias überbrückte die Kluft. Er zweifelte daran, dass ich die Macht hatte, Leben aus dem Tod erstehen zu lassen und meinen Plan – gegen alle Widerstände – weiter voranzubringen. Als ich Zacharias sagte, dass Elisabeth in ihrem hohen Alter noch einen Sohn zur Welt bringen würde, der das Volk auf das nächste Kapitel in meiner Geschichte vorbereiten würde, versagte sein Glaube. Niemand kann ohne Glauben meine Geschichte voranbringen. Deshalb segnete ich ihn, indem ich ihm für die neun Monate der Schwangerschaft seiner Frau die Fähigkeit zu sprechen nahm. Schweigen gibt dem Glauben die Gelegenheit zu wachsen.

Als ich ihn wieder sprechen ließ, erfüllte ich ihn mit meinem Geist. Während in seinem Herzen ein Gesang der Verheißungen aus meinen früheren Briefen erklang, pries mich Zacharias dafür, dass ich diese Geschichte nun fortsetzte, dass ich meine Versprechen gegenüber David [Lukas 1,68–71], Abraham [Vers 72–75] und Zacharias selbst [Vers 8–79] einhielt. Als er schließlich erkannte, dass die lange verheißene ‹aufgehende Sonne› nun erscheinen würde (ein ausdrücklicher Hinweis auf das, was er in Maleachi 3,20 gelesen hatte), verkündete Zacharias meine Güte. Er wusste, dass die Geschichte weiterging.

Und meine hingegebene Maria. Wie ich sie liebe. Als Johannes vor seiner Geburt in Elisabeths Leib hüpfte, weil er auf geheimnisvolle Weise erkannte, dass er sich in Gegenwart der Frau befand, durch die der Messias kommen würde, konnte Maria ihre Begeisterung nicht zurückhalten. Sie erhob mich als den mächtigen, heiligen und barmherzigen Gott, der seinen Willen durchsetzen würde in der Welt, die er erschaffen hatte, und dessen Plan allem Anschein zum Trotz immer noch auf Kurs war. Maria sah voller Freude die Verbindung zwischen den beiden Teilen meiner Geschichte, während sich der zweite Teil noch auf wunderbare Weise in ihrem Leib entwickelte.

Auch Simeon überbrückte die Kluft zwischen dem Alten und dem Neuen. Nachdem er jahrzehntelang über Verse wie Jesaja 49,6 meditiert hatte, wusste dieser rechtschaffene Mann, dass ich eines Tages nicht nur meinem lange geplagten Volk Trost bringen würde, sondern auch der ganzen Welt. Es war mir eine Freude, diesem Heiligen des Alten Testaments zuzusagen, dass er, bevor er sterben würde, noch mit eigenen Augen den Beginn des Neuen sehen würde. Als Simeon ‹Gott in Windeln› sah (ja, so unglaublich ist die Inkarnation), jubelte er darüber, dass sich der Plan in einem Kind offenbarte, und er wusste (und sagte auch zu Maria), dass der Plan mit Schmerz verbunden sein würde. Nicht jeder würde ihren Sohn willkommen heißen. Und Marias Herz würde von Trauer durchbohrt werden, bevor sie vor Freude tanzen würde [Lukas 2,25–35].

Und die betagte, aber immer schöne Hanna, meine erste Prophetin im zweiten Teil meiner Geschichte. Wie Mirjam [2. Mose 15,20], Debora [Richter 4,4] und Hulda [2. Könige 22,14] war Hanna als Prophetin besonders gesegnet. Durch sie würde ich Licht auf meinen Plan werfen. Ich richtete es so ein, dass Hanna dabei war, als Simeon mit Maria sprach. Wie ich diesen Moment genossen habe! Hannas Mann war Jahrzehnte zuvor nach nur sieben Jahren glücklicher Ehe gestorben. All diese einsamen Jahre hindurch hatte diese trauernde Witwe in meiner Gegenwart gewartet, gewartet in der zuversichtlichen Hoffnung, dass ihre lange Nacht einer blendenden Morgendämmerung weichen würde. Als sie Simeon mit Maria reden hörte, wusste sie, dass die Morgendämmerung angebrochen war. Voller Freude und Dank wandte sie sich zu mir; dann kehrte sie sich wieder den Menschen um sie her zu und verkündete ihnen, dass das Kind in Marias Armen meinem Volk Erlösung bringen werde [Lukas 2,36–38]. Hanna starb als eine glückliche Frau. Jetzt ist sie noch viel glücklicher.

Wenn du mich nun in Matthäus reden hörst, behalte diese fünf Leute in Erinnerung. Ich habe jeden von ihnen besonders gern. Gemeinsam werden sie dir helfen, zu erkennen, dass die Geschichte, die ich erzähle, eine einzige groß angelegte Liebesgeschichte ist. Vom 1. Buch Mose bis Maleachi und nun weiter von Matthäus bis zur Offenbarung veränderte ich mich niemals. Ich liebe immer. Weniger kann ich nicht tun. *ICH BIN* Liebe.

Mach dir eines bewusst: Niemand kann meine ersten 39 Liebesbriefe übergehen und erwarten, dass er die Geschichte, die ich in den letzten 27 fortsetze, richtig begreifen und darin tiefe Freude finden kann. Ich möchte, dass du dich mitreißen lässt von der ewigen Geschichte, die vor Anbeginn der Zeit ihren

Anfang nahm. Sie entwickelt sich im ersten Teil (1. Mose bis Maleachi), setzt sich im zweiten Teil (Matthäus bis zur Offenbarung) fort und wird für immer weitergehen, wenn die Zeit endet.

Mein Sohn ist hier. Der König ist gekommen. Mein Reich ist nahe. Tu Buße! Das war Johannes' Botschaft. Mein Sohn hat sie bekräftigt. *Ändert euer Denken über alles.* Erst dann wirst du die gute Nachricht hören, die mein Sohn bringt, eine Nachricht, die so gut ist, dass sie selbst Johannes nicht ganz in den Kopf ging. Erst dann wirst du in der Lage sein, in einer Welt, in der der Lärm der Hölle viel leichter zu hören ist und sich manchmal wie Musik anhört, nach meiner Musik zu tanzen. Erst dann wirst du die Musik des Himmels hören, die eines Tages der einzige Klang sein wird, der auf der Welt zu hören ist. An jenem Tag nämlich, wenn alle, die meinen Sohn so lieben wie ich, für immer auf meinem Fest tanzen werden.»

«Gott, es fällt mir schwer, herauszuhören, was du mir im Matthäus-Evangelium sagen willst. Dein Sohn bringt nicht die gute Nachricht, die ich erwartet habe.»

«Erzähl mir von deinem Gespräch gestern Nachmittag mit deinem Freund, der in Not ist.»

«Was hat denn das damit zu … Tut mir leid. Ich sollte es eigentlich besser wissen. Nun, er hat seit Jahren Schwierigkeiten in seiner Ehe. Ich glaube, er ist jetzt mit seinen Kräften am Ende. Er ist als ein innerlich leerer Mann in die Ehe hineingegangen. Er hat nie das Gefühl gehabt, dass irgendjemand ihn zutiefst wollte. Und jetzt, Jahre später, muss er sich eingestehen, dass offenbar nicht einmal seine Frau ihn haben will.»

«Was hat er denn seiner Frau gegeben?»

«Alles außer seinem Herzen. Das hat er gehütet, seit er ein Kind war. Ihr sein Herz zu geben, sie ohne jeden Rückhalt zu lieben, das wäre zu riskant für ihn gewesen. Sie hätte ihn ja zurückweisen können.»

«Dein Freund ist immer noch von Furcht beherrscht, nicht durchs Scheitern zerbrochen. Er ist noch nicht mit seinen Kräften am Ende. Wenn es so weit ist, wird in seinen Motiven nicht mehr so viel hartnäckiger Selbstschutz sein. Dann wird der Geist meines Sohnes mehr Raum haben, um das Ruder zu übernehmen. Genau das hat mein Sohn in seiner ersten Predigt zum Ausdruck gebracht: ‹Ihr seid glücklich, wenn ihr mit euren Kräften am Ende seid. Je weniger von euch da ist, desto mehr ist von Gott und seiner Herrschaft da› (Matthäus 5,3 nach *The Message*). Du wirst meine Stimme in Matthäus deutlicher hören, wenn du genau darauf achtest, was im Leben der Menschen passiert, auch in deinem eigenen. Ich sage immer das, was du und dein Freund – und jeder andere – am dringendsten zu hören nötig habt. Schau dir an, wo du stehst. Dann wirst du meine Wahrheit hören.

Hör gut zu. Folgendes will ich in meinem 40. Brief sagen:

**Die Mission meines Sohnes war es, dein Leben zu verändern. Er kam, um dich in mein Reich der Liebe zu bringen, indem er dir deine rebellische Selbstvergötterung vergab, die dich unfähig macht, so mit anderen umzugehen, wie ich es tue. Und um dich zu befähigen, anderen durch die radikal veränderte Art und Weise, wie du nun mit ihnen umgehen kannst, mein Reich nahe zu bringen. Er hatte nie vor, lediglich dafür zu sorgen, dass du dich anständig benimmst und glücklich bist, bis du im Himmel ankommst. Sein Ziel war, um deinetwillen mein Wesen zu offenbaren und um meinetwillen dein Wesen zu verändern.»**

«Gott, ich glaube, das ist der Grund, warum ich mit diesem Brief solche Mühe habe. Was du gerade gesagt hast, ist nicht das Evangelium, das man mich gelehrt hat. Als ich als Achtjähriger bei der Jungscharfreizeit in ein riesiges Lagerfeuer starrte, sagte man mir, ich sollte mich lieber retten lassen, sonst müsste ich für immer in der Hölle brennen. Also flüsterte ich ein Gebet. Ich bat Jesus, mir zu vergeben und mich nach meinem Tod in den Himmel zu bringen. Und ich versprach, mir viel Mühe zu geben, bis dahin ein guter Mensch zu sein. Und wenn ich ein guter Mensch war, oder zumindest ziemlich gut, dann würde ich auch glücklich und gesegnet sein, nahm ich an. Seither habe ich gelernt, dass es mit dem Christentum eine Menge mehr auf sich hat, als ich damals wusste, und vielleicht auch eine Menge weniger. Aber ist denn nicht das, was ich damals als Kind verstand, mehr oder weniger der Kern des Evangeliums?»

«Mein Geist begann unser gutes Werk in dir, als du acht warst. In jenem Moment am Lagerfeuer wurdest du vor der Hölle gerettet und für den Himmel bestimmt. Doch das, was du damals verstanden hast – dass dadurch, dass du gut bist, dein Leben gelingen würde, bis du in den Himmel kommst –, hatte keine Kraft, mit deinem schlimmsten Beziehungsproblem fertigzuwerden. Es hat nur den Druck auf deinem Leben verstärkt, der die Freiheit blockiert, die ich dir schenken möchte. Und es hat verschleiert, was deine Mission ist, dein Auftrag, für den ich dich in der Welt gelassen habe. Diese Botschaft – lass dich retten, führ ein gutes Leben, genieße meine Segnungen und geh dann in den Himmel – ist nicht das, was ich im Matthäus-Evangelium zu dir sage.»

«Das ist es ja, was mir zu schaffen macht. Einige der ersten Worte aus dem Mund deines Sohnes, die Matthäus wiedergibt, waren: ‹Kehrt um zu Gott! Denn jetzt beginnt seine neue Welt!› [4,17]. Ich hätte erwartet, dass er mit etwas wie dem anfängt, was ich bei dem Jungscharlager gehört habe.»

«Mein Geist hat das, was du damals gehört hast, benutzt, um dich in mein Reich zu bringen. Aber jetzt musst du auf das hören, was Matthäus gehört hat. Seine Botschaft – das, was ich dir durch seine Schrift mitteile – wird dich zum Kern der guten Nachricht Jesu führen. Es wird deinen Freund in die Lage versetzen, sich nicht mehr an das zu klammern, wovon er irrtümlich glaubt, es würde seine Bedürfnisse befriedigen. Stattdessen wird er seiner Frau das geben, was ich bereits in sein Herz hineingelegt habe. Mein Reich ist für deinen Freund ganz nahe.»

«Ich glaube, ich weiß, wo ich festhänge. Du sprichst vom Kern der guten Nachricht. Ich bin mir nicht sicher, was das ist. Ich komme mir ein bisschen vor wie Johannes der Täufer, wie er im Gefängnis sitzt und auf seine Hinrichtung wartet und sich fragt, was die gute Nachricht Jesu für ihn wohl sein mag. Was heißt das eigentlich, dass das Himmelreich nahe ist? Falls das Fest schon im Gange ist, sehe ich nichts davon. Was genau hat dein Sohn eigentlich verändert? Die Onkologen haben immer noch alle Hände voll zu tun. Die Scheidungsanwälte können sich vor Mandanten nicht retten. Johannes wurde umgebracht. Und ich habe immer noch Kopfschmerzen, obwohl haufenweise Freunde beten, dass sie weggehen. Vielleicht müsste ich es besser wissen, aber irgendwo tief in mir habe ich wohl schon immer gedacht, die gute Nachricht sei, dass der Himmel irgendwann kommen würde, und dann würde ich tanzen. Und bis dahin soll ich durch schwere Zeiten hindurch bei der Stange bleiben und so leben, wie du es willst. Und ich habe angenommen, ich könnte damit rechnen, dass du auch noch allerhand Segnungen drauflegen würdest – vielleicht sogar im Übermaß, wenn ich genug Glauben habe –, zum Beispiel einen schmerzfreien Kopf.»

«Mach die Ohren auf und höre, was ich sage:

**Der Kern der guten Nachricht ist, dass du meinen Sohn kennen und durch meinen Geist an der Beziehung teilhaben kannst, die mein Sohn und ich genießen. Diese Nachricht hat die Kraft, dich und deinen Freund zu verwandeln, so dass ihr euch nicht mehr um euretwillen an euer Leben klammert, sondern um meinetwillen euer Leben verliert. Wann immer du deine besten Kräfte darauf verwendest, deine Leere oder Einsamkeit zu füllen oder dich vor einer weiteren Zurückweisung zu schützen, dienst du dem falschen Reich. Aber jetzt bist du in der Lage, meinem Reich zu dienen und zu mir und anderen in eine Beziehung zu treten, wie wir sie in der Dreieinigkeit untereinander haben. Das ist der Tanz, in dem du dich bis zu einem gewissen Grad jetzt schon üben kannst. Du wirst ihn leichtfüßig für immer tanzen, wenn mein Sohn zurückkehrt und das Himmelreich die Erde erfüllt. Das ist die gute Nachricht.»**

«Gott, das hört sich zu schwer an, zu unerreichbar. Wenn ich das tun könnte, was du sagst, würde ich es vielleicht als gute Nachricht empfinden.»

«Lies Matthäus 12,28. Jetzt gleich!»

«Okay. Das ist die Stelle, wo dein Sohn sagt: ‹Wenn ich aber die Dämonen durch den Geist Gottes austreibe, so beginnt Gottes neue Welt jetzt – mitten unter euch!› Das verstehe ich nicht. Was meinte er damit? Warum wolltest du, dass ich ausgerechnet diesen Vers jetzt lese?»

«Als Adam sich von mir abwandte, übernahm der Teufel die Herrschaft. Alle Nachkommen Adams leben nun in einem Reich, in dem es durch den ganz realen Schmerz der Leere und der Einsamkeit völlig legitim erscheint, sich an jede Art von Befriedigung zu klammern. Dieses Reich wird vom Satan beherrscht [Lukas 4,6]. Bis heute verleitet er Leute wie deinen Freund dazu, zu glauben, es sei gerechtfertigt, sein leeres Herz zu schützen und nach jeder Erfüllung zu greifen, die verfügbar erscheint (vielleicht einer anderen Frau?) [Hebräer 2,14–15].

Ich habe meinen Sohn gesandt, um die Werke des Teufels zu zerstören [1. Johannes 3,8–9]. Und das hat er getan. Er hat die Herrschaft ergriffen. Du fragst, was er verändert hat. *Es gibt jetzt eine Gemeinschaft von Menschen, die, wenn auch ihre Seelen sich vielleicht leer anfühlen, mit meinem Geist erfüllt sind. Ein Volk, dessen Lebensweise im Geben aus einer durch Vertrauen erlangten Fülle besteht statt im Greifen nach einer geforderten Fülle.* Sie sind mein Volk. Ich bin ihr Gott. Sie sind die Gemeinde meines Sohnes, seine Braut und sein Leib, und die Macht der Hölle kann sie nicht vernichten. Sie sind die Armee, die ich aufgeboten und zugerüstet habe, um mich zu repräsentieren und meine Absichten in dieser Welt voranzutreiben.

Mein Geist formt diese Menschen, so dass sie wie Jesus sind, der, ‹obwohl er in göttlicher Gestalt war … nicht selbstsüchtig daran fest[hielt], Gott gleich zu sein. Nein, er verzichtete darauf› [Philipper 2,6–7]. Wenn mein Geist Matthäus von einem Juden, der Rom als Zolleinnehmer dient und nur zu seinem eigenen Vorteil lebt, in einen Nachfolger meines Sohnes verwandeln kann, dann kann er auch deinen Freund von einem leeren Nehmer in einen sehr geliebten Geber verwandeln.»

«Wie geschieht das? Wie geschah es bei Matthäus?»

«Er traf meinen Sohn. Er erkannte, dass alles, was meine Propheten über den kommenden Messias vorausgesagt hatten, in meinem Sohn wahr geworden war: geboren von einer Jungfrau [Jesaja 7,14]; geboren in Bethlehem [Micha 5,1]; zurückgekehrt aus Ägypten [Hosea 11,1]; angekündigt von einer Stimme in der Wüste [Jesaja 40,3; Markus 1,3]; wirkte in Galiläa [Jesaja 8,23–9,1].

Doch Matthäus erkannte mehr als lediglich die Erfüllung der Prophezeiungen. Er sah, dass ich mein Versprechen hielt, mein Volk zu meinem Fest zu bringen, als er verstand, dass ich mein Fest auf die Erde brachte. Mein Sohn machte deutlich, was es heißt, im Takt mit dem Himmelreich zu tanzen, als er die Bergpredigt hielt [Matthäus 5–7]. Er demonstrierte seinen Sieg über Satan und seine Übermacht über Krankheit, Natur, Sünde und Tod durch zehn Wunder, von denen Matthäus berichtete [in Matthäus 8–10] – es gab noch viel mehr. Und dann, nachdem er seine Autorität über alle, die sich ihm entgegenstellten, bewiesen hatte [Matthäus 11–18], verließ er Galiläa in Richtung Judäa und ging nach Jerusalem, um zu sterben. Wie von Sacharja vorhergesagt [9,9], ritt er auf einem Esel in die Stadt. Er wurde von einem Freund verraten, wie in Psalm 41,10 beschrieben, und erlitt dann die unaussprechlichen Qualen, die in Psalm 22 geschildert werden.

Vor allem sah Matthäus, dass die Vater-Sohn-Beziehung, die mein Sohn und ich im Himmel genießen, nun auch den Menschen auf der Erde angeboten wurde [Matthäus 11,27]. Er erkannte, dass mein Sohn nicht nur kam, um Menschen in den Himmel zu bringen, sondern um das Himmelreich, die Art und Weise der gegenseitigen Beziehung innerhalb der Dreieinigkeit, in die Menschen hineinzubringen.

Und dazu ist er fähig. Mein Sohn hat die Herrschaft übernommen. ‹Er ist der Herr über alle Mächte und Gewalten› [Kolosser 2,10]. Matthäus hörte die Einladung meines Sohnes an alle, die durch ihre nehmende, klammernde Lebensweise müde, ausgebrannt, desillusioniert und leer geworden waren [Matthäus 11,28–30]. Und er nahm sie an. Er hätte sicher in den früher beliebten Choral eingestimmt: ‹Heaven came down and glory filled my soul – der Himmel kam herab, und Herrlichkeit erfüllte meine Seele.› Matthäus lernte den ungezwungenen Rhythmus der Gnade kennen und wandelte sich von einem römischen Zolleinnehmer, der sich ans Leben klammerte, zu einem Nachfolger meines Sohnes, der anderen Leben gab. Das ist der Tanz. Das Himmelreich ist nahe. Das Fest hat begonnen.»

«Gott, ich möchte tanzen. Ich höre die gute Nachricht, dass mir meine Sünden vergeben sind und das Leben deines Sohnes in mich ausgegossen worden ist. Egal, wie ich mich fühle oder was auch immer schiefgeht: Ich kann leben, indem ich gebe, und muss nicht klammern. Ich kann einen Vorgeschmack des Himmels auf die Erde holen, in dem Wissen, dass eines Tages die Liebe des Himmels über jedes Herz auf Erden herrschen wird, und ich werde dabei sein und auf deinem Fest tanzen, wenn es vollkommen offenbar geworden ist. Gott, ich glaube das alles, aber ich bleibe immer noch so weit dahinter zurück.»

«Dann höre auf die letzten Worte meines Sohnes auf Erden: ‹Ich habe von Gott alle Macht im Himmel und auf der Erde erhalten [und dem Teufel wurde sie weggenommen]. Geht hinaus in die ganze Welt, und ruft alle Menschen dazu auf, mir nachzufolgen! Tauft sie im Namen des Vaters, des Sohnes und des Heiligen Geistes! Lehrt sie, so zu leben, wie ich es euch aufgetragen habe. Ihr dürft sicher sein: Ich bin immer bei euch, bis das Ende dieser Welt gekommen ist.› [Matthäus 28,18–20]».

«Gott, da der Teufel seiner Macht beraubt ist und da ich aus dem Reich dieser Welt in das Reich des Himmels wiedergeboren bin, bedeutet das doch, dass der eigentliche Kampf jetzt in meinem Innern stattfindet. Der Kampf findet statt zwischen meinem Drang, nach allem zu greifen, was mir notwendig erscheint, und dem Verlangen, zu geben, andere zu lieben, wie Jesus es tut. Einem Verlangen, das dein Geist in mich hineingelegt hat. Das gibt dem Begriff ‹geistliche Kriegsführung› eine ganz neue Bedeutung. Ich muss immer noch dem Teufel widerstehen und soll mich nicht dieser Welt gleichstellen, aber der eigentliche Kampf findet in mir statt, zwischen meinem Fleisch und meinem Geist. Ich möchte diesen Kampf gewinnen.»

«Du hast die Botschaft gehört, die ich dir in Matthäus mitteile. Es gibt noch so viel mehr zu hören. Mehr, als du dir vorstellen oder denken kannst. Mein Sohn hat die Herrschaft übernommen. Er hat den Teufel besiegt und die Welt überwunden. Lies weiter. Dein Freund wird lernen zu lieben. Und du wirst das auch.»

# *41. Liebesbrief*

# Markus

## Jesus bringt dich erst zurück und dann nach vorn

«Gott, ich weiß nicht genau, warum, aber wenn ich deinen 41. Brief durchlese, fühle ich mich sehr klein. Es ist schon ein gewaltiges Vorrecht, durch Briefe, die du mir geschrieben hast, ein Gespräch mit dem Schöpfer des Universums führen zu können. Von Rechts wegen müsste ich schon von einem einzigen Wort aus deinem Mund überwältigt flach auf den Boden fallen. Und du sprichst viele Worte zu mir. Was noch umwerfender ist, du lädst mich ein, in deiner Gegenwart zu stehen und meiner Verwirrung Ausdruck zu geben, ja, mit dir zu ringen, wie Jakob es tat.

Ich glaube, das fällt mir gerade jetzt so auf, weil mir im Markus-Evangelium dein Sohn nicht als König begegnet (obwohl er der König der Könige ist), sondern als ein Diener, der, nachdem er alles für sich selbst erschaffen hatte, hierher kam, um wegen unseres Unheils zu leiden. Diese Geschichte ist mir so vertraut, dass ich dazu neige, sie selbstverständlich zu nehmen. Fast lese ich sie sogar wie einen historischen Roman statt wie einen ‹wahren Mythos, einen Mythos, der sich tatsächlich zugetragen hat›, um es mit C. S. Lewis zu sagen. Vergib mir!

Dennoch glaube ich – und ich hoffe, dass ich mich nicht irre –, dass ich ein wenig von dem höre, was du hier sagst. In Matthäus habe ich Worte gehört, die mir zwei Dinge deutlicher bewusst gemacht haben:

Erstens, dass du den Himmel in mich hineinbringen willst. Du willst, dass ich mehr wie dein Sohn lebe, damit ich jetzt schon anfangen kann, das himmlische Fest zu genießen. Und je mehr ich so lebe wie er, desto mehr Herrschaft gewinnt dein Reich über mein Leben, und desto mehr bringt es sich in Position, sich zu anderen hin auszubreiten.

Zweitens, dass der eigentliche Kampf, den ich führe, in meinem Innern stattfindet. Während du dein Reich in mir aufrichtest, widersetzen sich der Teufel und das System der Welt jedem Schritt, den du tust. Doch mein schlimmster Feind ist meine eigene Selbstbezogenheit, meine innere Haltung, die es für mein gutes Recht hält, dass mein Leben so läuft, wie ich es mir wünsche. Habe ich dich richtig verstanden?»

«Ja.»

«Nun, Gott, mir ist klar, dass du es schon weißt, aber die Schlacht steht zurzeit nicht gut. Ich bin niedergeschlagen. Entmutigt. Leer. Frustriert. Voller Sorgen. Leidenschaftslos. Für mich selbst freilich bringe ich immer noch Leidenschaft auf. Mein Verlangen danach, dass in meinem Leben alles glattläuft und dass ich mich gut fühle, scheint im Moment stärker zu sein als mein Verlangen danach, dir zu dienen, mit allem, was das auch an Leiden mit sich bringen könnte.»

«Es wird Zeit, dass du mich in meinem 41. Brief sprechen hörst.»

«Ich habe ihn schon gelesen, mehr als einmal. Alles, was ich sehe, ist dein Sohn, wie er auf eine Art und Weise heilt, wie er es heute nicht mehr tut. Und dann, nachdem er gestorben und von den Toten auferstanden ist, sagt er mir, ich solle allen die gute Nachricht predigen.

Ich kapiere schon, dass die gute Nachricht, das Evangelium, sich nicht nur um die Verheißung dreht, dass du uns irgendwann aus dieser kaputten Welt herausholst, indem du sie wieder heil machst; obwohl auch das wahr ist. Und die gute Nachricht enthält *nicht* das Versprechen, dass du deinen Anhängern einen leichten, bequemen Weg durch alle Fährnisse des Lebens ebnen wirst.

Die gute Nachricht vom Himmelreich, die dein Sohn brachte, dreht sich um die Wahrheit, dass dein Reich irgendwie – wenn auch nicht vollständig – schon jetzt hier ist. Es ist schon jetzt möglich, als Bürger dieses Reiches zu leben. Wir können unter der Autorität und mit der Kraft unseres Königs leben, heute, jeden Tag. Wir können deinen Absichten dienen, indem wir Menschen dienen – so, wie Jesus es tat –, bis wir in der Welt ankommen, in der jedes menschliche Verlangen befriedigt, gesteigert und dann wieder befriedigt wird, bis in alle Ewigkeit.

Aber Gott, diese Botschaft packt mich nicht. Sie erreicht mich nicht in der Tiefe. Ich kann mir manche Nachricht vorstellen, die sich für mich viel besser anhören und mich mehr begeistern würde. Ich sage es ungern, aber das Versprechen eines schönen Lebens jetzt; eines schönen Lebens mit einer glücklichen Ehe, mit gesunden und fröhlichen Kindern, mit tiefen Freundschaften und jeder Menge gemeinsamem Spaß, ohne Bedrohung durch Krebs, mit reichlich Geld, einem erfüllenden Beruf, durch den ich mithelfen kann, die Welt ein bisschen besser zu machen – wenn das das überfließende Leben wäre, das dein Sohn gebracht hätte, dann würde mich das ziemlich begeistern, und ich würde es jedem predigen, der mir zuhören würde. Dieser Botschaft würden die Leute scharenweise hinterherlaufen, glaube ich. Sie wäre leicht als wirklich gute Nachricht zu erkennen. Was habe ich übersehen?»

«Du hast meine Worte *durch* Markus gelesen. Was du noch nicht gelesen hast, ist mein Leben *in* Markus.»

«Ich kann dir nicht folgen. Ich habe keine Ahnung, wovon du redest.»

«Ich habe Markus ausgewählt, ebenso wie ich Matthäus, Lukas und Johannes auswählte, ein Porträt meines Sohnes zu zeichnen, das andere nie so gut hätten zustande bringen können. Vier Porträts. Eine Person. Ich möchte, dass du meinen Sohn in all seiner Schönheit siehst. Er ist unwiderstehlich!

Markus war an seine Bequemlichkeit gewöhnt, genau wie du. Aufgewachsen in einem großen Haus, in dem meine Anhänger von Markus' Mutter Maria stets herzlich aufgenommen wurden, vermischte er – auch wieder genau wie du – persönlichen Komfort mit geistlicher Wirklichkeit. Mein Diener Petrus, der Markus' geistlicher Vater war [1. Petrus 5,13] tauchte vor Markus' Tür auf, nachdem mein Engel ihn aus einem römischen Gefängnis befreit hatte, in dem er auf seine Hinrichtung gewartet hatte [Apostelgeschichte 12,1–19]. Das wühlte Markus auf.

Als er später eingeladen wurde, Barnabas und Paulus auf ihrer ersten Missionsreise zu begleiten, war Markus (manchmal auch Johannes genannt) eifrig bei der Sache. Doch er war noch nicht bereit, seinen Komfort an die zweite Stelle zu setzen und den ersten Platz dem Dienst für das Reich einzuräumen. Wer meine gute Nachricht verbreitet, wird immer auf Widerstände stoßen. Markus war Zeuge, als Paulus einem Okkultisten entgegentrat, indem er ihn ein ‹Kind des Teufels› nannte und ihn dann mit Blindheit schlug, um dann Sergius Paulus – einen städtischen Beamten in Paphos – zum Glauben an meinen Sohn zu führen.

Nach einer einhundert Meilen weiten Reise nach Perge, dem nächsten Ziel ihrer Mission, kamen Markus Bedenken. Ihm wurde allmählich deutlich bewusst, dass das Abenteuer des Verkündigungsdienstes auch Konflikte, Strapazen und Gefahren beinhaltete. Noch bevor Paulus und Barnabas in Perge zu predigen begannen, segelte Markus wieder zurück nach Jerusalem zu seinem behaglichen Haus und seinem angenehmen Leben [Apostelgeschichte 13,1–13].

Du stehst im Moment genau da, wo Markus damals stand. Du spürst die Enge des schmalen Weges, auf dem zu gehen ich dich berufen habe. Paulus wollte nichts davon wissen, als Barnabas bei einer späteren Missionsreise erneut vorschlug, Markus mitzunehmen [Apostelgeschichte 15,36–40]. Einer, der im Widerstreit zwischen der Sorge um sich selbst und dem Dienst für mich, zwischen Bequemlichkeit und Leiden, nicht bei der Stange bleibt, taugt nicht viel für meine Zwecke.»

«Gott, es ist nicht immer angenehm, dir in deinem Wort zu begegnen. Ich fühle mich bloßgestellt.»

«Das ist auch meine Absicht. Dein Verlangen danach, mich zu erfahren, wenn das Leben steinig wird, ist zu einer Forderung geworden. Fordere nie etwas. Gib alles hin. Das sind meine Bedingungen. Markus scheiterte daran, genau wie du. Genau wie du glaubte er, die gute Nachricht, mir in ein Leben als Bürger meines Reiches folgen zu dürfen, beinhalte auch die gute Nachricht, in seinem Leben mit einem gewissen Maß an Wohlergehen und Freiheit von Problemen gesegnet zu sein.

Aber mein Sohn holte ihn zurück und brachte ihn voran. Nachdem er Buße dafür getan hatte, dass er ein angenehmes Leben dem Dienen und Leiden vorgezogen hatte, war Markus zusammen mit Petrus unterwegs, der nicht aufhören konnte, von seiner Zeit mit meinem Sohn zu erzählen. (Nach den Berichten des Petrus verfasste Markus diesen Brief. Er fing die ganze Begeisterung ein, mit der der agile Petrus ihm eine Geschichte nach der anderen erzählte.) Dadurch wurde Markus deutlicher bewusst, dass mein Sohn ein Leben als selbstloser Diener geführt hatte, das ihn in unverdientes Leiden geführt hatte. So wurde ihm klar, was das Leben als Bürger des Reiches Gottes bedeutete.

Markus wurde verwandelt. Jahre nach seinem Scheitern und der Ablehnung durch Paulus war er demselben Paulus höchst willkommen als Gefährte im Gefängnis [Kolosser 4,10–11]. Und kurz vor seiner Hinrichtung wollte Paulus Markus erneut bei sich haben [2. Timotheus 4,11]. Für das Vorrecht des Dienens und Leidens gab Markus seinen Wunsch nach einem behaglichen Leben auf. Er gründete die erste Gemeinde in Ägypten und wurde für seine Treue durch die Straßen gezerrt, in ein Verlies geworfen und dann verbrannt.»

«Gott, nachdem du mir Markus' Geschichte erzählt hast, habe ich eben seinen Brief noch einmal gelesen. Er hat eine ganze neue Bedeutung bekommen. Erklärst du mir bitte, was du mir zu verstehen geben möchtest, während ich deinen 41. Brief lese?»

«Du sollst Folgendes hören:

**Wegen meines Sohnes kann kein Versagen deinerseits meinen Plan für dein Leben mehr blockieren. Aber du musst meinen Sohn so deutlich sehen, so nah und persönlich, dass du merkst, dass er es wert ist, alles zu verlieren, was dir im Leben wertvoll ist, um ihn zu kennen und ihm zu dienen. Je deutlicher du Christus siehst, desto eher wirst du bereit sein, um seinetwillen jeden Verlust auf dich zu nehmen. Leben im Reich Gottes besteht im radikalen Dienen (dem Ende jeden Anspruchs auf persönliches Wohlergehen) und im selbstverleugnenden Leiden in der Hoffnung auf immerwährende Freude.»**

«Leite mich bitte an. Ich möchte diesen Brief noch einmal lesen. Zeig mir, wie du diese Botschaft im Markus-Evangelium zum Ausdruck bringst.»

«Im Markus-Evangelium ergibt sich aus vielen Pinselstrichen das Porträt meines Sohnes als eines leidenden Dieners. Hier sind einige davon:

Markus wiederholt oft die Anweisungen meines Sohnes, seine Identität geheim zu halten, wofür es natürlich einen guten Grund gab. Er kam ja nicht, um die Erwartungen auf ein angenehmes, reich gesegnetes Leben zu erfüllen, denen sich viele hingaben. Er kam, um zu dienen und zu leiden, um ‹sein Leben hinzugeben, damit viele Menschen aus der Gewalt des Bösen befreit werden› (Markus 10,45). Beim ersten Mal kam er nicht, um seine Herrschaft über die ganze Welt sichtbar zu behaupten. Das wird er tun, wenn er wiederkommt.

Das griechische Wort *euthüs*, das ‹sofort› oder ‹gleich› bedeutet, kommt in diesem Brief 42 Mal vor, öfter als in meinen anderen 26 Briefen des Neuen Testamentes zusammen. Mein Sohn kam, um zu dienen, und zum Dienen gehört die Bereitschaft, den Anstößen meines Geistes zu folgen. Wie mein Sohn geprägt zu sein, bedeutet nicht Trägheit, die sich als beschauliche Ruhe ausgibt. Es bedeutet eher eine innere Ruhe, die dienendes Handeln freisetzt.

Beachte die Verschiebung in Markus 8,31: ‹Und *er fing an*, sie zu lehren: Der Sohn des Menschen› – oder auch Menschensohn, seine bevorzugte Selbstbezeichnung im Markus-Evangelium – ‹muss vieles leiden ... und getötet werden und nach drei Tagen auferstehen› (Elberfelder). Bis zu diesem Vers betonte ich den *Dienst* meines Sohnes. Ab diesem Vers zeichnete ich seinen Weg ins *Leiden* nach.

Petrus verstand das nicht. Er belehrte meinen Sohn – kannst du dir das vorstellen? –, er solle aufhören, vom Kreuz zu reden [Markus 8,32–33]. Auch du neigst dazu, das Wesentliche zu übersehen: Ohne das Kreuz gibt es kein Evangelium. Ohne Dienen gibt es keinen Gehorsam. Und ohne Leiden gibt es keine geistliche Prägung.

Im Markus-Evangelium sagte ich nichts über die Ahnenreihe meines Sohnes. Es gibt keine Erzählung von seiner Geburt, keine Weihnachtsgeschichte mit singenden Engeln und anbetenden Hirten. Lerne daraus: Der König der Könige und Herr der Herren, der Schöpfer aller Dinge, kam als ein bescheidener Diener. Der höchste Jemand von allen kam getarnt als ein bloßer Niemand. Vergiss das nicht, wenn du über geistliche Prägung nachdenkst.

Dieser Brief richtet mehr Augenmerk auf die Taten als auf die Worte meines Sohnes. Alles Gute, das er auf der Erde tat, ist wesentlicher Bestandteil des ‹Evangeliums Jesu Christi, des Sohnes Gottes› (Markus 1,1; Elberfelder). Bei seinem Tod konnte selbst einer der römischen Soldaten nicht anders, als zuzugeben: ‹Dieser [Mensch] ist wirklich Gottes Sohn gewesen!› (15,39).»

«Gott, ich kann es nicht begreifen – dein ewiger Sohn als der dienende und leidende Menschensohn. Ich fühle mich gedemütigt und sehr klein. Ich glaube, du hast mich gerade einen Schritt weiter auf dem schmalen Weg geführt. Hilf mir, weiter vorwärtszugehen, Gott.»

«Das werde ich. Es ist mein Plan. Deine Haltung, einen Anspruch auf die Segnungen des Lebens zu erheben, ist nur schwer totzukriegen. Dein Kampf dauert an. Markus ist gut ans Ziel gekommen. Das kannst du auch. Lies weiter.»

# 42. Liebesbrief
## Lukas

## Lass Jesus vorangehen

«Vater, ich möchte mehr wie Jesus sein. Ich weiß, ich habe noch einen weiten Weg vor mir. Eben hast du mir gesagt, dass der Kampf in meinem Herzen weitergehen wird. Kannst du mir auf für mich verständliche Weise erklären, was das für ein Kampf ist? Was geht in mir vor, das meine Fortschritte dabei, deinem Sohn ähnlicher zu werden, blockiert?»

«Dein Herz ist geteilt.»

«Geteilt? Wie meinst du das?»

«Du willst ein besseres Leben, und zwar sofort. Du bist entmutigt darüber, wie müde du dich fühlst. Du wünschst dir, ich hätte dir bestimmte Dinge versprochen, doch du weißt, dass ich das nicht getan habe – Dinge wie gute Gesundheit, eine gute Wirtschaftslage und gute Beziehungen. Im Blick auf das, was du in der heutigen Gemeinde beobachtest, und auf Christen, die von einer Nähe zu mir berichten, wie du sie nur selten empfindest, bist du zynisch geworden.»

«Du hast natürlich recht, Gott. All das macht mir zu schaffen. Ich weiß nicht, wie ich das abstellen kann. Und manchmal ärgere ich mich wirklich sehr und mache mir große Sorgen darüber, wie leer ich mich fühle und wie unmotiviert ich oft bin, selbst, wenn ich gute Dinge tue.»

«Du sagst, du möchtest mehr wie mein Sohn sein. Doch was du dir am meisten zu wünschen scheinst, ist mehr Energie, eine optimistische Haltung und ein erfüllendes Gefühl persönlicher Bedeutung. Du möchtest jemand sein, der alle guten Gelegenheiten, Glück zu empfinden und etwas Sinnvolles zu bewirken, die das Leben bietet, ergreift. Traf das auf meinen Sohn zu, als er auf der Erde lebte? In deinem Herzen – zumindest in dem Teil davon, zu dem du bisher Zugang gefunden hast – findest du nur selten ein Verlangen, das stärker wäre als dein Wunsch, mit den Segnungen des Lebens zufrieden zu sein. Du möchtest *sowohl* zuversichtlich auf meine Güte damit rechnen, dass diese Segnungen weitergehen, *als auch* begeistert von den Möglichkeiten des Lebens sein. Auf diesen Wünschen, die sich um dich selbst drehen, liegt dein Verlangen nach geistlicher Prägung wie ein hübsches Furnier. Doch es muss tiefer liegen. Es muss das tragende Fundament deines Lebens sein.»

«Ich weiß nicht, ob ich dir folgen kann. Ist es denn falsch, wenn ich mir mehr Energie wünsche? Wenn ich mich lebendig und leidenschaftlich und frei und nicht unter Druck fühlen möchte?»

«Wenn du dir nichts anderes noch mehr wünschst, dann ja. Hör gut zu. Du bist in einer guten Position. Du stehst an einer Wegscheide, bis zu der nicht viele überhaupt gelangen. Die Entscheidung zwischen absoluter Hingabe und einem lauwarmen Christentum (das eigentlich gar kein Christentum ist), liegt klar vor dir. Jetzt musst du entscheiden, was du dir mehr wünschst: auf der einen Seite *scheinbare* Reife, die dir Anerkennung von anderen einträgt. Sie lässt dich außerdem abstumpfen gegen das quälende Gefühl, Wünsche zu haben, die nichts in der Welt erfüllen kann. Das ist eine Lebensweise, die sich nie auf den Kampf einlässt, der tief in jeder erlösten Seele vor sich geht. Oder du wünschst dir andererseits *vollkommene* Reife, die dich ganz auf Wünsche ausrichtet, die bis zum nächsten Leben unerfüllt bleiben werden. Der innere Kampf, in den diese dich verwickeln, wird dich deine ganze Kraft kosten, bis zur Erschöpfung. Manchmal wirst du das Gefühl haben, dein schlimmster Albtraum wäre wahr geworden: dass du nichts wert bist, ja, dass du nichts *bist*. In diesem Kampf bist du ganz und gar abhängig davon, dass ich dir den Mut und die Kraft zum Weitermachen gebe.

Der Weg zur vollkommenen Reife macht dich angreifbar für schwere Versuchungen, die diejenigen, die sich mit scheinbarer Reife zufriedengeben, weniger stark empfinden. Und er wird Zweifel an meiner Wirklichkeit aufrühren, die du vermeiden könntest, indem du den leichteren Weg wählst. Aber wenn du dich nach meinem Sohn prägen lassen möchtest, ist dies der Weg, den du wählen musst – der weniger begangene.»

«Du hast recht. Ich bin geteilt. Ich wünsche mir vollkommene Reife, und manchmal wünsche ich mir noch stärker die Art bequemes

Christentum, die sich der Annehmlichkeiten der scheinbaren Reife erfreut. Diese beiden Wünsche können nicht gleich stark nebeneinander bestehen. Der eine muss dem anderen weichen. Ich nehme an, es ist kein Zufall, dass mir mein geteiltes Herz und meine Neigung dazu, mich mit weniger als wahrer geistlicher Prägung zufriedenzugeben, ausgerechnet jetzt bewusst werden, während ich deinen 42. Brief lese.»

«Es ist keineswegs ein Zufall. Im Leben meiner Kinder gibt es keine Zufälle.»

«Dann sag mir: Was höre ich da schwach und fern im Lukas-Evangelium, das du mich deutlicher hören lassen möchtest?»

«Im Matthäus-Evangelium habe ich dir meinen Sohn als deinen König vorgestellt. Er hat dir gesagt, wie Bürger meines Reiches leben sollen. Im Markus-Evangelium hast du meinen Sohn als deinen demütigen Diener kennengelernt – als einen Mann, der keinerlei Forderungen für sich selbst stellte. Dadurch, dass ihm jedes Anspruchsdenken fehlte, rief er dich auf, dieses Denken bei dir zu erkennen und zu hassen.

Nun, im Lukas-Evangelium gehe ich einen Schritt weiter. Höre Folgendes, während du meinen 42. Brief liest:

**Mein Sohn ist der vollkommene Mensch. Nach meinem Plan hätten alle Menschen so sein sollen wie er. Er ist der vollkommene Mensch, dessen Ebenbild du werden wirst. Je deutlicher du die vollkommene Reife in ihm siehst, desto mehr wird es dich zu diesem Ziel hinziehen, desto weniger geteilt wirst du sein, und desto mehr wirst du bereit sein, alles zu erdulden, um wie mein Sohn geprägt zu werden.»**

«Vater, ich muss ihn sehen. Mehr als alles andere möchte ich so sein wollen wie er. Aber so weit bin ich noch nicht.»

«Du hast mich gerade zum zweiten Mal als Vater angeredet. Bei unseren bisherigen 41 Gesprächen hast du mich immer *Gott* genannt. Warum nennst du mich jetzt *Vater*?»

«Ich weiß es nicht.»

«Doch, du weißt es. Schau tief in dein Herz hinein. Du sehnst dich tatsächlich danach, mich als deinen Vater zu kennen, mir zu dienen und deine Freude an mir zu haben, wie es mein Sohn während seiner 33 Jahre auf der Erde auf vollkommene Weise tat. Lies diesen Brief, um Zugang zu finden zu deinem Verlangen, meinem Sohn ähnlich zu sein, dem einzigen Menschen, der mich je im vollen Sinne Vater nannte. Meditiere über alles, was ich sage, bis dieses Verlangen stärker ist als alle anderen.»

«Zeig mir, was ich sehen soll.»

«Ich habe Lukas ausgewählt, um meinen Sohn als den vollkommenen Menschen darzustellen, weil Lukas ein Grieche war. Er war aufgewachsen mit dem zentralen Ziel der griechischen Philosophie, nämlich zu begreifen, wie Vollkommenheit in einem Menschen aussehen würde. Als er anfing, die Berichte über das Leben meines Sohnes zu sammeln, erkannte Lukas, dass er eine Art von Tugendhaftigkeit vor sich hatte, wie kein Philosoph sie sich hätte ausdenken können. Auf seinen Reisen mit Paulus hörte Lukas Paulus leidenschaftlich über den Menschen Jesus sprechen. So fühlte er sich gedrängt (ich war es, der ihn drängte!), an seinen griechischen Mentor Theophilus zu schreiben, um ihm den vollkommenen Menschen vor Augen zu malen, den er gefunden hatte.

Auch wenn du alles andere in diesem Brief übersiehst, eines solltest du nicht übersehen: Mein Sohn *wünschte vorwärts*. Sieben Mal ließ ich Lukas das Wort *proseuchomai* gebrauchen, wenn er schrieb, dass mein Sohn betete. Es bedeutet ‹vorwärtswünschen›. Das ist der Kern der menschlichen Reife in diesem Leben. Mein Sohn hatte kein größeres Verlangen, als seinen Anteil an meinem Plan auszuführen. Das ist das Zentrum der geistlichen Prägung: nicht mehr Energie, nicht eine optimistischere Haltung, sondern ein klares Bewusstsein des tiefsten wahrhaft *menschlichen* Verlangens. Es ist ein Verlangen, das zur Entschlossenheit befreit, ein unbeirrbarer Wille, der Führung meines Sohnes zu folgen, wenn er das Himmelreich auf die Erde bringt, eine Sehnsucht danach, zu lieben.

Das erste Mal, dass ich schrieb, dass er vorwärtswünschte, war bei seiner Taufe. Während er betete [Lukas 3,21], schwebte mein Geist auf ihn herab, und ich verkündete mein Wohlgefallen an ihm. Er gab sich ganz der Berufung hin, die ich seinem Leben auferlegt hatte. Ein vollkommen reifer Mensch setzt seine Zuversicht darauf, dass mein Plan gut ist, und kennt kein größeres Verlangen, als ihn voranzubringen. Verschaffe dir eine Vision davon, was meinen Sohn als menschliches Wesen ausmachte. (Denk auch über die anderen sechs Stellen nach, an denen Lukas erwähnt, dass Jesus vorwärtswünschte: Lukas 5,16; 6,12; 9,18; 9,29; 11,1; 22,41.)

Beachte auch, dass ich sieben Mal erwähne, dass das Vorwärtswünschen meines Sohnes darauf ausgerichtet war, nach Jerusalem zu gehen, um dort zu sterben [Lukas 9,51; 13,22; 17,11; 18,31; 19,11.28.36]. Vollkommene Reife überschlägt die Kosten und geht weiter voran.

Und auf dem Weg nach Jerusalem, als er wusste, dass er bald unerträgliche Qualen erleiden würde, tat mein Sohn anderen Gutes, indem er lehrte, heilte und ermahnte. Im Lukas-Evangelium schildere ich über zwei Dutzend Ereignisse, die in Matthäus, Markus oder Johannes nicht vorkommen. Jedes davon zeigt, wie ein vollkommener Mensch aussieht, selbst wenn ihm schreckliche Leiden bevorstehen. Lies die Gleichnisse aus seinem Munde, etwa die Gleichnisse vom barmherzigen Samariter [10,25–37] und vom verlorenen Sohn [15,11–32]. Achte darauf, was mein Sohn Jakobus und Johannes antwortete, als sie Feuer auf die Samariter herabrufen wollten [9,51–56]. Und darauf, wie er mit Zachäus umging [19,1–10], während er auf dem Weg war, um für die Sünden von Jakobus, Johannes, den Samaritern und Zachäus zu sterben. Dann wirst du sehen, dass vollkommene Reife zutiefst empfindet und großzügig liebt, selbst wenn das Leben schwer ist. Das heißt es, meinem Sohn ähnlich zu werden. Immer noch interessiert?»

«Mehr denn je. Aber es scheint mir unmöglich.»

«Das ist der Grund, warum ich gerade im Lukas-Evangelium davon berichte, wie mein Sohn vor seiner Rückkehr in den Himmel ausdrücklich versprach, den Heiligen Geist zu senden [Lukas 24,49]. Er schärfte seinen Anhängern ein, zu warten, bis der Geist kommen würde und sie ‹diese Kraft von oben empfangen› hätten. Hör gut zu: *Scheinbar* reif kannst du auch ohne die Kraft meines Geistes werden. Dazu reicht menschliche Anstrengung aus. Aber an dem, was dabei herauskommt, habe ich keinen Gefallen. Friede auf Erden wird erst dann herrschen, wenn ich an allen ihren Bewohnern Wohlgefallen habe [Lukas 2,14]. Und das wird erst dann der Fall sein, wenn jeder *vollkommen* reif ist, genauso geprägt wie mein Sohn. Um diesem Verlangen näherzukommen, brauchst du die Kraft meines Geistes, der die beiden Wege in dir voneinander trennt und sie aufdeckt [Lukas 12,51]. Er wird dich dazu führen, dich auf dem richtigen Weg vorwärtszuwünschen – dem schmalen Weg – und den Fußstapfen meines Sohnes zu folgen.»

«Vater, ist das denn möglich? Ich weiß nicht recht, ob ich daran glauben kann.»

«Deshalb habe ich meinen nächsten Brief geschrieben. Lies weiter. Du wirst gleich entdecken, dass das tiefste Verlangen in deinem Herzen nicht der Wunsch nach Segnungen ist. Dein tiefstes *Bedürfnis* ist es, mit vergebender und befähigender Gnade geliebt zu werden. Und dein tiefstes *Verlangen* ist es, zu lieben.»

# 43. Liebesbrief
## Johannes

## Die himmlische Wirklichkeit ist in deine Wirklichkeit hineingekommen

«Vater, was du sagst, scheint so oft völlig außerhalb meiner Reichweite zu liegen.»

«Was ich mit dir vorhabe, ist immer außerhalb deiner Reichweite. Darum musste ich ja meinen Sohn und dann meinen Geist senden, um das wahre Leben für dich erreichbar zu machen.»

«Aber da liegt das Problem. Gerade das, was du unter wahrem Leben verstehst, ist es, was mir das Gefühl gibt, ein hoffnungsloser Fall zu sein. Wenn ich richtig begriffen habe, was du in diesem 43. Brief sagst, dann versteht fast jeder, den ich kenne, angefangen bei mir selbst, unter wahrem Leben etwas weniger Radikales, als dein Sohn es lehrte. Es ist ein Verständnis, das sich leichter leben lässt als deines. Die Art und Weise, wie ich mir von Natur aus ein erfülltes Leben vorstelle, erscheint viel vernünftiger, viel menschlicher, viel durchführbarer. In die Gemeinde gehen, hart arbeiten, anständig sein, beten, jeden Tag in der Bibel lesen und dir vertrauen, dass du mir die Segnungen schenkst, die ich mir wirklich wünsche.

Eben las ich einen Brief von einem Pastor in Simbabwe, dessen Gemeinde Tag für Tag durch den rücksichtslosen Diktator, der über ihr Land herrscht, in Gefahr ist. Gemeindeglieder werden zusammengeschlagen, sobald sie auch nur den leisesten Zweifel an dem Monster äußern, das an der Spitze ihrer Regierung steht. Dieser Pastor fühlte sich von dir geführt, eine Reihe von Predigten über Habakuk zu halten und sich auf die beiden Fragen zu konzentrieren, die zu stellen der Prophet sich durch seine Umstände gezwungen sah: Herr, wie lange muss ich rufen, bis du mich hörst? Wie lange muss ich schreien, bis du mich rettest? [Habakuk 1,2]. Für seine Leute formulierte der Pastor diese Fragen folgendermaßen um: ‹Herr, hörst du uns? Warum tust du nichts?› Wenn ich als Nachfolger Jesu in Simbabwe lebte, würde ich diese Fragen auch stellen. Ich würde denken, was wahres Leben heißt, sollte eigentlich zumindest ein bisschen weniger Leid und ein bisschen mehr Gerechtigkeit beinhalten.

Und viele Ehemänner und Ehefrauen, die ich persönlich kenne, denken offenbar, in einer Ehe lebendig zu sein, bedeute, ihre Ehepartner müssten ihnen ein gewisses vernünftiges Maß an Freundlichkeit entgegenbringen. Ein guter Freund von mir fühlt sich schon seit Jahren leer in seiner Ehe. Erst kürzlich hat er sich eingestanden, wie unwillkommen und erniedrigt und kontrolliert er sich fühlt, und jetzt fleht er dich an, ihn deine Gegenwart so weit spüren zu lassen, dass er nicht explodiert oder sich aus dem Staub macht. Ich finde, die Bitte, sich ein bisschen lebendiger, ein bisschen glücklicher und ein bisschen gelassener zu fühlen, müsste doch ein vernünftiges Anliegen sein. Doch bisher tut sich nichts. Wenn ich mich so elend fühlen würde wie er oder so abgelehnt, wie sich seine Frau jetzt fühlt, dann würde es mir schwerfallen, zu hören, was du, so glaube ich, in diesem vierten Evangelium sagst.»

«Es sind nicht vier Evangelien. Mein Diener Origenes hatte recht: Es gibt nur *ein* vierfaches Evangelium. Mein 43. Liebesbrief vervollständigt (fürs Erste) das Porträt, das ich von meinem Sohn zeichne. Dieses Porträt macht deutlich, was es heißt, als Mensch vollkommen lebendig zu sein.»

«Vielleicht ist das, was ich höre, extremer, als das, was du tatsächlich sagst. Aber ich glaube, du würdest dem Pastor aus Simbabwe sagen, dass er und seine Gemeinde das überfließende Leben führen können, indem sie ihre Feinde lieben, sich gegen Korruption erheben und dir im Gebet vertrauen. Sogar dann, wenn ihr Leiden noch schlimmer werden sollte. Und ich glaube, du würdest jedem, der unter seiner Ehe leidet, sagen: Wahrhaft leben heißt tun, was immer nötig ist, um dein Reich voranzubringen, dir Wohlgefallen zu bereiten und sich deinem Geist zur Verfügung zu stellen, damit er auch in dem enttäuschendsten Ehemann oder der frustrierendsten Ehefrau wirken kann. Du würdest ihnen sagen: *So* radikal ist es, das wahre Leben zu führen, das Jesus führte. Und jetzt, nachdem dein Geist gekommen ist, ist es für alle erreichbar. Habe ich recht?»

«Ja.»

«Dann musst du mir helfen. Ich kann das leben, was ich christliches Leben nenne – in einem Land, wo mich keiner dafür zusammenschlägt, dass ich an deinen Sohn glaube, und in einer Ehe mit einer

Frau, mit der ich wirklich gerne verheiratet bin. Aber ich bin nicht sicher, ob ich das in Simbabwe auch schaffen würde, oder mit so mancher Ehefrau, die ich gesehen habe.»

«Du siehst das wahre Leben so, wie ein Kunststudent im ersten Semester Rembrandts *Rückkehr des verlorenen Sohnes* sehen würde, wenn er auf dem Weg zum Museumscafé daran vorbeikäme und einen flüchtigen Blick darauf würfe. Da gibt es noch sehr viel mehr zu sehen.»

«Vater, zeig mir, was du in diesem 43. Brief zu mir sagst.»

«Kein einzelner Künstler könnte die Schönheit des Lebens einfangen, wie es ursprünglich gedacht war. Ich gab bei vier speziell ausgewählten Künstlern – jeder davon aufgrund seines Temperamentes und der Umstände, in denen er lebte, ausgesucht – vier Porträts des einzigen Menschen in Auftrag, der jemals im vollen Sinne lebte. Gemeinsam skizzierten sie eine Schönheit, die nicht im Auge des Betrachters liegt, sondern allein in der Persönlichkeit meines Sohnes. Eine Schönheit, denen auch tausend Porträts niemals gerecht werden könnten. Eine Herrlichkeit, die zwar jetzt nur undeutlich zu sehen ist, eines Tages aber Himmel und Erde erfüllen wird. Einen ersten Blick auf die bezwingende Schönheit seines Lebens wirst du erhaschen, wenn du vor jedem der Porträts verharrst wie vor einer Vorankündigung der großen Attraktion des Himmels, die bald Premiere feiern wird.

- Mein Sohn ist der *souveräne König* eines seit langem verheißenen Königreiches, dessen Bürger vom König selbst die Anweisungen erhalten auf eine Art und Weise zu leben, wie sie für die Bürger des Reiches dieser Welt keinen Sinn ergibt. Dieses Bild malte Matthäus, der Zolleinnehmer, aus dem ein Heiliger wurde.
- Mein Sohn ist der *leidende Gottesknecht*, der durch sein unerwartetes Beispiel seine Nachfolger darin anführte, jede Annehmlichkeit zu opfern, die dem Dienst für andere im Wege steht. Markus, der Mann, der einst daran scheiterte, auch dann noch zu dienen, wenn es mühselig wurde, beleuchtete diese Facette der Schönheit meines Sohnes.
- Mein Sohn ist der *vollkommene Mensch*, dessen Brüder und Schwestern lernen, vorwärtszuwünschen, wie er es tat. Er ist der Einzige, dessen beherrschende Leidenschaft es niemals war,

weniger zu leiden oder sich gut zu fühlen, sondern der meinen Plan, mein Volk zu meinem Fest zu bringen, vorantreiben wollte. Sein Leben zu beobachten hat mir so viel Freude gemacht wie das keines anderen Menschen. Der griechische Arzt Lukas, der sich danach sehnte, den idealen Menschen zu sehen, und ihn in meinem Sohn fand, zeichnete die Vollkommenheit, die er sah.

- Mein Sohn ist das *göttliche Leben* selbst. Johannes, der Träumer, der Dichter, ein Mann, dem ich die tiefste Wahrheit über meinen Sohn offenbarte. Eine Wahrheit, die niemand sich ohne die Leitung meines Geistes hätte vorstellen können: Er ist die Person, die ich erwählte, den Einen zu präsentieren, der ganz und gar offenbarte, was es heißt, zu leben, wie ich lebe; den Mann, der mein Herz, mein Wesen und meine Liebe offenbarte.

Dies sollst du sehen, wenn du im 43. Brief meinen Sohn siehst:

**In der Welt, die du jetzt bewohnst, ist die Gemeinschaft nicht dadurch bestimmt, dass du mich erfährst. Sie hängt auch nicht von Segnungen ab, die ich gebe. Wahrhaft leben heißt, das Leben meines Sohnes durch deines freizusetzen, egal, wie du dich fühlst. Anderen so zu begegnen, wie er es tut – zu geben, wenn niemand dir etwas zurückgibt, zu lieben, wenn niemand deine Liebe erwidert, zu vergeben, wenn niemand Vergebung verdient, anstelle derer zu leiden, die eigentlich leiden müssten.**

*Du sollst verstehen:* In diesem Leben mit mir Gemeinschaft zu haben bedeutet, dass du so lebst wie mein Sohn, während sein Leben in dir lebendig ist. *Du sollst glauben:* Gemeinschaft mit mir führt dazu, dass du mich in Ewigkeit erfahren und unvorstellbare Segnungen von mir empfangen wirst. Von beidem magst du jetzt, wie es der Geist entscheidet, hier und da einen Vorgeschmack bekommen. Das Festmahl kommt dann später, wenn du meinen Sohn siehst.»

«Gott, das schaffe ich nicht. Wenn ich deine Gegenwart jetzt nicht spüren kann, dann werde ich es nicht schaffen, wie dein Sohn zu leben. Und ich glaube, wenn in meinem Leben zu viel schiefgeht, werde ich einfach zusammenbrechen.»

«Schau nicht darauf, wozu du unfähig bist. Schau auf das, wozu mein Sohn fähig ist. Wenn du das Johannes-Evangelium liest, verharre vor einem Porträt, wie Rembrandt es nie hätte malen können. Achte darauf, dass keines der Wunder, die Jesus tat, je seinem eigenen Wohlergehen diente. Keine Lehre, die er vortrug, war je darauf ausgerichtet, Popularität zu gewinnen. In keinem Gespräch, das er führte, war er je auf seinen eigenen Vorteil aus, sondern immer nur auf meinen. Wenn du das Porträt meines Sohnes betrachtest, möchte ich dich auf nur vier Pinselstriche aufmerksam machen, die meine Hand durch Johannes ausführte. Es gibt noch viele weitere – so viele, dass die ganze Welt die Gemälde nicht fassen könnte, die man brauchte, um sie alle darzustellen.

Erstens war mein Sohn der einzige Mensch, der bei mir war, *bevor* er geboren wurde. Er kam, um alles zu offenbaren, was er von mir wusste, soweit du es aufnehmen oder dir vorstellen kannst. Er kam, um mich zu ‹exegieren› – das ist das Wort in Johannes 1,18, das mit ‹gezeigt› übersetzt wird. Es bedeutet, sichtbar zu machen, was auf andere Weise nicht zu sehen wäre. *Sieh meinen Sohn.*

Zweitens offenbarte mein Sohn, was er persönlich in der unsichtbaren und unhörbaren Welt, aus der er kam, *gesehen* und *gehört* hatte [Johannes 3,32]. Er hatte die vollkommene Gemeinschaft von innen *gesehen*: drei Personen, die das Leben so leben, wie es immer gedacht war. Und er hatte den Plan *gehört*, den wir, dieselben drei Personen, gemacht hatten, um ein Fest für begnadigte Sünder zu geben. Für Sünder, denen mein Geist beibringen würde, wie man tanzt, wie man wahrhaft lebt – für Menschen, die ganz und gar lebendig werden würden durch genau dasselbe Leben, das mein Sohn in allem, was er sagte und tat, offenbarte.

Drittens begegnete und widersprach mein Sohn jeder Vorstellung, die unter wahrem Leben weniger verstand – jeder Ansicht, für die wahres Leben vor allem weniger Leiden und mehr Glück bedeutet. Wahres Leben, das Leben, das mein Sohn und ich und unser Geist schon immer genossen haben und immer genießen werden, ist die Freude, zu lieben. Wir *geben* einander. Du bist nach unserem Bild geschaffen. Dein tiefstes *Verlangen* ist es, so zu lieben, wie wir lieben. Dein tiefstes *Bedürfnis* ist es, geliebt zu werden. Ich liebe dich. Dein Bedürfnis ist gestillt. Nun bist du frei, zu tun, was du am meisten möchtest. Das, wozu ich dich geschaffen habe: das Leben voll auszuleben und mich und andere Menschen zu lieben, so wie mein Sohn es während seiner Zeit auf der Erde tat und immer noch tut.

Viertens wandten sich viele, die sich zunächst zu meinem Sohn hingezogen fühlten, wieder von ihm ab, als ihnen klar wurde, was er sagte. Ebenso wie es viele Leute auch heute tun, fanden sie seine Lehren ‹hart› (das Wort *hart* in Johannes 6,60 ist eine Übersetzung für *skleros*: nicht nur schwierig oder schwer verständlich, sondern anstößig). Mit von Nägeln durchbohrten Händen zu lieben und sogar die zu lieben, die diese Nägel dort hineingeschlagen haben. Das spiegelt den Kern dessen wider, was es heißt, wahrhaft zu leben. Mein 43. Liebesbrief macht das deutlich.»

«Vater, ich bin wie die ersten Jünger deines Sohnes, die glaubten, was er sagte, aber dann, sobald er ihren Blicken entschwand, wieder fischen gingen [Johannes 21,2–3]. Ich möchte ein Leben führen, das ich gut im Griff habe, ein Leben, das mir erlaubt, mich vor vermeidbaren Schmerzen zu schützen und die Vergnügungen zu genießen, die mir zur Verfügung stehen. Aber du willst, dass ich auf eine Art und Weise lebe, wie ich nicht leben kann!»

«In meinem nächsten Brief wirst du sehen, was passiert, wenn meine Nachfolger nicht nur verstehen, was es heißt, wahrhaft zu leben, sondern auch die Kraft empfangen, so zu leben. Als aus meinen Nachfolgern eine geisterfüllte Gemeinschaft wurde, wurden sie zur Gemeinde! Mach dir bewusst: *Die himmlische Wirklichkeit ist in deine Wirklichkeit hineingekommen*. Mach dich bereit, auf eine *neue* Art zu leben. Das wahre Leben, der überraschende Weg zur Freude, liegt in deiner Reichweite.»

# Sechster Teil

## *Tanzstunden für Schwerfällige: Apostelgeschichte bis Judas*

Gottes Geschichte dreht sich um die Erschaffung einer neuen Art von Gemeinschaft: einer (sehr großen) Gruppe von Leuten, die gemeinsam im Takt der Dreieinigkeit tanzen und deshalb in ihren Beziehungen untereinander einen Geschmack von der grenzenlosen Freude bekommen, die die drei Personen der Gottheit aneinander haben und immer haben werden.

Doch sobald wir die Art und Weise, wie wir miteinander umgehen, verändern wollen, beginnt ein Kampf. Von Natur aus kreise ich nur um mich selbst. Mir geht es vor allem um mein eigenes Wohlergehen, egal, welchen Preis andere dafür zahlen müssen. Gott dagegen kreist von Natur aus um andere. Ihm geht es vor allem um unser Wohlergehen, welchen Preis er selbst dafür auch zahlen muss.

Das Wunder des Kreuzes Christi hat die Vergebung für meine Selbstsucht bewirkt und ein neues Herz in mich eingepflanzt, ein neues Verlangen danach, so zu lieben wie Jesus. Doch mein altes Verlangen, mich um meine eigenen Interessen zu kümmern, ist immer noch da. Ich neige immer noch dazu, im Takt meines Absturzes in die Selbstsucht zu tanzen.

Deshalb gehen die Tanzstunden – die Theologen nennen sie *Heiligung,* viele sprechen auch von *geistlicher Prägung* – nicht immer problemlos vonstatten. Die nächsten 22 Liebesbriefe erzählen die Geschichte schwerfälliger Leute, die Tanzstunden nehmen. Aber verlieren Sie nicht den Mut. Der Geist Gottes ist ein erstklassiger Lehrer. Er *wird* diejenigen, die willigen Herzens sind, zum Tanzen bringen.

# 44. Liebesbrief
# Apostelgeschichte

## Erzähl den Leuten die ganze Botschaft von diesem neuen Leben

«Vater, meine erste Reaktion, nachdem ich diesen Brief gelesen hatte, war Entmutigung. Vielleicht bin ich ein idealistischer Zyniker. Aber ich glaube, wenn Stephanus oder Petrus oder Paulus das sehen könnten, was so viele von uns modernen Jesusnachfolgern Christentum nennen, wenn sie eine unserer heutigen sogenannten Gemeinden besuchen würden, dann würden sie heulend zusammenbrechen.

Ich habe auch darüber nachgedacht, was Hananias und Saphira – jenes Ehepaar, das du getötet hast – uns wohl sagen würden, wenn sie heute zu uns sprechen könnten. Ich glaube, sie würden sagen, wenn unsere Gemeinden so geisterfüllt wären wie die, zu der sie gehörten, dann würden etliche von uns – auch manche Pastoren und Ältesten, und vielleicht auch ich – während der Veranstaltung, die wir Gottesdienst nennen, tot umfallen.

Wenn ich die Apostelgeschichte lese, gehen mir die Augen dafür auf, wie hohl unser Christentum geworden ist und wie wenig uns unsere eigene Hohlheit bewusst ist. Wir sind zu einer Gemeinschaft von Hochstaplern geworden, die es sich so sehr zur Gewohnheit gemacht haben, voreinander geistlich lebendiger dastehen zu wollen, als sie wirklich sind, dass wir schon selber an unsere Blendereien glauben. Wir sind wie Krebskranke, die alle Symptome ignorieren und lieber Golf spielen und so tun, als wären sie gesund. Aber ich weiß, dass es mir nicht zukommt, einen Stein auf irgendjemanden zu werfen. Das Haus, in dem ich wohne, hat zu viele gläserne Wände und steht auf viel zu sandigem Boden.

Vater, deine Schilderung des Lebens deiner ersten Nachfolger hat mich tief heruntergezogen. Und das hat dazu geführt, dass ich wütend auf dich geworden bin. Ich verstehe nicht, warum du jenen Gläubigen so offensichtliche Zeichen deiner Macht gezeigt hast, wie ich sie nie gesehen habe. Du hast einen Engel gesandt, um Petrus aus dem Gefängnis zu holen, bevor die Obrigkeit ihn umbringen konnte. Und du hast dafür gesorgt, dass das eiserne Tor zur

Stadt sich öffnete wie die automatische Schiebetür eines Hotels, so dass Petrus zu seinen Freunden zurückkehren konnte [Apostelgeschichte 12,1–10].

Ich habe nie gesehen, wie sich Stadttore auf wundersame Weise öffneten, wie Gelähmte aufsprangen und verstorbene Frauen wie Tabita wieder ins Leben zurückkehrten [Apostelgeschichte 9,32–42]. Wie soll ich es denn schaffen, denselben Glauben und Eifer aufzubringen wie jene frühen Christen, die solche Dinge erlebten?

Ich höre von ähnlichen Wundern in China und Südamerika. Aber in Amerika bekomme ich allenfalls von Fernsehpredigern inszenierte Fälschungen zu sehen, mit denen sie die Leute dazu bewegen wollen, ihre Brieftaschen zu öffnen. Warum weist du sie nicht öffentlich zurecht? Du hast doch auch Petrus dazu inspiriert, den Zauberer Simon streng zu ermahnen, der behauptete, gläubig geworden zu sein, in Wirklichkeit aber nur auf geistliche Kraft aus war, um mehr Geld zu verdienen [Apostelgeschichte 8,9–24].

Die Zustände in vielen Gemeinden heute haben so wenig mit dem zu tun, was in der Gemeinde vor sich ging, die du in der Apostelgeschichte beschreibst, dass ich das Gefühl hatte, von einer Welle der Sinnlosigkeit überrollt zu werden. Ich meine, was soll die Mühe? Mein Drang, mir ein bequemes Leben zu machen und alle Hoffnung auf ein übernatürliches Leben aufzugeben, wurde ziemlich stark, während ich diesen Brief las. Die Spannung zwischen der Hoffnung auf das, was sein könnte, und der Wirklichkeit dessen, was ich in mir selbst und um mich herum beobachte, lähmte mir das Herz. Zuerst war ich völlig niedergeschlagen, dann wurde ich wütend. Ich möchte wiederbelebt werden. Ich möchte erleben, wie dein Volk wiederbelebt wird, damit es auf die Art deines Sohnes lebt. Die Art von Leben, wie jene frühe Christen es hatten – unvollkommen, ich weiß, aber doch erheblich besser, als ich dein Volk, mich selbst eingeschlossen, heute leben sehe.

Ich möchte dasselbe sagen können wie Paulus und es auch so meinen: ‹Aber mein Leben ist mir nicht wichtig. Vielmehr will ich den Auftrag ausführen, den mir Jesus Christus gegeben hat: die rettende Botschaft von Gottes Gnade und Liebe zu verkünden› (Apostelgeschichte 20,24). Aber mir ist mein Leben durchaus noch wichtig. Gott, es fällt mir schwer, zu erkennen, was nötig sein wird, damit ich ein so radikales Leben führen kann, wie du es möchtest.

Ja, ich weiß, ich rede wie ein geistlicher Idiot. Ich sollte lieber den Mund halten und zuhören. Aber darf ich noch eines sagen?»

«Ich habe Hiob reden lassen, so viel er wollte, bevor ich ihm antwortete. Dasselbe tue ich auch für dich. Sprich weiter.»

«Nun, das ist nicht sehr beruhigend. Ich erinnere mich, wie mein Vater mir einmal sagte, das Beste, was Hiob je getan habe, sei es gewesen, endlich den Mund zu halten. Ich habe gerade den Vers nachgeschlagen: ‹Hier enden die Reden Hiobs› (Hiob 31,40). Vielleicht sollte ich auch lieber nichts mehr sagen.»

«Sprich weiter. Die Worte, die du gleich sagen wirst, werden dein Herz aufschließen, damit du hören kannst, was ich auf dem Herzen habe und dir durch diesen Brief mitteilen möchte.»

«Nun gut. Nachdem ich so lange gejammert habe, fange ich an zu spüren, wie eine erste Hoffnung sich regt. Während ich die Apostelgeschichte las, las ich zugleich auch ein Buch, das meine Frau mir zum 64. Geburtstag geschenkt hat. Es ist eine Biografie über J. R. R. Tolkien. Darin ist auch ein Brief angeführt, den C. S. Lewis einem Freund schrieb, nachdem er, Lewis, Theist geworden war, aber noch bevor er Christ wurde. Diese Worte gingen mir nahe. Er äußerte sich verwirrt darüber, ‹wie das Leben und der Tod eines anderen (wer auch immer es sei) vor zweitausend Jahren uns hier und heute helfen könnte – außer insofern, als sein *Beispiel* uns helfen könnte›.

Als ich das las, hat es mich tief getroffen. Es ist ja nicht nur das *Beispiel* des Lebens deines Sohnes, das uns inspiriert. Sondern es geht darum, dass der *Tod* deines Sohnes uns mit dir ins Reine bringt und uns sein *Leben* gibt, aus dessen Kraft wir dann leben können. Und an Pfingsten hat dein Geist dieses Leben in uns hineingelegt. Vater, das glaube ich. Lewis glaubte es später auch. Hilf meinem Unglauben.

Ich habe auch gelesen, dass Tolkien mit 21 Jahren ein obskures angelsächsisches Gedicht las, in dem von dem ‹strahlendsten der Engel über der Mittelerde, die den Menschen gesandt sind›, die Rede war. Jahre später schrieb er: ‹Ich spürte einen eigentümlichen Schauder, als ob sich etwas in mir geregt hätte und halb aus dem Schlaf erwacht wäre.› Ich musste an Tolkiens Worte denken und spürte etwas Ähnliches in mir aufsteigen, als ich abermals deinen

44. Brief las. Ich glaube, du hast ihn jenes Gedicht lesen lassen, um ihn auf das Schreiben des *Herrn der Ringe* vorzubereiten.

Und als Tolkien erst neunzehn war, kaufte er sich während einer Sommerreise in die Schweiz eine Ansichtskarte mit einer Abbildung des Gemäldes ‹Der Berggeist› des deutschen Künstlers Josef Madlener. Darauf war ein alter Mann mit langem, weißem Bart zu sehen, der einen runden breitkrempigen Hut und einen langen Umhang trägt und zu einem weißen Rehkitz spricht, das seine Nase in seine nach oben gekehrte Handfläche drückt. Tolkien behielt diese Postkarte und schrieb Jahre später auf das Papier, in das er sie gehüllt hatte: Ursprung Gandalfs.

Ich weiß nicht, warum, aber diese Geschichten haben etwas in mir wachgerufen, was mir sowohl mein Gefühl der Sinnlosigkeit verminderte als auch den Zorn zerstreute, den ich empfand, als ich die Apostelgeschichte las. Ich hatte den seltsamen und bezwingenden Eindruck, dass du auf eine Art und Weise, von der ich gar nichts merke, im Leben der Menschen immer noch am Wirken bist, auch in meinem Leben.»

«Mutlosigkeit. Vergeblichkeit. Zorn. Und jetzt Hoffnung. Es ist Zeit, zuzuhören. Du kannst jetzt hören, was ich dir in meinem 44. Brief sage.

**Was mein Sohn durch seine Geburt, sein Leben, seinen Tod, seine Auferstehung und seine Himmelfahrt – die der Mittelpunkt der Geschichte sind – begonnen hat, das setzt er nun durch das fort, was mein Geist zu Pfingsten ins Leben gerufen hat. Von da an bis zu dem Tag, an dem mein Sohn zurückkehrt, um die Herrschaft über die Erde zu übernehmen, bekommt jedes Glied der Gemeinde die Vollmacht, die volle Botschaft seines neuen Lebens in Christus zu verkünden.**

Als ich meinen Engel sandte, um die Apostel aus dem Gefängnis zu befreien, tat ich das zu einem bestimmten Zweck: damit sie ‹allen die Botschaft vom neuen Leben durch Jesus› verkündeten (Apostelgeschichte 5,19–20), und zwar durch eine Gemeinschaft, die auf die neue Art lebt. Du lebst nicht auf dieser Welt, um mich zu erfahren oder die Segnungen eines angenehmen Lebens zu genießen. Wenn das mein Ziel wäre, dann hätte ich dich schon in dem Moment, als dir vergeben wurde und du in meine Familie aufgenommen wurdest, in meine Gegenwart geholt.

Dein Lebenszweck bis zu deinem Tod ist es, eine *neue Haltung gegenüber dem Leid* und eine *neue Agenda im Gebet* zu offenbaren, die aus deinem neuen *Ziel im Leben* entspringen, das nur dann einen Sinn ergibt, wenn du deine *neue Auferstehungshoffnung* in Anspruch nimmst. Während ich dir das sage, lachen Lewis und Tolkien und stimmen mir eifrig nickend zu.»

«Vater, das ist eine ganze Menge. Zeig mir bitte, wie du all das in diesem Brief ausdrückst.»

«All das sage ich durch die Aufzeichnungen über die frühe Gemeinde, die ich durch Lukas hinterlassen habe. Hier sind ein paar Beispiele.

Als die Anhänger meines Sohnes erstmals auf Widerstände stießen, beteten sie nicht um Schutz vor Leiden, sondern um Unerschrockenheit in ihrem Zeugnis [Apostelgeschichte 4,29–30]. Sie waren so sehr auf ihr neues Ziel ausgerichtet [4,18–20], so zuversichtlich in ihrer neuen Hoffnung [4,12], so abhängig von ihrer neuen Kraft [1,8] und so bereit, bei ihrem neuen Auftrag zu leiden [20,22–23], dass sie zu einer heiligen Gemeinschaft wurden. Sie waren ausgesondert, um ihre Leidenschaft zum Tanz mit mir auszuleben und auch andere zu dem Fest einzuladen.

Dieses hohe Maß der Geisterfüllung war nicht mit jeglicher Verstellung zu vereinbaren. Als Petrus die Verstellung an Hananias bemerkte, wies er ihn dafür zurecht, und Hananias – und kurz darauf auch seine ebenso doppelzüngige Frau Saphira – sank tot zu Boden. In einer heiligen Gemeinde wird alles Unheilige aufgedeckt und ausgemerzt. Heute schließen sich die Leute gern unterhaltsamen Gemeinden an. In der frühen Gemeinde ‹wagten› die Leute es ‹nicht, sich ihnen anzuschließen› (5,13), ohne sich voll und ganz darauf einzulassen, meinem Sohn radikal nachzufolgen.

Du bist zu Recht entmutigt über das, was deine Kultur so oft als Christentum bezeichnet. Doch du hast unrecht damit, alles für vergeblich und sinnlos zu halten. Das Werk meines Sohnes hat gerade erst begonnen. Mein Plan ist auf Kurs. Mein Geist ist am Wirken. *Gib die Gemeinde niemals auf!*

Du bemerkst zu Recht, dass meine Macht sich meistens nicht mehr in Form von offensichtlichen Wundern äußert. Doch du hast unrecht, wenn du meinst, dass meine Macht sich nicht mehr zeigt. Mein Diener Martin Luther bemerkte, dass meine Machterweise seit den frühen Tagen nach Pfingsten ‹linkshändig› seien: Dem natürlichen Blick erscheinen sie schwächlich. Doch wenn dir durch meinen Geist die Augen geöffnet sind, dann zeigt sich dir meine Macht in deinem Verlangen nach mir, das keine Seelenqual und kein Sündenfall zerstören können, deutlicher als je zuvor.

Du bist jetzt frei von der Versklavung unter die Forderungen der Selbstsucht: nach Anerkennung, danach, dass dein Leben so läuft wie gewünscht, nach guter Gesundheit und Wohlstand, nach Freiheit vom Gefühl der Leere und danach, Erfüllung zu erleben. Nun hast du die Freiheit, für einen einzigen Zweck zu leben. Und auf diesen einen Zweck hin wallt das vorwärtswünschende Leben in dir auf, wenn du liest, wie ich in Lewis und Tolkien wirkte. Du hast die Freiheit, den einzigen Plan voranzubringen, der die Freude liefern wird, die er verspricht. Du hast die Freiheit, den Menschen die ganze Botschaft von diesem neuen Leben zu verkünden. Ebenso, wie Stephanus es durch seinen Tod, wie Paulus es durch seine schwierigen Missionsreisen und wie Agabus es durch die beiden Prophezeiungen tat, die ich ihm gab und dann aufzeichnete [11,27–29; 21,10–11]. *Du bist jetzt frei, wirklich zu leben!*»

«Vater, ich danke dir. Und ich danke dir auch dafür, dass du mir ein prophetisches Wort durch meine Schwester in Christus gegeben hast, die mich jeden Tag in deine Gegenwart erhebt. Du hast es mir gesandt, als ich durch deinen 44. Brief stolperte. Sie schrieb mir diese Worte, die du mir durch sie sandtest: ‹Zieh deine Sandalen an. Geh stetig voran. Schau nicht nach rechts oder links. Die Apostelgeschichte wartet auf dich. Es ist kein Wunder, dass sie es nicht einmal Christentum nannten. Oh mein Herr, vergib uns.›»

«Du hörst mein Wort an dich in der Apostelgeschichte. Nun musst du der Wahrheit vertrauen, nicht deiner Erfahrung oder deinen Segnungen. Die Wahrheit, die du hören und kennen und glauben musst, habe ich niemandem so vollständig offenbart wie dem Diener, den ich auserwählt habe, am meisten zu leiden. Mein nächster Brief legt das Fundament der Wahrheit, auf das du dein Leben bauen musst. Lies ihn sorgfältig. Deine Frucht hängt davon ab.»

# 45. Liebesbrief
## Römer

## Denk scharf nach, und lass gleichzeitig deiner Fantasie die Zügel schießen

«Vater, ich habe eine starke Vorahnung, dass dieses Gespräch mich auf unbekanntes Gelände führen wird. Ich spüre, dass dies dein bisher zähester Brief ist. Als ich darüber nachdachte, wie ich einen Zugang zu dem finde, was ich in deinem 45. Brief höre, kam mir die Idee: *Ich versuche, das, was du sagst, auf Gedanken zu reduzieren, die ich verstehen und vor allem verkraften kann.* Die Klarheit dieser beunruhigenden Erkenntnis schien in mir eine reine Sehnsucht auszulösen, wie ich sie so stark noch nie empfunden habe. Es verlangt mich danach, mich von deinen vernünftigen Worten in eine Wirklichkeit hineintragen zu lassen, die für die Vernunft unerreichbar ist.

Aber diese Sehnsucht prallte sogleich gegen eine Wand. Mir fiel eine defensive Haltung in mir auf. Sie bezieht sich auf das, was ich zu glauben behaupte, auf meinen Standpunkt zu christlichen Fragen. Sie verrät eine offensichtliche Leere, die ich am liebsten ignorieren würde. Es ist eine Leere der Unsicherheit und Verwirrung, ja des Schreckens, die ich mit festen Vorstellungen von dem, was du sagst, auszufüllen versuche. Und ich will nicht, dass irgendjemand diese Vorstellungen infrage stellt. Tut es jemand doch, gehe ich zum Gegenangriff über, wenn ich kann. Wenn nicht, ziehe ich mich in den Schmollwinkel zurück.

Vater, das ist erbärmlich. Aber es macht mir Angst. Ich frage mich, ob ich überhaupt wirklich auf dich höre, wenn ich deine Briefe lese. Oder ob ich nur das höre, was du meiner Meinung nach sagen solltest. Höre ich vielleicht nur mich selbst und bilde mir ein, dich zu hören?»

«Es macht Spaß, meine Kinder heranwachsen zu sehen. Das ist es, was mit dir geschieht. Doch wie so viele andere gehst auch du immer noch an meine Briefe heran wie ein Schachspieler an sein Schachbrett. G. K. Chesterton – den mein Geist zu einem wahren Hünen heranwachsen ließ – hatte völlig recht, als er sagte, Leute, die mit meiner Wahrheit Schach spielen, versuchten, den Himmel in ihren Kopf zu zwängen. Aber davon platze ihnen nur der Kopf. (Wie ich mich erinnere, klagst du recht häufig über Kopfschmerzen.) Dichter dagegen füllen ihre Köpfe mit Wahrheiten, die ihre Vorstellungskraft in den Himmel erhebt. Sie sind die Erwachsenen, die die Musik der Wahrheit hören und dazu tanzen wie Kinder.»

«Vater, ich möchte gerne tanzen. Aber willst du denn nicht auch, dass ich deine Briefe durch*denke*, besonders diesen? Man hat mir beigebracht, der Römerbrief sei die rationalste und am klarsten gegliederte Darstellung dessen, was du uns am dringendsten mitteilen möchtest. Ich dachte, du erwartest von mir, dass ich mich in dein Klassenzimmer setze, meinen Grips einschalte und mir reichlich Notizen mache, während du mir diesen Brief vorträgst. Habe ich mich geirrt?»

«Nun, möchtest du Fakten lernen, um sie in eine Wahrheitssystematik einzubauen, die dir das selbstgefällige Gefühl gibt, im Recht zu sein? Oder willst du eine Wahrheit entdecken, die singt? Meinst du, Coleridge hätte seine dichterische Fantasie beiseitegelegt, wenn er diesen Brief las, den er einmal als ‹das tiefgründigste Werk› bezeichnete, das es gibt? War Garrett Green auf etwas gestoßen, als er schrieb, meine Wahrheit zu verkündigen sei so, ‹als sänge man die Melodie der Schrift, so dass auch andere lernen können, sie zu hören und sich an ihr zu erfreuen und in sie einzustimmen›? Und warum, glaubst du, las mein Diener Godet, der über einen brillanten Verstand verfügte, meinen 45. Brief mit dem Bild der ‹Kathedrale des christlichen Glaubens› vor Augen?»

«Ich hatte recht mit meiner Vorahnung. Ich betrete tatsächlich unbekanntes Gelände.»

«Es wird Zeit, dass du durch die Korridore gehst, in denen die Wahrheit sorgfältig an den Wänden umrissen ist. Wer nicht merkt, dass der Korridor nur ein Gang ist, der zu einem viel besseren Ort führt, begnügt sich damit, sich Notizen zu machen. Er verwechselt die Wahrheit, die lebendiges Wasser ist, mit dem trockenen Staub bloßer Fakten. Solche ausgedörrten Seelen analysieren endlos die Zusammensetzung des Wassers, das ich ihnen schenke, ohne je zu merken, dass es zum Trinken bestimmt ist.

Geh den Korridor entlang. Studiere die Gliederungen an den Wänden. Ja, mach dir ruhig Notizen. Bring deine Gedanken in die Ordnung einer klaren Lehre. Wahrheit ist wichtig. Lehre ist wichtig. Orthodoxie ist wichtig. Aber geh weiter – nicht über die Wahrheit *hinaus*, sondern in die Wahrheit *hinein*. Der Korridor führt auf offene Felder, wo Blumen blühen und Vögel singen. Wenn du genau hinhörst, kannst du schon im Korridor den Duft riechen und die Musik hören. Lass den Duft und die Melodie dein Verlangen danach wecken, aus klaren Quellen zu trinken und in erfrischenden Seen zu baden. Lass deine Zeit im Korridor ihren Zweck erreichen: Sie soll dich fähig machen, mehr zu trinken und weiter zu schwimmen, weiter weg vom Ufer, dein Zuhause im Blick.»

«Vater, das ist neues Gelände für mich, aber es kommt mir merkwürdig bekannt vor.»

«Natürlich. Es ist das Land, für das ich dich geschaffen habe, noch schöner als Eden. Und nun sag mir, was du dir heute Morgen beim Lesen des Briefes unterstrichen hast, den C. S. Lewis 1926 an einen Freund schrieb. Es hat mir Spaß gemacht, zu sehen, wie du darüber nachdachtest, ob ich es war, der eingefädelt hat, dass deine Frau gestern das Buch kaufte, in dem dieser Brief wiedergegeben ist, und dass du ihn heute Morgen – über achtzig Jahre, nachdem Lewis ihn schrieb – lasest, bevor wir dieses Gespräch begannen. Ja, ich war es.»

«Ich bin sprachlos.»

«Gut. Nun lies vor, was du unterstrichen hast. Gleich werden die Rollläden vor den Fenstern deiner Seele hochgehen.»

«Nun, seine Worte sind ein bisschen zu hoch für mich, aber sie haben etwas in meinem Herzen aufgerührt. Wie ich es verstehe, antwortete Lewis einem Freund, der sich kürzlich einer Religion zugewandt hatte – der sogenannten Anthroposophie. Deren Begründer glaubte zu Recht an eine Wirklichkeit jenseits der Vernunft, versuchte jedoch zu Unrecht (zumindest nach Lewis' Ansicht), diese Wirklichkeit mit der Vernunft zu erfassen. Hier ist eine Stelle, die mir in dem Brief besonders auffiel:

‹Was andere Kräfte neben der Vernunft angeht – es täte mir leid, wenn du meinen Standpunkt falsch verstehen würdest. Niemand ist mehr als ich davon überzeugt, dass die Vernunft vollkommen unzureichend für den Reichtum und die Spiritualität der wirklichen Dinge ist. … Ich zweifle auch nicht am Vorhandensein … von unentwickelten oder verkümmerten Fähigkeiten, die in einem unbestimmten Randbereich um die kleine, begrenzte Schärfezone der Intelligenz liegen – Fähigkeiten, die den Besitz riesiger Wirklichkeitsbereiche vorausahnen oder in Erinnerung rufen, die dem Verstand durch die Maschen fallen.›

Ich vermute, Lewis spricht hier von der Fähigkeit des Verlangens, oder vielleicht auch von der Fähigkeit der Einbildungskraft, die sich die Erfüllung des Verlangens vorstellt. Ich höre heraus, dass er mich zu einer Schönheit ruft, die ich schmecken, aber niemals vollkommen beschreiben kann. Dann nagelt er mich mit dieser Bemerkung fest: ‹Meine Skepsis beginnt, wenn Leute mir explizite Darstellungen dessen anbieten, was über den Verstand hinausgeht, und dabei dennoch alle Kategorien des Verstandes bemühen.›

Die Wahrheit aus dem Himmel in den kleinen Raum meines Kopfes zu holen und dann noch zu denken, ich hätte alles begriffen, oder zumindest viel mehr, als ich tatsächlich begriffen habe – Gott, das bin ich. Wie dumm. Wie arrogant. Schachspielen. Das ist es, was ich tue. Leute wie ich, schreibt Lewis, lassen ‹ihren Verstand die Hinweise aufgreifen, die vom äußeren Rand kommen, und indem sie ihn ausquetschen, machen sie den Hinweis (der viel Wahres hatte) zu nichts als einer falschen konkreten Aussage.›

Vater, ist das der Grund, warum ich so oft das Gefühl habe, zwar einen klar sortierten Kopf, aber keine Freude im Herzen zu haben? Dass ich eher intellektuell und stolz bin als frei und bescheiden?»

«Wasser zu beschreiben, hat nichts Erfrischendes an sich. Prüfe seine Reinheit, bevor du es trinkst. Vergewissere dich, dass es kein künstlich aromatisiertes Zuckerwasser ist – das ist es, was im Korridor getan werden kann und muss. Aber dann trinke es. Vielleicht wirst du nie verstehen, *wie* das Wasser dich erfrischt, aber *dass* es das tut, daran wirst du nicht zweifeln.»

«Vater, ich neige wie Lewis dazu, ‹zu glauben, dass wir uns damit begnügen müssen, die höchste Wahrheit in unseren Knochen zu spüren›. Doch allzu oft fühlt sich meine Seele an wie ein Tal voller vertrockneter Gebeine. Vater, bitte erwecke sie mit Wahrheit zum Leben.»

«Jetzt bist du bereit, mit deinem Verstand und deinem Herzen zu hören, was ich dir in diesem Brief sage:

**Ich habe einen Weg gefunden, dir die Kraft zu geben, die dir fehlt und die du brauchst, um die Person zu werden, die zu sein du dich sehnst. Die Person, die du in Wahrheit bist und zu der ich allein dich machen kann: einer, der mich in allen Situationen anbetet, der so liebt wie mein Sohn, der nach Vergebung für seine Mörder verlangte. Ein Tänzer, der auf der Erde die Musik des Himmels hört und sich im Takt meines Geistes bewegt, zusammen mit einer anbetenden, liebenden, tanzenden Gemeinschaft von Freunden, die sich alle in der Schuld wissen, meinen Sohn der Welt dadurch zu offenbaren, wie sie miteinander umgehen, und dadurch, wie sie ihre Gaben und Möglichkeiten kreativ zur Entfaltung bringen.**

Denk scharf nach, und gleichzeitig lass deiner Fantasie die Zügel schießen. Achte, während du im Korridor studierst, auf die Wünsche, die in deinem Herzen wach werden. Dann folge ihnen hinaus auf das Feld, auf dem die Wildblumen blühen – und tanze. Hör zu, was ich dir in diesem Brief sage:

Du hast das Gesetz der Liebe gebrochen. Du liebst niemanden mehr als dich selbst. Ich habe dich dem Weg überlassen, den du gewählt hast. Ich lasse zu, dass du Gemeinschaft im eigenen Interesse ausnutzt. Dieser Weg führt in ewige Einsamkeit, von der du jetzt schon einen schrecklichen Vorgeschmack bekommst. Ich habe dich dazu geschaffen, dass du dich in Gemeinschaft hingibst, um meinetwillen und zur Freude und zum Wohlergehen anderer. Dazu, dass du dabei deine eigene solide Identität und deinen Wert entdeckst und dich dankbar daran erfreust. Doch du hast gegen die Liebe selbst rebelliert, gegen mich. Nun musst du vor mir zum Schweigen gebracht werden, so dass du nur noch eine Frage stellen kannst: *Wie kann ich, ein verlorener und schuldiger Sünder, vor einem gerechten und heiligen Gott bestehen?* [Römer 1,18–3,20].

Wenn du diese Frage aufrichtig stellst, wenn du erkennst, wie armselig du liebst und wie sehr du dich danach sehnst, mit einer

Liebe, die du gar nicht verdienst und dir nie verdienen kannst, geliebt zu werden, dann wirst du die Antwort hören: Ich habe einen Weg gefunden, den einzigen Weg, um dich so zu lieben, als ob du mich schon immer geliebt hättest, und um dich fähig zu machen, deine Bestimmung zu erfüllen. Sie besteht darin, mich und alle Menschen um dich her tatsächlich zu lieben, auch diejenigen, die dich furchtbar im Stich lassen und verletzen und enttäuschen. Nun kannst du ohne Furcht vor mir stehen und wie ich und für mich leben. Dein Name steht jetzt auf der Einladungsliste für das Fest, eingetragen in unauslöschlicher Tinte [1,16–17; 3,21–8,39].

Aber sei dir über den *einzigen Weg* im Klaren, der all das möglich macht. Dieser Weg ist das Evangelium. Mein Sohn starb an deiner Stelle, ‹um unsere Schuld zu sühnen› (3,25). Er erbrachte ein Opfer, das meinen heiligen Zorn gegen dich als einen Sünder, der es von Rechts wegen verdient hätte, für immer aus meiner Gegenwart verbannt zu werden, vollkommen stillte. Sein Tod gibt mir nun die Möglichkeit, dich in meiner Familie willkommen zu heißen, ohne meiner Heiligkeit Abbruch zu tun oder meinen Hass gegen die Sünde abzuschwächen. Nun kann ich dich zum Fest Gottes bringen, denn du bist bereit und begierig und wunderbarerweise auch fähig, dich in den trinitarischen Tanz einzureihen. Ohne das Werk, das mein Sohn durch seinen Tod und seine Auferstehung erbrachte, hättest du es verdient, für immer im Elend ewiger Einsamkeit gefesselt zu bleiben – unfähig zu lieben und Liebe zu empfangen. Doch du glaubst an den Wert dessen, was er für dich getan hat (und was ich durch ihn getan habe, wie ich in 2. Korinther 5,19 erläutere). Darum bist du nun berechtigt, zum Fest der Liebe einzutreten, Liebe zu empfangen und zu erwidern. Und zwar *ebenso berechtigt wie mein Sohn, weil du nun in ihm bist*. Diese Wahrheiten, die deinen Horizont erweitern werden, kannst du im Korridor studieren.

Doch um diese Wahrheiten zu singen – um sie im Korridor zu erlernen und dann auf der Wiese zu feiern –, musst du zunächst erkennen, dass du immer noch dazu neigst, zu denken, du wärst schon angekommen. Du glaubst immer noch, du hättest so gelebt, dass ich eigentlich verpflichtet wäre, dich zu segnen. Zerbrochenheit und Abhängigkeit müssen deinen Weg kennzeichnen. In dir tobt ein Kampf. Dass du heute mit Zuversicht vor mir stehst und eines Tages auf meinem Fest tanzen wird, liegt nur an meinem Sohn – an nichts und niemand anderem [Römer 9–11].

Schon jetzt hast du alles, was du brauchst, um ein *neues* Leben zu führen, ein Leben, wie du es dir ersehnst und für das ich dich geschaffen habe. Du kannst aufhören, das *alte* Leben des Stolzes, der Selbstgenügsamkeit und der Manipulation zu leben. Du brauchst dir keine Mühe mehr zu geben, mich irgendwie dazu zu überreden, dich mit etwas Geringerem als meinem Sohn zufriedenzustellen [Römer 12–15].

Und lies bitte das 16., das letzte Kapitel dieses Briefes nicht als einen bloßen Anhang. In jedem seiner Verse ist die Melodie des Himmels zu hören. Elf Mal bewegte ich Paulus dazu, jede Beziehung, jedes Leben dahin auszurichten, wo es hingehört: auf meinen Sohn. Achte einmal darauf: *im Herrn* (Vers 2), *in Christus Jesus* (Vers 3), *für Christus* (Vers 5), in *Christus* (Vers 7), *im Herrn* (Vers 8), *in Christus* (Vers 9), *in Christus* (Vers 10), *im Herrn* (Vers 11), *im Herrn* (zwei Mal in Vers 12) und *im Herrn* (Vers 13; alle Elberfelder). Ich freue mich, wenn ich sehe, wie meine Kinder sich auf meinen Sohn verlassen und in ihm leben und sich an ihm freuen. Es gibt niemanden wie ihn. Doch bald wird die Erde voller Menschen sein, in denen der Charakter meines Sohnes völlig ausgeprägt ist und das Leben meines Sohnes sich leidenschaftlich Bahn bricht. Und einer von ihnen wirst du sein.

Aber mach dir bewusst: Viele Menschen, darunter auch allzu viele meiner Nachfolger, verfolgen in ihren Beziehungen zu anderen immer noch ihre eigenen Zwecke. Sie benutzen Menschen, so wie Zecken Hunde benutzen. Wenn mein Feind in der Welt, in der Gemeinde oder in deinem Leben einen Vorsprung zu gewinnen scheint, lass dich nicht beunruhigen. Höre die Musik in Vers 20: ‹Denn Gott, von dem aller Friede kommt, wird bei euch den Satan bald endgültig besiegt haben.› Denk gründlich über alles nach, was ich dir sage. Und lass deiner Fantasie freien Lauf. Ich habe einen Plan. Er ist gut. Wie gut, kannst du nur in deiner Vorstellungskraft ermessen. Du, der Geliebte, wirst zu einem Liebenden.»

«Vater, ich stelle mir vor, wie ich in dem Bus deiner Wahrheit einem Freudenfest entgegenfahre, das ich selbst in meiner Fantasie nur ansatzweise erfassen kann. Erste Hinweise auf diese Freuden finde ich überall um mich her. Und dieses Gespräch hat die Rollos hochgezogen, die die Fenster verdeckten, zumindest ein kleines Stück. Ich sehe neues Land.

Doch ich muss weiter mit Leuten im Bus leben, die genau wie ich entweder die Rollos wieder herunterziehen oder nie aus dem Fenster schauen. Ich lasse sie im Stich, verletze und enttäusche sie, und sie lassen mich im Stich, verletzen und enttäuschen mich. Wie kann ich die Schönheit deiner Wahrheit sowohl in meinem Verstand als auch in meiner Vorstellungskraft wachhalten, wenn das, was ich um mich her sehe, oft so hässlich, so beängstigend, so ärgerlich ist?»

«Ich bin ein Romantiker. Ich habe einen Plan. Aber ich bin auch ein Realist. Der Plan entfaltet sich langsam, und es passieren immer wieder Dinge, die dir wie irreparable Fehler vorkommen müssen. Aber mach dir bewusst: Nichts kann mich überraschen, und nichts kann auf Dauer meinem Plan im Wege stehen. Du fragst mit Recht, wie du die Hoffnung auf Schönheit im Blick behalten kannst, wenn doch so wenig von dem, was ich geplant habe, in dir und in dieser Welt und in der Gemeinschaft meiner Nachfolger zu sehen ist. Ich komme in meinem nächsten Brief auf deine Frage zurück. Lies weiter.»

# 46. Liebesbrief
# 1. Korinther

## Ich gebe mein Volk niemals auf. Mein Plan wird gelingen

«Vater, ich habe mich jetzt drei Monate lang davor gedrückt, mit dir über diesen Brief zu reden. Er ist keine leichte Lektüre. Ich habe schon im Römerbrief nicht alles verstanden, was du mir sagtest, doch das, was ich verstanden habe, hat mir Mut gemacht. Ich konnte die Handlung deiner Geschichte klarer erkennen, und ich empfand die Zuversicht, dass es eine gute Handlung ist, die sich auf einem guten Kurs befindet. Alles schien unter Kontrolle zu sein.

Doch jetzt, nachdem ich den 1. Korintherbrief gelesen habe, empfinde ich nicht, was ich gerne empfinden möchte. Und ich glaube manche Dinge nicht, von denen ich wünschte, sie wären fester in meinem Denken verankert.»

«Was möchtest du denn gerne fühlen? Und was möchtest du glauben?»

«Ich möchte Hoffnung empfinden. So viel Hoffnung, dass ich voller Tatkraft anpacken kann, was du mir aufträgst, und die Zuversicht, an einem Plan mitzuarbeiten, der wirklich funktioniert. Ich möchte glauben, möchte fest davon überzeugt sein, dass du mitten in alledem, was mir im Leben begegnet, etwas Gutes bewirkst. Aber dann passiert Folgendes: Ich kann zwar glauben, dass die Geschichte, die du erzählst, gut ausgehen wird. Aber manchmal fällt es mir schwer zu glauben, dass auch der *Weg* gut sein soll, auf dem du mich dahin bringst.»

«Sag mir, inwiefern mein 46. Brief dir die Empfindungen nimmt, die du gerne haben möchtest, und deine Zuversicht darauf, dass meine Geschichte sich auf gute Weise entfaltet, untergräbt.»

«Vater, manchmal komme ich mir vor wie ein Hochstapler, wie ein Betrüger. Ich erzähle anderen, wer du bist und was du tust, und dabei demonstriere ich manchmal eine Überzeugung, die ich nicht immer wirklich habe. Manchmal – es fällt mir schwer, das zuzugeben – kommt es mir so vor, als ob der Atheismus eine bessere Erklärung für alles wäre, was ich in der Welt beobachte, als das Christentum. All die anscheinend sinnlosen Tragödien. All die unbeantworteten Gebete. All die Leute, die begeistert von Erfahrungen mit dir berichten, die mir so oft nur aufgesetzt vorkommen.

Aber meine eigentliche Befürchtung ist nicht, dass ich zum Atheisten werden könnte. Ich könnte dasselbe sagen, was ich schon einmal zitiert habe – das, was C. S. Lewis schrieb, als seine Frau starb: ‹Nicht, dass ich in der Gefahr schwebe, den Glauben an Gott preiszugeben – zumindest habe ich nicht diesen Eindruck. Die wirkliche Gefahr besteht darin, von Gott so entsetzliche Dinge zu glauben. Mir graut nicht vor der Schlussfolgerung: *Also gibt es eben doch keinen Gott*, sondern vor: *So also ist Gott in Wirklichkeit. Mach dir nichts vor.*› Das Lesen dieses Briefes hat irgendwie tiefe Schwierigkeiten mit dem Glauben in mir ausgelöst, die ich immer zu ignorieren versuche. Aber ich kann nicht verleugnen, dass sie immer noch da sind.»

«Inwiefern?»

«Nachdem ich 45 deiner Briefe gelesen habe, hast du mich davon überzeugt, dass du nicht versprochen hast, mich in diesem Leben vor Dingen zu beschützen, die mir eine Riesenangst einjagen. Oder mir das zu geben, wovon ich glaube, dass ich es brauche, um dir zu vertrauen. Was du aber versprochen hast, ist, mich zu verändern. Mich deinem Sohn so ähnlich zu machen, dass ich dich und andere Menschen lieben kann, egal, was in mir oder in meinem Leben los ist. Egal, womit ich kämpfe oder wie viel Schlimmes mir passiert.

Aber wenn ich den 1. Korintherbrief lese, wird mir klar, dass der Apostel Paulus, der größte Christ in der Kirchengeschichte, achtzehn Monate lang der Gemeinde in Korinth als Pastor diente, ohne dass sich viel tat. Und das raubt mir die Zuversicht auf deine Garantie, dass ich mich verändern werde. Ich meine, wenn nicht einmal Paulus zu den Korinthern durchdringen konnte, wer wird dann zu mir durchdringen? Vielleicht werde ich so wenig geistlich geprägt bleiben, dass tatsächlich etwas passieren könnte, was meinen Glauben zerstören würde.

Ich weiß, die Christen dort hatten einen viel schlimmeren Hintergrund als ich. Ich weiß, Korinth war eine heidnische Kultur, eine schreckliche Umgebung für eine Familie. Ich weiß, im Tempel der Aphrodite, der Göttin der Lust, wurden ihre Anbeter Tag für Tag von eintausend Prostituierten bedient. Ich weiß, dass Julius Cäsar Korinth im Jahre 44 v. Chr. neu besiedelte. Hundert Jahre, nachdem einer seiner Vorgänger die Stadt zerstört hatte, und über hundert Jahre, bevor Paulus das Evangelium dort hinbrachte. Und ich weiß, dass die Günstlingswirtschaft, die Cäsar dort aufrichtete, um der Stadt zum Wohlstand zu verhelfen, sowohl manipulative Machtgier als auch ausschweifende Leidenschaften um des schnellen Vergnügens willen förderten. Mir ist also klar, dass die Korinther, die Christen wurden, eine Menge Ballast mit in die Gemeinde brachten, der in direktem Widerspruch zu allem stand, was Paulus ihnen sagte.

Aber ich habe auch meinen Ballast. Geht es denn nicht in deiner Geschichte genau darum, dass das Evangelium von deinem Sohn die Kraft hat, Menschen zu verwandeln, egal, wie kaputt sie sind? Dass es mich verwandeln kann, ebenso wie jeden anderen, der an deinen Sohn glaubt?

Ich habe gerade einige Zeit mit einem führenden Christen verbracht, einem Mann, der eigentlich von vielen geschätzt wird. Er hat keine Ahnung, wie er auf andere wirkt. Doch Leute, die enger mit ihm zusammenarbeiten, bekommen seine Arroganz zu spüren, seine kleinliche und fordernde Haltung. Er ist schon in seinen Sechzigern, doch in den Beziehungsdingen, auf die es ankommt, hat er sich bisher nicht verändert.

Ich bin auch in meinen Sechzigern, und du weißt, in wie vielen Punkten ich mich noch verändern muss. Nach über fünfzig Jahren als Christ, dachte ich immer, müsste ich doch ganz anders sein, als ich bin. Viel geduldiger, fürsorglicher und beherrschter. Und die Korinther haben sich wohl auch nicht verändert, zumindest nicht sehr. War nicht Paulus deswegen so besorgt, als er diesen Brief schrieb? War das nicht der Grund, warum er die Zuversicht verlor, dass die Geschichte, die er erzählte, die Kraft hatte, tiefe Veränderungen zu bewirken?»

«Paulus war besorgt, aber er verlor nie das Vertrauen in mich oder in die Kraft meiner Geschichte. Hast du denn meinen Brief nicht gelesen?»

«Ein Dutzend Mal.»

«Dann weißt du doch, dass Paulus auch weiterhin zänkischen, arroganten und selbstsüchtigen Leuten meine Liebesgeschichte erzählte. Er wusste, dass sie immer noch nach dem Sprichwort lebten, das die Korinther gern auf den Lippen hatten: ‹Alles ist erlaubt!› (6,12; 10,23). Diesen Satz erwähnte Paulus vier Mal in diesem Brief. Obwohl meine Leute in Korinth eher wie die anderen Korinther lebten und nicht wie Christen, wurde Paulus nicht müde, sie zu einer neuen Lebensweise aufzurufen. Er gab sie niemals auf. Genauso wenig wie ich. Ich gebe meine Kinder niemals auf.

Jedes Wort in diesem Brief beleuchtet die Handlung meiner Geschichte: meinen Ruf in die Gemeinschaft, meine Vision von Beziehungen, die auf den anderen ausgerichtet sind, und meinen Plan, dich durch den Geist prägen zu lassen. Ich habe die Macht, das Verlangen, zu lieben und diese Liebe auch in der schlimmsten Situation, in den hoffnungslosesten Umständen und in den schmerzlichsten Beziehungen freizusetzen, in dich hineinzulegen.

Ich will dir einen kurzen Überblick geben, was Paulus den noch unreifen korinthischen Christen zu sagen hatte. Dasselbe sage ich nun dir, der du Mühe hast, deine Zuversicht auf mich zu bewahren:

- Wendet euch ab vom Hochmut, von der Weisheit dieser Welt und von einem Anspruchsdenken, das die Liebe blockiert und Spaltungen verursacht (Kapitel 1 bis 4). Dank meinem Sohn und meinem Geist könnt ihr es besser.
- Geht entschieden gegen offenkundige Sünde vor (Kapitel 5). Löst eure Differenzen innerhalb der Gemeinde, nicht durch das Rechtssystem. Versagt euch sexuelle Vergnügungen außerhalb der Ehe (Kapitel 6). Lasst eure Entscheidung, ob ihr heiraten oder alleinstehend bleiben wollt, von der Liebe zu mir leiten. Und wenn ihr heiratet, lasst euer Sexualleben von der Liebe zu mir und zu eurem Ehepartner leiten (Kapitel 7). Und nutzt eure Freiheit nicht, um euren eigenen Willen zu bekommen, sondern zum Allgemeinwohl (Kapitel 8).
- Geistliche Leitung ist eine Gelegenheit zum Dienen, nicht um sich Anerkennung zu verschaffen. Freude hängt vom Geben ab, nicht vom Nehmen. Die Legitimität einer Leitung bemisst sich nach den Opfern, die sie erbringt (Kapitel 9).
- Haltet euch von jeder Art von Götzendienst fern, sei er offen oder versteckt (Kapitel 10).

- Ich sehne mich danach, die Anbetung meiner Menschen zu genießen, mich an ihrer selbstlosen Ausübung der Gaben zu erfreuen, die mein Geist ihnen gegeben hat (Kapitel 11 bis 12). Ich möchte gern sehen, wie meine Gemeinschaft, meine Art, Beziehungen zu gestalten, sich in ihren Beziehungen widerspiegelt (Kapitel 13). Und ich möchte geehrt werden durch ihr aufrichtiges Bemühen, einander zu ermutigen, ohne sich selbst zur Schau zu stellen (Kapitel 14).

Gaben Paulus und ich nur idealistische heiße Luft von uns, und wünschten wir uns, kleine Leute würden groß werden? Wenn das meinen Absichten diente, würde ich es geschehen lassen. Oder hatte Paulus die Zuversicht, die korinthischen Christen seien tatsächlich fähig, als große Leute zu leben, gut zu lieben, und weil sie mir gehörten, würden sie es eines Tages auch tun?

Achte darauf, dass der Höhepunkt dieses Briefes die *Auferstehung* ist! Ohne die Hoffnung, dass das, was in diesem Leben beginnt, im nächsten Leben zur Vollendung geführt wird, hätte Paulus keine Zuversicht auf meine Geschichte gehabt. Ohne die Auferstehung wäre es unmöglich, daran zu glauben, dass sich eine gute Geschichte entfaltet. Und ebenso unmöglich wäre die Liebe [15,19].»

«Vater, würdest du diesem zweifelnden, frustrierten, ängstlichen und leeren Mann hier, der an dich glaubt, sagen, was du mir durch diesen 46. Brief mitteilen willst?»

«Du sollst dies hören:

**Die Veränderung, die ich bringe, geschieht langsam. Je mehr du versuchst, an deiner Zuversicht festzuhalten, dass es eine gute Geschichte ist, die ich erzähle, während du gleichzeitig all das zur Kenntnis nimmst, was in diesem Leben verwirrend und ärgerlich und niederschmetternd enttäuschend ist, desto mehr wirst du Augenblick für Augenblick vor der Entscheidung stehen, ob du mir vertrauen willst oder nicht. Nur in dunklen Nächten wird die Hoffnung hell genug leuchten, um deinen Glauben am Leben zu erhalten und deine Liebe freizusetzen.»**

«Vater, das ist *schwer*!»

«Lass dich durch das, was du *siehst*, an den Rand des Unglaubens treiben. Lass dich durch das, was du *fühlst*, an die Schwelle der

Verzweiflung führen. Wenn ich existiere, wenn ich gut bin, wenn meine Geschichte voller Liebe und mein Plan auf Kurs ist, dann wird mein Geist bis in die Tiefe deines Herzens hineinsprechen, die nur durch schreckliche Zweifel zugänglich wird. Und genau an diesem Ort wird er dich in der Hoffnung verankern.»

«Vater, ich brauche eine Gewissheit der Hoffnung, die mich jetzt aufrecht hält.»

«Ich weiß. Lies weiter.»

# 47. Liebesbrief
# 2. Korinther

## Mitten in einem Meer von Tränen wird tiefe Freude dich erfüllen

«Gott, ich habe gerade deinen vorigen Brief noch einmal gelesen, um mich auf diesen vorzubereiten. Dabei hat mich ein Satz besonders gepackt: ‹Strebt nach einem Leben der Liebe, als ob euer Leben davon abhinge – denn das tut es› (1. Korinther 14,1 nach *The Message*). Vater, mit jedem zweiten Satz, den ich rede, und fast jedem Gedanken, den ich denke, und mit den meisten Entscheidungen, die ich Tag für Tag treffe, verstoße ich gegen deinen Maßstab der Liebe. Alles dreht sich immer nur um mich. Und doch hast du mir all diese Liebesbriefe geschrieben, weil dein Plan für mich darin besteht, dass ich tatsächlich ein Leben der Liebe führe, einer Liebe, wie du sie definierst. Stimmt das?»

«Ja.»

«Dann möchte ich wirklich wissen, wie dein Plan funktioniert. Können wir noch einen Schritt zurückgehen, bevor wir über diesen nächsten Brief sprechen? Ich möchte sichergehen, dass ich dir bis hierher folgen kann.»

«Natürlich.»

«Eine Sache, die ich aus deinen ersten 39 Briefen entnommen habe, vielleicht die Hauptsache, war der Gedanke der *Beziehungs*sünde. Jedes Mal, wenn ich dir oder irgendjemandem sonst vollkommene Liebe vorenthalte, begehe ich eine Beziehungssünde. Ich muss nicht erst eine Affäre haben oder jemanden umbringen oder die Beherrschung verlieren, um gegen die wirkliche Liebe zu verstoßen. Am Ende des Alten Testamentes war ich ziemlich überzeugt davon, dass ich jeden Tag gegen dein Moralgesetz verstoße und es verdient habe, von dir gerichtet zu werden – dazu verurteilt, für immer zu existieren, ohne je geliebt zu werden oder zu lieben. Doch es wurde auch klar, dass du einen Plan hast, nicht nur, um mir zu vergeben und unsere kaputte Beziehung in Ordnung zu bringen, sondern auch, um mich zu einer Person umzugestalten, die wirklich liebt. Ich weiß, es gibt in all diesen 39 Briefen noch eine Menge mehr für mich zu erkennen. Aber das ist die Stoßrichtung dessen, was du mir dort gesagt hast, richtig?»

«Ja.»

«Und dann habe ich angefangen, die nächsten 27 Liebesbriefe zu lesen und mit dir darüber zu reden. In den ersten vier zeichnetest du ein farbenfrohes Porträt deines Sohnes, so dass ich einen Blick darauf erhaschen konnte, wie du wirklich bist. Und auf deinen Plan, durch kaputte Menschen wie mich deine Handlungsweisen in diese chaotische Welt hineinzubringen. Das rührte etwas in mir auf.

In der Apostelgeschichte hast du mir gezeigt, wie eine Gemeinschaft von Menschen aussieht, wenn sie nicht nur ein neues, von Liebe geprägtes Leben führen, wie dein Geist es ermöglicht, sondern auch den Auftrag annehmen, in ihrem Kulturkreis ‹allen die Botschaft vom neuen Leben› verkünden (Apostelgeschichte 5,20). Das hat meine Begeisterung dafür, zu einer missionalen Gemeinschaft der Liebe zu gehören, noch gesteigert.

Ich glaube, deinen nächsten Brief hast du geschrieben, um mich davon abzuhalten, mich an seichter Begeisterung zu ergötzen. Du willst nicht, dass ich für dich und deinen Auftrag einen Eifer an den Tag lege, der ‹ohne Einsicht› ist (Römer 10,2). Deshalb hast du den Römerbrief geschrieben, um mich fest in der Wahrheit deiner Geschichte zu gründen. In einer Wahrheit, die meiner Fantasie Flügel verleiht, wenn ich mir vorstelle, was in den Gemeinden in aller Welt alles geschehen könnte, wenn dein Volk deine Geschichte wirklich verstehen, ausleben und weitererzählen würde.

Und dann kam der 1. Korintherbrief. Ihn zu lesen fühlte sich an wie ein Schlag, eine Ohrfeige der Realität in mein naives Gesicht. Er machte mir bewusst, dass es eine unglaubliche Geschichte zu erzählen, aber auch einen blutigen Kampf auszufechten gibt, sowohl mit anderen als auch, mehr noch, in mir selbst. Deine Nachfolger in Korinth hörten deine Geschichte von dem überzeugtesten Christen aller Zeiten, und sie glaubten daran. Dennoch benahmen sie sich weiterhin eher wie Bürger ihrer selbstzufriedenen Kultur und nicht wie Bürger deines selbstverleugnenden Reiches der Liebe.

Nun bin ich also so weit, deinen 47. Brief zu lesen. Was ich aus deinem 46. herausgelesen habe, ist, dass Veränderung langsam vonstattengeht. Doch nun ist meine Frage die folgende: Wie kann ich deine Geschichte der langsamen Veränderung in meinem Innern ausleben? Und nicht nur das, sondern woher nehme ich die Kraft, diese Geschichte weiterzuerzählen, wenn doch so wenig von dieser langsamen Veränderung an anderen sichtbar wird? Ich möchte nicht so gierig auf die Begeisterung sein, sichtbares Wachstum zu erleben, dass ich mich mit der Art oberflächlicher Veränderung in mir und in anderen zufriedengebe, die durch tolle Musik und leidenschaftliche Predigten bewirkt werden können.

Ich weiß, Paulus war auf echte Veränderung aus, auf die Prägung im Geist, die Menschen ihr Verlangen zu lieben spüren lässt und ihnen die Kraft gibt, diesem Verlangen freien Lauf zu lassen, was es sie auch kosten mag. Und ich weiß auch, dass Paulus das selbst noch nicht vollkommen verwirklicht hatte. Er lebte das neue Leben nicht vollkommen, aber aus irgendeinem Grund kam er sich trotzdem nicht wie ein Schwindler vor – so wie ich manchmal. Und er wurde nie müde, den Leuten zu sagen, dass eine neue Art zu leben möglich war.

Und selbst, als die korinthischen Christen weiterhin mehr wie Korinther lebten und nicht wie Christen, selbst, als sie sich gegen Paulus wandten, und selbst, als er eine Nahtoderfahrung, eine schwere Krankheit und persönliches Leid durchmachen musste, hörte Paulus nicht auf, deine Geschichte zu leben und sie anderen zu erzählen, so gut er konnte. Und er lebte und erzählte sie wirklich gut. *Wie hat er das gemacht?* Ich glaube, ich wäre so sauer gewesen und wäre mir so nutzlos vorgekommen, dass ich den Korinthern gesagt hätte, sie sollten sich gefälligst zusammenreißen, und dann weitergezogen wäre, um mir einen lohnenderen Dienstort zu suchen.

Doch Paulus schaffte es irgendwie, ‹in allen Traurigkeiten … fröhlich› zu bleiben (2. Korinther 6,10). Wie konnte das gehen?»

> «Ich pflanzte echte Hoffnung tief in Paulus' Herz – die Art Hoffnung, die er sich mehr ersehnte als irgendeine andere Art. So hatte ich ihn geschaffen. ‹Wenn diese Hoffnung uns beflügelt›, schrieb Paulus, ‹kann uns nichts zurückhalten› (2. Korinther 3,12 nach *The Message*).»

«Vater, was ist das für eine Hoffnung? *Pflanze sie mir auch ein!*»

«Wenn du mit C. S. Lewis darüber sprechen würdest, was das für eine Hoffnung ist, und wenn du dich laut fragen würdest, wie du zu einem fruchtbaren Boden werden kannst, in den mein Geist diese Hoffnung einpflanzen könnte, so würde er dir vielleicht folgende Worte sagen, die er einmal geschrieben hat: ‹Das Christentum fordert die Menschen zur Reue auf und sagt ihnen Vergebung zu. Einem Menschen jedoch, der nicht einmal weiß, dass er etwas getan hat, was er bereuen müsste, und der infolgedessen auch keine Vergebung braucht, hat das Christentum nichts zu sagen. Erst wenn man begriffen hat, dass sowohl das sittliche Gesetz als auch die Macht dahinter Realitäten sind, wenn wir eingesehen haben, dass wir dieses Gesetz gebrochen und uns dieser Macht gegenüber falsch verhalten haben, erst dann – und nicht einen Augenblick früher – beginnt das Christentum uns etwas zu sagen.›

Mein Geist erzählt meine Geschichte deiner psychologischen Kultur, einer Kultur, die allen Ernstes glaubt, Verletztheit (also wie andere dich behandeln) sei ein schwereres Problem als Selbstsucht (wie du andere behandelst). Verletzte Menschen brauchen Heilung, so sagt diese Kultur, und sie brauchen nettere Gesellschaft. Doch nach der Geschichte, die ich erzähle, brauchen selbstsüchtige Menschen Vergebung, und sie brauchen die Kraft, diejenigen zu lieben, von denen sie am meisten verletzt worden sind.

Paulus wusste, dass alle Verletzungen, die ihm zugefügt wurden, sei es in seiner Kindheit oder in den Jahren seines Dienstes für mich, nicht sein schlimmstes Problem waren. Als mein Sohn zum ersten Mal direkt zu Paulus sprach, sagte er ihm nichts Tröstliches. Er deckte Paulus' Sünde auf. Er brachte seine eigensüchtige Entschlossenheit ans Licht, sein Gewissen zu überhören und sich überlegen, mächtig und wichtig zu fühlen, und das alles in meinem Namen [Apostelgeschichte 26,14].

Sobald Paulus sich für meinen Sohn öffnete, sobald er erkannte, dass er *gegen* mich und nicht *für* mich gelebt hatte, hörte er diese Worte von meinem Sohn: ‹Aber steh jetzt auf; denn ich bin dir erschienen, damit du mir dienst. Du sollst bezeugen, was du heute erlebt hast und was ich dir in Zukunft zeigen werde› (Apostelgeschichte 26,16). In diesem Moment wurde Paulus gerettet und ausgesandt.

Was hatte Paulus mit meinem Sohn erlebt? Er hatte gesehen, dass er es verdiente, von meinem Sohn, der die Sünde hasst, gehasst zu werden, dass er aber stattdessen von meinem Sohn, der die Sünde auf sich nahm, geliebt wurde. Er erfuhr, dass er durch Vergebung in eine enge Beziehung zu mir eintreten konnte und dann den Auftrag erhielt, meine Geschichte allen zu erzählen, denen er begegnete, besonders den Nichtjuden. Paulus konnte es kaum fassen. Ihm war vergeben, dass er die Liebe verletzt hatte? Er bekam eine Beziehung zu dem, den er am meisten beleidigt hatte? Er bekam die Kraft, andere zu lieben, so wie er selbst geliebt wurde? Ihm wurde ein nie endendes Dasein voller Freude in einer vollkommenen Welt zugesichert?

Hör, was er sagte: ‹Wir haben einen kleinen Einblick auf das Eigentliche bekommen, unser wahres Zuhause, unsere Auferstehungsleiber. Der Geist Gottes reizt unseren Appetit an, indem er uns einen Vorgeschmack dessen gibt, was vor uns liegt. Er legt uns ein kleines Stück Himmel ins Herz, damit wir uns nie mehr mit weniger zufriedengeben› (2. Korinther 5,4–5 nach *The Message*). Paulus konnte den Gedanken nicht ertragen, dass jemand sich mit weniger zufriedengeben könnte als mit der Kraft, das neue Leben einer radikalen Liebe zu führen und auf dem schmalen Weg der Selbstverleugnung in das wahre Leben in Gemeinschaft zu gehen. Das war das Stück Himmel, das mein Geist in Paulus' Herz legte. Und auch in dein Herz hat er es gelegt.

Mach dir bewusst: Wer daran vorbeisieht, dass seine Selbstsucht sein absolut schlimmstes Problem ist – wer hartnäckig an einen göttlichen Großvater glaubt, der einfach nur möchte, dass es seinen lieben Kleinen gut geht, und dem es das Allerwichtigste sein müsse, dass wir unsere Gefühle der Leere, des Schmerzes und der Einsamkeit loswerden –, wer so denkt, wird nie die Hoffnung kennenlernen, die Paulus in all seinen Enttäuschungen und Entmutigungen aufrecht hielt. Es war ihm eine großartige Ermutigung, als die Korinther endlich gut auf seine früheren Anweisungen und Ermahnungen reagierten, doch seine unerschütterliche Hoffnung ruhte auf mir.»

«Vater, was wusste Paulus, das ihn seiner Berufung treu bleiben ließ? Bitte erkläre es mir, damit es mir auch dabei hilft.»

«Hör gut zu. Paulus wusste das, was ich dir jetzt sagen werde:

**Lebe deine Beziehungen so, dass es dir selber gut dabei geht, und deine Freude wird oberflächlich und vergänglich sein. So gewinnst du nicht die Freiheit, zu lieben. Lebe so, dass du die Wahrheit meiner Geschichte von der vergebenden Liebe erkennst, und du wirst zutiefst bestürzt darüber sein, wie durch und durch vergebungsbedürftig du bist. Dann wirst du den langsamen Tod deines Anspruchsdenkens erleben, mit dem du forderst, dass man dich gut behandelt. Doch langsam, aber sicher, wirst du erkennen, dass meine fortdauernde Vergebung und Gegenwart die Kraft hat, dich in einen Menschen zu verwandeln, der liebt.**

Leben, um zu lieben, ist schwierig. In diesem Leben verspreche ich dir keinen Trost außer meiner Gegenwart (von der du manchmal nichts spüren wirst), meiner Kraft zum Lieben (die du oft nicht in Anspruch nehmen wirst) und der Hoffnung auf meine Verheißung (die meist unterschätzt wird) eines nie endenden Daseins, in dem du meine vollkommene Liebe in einer vollkommenen Welt erfährst, in der jeder vollkommen liebt. Dieser Trost und diese Hoffnung waren es, die Paulus so sehr begeisterten, dass nichts ihn zurückhalten konnte.»

«Vater, ich neige immer noch, manchmal sehr stark, dazu, mehr dem sofortigen Trost nachzujagen als der Wahrheit.»

«Was ich dir zu sagen hatte, fängt nicht beim Trost an. Aber auf lange Sicht wird es dir unvorstellbaren Trost bieten. Doch die Neigung, meine Geschichte zu verdrehen, so dass sie nicht mehr von Erlösung und Wiederherstellung, sondern nur noch von Linderung und Genesung erzählt, ist bei jedem Menschen stark. Mach dir bewusst: Die Verderbtheit in dir, die sich darin zeigt, dass du ständig daran scheiterst, zu lieben, und ständig Vergebung brauchst, kann und wird von meinem Geist dazu benutzt werden, dich näher zu mir zu ziehen. Du wirst besser verstehen, was ich meine, wenn wir über meinen nächsten Brief sprechen.»

# 48. Liebesbrief
## Galater

## Versteh die Freiheit nicht falsch: Deine Frucht hängt davon ab!

«Gott, ein Vers in deinem nächsten Brief hat mich schon immer frustriert, seit ich ihn vor vielen Jahren in der Sonntagsschule zum ersten Mal hörte. In Galater 5,16 sagst du mir, wenn ich mich ‹von Gottes Geist bestimmen› lasse, werde ich ‹allen selbstsüchtigen Wünschen widerstehen können›. Aber seit damals in der vierten Klasse, als ich mir alle Mühe gab, im Diktat nicht bei Ricky Murphy abzuschreiben, führe ich einen nie endenden Kampf gegen die Versuchung, bei dem ich mal gewinne und mal verliere.

Den Kampf damals habe ich verloren, und noch viele weitere danach, bis heute. Falls in diesem Vers das Geheimnis verborgen ist, wie man selbstsüchtigen Wünschen widerstehen kann, habe ich es bisher noch nicht gefunden.

Vater, ich *möchte* dich besser kennenlernen. Ich *möchte* so leben wie dein Sohn. Ich *möchte* mich von deinem Geist bestimmen lassen. Aber dennoch verliere ich immer noch allzu oft und allzu leicht meinen Kampf gegen die Versuchung. Was soll ich denn machen, wenn ein starkes Verlangen mich mit suchtartiger Heftigkeit überfällt? In so einem Moment kommt es mir so vor, als hätte ich alle Freiheit, das Richtige zu tun, verloren.

Es ist, als triebe ich arglos in der Süßwasserströmung eines guten christlichen Lebens dahin und täte nichts offensichtlich oder bewusst Falsches. Bis es mich dann plötzlich ohne Vorwarnung in einen sprudelnden Wildbach köstlicher Versuchung hineinspült, geradewegs auf den Wasserfall des Elends zu. Ich fühle mich nicht stark genug, um die Richtung zu ändern. Meine Willenskraft reicht nicht aus, um wieder zu meiner netten frommen Lebensweise zurückzupaddeln. Und das Schlimme ist, *in dem Moment will ich es nicht einmal.* Der Absturz über den Wasserfall erscheint mir eher aufregend als gefährlich, eher unvermeidlich als falsch. Der Reiz macht mich blind für das Risiko. Und was ich an Liebe in mir habe, verdorrt. Alles und jeder andere ist mir egal, auch du. Das Einzige, was ich empfinde, wenn ich an dich denke, ist schuldbewusster Zorn.

In deiner Gnade zu stehen, scheint weniger unwiderstehlich zu sein, als in meine Selbstsucht zurückzufallen. Es fühlt sich an, als ob eine zwingende Kraft in mir meinen Verstand mit Lügen, mein Herz mit selbstsüchtigen Begierden und meinen Willen mit unerbittlicher Stärke überwältigt. Das Nachgeben erscheint unausweichlich. Und – ich gebe es nur widerwillig zu – ein Teil von mir gibt gerne nach, mit einem selbstgefälligen Gefühl der Freiheit. Was ist mit mir los, Vater?»

> «Entscheidend ist nicht, was *mit* dir los ist, sondern *in* dir. Mein Sohn hat dich freigemacht, damit du Entscheidungen treffen kannst, die dich von deinen inneren Zwängen befreien. Erst wenn du tief genug in dein Herz hineinblickst, um die Verderbtheit unter den Zwängen zu erkennen, wirst du Freiheit finden. Bete wie David: ‹Durchforsche mich, o Gott ... Sieh, ob ich in Gefahr bin, dir untreu zu werden› (Psalm 139,23–24). Das bist du. Du musst es wahrnehmen. Nicht viele tun das.»

«Vater, dieses Gebet werde ich für den Rest unseres Gesprächs unentwegt beten. Ich möchte hören, was du mir im Galaterbrief zu sagen hast. Irgendwo habe ich gelesen, dass Martin Luther diesen Brief für den besten von allen deinen 66 hielt. Er ging sogar so weit zu sagen: ‹Die Epistel an die Galater ist meine Epistel, mit der ich mich verlobte. Sie ist meine Käthe von Bora.›

Ich frage mich, ob Luther deshalb so viel von diesem Brief hielt, weil er wusste, wie wenig die meisten Christen frei sind, richtig zu lieben. Ich erinnere mich, dass er einmal schrieb, als Christ zu leben sei so, wie wenn ein Betrunkener auf einem Pferd reitet. Ständig fallen wir herunter, mal auf der einen, mal auf der anderen Seite – entweder in die Gesetzlichkeit, die die Freiheit zu lieben erstickt, oder in die Zügellosigkeit, die Freiheit zu gewissenloser Selbstsucht pervertiert.

Das kenne ich. Ich merke bei mir selber, wie ich den einen Tag versuche, alles richtig zu machen, damit du mir gibst, was ich will, um dann am nächsten Tag zu tun, wonach immer mir gerade der Sinn steht. Ob ich richtig lebe oder Falsches tue, ich spüre, wie ich mit dem unerbittlichen Drang kämpfe, jenes vage, aber unerträgliche Gefühl der Unvollständigkeit zu lindern und eine nach Fülle schreiende Leere in mir auszustopfen. Wenn dieser Drang übermächtig wird, verliere ich jede Fähigkeit, mich um irgendetwas zu scheren, bis das unerträgliche Gefühl der Unvollständigkeit gelindert und das dunkle Loch ausgefüllt ist, wenigstens für den Moment.

Wenn ich so lebe, wie ich soll, und dich das nicht dazu bringt, mir die Befriedigung zu schenken, nach der ich verlange, spüre ich irgendwo tief in mir eine Empörung. Ich bilde mir dann ein, ich hätte das Recht, zu tun, was immer ich brauche, damit es mir besser geht. Nur funktioniert das nie, jedenfalls nicht auf Dauer. Ich empfinde zwar eine Art Befriedigung, die mir in diesem Moment nichts anderes geben kann, aber schon wenig später fühle ich mich unvollständiger und leerer als zuvor. Meine Sucht, die vorübergehende Befriedigung erneut zu erleben, ist nur noch stärker geworden.

Aber mein Problem ist Folgendes: Wenn sich mir die Gelegenheit bietet, irgendeine Aktivität zu wiederholen, die mir schon einmal Befriedigung verschafft hat, *dann sehe ich an dieser Aktivität nichts Falsches*. Mal ist es eine alleinstehende Frau, die süchtig danach ist, sich von einem Mann begehrt zu fühlen. Mal ein angesehener Geschäftsmann, der sexuelle Abenteuer braucht, um die Leere zu füllen, an die sein Erfolg nicht herankommt. Mal sind es Leute wie ich, die sich einfach nur weniger langweilen, sich vollständiger fühlen wollen, während wir unser Bestes tun, um dir nachzufolgen. Wir sitzen alle im selben Boot und werden, wie G. K. Chesterton einmal witzelte, alle gemeinsam seekrank. Wir sind alle auf der Suche nach Linderung eines seltsamen, namenlosen Elends, das du nicht von uns nimmst. Wir wollen uns lebendig fühlen. Es ist schwer, daran etwas Falsches zu sehen.»

«Dein Gott ist dein Bauch. Du gehst davon aus, dass jedes starke Verlangen in dir jetzt in diesem Leben befriedigt werden muss. Deshalb kannst du an nichts anderes denken als an deine Wünsche und die Befriedigung, nach der du dich sehnst und die du gerade jetzt empfinden könntest. Blättere einmal vor zum Philipperbrief, meinem 50. Liebesbrief, und lies 3,19. Dort findest du genau das, was ich gerade gesagt habe.

Du stehst kurz davor, in deinem tiefsten Innern ein zwingendes und heiliges Verlangen zu entdecken, so als wäre es zum ersten Mal. Es wird jedes andere Verlangen als geringer bloßstellen. Jede andere Befriedigung wird sich als wertlos erweisen, verglichen mit der erfüllenden Freude, andere Menschen mit göttlicher Kraft zu lieben. Aber diese Entdeckung wirst du erst dann machen, wenn du noch klarer die fordernde Haltung erkennst, die dich an deine geringeren Wünsche und deine wertlosen Befriedigungen fesselt.

Das Verderbliche hinter deinen Zwängen ist, dass du nur an deine Befriedigung denken kannst, wenn du meinst, sie unbedingt zu brauchen. Deine Erwartung, in dieser gefallenen Welt all die Gefühle zu bekommen, die du gerne haben möchtest, macht dich empfänglich für falsche Lehrer. Sie berufen sich auf meinen Sohn und bieten dir eine Strategie an, die dir schon jetzt all die guten Gefühle verspricht, die du im Himmel für immer haben wirst. Und diese verdrehte Version meiner Geschichte hört sich für dich sehr verlockend an, genau wie für meine Nachfolger in der Provinz Galatien. Und anstatt frei zu sein, um zu lieben, egal, wie du dich fühlst, wirst du an ein zwanghaftes Bedürfnis versklavt, dich ganz zu fühlen und erst einmal zufrieden mit dir selbst zu sein, bevor du dich in der Lage fühlst, einen anderen zu lieben.

Hör gut zu. Ich werde nun für dich darlegen, was ich in meinem 48. Brief ausdrücke:

- Du vertraust meinem Sohn, dass er dir vergibt und dir das Leben schenkt. Du bist ein Christ.
- Während du als Christ lebst, frei von Verurteilung für deine Sünden der Vergangenheit, Gegenwart und Zukunft und in jedem Moment und jeder Situation frei, um zu lieben, werden dir tiefe Sehnsüchte in deinem Herzen bewusst, die trotz all deines Bemühens um Glauben und Gehorsam unerfüllt bleiben.
- Diese unerfüllten Sehnsüchte tun weh und werden zu einer Leere in dir, zu einem Gefühl der Einsamkeit und Unvollständigkeit. Das Verlangen nach Linderung dieses Schmerzes erscheint dir dringender als dein Verlangen danach, andere zu lieben. Und die Enttäuschungen, die du in deinen Beziehungen erlitten hast, haben Wunden geschlagen, die so stark nach Linderung flehen, dass dir für dein eigenes Wohlergehen nichts anderes notwendiger erscheint.
- Im Einklang mit dem, was in deiner Kultur verkündet wird, verlagert sich dein Streben von der Liebe zu anderen hin zur Heilung deiner Wunden. Du willst dich als geliebter und wichtiger

Mensch vollständig fühlen. Die Verderbtheit, die seit deiner Empfängnis in dir schlummert, deine Anspruchshaltung, erwacht nun und entfaltet ihre todbringende Wirkung.

- Du nimmst die Überzeugung an, dass deine Wunden erst geheilt und deine Leere erst ausgefüllt werden müssen, *bevor* du lieben kannst. Diese Überzeugung ist eine Lüge des Teufels, die sich als die mitfühlende Zärtlichkeit meines Geistes tarnt.
- Solange diese Überzeugung in dir herrscht, führst du ein fleischliches Leben. Du forderst Befriedigung deiner Wünsche und wirst süchtig nach dieser Befriedigung, sei es durch Essen, durch Sex, durch deinen Dienst, durch enge Beziehungen, durch Anbetungszeiten, durch sinnvolle Arbeit oder durch ein glückliches Familienleben.
- Die Botschaft der falschen Lehrer, die behaupten, du solltest jetzt schon all das empfinden können, was du gerne empfinden möchtest, klingt lieblich in deinen Ohren. Sie zeigen einen Plan auf, wie du angeblich noch dichter an mich herankommst, als es mein Sohn schon möglich gemacht hast. So sollst du das Gefühl der Vollständigkeit bekommen, nach dem du dich so sehr sehnst.
- Dann fällst du auf der einen Seite vom Pferd in eine moderne Form der Irrlehre der Galater. Sie besagt, du könntest mir noch näherkommen; der Tod und die Auferstehung meines Sohnes hätten eine gute Grundlage dafür gelegt, dass du dich jetzt richtig anstrengen kannst, um alles richtig zu machen. Das ist Gesetzlichkeit. Es ist ein Leben nach der alten Weise des Buchstabens [Römer 7,6]. Wenn dein anständiges Leben angenehme Erfahrungen und erfreuliche Segnungen mit sich bringt, empfindest du eine Selbstzufriedenheit, die du mit Anbetung verwechselst. Und je selbstzufriedener du mit meinem anscheinenden Eingehen auf deinen Wunsch nach einem schönen Leben wirst, desto oberflächlicher und weniger aufopfernd wird deine Liebe.
- Nun hör mir gut zu. Ich habe dich gerettet, damit du an mich glauben kannst, auch wenn es scheint, als wäre ich abwesend oder stumm (Glaube). Du sollst ausharren in der Zuversicht, dass mein Plan auf Kurs zu einem unvorstellbar glücklichen Ausgang ist (Hoffnung). Und deine Beziehung zu mir soll von demütiger Anbetung geprägt und frei von Forderungen sein; in deiner Beziehung zu anderen Menschen sollst du dich weise verhalten und dich vorrangig um ihr Wohlergehen bemühen

(Liebe). Wenn du es versäumst, deine Seele mit Glauben, Liebe und Hoffnung zu nähren, sondern stattdessen nur auf das Gefühl der Vollständigkeit aus bist, das du dir wünschst, wirst du besessen sein von der einsamen Leere in deinem Innern, die ich vorerst nicht lindern werde.

- Und nun fällst du auf der anderen Seite vom Pferd. Du tauschst die Gesetzlichkeit gegen Zügellosigkeit aus. Die Leere in deinem Innern *(die mein Geist in die Hoffnung auf Herrlichkeit verwandeln möchte)* degeneriert zu einer übermächtigen Kraft. Sie führt dich in Versuchung, alles zu tun, was deinen Schmerz lindert, deine Wunden heilt und dir die Erfahrung der Vollständigkeit wiedergibt, nach der es dich immerzu verlangt. Du lebst nun im Fleisch und verlierst deine Freiheit, seinen Forderungen zu widerstehen.
- Die unausweichliche Folge ist ein Leiden, das tiefer sitzt als deine unerfüllten Sehnsüchte. *Du leidest nun unter der Unfähigkeit, zu lieben.* Deine Freiheit, für die Erfahrung deiner eigenen Vollständigkeit zu leben, zerstört deine Freiheit zu lieben und das Wohlergehen eines anderen über dein eigenes zu stellen.»

«Vater, du beschreibst mich in allen abstoßenden Einzelheiten. Was soll ich tun? Ich möchte doch aus deinem Geist heraus leben, damit ich den Forderungen meiner sündigen Natur widerstehen kann. Wie mache ich das?»

«Hör auf meinen guten Freund John Owen, den puritanischen Pastor, der ebenso wie Luther verstanden hatte, dass wahre Freiheit sich in einem heftigen Kampf entwickelt. Er hörte, was ich dir in diesem Brief geschrieben habe: ‹Etwas für Gott zu tun, ist das Gegenteil davon, euch auf das einzulassen, was Gott für euch tut› (3,11 nach *The Message*). Owen wusste, dass ich euch von der Selbstbezogenheit errettet und zur Liebe befreit habe. Der Kampf hat begonnen.

Höre auf seine Worte:

‹Ein Christ ist manchmal wie ein Schiff, das vom Sturm hin und her geworfen wird. Niemand an Bord merkt etwas davon, dass das Schiff überhaupt vorankommt. Dennoch segelt es mit hoher Geschwindigkeit dahin. Kräftige Winde und Stürme tun Obstbäumen gut. Ebenso tun auch Verderbnisse und Versuchungen der Frucht der Gnade und Heiligkeit gut. … Verderbnisse und Versuchungen lassen die Frucht der Demut, der Selbsterniedrigung und der Trauer heranreifen in einer tieferen Suche nach der Gnade, durch die die Heiligkeit stark wird. Doch erst später wird es sichtbare Früchte gewachsener Heiligkeit geben.›

Und nun höre, was ich sage:

**Freiheit des Evangeliums besteht weder darin, deinen Launen nachzugeben, noch darin, meine Vorschriften einzuhalten. Sowohl die, die ihren Launen nachgeben, als auch die, die sich an Vorschriften halten, sind Sklaven ihrer inneren Verderbtheit, die nach einer Art von Befriedigung verlangt, die mein Sohn euch in diesem Leben nicht geben wird. Mein Sohn hat euch zur Liebe befreit. Ihr seid nun frei, zu glauben, dass ich gut bin und dass die gute Geschichte, die ich erzähle, sich unter seiner lenkenden Hand entfaltet. Der Glaube an mich und die Hoffnung auf die Zukunft befreien euch heute zur Liebe. Und wenn du mit göttlicher Kraft liebst, setzt das eine Art von Freude in deiner Seele frei, die nirgendwo sonst zu finden ist.»**

«Gott, ich glaube, ich verstehe, was du sagst. Wer sich abmüht, alle deine Vorschriften zu befolgen, erzeugt in sich selbst sowohl einen Stolz als auch einen inneren Druck. Das bereitet den Boden dafür, suchtartig nach der Art von Linderung zu verlangen, die Süchte nun einmal bieten: einer illusorischen, aber seltsam befriedigenden Linderung, die sich notwendig und darum berechtigt anfühlt. Das sind die ‹kräftigen Winde und Stürme›, von denen Owen sprach, die Verderbnisse und Versuchungen, die unausweichlich sind. Du befreist mich nicht dazu, weiter zu sündigen, damit du weiter vergeben kannst, aber du möchtest, dass ich in der Freiheit der Gewissheit lebe, dass du weiter vergeben wirst, wenn ich weiter sündige.

Ich habe nicht die Freiheit, alles richtig zu machen – das kann ich nicht. Und ich habe nicht die Freiheit, alles zu tun, was mir das Gefühl der Vollständigkeit gibt – das ist falsch. Aber ich habe die Freiheit zu lieben. Und indem ich diese Freiheit ausübe, setze ich eine Freude frei, die mir die Kraft gibt, der Verlockung geringerer Befriedigungen, die dennoch einen starken Reiz ausüben, zu widerstehen. Habe ich dich richtig verstanden?»

«Ja! Ich freue mich! Mein Geist ist die Liebe, die mein Sohn und ich zueinander und zur Welt haben. Aus meinem Geist zu leben, heißt, andere zu lieben, egal, wie sehr du leidest oder wie jämmerlich du versagst. *Richte dein Augenmerk mehr darauf, andere zu lieben, als darauf, Versuchungen zu widerstehen.* Die Früchte der Heiligkeit, die Frucht meines Geistes, wird sich zeigen, indem du mehr Macht über den Zwang zur Sünde und mehr Freiheit zu lieben gewinnst.

Nimm die Verderbtheit in dir zum Anlass für Demut und Selbsterniedrigung. Das wird dein Verlangen wecken, auf andere zuzugehen, um ihrer selbst willen. Unternimm jede Anstrengung, nicht, um weniger zu sündigen, sondern um mehr zu lieben. Was noch an Sünde bleibt, wird nicht nur vergeben werden. Nein, es wird auch Gelegenheit schaffen, um die Gnade zu feiern, die dir von neuem die Kraft zum Lieben gibt. Was dir wiederum die Kraft gibt, Versuchungen zu widerstehen. Du wirst nämlich merken, dass das Nachgeben dich an dem hindert, was du dir am meisten zu tun wünschst: so zu lieben wie ich. Deine Freiheit besteht weder darin, alles richtig zu machen, noch darin, alles zu tun, was dir im Moment gerade passt. *Deine Freiheit ist die Freiheit zu lieben.*»

«Vater, ich kann nur davon träumen, wie eine Gemeinschaft wahrhaft freier Menschen aussehen würde. Was für eine Kraft sie hätten, um die Welt zu verändern!»

«Diese Gemeinschaft ist die Braut meines Sohnes, sein Leib, der Tempel meines Geistes. Sie ist die Gemeinde. Und sie ist wunderschön. In meinem nächsten Brief kannst du mehr über sie lesen.»

# 49. Liebesbrief
# Epheser

## Die Kraft, in die Tiefe zu gehen, wird dich emporheben

«Gott, eines wird mir klar, wenn ich deinen 49. Brief lese: Wenn Paulus erst einmal die Gelegenheit bekommt, von dem zu reden, was ihn begeistert, statt die Leute zurechtzustutzen, dann ist er außer Rand und Band.

Nachdem er sich mit all den Problemen in Korinth und Galatien herumgeschlagen hat, schreibt er nun an eine Gemeinde, die er drei Jahre lang geleitet und sich dann im besten Einvernehmen von ihr verabschiedet hat [Apostelgeschichte 20,17–38]. Und wie ich es verstehe, war seine Absicht, dass dieser Brief auch in anderen Gemeinden in der Nähe von Ephesus verlesen werden sollte. Von ihnen allen hatte er gehört, dass sie gute Fortschritte machten. Weder mit ihrem Glauben noch mit ihrem Leben gab es größere Probleme.

Ich finde, dies ist bisher der herzlichste, leidenschaftlichste Brief des Paulus. Es geht darin vor allem um die Gemeinde und darum, was für eine starke Kraft und wie privilegiert sie ist. Aber um ehrlich zu sein, Vater: Du sprichst hier durch Paulus über eine Wirklichkeit, die ich mir zwar vorstellen kann. So könnte eine echte Gemeinde sein. Aber es ist eine Wirklichkeit, die ich nirgends deutlich oder vollständig sehen kann. Hier und da leuchtet etwas davon auf, aber nirgends sieht es auch nur annähernd so aus, wie Paulus es sich vorstellt.

Und schließlich schrieb er diesen Brief als Gefangener. Er stand unter Hausarrest und war an einem römischen Wachsoldaten festgekettet. Willst du mir damit etwas sagen? Etwa, dass die strahlende Vision dessen, was Gemeinde sein könnte, am deutlichsten zutage tritt, wenn ich mitten in der Finsternis leidvoller Umstände stecke? Komisch, aber dieser Gedanke gefällt mir.

Wenn ich mich unter den heutigen Gemeinden umschaue, kommt mir die Vision, die du in diesem Brief beschreibst, eher wie ein Märchen vor und nicht wie eine reale Möglichkeit. Ich weiß, ich bin ein hoffnungsloser Zyniker, aber ...»

«Du bist kein Zyniker. Du bist zynisch, aber du bist nicht hoffnungslos. Richte deinen Blick lieber mehr auf das, was in dir nicht stimmt, als darauf, was in den Gemeinden nicht stimmt, die du kennst. Erlebe, wie es ist, in die tiefe Dunkelheit der Verderbtheit in deiner eigenen Seele hinabzusteigen. So wirst du die Kraft entdecken, ‹völlig zu erfassen, was die Breite und Länge und Höhe und Tiefe› der Liebe meines Sohnes ist (Epheser 3,17–19; Elberfelder). Begreife diese Liebe, und du wirst meine Vision für seine Gemeinde begreifen und wissen, dass sie erreichbar ist – nicht in vollem Umfang, aber in bedeutendem Maß.

Paulus sah, *wovon* er auferstanden war und *wozu* er auferstanden war. Meine Auferstehungskraft war so überwältigend für ihn, dass er wusste, dass ich in der Gemeinde der Auferstandenen unermesslich viel mehr tun kann, als sich selbst ihre visionärsten Leiter, einschließlich Paulus, vorstellen konnten [Epheser 3,20].»

«Vielleicht ist mir nicht klar, wie tief ich gefallen war, als du mich gerettet hast.»

«Nein, das ist dir nicht klar. Hätte ich dich nicht ergriffen, so würdest du jetzt die Lügen Satans glauben und dich selbst für weise halten. Du würdest den Wegen der Welt folgen und erwarten, dort das Leben zu finden. Und die Lügen Satans und die Wege der Welt würden dich unwiderstehlich anziehen [Epheser 2,1–3].»

«Aber Vater, seine Lügen ziehen mich *immer noch* an, und es zieht mich *immer noch* zu den Vergnügungen hin, von denen du mir sagst, dass sie mich nur unglücklich machen werden. Ich lebe *immer noch* nicht wie ein Mensch, der zur Liebe befreit ist. Das Schlechte in mir wirft mich *immer noch* hin und her wie ein Schiff im Sturm. Werde ich je in ruhigen Gewässern segeln?»

«Etwas ruhiger, ja. Ganz ruhig nicht, jedenfalls nicht, ehe du zu Hause bist. Die Kraft, die du brauchst, um zu sehen, wer du *ohne* meinen Sohn bist, ist dieselbe Kraft, die dir vor Augen führen wird, wer du *in* meinem Sohn bist. Und diese Vision, wer du in meinem Sohn bist, wird dich emporheben in die Vision, die ich für die Gemeinde meines Sohnes habe. Diese Vision bewahrte Paulus davor, in Zynismus und Entmutigung über die Vergeblichkeit seines Tuns zu verfallen.»

«Wenn ich dich höre, Vater, fällt mir nur ein Wort ein: *Hilfe!*»

«Höre auf folgende Worte. Sie wurden vor hundert Jahren von einem Mann geschrieben, der gelernt hatte, ziemlich ruhig durch diese Welt zu segeln, bis ich ihn mit 43 Jahren nach Hause rief, wo er nun für immer auf vollkommen ruhigem Wasser segelt. Als Oswald Chambers diese Worte schrieb, dachte ich an dich und viele andere. Lies sie langsam: ‹Was wir heute brauchen, ist kein neues Evangelium, sondern lebendige Männer und Frauen, die das Evangelium vom Sohn Gottes auf eine neue Weise so ausdrücken können, dass es den Kern unserer Probleme erreicht.›»

«Vater, dieser Mann wäre ich gerne.»

«Dann musst du dich entscheiden. Willst du das von meinem Sohn, was er dir liebend gerne geben möchte? Willst du glauben, dass ich gut bin, egal, was in deinem Leben passiert? Willst du meinem Plan vertrauen, wie sehr er auch vom Kurs abgekommen zu sein scheint? Willst du mit aller Kraft lieben, auch wenn du keine Liebe in dir spürst?

Oder sind deine Wünsche zu schwach? Reicht es dir aus, ein relativ zufriedenes Leben in verlässlich angenehmen Umständen als einigermaßen guter Mensch zu führen? Wenn du das willst, dann hat das Evangelium meines Sohnes dir nichts zu bieten. Willst du aber das, was nur mein Sohn dir geben kann, dann wirst du lernen, über die gute Nachricht zu jubeln, die er gebracht hat.

Höre, was ich in diesem Brief sage. Höre das Evangelium, das deine Vision für Gemeinde – und für dich selbst – auf neue Höhen erheben wird:

- **Du bist jetzt zusammen mit unzähligen anderen der Leib meines Sohnes. Lebe dafür, ihn zu ergänzen.**
- **Du bist jetzt zusammen mit unzähligen anderen der Tempel meines Sohnes. Lebe dafür, ihn zu offenbaren.**
- **Du bist jetzt zusammen mit unzähligen anderen die Braut meines Sohnes. Lebe dafür, ihn zu erfreuen.»**

«Gott, zeig mir, wie du das in diesem Brief zum Ausdruck bringst und wie ich es begreifen kann. Die Sonne lugt schon über den Horizont hinweg, aber ich kann ihre Wärme noch nicht spüren.»

«Ich verwebe im Epheserbrief sechs Botschaften an dich, die die Wärme des Lichtes in dein Herz hineinbringen werden.

Erstens: Ich habe dich mit Segnungen beschenkt, die viel besser sind als all die Segnungen, die du von Natur aus genießen möchtest [1,3]. Bis du aber die irdischen Segnungen als zweitrangig und die geistlichen Segnungen als erstrangig siehst, wirst du unreif, selbstbezogen und machtlos gegenüber Versuchungen bleiben. Du wirst weiter in einer kühlen Morgendämmerung leben.

Zweitens bist du ohne meinen Sohn ganz und gar unfähig zu echter Liebe. Ohne meinen Sohn werden all die Tugendhaftigkeit, Güte und Freundlichkeit, denen diese Welt applaudiert, doch nur von einem Verlangen nach etwas Geringerem angetrieben, als mein Sohn es schenken möchte. Ohne meinen Sohn kann niemand etwas aus Dankbarkeit dafür tun, dass Jesus nicht nur Vergebung schenkt, sondern auch eine Beziehung zu mir und die Kraft, wahrhaft zu lieben [2,1–3; 4,17–19].

Drittens bist du nun Teil des Leibes meines Sohnes, und das ist buchstäblicher gemeint, als du denkst. Wenn du der Leitung deines Hauptes folgst, dann *ergänzt* du es. Er, das Haupt, ist heute durch seinen Leib in dieser Welt gegenwärtig – durch Gemeinschaften von Menschen, die meinem Geist vertrauen und seine Führung verstehen und ihr folgen. Wenn ihr eure Beziehungen untereinander an seiner Weisung ausrichtet, erlebt mein Sohn die Freude einer Vollständigkeit, die er nicht erfahren kann, wenn ihr euch in euren Beziehungen nach dem Takt eurer selbstbezogenen Impulse richtet. *Lebt unter seiner Herrschaft. Ergänzt ihn* [1,22–23].

Viertens bist du auch ein Stein – ein lebendiger Stein in dem Gebäude, das er sein Haus nennt [1. Petrus 2,5]. Du bist verbunden mit allen Nachfolgern meines Sohnes – Juden, Nichtjuden, Männern, Frauen, Schwarzen, Weißen, Reichen, Armen. Ihr seid eine Gemeinschaft von Menschen, die durch die Art, wie sie miteinander umgeht, die Welt heller macht – ohne Vorurteile, demütig, ohne bissige Bemerkungen, mit gegenseitigem Respekt und aufopfernder Liebe. *Lebt in seinem Licht. Macht ihn sichtbar* [Epheser 2,19–23; 4,1–6].

Fünftens seid ihr jetzt die Braut meines Sohnes. Er liebt euch unendlich viel mehr, als ihr es für möglich haltet. Durch sein Blut seid ihr reingewaschen von aller Verderbtheit. Durch sein Leben seid ihr schön gemacht. Du jubelst schon, wenn deine Frau deine unvollkommene Liebe empfängt. Stell dir vor, wie mein Sohn jubelt, wenn du dich seiner vollkommenen Liebe hingibst. *Lebt, um seine Liebe zu empfangen. Macht ihm Freude* [5,22–23].

Und schließlich müsst ihr mit Widerstand rechnen. Mein Feind wird sich auf Schritt und Tritt gegen euch stellen. Ihr seid ihm nicht gewachsen. Aber mein Geist ist in euch. Gegen ihn kann mein Feind nichts ausrichten.

- *Leg den Gürtel der Wahrheit an.* Was mein Sohn dir sagt, wird dir helfen, deinem Gegner entgegenzutreten.
- *Leg den Brustpanzer der Gerechtigkeit an.* Entschließe dich, jeden Rest Selbstbezogenheit in dir zu bekämpfen.
- *Erkenne den Frieden, den das Evangelium schenkt.* Ich werde dich nie verdammen: Du hast Frieden mit mir. Du kannst ruhen, wie ich ruhe: Mein Friede ist in dir. Denk dir diesen Frieden wie ein Paar Schuhe, das du tragen kannst, um darin gegen alle Widerstände den Wettlauf zu vollenden.
- *Halte fest am Schild des Glaubens.* Erkenne, dass ich bin, wer ICH BIN. Mein Plan ist auf Kurs. Du bist mein Kind, und eines Tages wirst du ganz und gar nach meinem Sohn geprägt sein.
- *Behalte den Helm des Heils auf deinem Kopf.* Halte die Hoffnung lebendig. Was auch geschieht, wie sehr du auch versagst, alles wird gut, und (wie Juliana von Norwich mich sagen hörte) alle Dinge werden gut sein.
- *Hör nie auf, meine Briefe zu lesen.* Mein Wort ist das Schwert meines Geistes. Gebrauche es, um gegen das Böse zu kämpfen – zuerst in dir, dann in deiner Umgebung.
- *Lerne zu beten.* Bete in meinem Geist, bei allen Gelegenheiten, mit allen Arten von Gebeten und Bitten, für jeden, den du kennst, besonders für diejenigen, die um meinetwillen leiden [6,1–18].»

«Vater, wenn ich dich so höre, fühle ich mich fast imstande, mit Blaise Pascal zu sagen: ‹Das Evangelium ist für mich einfach unwiderstehlich. So, wie ich gestrickt bin – voller Lüsternheit, Stolz, Neid, Böswilligkeit, Hass und falscher Güte –, ist für mich das Evangelium von der Gnade Gottes, der Erlösung durch Christus und der Auferstehung und Heiligung durch den Heiligen Geist einfach unwiderstehlich. Und ich kann nicht begreifen, warum es nicht für jeden sterblichen Menschen, der von einer Frau geboren wurde, ebenso unwiderstehlich ist.›

Vater, führe mich *weiter hinauf und weiter hinein*. Ich will mich in deiner Vision für die Gemeinde verlieren.»

«Du bist auf dem Weg. Das gefällt mir. Es gibt kein echtes Glück abseits von meinem Plan. In meinem nächsten Brief preise ich die Freude, die du erfahren kannst, wenn du lebst, um meinen Sohn zu ergänzen, um ihn der Welt sichtbar zu machen und um ihn mit deiner Erwiderung seiner Liebe zu erfreuen. Lies weiter.»

# 50. Liebesbrief

## Philipper

## Gib mir alles, und du wirst nichts verlieren

«Vater, ist das möglich? Verstehe ich dich richtig? Sagst du im Philipperbrief, ich könne tatsächlich die Auferstehungskraft *erfahren*, um die Versuchung, etwas zu tun, das sich unwiderstehlich gut anfühlt, zu erkennen und ihr dann zu widerstehen?

Ich neige dazu, mich davon abhängig zu machen, dass in meinem Leben alles gut läuft, damit ich Freude empfinden kann. Und wenn es nicht so ist, wenn ich mich leer und elend fühle, manchmal ohne erkennbaren Grund, zieht es mich zwanghaft zu irgendetwas, das mir einen flüchtigen Moment des Vergnügens verschafft.

Ist deine Botschaft in diesem 50. Brief die, dass ich eine andere Art von Freude kennenlernen könnte? Eine, die nicht von den Umständen abhängt? Eine reichhaltigere, beständigere, tiefer in meinem Innern angesiedelte Art von Freude, die mir die Kraft geben würde, Versuchungen zu widerstehen? Was ich da herauszuhören glaube, hört sich nicht nur radikal an, sondern undurchführbar. Es klingt, als ob ich, wenn ich irgendwie aufhöre, mich auf die Dinge zu verlassen, von denen ich glaube, dass ich sie für mein Wohlbefinden brauche, die viel bessere Freude entdecken werde, deinen Sohn zu kennen. Und dann würde ich verstehen, was der Puritaner Thomas Chalmers meinte, als er von der ‹austreibenden Kraft einer neuen Zuneigung› sprach. Ist es denn so, dass sich die Freude, deinen Sohn zu kennen, tatsächlich gut *anfühlt?* Oder ist sie mehr eine Glaubensüberzeugung als eine wirklich empfundene Erfahrung? Freuden aus anderen Quellen erscheinen ja irgendwie greifbarer.

Und jetzt kommt die große Frage: Ist das nur eine schöne Metapher, oder könnte ich wirklich buchstäblich das Leben deines Sohnes aus meiner Seele in die eines anderen ausgießen? Obwohl doch in mir so viel Unsicherheit, Abwehrhaltung, Selbstschutz, Verärgerung und arrogante Selbstsucht stecken? Ist das möglich? Ist irgendetwas von alledem möglich?»

«Meine Kraft verwandelt das Mögliche in Wirklichkeit – das ist mein Plan.»

«Vater, ich glaube dir. Zumindest versuche ich es. Und ich glaube, du hilfst meinem Unglauben. Ich habe jetzt eine Woche damit zugebracht, den Philipperbrief zu lesen und zu studieren und darüber nachzudenken. Und er hat einiges Gutes in mir bewirkt.»

«Fass dieses Gute doch einmal in Worte. Ich höre gern davon, was mein Geist ausgerichtet hat. Ich weiß es natürlich schon, aber es ist schön, es von dir zu hören.»

«Nun, hier ist eine Liste:

- *Der Kampf, in den du mich gerufen hast und der in mir vorgeht, erscheint mir jetzt viel klarer.* Es ist dein Wille gegen meinen. Meine Bereitwilligkeit gegen meinen Eigenwillen. Wie hat der bekannte Autor Clive Staples Lewis es noch ausgedrückt? Entweder sage ich zu dir: ‹Dein Wille geschehe›, oder du sagst zu mir: ‹*Dein* Wille geschehe.›
- *Noch nie schien so viel auf dem Spiel zu stehen.* Paulus saß fröhlich im Gefängnis. Ich bringe es fertig, in der heißen Badewanne unglücklich zu sein. Ich sehe, dass mein Wille mich den breiten Weg hinunter in den einsamen Tod der Selbstversessenheit führt. Deiner quetscht mich auf den schmalen Weg zum Leben, zu echter Freude (so hoffe ich) in einer Gemeinschaft auf Gott versessener, in ihren Seelen verbundener, sich selbst hingebender Menschen. Einer Gemeinschaft, die der ähnlich ist, in der du lebst.
- *Noch nie hat sich die Vision so hoch hinaufgeschwungen.* Die Möglichkeiten, die mir früher wenig überwältigend und spirituell vorkamen, erscheinen mir jetzt umwerfend. Nachdem ich den Epheserbrief gelesen habe, erkenne ich, dass dein Traum für mich darin besteht, dass ich deinen Sohn *ergänze* – das kapiere ich immer noch nicht richtig. Und dass ich durch die Art, wie ich Beziehungen lebe, *sichtbar mache,* wie er ist – das fordert mich heraus und belebt mich. Und dass ich sein Herz *erfreue* – der Gedanke, dass ich ein Faktor in der göttlichen Glückseligkeit sein könnte (auch dieser Gedanke findet sich bei Lewis) macht mich sprachlos. Mehr noch, er begeistert mich. Was für ein Vorrecht!

- *Noch nie hat sich der Feind stärker angefühlt.* Je mehr ich mich zu diesen Möglichkeiten hingezogen fühle, desto stärker empfinde ich einen eigenartig verlockenden Drang, den Prozess zu sabotieren. Manchmal werde ich so mutlos und frustriert, so leer und niedergeschlagen, dass ich mich keinen feuchten Kehricht darum schere, ob ich irgendetwas ergänze außer meinen Träumen, ob ich irgendetwas sichtbar mache außer meinen Bedürfnissen oder ob ich irgendjemanden erfreue außer mir selbst.
- *Aber tief in mir hat es mich noch nie so stark zu der Möglichkeit hingezogen, ein im vollen Sinne reifer Christ zu werden, ein kleiner Christus.* Ich will das, was dein Sohn für mich will, jetzt mehr denn je. Ich erhasche einen Blick auf meine Bestimmung, auf deinen Plan für mich, auf deinem Fest zu tanzen. Schon jetzt soll ich damit anfangen, und der Gedanke packt mich. Ich glaube, es ist tatsächlich möglich!

All das ist in mir vorgegangen. Aber ich kenne mich ja. Ich muss es jetzt schon über sechzig Jahre aushalten, mit mir selber zu leben. Jetzt bin ich heiß. Morgen bin ich vielleicht kalt, und nächste Woche lauwarm. Vater, ich möchte hören, was du mir in diesem Brief zu sagen hast. Und ich möchte wissen, was ich damit machen soll.»

«Hast du dich gerade selber reden hören?»

«Wie bitte?»

«Du hast eben gesagt, du möchtest wissen, was du mit dem machen sollst, was ich dir gleich sagen werde. Dein Problem ist, dass du meine Botschaft in den Griff bekommen willst. Bevor du fragst, was du mit dem tun kannst, was ich dir sage – diese Frage erzeugt sowohl Druck als auch Stolz –, möchte ich, dass du mit meinen Worten dasitzt. Lass dich von ihnen in die Sphäre eines Mysteriums emporheben, das du nicht in den Griff bekommen kannst. Eine Sphäre unmöglicher Möglichkeiten. Dann hör mir zu. Mit demütigem Verstand, der rückhaltlos darauf vertraut, dass bei mir nichts unmöglich ist, und mit einem offenen Herzen – der Bereitschaft, auf Dinge zu hoffen, die du nie selbst bewerkstelligen könntest.

Hier ist meine Botschaft an dich in diesem Brief:

**Die Freude, die ich dir anbiete, wächst in der Erde der Leere und Zerbrochenheit. In den Händen meines Geistes wird sich**

**die Leere, die du empfindest, in einen verzehrenden Durst danach verwandeln, meinen Sohn zu kennen. Deine quälende Zerbrochenheit über die immer noch andauernde Verderbtheit in deiner Seele wird sich in überwältigende Dankbarkeit für die Vergebung meines Sohnes verwandeln. Die leeren zerbrochenen Leute, die zugleich durstig und dankbar sind – sie sind es, die die Kraft entdecken, auf eine Art und Weise zu leben, die sie nie für möglich gehalten hätten.»**

«Ich kann dem, was du gerade gesagt hast, zu ungefähr zehn Prozent folgen. Wenn das alles im Philipperbrief steht, ist es mir entgangen. Kannst du das für meinen einfältigen Verstand noch einmal durchbuchstabieren? Ich möchte es wirklich begreifen. Nein, so stimmt das nicht. Ich möchte das, was du sagst, klar genug sehen, um darin ruhen, *in dir* ruhen zu können.»

«Dir steht noch ein Problem im Weg: Du fühlst dich öfter leer als zerbrochen. Sei offen für meinen Geist. Er beabsichtigt, deine Leere zu gebrauchen, um die Verderbtheit deiner stolzen Forderung nach Fülle zu offenbaren. Mit dieser Forderung rechtfertigst du deine Weigerung, andere zu lieben, ehe du dich selbst geliebt fühlst. Wenn deine Leere dein Anspruchsdenken entlarvt, wird dieser Leerraum zu einem Raum in dir werden, der sich danach sehnt, meinen Sohn zu seinen Bedingungen aufzunehmen. Und die Zerbrochenheit über deine Forderung nach Befriedigung zu deinen Bedingungen wird sich langsam in befreiende Dankbarkeit für das verwandeln, was du immer klarer als erstaunliche Gnade erkennen wirst.»

«Ich bin beschämt. Ich höre zu.»

«Dann erkenne Folgendes, wenn du meinen Brief liest. Paulus hatte kein leichtes Leben. Kurz nachdem er meinem Sohn begegnet war, wurde ihm gezeigt, wie viel er um unserer Sache willen würde leiden müssen [Apostelgeschichte 9,16]. Leiden ist immer schwer. Paulus litt körperlich, und sein verzehrendes Verlangen danach, dass aus echten Bekehrten weise und leidenschaftliche Jünger würden, wurde oft enttäuscht.

Den Philipperbrief schrieb er ebenso wie den Epheserbrief, den Kolosserbrief und den Brief an Philemon aus der Gefangenschaft. Er stand in Rom unter Hausarrest für das *Verbrechen*, die gute Nachricht von meinem Plan gepredigt zu haben. Er litt wie mein Sohn, wenn auch in unendlich geringerem Maße. Paulus war ein Mann der Trauer [Philipper 2,27].

Und trotzdem sang er im Gefängnis Loblieder – zuerst in Philippi, zehn Jahre, bevor er diesen Brief schrieb [Apostelgeschichte 16,25], und dann erneut während seiner zwei Jahre Hausarrest in Rom. Der Philipperbrief ist ein Liebesbrief an seine engsten Freunde, eingebettet in einen Freudengesang. Denk nie, wie es so viele tun, die Kümmernisse dieses Lebens, auch die schwersten, wären mit der Freude, die ich schenke, unvereinbar.

Der Schmerz des Leidens in dieser Welt, die Leere unerfüllter Sehnsüchte, verwandelte sich in Paulus zu einem unersättlichen Durst danach, zu sehen, was ich in der unsichtbaren Welt tat [2. Korinther 4,18], und vorauszuschauen auf das Leben in der nächsten Welt [Philipper 1,23]. Und mehr noch. Paulus wusste, dass er einst der schlimmste aller Sünder gewesen war [1. Timotheus 1,15] und dass er noch nicht ganz zu dem Menschen geworden war, der zu sein er sich sehnte [Philipper 3,12). Das erzeugte in ihm eine überwältigende Dankbarkeit für die Gnade meines Sohnes, in dem er mehr und mehr seinen größten Schatz sah – seinen Leidensgenossen, seine voll genügende Kraft und seine gewisse Hoffnung [Philipper 3,7–11].

Aus einem unersättlich durstigen und von Dankbarkeit erfüllten Herzen heraus sang Paulus den Christen in Philippi vier Botschaften der Freude zu. Mein Geist singt sie jetzt dir vor. Wenn du die Musik hörst, wirst du in der Lage sein, buchstäblich das Leben meines Sohnes in die Herzen anderer auszugießen. Mein 50. Brief ist praktischerweise in vier Kapitel eingeteilt. Jedes davon ist eine Strophe in dem Freudengesang, den du hören und singen lernen sollst.

- Kapitel 1: *Christus ist Leben* [1,21]. In jeder Situation – im Gefängnis oder zu Hause, vor dem Scheidungsrichter oder bei einer fröhlichen Hochzeitstags-Party, im Krankenhaus oder auf dem Golfplatz – kannst du meinen Sohn ergänzen, sichtbar machen und erfreuen, indem du echte Liebe übst. Das ist die Freude, die du dir wünschst.
- Kapitel 2: *Die Haltung, die meinen Sohn leitete, kann dein Denken erfüllen und deinen Willen lenken* [2,5–11]. Er verzichtete auf

sein heiliges Recht, seine ewige Majestät zu zeigen. Du kannst darauf verzichten, Erfolg zu verlangen und zur Schau zu stellen, Anerkennung zu suchen und zu gewinnen, zu fordern und dich darauf zu verlassen, dass du von anderen gut behandelt wirst. Du kannst darauf verzichten, um meinen Plan voranzubringen, meinen Sohn zu ehren und uns durch meinen Geist Freude zu machen.

- Kapitel 3: *Das Verlangen danach, meinen Sohn zu kennen, kann jedes andere Verlangen übertrumpfen* [3,10]. Wie Paulus kannst du im Vergleich zu der Freude, meinen Sohn zu kennen, jeden bisherigen Erfolg und jede gegenwärtige Befriedigung ‹in die Tonne treten› und für ‹Hundekot› erachten (3,7–8 nach *The Message*).
- Kapitel 4: *Meine Kraft genügt, um dich von dem Tod deines von Panik getriebenen, alles durch Anspruchsdenken rechtfertigenden, dich selbst schützenden Beziehungsstils aufzuerwecken – zum Leben eines durch Gnade freigesetzten, durch Demut befähigten und dich selbst hingebenden Beziehungsstils* [4,13]. Das ist eine neue Art zu leben. Es ist eine göttliche Art zu leben. Es ist mehr als nur eine Möglichkeit. Es ist deine Bestimmung. Dieses gute Werk habe ich in dir bereits begonnen. Und ich werde es zur Vollendung führen [1,6].

Diese vier Botschaften offenbaren das Geheimnis der Zufriedenheit. Zufrieden sein heißt nicht, sich zufrieden zu *fühlen*, sondern zu wissen, dass du in meinem Sohn alles hast, was du brauchst, um in jeder Lebenssituation im Einklang mit meinem Geist zu leben [4,12–13]. In Leere und Zerbrochenheit, die von meinem Geist in Durst und Dankbarkeit verwandelt werden, kannst du meinen Sohn ergänzen, sichtbar machen und erfreuen. Nichts, was du tun könntest, würde mir besser gefallen und dir mehr Freude bringen – eine Freude, die tief in dir als tragende Wirklichkeit existiert.»

«Vater, zu Beginn dieses Gesprächs sah ich meinen Kampf. Ich erkannte, was auf dem Spiel steht, erhaschte einen Blick auf deine Vision für mich, spürte die Stärke meines Feindes und staunte über die Hoffnung, die Auferstehungskraft zu erleben. Nun, am Ende dieses Gesprächs, brennt vor allem eine Wahrheit in meiner Seele: *Es dreht sich alles um Jesus* – dein Plan, mein Leben, jede Situation. Es dreht sich alles um ihn.

Und mir scheint, ich kann wirklich glauben, vielleicht mehr als je, dass ich, wenn ich alles außer ihm aufgebe, alles gewinne. Ich verliere nichts.»

«Erinnerst du dich noch an die Worte, die dein irdischer Vater dir sagte? Mit der aufgeschlagenen Bibel auf dem Schoß schüttelte er in stillem Staunen den Kopf und sagte: ‹Gott liebt seinen Sohn so sehr, dass er ein ganzes Buch über ihn geschrieben hat.› Das hast du damals nicht verstanden, aber jetzt wird es dir klar: Vom ersten Wort im 1. Buch Mose bis zum letzten Wort in der Offenbarung handeln alle 66 Liebesbriefe von meinem Sohn, deinem Erlöser, deinem Herrn. Er ist meine größte Freude und dein größter Schatz. Ich möchte, dass du weißt, warum das so ist – soweit du es jetzt schon verstehen kannst. Darüber möchte ich in meinem nächsten Brief mit dir reden.»

## 51. Liebesbrief
## Kolosser

### Erwarte nicht heute, was ich dir für morgen versprochen habe: Lebe in Hoffnung!

«Vater, ich habe mit Langeweile zu kämpfen. Ich kann mich für nichts begeistern. Ich empfinde für nichts eine tiefe Leidenschaft. Auch nicht, so ungern ich das sage, für dich, deinen Sohn oder deinen Plan.

Nachdem wir über den Philipperbrief geredet hatten, fühlte ich mich so lebendig. Was du in jenem Brief sagtest, brachte mich dazu, zu glauben, ich sei auf dem Weg, der Mann Gottes zu werden, der ich so gerne sein möchte. Selbstbeherrscht. Innerlich gelassen. Angefüllt mit der Art von Freude, die Paulus sogar im Gefängnis empfand. Und voller Dank und Eifer dafür, das zu tun, was du mir im Epheserbrief in Aussicht gestellt hast: deinen Sohn zu *ergänzen* als Teil seines Leibes auf der Erde, seine unfassbare Liebe für jeden, dem ich begegne, *sichtbar zu machen* und durch meine Freude an ihm sein Herz zu *erfreuen*. All das erfüllte mich mit Hoffnung.

Aber das hat nicht vorgehalten. Im Moment fühle ich mich abgekoppelt von dir, von mir selbst und von anderen. Es kommt mir vor, als spiele nichts wirklich eine Rolle. Ich bin einfach nur gelangweilt. Und das ist mir zuwider.

Ich lebe schon lange genug, um zu wissen, was passiert, wenn es nichts Legitimes gibt, was mich mit Befriedigung erfüllt. Ich werde dann gefährlich offen für illegitime Reize, für die flüchtigen, aber unmittelbar befriedigenden Freuden der Sünde. Vater, ich weiß nicht, warum ich mich so langweile. Aber mir geht ständig ein komischer Gedanke durch den Kopf. Ich glaube, vielleicht kommt er von deinem Geist. Könnte es sein, dass Langeweile oder vielleicht eine bestimmte Art von Langeweile in einem gewissen Sinne etwas Gutes ist? Vielleicht sogar ein notwendiger Bestandteil meines Weges in deinen Plan hinein?

Dieser Gedanke wurde in mir durch das angeregt, was ich besonders aus deinen letzten beiden Briefen herausgehört habe, und nun besonders deutlich aus diesem. Ich glaube, du hast mir Folgendes gesagt: Ich soll zugeben, wie sehr ich mich langweile. Ich soll mich der Tatsache stellen, dass ich noch nicht immer habe, was ich gerne hätte (Begeisterung und Leidenschaft zum Beispiel). Ich soll den Gedanken akzeptieren, dass du mir in diesem Leben noch nicht das Maß beständiger Zufriedenheit schenken wirst, das ich mir wünsche. Und dass du manchmal ohne erkennbaren Grund zulässt, dass ich Segnungen, die mir zuteilgeworden sind, auch wieder verliere. Wenn ich all das tue und dann nicht versuche, den Schmerz zu betäuben oder die nach Erfüllung schreiende Leere in mir auszufüllen, dann werden mir dein Sohn und das, was er am Kreuz vollbracht hat, mehr bedeuten als je zuvor. Und dann wird dein Geist die Gelegenheit nutzen, die ihm meine Langeweile bietet. Er wird mich ruhen lassen in einem heiligen Durst nach all dem, was in diesem Leben noch fehlt, was für das nächste Leben aber verheißen ist. Einem Durst nach all dem, wovon ich schon jetzt einen Vorgeschmack bekommen kann, was ich aber erst dann ganz und gar genießen kann. Das sind lange, ungeschickte Sätze, ich weiß, aber bin ich auf der richtigen Spur?»

«Ich liebe meinen Geist. Er öffnet dir die Augen für das am wenigsten verstandene Element im Evangelium. Was du jetzt siehst, muss tief in dein Herz und deinen Verstand einsinken. Es wird dir helfen, über die Worte nachzudenken, die Dick Lucas, ein treuer Hirte meiner Gemeinde in Großbritannien, niederschrieb, als er sich in meinen 51. Liebesbrief vertiefte. Hör zu: ‹Der gegenwärtige Vorgeschmack, den ein Christ von der Wirklichkeit in der Gemeinschaft mit Gott und seinem Volk bekommt, ist nur eine Kostprobe der substanziellen Wirklichkeiten, die für die Zukunft vorbehalten und im Himmel für uns *angehäuft* sind. Darum sollten wir uns nicht einbilden, die Früchte des Sieges Christi kämen uns größtenteils jetzt schon zugute, um dann im Himmel ihre herrliche Vollendung zu erfahren, als eine Art krönender Abschluss. Sondern wir sollen erkennen, dass der Himmel die meisten der großartigen Dinge enthält, die Christus für uns errungen hat, und dass unsere gegenwärtige Erfahrung nicht mehr ist als ein köstlicher Vorgeschmack auf das, was noch kommt.›»

«Vater, ist das nicht dasselbe, was auch C. S. Lewis in *Überrascht von Freude* gesagt hat? Er erlebte, wie Sehnsüchte, die in dieser

Welt nie Erfüllung finden können, in ihm ein ‹süßes Verlangen› nach etwas auslösten, wovon er wusste, dass du es auf dem ewigen Fest allen schenken würdest. Und dieses süße Verlangen wurde tatsächlich zu seiner Freude.»

«Erinnere dich, was ich dir in 1. Korinther 15,19 gesagt habe: dass ihr die ‹bedauernswertesten unter allen Menschen› wärt, wenn euch der Glaube an meinen Sohn ‹nur für dieses Leben Hoffnung› gäbe. Ebenso wie Lewis traf Lucas genau ins Schwarze, als er schrieb: ‹Die größte Gabe Christi in der Gegenwart ist die Hoffnung für die Zukunft.›»

«Aber Vater, in der geistlichen Erneuerungsbewegung wird oft gelehrt, wir könnten schon jetzt eine völlig befriedigende, innige Vereinigung mit dir erleben, ein Maß an Nähe, das von aller Langeweile nur noch eine schwache Erinnerung übrig lässt.»

«Was ich dir jetzt im Kolosserbrief sage, steht im krassen Widerspruch zu dem, was viele meiner Nachfolger lehren. In Kolossä, wo der Zeitgeist die Theologie der Gemeinde beeinflusste, war es genauso. Meine Leute dort standen in der Gefahr, ihre Hoffnung auf Erfahrungen zu richten, die ich ihnen für dieses Leben nie versprochen hatte. Diese Gefahr war es, mit der ich Paulus dazu anstieß, diesen Brief zu schreiben. Pass gut auf, was ich dir nun durch seine Worte sage:

**Setze keine Hoffnung darauf, jetzt schon Zufriedenheit erfahren zu können. Wenn du das tust, entfernst du dich von der Hoffnung, die im Evangelium meines Sohnes enthalten ist. Du entstellst dann das christliche Leben zu einem Jagen nach einer Erfüllung empfundener geistlicher Wirklichkeit und völliger Freiheit von der Macht des Bösen. Beides verbunden mit der falschen Verheißung, dir schon in dieser Welt das Leben zu ermöglichen, das du dir immer gewünscht hast.**

Das ist *nicht* das christliche Leben. Wer es dennoch glaubt, der verwischt und entwertet das, was mein Sohn durch seinen Tod und seine Auferstehung vollbracht hat.»

«Vater, was du mir da sagst, ist ziemlich radikal. Es bürstet unsere Gemeindekultur gegen den Strich. Und offen gesagt, sehr verlockend hört es sich auch nicht an.»

«Es wird sich so lange nicht verlockend anhören, bis du die Zukunft erkennst, die dich erwarten würde, wenn mein Sohn nicht für dich gestorben wäre.»

«Das heißt also, ich soll heute mit Wünschen leben, die du nicht erfüllen wirst, ehe ich sterbe. Und wenn ich Kolosser 1,5 richtig verstehe, dann sagst du auch, dass meine Fruchtbarkeit als Christ in diesem Leben von der Hoffnung abhängt – davon, dass ich ganz und gar nach etwas verlange, was ich nicht völlig erleben werde, bis ich in den Himmel komme. Vater, das ist eine harte Lehre.»

«Aber sie ist *gut*. Im Moment lebt mein Sohn in dir als deine *Hoffnung* auf Herrlichkeit, nicht als deine Möglichkeit, Herrlichkeit schon jetzt zu *erfahren*. Wenn du dich an diese Hoffnung klammerst, wird sie dich mit Dankbarkeit für die Vergebung erfüllen. Erst dann wirst du erkennen, dass das, was mein Sohn jetzt in dir tut, viel großartiger ist als das zufriedene, sorgenfreie, immer erfüllende Leben, von dem du glaubst, es sei das Beste, was dir passieren könnte: das Leben, von dem dir viel zu viele Berater, Pastoren, geistliche Kämpfer, Seelsorger und christliche Freunde weismachen wollen, dass du es hier und jetzt haben könntest.»

«Dann habe ich also recht, Vater? War ich mit dem komischen Gedanken, von dem ich vorhin gesprochen habe, auf der richtigen Spur? Ist die Langeweile, die ich verspüre, eher eine Gelegenheit, meine Hoffnung in die richtige Richtung zu lenken, als ein emotionales oder geistliches Problem, das behoben werden muss?»

«Auch wenn du dich gegen die Irrlehre der Kolosser wendest – und das tust du nun schon seit einigen Jahren –, stehst du immer noch stärker unter ihrem Einfluss, als dir klar ist. Diese Botschaft, die von den geistlichen Leitern in der Gemeinde in Kolossä verbreitet wurde, klingt sehr verlockend. ‹Ihr wollt etwas? Gott schenkt es euch! Ja, ihr habt Vergebung empfangen. Aber ihr wollt doch noch so viel mehr. Vergebung ist ein entscheidender Anfang. Was Christus uns durch das Kreuz schenkt, ist gut, ja notwendig. Doch ihm auf einem schwierigen Weg durchs Leben zu folgen, das ist etwas für Anfänger im Glauben. Wir haben eine besondere Erkenntnis, ein besonderes Verständnis, besondere Methoden, die euch zu einem neuen Level geistlicher Erfahrungen führen können.›

Diese falschen Lehrer haben nie aufgehört zu lehren. ‹Ist dir langweilig? Erlebst du nicht die Fülle des Lebens, die du dir wünschst? Hast du immer noch mit den Mächten des Bösen zu kämpfen? Wir kennen den Weg zu der geistlichen Zufriedenheit, für die du geschaffen bist, zu der Freiheit von allem Kampf, die dich mit großer Freude erfüllen wird. Aber das ist nichts für gewöhnliche Christen, die über den Grundkurs im christlichen Glauben nicht hinauskommen. Was wir zu bieten haben, ist etwas für die Nachfolger Christi, die reif für den Fortgeschrittenenkurs sind.›

Ihre Lehre ist ebenso verlockend wie abscheulich. Der Irrtum ist gut getarnt. Es ist ja tatsächlich so, dass du dich nach einer vollkommen befriedigenden Erfahrung der Einheit mit mir sehnst. Und mein Sohn ist tatsächlich gestorben, um dir diese Erfahrung zu ermöglichen, für alle Ewigkeit in seiner sichtbaren Gegenwart. Seine Fülle, die ganze Fülle der Gottheit, ist in dir, schon jetzt! Mein Sohn ist in dir. Du bist in meinem Sohn. Infolgedessen lebst du jetzt in einer Beziehung zu mir, einer völlig neuen Beziehung, die erst durch die Kreuzigung meines Sohnes möglich wurde.

Denk an die Beziehung zu mir, die du jetzt hast: Einst fremd, jetzt geliebt. Einst Feinde, jetzt Freunde. Einst getrennt, jetzt versöhnt. Einst unter dem Zorn, jetzt begnadigt. Einst tot in Selbstsucht, jetzt lebendig in Selbstlosigkeit. Ganz und gar gesehen und ganz und gar gewollt von einem unbeugsam heiligen Gott, der dir in Christus das Geschenk absoluter, sicherer Gerechtigkeit gemacht hat. Das ist es, was du jetzt hast. Glaube daran. Vertraue darauf. Genieße es. Mit dieser unangreifbaren Beziehung, mit göttlichen Impulsen, die schon jetzt auf dein Herz einwirken, bist du frei, das neue Leben meines Geistes zu führen. Du bist lebendig, auch wenn du dich langweilst.

Die falschen Lehrer in der Gemeinde in Kolossä sprachen von Kraft: von der Kraft, die Fülle der Beziehung, die du bereits hast, zu *fühlen*. Sie sprachen von der Kraft, die Freiheit des endgültigen Sieges über die Welt, das Fleisch und den Teufel zu *spüren*. Doch das kommt alles erst später. Für heute gebe ich dir aus meiner herrlichen Macht heraus nicht die Kraft, die Zufriedenheit zu erleben, die du dir wünschst, sondern die Kraft, schwierige Umstände *auszuhalten* und mit schwierigen Menschen *geduldig* zu sein [1,11]. Mit dieser Kraft kannst du weiterhin glauben, dass mein Plan auf Kurs ist, und meinen Plan voranbringen, indem du andere liebst, während du in der Hoffnung auf eine Zufriedenheit lebst, die alles übersteigt, was du dir vorstellen kannst.»

«Vater, ich bin stärker durch den Geist meiner Zeit und der Zeit des Paulus beeinflusst, als mir klar war. Dieser Geist sagt mir, ich solle meine Rechte in Anspruch nehmen, für meine eigene Zufriedenheit leben und die Freiheit von allen Kämpfen genießen, die ich mir wünsche – zum Beispiel von meinem gegenwärtigen Kampf mit der Langeweile. Ich habe noch nie so klar gesehen, dass die Hoffnung auf das nächste Leben unerlässlich ist, um in diesem Leben treu sein zu können – mit oder ohne Langeweile.

Wenn dein Sohn als meine *Hoffnung* auf Herrlichkeit in mir ist, ahne ich, wie aus meiner jetzigen Langeweile ein leidenschaftlicher Durst auf das werden kann, was kommt. Dieser hoffnungsvolle Durst kann mich froh entschlossen machen, dir zu vertrauen und andere aufrichtig zu lieben, bis dein Sohn wiederkommt und das Fest richtig beginnt.»

«Gut, dass du das siehst. Es wird dich mit Sehnsucht nach der Wiederkunft meines Sohnes erfüllen. Lies weiter. Das Beste kommt noch. Was das Beste ist, darüber spreche ich in meinen nächsten beiden Briefen.»

# 52. Liebesbrief
# 1. Thessalonicher

## Kehr um! Diene! Warte!

«Eine gute Frage, die mir kürzlich ein Freund stellte, hat mich beunruhigt. Ich glaube, es lag daran, dass mir meine Antwort nicht gefiel. Er fragte mich, welche Wirkung ich bisher davon merke, dass ich so viel Zeit damit verbringe, deine Liebesbriefe zu lesen und herauszuhören, was du mir in jedem davon sagen willst. Ich sagte ihm, ich sei ziemlich frustriert. Ich hätte erwartet, dass sich dadurch mehr in mir tut.

In einem Artikel, den ich vor zehn Jahren geschrieben habe, sagte ich, ich sei besorgt, ich wäre in meinem geistlichen Wachstum noch weit hinter dem Punkt, den ich zu dieser Zeit meines Lebens eigentlich erreicht haben sollte. Ich kam mir damals vor wie ein Teenager, der immer noch in der zweiten Klasse sitzt. Jetzt bin ich über sechzig und habe mich fast drei Jahre lang in 51 deiner Briefe vertieft. Und ich komme mir vor wie ein Erwachsener, der zusammen mit anderen geistlichen Anfängern an einem winzigen Tisch im Kindergarten sitzt. Ich bin frustriert, Vater. Und ich bin dabei, mich selbst ziemlich herunterzumachen. Was habe ich verpasst? Was habe ich überhört? Was mache ich falsch?

Je mehr ich sehe, wo ich eigentlich stehen könnte, angesichts der Möglichkeiten, die du mir eröffnet hast, desto klarer wird mir, wie sehr ich feststecke. Es ist entmutigend. Ich hätte gedacht, in meinem Alter würde ich leicht durch die letzten Überreste von Zweifeln, Unentschlossenheit, Kämpfen, Angst und Versuchung dahinsegeln, unterwegs zu einer tieferen, beständigeren Gotteserfahrung. Ich schätze, ich hatte erwartet, die dunklen Nächte so ziemlich hinter mir zu haben und mehr mit der Freude sonniger Morgen beschäftigt zu sein. Aber so ist es nicht. Allerdings hat es mich ein wenig ermutigt und auch etwas überrascht, als ich las, dass dem heiligen Johannes vom Kreuz zufolge die dunkle Nacht nicht etwas ist, was den geistlichen Anfängern widerfährt.»

«Du bist an einem guten Punkt. Nur wenn du siehst, wie weit du zurück bist, kommst du vorwärts.»

«Aber ich bin frustriert. Und ich sehe noch nicht, wie mich das vorwärtsbringen soll. Ich habe keine Lust, frustriert zu sein. Vater, gerade habe ich deinen nächsten Brief durchgelesen. Und alles, was ich höre, ist, dass du mir sagst, ich solle durchhalten und warten. Dein Sohn werde zurückkommen, und dann werde alles so sein, wie es sein soll. Bis er wiederkommt, soll ich dir weiter vertrauen und deinen Absichten dienen, auch wenn ich weiterhin frustriert bin. Ist das deine Botschaft an mich im 1. Thessalonicherbrief?

Ich weiß, ich könnte mich irren, aber so erscheint es mir zumindest. Ein Mann, der deine Briefe studierte – ich glaube, es war Leon Morris –, sagte einmal, kein Thema werde in deinen letzten 27 Briefen so häufig erwähnt wie die Wiederkunft deines Sohnes. Und ein anderer Gelehrter bemerkte, dass vom Matthäus-Evangelium bis zur Offenbarung im Durchschnitt jeder dreizehnte Vers in irgendeiner Weise auf die Rückkehr deines Sohnes anspiele. Das ist eine Menge!

Und mir ist gerade aufgefallen, dass du alle fünf Kapitel in diesem Brief mit einem Hinweis auf jenen Tag beendest [1,10; 2,19; 3,13; 4,13–18; 5,23]. Darum meine Frage: Soll ich für den Rest meines Lebens im Kindergarten sitzen, mir Geschichten über die Wiederkunft deines Sohnes anhören und dabei weiter an meinem geistlichen Daumen lutschen?»

«Du verstehst immer noch falsch, was Reife ist. Du rechnest damit, die Nähe zu mir reichhaltiger zu erfahren. Aber in diesem Leben schenke ich dir häufiger einen tieferen Durst nach mir, einen Durst, der dich stark macht, die unmittelbar lockenden Befriedigungen beständiger zu meiden. Der dich dazu treibt, in dieser enttäuschenden Welt an meinen Absichten dranzubleiben. Der dein Verlangen nach etwas, das nichts in diesem Leben dir geben kann, an die Oberfläche bringt. *Das* ist Reife.»

«Also je frustrierter ich über mich selbst und das Leben bin, desto größer wird mein Durst nach dir? Und das ist Reife? Vater, was willst du mir mit diesem Brief sagen? Du wendest dich wieder einmal gegen alle Intuition.»

«Nur in dunklen Nächten, ungeplant, unvorhergesehen, unwillkommen, unlenksam und ganz und gar unerfreulich, wird sich mein Plan für deine Reifung entfalten. Hör dir an, was einer meiner ungewöhnlicheren Nachfolger, Tim Farrington, in seinem Buch *A Hell of Mercy* schrieb: ‹Dir wird die Gnade der Katastrophe zuteilwerden, die deine Seele braucht, um ihren Weg nach Hause zu finden.› Johannes vom Kreuz drückte es so aus: ‹Wie viel ein Mensch auch immer aus eigener Kraft bewerkstelligt, er kann sich nicht selbst aktiv genügend läutern, um auch nur im geringsten Maße der göttlichen Vereinigung der vollkommenen Liebe zuzuneigen.›

Du stehst an einem guten Punkt. Du verlierst das Vertrauen in deine eigenen Mittel und Wege, um dich durch dein Leben zu navigieren. Dieser Verlust des Selbstvertrauens, dieses Dem-Selbst-Absterben, das du als Frustration wahrnimmst, öffnet dir die Ohren, damit du hören kannst, was ich in diesem 52. Liebesbrief sage. Es ist dies:

**Deine Frustration über alles andere, einschließlich deiner selbst, macht es möglich, dass du dich mir in tieferer Abhängigkeit zuwendest. Dein Überdruss macht die Kraft übernatürlicher Liebe notwendig, damit du mir weiter dienen kannst. Dein quälendes Gefühl der Vergeblichkeit deines Tuns lässt dich verstummen und gibt dir ein Durchhaltevermögen, das nur durch die Hoffnung auf die Wiederkunft meines Sohnes gestützt werden kann.**

Meine Nachfolger in Thessalonich waren noch kein Jahr alt in ihrem Leben als Christen, als ich ihnen durch Paulus diesen Brief schrieb. Dennoch war ihr Kindergartenglaube reifer als der Glaube so mancher Christen heute, die meinen, sie wären schon auf der Universität. Ihre *Glaubensarbeit* hielt sie dazu an, sich beständig von den Götzen ab- und mir zuzuwenden. Ihr *Liebesbemühen* brachte sie dazu, mir, dem lebendigen und wahren Gott, auch gegen große Widerstände treu zu dienen. Und ihre *geduldige Hoffnung* motivierte sie, auf die Wiederkunft meines Sohnes zu warten, der sie vor dem kommenden Zorn erretten würde. Alles, was ich eben gesagt habe, habe ich im ersten Kapitel in den Versen drei, neun und zehn niedergeschrieben.

Das ist Reife auf Universitätsniveau, praktiziert von meinen Kindern im Kindergarten. Und nun schau dir dein eigenes Leben an. Du wendest dich mir zu, zwar nicht vollständig, aber in bedeutendem Maß. Du dienst mir. Manchmal übermannt dich die Müdigkeit, aber nie für lange Zeit. Und du wartest auf die Rückkehr meines Sohnes – nicht immer voller Leidenschaft, aber fest verankert in einer Hoffnung, die dich nie völlig verlässt. Das gefällt mir.»

«Aber ich muss so sehr kämpfen. Ich scheitere so oft. Und ich erlebe so wenig von deiner Gegenwart.»

«Hör auf meinen Diener John Owen. Er hat manches gesagt, was du heute nur selten von der Kanzel zu hören oder in Büchern zu lesen bekommst. Owen schrieb: ‹Später im christlichen Leben … sieht Gott, dass nun Demut, geistliche Bekümmerung, Furcht, gewissenhafter Kampf mit Versuchungen und allem, was den Glauben und die Liebe an der Wurzel anzugreifen sucht, vonnöten sind.›»

«Soll das heißen, dass *reifere* Christen mit Problemen ringen, die ihnen das Gefühl geben *weniger reif* zu sein?»

«Natürlich. Was glaubst du denn, was mein Sohn damit gemeint hat, als er sagte, dass du dein Leben nur finden kannst, indem du es verlierst?»

Höre noch einmal Owen: ‹Ältere, erfahrenere Christen haben oft größere Probleme, Versuchungen und Schwierigkeiten in der Welt. Gott hat neue Arbeit für sie. Er will nun alle Gnadengaben, die sie haben, auf neue und schwierigere Weise nutzen. Mag sein, dass sie ihr geistliches Verlangen nicht mehr als so stark empfinden oder dass sie nicht mehr solche Freude an geistlichen Pflichten haben wie früher. Deswegen denken sie, die Gnade wäre in ihnen versiegt. Sie wissen nicht, wo sie stehen oder was sie sind. Doch trotz alledem blüht das Werk der Heiligung in ihnen fort, und der Heilige Geist arbeitet immer noch wirksam in ihnen. Gott ist treu. Darum lasst uns unerschütterlich an unserer Hoffnung festhalten.»

«Vater, wenn das heute ein Pastor predigen würde, würde seine Gemeinde schrumpfen. Wenn ein moderner Autor diese Botschaft in einem Buch veröffentlichen würde, würde es sich nicht verkaufen. Ich höre dich zu mir sagen, dass die Tatsache, dass ich mich als weit zurück empfinde, in Wirklichkeit ein Hinweis darauf sein könnte, dass ich vorwärtskomme. Bei Owen verstehe ich das. Aber wie bringst du das in deinem 52. Brief zum Ausdruck?»

«Ich veranlasste Paulus dazu, diesen Brief zu schreiben, als er zwischenzeitlich als Pastor in Korinth diente. Er war ziemlich schlachtenmüde, als er dort ankam. Drei Städte hatte er verlassen müssen, weil er dort auf hasserfüllten, gewalttätigen Widerstand gestoßen war: Philippi, wo man ihn geschlagen und eingesperrt hatte [Apostelgeschichte 16,19–40], Thessalonich, wo er nur einen Monat lang evangelisieren und seine Bekehrten als Jünger anleiten konnte, ehe er seinen Dienst wegen ernster Drohungen abbrechen musste [Apostelgeschichte 17,1–9], und Beröa, wo es gute Leute gab, die offen für seine Botschaft waren, er aber von seinen Feinden vertrieben wurde, die ihm aus Thessalonich dorthin gefolgt waren [Apostelgeschichte 17,10–15].

Und dann, kurz bevor er nach Korinth kam, hatte Paulus in dem kulturellen Zentrum Athen gepredigt. Dort hatten sich die Intellektuellen über ihn lustig gemacht, weil er glaubte, Tote könnten in eine neue Welt auferweckt werden, wenn mein Sohn wiederkommen würde [Apostelgeschichte 17,32]. Als er sich danach schließlich nach Korinth schleppte, war er ‹schwach und elend und zitterte vor Angst› (1. Korinther 2,3).

Zu allem Überfluss bedrückte ihn die Sorge, die kurze Zeit, in der er die jungen Christen in Thessalonich unterwiesen hatte, könnte nicht ausgereicht haben, um sie dazu zu bringen, angesichts der schweren Prüfungen, die sie erdulden mussten, beharrlich umzukehren, zu dienen und zu warten. Paulus war außer sich vor Sorge. Würden sie vom Glauben abfallen? War seine kurze Zeit bei ihnen umsonst gewesen [1. Thessalonicher 3,5]?

Doch obwohl Paulus körperlich und geistlich erschöpft und von verzehrender Sorge bedrückt war, blieb seine Seele auf mich ausgerichtet. *Er war ein Mann des Glaubens.* Er diente mir beharrlich, gegen alle frustrierenden Widerstände. *Er war ein Mann der Liebe.* Und das Geheimnis seiner Hoffnung lag in seiner Zuversicht, dass mein Sohn zurückkehren und für Sünder wie ihn alles Schlimme beseitigen würde und dass er meinen Sohn von Angesicht zu Angesicht sehen würde. Eines Tages würde er ihn in seiner ganzen Herrlichkeit *kennen. Paulus war ein Mann der Hoffnung.*

Und als er von Timotheus hörte, dass seine Freunde in Thessalonich sich immer noch an mich hielten und mir dienten und auf das Erscheinen meines Sohnes warteten, war Paulus außer sich vor Freude. Sie waren als Christen noch kein Jahr alt, selbst für den Kindergarten noch zu klein, und doch zeigten sie eine Reife auf Universitätsniveau. Als er diese Nachricht erhielt, veranlasste ich Paulus, ihnen zu schreiben, sie für ihre Reife zu loben und ihnen weitere Weisungen zu geben, wie sie zu noch tieferer Reife gelangen könnten. Zunächst nahm er ihnen ihre Sorge, diejenigen Glieder der Gemeinde, die starben, bevor mein Sohn zurückkehrte, könnten etwas verpassen [4,13–18].

Also ja: Du stehst an einem guten Punkt. Ich weiß, du bist frustriert. Ich weiß, du versagst. Ich weiß, du kämpfst mit Zweifeln. Aber du hältst immer noch im Glauben an mir fest. Du dienst mir immer noch in Liebe. Und du wartest immer noch in Hoffnung darauf, dass mein Sohn wiederkommt. Die Fortgeschrittenenkurse erteile ich denjenigen meiner Anhänger, die wissen, dass sie noch im Kindergarten sind.»

«Aber Vater, ich spüre immer noch, wie es mich zum Götzendienst hinzieht. Ich will jetzt Zufriedenheit haben. Ich spüre immer noch die Last der Müdigkeit. An manchen Tagen möchte ich einfach aufgeben. Und ich warte immer noch nicht gern. Es ist schwer, in Hoffnung auf die nächste Welt all das auszuhalten, was in dieser Welt vor sich geht. Ich möchte, dass jetzt schon alles gut wird.

Ich glaube, ich würde dir rückhaltloser vertrauen, bereitwilliger dienen und geduldiger auf deinen Sohn warten, wenn das, was du mir in diesem Brief sagst, tiefer in mein Herz und meinen Verstand eindringen würde. Dann würde mir vielleicht klarer, inwiefern Frustration ein notwendiger Teil des Reifungsprozesses ist.»

«Es stimmt, was du da sagst. Und deshalb habe ich meinen nächsten Brief geschrieben.»

# 53. Liebesbrief
# 2. Thessalonicher

## Begreife das *Jetzt* vom *Dann* her

«Als ich diesen nächsten Brief durchlas, fiel mir auf, wie wenig ich eigentlich über das nachdenke, worüber du am meisten sprichst: die Wiederkunft deines Sohnes. Mein Leben in dieser Welt kommt mir wichtiger vor und scheint jedenfalls stärker nach meiner Aufmerksamkeit zu verlangen als mein Leben in der nächsten Welt. Offenbar geht es einer großen Zahl deiner Nachfolger ebenso. Was wir in der Gemeinde zu hören bekommen, dreht sich größtenteils darum, wie wir dich dazu bringen können, unsere Lage zu verbessern, und wie wir deine Gegenwart stärker erfahren können. Ich kann mich nicht erinnern, wann ich das letzte Mal eine Predigt darüber gehört habe, was passieren wird, wenn dein Sohn wiederkommt. Wenn ich es recht bedenke, habe ich selbst auch schon lange nicht mehr darüber gepredigt.

Wenn die Rückkehr deines Sohnes auf der Kanzel oder in Büchern erwähnt wird, hat das meist mit deiner missionalen Absicht zu tun, die Welt zu verändern. Seit kurzem bemerke ich einen neuen Schwerpunkt auf der Reich-Gottes-Theologie, auf der Verantwortung jedes Christen, sich in seiner Kommune zu engagieren. Wir sollen alles tun, was wir jetzt tun können, um das Himmelreich auf die Erde zu holen, bis Jesus kommt, um den Job zu Ende zu bringen. Ohne diesen Blickwinkel scheint die Wiederkunft nicht viel Marktanreize zu bieten. Es sei denn, in einer Romanserie wird in allen gruseligen Einzelheiten geschildert, wie es sein wird, wenn man zurückbleiben muss, wenn Jesus kommt, um seine wahren Gläubigen aus dieser Welt herauszuholen.

In diesen letzten beiden Briefen höre ich dich mehr von der *Beziehungshoffnung* auf die Wiederkehr deines Sohnes sprechen als über eine *missionale Agenda* zur Veränderung der Welt. Habe ich recht?»

«Du bist auf der richtigen Spur. Lass mich noch einen Schritt weiter mit dir gehen. Meine Kinder in Thessalonich, die noch jung im Glauben waren und zwar gut, aber nur kurze Zeit unterwiesen worden waren, machten sich Sorgen, ihre verstorbenen

Angehörigen könnten etwas verpassen, wenn mein Sohn zurückkommen würde. In meinem 1. Brief an sie nahm ich ihnen diese Sorge, indem ich ihnen versicherte, bei der Wiederkunft werde es zu einem großen Wiedersehen kommen. Dabei werde jeder ihrer gläubigen Angehörigen springlebendig dabei sein – auch die Freunde und Verwandten, die sie bereits zu Grabe getragen hatten. Ich sagte ihnen, mein Sohn werde sie wieder zum Leben erwecken, und sie würden ihm gemeinsam *entgegengehen* und von da an *bei ihm* sein – Schluss mit dem Tod, Schluss mit der Trennung, nur noch glückliche Beziehungen für immer [1. Thessalonicher 4,13–18].»

«Vater, die Aussicht auf ein Familientreffen, bei dem wir uns alle wiedersehen werden, geht mir ans Herz, aber die Schlagzeilen werden alle von der Weltveränderungs-Agenda bestimmt.»

«Früher hast du mehr über diese Begegnung mit meinem Sohn nachgedacht als heute. Was ist passiert?»

«Deine Frage rührt alte Erinnerungen auf. Ich erinnere mich an ein Dutzend Gelegenheiten, vielleicht auch mehr, bei denen mein Vater vor Begeisterung zitterte, wenn er davon sprach, wie es sein würde, Jesus tatsächlich gegenüberzustehen. Er liebte diesen alten Choral, den heute niemand mehr singt: ‹Face to Face with Christ, my Savior› (Von Angesicht zu Angesicht mit Christus, meinem Retter).

Doch die Gemeinde, in der ich aufgewachsen bin, scheint sich mehr für die richtige Reihenfolge der Ereignisse bei der Wiederkunft zu interessieren als für die Begegnung mit deinem Sohn. Erst die Entrückung, dann eine siebenjährige Hochzeitsfeier für alle, die in die Luft entrückt waren, während der alle zurückgelassenen Christusleugner sieben Jahre Trübsal erdulden. Dann tausend Jahre Frieden, in denen dein Sohn vom Fest hinabsteigt, um die Herrschaft auf der Erde zu übernehmen. Dieses Millennium schließlich endet, wenn Satan und all seine Lakaien (ich liebe dieses Wort) ihre letzte Schlacht verlieren und ins Feuer geworfen werden, während wir Christen alle in den Himmel kommen.

Dieses ganze Szenario faszinierte mich, so wie es die Flash-Gordon-Filme damals taten. Manchmal konnte ich deswegen nachts nicht schlafen. War ich wirklich ein Christ? Oder würde ich vielleicht auch zurückbleiben? Doch selbst dann, wenn ich ziemlich sicher war, dass mir das nicht passieren würde – schließlich war ich 28 Mal gerettet worden, noch ehe ich dreizehn war –, löste die Wiederkunft deines Sohnes in mir nie jene Beziehungsleidenschaft aus, die ich empfand, wenn ich davon träumte, Rachael zu heiraten und mein Leben mit ihr zu verbringen. Die Wiederkunft Jesu kam mir eher *programmiert* als *lebendig* vor. Mit Romantik hatte sie jedenfalls nichts zu tun.

Und dann, in meinen Zwanzigern, begegnete ich anderen ernsthaften Christen, die der Meinung waren, das System, das man mir beigebracht hatte, habe in der Tat mehr Ähnlichkeit mit einem Flash-Gordon-Film als mit guter Theologie. Fast ein Jahrzehnt brachte ich damit zu, herauszufinden, ob ich ein Prä-Milleniarist, ein A-Milleniarist oder ein Post-Milleniarist war. Es waren verwirrende und dürre zehn Jahre. Doch während dieser Zeit brachten mein Psychologiestudium, meine Tätigkeit als Therapeut und später dann meine Verlagerung auf die geistliche Begleitung neue Quellen zum Sprudeln.

Ich machte mir nun weniger Sorgen darum, wie alles später einmal werden würde, und dachte mehr darüber nach, wie kaputt wir alle jetzt sind. Und ich wollte diese Kaputtheit verstehen und herausfinden, wie wir ihr heute deiner Weisheit gemäß begegnen können. Also tat ich mein Bestes, um ein an der *Bibel* orientierter Seelsorger zu werden. Aber mir war nicht klar, inwiefern mir eine gute Theologie über die Wiederkunft Jesu dabei helfen könnte, Menschen mit heutigen Problemen zu verstehen und wirksam auf sie einzugehen. Ob es mir jetzt klarer ist, weiß ich nicht.»

«Jeder der Briefe, die ich geschrieben habe, ist wesentlich für deine Berufung. Und mein 53. Brief hat eine ganz besondere Bedeutung. Hör gut zu, was ich dir durch den 2. Thessalonicherbrief mitteilen will:

**Du wirst nicht klar darüber denken, was jetzt geschieht und wie ich will, dass du heute lebst, ehe du klar darüber denkst, was geschehen wird, wenn mein Sohn wiederkommt.»**

«Vater, bitte sag mir, dass du mich nicht zurück in die Millenniumsdebatte zerren willst. Wenn doch, komme ich mit, weil ich dir vertraue. Aber ich komme mit einer gehörigen Portion Widerstreben mit.»

«Was du dir von der Ehe erwartet und nun seit über vierzig Jahren genossen hast, ist nur ein kleiner Vorgeschmack auf das, was du erleben wirst, wenn meine Liebesgeschichte ihren Höhepunkt erreicht. Mein Sohn wird die Welt in einer herrlichen Gestalt wiederherstellen, wie es sie selbst im Garten Eden nicht gab. Und er wird dich zu dem Fest führen, das ich schon geplant habe, bevor die Welt entstand. Bevor du dich mit den Einzelheiten beschäftigst, *sollst du wissen, dass die Mission meines Sohnes auf Beziehung ausgerichtet ist*. Wenn du das aus dem Blick verlierst, wird deine gegenwärtige Realität unerträglich sein. Ich habe dich für eine Freude geschaffen, ein vollkommenes, pures Entzücken, das du jetzt noch nicht erleben kannst. Wenn du nicht das *Jetzt* vom *Dann* her begreifst, wird dein ganzes Denken nur darum kreisen, wie du erreichst, dass dein Leben nach deinen Wünschen verläuft und du Linderung von einem Elend findest, dem du nicht entrinnen kannst.

Doch es stimmt, dass du heute in den Schattenlanden der Wirklichkeit lebst. Die Erfahrung des Elends ist oft schmerzlich real. Ohne Hoffnung auf meinen Sohn hast du leidenden Menschen außer Ablenkung, Betäubung, sinnlosen Vergnügungen und effektiveren Strategien, um zu bekommen, was sie wollen, nichts zu bieten.»

«Vater, ich höre dir zu. Du hast meine ganze Aufmerksamkeit.»

«In diesem Brief offenbare ich eine übermächtige Hoffnung, die doch von deiner Selbstbezogenheit befreit. Sie befreit dich davon, jetzt etwas zu fordern. Sie gibt dir die Kraft, alles zu ertragen, was ich zulasse, und macht dich fähig, auf dem schmalen Weg der Liebe zu gehen, egal, wie du behandelt wirst. Und dieser Weg ist der einzige, der zu der Freude und Ganzheit und Ruhe führt, die du erfahren wirst, wenn mein Sohn wiederkommt, und nicht vorher. Wenn ich dir nun sage, welchen Inhalt deine Hoffnung hat, denk daran, dass ich dir nicht nur ein Denksystem darlege, sondern dir eine Einladung zu meinem Fest überreiche, auf der dein Name in Gold eingeprägt ist. Hör zu.

Die Rückkehr meines Sohnes wird ein großes Ereignis sein, das sich in zwei Teilen vollzieht: der großen Sammlung und dem großen Gericht. Diese solltest du nicht miteinander verwechseln.

Die große Sammlung ist das höchste Beziehungsereignis aller Zeiten, der Beginn des Festes, auf dem wir für immer zusammen sein werden.

Das große Gericht ist ein furchtbares *isolierendes* Ereignis. Mein Diener Joel war der Erste, der es als den ‹Tag des Herrn› bezeichnete (Joel 3,4; Elberfelder). Diejenigen, die sich durch ihren empfundenen Anspruch auf Segnungen blind machen ließen für ihr Bedürfnis nach Vergebung, werden durch ‹ewiges Verderben› (2. Thessalonicher 1,9; Elberfelder) bestraft werden. Sie werden erleben, womit sie nie gerechnet haben: das Elend einer Wirklichkeit ohne mich, die Wirklichkeit der Isolation, der zu entrinnen Sigmund Freud sich weigerte. Über dem Tor zur Hölle stellte sich Dante zu Recht folgende Begrüßung vor: ‹Lasst, die ihr eintretet, alle Hoffnung fahren.› Isolation – die endlose Abwesenheit von allen Freuden, für die ich die Menschen geschaffen habe, von allem, was ich ihnen in meinem Sohn geschenkt habe –, das ist das Schicksal, das sich so viele Menschen erwählt haben. Ich habe keinen Gefallen an ihrer Wahl.

Die große Sammlung und das große Gericht sind zukünftige Ereignisse. Sie sind kein Science-Fiction-Roman, sondern ein Teil meiner Geschichte. Sie *werden* geschehen. Die Christen in Thessalonich jedoch begingen einen schweren Fehler. Sie glaubten, das große Gericht hätte in einer ersten Phase bereits begonnen, und die Sünde hätte nun nicht mehr die Macht, Leben zu zerstören. Und da die große Sammlung nun dicht bevorstand, wie sie glaubten, hielten sie es nicht mehr für nötig, heute noch zu arbeiten, um morgen etwas zu essen zu haben [3,6–15]. Statt verantwortungsvoll zu leben, während sie auf die Rückkehr meines Sohnes warteten, saßen sie herum und ließen sich das Wasser im Mund zusammenlaufen beim Gedanken an das Festmahl, von dem sie überzeugt waren, dass es schon sehr bald beginnen würde. Doch es lag nie in meiner Absicht, dass sie nur passiv abwarteten. Ich wollte, dass sie ihr eigenes Leben verantwortungsbewusst gestalteten, während sie missional in der Welt lebten. Dasselbe will ich von dir.

Noch schlimmer war, dass sie in ihrem Glauben, die Sünde sei im Verschwinden und die Freude kurz davor, zu erscheinen, davon ausgingen, dass schon jetzt alle Freuden meines Festes zur Verfügung stünden. Der Ruf zum Leiden um des Namens meines Sohnes willen hatte keine Bedeutung mehr. Es war nicht mehr nötig, auf die unverwässerte Wonne zu warten. Freude war angesagt, Freude ohne Leid oder Verantwortung.

*Derselbe Irrtum wird auch heute begangen.* Die Wahrheit, dass die Sünde am Kreuz besiegt wurde, wird so aufgefasst, als hätte man diesen Sieg damit schon auf der ganzen Linie erfahren. Die Folge ist, dass es sich die Gemeinde heute allzu oft zu ihrer Mission macht, die Freuden des Himmels auf die Erde zu holen, ohne genügend Augenmerk auf das Angebot der Vergebung zu richten. Die Sünde ist nicht mehr das vorrangige Problem. Angesagt ist jetzt, eine Liebe auszubreiten, der es nur darum geht, Leiden zu lindern. Das Evangelium einer zahnlosen Liebe, das nicht die Gnade und Vergebung in den Mittelpunkt stellt, durch die ein vollkommenes Leben später erst möglich wird, ist jetzt die große Mode. Es ist ein falsches Evangelium, das schon jetzt ein besseres Leben verspricht.

Der Tag des Herrn hatte noch nicht begonnen, als ich diesen Brief schrieb. Er hat auch heute noch nicht begonnen. Das Geheimnis der Bosheit herrscht immer noch vor [2,7] und wird nur noch eine kleine Weile im Zaum gehalten, bis die moralische Struktur der Gesellschaft vollständig zusammenbricht (was sich jetzt schon anbahnt) und die Gemeinde, die mich zu kennen behauptet, widerwärtig lauwarm wird (auch das bahnt sich jetzt schon an). Dann wird der Teufel den ‹Menschen der Bosheit› erscheinen lassen, der mit beeindruckenden Machtbeweisen viele davon überzeugen wird, er sei der Messias, der die Gesellschaft wieder in den behaglichen und angenehmen Zustand bringen wird, auf den sie einen Anspruch zu haben glaubt [2,3.9–11; Luther].

Die legitimen Bemühungen meiner Gemeinde, das Himmelreich auf die Erde herabzuholen, werden auf eine Mauer prallen, ein unüberwindliches Hindernis. Das ist der Zeitpunkt, an dem der Tag des großen Gerichts anbrechen wird. Mit einem einzigen Atemzug wird mein Sohn seinen Nachäffer hinwegfegen. Dann wird unser missionales Ziel, das wir seit aller Ewigkeit verfolgen, erreicht sein.

Warte nun in der Hoffnung darauf, dass alles Böse eines Tages vernichtet wird, begierig und aktiv auf den Tag der großen Sammlung. Es könnte jeden Augenblick geschehen. An jenem Tag, nicht vorher, werden alle Beziehungssehnsüchte meines

Sohnes – und die deinen – vollkommen und für immer erfüllt werden.

Angesichts all dessen sollst du alles, was jetzt geschieht – das Böse, das du siehst, das Leiden, das du erduldest, das Gute und die Segnungen, die du genießt –, im Licht dessen deuten, was dann geschehen wird.

Feiere und verkündige die gute Nachricht der Vergebung allen, die sie annehmen. Diese Vergebung richtet dich auf das Kreuz aus und erfüllt dich mit Hoffnung auf die Wiederkunft meines Sohnes, die vor allen Dingen ein Beziehungsereignis ist. Verbreite die gute Nachricht von meinem Reich. Diese Welt wird verwandelt werden, und alle meine Kinder werden für immer bei meinem Sohn sein. Er kommt wieder!»

«Vater, ich musste gerade an den sprichwörtlichen Feuerwehrschlauch denken. Ich bin klatschnass, aber ich bin immer noch durstig. Ich möchte noch viel mehr trinken.»

«Um deutlich zu hören, was ich sage, und euch auf das *Dann* so auszurichten, dass euer Leben *jetzt* davon geleitet wird, müsst ihr in Gemeinschaft auf mich hören. Redet miteinander, denkt miteinander nach, und lernt im Zusammenleben mit meinen anderen Nachfolgern, die ebenfalls begierig sind, mich zu hören. In meinen nächsten drei Briefen, die von vielen als Pastoralbriefe bezeichnet werden, lege ich meinen Plan dar, wie meine Kinder so miteinander umgehen können, dass sie mehr von meinem Wasser des Lebens trinken und es großzügiger in andere ausgießen können. Meine Geschichte geht weiter. Es ist eine Beziehungsgeschichte. So wie alle Liebesgeschichten.»

# 54. Liebesbrief

# 1. Timotheus

## Hüte die Wahrheit: Sie ist deine Rettungsleine, die dich an der echten Gemeinde festhält

«Vater, kann ich überhaupt damit rechnen, dass in dieser Welt jemals etwas gut läuft? Letzte Nacht konnte ich nicht schlafen. Alles, was mir Angst macht, flog mir durch den Kopf wie Kugeln aus dem Gewehr eines Heckenschützen. Gegen ein Uhr morgens gab ich die Hoffnung auf, einschlafen zu können, und von da an muss ich bis sechs Uhr wohl tausend Mal das Jesusgebet wiederholt haben. Immer, wenn ich einen kurzen Moment lang gedöst hatte, flehte ich aufs Neue deinen Sohn an: ‹Jesus, Sohn Davids, erbarme dich über mich Sünder.›»

«Und?»

«Bitte?»

«Hat mein Sohn dein Gebet beantwortet?»

«Ich bin mir nicht sicher, wie seine Antwort aussehen würde.»

«Lies drei Abschnitte aus zwei meiner anderen Briefe, bevor wir über den 1. Timotheusbrief sprechen. Lies 2. Timotheus 3,1–5; Hebräer 13,14 und Hebräer 10,36–39, in dieser Reihenfolge.»

«Wird mir gefallen, was ich dort lese?»

«Nicht auf Anhieb.»

«Nun, das Beispiel meines Vaters hilft mir, daran zu glauben, dass deine Worte Leben sind, ob es sich so anfühlt oder nicht. Also: In dem ersten Abschnitt sagst du mir, ich solle mich auf ‹schreckliche Zeiten› einstellen. Manche Christen, denen ich begegnen werde, werden ziemlich unangenehme Zeitgenossen sein – ‹lieblos … unversöhnlich … brutal … Verräter›. Manche führende Leute in der Gemeinde werden nach außen hin sehr geistlich wirken, aber nichts von der Kraft wissen, um tatsächlich geistlich zu leben (2.

Timotheus 3,1–5). Können wir hier einen Moment innehalten? Ich bin nicht sicher, ob ich das verstanden habe.»

«Jede Irrlehre ist eine Perversion der Wahrheit. Paulus lehrte die Kolosser, alle meine Nachfolger seien mit meinem Sohn bei seiner Auferstehung auferweckt worden [Kolosser 2,12]. Was er damit meinte, war natürlich, dass meine Kinder völlige Vergebung haben. Ihnen ist ein ewiger Platz in meiner Familie sicher, und sie sind durch den Geist befähigt, in dieser Welt so zu leben, dass sie die himmlische Wirklichkeit der Liebe zwar unvollkommen, aber doch in bedeutungsvoller Weise sichtbar machen.

Doch da sie die Energie des Bösen in ihrem Innern, die einen Anspruch auf ein gutes Leben zu haben glaubt – und die auch in dir steckt –, weder erkannt noch sich von ihr losgesagt hatten, verdrehten einige Leiter der Gemeinde in Ephesus die Worte des Paulus zu einer Lüge. Hymenäus und Philetus lehrten eine besondere Art geistlicher Auferstehung, die bereits stattgefunden habe [2. Timotheus 2,17–18]. Diese Auferstehung verschaffte denen, die diese *besondere Wahrheit* kannten, schon jetzt die vollen Segnungen des Heils: Sie brauchten nicht mehr gegen die bereits besiegten fleischlichen Begierden in ihrem Innern zu kämpfen und mussten nicht erst warten, bis sie in den Himmel kamen, um dessen ganze Freuden zu erleben.

Nachdem sich diese Lüge in ihrem Denken eingenistet hatte, ging es ihnen nur noch um ihre eigene Geistlichkeit, und sie konnten von kaum etwas anderem reden als von ihren ekstatischen Erfahrungen meiner Gegenwart. Und alle anderen ermunterten sie, sich mit ihnen in die elitären Ränge der vollkommen Erleuchteten einzureihen. Diese führenden Christen gaben sich den Anschein der Frömmigkeit, doch sie wussten nichts von der Kraft eines gottgefälligen Lebens – der Kraft, beharrlich an der Liebe festzuhalten, obwohl immer noch böse Motive tief in ihren Seelen steckten und obwohl sie in einer schwierigen und schmerzlich enttäuschenden Welt lebten.»

«Vater, ich kenne Christen, die heute so denken.»

«Ich möchte nicht, dass du so denkst. Nun lies die nächsten beiden Abschnitte.»

«Gut. Im nächsten Abschnitt sagst du mir, dass wir in dieser Welt ‹keine Stadt› haben, ‹in der wir für immer zu Hause sein können›, und dass ich, solange ich hier lebe, auf die Stadt warten soll, ‹die im Himmel für uns erbaut ist› (Hebräer 13,14). Ich habe also keine Garantie, dass in dieser Welt je etwas richtig laufen wird. Und in dem dritten Abschnitt dann unterstreichst du, dass ich ‹standhaft bleiben› muss in allem, was mich bekümmert, weil dein Sohn ‹schon bald› zurückkehren wird. Und dann drückst du dein Zutrauen zu mir aus, dass ich nicht zu denen gehören werde, ‹die zurückweichen und verloren gehen› (Hebräer 10,36–39). Ich weiß nicht, ob ich dein Zutrauen teile.

Ich schwanke. Du sagst mir, ich solle ohne Schwanken an der Hoffnung *festhalten*, zu der ich mich vor anderen bekenne [Hebräer 10,23]. Du forderst mich auf, unerschütterlich *festzuhalten* an der Wahrheit, die ich glaube, bis dein Sohn wiederkommt [Offenbarung 2,25]. Aber ich bin mehr wie Timotheus und nicht wie Paulus. Ich bin mir nicht immer sicher, dass ich etwas Lohnendes zu sagen habe [2. Timotheus 6,11]. Selbst dann, wenn ich weiß, dass ich dir diene, bin ich manchmal zögerlich, ja ängstlich und unsicher, ob irgendetwas Gutes bewirkt wird [1. Korinther 16,10]. Und wie Timotheus bin ich leicht zu entmutigen [2. Timotheus 1,8]. Auch körperlich stimmt mit mir einiges nicht, was mich mürbemacht [1. Timotheus 5,23].»

«Hat mein Sohn sich deiner erbarmt?»

«Vater, ich weiß, die Antwort ist Ja. Aber ich weiß nicht genau, was es in diesem Zusammenhang, von dem wir sprechen, bedeutet, dass er sich meiner erbarmt – in dem schwierigen Leben eines schwachen Menschen. Ich möchte es aber gerne wissen. Bin ich schon bereit, zu hören, was du mir in diesem Brief sagst?»

«Das bist du. Mein Geist wirkt. Er ist eine wahre Freude. Und mein Sohn erweist dir Barmherzigkeit. Das tut er immer. Hör gut zu.

**Du bist berufen, meine Wahrheit zu bewahren. Wenn du in dieser unsicheren Welt alles riskierst für das, was du als wahr erkannt hast, wirst du gut ans Ziel gelangen. Du wirst Wirkung auf andere haben. Du wirst meine Gemeinde stärken. Du wirst den guten Kampf kämpfen. All das wird nur geschehen, wenn du alles auf die Wiederkunft meines Sohnes setzt.**

Das Wissen von seiner Wiederkunft befähigt dich dazu, meine Wahrheit mit deinem Leben in dieser Welt zu bewahren. Das ist die Barmherzigkeit, die mein Sohn dir erweist. Für viele ist heute meine Wahrheit zu Prinzipien verwässert worden, die dieses Leben angenehmer und befriedigender machen sollen, sei es den Lebensumständen nach oder in geistlicher Hinsicht. Manche Gemeinden machen es sich zur Mission, den Leuten zu zeigen, wie sie Stress bewältigen, Schwierigkeiten vermeiden, spannungsfreie Beziehungen genießen und sich geistlich fühlen können. So fördern sie eine Form von Frömmigkeit, die nicht die Kraft hat, immer noch sündige Menschen fähig zu machen, in dieser immer noch enttäuschenden Welt wahrhaft zu lieben.

Selbst mit der barmherzigen Gnade meines Sohnes weißt du, dass du immer noch dazu neigst, von dem schmalen Weg abzuweichen auf den breiten Weg, auf dem du dafür lebst, dich vor Schmerzen zu schützen und dir mit angenehmen Dingen Befriedigung zu verschaffen. Und du weißt, dass geistliche Leiter dich manchmal sogar dazu anhalten, auf diesem breiten Weg zu gehen, und dass die Versuchung für dich groß ist, auf sie zu hören. Gemeinden, die von solchen Leuten geleitet werden, verlieren ihre Fähigkeit, die Wahrheit zu erkennen. Sie unterscheiden und schätzen nicht die einzigartigen Vorrechte von Männern und Frauen. Sie erkennen nicht, wer unter ihnen qualifiziert ist, die Gemeinde zu einem gottgefälligen Leben zu führen. Und sie leben für weltliche Annehmlichkeiten wie Geld, ohne ihre eigensüchtige Habgier zu erkennen.»

«Und das steht alles im 1. Timotheusbrief?»

«Ein Vers, 1. Timotheus 3,15, bindet das alles zusammen. Ich möchte, dass du weißt, wie du dich in meinem Haus verhalten und mich als deinen Vater ehren sollst. Ich möchte, dass du erkennst: Wenn meine Kinder sich versammeln, sind sie ‹die Gemeinde des lebendigen Gottes› und ‹der tragende Pfeiler und das Fundament der Wahrheit›. Ich möchte, dass du meinen Ruf annimmst – gemeinsam mit allen meinen Nachfolgern, die auf meine Stimme hören –, *Hüter des Geheimnisses des Glaubens* zu werden. Jener Wahrheit, die die Kraft hat, das Geheimnis der Bosheit zu entlarven und zu besiegen, von dem wir bei unserem letzten Gespräch geredet haben.

Noch bist du nicht geistlich auferstanden zu einem sündlosen Dasein, einem Leben ohne Kampf, in dem alles gut läuft. Noch kennst du nicht die volle Freude, die du erleben wirst, wenn du meinen Sohn siehst. Bis dahin hüte die Wahrheit, die die Kraft hat, dich beständig auf mich auszurichten und an der Liebe und der Hoffnung festhalten zu lassen. Diese Wahrheit eröffnet dir einen neuen Weg, um als unvollkommener Mensch in einer unvollkommenen Welt zu leben.

Diese Wahrheit wird in einem Lied ausgedrückt, das meine Kinder früher sangen [1. Timotheus 3,16]. Es handelt von meinem Sohn. Du tätest gut daran, es heute und an jedem Tag zu singen. Es geht so:

- *Er erschien als Mensch.* Mein Sohn wurde Mensch, um zu zeigen, was Menschsein heißt.
- *Er wurde durch den Geist bestätigt.* Als Mensch lebte mein Sohn im Reich des Übernatürlichen.
- *Er wurde von Engeln gesehen.* Bei dem, worüber die heiligen Engel gern mehr erfahren hätten [1. Petrus 1,12], ging es um die Geburt, das Leben, den Tod und die Auferstehung meines Sohnes.
- *Er wurde den Völkern der Erde gepredigt.* Die gute Nachricht von der Vergebung breitete sich zu allen Menschen aus.
- *In aller Welt glaubte man an ihn.* Die Wahrheit überwand den Satan, drang in die Herzen ein und veränderte Menschenleben.
- *Er wurde aufgenommen in die Herrlichkeit.* Mein Sohn, der immer noch Mensch und immer Gott ist, ist jetzt bei mir und wartet auf meinen Befehl zu seiner Rückkehr. Er ist begierig darauf!

Sing dieses Lied nicht als fromme Rhetorik. Sondern hüte es als lebenswichtige Wahrheit. Wenn du das tust, wird mein Geist dir die Weisheit schenken, dich in meinem Haus, meiner Gemeinde, richtig zu verhalten. Es steht alles in diesem Brief: wie man Irrtümer erkennt, wie man betet, wie man die Einzigartigkeit von Männern und Frauen respektiert, wie man geistliche Leiter auswählt, wie man Witwen, Herren und Sklaven dient, wie man mit Geld umgeht, wie man für die Wahrheit kämpft wie ein Soldat in der Schlacht und wie man der Wahrheit entgegenläuft wie ein Läufer bei einem Wettrennen [1. Timotheus 1,18; 6,12].

Nachdem du dann alles erduldet hast, was das Leben an Nöten bringen mag, wirst du, wenn du die Wahrheit treu bewahrt hast, diese Welt voller Vorfreude verlassen. Charles Simeon, der seiner Gemeinde in Großbritannien fünfzig Jahre lang als Pastor treu gedient und dafür von ihr stetigen Widerstand geerntet hatte, wurde im Oktober 1836 auf seinem Sterbebett gefragt, woran er denke. Darauf antwortete er, der die Wahrheit über seine Sündhaftigkeit und über die Gnade meines Sohnes so viele Jahre lang treu bewahrt hatte: ‹Ich denke jetzt nicht. Ich *genieße.*›»

«Vater, ich sehne mich danach, gut ans Ziel zu kommen. Ich möchte erdulden, was immer mir begegnen mag, und dabei ganz auf die Wahrheit ausgerichtet bleiben. Ich möchte die Hoffnung erfahren, die du mir gibst. Kann ich das? Werde ich das?»

«Mein Sohn hat dein Gebet um Barmherzigkeit beantwortet, wie er auch das des Paulus beantwortete. Diesen Mann, der vieles erlitt, machte er fähig, treu zu leben und sich zuversichtlich dem Tod zu stellen. Davon kannst du in meinem nächsten Brief lesen.»

# 55. Liebesbrief
## 2. Timotheus

## Ein Heiliger, der bald sterben wird, blickt auf das Leben zurück – und auf das Leben voraus!

«Also, eines ist mir klar, nachdem ich deinen 55. Brief gelesen habe: Paulus war kein ‹Triumphalist›. Er würde die beliebte Botschaft nicht schlucken, die heute von so vielen Kanzeln verkündigt wird. Keiner der Briefe, die du durch Paulus geschrieben hast, am allerwenigsten dieser, könnte mich je auf den Gedanken bringen, die christliche Botschaft sei eine schnelle und befriedigende Lösung für alle Probleme des Lebens. Stattdessen löst dieser Brief in mir wieder einmal die Frage aus, ob du überhaupt je versprochen hast, uns vor irgendetwas Schlechtem zu bewahren. Und du antwortest mir wieder einmal – diesmal noch direkter –, dass es kein Spaziergang ist, deinem Sohn nachzufolgen.

Paulus hat sich offenbar keine Illusionen gemacht, dass ihm auf dem schmalen Weg alle Schwierigkeiten erspart bleiben würden. Ich habe den Eindruck, er glaubte, du würdest deine Macht gebrauchen, um ihn *durch* alle schweren Zeiten *für* deine Ziele zu beschützen [Philipper 2,23–24]. Und du würdest ihn vor jedem Angriff des Bösen erretten, nicht indem du ihn davor abschirmtest, sondern indem du ihn sicher nach Hause in deine Gegenwart brachtest, um auf deinem Fest zu tanzen [2. Timotheus 4,16–18].

Vater, das ist meilenweit entfernt von dem Denken, das viele unserer Gebete beseelt. Allzu oft, wenn ich bete, zähle ich darauf, du werdest für eine erfolgreiche Operation, ein gelasseneres Gefühlsleben, sichtbare Erfolge in meinem Dienst sorgen – was immer ich zu brauchen glaube, um mich als glücklicher, reifer Christ zu fühlen. Du dagegen sagst mir, ich solle darauf zählen, du werdest mir genug Kraft geben, deinen Zielen treu zu bleiben. Und du werdest mich zu deinem Fest bringen – sei es durch meinen Tod oder durch die Wiederkunft deines Sohnes. Wieder einmal ist das, was ich dich sagen höre, etwas ganz anderes als das, was ich heute führende Christen oft sagen oder zumindest betonen höre.

Vater, dies ist wirklich ein erstaunlicher Brief. Da sitzt Paulus in einem trostlosen, entlegenen römischen Kerker [1,16–17], nachdem er jahrelang Schläge, Gefangenschaften, hasserfüllten Widerstand, viel üble Nachrede, mindestens einen Schiffbruch, tagelang Hunger und Durst, Lumpen als Kleidung, unerträglichen Druck und unzählige schlaflose Nächte erduldet hat [1. Korinther 4,11–13; 2. Korinther 1,8–10; 6,3–5]. Und nun wartet er darauf, dass die Römer ihn für das ‹Verbrechen›, den Leuten deine Geschichte erzählt zu haben, umbringen.

Hätte Paulus auch nur einen triumphalistischen Gedanken gehegt, hätte er auch nur einen Moment lang geglaubt, du hättest deinen treuen Nachfolgern ein angenehmes Leben und einen behaglichen Ruhestand verheißen, so hätte er dafür unter einem geradezu psychotischen Realitätsverlust leiden müssen. Vielleicht ist das unser Problem heute. Uns geht es ja im Allgemeinen gut, zumindest so gut, dass wir davon ausgehen, es müsste immer so weitergehen. Keine dauerhaften Aktienkursstürze, keine Krebsdiagnosen, keine drogenabhängigen Kinder. Es braucht nur ein bisschen Verleugnung, um zu glauben, unser Anspruchsdenken wäre vereinbar mit unserem Vertrauen zu dir oder gar dessen Folge.

Wenn Paulus heute in einer unserer Gemeinden auf die Kanzel steigen würde, würde er wohl kaum einen Zweifel daran lassen, dass wir völlig schiefliegen, wenn wir erwarten (oder womöglich gar fordern), dass in unserem Leben alles glatt läuft. Zu Beginn seines Briefes an diesen jungen Pastor ermutigt er ihn, seine Ängste zu überwinden und bereit zu sein, ‹für die rettende Botschaft zu leiden› (1,6–8). Aus seiner Gefängniszelle heraus ermahnt er Timotheus, dieselbe Geschichte weiterzuerzählen, die ihm selbst, Paulus, die Todesstrafe einbrachte. Er sollte dieselbe Art Leben führen, die für Paulus selbst jede Chance auf ein leichtes Dasein zunichtemachte. Dieser Brief macht wie kein anderer kurzen Prozess mit der Illusion, du hättest uns zu einer Reife ohne Kampf berufen.

Vater, wenn ich den 2. Timotheusbrief lese, fühle ich mich inspiriert. Ich sehne mich danach, mich noch vollständiger hinzugeben. Ich möchte bereit sein, jedes Leiden auf mich zu nehmen, das nötig ist, um deine Geschichte zu erzählen und dein Leben zu leben. Ich möchte als alter Mann so zu meinen Kindern und Enkelkindern sprechen können, wie Paulus zu Timotheus sprach. Und ich möchte allem, was nach meinem Tod mit mir geschieht, mit freudiger Zuversicht entgegensehen.

Aber dann schaue ich nach den Aktienkursen. Ich höre meinen Arzt dringlich ausgedehnte Bluttests anberaumen. Ich bekomme wieder einmal einen kritischen Brief. Ich kämpfe ungeduldig gegen meine lähmende Müdigkeit, wo doch so viel zu tun ist. Und schon fängt das Getümmel des Kampfes wieder an – des Kampfes zwischen Anspruchsdenken und Hingabe, Frustration und Zufriedenheit, Erschrecken und Gelassenheit, Reizbarkeit und Geduld. Im Kern fühlt es sich an wie ein Kampf zwischen der Versessenheit auf mein gegenwärtiges Wohlergehen als höchstem Wert und der Hingabe an deine gegenwärtigen Absichten als meinem größten Gut.

Du hast mir das herausragende Vorrecht gegeben, die letzten geschriebenen Worte des vielleicht größten Christen zu lesen, der je gelebt hat. Ich möchte, nein, ich *muss* hören, was du mir in diesem Brief zu sagen hast.»

«Ich bin für dich. Mein Sohn ist bei dir. Mein Geist ist in dir. Vergiss das nie, wenn du meine Weisungen hörst. Meine Weisungen sind immer eine Einladung zum *Leben*.

**Kämpfe jetzt den guten Kampf. Genieße das gute Leben für immer.**

«Vater, heißt das, ich soll jetzt schon ein gutes Leben führen, das ich aber erst genießen kann, wenn ich tot bin?»

«Vorerst gehören Erdulden und Genießen zusammen. Hat mein Sohn nie Freude erlebt, während er auf der Erde lebte? Oder Paulus? Die Christen in Ephesus, denen Timotheus als Pastor diente, glaubten, die ganze Freude des vollen Heils stünde ihnen schon in diesem Leben zur Verfügung. Das tut sie nicht. Aber mach nicht den entgegengesetzten Fehler. Es gibt eine nachhaltige Freude, die schon jetzt verfügbar ist. Paulus kannte sie, und mein Sohn kannte sie noch besser.

Das Leben, das du nach meinem Willen jetzt führen sollst, ist ein Leben, das du sowohl erduldest als auch genießt. Manchmal wird es dir so viel standhaftes Erdulden abverlangen, dass dir alle Freude wie eine unerreichbar ferne Hoffnung erscheint, eine verschollene Erfahrung. Doch ohne diese Standhaftigkeit wirst du kaum etwas von der wahren Freude erleben, die ich schenke.

Bleibst du standhaft, so wird sich in dir eine Freude entwickeln, die dich befreit, die Annehmlichkeiten des Lebens zu schätzen, ohne von ihnen eine Zufriedenheit zu erwarten, die sie nicht einlösen können. Und diese Freude, tief im Innern empfunden als eine Sehnsucht, deren völlige Erfüllung dir zugesichert ist, macht dich frei, alles Schwere zu erdulden, was dich erwarten mag, statt deinem immer noch lebendigen Anspruchsdenken nachzugeben und dir das Recht zu illegitimen Erleichterungen zu nehmen.»

«Dieser letzte Satz war mir zu hoch. Hilf mir bitte, zu erkennen, was du in diesem Brief ausdrücken willst.»

«Das ewige Leben, das ich dir gebe, kannst du jetzt schon in dem Maße genießen, in dem du die Härten erduldest und den guten Kampf kämpfst. Durch den ersten Brief, den Paulus an Timotheus schrieb, habe ich dir gesagt, dass die Frömmigkeit, also ein beständig mit meiner Geschichte gelebtes Leben, ‹zu allen Dingen nütze› ist. Sie hat ‹die Verheißung *dieses und des zukünftigen Lebens*› (1. Timotheus 4,8; Luther; Hervorhebung vom Verfasser). Wenn Paulus auf sein Leben mit all seinen Problemen zurückblickte und seiner Hinrichtung entgegensah, bedauerte er nichts. Er hatte Härten erduldet wie ‹ein guter Kämpfer Jesu Christi› (2. Timotheus 2,3), und er lud Timotheus ein, es ebenso zu machen.

Zugleich aber lud er Timotheus ein, ‹das wahre Leben zu gewinnen› (1. Timotheus 6,19), und ‹das ewige Leben› zu erringen, das seit dem Moment seiner Bekehrung in ihm war, indem er ‹den guten Kampf des Glaubens› kämpfte (1. Timotheus 6,12). Im Rückblick wusste Paulus, dass es ihm Freude eingebracht hatte, den guten Kampf für die Wahrheit mit all seiner Blutigkeit in der Gewissheit des ewigen Sieges zu erdulden.»

«Vater, wenn ich die geschichtlichen Hintergründe richtig in Erinnerung habe, hatte Timotheus den Kampf für die Wahrheit schon ziemlich gut gekämpft, nachdem er den ersten Brief von Paulus erhalten hatte. Doch in der Gemeinde in Ephesus und durch die anderen Gemeinden Kleinasiens breiteten sich falsche Lehren immer noch aus wie Geschwüre. Manche Christen glaubten weiterhin, eine Art geistlicher Auferstehung habe bereits stattgefunden [2. Timotheus 2,17–18]. Deshalb hielten sie es nicht mehr für nötig, den Kampf gegen die Sünde zu erdulden, und meinten, die Zeit für den vollen Lebensgenuss wäre schon da.

Hat das Paulus nicht entmutigt? Empfand er nicht – wie es mir so oft geht – ein ermüdendes Gefühl der Vergeblichkeit, nach dem Motto: Warum soll ich mich überhaupt anstrengen, wenn doch nichts dabei herauskommt? Und wie ging es Timotheus, als er diesen Brief las? Er muss doch auch ein wenig niedergeschlagen gewesen sein.»

«Setz dich zu Paulus in seinen Kerker. Er ist alt und gebrechlich. Er fühlt sich von seinen Freunden verlassen [4,16]. Er ist einsam und müde, ohne Hoffnung, je wieder das Licht des Tages zu sehen. Schon seit langer Zeit hat er den guten Kampf gekämpft. Hör zu, was er sagt, als er sich ein letztes Mal vor seinem Tod zu Wort meldet – Worte, die ich jetzt dir zuspreche. Mein Geist wird dir helfen, sie an diejenigen weiterzugeben, die hinter dir auf dem schmalen Weg sind.

- ‹Ich schäme mich nicht, denn ich weiß genau, an wen ich glaube. Ich bin ganz sicher, dass Christus mich und all das, was er mir anvertraut hat, bis zum Tag seines Kommens bewahren wird› (1,12). Das Evangelium wird siegen. Mein Plan ist auf Kurs. Das Fest wird stattfinden. Der Tag wird kommen.
- ‹Sind wir mit Christus gestorben, werden wir auch mit ihm leben. Leiden wir hier mit ihm, werden wir auch mit ihm herrschen› (2,11–12). Stirb deinen Forderungen ab, die dich selbst in den Mittelpunkt stellen. Lebe in der Wahrheit meines liebevollen Plans. Erdulde Härten. Genieße die Freude, die du mir jetzt machst, bis zu dem Tag, an dem ich all dein – und mein – Verlangen erfüllen werde.
- ‹In den letzten Tagen dieser Welt werden schreckliche Zeiten kommen› (3,1). ‹Halte am Glauben fest, so wie du ihn kennengelernt hast. Von seiner Wahrheit bist du ja überzeugt› (3,14). Bewahre die Wahrheit um jeden Preis. Der Preis wird hoch sein, aber die Wahrheit ist größer. Und noch größer ist die Freude, die dir bevorsteht. Mach dich mit meiner Wahrheit vertraut, bis du von ihr überzeugt bist.
- ‹Ich sage dir das, weil ich mit dem Todesurteil rechnen muss und mein Leben nun bald für Gott geopfert wird. Doch ich habe mit vollem Einsatz gekämpft; jetzt ist das Ziel erreicht, und ich bin im Glauben treu geblieben. Nun hält der Herr für mich auch

den Siegespreis bereit … aber nicht mir allein, sondern allen, die wie ich voller Sehnsucht auf sein Kommen warten› (4,6–8). Im Alten Testament goss mein Volk Wein über alle seine Opfer, jeden Morgen und jeden Abend. So machte es seine Bereitschaft deutlich, sich ganz mir und meinen Absichten hinzugeben [4. Mose 15,1–12; 28,7–8]. Kämpfe den Kampf, lauf das Rennen, bewahre den Glauben. Erdulde und genieße, bis du mich für immer genießen kannst und nichts mehr erdulden musst.»

«Vater, egal, ob sich meine Altersversorgung auf Null reduziert, ob meine Bluttests eine Krankheit ans Licht bringen, ob meine Kritiker viele Menschen gegen mich beeinflussen oder ob meine Müdigkeit mich noch mehr lähmt – ich möchte gut ans Ziel kommen. Ich möchte sagen können, was C. S. Lewis wenige Wochen vor seinem Tod sagte: ‹Ich habe getan, wozu ich auf die Erde gestellt wurde. Ich bin bereit, nach Hause zu gehen.› Ich möchte, dass meine letzten Worte sich so anhören wie seine oder die von Paulus.

Aber bisher gelingt es mir besser, meine Vorsätze kundzutun, als tatsächlich nach ihnen zu leben.»

«Dann tu sie kund, und zwar *in* der Gemeinschaft, so klar du kannst. Lebe sie, so gut du kannst, *mit* der Gemeinschaft. *In der Gemeinde* muss die Wahrheit gehört und das wahrhaftige Leben gesehen werden, damit meine Wahrheit und mein Leben auch in der ganzen Welt zu hören und zu sehen sind. Das ist es, was ich dir durch meinen nächsten Brief mitteilen will.»

# 56. Liebesbrief
## Titus

## Dadurch, wie du mit anderen umgehst, wird meine Geschichte attraktiv – oder auch nicht

«Jetzt bist du bereit dafür, dass mein Geist deine eigentliche Sehnsucht tiefer anrühren kann. Er kann dir eine höhere Vision dessen verschaffen, was möglich ist, und dir deutlicher machen, was für eine Art von Gemeinschaft du brauchst, um dieser Vision näherzukommen. Paulus sprach für mich, als er meinen 56. Brief mit den Worten begann: ‹Mein Ziel ist, Hoffnung zu wecken, indem ich auf das Leben ohne Ende hinweise› (Titus 1,2 nach *The Message*).»

«Vater, ich möchte gerne bereit sein, aber …»

«Du bist bereit. Nach der Vorbereitung durch unsere bisherigen 55 Gespräche bist du nun so weit, dass du in vollerem Umfang erkennen kannst, was es heißt, zwischen den beiden Epiphanien, die den Rahmen der Geschichte bilden, die ich erzähle, gut zu leben.»

«*Epiphanie* heißt ‹Erscheinung›, richtig? Du meinst also, ich bin bereit, etwas klarer zu sehen, wie ich nach deinem Willen in dieser Zeit zwischen dem ersten und dem zweiten Erscheinen deines Sohnes leben soll. Und auch, wie ich selbst in dieser Zeit leben will, auch wenn ich das selbst nicht weiß, sondern nur du. Nun, ich möchte wirklich wissen, was es heißt, als dein Nachfolger zu leben. Ich bin nur nicht sicher, ob ich dieses Leben so beständig führen kann, wie ich es gerne könnte.»

«Wenn du erst die Bedeutung der zwei Erscheinungen meines Sohnes begriffen hast, wirst du verstehen, wie du in der Kraft seines ersten Kommens und in der Hoffnung auf sein zweites Kommen leben kannst. Wenn du begreifst, warum er einmal kam und warum er wiederkommen wird, wirst du begierig sein, alles zu hören, was ich dir in diesem 56. Brief sage.

Mein Diener George MacDonald hatte zwar nicht dieselbe Vollmacht wie Paulus, aber auch er sprach für mich, meinen Sohn und meinen Geist, als er in einem Buch namens *Lilith* schrieb: ‹Oft gelingt es uns nicht, Menschen zu sagen, was sie zu hören bedürfen, weil sie etwas anderes hören wollen.›

Viele meiner bekennenden Nachfolger haben die verschiedenen Absichten nicht verstanden, die hinter den beiden Erscheinungen stehen. Deshalb erwarten sie von mir, dass ich ihnen sage, wie sie so leben können, dass andere sie so behandeln, wie sie es zu brauchen glauben, und wie sie mich dazu herumkriegen, sie mit den guten Dingen dieses Lebens zu segnen. Sie sind so naiv (aber nicht arglos), zu meinen, mein Sohn sei gekommen, um ihnen das Leben auf der Erde angenehm zu machen, sie vor allem zu beschützen, was ihnen Angst macht, und alle ihre Probleme zu lösen. Bis er dann zum zweiten Mal wiederkommt, um ihre anspruchsvollen Forderungen noch vollständiger zu erfüllen.»

«Steht das, was du mir über die beiden Epiphanien mitteilen willst, in diesem Brief?»

«Ja, in einer bekannten, wenn auch kurzen Passage. Lies Titus 2,11–14. Als mein Sohn zum ersten Mal in meiner vom Teufel besetzten und von Sünde erfüllten Welt erschien, zeigte er keinerlei Attribute der Göttlichkeit [Jesaja 53,2]. Mit Ausnahme der Verklärung wurde seine Herrlichkeit als zweite Person der Dreieinigkeit nie sichtbar. Beim ersten Mal kam er, um die *Schönheit der Gnade* zu offenbaren, oder konkreter die Art von Beziehungen, die nur meine Gnade möglich machte. Dir geht es wie den allermeisten: Deine Vision für den Umgang mit anderen, zu dem er dich befreit hat, ist zu klein.

Wenn er zum zweiten Mal mit einem Heer von Engeln erscheint, wird mein Sohn vor den Augen der ganzen Welt die *Schönheit der Herrlichkeit* zeigen, das unbändige Entzücken des Beziehungsfestes, das wir Drei seit vor dem Anbeginn der Zeit miteinander feiern [Matthäus 16,27].

Die Schönheit der Gnade befreit dich dazu, in deinen Beziehungen, besonders zu den Menschen, die dich verletzen, enttäuschen, verraten oder angreifen, dieselbe Schönheit sichtbar zu machen – niemals vollkommen, aber doch in erheblichem Maße. Die Schönheit der Herrlichkeit, die erst noch offenbar wer-

Wunsch, sie einfach zu vergessen und mit meiner Arbeit weiterzumachen. Vater, das ist wirklich schrecklich!»

«Du weißt überhaupt nicht, was für eine große Freude dein Leben mir macht. Die Liebe zu dir in meinem Herzen lässt sich nicht in Worten ausdrücken. Ich bin so froh, dass du mein bist.»

«Wie bitte? Damit, dass du so etwas sagen würdest, habe ich nun wirklich nicht gerechnet, nach dem, was ich dir gerade erzählt habe. Du willst mir damit bestimmt nicht sagen, dass ich recht damit habe, die Namen dieser Männer von meiner Freundesliste zu streichen. (Verflixt! Gerade ist mir noch ein achter Name eingefallen.) Freilich hast du mir in deinem letzten Brief immerhin gesagt, ich hätte bei Leuten, die Zwietracht säen, ‹nichts zu suchen› (Titus 3,9–11) – bei Leuten, die für deine Absichten unnütz sind, weil sie ein verdrehtes Verständnis von deiner Geschichte haben und mit ihrem Dienst eigensüchtige Motive verfolgen. Gehören denn diese acht Männer alle in diese Kategorie? Ist es in Ordnung, wenn ich mit ihnen nichts zu tun haben will?»

«Deine Sehnsucht danach, meine Geschichte gut zu kennen, bringt die Engel zum Singen. Sie teilen deinen Wunsch [1. Petrus 1,12]. Sie sind sprachlos darüber, wie ich mit Leuten umgehe, so wie du allmählich immer sprachloser darüber wirst. Du sollst wissen: Jedes Mal, wenn du in Liebe auf andere zugehst, jedes Mal, wenn du deinen eigenen Vorteil um eines anderen willen hintanstellst, wirst du tiefer in das Wunder meiner Geschichte hineingezogen. Es wird dir immer kostbarer, wie ich mit anderen umgehe. Und du verstehst meine Geschichte immer besser [Philemon 6].»

«Verzeih meine Unverschämtheit. Ich weiß, es ist nicht recht von mir, das zu sagen, aber ich weiß immer noch nicht, was ich mit diesen acht Männern machen soll. Du beantwortest meine Frage nicht.»

«Dabei könnte ich das so leicht. Ich könnte dir genau sagen, wo du falsch liegst. Ich könnte dich genau wissen lassen, wer von ihnen in die Kategorie der verbogenen, sündigen Menschen gehört, die du zu Recht ignorieren kannst. Ich könnte dir genau vorschreiben, was du in jedem Moment im Hinblick auf jede dieser Beziehungen tun sollst, und Gehorsam von dir verlangen.

den muss, wird dich – wenn du den Glauben hast, im Licht der Hoffnung darauf zu warten – darin bestärken, deine Beziehungen beständig gut zu gestalten. Sie gibt dir die gewisse Zuversicht, eines Tages in einer Gemeinschaft zu tanzen, in der sich jeder im Takt der vollkommenen Liebe bewegt und in der du nie wieder verletzt werden wirst.

Wenn du meinen 56. Liebesbrief liest, sollst du hören, was du jetzt zu hören bereit bist:

**Du lebst zwischen zwei Epiphanien. Eine höhere Berufung gibt es nicht in deinem Leben als die, deine Beziehungen einem einzigen höchsten Ziel zu unterstellen – die Schönheit meiner Gnade zu offenbaren, bis die Schönheit meiner Herrlichkeit dich für immer mit Freude erfüllen wird.**

Und du sollst wissen: Meine hohe Berufung, die Vision, die ich dir gleich vorstellen werde, entspricht vollkommen deinem tiefsten Verlangen. Und in dem Maß, in dem meine Gemeinde in ihrem Wirken den Absichten entspricht, die ich in diesem Brief darlege, wird sie in dir die Kraft freisetzen, dich in meine Berufung hineinzubewegen und so zu leben, wie du eigentlich leben willst. Bummle ein wenig mit mir, während wir unser Gespräch fortsetzen.»

«Wie bitte?»

«Wenn Pilger im Mittelalter in die ‹Saint Terre›, ins Heilige Land, wanderten, machten sie unterwegs oft Halt, um sich die Almosen zu erbetteln, die sie für ihre Reise brauchten. Man nannte sie Saint-Terrers, was sich in der englischen Sprache mit der Zeit in *saunterers* verwandelte – Bummler. Lass dich von deiner Begierde zu reifen nicht unter einen Reifungsdruck setzen. Sonst wirst du zu schnell gehen. Bummle mit mir, während wir unsere Gespräche fortsetzen, besonders bei diesem. Presche nicht vor, um nach Dingen, die unmittelbar relevant sind, und raschen Einsichten zu suchen, die dich schneller reifen lassen, als es möglich ist.

Du weißt natürlich, dass ich Paulus seinen zweiten Brief an Timotheus erst einige Jahre *nach* seinem Brief an Titus schreiben ließ. Aber ich habe meine Liebesbriefe so angeordnet, dass es für dich naheliegt, den 2. Timotheusbrief *vor* dem Titusbrief zu lesen. Weißt du, warum?»

«Ich habe keine Ahnung.»

«Dann will ich dir einen der Gründe nennen. Bummle mit mir. Lass dir durch den Kopf gehen, was du über Paulus' Leben weißt, von seinen zwei Jahren Hausarrest in Rom bis zu seiner letzten Gefangenschaft und Hinrichtung einige Jahre später.»

«Aber ich will hören, was du mir im Titusbrief zu verstehen gibst. Was hat es zu bedeuten, dass … oh, tut mir leid. Also, soviel ich weiß, fing Paulus nach seiner Entlassung aus dem Hausarrest im Jahr 62 n. Chr. sofort wieder an, deine Geschichte zu erzählen, obwohl er wusste, dass es gegen das Gesetz verstieß. Während seiner vierten und letzten Missionsreise stattete er zusammen mit Titus der heidnischen Mittelmeerinsel Kreta einen kurzen Besuch ab. Nachdem einige Inselbewohner sich bekehrt hatten, zog er weiter. Titus aber ließ er dort zurück, um die jungen Christen zu einer Gemeinde zu organisieren. Zu einer Gemeinschaft mit geistlichen Leitern, die den Leuten helfen konnten, so zu leben, dass etwas von der Schönheit deiner Geschichte sichtbar wurde.

Nach einem kurzen Aufenthalt in Kolossä mit Philemon besuchte er erneut Ephesus, wo er fast ein Jahrzehnt zuvor drei Jahre lang Pastor der dortigen Gemeinde gewesen war. Als er merkte, dass dort eine gefährliche Lehre Gehör fand, die deine Geschichte verdrehte, bat Paulus d[illegible] Timotheus, dortzubleiben und die Gemeinde als Pas[illegible] deiner Wahrheit zu führen, während er nach Griechenland weiterreiste.

Von dort aus schrieb er seinen ersten Brief an Timotheus und den einen Brief an Titus, in denen er den beiden Ratschläge für ihre verschiedenen Missionen gab. Als er später nach Rom zurückkehrte, um die Christen dort zu ermutigen, die er in dem Brief, den er ihnen viele Jahre zuvor geschrieben hatte, so gründlich unterwiesen hatte, wurde er prompt verhaftet, in einen Kerker geworfen und schließlich getötet. Während er auf seine Hinrichtung wartete, schrieb er seinen zweiten Brief an Timotheus. Und dann starb Paulus. Habe ich das richtig in Erinnerung?»

«So ziemlich. Lass mich nun noch ein Detail hinzufügen, das dir verdeutlichen wird, warum ich wollte, dass du den 2. Timotheusbrief vor dem Titusbrief liest. Das römische Justizsystem verlangte, dass zunächst eine Voranhörung stattfand, bei der der Richter die Vorwürfe gegen einen Angeklagten anhörte und, wenn die Schuld außer Zweifel stand, das Urteil verkündete. Bei dieser ersten Anhörung, die in Rom *prima actio* genannt wurde, hatten Freunde des Angeklagten die Erlaubnis, für ihn zu sprechen.

Nun, hier ist ein Detail, das du nicht übersehen darfst. *Niemand aus der Gemeinde in Rom ließ sich bei der prima actio blicken, um für Paulus zu sprechen* [2. Timotheus 4,16]. Seine Gemeinschaft ließ ihn im Stich. Aber was tat Paulus? Zwischen der *prima actio*, bei der er im Stich gelassen wurde, und der *secunda actio* – der zweiten Verhandlung, bei der er zum Tode verurteilt wurde – nutzte Paulus dieses schmerzliche Versagen in der Freundschaft als Gelegenheit, um die Schönheit der Gnade zu offenbaren. Die Kraft dazu gab ihm die Vorfreude auf die Schönheit der Herrlichkeit. Paulus richtete den Blick nicht darauf, wie sehr es ihn verletzte, im Stich gelassen worden zu sein, sondern auf seine Mission, meine Geschichte dadurch, wie er mit anderen umging, attraktiv zu machen.

Viele beklagen sich über schlechte Behandlung, indem sie *gnaden*-lose Worte daherreden wie: ‹Also, ich muss ehrlich sagen, du hast mich sehr verletzt. Wie können wir das wieder in Ordnung bringen?› Mein leidender Diener dagegen vergab seinen Freunden und erzählte meine Geschichte [2. Timotheus 4,16–18]. Und mein Geist weckt auch in dir den Wunsch, so mit anderen umzugehen. Das ist für dich eine neue Art des Umgangs, aber es ist die Art, für die du erlöst worden bist. Das ist meine Vision für dich. Es war auch Paulus' Vision für die Gemeinde auf Kreta. Paulus *lebte* diese Vision in seinem römischen Kerker. Das ist der 2. Timotheusbrief. *Gelehrt* hat er diese Vision im Titusbrief. Das ist die Reihenfolge. Erst sollst du meine Geschichte *leben*, dann sollst du sie *erzählen*. Also zuerst 2. Timotheus, dann Titus.»

«Vater, ist das möglich? Wenn jemand mich verletzt, ist es mein erster Impuls, mich selbstgerecht von dieser Person zurückzuziehen oder ihr zu sagen, was ich empfinde, damit sie mich dann besser behandelt. Kann ich wirklich mit Leuten, die genauso kaputt sind wie ich, so umgehen, wie Paulus es tat?»

«Um genau diese Frage zu beantworten, habe ich meinen 56. Brief geschrieben. Ich habe Paulus in der Zuversicht nach Kreta geführt, dass Menschen, auch wenn sie noch so beziehungsgestört sind, lernen können, zwischen den beiden Epiphanien richtig zu leben. Und die Kreter waren gestört. Sechs Jahrhunderte, bevor Paulus ihnen meine Geschichte erzählte, sagte einer ihrer angesehensten Dichter, Epimenides, über seine kretischen Landsleute: ‹Die Leute auf Kreta lügen. Sie sind faul und gefräßig und benehmen sich wie wilde Tiere› (Titus 1,12).

In meinen heutigen Gemeinden gibt es viele, die ihre eigensüchtige Energie hinter einer umgänglichen Fassade verbergen und meinen, sie wären bei weitem nicht so schlimm wie diese furchtbaren Kreter. Aber mir geht es nicht darum, dass meine Geschichte erzählt wird, um irgendwelche Fassaden aufzupolieren. Deshalb brachte ich meine Wahrheit in eine Gesellschaft hinein, in der es diese Fassade nicht gab. Damit wollte ich, wie mein Diener G. Campbell Morgan richtig erkannte, ‹die wahre geistliche Kraft der Gemeinde und die Möglichkeit, dass auch die Geringsten sie ausüben›, aufzeigen. Zu diesem Zweck wurde ‹der schwierigste Ackerboden ausgewählt, die schwierigsten Umstände herbeigezogen›.

Als Paulus an Titus schrieb, ging es ihm nicht darum, dass Titus den Neubekehrten auf Kreta lediglich half, besser miteinander auszukommen. Ein Christentum, das sich in fröhlicher Geselligkeit erschöpft, ist überhaupt keines. Es zielt zu niedrig. Die Schönheit der Gnade kommt darin nicht zum Vorschein. Paulus wusste aus persönlicher Erfahrung, dass meine Geschichte die Kraft hat, aus einem dummen, störrischen Menschen, der sich durch den Reiz des Lebens für sich selbst hatte verführen lassen, einen aufopferungsvollen Diener zu machen [3,3–7]. Sie konnte Paulus und ebenso die Kreter in Menschen verwandeln, die durch ihre neue Art des Umgangs miteinander meine Geschichte unwiderstehlich anziehend machten.

Er sagte Titus das, was ich jetzt dir sage: Setze es dir und deinen Freunden zum Ziel, zu einer Gemeinschaft zu werden, in der:

- Männer und Frauen, die zwischen den beiden Epiphanien richtig leben wollen, geistlichen Einfluss haben [1,6–9];
- meine Geschichte so erzählt wird, dass sie in den Menschen den Wunsch weckt, immer Gutes zu tun, gut zu leben und gut zu lieben – dass sie ihnen eine Vision gibt, wie es ist, wenn in schwierigen Beziehungen die Schönheit der Gnade sichtbar wird;

- es entlarvt und verworfen wird, wenn jemand lehrt, es sei richtig oder zumindest gerechtfertigt und notwendig, Entscheidungen zum eigenen Vorteil zu treffen [1,9–16];
- eure Lebensweise die Schönheit der von Gnade getriebenen Beziehungen sichtbar macht, bis ihr dann für immer die Schönheit einer Gemeinschaft in Herrlichkeit genießen könnt [2,11–14; 3,3–7], und in der auch die Unterprivilegierten so leben, dass meine Geschichte dadurch anziehend wird [2,10].

Wenn du auch nur einen Vorgeschmack von einer solchen Gemeinschaft bekommst, wie Paulus ihn mit Timotheus und Titus spürte, wirst du wie Paulus, wenn andere dich tief enttäuschen, die Schönheit der Gnade sichtbar machen können, selbst wenn du ein Kreter bist.»

«Vater, ich muss dich noch einmal fragen. Kann ich wirklich so leben? Ich habe die starke Neigung, Zeit mit Freunden zu verbringen, die gut zu mir sind, und denen, die das nicht tun, aus dem Weg zu gehen. Ich bin nur ein ganz gewöhnlicher Christ. Ich bin kein Paulus.»

«In meinem nächsten Brief habe ich einen ansonsten unbekannten Mann dazu berufen, in seinem Leben eine hohe Vision zu verwirklichen, die seine tiefsten Wünsche weckte. Er durfte gegenüber einem Menschen, der ihm schweres Unrecht getan hatte, die Schönheit meiner Gnade und die Kraft meiner Geschichte offenbaren. Er konnte das. Du kannst es auch. Es gibt keine gewöhnlichen Christen. Lies weiter.»

# 57. Liebesbrief
# Philemon

## Echtes Leben verändert jede Beziehung

«Als Martin Luther diesen nächsten Brief von dir las, nannte er ihn ein ‹meisterlich lieblich Exempel› dafür, wie du möchtest, dass wir miteinander umgehen. Würde er sich mein Leben anschauen, so könnte er darin allzu viele Beispiele für das genaue Gegenteil finden.

Vater, als ich gerade den Philemonbrief gelesen habe, brachte mich das ins Nachdenken darüber, wer mir Unrecht getan hat und wie ich darauf reagiert habe. Ich meine, hier haben wir Philemon, einen guten, anständigen Christen, einen geistlichen Leiter, der durch Paulus zu deinem Sohn geführt wurde. Sein Sklave Onesimus bestiehlt ihn und läuft dann davon, um seiner Strafe zu entgehen. Als ich mich in Philemons Lage versetzte, fielen mir allzu mühelos die Namen von sieben Männern ein, die mir meiner Ansicht nach schweres Unrecht getan haben. Ich weiß nicht, was Philemon dabei empfunden hat, aber mir ist völlig klar, was ich empfunden habe und immer noch empfinde.

Ich habe keinen weiteren Kontakt mit irgendeinem dieser Männer. Wir schicken uns nicht einmal Weihnachtskarten. Ich habe sie abgeschrieben. Und ich gehe davon aus, dass sie dasselbe mit mir gemacht haben und wahrscheinlich ganz glücklich damit sind, unsere Beziehung in der Mottenkiste zu verwahren. Mir ist es ganz recht so.

Obwohl diese Männer alle Christen sind, empfinde ich eine schwelende Gleichgültigkeit, wenn mir einer ihrer Namen durch den Kopf geht oder jemand einen von ihnen erwähnt. Das Einzige, woran ich dann denken kann, ist, was sie mir angetan haben, welche Schmerzen sie mir bereitet haben und welche Ungerechtigkeit ich durch sie erlitten habe – also daran, wie sehr *sie* im Unrecht sind. Und das Einzige, was ich dabei in mir vorgehen sehe, ist ein stolz beherrschter Drang, es ihnen heimzuzahlen. Manchmal hoffe ich sogar, du werdest sie irgendwie dafür bezahlen lassen, was sie mir angetan haben. Und ich spüre in mir den selbstgerechten

ICH BIN der Herr. Doch ich möchte, dass du stattdessen darüber nachdenkst, wie ich mit Leuten umgehe, die mir Unrecht tun. Das ist die größte Liebesgeschichte, die je erzählt wurde. Sie wird dich dazu befreien, so zu lieben wie ich. Dank meinem Sohn ist die Kraft, mit der ich liebe, nun in dir. Und dank meinem Geist steht dir die Weisheit zur Verfügung, zu erkennen, was die Liebe in jeder Beziehung verlangt.

So, wie Onesimus den Philemon bestahl, hast du mir meinen rechtmäßigen Anspruch auf deinen Gehorsam und deine Liebe gestohlen [Maleachi 3,7–8]. Und wie er bist du von zu Hause weggelaufen. Wie der verlorene Sohn hast du deinen berechtigterweise tief verletzten Vater verlassen, in dem Glauben, du könntest meiner heiligen Strafe entrinnen und deine illegitime Freiheit genießen. Es wäre mein gutes Recht gewesen, dich für immer dir selbst zu überlassen. Doch so, wie Paulus sich zwischen Philemon und Onesimus stellte [Philemon 18], stellte sich mein Sohn zwischen meinen heiligen Zorn und deine verdammungswürdige Sünde. Er sah mich mit Augen voller Liebe an und sagte: ‹Rechne seine Schuld mir zu.› Mir ist von dir Unrecht getan worden, und ich habe dein Unrecht im Ozean meiner Gnade versinken lassen.»

«Vater, wenn ich höre, was du da sagst, wird mir klar, wie sehr ich dazu neige, mich eher als den verletzten und selbstgerechten älteren Bruder zu sehen und weniger als den verletzenden verlorenen Sohn. Ich sehe mich eher in der Rolle des Philemon, dem Unrecht geschehen ist, als in der des Onesimus, der Unrecht tut. Gerade bin ich auf ein weiteres Luther-Zitat gestoßen: ‹Eben wie vns Christus gethan hat gegen Gott dem Vater / Also thut auch S. Paul fur Onesimo gegen Philemon. … Denn wir sind alle seine Onesimi / so wirs gleuben.›»

«Jetzt siehst du eine herrliche Gelegenheit, zu einer noch köstlicheren Zutat zu meiner und deiner Glückseligkeit zu werden. Höre, was ich dir jetzt durch diesen 57. Liebesbrief sage:

**Leute, denen Unrecht geschehen ist, erzählen denen, die ihnen Unrecht tun, nur dann meine Geschichte, wenn sie selbst überwältigt sind von der Geschichte, die ich denen erzähle, die mir Unrecht tun, und sich selbst zu den Tätern zählen.**

Du hast zwei Mal Luther zitiert. Als Alexander Smellie – ein weniger bekannter, aber wunderbar weiser Diener von mir – las, was Luther über den Brief des Paulus an Philemon schrieb, nannte er alle meine Nachfolger ‹Flüchtlinge, Ausgestoßene, die wir das Eigentum unseres Herrn gestohlen haben und aus seinem Haus geflohen sind und ihm bisher zu nichts nütze waren. Ah, aber auch Gottes Onesimi, weil er uns herzlich wieder aufnimmt, und dann endlich fangen wir an, zu etwas nütze zu sein, nicht mehr als Sklaven, sondern als geliebte Kinder. ... Du und ich, wir können froh sein, Gottes Onesimi zu sein. Denn wenn dieser Name der unsere ist, gelangen wir zu unserem wahren Selbst, zu unserem richtigen Zuhause und zu unserer befriedigenden Zukunft.›

Vergiss dabei Folgendes nicht: Der Name *Onesimus* bedeutet ‹gewinnbringend› oder ‹nützlich›. Gegenüber Philemon gebrauchte Paulus ein bewusstes Wortspiel mit diesem Namen, als er über Onesimus schrieb: ‹Möglich, dass er früher seinem Namen keine Ehre gemacht hat und für dich nicht besonders nützlich war. Aber wie viel Nutzen kann er nun dir und mir bringen!› (Vers 11). Das wahre Leben, das du durch meine Geschichte erlangst, hat die Kraft, jeden Menschen und jede Beziehung zu verändern.»

«Vater, ich habe mir gerade noch einmal meine Liste mit den acht Namen angeschaut. Und ich habe über jedem davon gebetet. Ich weiß, du hast mir zugehört, als ich dich um Vergebung dafür bat, meinen Groll gegen sie gezüchtet zu haben, und darum, dass du weiter in ihnen wirkst, um jeden von ihnen nützlicher für deinen Plan zu machen. Aber so weit, dass ich dich bitten könnte, mich zu gebrauchen, um sie zu ermutigen, bin ich noch nicht. Ich weiß, das ist schrecklich, aber ich bringe es fertig, mich fast *geistlich genug* zu fühlen, weil ich auch nur über die Möglichkeit eines solchen Gebets nachdenke. Geistlich genug, um dir dann weiter zu dienen, so gut ich kann.»

«Zu Beginn dieses Gesprächs mit mir dachtest du, ich würde dich dafür tadeln, wie du mit diesen acht Männern umgehst. Du hast damit gerechnet, ich würde von dir Buße verlangen für deine sündige Lieblosigkeit und dich auffordern, jedem von ihnen das Unrecht, das er dir zugefügt hat, zu vergeben, und freundlich auf sie zuzugehen. Du hast dir vorgestellt, wie ich dastehe, die heiligen Arme vor der Brust verschränkt, und mit strenger Miene abwarte, was du tun wirst. Wäre ich so mit dir umgegangen, dann hättest du bestenfalls so getan, als würdest du lieben. Und du wärst mir dadurch nicht nähergekommen.

Stattdessen habe ich dir gezeigt, wie ich mit dir umgehe, indem ich dir die Geschichte von Onesimus erzählt und berichtet habe, wie Paulus zu Philemon sprach. Ich stehe vor dir, die heiligen Arme der Gnade weit ausgebreitet, und lade dich ein, das zu tun, was du selbst am meisten willst, und es aus freier Liebesentscheidung zu tun. Dir ist Unrecht vergeben worden, das du gegen mich begangen hast und das viel größer ist als jedes Unrecht, das dir je getan wurde. Und du bist befähigt und darum frei, mit denen, die dir Unrecht getan haben, so umzugehen, wie ich mit dir umgegangen bin und immer umgehen werde.

Philemon vergab Onesimus nicht nur, sondern nahm ihn auch als Bruder in die Gemeinde auf, die Philemon in Kolossä leitete. Und das tat er als freiwillige Reaktion auf einen anderen Bruder, nämlich Paulus, der an ihn glaubte und ihn daran erinnerte, dass ich Philemon durch das Wirken des Paulus die Sünden gegen mich vergeben hatte, die größer waren als die Sünden, die Onesimus an ihm begangen hatte [Vers 19].»

«Vater, in mir regt sich etwas Gutes. Ich glaube, es ist mein neues Herz, das jetzt ein bisschen stärker schlägt. Ich möchte deine Geschichte in allen meinen Beziehungen erzählen … selbst in denen zu diesen acht Männern. Aber es ist wirklich ein Kampf. Bitte hilf mir!»

«Dein Fleisch ist stark. Aber mein Geist ist stärker. Um seine Kraft zu erfahren, musst du all das religiöse Drum und Dran aufgeben, alle Abhängigkeit von den äußerlichen guten Dingen, die du tust und die dir das Gefühl geben, geistlich genug zu sein. Und du musst die ganze Dynamik der Religion aufgeben: all die inneren Einstellungen, die dir vorgaukeln, du könntest so werden, wie du sein sollst, ohne in beständiger, radikaler Abhängigkeit von meinem Sohn zu leben. Mein Diener Eugene Peterson hatte völlig recht, als er sagte: ‹Religion ist die gefährlichste Energiequelle, die die Menschheit kennt.› Tausche die Religion gegen meinen Sohn aus. Er ist der *bessere Weg*. Mein nächster Brief macht das deutlich.»

# 58. Liebesbrief
# Hebräer

## Glaube! Warte! Liebe! Lass nicht ab von meinem Sohn!

«Vater, ich glaube, unser Gespräch über diesen nächsten Brief von dir könnte etwas länger werden als manche der anderen, und wohl auch verwirrender. Dieser Brief ist eine schwierige Lektüre, die schwerste seit dem Römerbrief.

Lass mich rekapitulieren, ob mir ein paar Grundmuster klar sind, bevor wir anfangen. Nach den neun Briefen, die du durch Paulus an verschiedene Gemeinden geschrieben hattest (Römer bis 2. Thessalonicher, die oft die Kirchenbriefe genannt werden), und vier Briefen an Einzelpersonen, wiederum durch Paulus (1. Timotheus bis Philemon, Pastoralbriefe genannt, weil Paulus in den ersten drei und vielleicht auch im vierten davon Pastoren betreute), leitet nun der Hebräerbrief die letzten neun deiner 66 Liebesbriefe ein (Hebräer bis Offenbarung). Für sie habe ich die Bezeichnung judenchristliche Briefe gehört, aber das scheint sich konkreter auf den Hebräerbrief und den Jakobusbrief zu beziehen; vielleicht noch auf die beiden Petrusbriefe. Da sämtliche der letzten neun (vielleicht mit Ausnahme des 3. Johannesbriefes?) sich weder an Gemeinden noch an Einzelne richten, sondern an allgemeine Leserschaften, finde ich es sinnvoller, sie allgemeine Briefe zu nennen.

Außerdem ist bei jedem deiner letzten 27 Briefe der menschliche Verfasser nahezu offensichtlich, bis auf diesen, wenn auch darüber, wer den Jakobusbrief geschrieben hat, debattiert wird. Wirst du mir sagen, wer diesen 58. Brief tatsächlich geschrieben hat? Es wäre doch schön, wenn diese jahrhundertealte Kontroverse endlich beigelegt werden könnte.»

«Ich bin froh, dass du die Struktur meiner letzten 22 Briefe nach den vier Evangelien und der Apostelgeschichte noch einmal rekapituliert hast. Das wird dir helfen, meine Botschaft in jedem davon deutlicher vor Augen zu haben. Aber mir geht es nicht so sehr darum, dir zu sagen, wen ich gebraucht habe, um die Worte im Hebräerbrief zu schreiben (obwohl ich das natürlich könnte), als darum, genau hinzuschauen, wie sie auf dich wirken. Wen auch immer ich gebraucht habe, um diesen Brief zu verfassen, die Worte und ihre Botschaft bleiben meine. Der Hebräerbrief ist ein weiterer Liebesbrief von mir an dich.»

«Nun, wen auch immer du gebraucht hast, um diesen Brief zu schreiben (es wird wohl Paulus oder Apollos gewesen sein, nehme ich an?), er verursacht mir Unbehagen. Wieder einmal verlangst du von mir, dass ich mein natürliches Verständnis von Liebe umdefiniere, um das, was du geschrieben hast, als Liebesbrief zu lesen. Dieser hier macht mir schmerzlich bewusst, wie sehr ich in Versuchung bin, genau das zu tun, wovor du diese hebräischen Christen gewarnt hast: nämlich *zurückzuweichen*, wie du es ausdrückst, ihr Vertrauen, dass du auch dann, wenn der Lebensweg steinig wird, eine Liebesgeschichte erzählst, nicht *wegzuwerfen* [10,35–38]. Und für sie wurde es ja ziemlich steinig: Verfolgung, Hohn, Angriffe, alles mögliche Schlimme widerfuhr ihnen.

Ich beobachte, dass ich immer dann, wenn ich richtig niedergeschlagen bin oder alles schiefgeht, vor allem zwei Dinge will: dass ich mich besser fühle und dass die Situation sich bessert. Und dieser Vorrang bedeutet, dass ich das Vertrauen in deine Geschichte verliere. Im Grunde will ich dann doch eine andere Version der Geschichte, die du erzählst, hören und glauben. Dieser Drang ist so stark in mir, dass ich am liebsten mein eigenes Manuskript verfassen würde, wenigstens ein Kapitel oder auch nur einen Absatz, der mehr meinen Wünschen entspricht. Und dieser Drang zeigt sich auch in meinen Gebeten. Ich bilde mir dann ein, dass du auf meine Änderungsvorschläge zu deiner Geschichte eingehen solltest. Natürlich weiß ich, dass das Unsinn ist, aber mir kommt es oft völlig berechtigt vor.

Vater, es ist schwer, dieser Versuchung zu widerstehen. Und ihr nachzugeben geschieht manchmal ganz unauffällig. Zum Beispiel, indem ich jemandem zu verstehen gebe, dass er mich verletzt hat, nur um ihn möglichst dazu zu bringen, mich gut zu behandeln. Und während ich das tue, bilde ich mir womöglich noch ein, ich täte etwas Gutes für unsere Beziehung. So unauffällig kann man in Beziehungen dieser Versuchung erliegen. Wenn ich meine, ich brauchte Linderung für mein Gefühl der Leere, und mir dann Pornos anschaue, dann ist das eine ziemlich offensichtliche Forderung danach, zu bekommen, was ich will, ein offenkundiges Zurückweichen. Aber ich habe mehr mit derselben Versuchung in einer anderen Form zu kämpfen: nicht indem ich mir Pornos anschaue, sondern indem ich anderen auf eine bestimmte Weise begegne und indem ich mein Denken über dich und mein Verständnis der Geschichte, die du erzählst, an meine Wünsche anpasse.

Ich sehe auch, dass ein Reiz der Versuchung, vor deiner Geschichte zurückzuweichen und stattdessen meine eigene zu erzählen, im Vergnügen des Trotzes liegt. *Mir passt nicht, was du in meinem Leben tust, also übernehme ich das Ruder. Da! Geschieht dir recht!* Vater, das ist mehr als nur erbärmlich. Es ist gefährlich.

Die hebräischen Christen wollten zu ihren vertrauten, tröstlichen jüdischen Riten zurückkehren, als der Weg steinig wurde. Bei mir sieht das Zurückweichen so aus, dass ich mir selbst Befriedigung verschaffe. Ich esse zu viel Süßzeug. Ich bestehe darauf, dass die Leute kapieren, was ich sage, wenn ich lehre oder im Gespräch bin. Ich tue, was immer nötig ist, um mich bedeutsamer und weniger leer zu fühlen. Oder ich halte mich zu einer Gemeinde, die zulässt, dass ich mich mit meiner Version deiner Geschichte zufriedengebe. Mir würden leicht noch ein Dutzend weiterer Wege einfallen, wie ich davor zurückweiche, deine Geschichte zu erzählen.

Der Glaube, den du bei mir sehen möchtest, ist um vieles stärker und sicherer verankert als der Glaube, den ich in mir selbst wahrnehme. All diese Vorbilder des Glaubens, die du in Hebräer 11 aufzählst, lassen meinen Glauben umso schwächer erscheinen, besonders das Beispiel in Vers 35. Dort sprichst du, ohne ihre Namen zu nennen, von Leuten, die gefoltert wurden und sich dennoch weigerten, ihre Freilassung zu erreichen, indem sie deine Geschichte aufgaben. Lieber setzten sie ihre ‹Hoffnung auf ihre Auferstehung›.

Dieses Beispiel geht mir wirklich nahe. Ich habe nachgeschlagen und herausgefunden, das ‹gequält› hier eine Übersetzung von *tympanizo* ist, was ‹zu Tode prügeln› bedeutet. Diese deine Nachfolger wurden wohl auf ein *tympanon* gespannt – eine radförmige Streckbank –, und während sie in Stücke gerissen wurden, schlugen ihre Folterer mit einer Keule oder einem Lederriemen auf sie ein. Vater, das Vertrauen darauf, dass deine Geschichte gut ist, geht mir schon flöten, wenn mein Fax nicht funktioniert. Was soll daraus werden, wenn ich auf eine Streckbank gespannt und geschlagen werde? Wie schafften es diese Christen, *nicht* zurückzuweichen?

Ich weiß, du möchtest, dass ich *glaube.* Dass ich das Vertrauen auf deine Seelen erquickende Güte bewahre, auch wenn ich in der übelsten Situation sitze und sich all meine Träume zerschlagen. Ich weiß, du möchtest, dass ich *warte,* dass ich mich an die fröhliche Hoffnung auf das bevorstehende Fest klammere, während ich verzweifelt danach lechze, jetzt schon glücklich zu sein. Ich weiß, du willst, dass ich *liebe.* Dass ich dich liebe, wenn der Arzt mir sagt, dass ich Krebs habe. Oder wenn mein Finanzberater mir sagt, dass ich pleite bin. Du willst, dass ich für andere da bin, wenn meine eigenen Schwierigkeiten mich zu überwältigen scheinen.

Aber Vater, *so ist es nicht!* Ich weiß, dein Sohn hat geglaubt und gewartet und geliebt, aber bei mir klappt das nicht, jedenfalls nicht annähernd in dem Maße, wie ich es mir wünsche. Wie kann ich verhindern, dass ich zurückweiche? Wie kann ich verhindern, dass ich das Vertrauen auf deine Liebesgeschichte wegwerfe, wenn ich nichts sehe, was mir wie ein Beweis deiner Liebe vorkommt? Wie kann ich dem perversen Vergnügen widerstehen, dir zu trotzen und zu tun, was immer ich kann, um mich besser zu fühlen, und es mir zur Priorität zu machen, ein angenehmeres, erfüllteres und zufriedeneres Leben zu haben?»

«Du könntest damit anfangen, dass du auf den Rat Martin Luthers hörst. Nachdem er alles gehört hätte, was du gerade gesagt hast, würde Luther mit dem Ratschlag antworten, den er sich selbst und seinen Freunden gab: ‹Wenn ihr glauben wollt, müsst ihr die Frage *Wie?* kreuzigen.› Wie alle Nachkommen Adams bist du ein geborener Schachspieler im Leben. Du möchtest immer wissen, welchen Zug du als Nächstes machen musst, um die Segnungen oder die Reife zu erlangen, die du dir wünschst.

Kreuzige die Frage ‹Wie?›. Hör auf, dahinterkommen zu wollen, was du tun kannst, um einen stärkeren Glauben, eine leuchtendere Hoffnung, eine reichlichere Liebe zu entwickeln. Trink weiter die Milch, die ich in deine Flasche gefüllt habe. Aber komm an meinen Tisch als ein Erwachsener, der bereit ist, Fleisch zu essen [5,11–14]*. Ich liebe dich zu sehr, als dass ich dir feste Nahrung vorenthalten würde.»

* Die englische *King James Version* benutzt an dieser Stelle den Ausdruck «Fleisch», wo bei den meisten anderen Übersetzungen «feste Speise» steht.

«Vater, hilf mir bitte, der Versuchung zu widerstehen, zurückzuweichen zu dem vertrauten Genuss leicht verdaulicher Milch. Gib mir das Fleisch, das meinen Glauben vertieft, mich an der Hoffnung festhalten lässt und mich zum Lieben befreit. Was willst du mir durch diesen Brief mitteilen, das ich hören und essen soll?»

«Da ist sehr vieles. Aber zunächst sollst du Folgendes hören – und mehr noch ‹daran kauen›:

**Mein Sohn dient dir in diesem Augenblick als dein Priester. Je besser du verstehst, was ich damit meine, dass mein Sohn dein Priester ‹nach der Ordnung Melchisedeks› ist, desto weniger wirst du dazu neigen, vor der Geschichte, die ich erzähle, trotzig zurückzuweichen.**

Sieh Jesus an – immer noch Mensch, aber nicht mehr auf der Erde. Immer noch der Gekreuzigte mit Nägelmalen in den Händen, aber nicht mehr am Kreuz. Immer noch auferstanden, aber nicht mehr sichtbar unter euch. Und immer noch zum Himmel aufgefahren, aber nicht mehr auffahrend durch die vor Teufeln wimmelnde Luft. Sieh Jesus dort, wo er jetzt ist – wo er ist, wenn du um zwei Uhr morgens in kaltem Schweiß gebadet aufwachst. Sieh ihn da, wo er ist, wenn du allein in einem Hotelzimmer mit der Versuchung kämpfst, dir Dinge anzuschauen, die nie an deine Augen dringen sollten. Da, wo er ist, wenn du am Boden zerstört bist über einen Verlust oder eine Ablehnung. Da, wo er ist, wenn dein eigenes Versagen dich in tiefe Verzweiflung hat stürzen lassen.

Ich möchte, dass du über die Worte einer Frau nachdenkst, die im vierzehnten Jahrhundert Jesus auf eine Weise zu sehen bekam, wie es nur wenigen je vergönnt ist. Sie trug Fleisch auf, das du nun zu kauen bereit bist. Tu es jetzt. Hör auf Juliana von Norwich: ‹Im Schauen Gottes fallen wir nicht, und im Schauen unserer selbst stehen wir nicht; sondern solange wir in diesem Leben sind, ist es nötig, dass wir beide zugleich schauen. Die höhere Schau erhält uns in der Freude und in der wahren Liebe Gottes, die niedrigere erhält uns in Gottesfurcht und Selbsterniedrigung. Unser lieber Herr möchte, dass wir viel mehr im Schauen auf ihn verharren und doch das Schauen auf uns selbst nicht ganz sein lassen, bis es so weit ist, dass wir nach oben gebracht werden, wo wir beim Herrn Jesus wohnen werden, wie unser Herz es sich wünscht, und von unendlicher Freude erfüllt werden, wenn wir ihn schauen, wie er ist.»

«Vater, wie bringst du das im Hebräerbrief zum Ausdruck? Wie kann es mir helfen, deinen Sohn zu sehen, wenn ich über sein Priestertum nach der Ordnung Melchisedeks nachdenke? Ich verstehe das nicht.»

«Das ist eine andere Art von Wie-Fragen. Es sind Fragen nach meinen Worten und meinen Wegen. Sie zielen nicht auf eine Formel, mit der du erreichst, dass dein Leben gelingt. Fragen, die deinen Wunsch widerspiegeln, mich zu kennen und mir nachzufolgen, sind gut. Das sind Fragen, die ich beantworten werde. Zuerst musst du dir klarmachen, dass Milch meine Geschichte ist, einfach erzählt. Hör nie auf, sie zu trinken. Fleisch ist dieselbe Geschichte, aber bis in die Tiefe erforscht. Du sollst es beharrlich kauen. Das Fleisch, das ich dir in diesem Brief auftrage, enthält folgende Wahrheiten:

- Die einzigartige Schönheit des Lebens und Todes meines Sohnes, die sichtbar macht, wer ich bin und wie ich Menschen begegne – all denen offenbart, die meine Herrlichkeit im Angesicht meines Sohnes sehen [2. Korinther 4,6; Hebräer 1,3].
- Die Überlegenheit meines Sohnes gegenüber den Engeln, die bei mir waren, als ich auf dem Sinai meinen Charakter offenbarte, indem ich das Gesetz gab [5. Mose 33,2; Hebräer 1]. Die Überlegenheit meines Sohnes gegenüber Mose, der mein Gesetz in Empfang nahm und mein Volk bei dem vergeblichen Versuch anführte, es zu halten [Hebräer 3]. Die Überlegenheit meines Sohnes gegenüber Josua, der mein Volk in eine Ruhe führte, die es sich nicht bewahren konnte [Hebräer 4,8]. Und die Überlegenheit meines Sohnes gegenüber Aaron, dem Priester, dessen Zurückweichen ihn daran hinderte, freien Zugang zu meiner Gegenwart zu haben. Aaron war ein Priester, weil er aus dem Stamm Levi stammte. Mein Sohn war ein Priester ‹nach der Kraft eines unauflöslichen Lebens› (Hebräer 7,15–16; Elberfelder).»

«Vater, ich ersticke schon fast an dem Fleisch, das du da beschreibst. Ich möchte mehr tun, als nur die Speisekarte zu studieren. Ich möchte das Mahl verdauen. Aber die Sache mit Melchisedek kapiere ich nicht.»

«Dann lass mich dir das Fleisch in kleine Stücke schneiden. Lies in 1. Mose 14,18–20 die drei Verse umfassende Geschichte des Mannes namens Melchisedek nach. Dann lies Psalm 110, wo David zum ersten Mal begriff, dass mein Volk eine andere Art von Priester brauchte als Aaron. Das sind mundgerechte Bissen Fleisch.

Melchisedek, der gerechte König, herrschte über Salem. Das bedeutet ‹Friede› und ist ein anderer Name für Jerusalem. Ich habe keinen Stammbaum für diesen König der Gerechtigkeit und des Friedens aufgezeichnet und erwähne nichts von seinem familiären Hintergrund oder seinem Tod. Warum nicht? Ich wollte ein Bild von dem kommenden Priester zeichnen, der im Gegensatz zu allen anderen Priestern nach der Ordnung Aarons zugleich ein König war: von dem Mann, der, ohne einen Anfang oder ein Ende zu haben, nach der Kraft seines unauflöslichen Lebens gleichzeitig als König über mein Volk herrschen und als Priester für mein Volk eintreten würde. Kein König Israels hätte die Funktion eines Priesters übernehmen können. Kein Priester in Israel wurde je König.

*Kein Führer Israels, weder König noch Priester, hatte je beständig Zugang zu meiner Gegenwart. Und kein Nachfolger meines Sohnes heute kann je auf der Grundlage eines untadeligen Lebens außer dem meines Sohnes vor mich treten.*

Melchisedek nahm den Zehnten von Abraham an, dem Vater des Glaubens. Das weist auf seine Überlegenheit gegenüber Abraham hin und zeigt in bildlicher Form meinen Sohn statt Abraham als den Urheber und Anfänger des Glaubens, den du brauchst, um mir und meiner Geschichte zu vertrauen.

*Und genau diesen Glauben gibt er durch meinen Geist auch dir. Er ist jetzt in dir und wartet beständig darauf, genährt und freigesetzt zu werden.*

Aaron verlor das Zutrauen zu meiner Geschichte unter anderem einmal, als er ungeduldig wurde, weil Mose so lange bei mir auf dem Berg blieb [2. Mose 32]. Mein Sohn wich nie auch nur ein einziges Mal davor zurück, seine eigene Geschichte zu erzählen. ER warf sein Vertrauen zu mir niemals fort, nicht einmal, als er auf das Tympanon des Kreuzes gespannt wurde. Er sündigte niemals, nicht einmal im Garten Gethsemane (einem Garten, der so ganz anders war als der, in dem Adam seine eigene Geschichte zu erzählen begann), als er qualvoll darüber weinte, wohin meine Geschichte ihn führen würde. Das war für mich unaussprechlich schwer mit anzusehen. Aber ich war nie stolzer auf meinen Sohn.

*Und du bist jetzt in ihm. Du hast Anteil an seinem Leben. Dir fehlt nichts, was du brauchst, um auch in den schlimmsten Umständen und unter den schmerzlichsten Gefühlen weiter voranzugehen.*

Er *erlitt* und *schmeckte* den Tod [Hebräer 2,9; Hfa/Luther]. Aaron schlachtete Tiere, um die Sünden zu bedecken. Mein Sohn lieferte sich absichtlich dem Tod aus, um die Sünde aus der Welt zu schaffen. Niemand nahm ihm sein Leben [Johannes 10,18]. *Aus eigenem Willen* erlitt er den Tod. Und er fügte sich meinem Plan, wonach er als das Passahlamm, das ‹über dem Feuer› gebraten wurde (2. Mose 12,8–9), einen qualvollen, langsamen Tod sterben sollte. Er schmeckte die Sünde in all ihrer Widerwärtigkeit und wich *niemals* vor meiner Geschichte zurück oder wandte sich von ihr ab. Ich liebe meinen Sohn.

*Nun rufe ich dich auf, zu leiden, wenn meine Geschichte es erfordert. Nicht wegen deiner Sünden, sondern um meine Würde zu offenbaren. Mein Geist gibt dir das Verlangen und die Kraft, dem Beispiel meines Sohnes zu folgen.*

Und als dein großer Hohepriester – nicht wie der sündige Aaron, der nur begrenzten Zugang zu meiner Gegenwart hatte, der eines ganz normalen Todes starb und in seinem Grab blieb, sondern wie Melchisedek, der in bildlicher Form weder sündigte noch starb – weiß mein Sohn jetzt genau, was du durchmachst und wie schwer es für dich ist, nicht zurückzuweichen. Er spürt, wie stark deine Versuchung ist, dem Tympanon zu entkommen, dich von meiner Geschichte loszusagen und lieber deine eigene zu erzählen. Er weiß, wie sehr es dich zieht, dich auf jede erdenkliche Weise zu schützen und lieber das lauwarme Gut-genug-Christsein zu leben, das mein Sohn und ich so gründlich verabscheuen. Und er hat dir schon das Leben gegeben, das du brauchst, um diese scheinbar unwiderstehliche Versuchung zu überwinden.

*Du wirst nie verstehen, wie gut er weiß, wie schwer es sein kann, meine Geschichte zu erzählen. Wenn du versucht bist, zurückzuweichen, spürt er die Versuchung mit dir. Wenn du nachgibst, vergibt er dir. Der Leistungsdruck ist weg. Das Verlangen danach, zu gehorchen, ist in dir. Es ist dasselbe Verlangen, das mein Sohn während seines ganzen Erdenlebens mitten in seinem Herzen trug und in Gethsemane und auf Golgatha am deutlichsten spürte.*

Kau dieses Fleisch langsam. Iss immer wieder einmal eine Portion davon. Bald wirst du darüber staunen, was für ein Vorrecht es ist, nicht selbst dahinterkommen zu müssen, wie du mehr Glauben entwickeln, mehr Hoffnung empfinden und liebevoller mit anderen umgehen kannst. Sondern du darfst zu mir kommen, wie du bist, und sehen, wie Jesus dich in meiner Gegenwart willkommen heißt. Dort kannst du nun vor mich treten, mit allem, was hässlich an dir ist, und musst nicht vergehen. Dort kannst du wissen, dass jemand die Versuchung, zurückzuweichen und dein Vertrauen auf meine Geschichte wegzuwerfen, versteht. Und dort kann das unauflösliche Leben, das nun als Geschenk in dir ist, zu Glauben, Warten und Lieben erweckt werden. Doch der Drang, zurückzuweichen, ist immer noch stark. Der Kampf geht weiter. Lerne deinen Retter, deinen Herrn, deinen König kennen, *deinen Priester nach der Ordnung Melchisedeks.* Je besser du ihn kennst, desto mehr wirst du die Freude andauernder Buße erfahren. Buße bringt dich näher zu ihm und lässt sein Leben reichlicher durch das deine fließen.»

«Dieses Gespräch war länger als die meisten anderen, und noch verwirrender, als ich erwartet hatte. Ich hatte nicht damit gerechnet, dass das Fleisch so schwer zu kauen sein würde. Aber die wenigen Bissen, die ich herunterbekommen habe, haben sehr gut geschmeckt. Vater, ich möchte Jesus sehen. Ich möchte ihn hoch erhoben sehen, und ich möchte mich selbst dort bei ihm sehen, auch wenn ich es niemals verdiene. Ich möchte deine Geschichte erzählen. Werde ich das je tun? Ich bin immer noch so sehr in Versuchung, zurückzuweichen.»

«Kau weiter. Du wirst merken, dass diese Speise dir Kraft gibt, zu glauben, zu warten und zu lieben, wenn die Aussicht, Miterbe meines Sohnes zu werden, dich antreibt, durch deinen Umgang mit anderen in schwierigen Zeiten meine Güte zu offenbaren. Das ist die Botschaft meines nächsten Briefes. Er ist eine weitere kräftige Fleischportion. Kau weiter.»

## 59. Liebesbrief
# Jakobus

## Rette deine Seele, indem du richtig lebst

«Vater, ich glaube, ich übersehe etwas. Das ist keine Überraschung. Aber wenn ich deinen 59. Liebesbrief lese, scheine ich etwas zu übersehen, was ich eigentlich sehen müsste von da aus, wo ich auf meiner Reise der Nachfolge im Moment stehe.

Wahrscheinlich ist es gar nicht so wichtig, aber ich glaube, du hast diesen kurzen Brief durch Jakobus, den Halbbruder deines Sohnes, geschrieben. Maria und Josef empfingen diesen Sohn auf natürliche Weise, nachdem Jesus auf einmalige, ungewöhnliche Weise auf die Welt gekommen war. Derselbe Jakobus war ein herausragender Leiter der Gemeinde in Jerusalem [Apostelgeschichte 15,13–21].

Beim Lesen dieses Briefes sind mir zwei Dinge aufgefallen, die mich beunruhigt haben. Erstens scheinst du dir selbst zu widersprechen. Durch Paulus hast du nicht den geringsten Zweifel daran gelassen, dass niemand seine Beziehung zu dir dadurch in Ordnung bringen kann, dass er Gutes tut [Galater 3,11]. Niemand wird durch gute Werke gerettet. Es geschieht allein durch den Glauben an deinen Sohn und an das, was er am Kreuz vollbracht hat [Epheser 2,8–9]. Paulus baute sein ganzes Verständnis von deinem Plan auf dem auf, was du zuvor durch Habakuk gesagt hattest: ‹Nur der wird Gottes Anerkennung finden und leben, der ihm vertraut› (Habakuk 2,4). Durch Paulus sagtest du Folgendes: ‹Durch sie zeigt Gott, wie er ist: Er sorgt dafür, dass unsere Schuld gesühnt wird und wir mit ihm Gemeinschaft haben können. Dies geschieht, wenn wir uns allein auf das verlassen, was Gott für uns getan hat› (Römer 1,17). Nur Glaube, keine Werke sind erforderlich, um das Heil zu verdienen. Durch Gnade bin ich errettet, durch den Glauben, nicht durch das gute Werk, richtig zu leben. Das hast du in deinen vorausgegangenen Briefen sehr deutlich gemacht.

In diesem Brief nun aber inspirierst du Jakobus dazu, zu schreiben: ‹Welchen Wert hat es, wenn jemand behauptet, an Christus zu glauben, aber an seinen Taten ist das nicht zu erkennen! Kann ihn ein solcher Glaube vor Gottes Urteil retten?› (2,14). Jakobus beantwortet diese Frage eindeutig mit Nein, glaube ich. Würde Paulus sie nicht mit Ja beantworten? Ein paar Verse später sagst du durch Jakobus: ‹Genauso nutzlos ist ein Glaube, der sich nicht in der Liebe zum Mitmenschen beweist: Er ist tot› (2,17). Und dann scheinst du mit den folgenden Worten noch klarer dem zu widersprechen, was du zuvor durch Habakuk und durch Paulus gesagt hast: ‹So wie der Körper ohne den Geist tot ist, so auch der Glaube ohne Taten› (2,26).

Ich bin in ziemlich guter Gesellschaft, wenn ich dir sage, dass mir das, was du im Jakobusbrief sagst, zu schaffen macht. Hat nicht Martin Luther diesen Brief eine ‹stroherne Epistel› genannt? Er war nicht einmal überzeugt davon, dass dieser 59. Brief wirklich von dir stammte. Ich gebe also zu, ich bin verwirrt. Was stimmt denn nun? Kommt das Heil durch den Glauben, ohne Werke? Oder durch Glauben plus Werke? Oder soll ich irgendwie deine Botschaft durch Habakuk und Paulus mit dem vermischen, was du jetzt durch Jakobus sagst? Wenn ja, dann weiß ich nicht, wie.

Das ist meine erste Reaktion. Die zweite ist diese: Dein Brief wirkt auf mich zerstreut. Er bringt mich dazu, mich zerstreut zu fühlen. Deine Worte in diesem Brief kommen mir vor wie eine wahllose Sammlung guter Tipps dazu, wie man richtig lebt. Ich soll *Probleme willkommen heißen* – du sagst mir, ich solle durchhalten und beten, bis ich durch die Nöte des Lebens zur Reife gelange [1,2–7]. *Schnell zum Hören* – ich soll hören, was du von mir willst, und nicht vergessen, es auch zu tun [1,19–27; 2,1–26]. *Langsam zum Reden* – du willst, dass ich aufpasse, was ich sage. Schon ein achtloses oder gemeines Wort aus meinem Mund kann tiefes Leid verursachen, und echte Demut zeigt sich in wenigen guten Worten und vielen guten Werken [1,19; 3,1–17]. *Langsam zum Zorn* – ich soll bekennen, dass mein Versagen in Beziehungen auf meine selbstgerechte, zornige Forderung zurückzuführen ist, dass das Leben und andere Menschen mir gefälligst alles zu geben haben, was ich will. Ich soll aufhören so zu lachen, als ob meine Seele schon gesund wäre. Stattdessen soll ich anfangen zu weinen darüber, wie viel selbstsüchtige Energie noch in mir steckt. Und ich soll aufhören, damit zu rechnen, dass ich auch morgen Gelegenheiten haben werde, dafür zu sorgen, dass mein Leben glatt läuft [1,19; 4,1–17].

Und dann fügst du noch ein paar deprimierende Ratschläge für Reiche hinzu. Sie sollen erkennen, dass sie eines Tages mit leeren

Händen dastehen werden, und in der Zwischenzeit sollen sie diejenigen, die für sie arbeiten, gut behandeln [5,1–6]. Darauf folgt eine nachdrückliche Aufforderung, geduldig zu sein, wenn das Leben schwer wird [5,7–12], zu beten, wenn ich Probleme habe oder krank bin [5,13–18], und zurückweichende Christen wieder auf den schmalen Weg zu führen [5,19–20].

Das sind natürlich alles gute Ratschläge. Aber es wirkt so zerstreut. Also ja, ich bin verwirrt über deine Lehre, wie man gerettet wird, und ich komme mir zerstreut vor, wenn ich mir deine Anweisungen anhöre, wie man richtig lebt. Nun, jetzt habe ich eine Menge geredet. So viel zum Thema *langsam zum Reden*. Schnell zum Hören war ich wohl auch nicht, schätze ich. Aber jetzt will ich zuhören. Was sagst du mir durch diesen Brief? Was habe ich übersehen?»

«Eine ganze Menge. Kau die nächsten Worte langsam durch. Sie sind kräftiges Fleisch. Durch den *Glauben* bist du bereits davor gerettet, die Ewigkeit ohne mich zu verbringen. Das habe ich schon zuvor gesagt, und so habe ich es auch gemeint. Ich meine immer, was ich sage. Und jetzt sage ich dir, dass du durch *Werke* deine Seele von einem Leben erretten kannst, das sich in der Ewigkeit als vergeudet erweisen wird. Da ist überhaupt kein Widerspruch. Gerechtfertigt vor mir bist du durch den Glauben an meinen Sohn, nicht dadurch, dass du richtig lebst. Als mein Kind wirst du einen Platz in meinem Reich, einen Sitz an meiner Tafel, eine Tanzkarte für mein Fest ererben. Das ist mein Geschenk an dich. Es ist dir sicher. Aber nun kannst du dich qualifizieren, mit meinem Sohn in dem kommenden Reich zu herrschen, indem du vor den anderen in dieser Welt richtig lebst.

Als du durch den Glauben vor mir gerechtfertigt wurdest und dir der Himmel als mein Geschenk zugesichert wurde, stellte mein Geist eine lebendige Verbindung zwischen mir und dir her, indem er mit dem Leben meines Sohnes in dir Wohnung nahm. Er *erneuerte* dich. Er gab dir ein neues Herz, ein neues, potenziell verzehrendes Verlangen danach, mich und andere Menschen zu lieben, was es dich auch kosten mag. Die Rechtfertigung *macht* dich zu meinem Kind. Die Erneuerung verschafft dir die Kraft, so zu *leben* wie mein Kind. Und da die Rechtfertigung immer durch Erneuerung bewerkstelligt wird, wird sich die Gegenwart des göttlichen Lebens in jedem gerechtfertigten

Menschen durch seine Art erweisen, mit anderen umzugehen, auch wenn dieser Erweis nur für mich sichtbar ist. Denk an Lot!

Du kannst *wissen*, dass du durch deine Zuversicht auf meinen Sohn und das, was er am Kreuz getan hat, gerettet bist: das Heil allein aus Gnade allein durch den Glauben. *Erfahren* kannst du dein Heil durch die wachsende Ähnlichkeit mit meinem Sohn. Und deine Motivation, so zu leben wie er, den Forderungen deines Fleisches zu widerstehen und dem Verlangen deines neuen Herzens nachzugeben, ergibt sich nicht aus deiner Hoffnung, in den Himmel zu kommen. Dein Platz dort ist dir durch Glauben ohne Werke bereits sicher. Sondern sie ergibt sich aus deiner Hoffnung, mir tiefere Freude zu machen, meine Absichten durch dich voranzubringen und die einzigartigen Privilegien zu genießen, die der Himmel denen vorbehält, die treu im Glauben sind.

In diesem 59. Brief leite ich dich an, ein Leben voller guter Werke zu führen, das dich dafür qualifiziert, als Miterbe meines Sohnes zu herrschen.»

«Vater, ich glaube, ich höre etwas, das mir bisher entgangen ist. Seit Jahren hat der Gedanke an mir genagt, dass nachlässige Christen und solche, die es mit ihrem Glauben ernst meinen, gleichermaßen die ganze Seligkeit des Himmels genießen werden. Das erschien mir nie ganz richtig. Aber wenn ich dich jetzt richtig verstehe, sagst du mir, dass Christen, die zurückweichen und in ihren Beziehungen ihre Selbstsucht nicht beständig beiseiteschieben, Christen, deren Liebe zu dir nur einen schwachen Ausdruck findet, zwar vor der Hölle gerettet werden und die Freuden des Himmels genießen werden, aber nur ‹so wie durchs Feuer hindurch› (1. Korinther 3,15; Luther). Und Christen, die dich zutiefst lieben lernen und den Preis zahlen wollen, nicht der Entmutigung nachzugeben und kein leichteres Leben zu fordern, werden denselben Himmel genießen, *aber ihre Freude wird irgendwie tiefer sein*. Ist es das, was du mir sagst?»

«Hör gut zu:

**Begreife, welche Aussicht du hast: Du wirst als Miterbe meines Sohnes sowohl in dem bereits angebrochenen als auch in dem noch nicht angebrochenen ewigen Königreich leben. Diese Aussicht wird dich antreiben, alles zu tun, um durch dein Leben**

**und deine Beziehungen meinen Charakter und meinen Plan sichtbar zu machen und mich und andere Menschen zu lieben, was es dich auch kosten mag – egal, ob du voller Freude und Mut oder voller Verzweiflung und Mutlosigkeit bist.**

Hinweise auf diese Wahrheit habe ich überall in meinem 59. Brief verstreut. Hier ist zum Beispiel einer: ‹Glücklich ist, wer die Bewährungsproben besteht und im Glauben festbleibt. Gott wird ihn mit dem Siegeskranz, dem ewigen Leben, krönen. Das hat er allen versprochen, die ihn lieben› (1,12). Sagt dir dieser Vers, wie du deine Seele vor dem ewigen Tod bewahrst, oder sagt er dir, wie du deine Seele vor dem Tod eines vergeudeten Lebens bewahrst?»

«Das Letztere, nehme ich an?»

«Natürlich. Hier ist noch ein Hinweis: ‹Hat Gott nicht gerade die erwählt, die vor der Welt arm sind? Sie sollen im Glauben reich werden, und Gott wird sie in seine neue Welt aufnehmen, die er allen zugesagt hat, die ihn lieben› (2,5). Lass mich diesen Vers noch mehr verdeutlichen.

Schon ein *kleiner* Glaube, den du meinem Sohn aufrichtig entgegenbringst, sichert dir deine Einladung zum Fest. Du wirst für immer in meiner Gegenwart leben. Du wirst tanzen. Doch ein *reicher* Glaube, der sich auch in schrecklicher Not bewährt, verschafft dir einen Anteil an dem Erbe, das ich meinem Sohn als dem König der Könige, dem ewigen und höchsten Herrscher über sein Reich, übergebe. Erinnere dich an das, was ich durch Paulus sagte, als er kurz davor war, von einem römischen Gericht zum Tode verurteilt zu werden: ‹Leiden wir hier mit ihm, werden wir auch mit ihm herrschen› (2. Timotheus 2,12).

Alle meine Kinder sind meine Erben. Aber nur meine treuen Kinder, die treu durch Leiden für meinen Sohn ausharren, werden Miterben meines Sohnes am Erbe seiner Herrlichkeit sein. Das habe ich schon in einem früheren Brief deutlich gemacht. Hör zu: ‹Als seine Kinder aber sind wir – gemeinsam mit Christus – auch seine Erben. Und leiden wir jetzt mit Christus, werden wir einmal auch seine Herrlichkeit mit ihm teilen› (Römer 8,17).

Alle meine Kinder werden auf meinem Fest tanzen und bis zum Überfließen mit Freude gesegnet werden. Aber nur meine treuen Kinder werden gemeinsam mit meinem Sohn den Tanz anführen. Der Glaube allein bringt dich zum Fest. Und doch gilt, was einer meiner Diener so ausgedrückt hat: ‹Es stimmt zwar, dass wir durch den Glauben allein gerettet werden, aber der rettende Glaube ist niemals allein.› Rechtfertigender Glaube ist immer von einem erneuerten Leben begleitet, und dieses Leben *wird* sich sichtbar zeigen – wenn auch vielleicht nur für meine Augen.

Doch wenn dein Glaube zu einem verzehrenden Verlangen führt, mich und andere Menschen um jeden Preis zu lieben, wenn dein Glaube beständig von guten Werken begleitet ist, dann wird dein Leben in dieser Welt nicht vergeudet sein. Und dein Leben in der nächsten Welt wird auf einzigartige Weise gesegnet sein. Begreife diese Wahrheit, und du wirst die Kraft finden, weiter auf dem schmalen Weg zum Leben zu gehen, dein Leben mit guten Werken anzufüllen und deinen Lieblingsversuchungen zu widerstehen.

Ich möchte, dass du jetzt schon anfängst zu tanzen. In diesem Brief stelle ich die Grundschritte für Anfänger dar. *Sei schnell zum Hören* auf alles, was ich sage, und halte die Ohren offen, was auch geschieht. Vergiss nie meine Worte. Lebe sie jeden Tag aus. *Sei langsam zum Reden:* Mach dir klar, dass du mehr zu hören als zu sagen hast. Und *sei langsam zum Zorn*. Zorn um meinetwillen ist gut. Aber ein Zorn, der aus dem Pfuhl deiner fordernden Haltung entspringt, ist schlecht. Warte ab, bis du dir sicher bist, dass dein Zorn heilig ist, bevor du ihm Ausdruck gibst.

Im Jakobusbrief habe ich Klartext geredet. Abraham wurde in meine Familie aufgenommen, weil er an mich glaubte. Doch durch seine Bereitschaft, seinen Sohn zu opfern, bewies er einen reichen Glauben, der ihn zum Miterben meines Sohnes qualifizierte [Jakobus 2,21–24]. Und Rahab wurde, obwohl sie eine Prostituierte war, in meiner Familie willkommen geheißen, als sie mir genug Vertrauen entgegenbrachte, um Israels Kundschafter in ihrem Haus aufzunehmen [Hebräer 11,31]. Doch sie wurde für würdig erachtet, den Tanz mit anzuführen, als sie die Feinde ihres Volkes nicht nur aufnahm, sondern ihnen auch ‹auf sicherem Weg die Flucht ermöglichte› (Jakobus 2,25), so dass sie die Kultur vernichten konnten, auf der Rahabs sündige Lebensweise beruhte. Und nachdem sie ihnen zur Flucht verholfen hatte, weigerte sie sich unter großer Gefahr für sich selbst, die israelitischen Kundschafter zu verraten, und verließ sich ganz auf mich, dass ich ihr das Leben geben würde, für das ich sie geschaffen hatte. Der reiche Glaube, der sich in ihren guten Werken widerspiegelte, machte sie würdig, Miterbin meines Sohnes zu sein.

Ich habe deine Seele vor der ewigen Trennung von mir gerettet, als du dein Vertrauen auf meinen Sohn setztest. Nun rette du deine Seele vor einem vergeudeten Leben, indem du auf mich hörst. Indem du deine Zunge gebrauchst, um mich zu preisen und meinen Plan voranzubringen. Und indem du Zorn nur dann ausdrückst, wenn das, was dir Anstoß gibt, auch mir Anstoß gibt. Indem du das tust, wirst du deine Seele davor bewahren, die einzigartige Freude zu verpassen, mit meinem Sohn in der Herrlichkeit seiner wohlverdienten Herrschaft zu regieren und mit ihm den Tanz anzuführen.»

«Danke. Du hast mir meine Verwirrung genommen und sie durch begeisterte Vorfreude ersetzt. Und mein Gefühl der Zerstreutheit weicht nun einer klaren Ausrichtung auf Tanzschritte, die ich stetig üben muss. Wieder einmal hast du mir gezeigt, was ich ohne dich nicht sehen konnte. Die Aussicht, den Tanz mit anzuführen, setzt etwas Gutes in mir frei. Eine Energie, die meinem Verlangen entgegenwirkt, mir illegitime Linderung zu verschaffen, wenn ich mich verletzt fühle, oder nach falscher Befriedigung zu streben, wenn ich mich leer fühle. Doch wie immer brauche ich noch mehr. Ich habe das Bedürfnis, vom Wunder deiner Gnade überwältigt zu werden. Nur die tiefe Dankbarkeit für deine wahre Gnade kann meine immer noch fleischliche Seele überwinden.»

«Du bist nun bereit, meinen nächsten Brief zu lesen.»

# *60. Liebesbrief*

## 1. Petrus

## Bald! Nur noch kurze Zeit. Bald!

«Vater, ich würde dir gerne etwas aus diesem nächsten Brief zitieren, was mich verwirrt. Folgendes lese ich in 1. Petrus 3,19–20. Nachdem du gesagt hast, dass dein Sohn starb und dann durch den Geist wieder lebendig gemacht wurde, schreibst du, dass er (Jesus?) in diesem (dem Geist?) ‹auch hingegangen und [...] den Geistern im Gefängnis gepredigt [habe], die einst ungehorsam gewesen waren, als die Langmut Gottes in den Tagen Noahs abwartete, während die Arche gebaut wurde› (Elberfelder).

Ich weiß, dass die Theologen unterschiedlicher Ansicht über diese beiden Verse sind, aber die Auslegung, die mir am sinnvollsten erscheint, besagt, dein Sohn habe durch Noah dessen Zeitgenossen angekündigt, es stehe eine Flut bevor, wie sie sie noch nie erlebt hätten, und zwar bald! Aber sie lachten nur darüber und machten sich lustig über den Gedanken, es werde nicht mehr oder weniger so weiterlaufen, wie es immer gelaufen war. Und noch etwas. Du nennst sie ‹Geister im Gefängnis›, weil ...»

> «Soll ich deine Seele mit lebensverändernder Kraft durchdringen, oder ist es dir lieber, wenn ich mit akademischer Erkenntnis deine Neugier befriedige?»

«Kannst du nicht beides tun?»

> «Wenn du meine zentrale Botschaft der Liebe in diesem Brief begriffen hast, dann werde ich dich alles wissen lassen, was du an scheinbar obskuren Feinheiten wissen musst, um mir näherzukommen. Aber fangen wir unser Gespräch an einem anderen Punkt an. Sag mir, was dich bewegt hat, als du meinen 60. Brief gelesen hast.»

«Nun, als ich den 1. Petrusbrief las, kam mir wie aus dem Nichts die beunruhigende Möglichkeit in den Sinn, dass etwas Schlimmes passieren könnte, und löste sofort Panik bei mir aus. Es fühlte sich an, als hätte mir jemand tief in meinem Innern einen so harten Schlag versetzt, dass meiner Seele die Luft wegblieb.

Du sagst mir in diesem Brief (wie auch in fast jedem vorausgegangenen), ich solle nicht damit rechnen, dass alles immer gut läuft, jedenfalls nicht vor dem Himmel. Das habe ich kapiert. Und im Jakobusbrief hast du mich aufgefordert, unvorhergesehene Probleme willkommen zu heißen. Das kapiere ich auch noch irgendwie. Aber dann sagst du mir, ich solle sie nicht nur willkommen heißen, sondern noch einen Schritt weitergehen. In diesem Brief willst du, dass ich geradezu *juble*, wenn etwas Schlimmes passiert, und (zumindest glaube ich, dass du das sagst) dass ich sogar über die Aussicht juble, dass etwas Schlimmes passieren könnte [1,6], weil ich dann in diesem Leben ‹mit Christus› leide (4,12–13). Da komme ich nicht mehr mit. Und ich tue das auch nicht, zumindest nicht sehr gut und nicht beständig. Allzu oft sehe ich Problemen mit Furcht entgegen.»

«Glaubst du mir denn, im Gegensatz zu den Spöttern in Noahs Zeiten?»

«Ich glaube dir mehr denn je, aber offenbar immer noch nicht genug. Vater, wir haben uns jetzt über 59 deiner Briefe unterhalten. Und mit diesem haben wir nur noch sieben vor uns. Und (ich weiß, das habe ich schon ein paar Mal gesagt) ich hatte gedacht, ich würde an diesem Punkt geistlich schon erheblich weiter gekommen sein. Doch jeden Tag werde ich daran erinnert, dass ich immer noch weit davon entfernt bin, so zu denken und zu fühlen und zu leben wie dein Sohn.»

«Du bist betrübt. Das war mein Sohn auch. Im Garten Gethsemane überfielen ihn ‹tiefe Traurigkeit und Angst› (Markus 14,33). Sein Leben war emotional keineswegs immer angenehm. Und sein Tod war grauenhaft. Die Aussicht auf das Kreuz ließ ihn verzagen.»

«Ja, ich weiß. Aber weder die Aussicht noch die Erfahrung der Not erschreckte ihn so sehr, dass er sich von seinem Weg abbringen ließ. Nicht ein einziges Mal. Nicht eine Sekunde lang. Bei mir ist das anders. Vater, wie lange noch? Wie lange dauert es noch, bis ich der Mensch werde, der ich sein möchte? Bis ich mir deiner Herrlichkeit ganz und gar bewusst werde?»

«Bald! Nur noch kurze Zeit. Bald!»

«In diesem Brief, Vater, wiederholst du zwei Mal diese Formulierung ‹nur noch kurze Zeit›. Beim ersten Mal [1,6] höre ich dich sagen, dass ich in kurzer Zeit auf deinem Fest tanzen werde und dass alles, was jetzt geschieht, auch jeder Moment des Leidens, eine Tanzstunde ist, die mich auf diesen Tag vorbereitet. Beim zweiten Mal [5,10] scheinst du mir zuzusichern, dass ich in kurzer Zeit – *aber noch in diesem Leben, bevor ich in den Himmel komme* – im Takt deines Geistes zu allem tanzen werde, was das Leben mir in den Weg legt.

Ich weiß nicht, warum, aber diese Verheißung, dass ich in hohem Maße geistlich geprägt sein werde, ehe ich sterbe, hat etwas in mir ausgelöst. Mir fiel etwas ein, was Meister Eckhart vor Jahrhunderten geschrieben hat: ‹Gott ist zu Hause. Wir sind es, die auf einen Spaziergang fort sind.›

Vater, genauso ist es bei mir. Du lässt mich in einer Welt leben, von der ich weiß, dass sie nicht mein Zuhause ist. Trotzdem bin ich jeden Tag in Versuchung, einen Spaziergang in meine Kultur zu machen, mich anzupassen. Gerade so weit, dass ich das Gefühl habe, ich gehörte hierher, dass ich mich mit meinem Leben in dieser Welt wohlfühle und Frieden damit habe. Ich komme mir vor wie ein Ausländer in meiner eigenen Umgebung. Manchmal geht es mir sogar in der Gemeinde so, und das gefällt mir nicht.»

«Du bist ein Ausländer, und das traf auch für die ursprünglichen Empfänger dieses Briefes zu. Durch Petrus schrieb ich meinen 60. Brief an jüdische Christen, die gezwungen worden waren, ihre Häuser zu verlassen. Sie lebten als *Fremde* [1,1]. Dieses Wort wählte ich, um meine Nachfolger als heilige Außenseiter zu kennzeichnen in einer Nachbarschaft von Menschen, die die radikale Botschaft meines Sohnes ablehnten. Diese Leute fühlten sich in ihrer gottlosen Kultur wohl und zu Hause. Dein Zuhause bin ich. Und du darfst jetzt nach Hause kommen. Du darfst dich in mir häuslich einrichten. Du kannst in erheblichem Maße in meiner Gegenwart leben und schon jetzt die Liebe, den Frieden und die Freude sichtbar machen, die dich in Ewigkeit erfüllen werden. Nur kannst du mich in diesem Leben noch nicht mit der unvermengten und unangreifbaren Befriedigung erfahren, die du im nächsten erleben wirst.»

«Und das ist der Punkt, an dem ich feststecke. Es gelingt mir anscheinend nicht, dir so nahezukommen, dass ich meine Schuhe ausziehen und mich entspannen könnte. Aber so viele Kompromisse schließen, dass ich es mir in dieser Welt so gemütlich wie möglich machen könnte, kann ich auch nicht. Vater, es ist schwer, sich nirgendwo wirklich zu Hause fühlen zu können. Ich würde gern diese Welt ein wenig mehr als mein Zuhause empfinden, auch wenn ich weiß, dass sie es nicht ist und ich nur auf der Durchreise bin. Ist das so falsch?»

«ICH BIN dein Zuhause. Ich will nicht, dass du ohne mich zu einem Spaziergang ausgehst.»

«Okay, aber wann werde ich denn lernen, so tief in deiner Liebe zu ruhen und so fest auf deinen Plan zu hoffen, dass ich diese Art von Glauben habe? Die Art, die meine Ängste stillt und mir hilft, den guten Kampf zu kämpfen? Die mir hilft, auf dem schmalen Weg zu bleiben, der durch eine enttäuschende Welt hin zu einem Zuhause führt, das ich aber jetzt noch nicht vollkommen genießen kann?»

«Bald! Nur noch kurze Zeit. Bald! Hör auf das, was ich dir durch diesen 60. Liebesbrief sage:

**Ich werde dich niemals mit falscher Hoffnung täuschen.**

Das, was du dir im nächsten Leben erwartest, und die Reife, nach der du dich schon in diesem Leben sehnst, werden kommen. Niemand, der sein Vertrauen auf mich setzt, wird beschämt werden [2,6].»

«Vater, ich glaube dir. Aber einen Tag lang zu warten, ist eine Sache. Ein Jahrzehnt lang zu warten, ist eine völlig andere. Und dass du dieses Versprechen gegeben hast, ist schon zweitausend Jahre her. Es fällt mir unendlich schwer, eine unbestimmte, lange Zeit auf etwas zu warten, was ich unbedingt erleben möchte. Und während ich darauf warte, fällt es mir umso schwerer, meinen Blick nicht auf die Dinge zu richten, die ich jetzt schon bekommen kann. Es ist leichter, sich in einer Welt zu Hause zu fühlen, die ich sehen kann, als bei einer Person, die ich nie gesehen habe.»

«Ich schließe meinen 60. Liebesbrief damit, dass ich *meinen* Fremden damals und heute sage, warum ich diesen ‹kurzen Brief› geschrieben habe: ‹Damit wollte ich euch Mut machen und euch bezeugen, dass Gott barmherzig ist und euch wirklich liebt. Daran haltet fest!› (5,12).

Meine Gnade wird dir genügen, um die Wartezeit gut zu gestalten, wenn du:

- dich innerlich aufs Handeln einstellst [1,13],
- verstehst, was ich meine, wenn ich sage, dass die Wunden meines Sohnes dich geheilt haben [2,24], und
- damit rechnest, dass ich dich vollkommen machen werde [5,10; Elberfelder].»

«Kannst du mir das genauer erläutern, Vater? Ich höre zu. Ich möchte meine Wartezeit gut gestalten.»

«Allzu viele meiner Nachfolger stellen sich innerlich auf ein behagliches Leben ein. Ich möchte, dass du dich aufs *Handeln* einstellst. Lebe in der tragischen Kluft zwischen Wunsch und Wirklichkeit, zwischen dem, was du willst, und dem, was du jetzt bekommen kannst. Buddha lehrte seine Anhänger, nicht in dieser Kluft zu *warten*, sondern sie zu *schließen*, indem sie ihre Wünsche abtöteten und nichts wollten, was außerhalb ihrer unmittelbaren Reichweite lag. Und viel zu viele meiner Nachfolger, die sich Christen nennen, leben als praktizierende Buddhisten.

Sie verleugnen jeden Wunsch, den nichts in dieser Welt befriedigen kann, und lassen nur diejenigen Wünsche in sich zu, für die es schon jetzt, in dieser Welt, Hoffnung auf Befriedigung gibt – noch eher als bald, in weniger als meiner kurzen Zeit. Wer mir nachfolgt, wird stöhnen, wird als Fremder in einer Welt leben, die ihn letztlich nur enttäuschen kann. Aber mach dir bewusst: Nur in der empfundenen und angenommenen Spannung unerfüllter Sehnsüchte kannst du dich innerlich aufs Handeln statt auf ein angenehmes Leben einstellen – darauf, als ein Fremder zu leben, der alles daransetzt, mein Reich auf die Erde zu bringen. Nur in dieser Spannung wirst du dich von meinem Wort und meinem Geist so abhängig machen, dass du dich in die Schlacht begibst, in der dir der Sieg sicher ist.

Und ich möchte, dass du *die Heilung verstehst, die ich durch die Wunden meines Sohnes schenke.* Allen Behauptungen der Wohlfühlprediger zum Trotz habe ich nie versprochen, alle Krankheit, Armut, Arbeitslosigkeit, alle schmerzhaften Emotionen oder Beziehungsprobleme zu heilen – nicht, ehe ihr im Himmel seid. Das sind alles zweitrangige Dinge. Manchmal schenke ich solche Heilungen in dieser Welt. Manchmal tue ich es nicht. Du darfst um sie beten, aber du darfst sie nie fordern. Erwarte nicht von mir, dass ich Versprechungen halte, die ich nie gemacht habe.

In erster Linie geht es darum, dass du zu mir nach Hause kommst. Ich werde jedes Hindernis heilen, das dich davon abhält, den Weg nach Hause zu finden. Hör auf meine Worte: ‹Durch seine Wunden hat Christus uns geheilt. Früher seid ihr herumgeirrt wie Schafe, die sich verlaufen hatten. Aber jetzt habt ihr zu eurem Hirten zurückgefunden, zu Christus, der euch auf den rechten Weg führt und schützt› (2,24–25). Ich heile Verirrungen, aber keine Schwierigkeiten. Ich mache die Reise möglich, aber nicht leicht.

In Matthäus 13,15 beklage ich, dass die störrisch Verblendeten sich nicht heilen lassen. Es ist die gleiche Verblendung, die dich davon abhält, den Weg nach Hause zu finden. In Matthäus 11,28–30 verspricht mein Sohn, die Beschwernis der Seele zu heilen, die so stark ist, dass sie dir den Weg nach Hause versperren kann. In Hebräer 13,21 verspreche ich dir meine Kraft, um deine moralische Schwäche zu heilen, die dir dabei im Weg steht, deinen Weg nach Hause zu finden.

Mach dir klar: Weil die Wunden meines Sohnes dich von allem geheilt haben, was deinem Nachhausekommen zu mir im Weg steht, kannst du nun *erwarten, dass ich dich erneuern werde.* Ich werde deine Seele heil machen, wie ich die Fischernetze von Jakobus und Johannes heil gemacht habe, so dass sie wieder ihren Zweck erfüllen konnten (das *flickten* in ‹flickten ihre Netze› in Markus 1,19 ist dasselbe Wort, das in 1. Petrus 5,10 (Elberfelder) mit ‹vollkommen machen› übersetzt wird).

Rechne damit, reich zugerüstet zu werden, um meine Liebesgeschichte in allen Situationen zu erzählen – egal, welche Probleme du erlebst oder vor dir siehst oder durch was für eine Zeit der Dürre, der Mutlosigkeit und der Verzweiflung du gehst. Ich werde dir die Kraft geben, auf dem schmalen Weg, der dich zum Leben mit meinem Sohn führt, zu tanzen. Ich werde dich in deinem Glauben so fest machen, dass du der Versuchung widerstehen kannst, einen langen Spaziergang in dieser Welt zu machen. Und ich werde dich standhaft machen, fest gegründet in einer unzerstörbaren Hoffnung und so frei von deinem Kreisen um dich selbst, dass du andere wichtiger nehmen kannst als dich selbst [1. Petrus 5,10]. *Ich werde dich niemals mit falscher Hoffnung täuschen.*

Erzähle meine Geschichte von der leidenden Liebe als ein Fremder, der unter menschlichen Regierungen lebt, auch unter schlechten [2,13–17]. Als ein Arbeiter, der seinem Arbeitgeber gegenüber verantwortlich ist, selbst wenn es ein ungerechter Chef ist [2,18–20]. Als Partner in einer Ehe, ob es nun eine erfüllende oder eine schwierige Ehe ist [3,1–7]. Als Beteiligter an Beziehungen aller Art [3,8–17]. Und ganz besonders in deiner leitenden Rolle unter meinen Kindern, egal, wie blind sie für meine Wahrheit zu sein scheinen [5,1–9].

Bald, in kurzer Zeit, wirst du rhythmischer durch das Leben in dieser Welt tanzen, als du es je für möglich gehalten hast. Es geschieht schon jetzt, mehr, als du merkst! Und bald, in kurzer Zeit, wirst du für immer perfekt im Takt der himmlischen Musik tanzen. *Mein Sohn wird wiederkommen*. Ich werde dich niemals mit falscher Hoffnung täuschen.»

«Vater, ich will auf dich zugehen, nicht von dir weg. Und ich will das zusammen mit deiner Gemeinde tun. Aber manchmal komme ich mir nicht nur in dieser Welt, sondern auch in der Gemeinde wie ein Fremder vor. Was ist da nur los?»

«Durch Paulus habe ich dir schon zuvor gesagt, dass in den letzten Tagen schreckliche Zeiten in der Gemeinde kommen werden [2. Timotheus 3,1]. In diesen Tagen lebst du jetzt. In meinen nächsten fünf Briefen decke ich die falschen Lehren und fleischlichen Lebensweisen auf, die unter meinen Nachfolgern durchaus für christlich gehalten werden, ehe mein Sohn zurückkehrt. Lies weiter und sei auf der Hut. Stell dich fest in meine wahre Gnade. Stell dich innerlich aufs Handeln ein. Mach dir bewusst, dass deine Neigung, von mir wegzugehen, durch die Wunden meines Sohnes geheilt ist. Sie kann dich nicht mehr beherrschen. Rechne damit, erneuert zu werden. Gestalte deine Wartezeit gut!»

# *61. Liebesbrief*

# 2. Petrus

## Ich weiß, wie ich meine Kinder von ihrem schlimmsten Problem befreien kann

«Vater, jetzt ist vielleicht nicht der beste Zeitpunkt, um mit dir über deinen nächsten Brief zu reden. Ich stecke gerade mitten in …»

«Ich weiß, was du durchmachst. Ich weiß, du hast Angst. Und ich weiß, du bist frustriert darüber, wie sehr du manchmal in deinen Beziehungen versagst. Ich weiß auch, dass du stark in Versuchung bist, deiner Angst und Mutlosigkeit durch eine rasche, leichte Linderung zu entfliehen.

Aber ich sehe auch das Gute, das mein Geist in dir bewirkt, während du ängstlich auf den Anruf des Arztes wartest. Ich weiß, was er weiterhin Gutes in dir bewirken wird, ob die Nachricht nun deine Angst verstärken oder herrliche Erleichterung bringen wird. Und ich möchte, dass du weißt, dass dein Versagen in Beziehungen nur deinen Stolz entmutigt und dich zugleich darin bestärkt, dich für das Gelingen deiner Beziehungen ganz auf mich zu verlassen. Mach dir auch Folgendes bewusst: Deine eigentliche Versuchung besteht darin, deine Angst und dein Versagen als Vorwand zu gebrauchen, um von mir wegzugehen zu Annehmlichkeiten, die du dir selbst verschaffen kannst.

Ich sage es mit einem Lächeln: Mein Timing ist nie falsch. Jetzt ist der perfekte Zeitpunkt, um die Botschaft meines 61. Liebesbriefes an dich zu hören. Mein Plan für dein Leben ist nicht gefährdet. Ich weiß, wie ich meine Kinder von ihrem schlimmsten Problem befreien kann, egal, in welchen Schwierigkeiten sie stecken [2. Petrus 2,9]. Nöte und Probleme geben meinem Geist die Gelegenheit, die göttliche Natur in dir zu stärken und freizusetzen – dieselbe Natur, die in meinem Sohn so strahlend sichtbar wurde, wenn ihm Probleme begegneten [2. Petrus 1,3–4; Lukas 22,28].»

«Vater, ich habe Angst. Und ja, ich bin entmutigt. Ich hatte es so noch nicht gesehen, aber ich schätze, es ist tatsächlich mein Stolz, der verletzt ist. Ich kriege das Leben einfach nicht so in den Griff, wie ich es möchte. Und ich spüre den Trotz hinter meinem Drang, alles zu tun, um mich besser zu fühlen, und sei es nur für einen Moment. Hast du denn über dieses ganze Durcheinander in deinem Brief etwas zu sagen?»

«Ich nehme an, du hast meine Worte an dich in 2. Petrus 1,3–4 gelesen?»

«Heute schon ein Dutzend Mal.»

«Dann lies sie noch einmal, aber diesmal als Worte von dir an mich.»

«Gut. ‹Du hast mir alles geschenkt, was ich brauche, um zu leben, wie es dir gefällt. Denn ich habe dich kennengelernt; du hast mich in deiner Macht und Herrlichkeit zu einem neuen Leben berufen. Dadurch hast du mir das Größte und Wertvollste überhaupt geschenkt: Du hast mir zugesagt, dass ich an deinem ewigen Wesen und Leben Anteil haben werde. Denn ich bin dem Verderben entronnen, das durch die menschlichen Leidenschaften und Begierden in die Welt gekommen ist.›

Vater, ich glaube, ich halte fest an deiner Gnade, wie du es mir am Ende deines ersten Briefes durch Petrus gesagt hast [1. Petrus 5,12]. Zumindest gebe ich sie nicht auf. Aber ich weiß nicht, ob mir sonderlich gut gelingt, wozu du mich am Ende dieses zweiten Briefes aufforderst, nämlich in dieser Gnade zu wachsen [2. Petrus 3,19].

Erst gestern zum Beispiel rief mich ein guter Freund an und sagte mir, er werde morgen mit seiner Frau zu einem einmonatigen Urlaub in Europa aufbrechen. Ich wurde sofort neidisch und fühlte mich ein wenig überlegen. Ungebeten, aber nicht unwillkommen, gingen mir furchtbare Gedanken wie diese durch den Kopf: Während er durch Frankreich und Italien reisen wird, werde ich dich durch deine Liebesbriefe weiter zu mir reden hören. Ich habe Gemeinschaft mit dir. Er nicht!

Vater, das ist erbärmlich. Es ist schrecklich. Ich bin ein geborener Richter, ein selbst ernannter Kritiker. Werde ich je reif genug sein, um dieses weltliche Selbstmitleid und diesen stolzen, verurteilenden Geist hinter mir zu lassen?»

«Bevor du in den Himmel kommst, wirst du nie so reif sein, dass du nicht mehr gegen die fleischliche Bosheit in deinen Beziehungen ankämpfen müsstest. Aber es steckt etwas anderes in dir, etwas Besseres, und zwar tiefer in deinem Herzen als dein natürliches Kreisen um dich selbst. Hör zu, was ich dir durch diesen Brief sage:

**Du hast nun Anteil an meinem Wesen. Du hast in dir die Kraft, die du brauchst, um jedem natürlichen Impuls zu widerstehen, der dich daran hindert, andere so zu lieben, wie ich dich liebe. Weder Angst, Versagen noch Versuchung sind stärker als die göttliche Kraft, die dir zur Verfügung steht und die dich auf dem schmalen Weg zum Leben weitergehen lässt.»**

«Wenn du mir sagst, dass ich Anteil an deinem Wesen habe, meinst du damit bestimmt nicht, dass ich zu einer vierten Person der Dreieinigkeit werden kann. Aber was meinst du dann?»

«Mein Wesen, also das, was in meiner Natur liegt, ist es, für das Wohlergehen anderer zu leben, was es mich auch kosten mag. Dein Wesen, also das, was in deiner Natur liegt, ist es, für dein eigenes Wohlergehen zu leben, was es mich oder andere auch kosten mag. Doch nun ist mein Wesen in dir, die heilige Neigung, zu lieben. Wenn du in deinen Beziehungen aus der Energie dieser Neigung heraus handelst, gestaltest du deine Beziehungen nicht auf natürliche, sondern auf übernatürliche Weise. Auf eine Weise, die höher steht als deine natürliche Neigung und mit ihr im Widerstreit liegt. Rechne also mit einem Kampf.

Dir ist all das Böse vergeben, das durch dein Wesen in deine Beziehungen hineingelangt. Und mein Sohn hat dich aus der Sklaverei des Kreisens um dich selbst freigekauft, so dass du nun im Einklang mit meinem Wesen leben kannst. Deshalb bist du jetzt in der Lage, nicht an deinen ‹eigenen Vorteil› zu denken, sondern ‹das Wohl der anderen› im Auge zu haben (Philipper 2,4) – genau, wie mein Sohn es tat, als er auf der Erde lebte.»

«Hast du diesen Vers eben nicht falsch zitiert? In meinem Exemplar deines Briefes an die Philipper heißt es: ‹Jeder achte nicht nur auf das eigene Wohl, sondern auch auf das der anderen.› Heißt das nicht, dass es okay ist, wenn ich mich um mich selbst kümmere, solange ich mich auch für das Wohlergehen anderer einsetze?»

«Das Wort ‹nur› steht nicht in dem Vers, den ich durch Paulus schrieb. Ich rufe dich auf, dich mit deinem Wohlergehen von mir abhängig zu machen, so wie mein Sohn sich von mir abhängig machte. Ich möchte, dass du über das hinaussiehst, was eine Beziehung dir bringt, und den Blick auf das richtest, was du in sie hineinbringen kannst. Als ein Leprakranker meinen Sohn bat, ihn zu heilen, erwiderte mein Sohn daraufhin nicht: ‹Und was springt für mich dabei heraus?› Er war niemals auf sein eigenes Wohl aus.»

«Vater, das ist nicht nur eine neue Art zu leben, das ist eine unmögliche Art zu leben. Ich kann doch meinem Verlangen danach, dass es mir gut geht, nicht entrinnen.»

«Das stimmt, dem Verlangen nach deinem eigenen Glück und Wohlergehen kannst du nicht entkommen. Und das will ich auch gar nicht von dir. Aber du kannst aufhören zu fordern, dass es dir gefälligst gut gehen möge. Nämlich, indem du mir dein Leben anvertraust und dich dann darum kümmerst, anderen durch die Art, wie du mit ihnen umgehst, mein Wesen sichtbar zu machen.

Das ist ein schmaler Weg, den nicht viele finden [Matthäus 7,13–14]. Erinnere dich, was Paulus über Timotheus und dann über andere sagte: ‹Mit niemandem bin ich im Glauben so verbunden wie mit Timotheus, und kein anderer wird sich so aufrichtig um euch kümmern wie er. Alle anderen beschäftigen sich mit ihren eigenen Angelegenheiten und nicht mit dem, was Jesus Christus will. Aber ihr wisst ja selbst, wie zuverlässig Timotheus ist. Wie ein Kind seinem Vater hilft, so hat er sich eingesetzt und mit mir die rettende Botschaft verkündet› (Philipper 2,20–22).

Ich habe Petrus ausgewählt, um euch diese Botschaft zu bringen, weil er mit zwei anderen meinen Sohn in der ganzen Herrlichkeit seines göttlichen Wesens gesehen hat [Matthäus 17,1–8]. Der strahlende Glanz der vollkommenen Liebe drang in Petrus' Seele ein, bis er für alles Geringere blind war. Es dauerte ein bisschen, aber dann sah er, wie das Licht einer neuen Lebensweise in seine dunkle Welt und in sein finsteres Herz hineinstrahlte. Und als nach Pfingsten mein Geist seine Wünsche in die Hand nahm, lebte Petrus für den Tag, an dem er wie mein Sohn anderen in vollkommener Liebe begegnen würde. Er sehnte sich danach, dass der Morgenstern meines Wesens in seinem Herzen aufgehen und ihn in den Menschen verwandeln würde, den ich aus ihm machen wollte: ein Ebenbild des Mannes, den er auf dem Berg der Verklärung gesehen hatte [2. Petrus 1,19].»

«Vater, wie Jesaja sehe ich deinen Sohn so hoch erhoben, dass mir umso bewusster wird, wie tief ich gefallen bin [Jesaja 6,1–6]. Mich durchströmt eine Vision davon, wie dein Geist mich höher emporheben kann, als ich es mir je hätte träumen lassen. Und all das finde ich im ersten Kapitel dieses Briefes.

Aber ich bin verwirrt. Erst begeisterst du mich mit so hochfliegenden Möglichkeiten und so unglaublichen Wirklichkeiten – ich habe tatsächlich Anteil an deinem Wesen! Und dann verwendest du den größten Teil der folgenden beiden Kapitel mit einer so vernichtenden Anprangerung falscher Lehrer. Warum? Das scheint irgendwie nicht zusammenzupassen.»

«Wie ich in diesem Liebesbrief deutlich mache, tappen viele meiner Kinder wie Blinde im Dunkeln [2. Petrus 1,9]. Sie sehen nur die Möglichkeit, ihr Kreisen um sich selbst so weit zu zügeln, dass es gesellschaftsfähig wird, und meinen fälschlicherweise, das sei für meine Nachfolger ein akzeptabler Lebensstil. Ich rufe sie und dich dazu auf, eure alte Art des Umgehens miteinander zu kreuzigen – und nicht, sie unter einem freundlichen, christlich aussehenden Furnier zu verstecken. Doch dann kommen falsche Lehrer mit selbst erfundenen Storys daher und verdrehen meine Geschichte zu einem Vehikel, um mich zur Befriedigung ihrer eigensüchtigen Wünsche zu benutzen. Wenn du ihnen ihre Lügen abkaufst, wirst du in deinen Beziehungen deine eigenen Interessen verfolgen und daran nicht einmal etwas Falsches sehen. Du wirst nicht einmal merken, aus welcher Quelle deine Beziehungen gespeist werden. So wirst du keinen Widerspruch darin sehen, einerseits deine Beziehungen mit dem eigenen Vorteil im Blick zu gestalten und andererseits als Nachfolger meines Sohnes zu leben.»

«Vater, was sind das denn für Geschichten oder Lügen, die diese falschen Lehrer erzählen? Was sagen sie?»

«Zwei Dinge. Erstens ‹verleugnen sie Christus, den Herrn, der sie doch von ihren Sünden freigekauft hat› (2,1). Statt über die

Freiheit von der Strafe und der Macht der selbstsüchtigen Beziehungen zu jubeln, die mein Sohn ihnen mit seinem Blut erkauft hat, verwandeln sie das Kreuz in ein Beispiel einer Liebe, die alles, was ihnen ein Gefühl des Geliebtseins und des Glücks verschafft, als christlich rechtfertigt. Damit bringen sie ‹unseren Glauben›, die neue, selbstlose Lebensweise, die durch den Tod meines Sohnes möglich wurde, ‹in Verruf› (2,2).

Mach dir Folgendes klar: Wenn geistliche Leiter das Kreuz meines Sohnes an den Rand ihres Denkens schieben und stur die Augen davor verschließen, dass sie nur durch das Kreuz Vergebung für ihre arrogante Selbstsucht haben und befähigt sind, aufopferungsvoll zu lieben, dann werden sie schmerzhafte Wunden als ein größeres Problem sehen als selbstsüchtige Beziehungen. Wer das tut, dem wird es nicht nur notwendig, sondern auch moralisch einwandfrei erscheinen, sich in seinen Beziehungen vor weiteren Wunden zu schützen und sie so zu gestalten, wie es dem eigenen Wohlergehen zugutekommt. Das ist der erste Irrtum.

Der zweite Irrtum ist folgender: Falsche Lehrer tun die Verheißung der Wiederkunft meines Sohnes als Fiktion ab, als eine Verheißung, die keinerlei Bedeutung dafür hat, wie sie jetzt leben sollten [3,3–4]. Dieser zweite Irrtum führt dazu, dass einem ein gutes Gelingen dieses Lebens wichtiger ist als persönliche Heiligung. Die Hoffnung auf ein besseres Leben hier und jetzt bestimmt ihre Entscheidung, wie sie leben. Damit sind alle selbstbezogenen Entscheidungen gerechtfertigt. Die Hoffnung auf ein besseres Leben später wird weitgehend ignoriert oder verächtlich behandelt. Dabei ist dies die einzige Hoffnung, die meinen Nachfolgern die Kraft geben kann, die einmalige Gelegenheit zu nutzen, die das Leiden in diesem Leben bietet: nämlich vor den Augen der Welt mein Wesen sichtbar zu machen, das den anderen in den Mittelpunkt stellt.

Wenn du auf solche falschen Lehren hörst, wirst du nicht von deinem schlimmsten Problem, deinem *selbstsüchtigen* Umgang mit anderen, befreit und zu einem *selbstlosen* Umgang befähigt werden. Schaust du dagegen mithilfe meines Geistes und durch mein Wort in das strahlende Licht meines Wesens, das sich in meinem Sohn in aller Fülle offenbart, so wird es dich blenden für den Drang, dich um dich selbst zu kümmern. Ich weiß, wie ich meine Kinder von der Verderbnis ihrer bösen Begierden, von ihrer eigensinnigen Forderung nach einem angenehmen Leben hier und jetzt, befreien kann.»

«Du hast recht, Vater, wie immer. Es war ein guter Zeitpunkt, um mit dir über diesen Brief zu reden.»

«Ich möchte, dass du meine Geschichte gut erzählst. Du sollst durch die Art, wie du anderen begegnest in dieser erschreckenden, entmutigenden Welt mit all ihren Versuchungen, sich von mir abzuwenden und die sofortige Linderung zu suchen, mein Wesen sichtbar machen. Um das zu tun, musst du in der Gemeinschaft mit mir bleiben. In meinem nächsten Liebesbrief sage ich dir, was das bedeutet. Du näherst dich der Ziellinie. Du bist auf dem Weg nach Hause. Geh weiter mit mir und auf mich zu. Die vollkommene Freude wartet auf dich.»

# 62. Liebesbrief
## 1. Johannes

## Ich möchte, dass du die Wahrheit darüber erfährst, wer du wirklich bist

«Vater, heute Morgen ist es wieder passiert. Auf der Fahrt zu meinem Lieblingscafé fing ich plötzlich an, laut von deiner Liebe zu reden. Auf einmal liefen mir die Tränen übers Gesicht, und ich sang ein ums andere Mal ‹Jesus loves me, this I know›. Ich konnte nicht aufhören zu weinen, und ich konnte nicht aufhören zu singen. Vater, was ist mit mir los?»

«Worum hast du mich denn während der vergangenen Wochen immer gebeten?»

«Ich wollte wissen, wirklich wissen, dass du mich liebst. Ich glaube es, aber ich sehne mich danach, deine Liebe zu erfahren wie noch nie zuvor.»

«Dämpfe meinen Geist nicht. Nimm ihn auf. Er bietet dir die Gemeinschaft mit mir und meinem Sohn an.»

«Vater, das wünsche ich mir mehr als alles andere. Aber ich kapiere das nicht – wie kann ich mich in einem Moment geistlich so auf deiner Wellenlänge fühlen wie heute Morgen, und im nächsten Moment wieder total im Funkloch sein? Als ich gestern Morgen aufwachte, fühlte ich mich völlig öde, ganz und gar gleichgültig gegenüber der Geschichte, die du erzählst. Vorgestern Nachmittag hatte mein Arzt angerufen. Und wieder einmal musste ich mir eingestehen, wie verzweifelt und töricht abhängig ich mich davon mache, dass undichte Brunnen das Wasser halten. Sein Anruf ließ keinen Zweifel daran, dass meine undichten Brunnen undicht sind. Sie werden Wasser verlieren, egal, wie viel Mühe ich mir gebe, sie zu flicken.

Ich fühle mich leer. Das Leben, an das ich mich klammerte, floss aus mir heraus. Und ich wurde reizbar, so als hätte jemand mich belästigt. Mir stehen einige sehr unangenehme Therapien bevor. Und manche meiner großen Pläne liegen erst einmal auf Eis. Vor allem aber war ich erschüttert und traurig. Sehr traurig. Die Aussichten sind trüb, für mich sowieso, aber mehr noch für meine Frau und meine Familie.

Am nächsten Morgen konnte ich keinen Blick auf dich erhaschen. Ich selbst und meine Pläne waren mir viel bewusster als du und deine Pläne. Das Fest, von dem wir gesprochen haben, während wir deine ersten 61 Briefe durcharbeiteten, schien weit weg, so als gehörte es in eine andere Welt. Eine, die ich nicht sehen konnte.

Ich war gerade mit einem guten Freund zusammen, als der Anruf des Arztes kam. Ich war ziemlich fertig, vor allem wohl vor Angst. Als mein Freund mich fragte, was in mir vorginge, schoss mir ein unerwartetes Wort durch den Kopf: bedeutend. In jenem Moment fühlte sich dieses Wort lebendig an. Ich fühlte mich lebendig. Ich spürte, dass etwas zutiefst Gutes passieren würde, dass etwas Bedeutsames in deiner Geschichte auf dem Vormarsch war. Doch am nächsten Morgen war dieses Gefühl der Bedeutsamkeit verblasst.

Und dann kam es plötzlich wieder. Auf dem Weg zu demselben Café dachte ich darüber nach, was du im 1. Johannesbrief sagst: dass ich tatsächlich Gemeinschaft mit dir haben kann. Koinonia ist das griechische Wort, das du verwendest. Ich hörte dich zu mir sagen, dass wir Dinge gemeinsam haben. Dann passierte etwas Wunderbares, fast genauso wie heute Morgen. Ich fing an zu weinen. Und ich hörte mich selbst laut rufen: ‹Ich bin Teil deiner Geschichte!›

Und genau wie heute Morgen konnte ich nicht aufhören zu weinen. Und ich rief immerzu: ‹Wie kann jemand wie ich etwas mit jemandem wie dir gemeinsam haben? Ein Brunnengräber, dem vergeben wurde, der aber immer noch leer ist. Ein Trostsucher, der gerettet ist, aber immer noch jammert. Ein erneuerter Mensch, der trotzdem immer noch Segnungen fordert … Wie kann so jemand wie ich Teil einer Geschichte wie der deinen sein? Und wie in aller Welt – oder auch im Himmel – konnte es je dazu kommen, dass jemand wie du in jemandem wie mir Wohnung nehmen wollte? Dass er es tatsächlich tat? Dass es ihm dann sogar gefiel?›

Vater, ich habe mich noch nie sündiger und unwürdiger und zugleich geliebter und lebendiger gefühlt. Ich floss über vor Ehrfurcht und Freude.»

«Ich liebe es, meinen Geist wirken zu sehen. Er führt immer etwas Gutes im Schilde.»

«Aber Vater, die Freude ist wieder verblasst. Ich habe mich an zwei Morgen hintereinander von deinem Geist heimgesucht gefühlt. Aber was immer da passiert ist, passiert jetzt nicht mehr. Und ich sitze hier und frage mich, wer ich eigentlich bin. Bin ich immer noch der um sich selbst kreisende Jammerlappen, als den ich mich kenne? Oder bin ich dein zutiefst geliebtes, von deinem Geist erfülltes Kind, das wie dein Sohn nur dir nahe sein und immer wieder deine Geschichte erzählen möchte, was auch geschieht? Vater, wer bin ich? Wo bin ich?»

«Du bist auf der Reise. Du bist mein kleines Kind, das auf dem schmalen Weg wandert, von dem mein Sohn versprochen hat, dass er zum Leben führt. Du wirst sehr bald lernen, was du schon zuvor dunkel geahnt hast: dass gerade dann, wenn der schmale Weg besonders schmal wird, mein Geist die einzigartige Gelegenheit hat, etwas besonders Bedeutsames in dir zu bewirken. Dann kannst du vor Freude lachen. Und du kannst vor Hoffnung weinen.

Er wirkte tief in meinem Freund Dietrich Bonhoeffer, als Dietrich in einem Konzentrationslager der Nazis saß und auf den Galgen wartete. In einem Gedicht namens ‹Wer bin ich?› schrieb mein treues Kind nieder, was geschah, als sein schmaler Weg erdrückend schmal wurde. Dietrich fühlte sich ‹ringend nach Lebensatem, als würgte mir einer die Kehle … ohnmächtig bangend um Freunde in endloser Ferne› – er würde nun niemals heiraten oder seine Verlobte auch nur wiedersehen. Und er fühlte sich ‹müde und leer zum Beten, zum Denken, zum Schaffen›.

Doch obwohl er sich so fühlte, wirkte Dietrich auf andere wie ein Mann, der ‹gelassen und heiter und fest wie ein Gutsherr auf seinem Schloss› aus seiner Zelle trat. Einer, der ‹frei und freundlich und klar› mit seinen Bewachern sprach, als hätte er ‹zu gebieten›. Einer, der ‹die Tage des Unglücks gleichmütig, lächelnd und stolz› trug, ‹wie einer, der Siegen gewohnt ist›.

Ich weinte, als ich hörte, wie mein leidendes Kind sich mit denselben Fragen quälte, die du jetzt stellst: ‹Wer bin ich? Der oder jener? Bin ich denn heute dieser und morgen ein andrer?

Bin ich beides zugleich? Vor Menschen ein Heuchler und vor mir selbst ein verächtlich wehleidiger Schwächling?›

Doch ich hörte voller Freude zu, wie mein Geist Dietrich durch die Enge der Verwirrung hinaus aufs offene Land der Gewissheit führte. Er wirkte tief in Dietrichs Herz hinein, so wie er es jetzt in deinem Herzen tut. Unter seinem Einfluss schrieb Dietrich: ‹Wer bin ich? Einsames Fragen treibt mit mir Spott. Wer ich auch bin, Du kennst mich, Dein bin ich, o Gott!›

Ich möchte, dass du Folgendes hörst, wenn du meinen 62. Brief liest:

**Du bist mein. Das Leben, das meinen Sohn ausmacht, macht jetzt dich aus. Du bist in mir lebendig. Du bist für mich lebendig. Du bist mit mir lebendig. Unaussprechliche Freude ist dein; du brauchst nur darum zu bitten ... nach dem Zeitplan meines Geistes.»**

«Vater, gestern und vorgestern Morgen habe ich unterwegs im Auto etwas von dieser Freude geschmeckt. Aber es war nur eine Kostprobe. Warum sind solche Momente immer so ungreifbar, so flüchtig?»

«Verleugne nie die Souveränität meines Geistes. Der göttliche Wind der Freude weht, wo er will. Und verleugne nie deine Verantwortung. Du existierst in meinem Licht. Aber du wandelst nicht immer in meinem Licht. Um in meinem Licht zu wandeln, musst du mehr Augenmerk darauf richten, wo du selbst zu lieben versäumst, als darauf, wie weh es tut, wenn andere dich zu lieben versäumen. Wenn du im Licht der vollkommenen Liebesbeziehung zwischen mir und meinem Sohn die dunklen Flecken auf deinen Beziehungen klar vor Augen hast, dann bekenne mir dein Versagen sofort. Stimme mit mir darin überein, dass deine Art, anderen zu begegnen, schrecklich ist, übel, abscheulich, dass du sie ebenso sehr hasst wie ich. Wenn du deine Sünden bekennst, werde ich dir nicht nur das Versagen in deinen Beziehungen vergeben, das du siehst. Sondern ich werde dich auch von allem reinigen, was du noch nicht siehst und was dazu führt, dass du dich weit weg von mir fühlst [1. Johannes 1,5–9]. Wenn du verstehst, was Beziehungssünde ist, wird das Bekennen dir zur täglichen Übung werden.

Dir ist der Tanz der Liebe erschienen, das Leben der Freude, das mein Sohn und mein Geist gemeinsam mit mir feiern. Die Liebe unter uns ist in meinem Sohn sichtbar geworden. Er wurde Mensch, um zu offenbaren, wie das göttliche Leben in einem geschaffenen Wesen aussieht. Und er starb, um dir Vergebung dafür zu verschaffen, wie weit entfernt du von vollkommener Liebe bist, und um das Leben der vollkommenen Liebe mit dir zu teilen. Als er zu mir zurückkehrte, sandte er unseren Geist, um dieses Leben in dich auszugießen. Und das ist nun geschehen [1. Johannes 1,1–4; 2,20.27]. Kostproben unserer Liebe bekommst du je nachdem, wie es mein Sohn beschließt. Doch die Kraft, zu lieben, ist immer in dir.»

«Vater, meine Beziehungen bleiben immer noch unendlich weit dahinter zurück, wie du anderen begegnest. Und das, obwohl ich glaube, das Leben deines Sohnes in mir zu haben. Es ist manchmal entmutigend.»

«Wenn die Entmutigung dich dazu treibt, zerbrochen zu mir zu kommen und deine Schuld zu bekennen, statt dich in verletztem Stolz von mir abzuwenden, bringt sie dir den Realismus der Demut. Du bist nie ohne Sünde. Ob du es merkst oder nicht, es gibt niemals einen Moment, in dem du anderen so vollkommen begegnest wie mein Sohn. Aber eines Tages wirst du es tun. Bis dahin wird die Demut dich dazu befreien, in Ehrfurcht vor meinem unerschöpflichen Vorrat an Gnade zu leben. Und die Anbetung, zu der dich diese Ehrfurcht anregt, wird dazu führen, dass noch mehr vom Leben meines Sohnes aus dir in andere überfließen kann. Auch in solche Leute, die dich verletzt haben – wenn auch nie so schlimm, wie du mich verletzt hast [1. Johannes 1,10; 2,1–12].

Du bist lebendig in mir. Wie ein Kind, dem ganz und gar vergeben ist und das ganz und gar geliebt wird, kannst du in den Armen deines Vaters ruhen. Du bist lebendig für mich – wie ein reifer Mensch, ein weiser Vater, der mich als eine ewig glückselige Gemeinschaft von drei Personen kennt, deren Liebe einen unfehlbaren Plan ersonnen hat, um dich zu unserem Fest zu bringen. Und du bist lebendig mit mir – wie ein junger Mann, der geliebt, weise und darum stark genug ist, um den Bösen zu überwinden. Der mir Vertrauen erzeigt, indem er nie – jedenfalls nie für lange – den schmalen Weg zum Leben verlässt, wie schmal er auch werden mag [2,12–14].

Aber du musst auf der Hut sein. Es gibt in der Gemeinde heute Lehrer, die sich gegen die Wahrheit wehren, dass die Kraft zu lieben nur durch meinen gekreuzigten Sohn kommt [2,18–19; 4,1–6]. Sie richten das Augenmerk mehr auf das, was ich dir zu tun aufgetragen habe, als darauf, dass du die Person wirst, die zu sein ich dich geschaffen habe und die du durch meinen Sohn jetzt schon bist. Zur Zeit des Johannes lehrte ein Mann namens Kerinth, mit dem Johannes nichts zu schaffen haben wollte, so bösartigen Unsinn wie die Vorstellung, der göttliche Christus sei erst bei der Taufe auf den menschlichen Jesus gekommen und habe ihn wieder verlassen, als er ans Kreuz ging. Die Konsequenz solcher Lehren ist, dass bestritten wird, dass mein göttliches Leben jetzt in dir ist, dass dir für dein Scheitern an der Liebe vergeben worden ist und dass du nun befähigt bist, richtig zu lieben. Der Tod eines bloßen Menschen hätte nie das bewirken können, was ich durch den Tod meines vollkommen göttlichen und vollkommen menschlichen Sohnes bewirkt habe.

Weise solche Lügen von dir. Feiere das Kreuz. Mach dir bewusst, dass mein Same, meine Beziehungskraft, jetzt in dir ist. Du bist immer noch durchaus imstande, zu leben wie der Teufel. Adams Same ist immer noch in dir: die selbstsüchtige, fleischliche Energie, die hartnäckig darauf besteht, es sei gerechtfertigt und manchmal sogar notwendig, auf Kosten anderer für deinen eigenen Vorteil zu leben.

Aber du bist nicht das Kind des Teufels. Du bist kein Bürger dieser Welt. Du bist kein Sklave deines Fleisches. Du gehörst mir! Du bist mein geliebtes Kind. Du bist weise wie ein Vater. Und du bist stark wie ein Jüngling.»

«Vater, was war gestern und heute Morgen im Auto mit mir los? Ist dein Geist über mich gekommen? Bin ich neu mit deinem Geist getauft worden?»

«Mein Geist sehnt sich danach, dich mit dem Wasser des Lebens zu durchtränken und dich mit Freude zu erfüllen, selbst wenn du schmerzlich spürst, wie schmal der schmale Weg ist. Ich möchte, dass du die Wahrheit mit lehrmäßiger Genauigkeit erkennst. Aber du sollst sie auch, wie meine puritanischen Kinder es ausdrücken, mit experimenteller Leidenschaft erkennen.

Höre auf John Owen, der ein brillanter Denker mit einem leidenschaftlichen Herzen war. Er hat über die Freude, die du gestern und heute Morgen in deinem Auto erlebt hast, Folgendes gesagt: ‹Für diese Freude gibt es keine Erklärung, als dass der Geist sie bewirkt, wann und wie er will.› Er dachte dabei an die göttliche Freude, die Art, mit der mein Geist ‹die Seele tränkt, die sich gegen alle Ängste und Sorgen durchsetzt und sie mit frohem Mut erfüllt … und bisweilen mit unaussprechlicher Verzückung.›»

«Vater, etwas Bedeutsames ist im Gang. Und das ist nicht der Umstand, dass ich Freude empfunden habe. Es hat auch nichts damit zu tun, ob ich gesund oder krank bin. Ich sehe klarer als je zuvor, dass es einen Brunnen gibt, der nicht undicht wird. Dein Geist, der Tanz der vollkommenen Liebe, ist in mir. Ich kann Gemeinschaft mit dir haben. Ich kann mich in den ewigen Tanz einreihen, schon jetzt, egal, was geschieht. Ich gehöre dir! Und darum kann ich lieben.»

«Es kann sein, dass du wieder aus den Augen verlierst, was du jetzt siehst. Ich will nicht, dass das geschieht. Meinen nächsten Brief habe ich geschrieben, damit du auch dann auf dem schmalen Weg bleiben kannst, wenn er besonders schmal wird und du dich leer und verängstigt fühlst. Bleib offen für die experimentelle Erkenntnis der Wahrheit. Du bist lebendig auf eine Art und Weise, die dir in mancher Hinsicht erst noch bewusst werden muss. Lies weiter.»

# 63. Liebesbrief

## 2. Johannes

### Pass auf! Die tiefste Wahrheit ist am leichtesten zu übersehen

«Wir nähern uns dem Ende dieser Reihe von Gesprächen durch meine 66 Liebesbriefe. Du hast eine Menge gelernt. Aber du stehst in einer großen Gefahr. Höre meine Botschaft in diesem Brief:

**‹Seht euch vor, dass ihr nicht alles verliert, wofür ihr euch bisher eingesetzt habt, sondern dass ihr von Gott den vollen Lohn für eure Arbeit erhaltet› (2. Johannes 8).»**

«Vater, hat das, was du jetzt sagst, womöglich etwas damit zu tun, wie lebendig und energiegeladen ich mich an jenen beiden Morgen gefühlt habe, als dein Geist mich in meinem Auto heimsuchte? Bei allem, womit ich mich jetzt gerade herumschlage (und das könnte ziemlich hart werden), spürte ich da so klar, dass etwas wirklich Bedeutsames vorging. Vater, ich spürte deine Gegenwart. Es war wunderbar. Ach, *bedeutsam* ist eigentlich gar kein adäquates Wort für dieses Erlebnis.

In jenen Momenten wusste ich, dass ich dir treu bleiben kann, egal, was das Leben mir beschert, solange ich deine Gegenwart bei mir spüre.»

«Wirst du mir auch dann treu bleiben, wenn ich die Empfindung meiner Gegenwart von dir nehme? Wirst du vollkommen treu bleiben, wenn das Gefühl meiner Gegenwart vollkommen abwesend ist? Mein Sohn hat das getan. Oder meinst du, nach all den Jahren, in denen du mir treu gedient hast, sei es nun Zeit, dass mein Geist dir den Gehorsam leichter macht? Glaubst du, in der Wahrheit zu wandeln werde von nun an bedeuten, dass du den schmalen Weg entlanggetragen wirst und alle Hindernisse durch die schiere Begeisterung, mit mir unterwegs zu sein, aus deiner Bahn gefegt werden?»

«Deine Worte entlarven mich. Ich schätze, mein Anspruchsdenken ist immer noch lebendig. Ja, ich habe tatsächlich gedacht, es wäre an der Zeit für eine tiefere, beständigere geistliche Leidenschaft.»

«Es war kein Zufall, dass dein guter Freund dir gestern jenes Zitat von C. S. Lewis schickte. Du hattest Mühe damit, mich im 2. Johannesbrief reden zu hören. Tiefe Wahrheiten sind oft leicht zu übersehen. Lewis stellte eine wesentliche Frage, die du unwissentlich auch stelltest, und er erkannte die tiefe, schwierige Antwort. Lies noch einmal seine Worte:

‹Verlässt denn dann Gott diejenigen, die ihm am besten dienen? Nun, derjenige, der ihm am besten von allen diente, sagte kurz vor seinem qualvollen Tod: *Warum hast du mich verlassen?*

Als Gott Mensch wird, empfängt ausgerechnet dieser Mensch in seiner größten Not am wenigsten Trost von Gott. Darin liegt ein Geheimnis, das zu ergründen ich, selbst wenn es in meiner Macht stünde, vielleicht nicht den Mut hätte. Inzwischen sollten kleine Leute wie Sie und ich, wenn unsere Gebete gegen alle Hoffnung und Wahrscheinlichkeit bisweilen erhört werden, daraus keine übereilten Schlüsse zu unseren Gunsten ziehen. Wären wir stärker, so würden wir vielleicht nicht so zart behandelt. Wären wir tapferer, so würden wir vielleicht mit viel weniger Unterstützung ausgesandt, um viel bedrängtere Außenposten in der großen Schlacht zu verteidigen.›»

«Vater, genau das habe ich getan. Ich habe dich gebeten, deine Gegenwart stärker fühlen zu dürfen. Und als du dieses Gebet erhört hast, ging ich gleich zu meinen Gunsten davon aus, ich würde von nun an endlich fröhlich und leichten Fußes mit dir bis zur Ziellinie hüpfen.

Ich glaube, ich verstehe vielleicht, warum mir diese Annahme so leicht in den Sinn kam. Ich bin es leid, mich selbst als immerzu betrübt zu sehen. Ich bin es leid, so leicht in morbide Apathie zu stürzen, so oft von zynischer Mutlosigkeit zermürbt zu werden, mich so vorhersehbar müde und leer zu fühlen, wenn ich mich am meisten nach Kraft und feuriger Motivation sehne. Andere Leute, insbesondere geistliche Lehrer, die ich respektiere, wirken so, als hätten sie alles viel besser im Griff als ich. Sie scheinen viel weniger kämpfen zu müssen als ich. Ich hätte gerne geglaubt, nun sei ich damit an der Reihe, mich beständig geistlich lebendig zu fühlen – voller Leidenschaft und begeistertem Bewusstsein deiner Gegenwart. Ich hatte gehofft, dein Geist würde das bewirken.»

«Täte er das, so würde dein Dienst darunter leiden. Du hättest meinen Nachfolgern, die sich fragen, warum sie sich so allein und weit weg von mir fühlen, obwohl sie inständig darum gebetet haben, es möge anders sein, weniger zu sagen. Und du hättest weniger Vollmacht, die verborgenen Kämpfe in anderen anzusprechen – die Kämpfe, die manchmal hinter der Fassade der Gelassenheit und heiteren Zufriedenheit toben, die du so oft für Reife hältst.

In diesem zweiten Brief durch Johannes teile ich dir mit, dass meine Wahrheit in dir lebt. Was du als wahr erkannt hast (das ist mein Schwerpunkt in 1. Johannes), ist nun in dir lebendig (darum geht es mir in 2. Johannes). Nicht immer in Form einer leidenschaftlichen Begeisterung, aber immer als ein starker, verlässlicher Anker. Wenn der Sturm tobt, kannst du treu bleiben, statt vom Kurs abzukommen, selbst wenn du frierst und durchnässt bist und von erbarmungslosen Böen durchgeschüttelt wirst. Verankernde Wahrheit, nicht schwindelerregende Begeisterung, hat die Kraft, dich beständig auf andere auszurichten, wenn dein eigener Schmerz nach Linderung schreit. Sie brachte meinen Sohn dazu, ganz und gar hingegeben an meinen Plan zu bleiben, während er am Kreuz hing, obwohl Schmerz ihn ganz und gar durchflutete und er nichts spürte als meine Abwesenheit. Johannes sprach für mich, als er sagte, er freue sich sehr, zu sehen, dass einige meiner Kinder in der Wahrheit wandeln [Vers 4]. Du bist eines von ihnen.»

«Vater, ich muss wissen: Von was für einer Wahrheit sprichst du?»

«Lies noch einmal 1. Johannes 4,2.»

«Dort sagst du: ‹Den Geist Gottes erkennt ihr daran: Er bekennt, dass Jesus Christus als Mensch aus Fleisch und Blut zu uns gekommen ist.›»

«Und nun lies 2. Johannes 7.»

«Vater, sagst du nicht in beiden Versen dasselbe? In 2. Johannes 7 forderst du mich auf, auf der Hut vor Lehrern zu sein, die nicht anerkennen, dass Jesus Christus einer ist, ‹der im Fleisch kommt› (nach der *New International Version*). Du willst also, dass ich nur solchen Lehrern vertraue, die großes Gewicht auf die Inkarnation legen und betonen, dass dein göttlicher Sohn vollkommen menschlich wurde. Und das sagst du mir gleich zwei Mal.»

«Du übersiehst den Unterschied in der Verbform. In 1. Johannes betone ich die Wahrheit, dass mein vollkommen göttlicher Sohn als vollkommener Mensch in deine Welt kam. In 2. Johannes sage ich, dass er als vollkommen göttliche, vollkommen menschliche Person kommt. Die Wahrheit der Inkarnation, der Gottheit in der Menschheit, ist sowohl ein historisches Ereignis (Vergangenheitsform) als auch eine zeitlose Wirklichkeit (Gegenwartsform). Diese Wahrheit wird leicht übersehen.»

«Ich glaube, das kapiere ich nicht. Wieso ist das so wichtig?»

«Nach Jahren scharfen Beobachtens kam Albert Einstein zu dem Schluss: ‹Es scheint tatsächlich einen Plan zu geben.› Den gibt es. Aber wenn du nicht erkennst, dass es mein Plan ist, und nicht begreifst, dass mein Plan sich um meinen Sohn dreht – darum, dass ich durch meinen Geist ständig die Art von Leben, die er als Mensch führte, in dich ausgieße –, übersiehst du eine tiefe Wahrheit. Dein Verständnis von dem, was wirklich wichtig ist, ist falsch. Deine Vision von dem, was ich tue, ist unscharf. Deine Hoffnung in Bezug auf das, was in diesem Leben möglich ist, ist verschoben und begrenzt.

Es ist nicht nur so, dass mein Sohn kam, dass er als hilflos schreiendes Baby in einem Stall geboren wurde. Es ist auch so, dass er kommt. Mit dem Leben, das er 33 Jahre lang lebte, kommt er heute in dich hinein. Denk einmal über dieses Leben nach: dreißig Jahre unerkannt, dann für kurze Zeit allseits beliebt, dann abgelehnt, von Feinden gehasst und umgeben von Freunden, die ihn in der größten Not im Stich ließen. Gefoltert bis zum Tod und allein in dem Moment, als er sich am meisten danach sehnte, meine Gegenwart zu spüren. Es wird Zeit, neu darüber nachzudenken, was es heißt, geistlich geprägt zu sein und das Leben zu führen, das mein Sohn führte. Die Wahrheit meiner Geschichte und die Worte meiner Liebe waren in ihm lebendig. Nicht immer als angenehme Emotionen, aber immer als verankernde Wirklichkeit. Er wandelte in Wahrheit. Ich rufe dich auf, seinem Beispiel zu folgen.»

«Vater, ich habe vor kurzem bei M. Scott Peck Folgendes gelesen: ‹Wenn die Verfasser der Evangelien etwas von PR verstanden hätten … dann hätten sie sich einen Jesus ausgedacht, wie ihn sich drei Viertel der Christen offenbar immer noch auszudenken versuchen … dargestellt mit einem milden Lächeln auf den Lippen, wie er kleinen Kindern den Kopf tätschelt und mit seinem unerschütterlichen Gleichmut über die Erde schlendert. … Doch der Jesus der Evangelien … hatte nicht viel von jenem *inneren Frieden*, den wir uns aus Sicht der Welt meist vorstellen, und insofern wir seine Nachfolger sein können, werden wir vielleicht auch nicht viel davon haben.› Hat Peck recht?»

«Betrüger bestreiten das. Hab nichts zu schaffen mit denen, die ein sorgenfreies Christsein versprechen. Und auch nicht mit Lehrern, die behaupten, sie hätten das geistliche Geheimnis entdeckt – sei es durch Gebet oder andere Mittel –, jede Not in Freude und jede Prüfung in Segen zu verwandeln. Mein Plan geht vorerst nicht dahin, Not aus der Welt zu schaffen. Jetzt geht es erst einmal darum, dich durch die Not hindurchzubringen, so wie mein Geist meinen Sohn in allen möglichen Schwierigkeiten aufrechterhielt und treu bleiben ließ. Unterstütze niemals in irgendeiner Weise die Botschaft von Leuten, die meinen, sie wären über die Lehre Christi hinaus fortgeschritten [Vers 9 bis 11], und dir ein leichteres Leben in Aussicht stellen, als mein Sohn es führte.

Henri Nouwen hatte nicht mit allem recht, was er sagte (das hat niemand), aber seine persönliche Integrität verlangte ihm das Bekenntnis ab: ‹Das Leben ist eine kurze Zeit … in der Traurigkeit und Freude einander in jedem Moment küssen. … Hinter jedem Lächeln ist eine Träne. In jeder Umarmung steckt Einsamkeit. In jeder Freundschaft Distanz.›»

«Vater, was soll ich denn dann machen, wenn ich mich schrecklich fühle – innerlich leer, voller Einsamkeit, die jede Hoffnung in mir erstickt, und so müde, dass ich mich weder körperlich noch geistig regen kann?»

«Schau auf meinen Mensch gewordenen Sohn. Beobachte, wie er lebt. Beobachte, wie er stirbt. Beobachte, wie er wieder ins Leben zurückkehrt. Du musst nichts erdulden, was er nicht erduldet hätte. Er blieb meiner Wahrheit treu, die auch in dir lebendig ist. Kierkegaard hatte recht: ‹Dies ist der Weg, den wir alle einschlagen müssen … über die Seufzerbrücke in die Ewigkeit.› Mein Sohn ist den schmalen Weg über diese Brücke gegangen. Du kannst es auch.

Feiere den Tod und die Auferstehung meines Sohnes als das Mittel, durch das mein Geist sein Leben in dich ausgießt. So kannst du nun lieben wie er, während du die Seufzerbrücke überquerst. Wandle in der Wahrheit des schwierigen, aber zielbewussten und voller Freude liebenden Lebens meines Sohnes. Durch seinen qualvollen Tod steht es dir zur Verfügung. Und vergiss nicht: Die Freude und der Friede, die dir schon in dieser Welt zuteilwerden können, kommen nur, wenn du für die Freude und den Frieden anderer lebst und mir dadurch Ehre machst, indem du meinen Plan voranbringst. Mein Gebot ist (und es ist nichts Neues), dass du in Liebe durch alle Nöte des Lebens gehst, wie es auch mein vollkommen menschlicher Sohn tat. Und zwar mit denselben Kraftquellen, die jetzt auch dir zur Verfügung stehen [Vers 4 bis 6].»

«Vater, ich höre ein Echo von dem, was du da sagst, in Martin Luthers Worten über deinen Sohn: ‹Er aß, trank, schlief, wanderte; war müde, traurig, voller Jubel; er weinte und er lachte; er kannte Hunger und Durst und Schweiß; er redete, er mühte sich, er betete … so dass kein Unterschied war zwischen ihm und anderen Menschen außer diesem: dass er Gott war, und dass er keine Sünde hatte.›

Ich muss mehr über das nachdenken, wovon Luther sprach, und mir Emil Brunners Weisheit besser aneignen: ‹Der Gottessohn, an den wir zu glauben vermögen, muss ein Solcher sein, dass es möglich ist, ihn für einen gewöhnlichen Menschen zu halten.›»

«Vergiss nicht meine Botschaft an dich in diesem Brief: Hüte dich! Die tiefe Wahrheit, dass Gott Mensch wurde, ein echter Mensch, ist leicht zu übersehen. Und die tiefe Wahrheit, dass du mir ebenso treu bleiben kannst wie er – durch alle Enttäuschungen, Leiden und Ungerechtigkeiten des Lebens hindurch – und das auch ohne das erhebende Gefühl meiner Gegenwart, ist schwer anzunehmen.

Aber die Wahrheit ist nun einmal wahr. Er ging in die Wüste, bevor er das verheißene Land erreichte. Das musst du auch. Einen anderen Weg zur Freude gibt es nicht. Die Betrüger verbreiten die verlockende Botschaft, ich hätte einen Weg um die Wüste herum statt durch sie hindurch. Aber das stimmt nicht.

Mein Geist prägt dich so, dass du lebst wie mein Sohn: dass du in der Wahrheit wandelst, in der Liebe tanzt und in mir bleibst – ob du meine Gegenwart spürst oder nicht, ob du ein hartes oder ein gesegnetes Leben hast.»

«Vater, vielleicht kann ich jetzt etwas weniger frustriert darauf reagieren, wie betrübt und leer ich mich so oft fühle. Vielleicht kann ich jetzt ein bisschen besser tanzen, selbst wenn ich müde bin.»

«Tanzen heißt lieben. Wer in dieser Welt liebt, der wird Schmerz spüren und über Scheitern klagen, wird Segnungen genießen und über meine empfundene oder auch nicht empfundene Gegenwart jubeln. Aber er wird nie die Art, wie er anderen begegnet, davon abhängig machen, wie er sich fühlt. Wenn sich alles um deine Gefühle dreht, dann bist du auf der Suche nach dir selbst, statt Leben in einen anderen auszugießen. Und mein Sohn hat deutlich gemacht, dass das der Weg zum Tod ist. Ein Egotrip ist ein Trip ins Nichts.

Und dennoch übersehen selbst leitende Leute in den Gemeinden oft die tiefe Wahrheit des schwierigen Lebens, das mein Sohn lebte. Stattdessen bestehen sie darauf, sich so zu fühlen, wie sie sich gerne fühlen möchten. Sie feiern ihren eigenen Wert und verlangen von anderen dasselbe. Übersieh nicht die tiefe Wahrheit, wie es Diotrephes tat. Von ihm ist in meinem nächsten Brief die Rede. Aber mehr noch von Gajus. Er wandelte in der Wahrheit, auch wenn es ihm schwerfiel. Lies weiter. Noch drei Briefe.»

# 64. Liebesbrief
# 3. Johannes

## Gib der Liebe Raum, bevor du Sünde an anderen verurteilst

«Vater, ich glaube, ich kapiere die Geschichte, die du in diesem nächsten Brief erzählst. Aber ich verstehe ihren Sinn nicht.»

«Denk an eine Person, die dich durch ihre arrogante Haltung verärgert. An jemanden, der dich zur Weißglut bringt damit, wie rücksichtslos und fordernd er manchmal ist.»

«Nur eine Person?»

«Jemand, der dir mehr auf die Nerven geht als andere. Und dann sag mir, was in dir vorgeht, wenn du an diese Person denkst.»

«Okay. Ich denke an jemanden, der absolut nicht bereit ist, sich damit zu befassen, wie er auf andere wirkt. Der Mann ist sich seiner Sache immer selbstgefällig sicher und gibt nie einen Fehler zu. Er kann auch richtig nett sein – solange man ihm nicht im Wege steht bei dem, was er will. Ich neige dazu, ihm entweder ganz aus dem Weg zu gehen oder irgendeinen Weg zu finden, um ihn wissen zu lassen, wie selbstgerecht er ist. Ich schätze schon, dass er Christ ist – ich habe ja kein Recht, über ihn zu urteilen –, aber ich erkenne in der Art, wie er anderen begegnet, wenig Demut oder Ausrichtung auf andere. Manchmal wirkt er anteilnehmend, und er redet ständig von Gott, aber unter dem Strich will er, was er will.»

«Du sagst, du hättest kein Recht zu urteilen, aber du fühlst dich ihm überlegen. Du genießt es, in Gedanken seine Fehler Revue passieren zu lassen und mit anderen, die ihn ebenso empfinden wie du, darüber zu reden. Du verurteilst ihn für Schwächen, die du bei dir selbst nicht siehst. Und du bemisst ihn nach einem moralischen Maßstab, von dem du annimmst, er käme von mir.

Es ist tragisch, in meinem Namen zu hassen, andere zu kritisieren oder dir einzubilden, du würdest mir Liebe erweisen, indem du für meine Gerechtigkeit einstehst. Das wahrhaft Tragische ist, dass du vielleicht stirbst, bevor du lernst, richtig zu lieben. Denk an diese Person, die du so gerne verurteilst, und hör dann auf meine Botschaft an dich in diesem 64. Brief:

**Wenn du bei einem anderen etwas Kritikwürdiges beobachtest, dann nimm dir, noch ehe du weiter über die Fehler dieser Person nachdenkst, fest vor, dass dein Leben zu einer immer sichtbareren und demütigeren Demonstration der Liebe werden wird.»**

«Vater, mir wird gerade etwas bewusst, was in einem puritanischen Gebet so ausgedrückt wird: ‹Es ist ein guter Tag, wenn du mich einen Blick auf mich selbst erhaschen lässt.› In meiner Zerbrochenheit rührt sich etwas Gutes. Ich glaube, es ist das Verlangen danach, zu lieben, das du in mich hineingelegt hast. Aber ich verstehe noch nicht ganz, wie du das im 3. Johannesbrief zum Ausdruck bringst.»

«Solange du an einer Haltung der Überlegenheit und Kritik festhältst, wirst du meine Stimme nicht hören. Der unbekannte Malcolm Hein hat das sehr gut ausgedrückt: ‹Es gibt wenig Raum für Weisheit, wenn man voller Gericht ist.› Der Schriftsteller Leo Tolstoi lernte eine Lektion, die du auch allmählich lernst: ‹Alles, was ich verstehe, verstehe ich nur, weil ich liebe.› Was du hörst, ohne zu lieben, lohnt sich nicht zu hören. Tu Buße und hör zu.

Meine Gemeinde besteht aus fehlerhaften Menschen. Du bist einer von ihnen. In meinem 64. Brief schreibe ich durch Johannes an Gajus, einen fehlerhaften, aber guten Mann in einer Gemeinde, die unter dem Einfluss eines gewissen Diotrephes litt, eines fehlerhaften und ungeistlichen Ältesten. Diotrephes wäre dir ganz schön auf die Nerven gegangen, wenn du in seiner Gemeinde gewesen wärst. Du hast dich nun schon einige Zeit mit diesem Brief beschäftigt. Sag mir, was dir bisher klar geworden ist.»

«Mehr Fakten als Wahrheit, glaube ich. Ich sehe vier Personen in diesem Brief: den Apostel Johannes, der sich von deinem Sohn geliebt wusste; einen guten Mann namens Gajus, an den Johannes diesen Brief richtete; Demetrius, einen reisenden Lehrer, von dem Johannes viel hielt; und einen Ältesten der Ortsgemeinde namens Diotrephes, einen Mann, der nur Sinn für sich selbst hatte, so wie der Mann, an den ich gerade gedacht habe. Ich habe versucht, mich in die Köpfe und Herzen dieser vier Männer hineinzuversetzen, in der Hoffnung, zu hören, was du mir durch ihre Geschichten sagen willst.»

«Und was hast du dabei herausgefunden?»

«Nun, Johannes war ein alter Mann, der nur für deinen Sohn lebte. In seinem Evangelium nennt er ihn 244 Mal ‹Jesus›. Matthäus benutzte diesen Namen nur 152 Mal, Lukas 88 und Markus 82 Mal. Selbst Paulus verwendete in all seinen Briefen den Namen ‹Jesus› nur 213 Mal. Diese Feststellung verstärkte meinen Eindruck, dass Johannes es nicht ertragen konnte, wenn Leute meinten, dein Sohn sei entweder nicht ganz Gott oder nicht ganz Mensch und darum nicht ganz der Dreh- und Angelpunkt von allem gewesen.

Und mir kam der Gedanke, Vater, dass es in Gemeindekreisen heute genauso ist. Allzu viele deiner Nachfolger sehen in deinem Sohn eher jemanden, der nett und freundlich ist, als einen unerreichbar Heiligen. Sie sehen ihn als *nicht ganz göttlich*. Andere sehen in ihm einen Superman vom Planeten Krypton, der über alle Kämpfe und Leiden und Frustrationen normaler Menschen erhaben war, also als *nicht ganz menschlich*.

Mir gefällt, wie Dorothy L. Sayers das ausgedrückt hat: ‹Man muss den Leuten, die Christus aufgehängt haben, zugestehen, dass sie ihm nie vorgeworfen haben, ein Langweiler zu sein – im Gegenteil, für sie war er viel zu dynamisch, um harmlos zu sein. Es blieb späteren Generationen überlassen, diese umwerfende Persönlichkeit in Watte zu packen und ihn mit einer angeödeten Atmosphäre zu umgeben. Wir haben dem Löwen von Juda sehr wirkungsvoll die Krallen gestutzt, ihn als *sanft und mild* etikettiert und als adäquates Haustier für bleiche Pfarrer und fromme alte Damen hoffähig gemacht.›

Vater, ich sehe Johannes jetzt deutlicher als einen Mann, der voll tiefer Ehrfurcht vor deinem heiligen Sohn war. Und zugleich war er überwältigt von dem umwerfenden Vorrecht, eine tiefe, innige Beziehung zu diesem Menschen zu genießen, der zugleich so unerreichbar vollkommen war und sich mit liebevoll ausgebreiteten Armen so erreichbar machte. Johannes konnte nicht schweigen von der neuen Lebensweise, die durch deinen ganz und gar göttlichen und ganz und gar menschlichen Sohn möglich gemacht wurde. Ich würde auch gern nicht davon schweigen können.»

«Du kannst jedes Maß an Gemeinschaft mit mir erreichen, auch das meiner hingegebensten Nachfolger. Bei mir, meinem Sohn und meinem Geist ist nichts unmöglich. Ein Kennzeichen echter Gemeinschaft mit uns ist die Kraft, einen anderen Menschen in deinem Leben zu lieben, auch wenn du dich noch so berechtigt fühlst, ihn zu verurteilen, und andere beharrlich zu lieben, ob dein Diotrephes sich nun ändert oder nicht. Häng deine Ziele nicht zu niedrig auf deinem Weg zur geistlichen Prägung. Unterschätze nie, was wir in deinem Leben bewirken können.»

«Vater, wie ich es verstehe, hast du Gajus angehalten, sich noch tiefer auf die neue Lebensweise einzulassen und anderen Liebe zuzuwenden, anstatt sich über Diotrephes aufzuregen. Nach dem, was du über Gajus sagst, nehme ich an, dass er bereits ein gastfreundlicher Mensch war und gerne reisende Lehrer bei sich zu Hause aufnahm, um ihnen die Strapaze zu ersparen, in einer der schmutzigen Herbergen nächtigen zu müssen, die im ersten Jahrhundert anstelle von Hotels dienten.

Du wolltest, dass Gajus dem Demetrius Gastfreundschaft erwies, einem Mann, der auf Einkommen verzichtete, um zwischen den Gemeinden umherzureisen und deine Nachfolger in deiner Wahrheit zu unterweisen. Doch das war gar nicht so einfach, denn Johannes hatte die Gemeinde bereits direkt dazu aufgefordert, doch Diotrephes hatte die Bitte ignoriert und schlecht über den Apostel geredet. Wenn Gajus also Demetrius bei sich aufnahm, würde er damit offensiv die Autorität des Diotrephes infrage stellen. Das hätte dazu führen können, dass dieser Tyrann Gajus aus der Gemeinde warf. Habe ich das richtig verstanden?»

«Ja. Du hast deine Hausaufgaben gemacht. Nun höre, was ich dir sage. Wenn mein Leben in dir ist – und das ist es –, dann bist du in der Lage, anderen Liebe zu erweisen, selbst wenn es dich eine Menge kostet. Überschlag nicht das Risiko. Freue dich lieber über das Vorrecht. Zeig aller Welt meinen Charakter, indem du meine Liebe aus deinem Herzen voller Wahrheit freisetzt. Tu das auch in Gegenwart von Leuten, die den Hass des Teufels aus ihren Herzen voller Lügen freisetzen und auch noch meinen, sie dienten meiner Sache.»

«Vater, war Diotrephes eigentlich ein Christ?»

«Selbst solche, die ich hoch in die himmlischen Gefilde emporhebe, sind imstande, tief in die teuflischen Abgründe hinabzusinken. Und du wirst mit ihnen sinken, wenn du dir anmaßt, dich verurteilend über sie zu stellen. Höre, was ich dir durch das Leben dieser vier Männer sage:

- *Sei wie Johannes.* Wandle in der Wahrheit – in der Wahrheit, dass mein Sohn dir sein Leben gibt, so dass du auf eine neue Art leben und richtig lieben kannst, wo andere es nicht tun.
- *Sei wie Gajus.* Beschäftige dich mehr mit dem Wohlergehen anderer als mit deinem eigenen, selbst wenn du dich unmittelbaren Gefahren aussetzt, indem du deinen Selbstschutz aufgibst.
- *Sei wie Demetrius.* Lehre beständig die Wahrheit, wo immer du Gelegenheit dazu hast. Lass dich nicht von Widerständen zum Schweigen bringen.
- *Sei nicht wie Diotrephes.* Nur meinem Sohn gebührt der erste Platz. Das Leben gewinnst du nicht, indem du dich selbst füllst. Wahres Leben, das, was du dir am meisten wünschst, gewinnst du, indem du dich deines Stolzes entleerst. Die leere Seele füllt mein Geist liebend gerne mit göttlichem Leben.»

«Vater, zwei Gedanken beschäftigen mich besonders am Ausgang dieses Gesprächs. Erstens: Es ist schwer, mit dem Verurteilen anderer aufzuhören, weil es so ein verlässliches und unmittelbares Vergnügen bereitet. Zweitens: Du rufst mich auf (und hast mich ausgerüstet), nicht nur andere zu lieben, was es mich auch kosten mag. Sondern ich soll auch jeden Einfluss und jede Lehre erkennen und mich ihnen widersetzen, die meine Vision von dem, was möglich ist, schwächen könnten. Du willst, dass mein Verständnis von der radikalen Liebe, die in deinem Sohn und nun auch in mir ist, sich Bahn bricht.»

«In meinem nächsten Brief nehme ich kein Blatt vor den Mund. Du sollst das Übel dessen erkennen, wogegen du zu kämpfen hast und wofür du angreifbar bist, wenn du versuchst, auf die neue, selbstlos liebende Art zu leben. Zugleich sollst du auch wahrnehmen, wie ernst es ist, wenn du dich meinem Aufruf zu lieben widersetzt und stattdessen auf deinen eigenen Vorteil schaust. Ich bin für dich. Mein Sohn ist bei dir. Mein Geist ist in dir. Mein Plan ist auf Kurs. Ich habe immer Menschen, und seien es nur wenige, die leben, um meine Liebe sichtbar zu machen. Denk immer daran: Bei mir reichen schon wenige für eine Armee. Der Sieg ist sicher. Lies weiter.»

## *65. Liebesbrief*
## Judas

# Bleib in meiner Liebe, während du auf mein Fest wartest

«Vater, wieder einmal (hört das denn nie auf?) verwirrst du mich. In Vers 21 deines vorletzten Liebesbriefes sagst du mir, ich solle in deiner Liebe bleiben. Drei Verse später sagst du mir, du seist es, der mich vor dem Fallen bewahrt. Vater, wer bewahrt denn nun, du oder ich? Und wenn wir beide gemeinsam es tun, wer tut dann was? Was ist mein Beitrag, und was ist deiner?

Ich stelle diese Fragen mit einer gewissen Dringlichkeit. Gestern hat mich eine leicht beleidigende Bemerkung von jemandem, der mich so sehr liebt, wie wenige Menschen es je getan haben, ins Straucheln gebracht. Die Bemerkung war eigentlich gar nicht so schlimm, und mir war auch gleich klar, dass sie eher eine momentane Taktlosigkeit als wirklich böse Absicht war. Ich wollte sofort verzeihen, wollte vielleicht zugeben, dass die Bemerkung wehtat, aber dann lächeln und mit zärtlichen und liebevollen Worten in das gute Herz der Person, die die Bemerkung gemacht hatte, hineinsprechen.

Doch statt dass ich in das gute Herz der anderen Person hineinwirkte, wirkten die verletzenden Worte tief in das hässliche Geschwür hinein, das in meinem nicht so guten Herzen verborgen liegt. Ich war aufgebracht. Ich kam mir herabgewürdigt vor, nicht geschätzt. Ich hatte das Gefühl, dass die andere Person nicht an mich glaubte und mich streng verurteilte. Eine typische Überreaktion. Für den Rest des Tages köchelte ich vor mich hin und pflegte meine Wunde. Ich weidete mich an der Verletzung, schmollte, zwang mich zu ein paar Akten der Freundlichkeit und überließ mich irgendwelchen geistlosen Fernsehsendungen. Schlimmer noch, ich wurde zu meinem eigenen Psychologen. Ich versuchte mich daran zu erinnern, was meine Eltern wohl an mir versäumt haben mochten, das erklären (und entschuldigen?) könnte, wieso ich immer noch so empfindlich auf gelegentliche Kränkungen reagiere. *Wenn ich ein Problem erklären kann, kann ich es wahrscheinlich beheben.* So denke ich manchmal.

Ist das nicht erbärmlich? In 64 umwerfenden Gesprächen mit dir hast du mir klar und geduldig auseinandergesetzt, dass mein eigentliches Problem darin besteht, dass ich versuche, mein Leben durch andere zu finden. Dramatisch hast du mir die wirkliche Lösung deiner Liebe vor Augen geführt, die tatsächlich einen Weg gefunden hat, sowohl mir zu vergeben als auch das Leben deines Sohnes in mich hineinzulegen. Nach alledem bin ich angewidert von mir selbst. Mein Ekel vor mir selbst hat mich einen ganzen Tag lang nahezu gelähmt.

Vater, ich möchte fähig werden, leicht zu vergeben und in deiner Liebe zu bleiben, wie du es ausdrückst. Aber gestern habe ich das nicht getan. Ich *konnte* es nicht.

Ich weiß, ich liege völlig falsch, aber mein Gedanke war folgender: Irgendwie hast du deinen Job nicht gemacht. Du hast mich nicht vor dem Fallen bewahrt. Und ich bin ziemlich hart hingefallen, Vater, tief in die Beziehungssünde hinein. Ich war niemandem zu etwas nütze und für dich ganz und gar unnütz. Was ich mehr als alles andere hasse, ist, dich zu betrüben und anderen meine Unreife aufzubürden. Was bedeutet es, dass ich in deiner Liebe bleiben soll, und wie genau bewahrst du mich davor, zu fallen?»

«Warum, glaubst du, habe ich Judas veranlasst, seinen Plan aufzugeben, eine Zusammenfassung der Liebesgeschichte niederzuschreiben, die ich erzähle? Warum sollte er dich stattdessen ermahnen, eifrig – mit aller Energie eines Marathonläufers, der sich der Ziellinie entgegenkämpft – der Geschichte treu zu bleiben, die ich meiner Gemeinde ein für alle Mal anvertraut habe [Vers 3]?»

«Ich weiß es nicht.»

«Warum, glaubst du, prangere ich nun durch Judas dieselben Verdrehungen meiner Geschichte an, die ich schon mit ähnlich scharfen Worten durch Petrus [2. Petrus 2] angeprangert habe?»

«Vater, ich weiß es nicht. Ich wüsste es gern.»

«Warum, denkst du, habe ich meinen 65. Brief damit begonnen, dich wieder einmal daran zu erinnern, dass du zu meinem Fest *gerufen* bist? Dass du *geliebt* bist, wie ich meinen Sohn liebe? Und dass du *bewahrt* bist, wie eine verlobte Frau durch die Liebe für ihre Hochzeitsnacht bewahrt ist? Und warum, schätzt du, beende ich diesen Brief mit einer Einladung, von dem Tag zu träumen, an dem du in der Gegenwart meiner Herrlichkeit stehen wirst, ohne zurückzuweichen, und nur Freude empfinden wirst, keine Scham, während du dich anschickst, das Tanzbein zu schwingen und mit dem Stern und all seinen kleinen Sternen für immer zu tanzen?»

«Vater, *ich weiß es nicht*. Aber ich höre zu.»

«Dann höre Folgendes:

**Meine Kraft reicht aus, um dich davor zu bewahren, von dem schmalen Weg abzufallen. Doch auf diesem Weg wirst du spüren, manchmal schmerzhafter als andere, wie unerträglich weh es tut, immer wieder an der Liebe zu scheitern, immer hinter meiner Herrlichkeit zurückzubleiben. Dieser Schmerz wird entweder durch meinen Geist in ein verzehrendes Bewusstsein der Gnade und in die Freuden leidenschaftlicher Hoffnung verwandelt werden. Oder er wird dich dazu verführen, eine veränderte Version meiner Geschichte anzunehmen, die dir jetzt schon die Linderung in Aussicht stellt, die ich dir erst für später versprochen habe.**

Sei nicht überrascht, wenn du versagst. Sei lieber überrascht, ja überwältigt darüber, wie ich darauf reagiere. Nur in der Anbetung kannst du in meiner Liebe bleiben. Nur in der Zerbrochenheit wirst du meine Kraft erfahren, die dich vor dem Fallen bewahrt. Davor, von dem schmalen Weg abzurutschen in den Graben, den Satan als breite, gute Straße tarnt, die dich zu der Zufriedenheit führt, die du jetzt schon haben willst. Wenn du den unerträglichen Schmerz des Versagens und Verletztwerdens spürst, kann ich – wenn du mich in Zerbrochenheit anbetest – dich bewahren, damit du auf dem einzigen Weg durchhältst, der dich in meine Gegenwart bringt, voller Vorfreude auf den Tanz.

«Dann bist du also gar nicht verärgert, wenn ich scheitere, so wie gestern?»

«Dein Scheitern bringt mich dazu, wieder einmal meine erstaunliche Gnade zu zeigen, und das macht mir viel Freude. Aber nein, ich will nicht, dass du sündigst. Ich hasse die Sünde. Ich entschuldige sie niemals. Ich vergebe sie nur. Doch dein Scheitern gibt dir die Möglichkeit, wieder einmal in Gegenwart der Liebe schlecht dazustehen und die Liebe zu feiern, von der dir andere nur eine Kostprobe geben können. In ihrer Fülle empfangen kannst du sie nur von mir. Das ist das Evangelium. Das ist meine Geschichte. Für sie sollst du dich mit aller Kraft einsetzen [Judas 3].

Lass nicht zu, dass der Schmerz, den du empfindest, während du mir nachfolgst, sich in eine so frustrierende Enttäuschung über dich selbst oder über mich verwandelt, dass dein Glaube dabei auf der Strecke bleibt. Wenn das geschieht, wirst du das Zutrauen zu der Geschichte verlieren, die ich erzähle, und dich verlocken lassen, lieber an eine verheerende, aber clever getarnte und auf den ersten Blick reizvollere Version davon zu glauben.»

«Wie meinst du das?»

«Jeder will sich möglichst schnell gut fühlen. In diesem Brief nenne ich Beispiele für Leute, die sich von diesem Wunsch in die verheerende Spurrille schieben lassen, die von falschen Lehrern als der Weg zum Leben angepriesen wird.

- Israel sah meine Macht. Ich habe mein Volk aus Ägypten befreit, so wie ich dich aus dem Reich Satans befreit habe. Wenn die Israeliten auf ihrer Reise zur verheißenen Freude von Nöten geplagt wurden, wie es auch bei dir der Fall sein wird, verloren sie die Zuversicht auf mich und das Interesse an meinem Plan. Sie hörten auf zu glauben. *Sie wollten nicht warten* [Vers 5].
- Manche meiner Engel sahen, wie andere – Menschen – sich an Dingen erfreuten, die ich den Engeln nicht zugänglich gemacht habe. Daraufhin brachen sie die Verbindung zu mir ab, um sich zu holen, was sie wollten. Was sie dafür bekamen, war ein Moment des Vergnügens und eine Ewigkeit voller Elend. Wären sie mir treu geblieben, so wären sie an dem Tag, an dem ich meine Herrlichkeit im Universum ganz und gar offenbare, bis an ihr Fassungsvermögen mit Freude erfüllt worden. *Sie wollten nicht warten* [Vers 6].
- Die Bürger von Sodom und Gomorra, die menschliche Wünsche verspürten, die sie ohne mich nicht befriedigen konnten, überließen sich verderblichen Begierden, die ihnen auch ohne mich zur Verfügung standen, und zwar sofort und mit vorübergehend verzehrender Intensität. Hätten sie sich in glaubendem

Vertrauen mir zugewandt, so hätte ich ihnen die Selbstbeherrschung ermöglicht, die ihnen die Freude eingebracht hätte, für die ich sie geschaffen habe. *Aber sie wollten nicht warten* [Vers 7].

Ihr müsst warten. Das ist mein Plan. Aber wenn das Leben in dieser Welt euch unerträglichen Schmerz bereiten wird, werdet ihr euch zum Beispiel Kains hingezogen fühlen [Vers 11]. In einem Buch namens *Targum* legt mein jüdisches Volk Kain die Worte in den Mund: ‹Es gibt weder Gericht noch Richter; es gibt keine andere Welt.› Es wird Zeiten geben, in denen du einen nahezu unwiderstehlichen Drang verspüren wirst, alles an Befriedigung an dich zu raffen, was diese Welt zu bieten hat, sei es in der Gemeinde oder in deiner Kultur. Kain ließ sich nicht von meiner Gnade überraschen, weil er nur seine Enttäuschung wahrnahm, nicht aber seine Sünde. Er war empört darüber, dass das Leben in dieser Welt so hart sein konnte, und fühlte sich berechtigt, alles zu tun, was ihm das Leben leichter machte. Vieles, was als mein Weg ausgegeben wird, ist in Wirklichkeit der Weg Kains. Sei auf der Hut.

Dieselbe Empörung, diese arrogante Vorstellung, du hättest es verdient, dass es dir besser geht, macht dich anfällig für den *Irrtum Bileams* [Vers 11]. Bileam wollte nicht nur mehr Geld für sich selbst, anstatt mir zu dienen [5. Mose 23,5]. Nein, er fand auch Befriedigung (die er stolz als sein Recht forderte) darin, andere zu den flüchtigen, aber intensiven Freuden der Sünde zu verführen [4. Mose 31,16]. Perverses Vergnügen verlangt nach Gesellschaft. Gemeinsames Sündigen betäubt das Gewissen. Doch das Elend, das darauf folgt, findet keine Gesellschaft. Es gibt keine Gemeinschaft in der Hölle.

Und wenn du, während du mir nachfolgst, ein Gefühl mangelnder Bedeutung bekommst, wirst du versucht sein, dich der *Rebellion Korachs* anzuschließen [Judas 11]. Seine privilegierte Position als Levit reichte ihm nicht aus. Er rebellierte gegen Mose, der die Stellung innehatte, auf die Korach aus war, und zwar in der Hoffnung, an Moses Stelle treten zu können [4. Mose 16]. Wenn deine Gier nach Bedeutung sich in Unzufriedenheit und einer begehrlichen Auflehnung dagegen Bahn bricht, dass ich dir deiner Meinung nach eine zu niedrige Berufung gegeben habe, dann denke an Jeremias treffende Worte an seinen unsicheren Sekretär Baruch: ‹Und du, du trachtest nach großen Dingen für dich? Trachte nicht danach!› (Jeremia 45,5; Elberfelder).

Falsche Lehrer bieten kurzfristige Freuden und langfristigen Verlust [Judas 12–16]. Wie meine Kinder in der Wüste leben sie mit einer Unterströmung beständigen Klagens. An allem haben sie etwas auszusetzen. Theophrastos, ein Kenner der Wesensart der Griechen in der Antike, fasste die Haltung des Nörglers in diese Worte: ‹Wenn seine Geliebte ihn küsst, sagt er: *Ob du mich wohl von Herzen so küsst?* Findet er eine Börse auf der Straße, heißt es: *Ah, aber einen Schatz finde ich nie.*›

Hinter dem fröhlichen Lächeln der Prediger, die sofortige Segnungen versprechen, steckt ein Geist der Unzufriedenheit, unterdrückt durch die Zuversicht auf ihre falsche Botschaft (oder durch das Geld, die Macht und den Ruhm, die sie ihnen einbringt). Ein inneres Brodeln, das, so unterdrückt es auch ist, ihre schreckliche Theologie prägt. Sie vergraben ihren Schmerz unter ihren Lügen.

Ich möchte, dass du deinen Schmerz spürst, dein Augenmerk aber auf meinen *Ruf*, meine *Liebe* und meine *Macht* richtest, dich auf dem schmalen Weg zu meinem Fest zu *bewahren*. Du bist zu meinem Fest eingeladen, weil ich dich liebe, und ich habe vor, dich dort hinzubringen. Vertrau mir und warte. Das ist die Botschaft, mit der dieser Brief beginnt.

Ich beende meinen Brief durch Judas mit der Aufforderung, deinen heiligen Glauben aufzubauen und in meinem Heiligen Geist zu beten [Vers 20]. Denke beständig über alles nach, was du von meiner Geschichte weißt, und lass dich immer tiefer auf ihre Handlung ein, indem du dich mit diesen Gesprächen beschäftigst. Und bitte meinen Geist, dir dort zu begegnen, wo du bist – ob du gerade wegen einer verletzenden Bemerkung sauer bist oder voll leidenschaftlicher Freude einen Choral singst –, und in dir zu bewirken, was er in dir bewirken möchte. Mag sein, dass du gar nichts von seinem Wirken oder von meiner Gegenwart spürst. Dennoch versorgt er dich beständig mit der Kraft, weiter auf diesem schmalen Weg zu gehen und, wenn du davon abgleitest, wieder darauf zurückzukommen.

Egal, wie schlimm du versagst oder versagt hast, denk daran: Du bist *berufen*, *geliebt* und *bewahrt*. Und indem du dich mit der Geschichte beschäftigst, die ich durch meinen Sohn erzähle, und in meinem Geist betest, bleibst du fest in meiner Liebe.

Mit dem verheißenen Land vor Augen wirst du zielstrebig weiter durch die Wüste schreiten. Die Freuden, die ich dir jetzt schon schenke, wirst du genießen, in dem Wissen, dass alles, wonach du dich am meisten sehnst, dir bald zuteilwerden wird. Und du wirst dich da, wohin ich dich stelle, voll ausleben, in dem Wissen, dass ein anderer Platz, der dir bedeutender erscheint, nur eine illusorische Freude zu bieten hat.

Warte auf das unvorstellbare Ende meiner Geschichte. Sieh, wie es sich jetzt schon entfaltet. Wenn du wartest, wirst du nicht dem Beispiel Kains folgen. Du wirst nicht den Irrtum Bileams begehen. Du wirst dich nicht Korachs Auflehnung anschließen. Stattdessen wirst du, ohne zu murren oder zu nörgeln, geduldig auf den Tag warten, an dem dich mein Sohn ‹in seiner Barmherzigkeit zum ewigen Leben führen wird› (Vers 21) – zum großen Tanz der Liebe.

Und wenn du geduldig dem Drang widerstehst, den Schmerz in deinem Herzen zu betäuben, und diesen Schmerz durch meinen Geist in die Freude der Hoffnung verwandeln lässt, dann wirst du nie wieder achtlos die Lobpreisung nachplappern, die meinen 65. Brief beschließt: ‹Gott allein kann uns davor bewahren, dass wir vom rechten Weg abirren. So können wir von Schuld befreit und voller Freude vor ihn treten. Ihm, dem einzigen Gott, der uns durch Jesus Christus, unseren Herrn, gerettet hat, gehören Ehre, Ruhm, Macht und Herrlichkeit. So war es schon immer, so ist es jetzt und wird es in alle Ewigkeit sein. Amen› (Vers 24–25).»

«Vater, dieses Lied möchte ich voller Freude singen, tief aus meinem schmerzerfüllten, aber hoffnungsvollen Herzen heraus.»

«Mach dich bereit. Gleich werde ich meinen Sohn enthüllen, wie du ihn noch nie gesehen hast. Er ist gekommen. Er kommt. Und er wird kommen. Lies weiter, noch einen letzten Brief.»

# Siebter Teil

## *Das Versprechen wird eingelöst: Glückseligkeit für immer*

In einem Cartoon sagt die verträumte Agnes zu ihrer Freundin: «Morgen ist ein neuer Tag voller Hoffnung auf Wohlstand und Freude.» Ihre griesgrämige Freundin erwidert: «Sehr wahrscheinlich ist das aber nicht.» Worauf Agnes, ganz im Sinne der westlichen Kultur und großer Teile der heutigen Gemeinde, empört verkündet: «Wenn ihr Realisten mal ein bisschen heiterer wärt, würde das Dasein viel mehr Spaß machen.»

Vorschlag: Wenn Sie Wert darauf legen, Gottes Geschichte heiter zu nehmen, lesen Sie lieber nicht die Offenbarung. Gott ist der größte Realist von allen. Er ist die Realität selbst. In ihm sind brutaler Realismus und atemberaubende Romantik kein Widerspruch. Sie wirken geradezu zusammen.

Die Liebesgeschichten, die wir gewohnt sind, die wir gerne im Kino anschauen oder in Romanen lesen, folgen einem rührenden, aber immer noch aufgeheiterten Muster: Zusammenfinden, Entfremdung, Versöhnung. Und manchmal wirkt die Versöhnung sehr tief und real. Manchmal ist sie es auch. Und das berührt uns.

Gottes Geschichte aber, die wahrste Liebesgeschichte, die je erzählt wurde, ist anders. Sie ist unendlich viel besser, auch wenn es auf den ersten Blick nicht so scheinen mag. Sie fängt so an wie die anderen, mit einem leidenschaftlichen Zusammenfinden. Als Adam Eva traf, brannte von Anfang an das Feuer der Liebe in ihnen. Und eine Zeitlang kamen sie gut mit Gott und miteinander aus. Dann kam es zur Entfremdung. Doch ihre Entfremdung wurde nicht durch Missverständnisse oder misslungene Kommunikation verursacht. Auch nicht durch emotionale Verletzungen aus der Kindheit oder leicht zu überwindende Charakterfehler. Das Kernproblem war abscheuliche, unentschuldbare Selbstsucht: die Weigerung, Gott zu vertrauen, und die Entschlossenheit, vor allem anderen auf ihre eigene Weise nach ihrem eigenen Wohlergehen zu streben.

Daraus folgte, dass für eine tiefe, nachhaltige Versöhnung nicht Therapie nötig war, sondern Gericht. Kein *willkürliches* Gericht, bei dem ein zorniger Gott sich die schlimmste mögliche Bestrafung ausdenkt, sondern ein *unausweichliches* Gericht, nämlich die unvermeidliche Konsequenz selbstsüchtigen Lebens: Einsamkeit. Dorothy L. Sayers traf den Kern: «Wenn du deinen eigenen Weg gehen willst, wird Gott dich lassen. Hölle heißt, dass du für immer deinen eigenen Weg gehen kannst.» Das ist Gericht. Wenn man sich schneidet, blutet man. Wenn man selbstsüchtig lebt, gehen Beziehungen den Bach hinunter. Am Ende steht man alleine da, von allen entfremdet, sogar von sich selbst.

Weitere Sünden – Faulheit, Zank, Sex nur zum persönlichen Vergnügen – schließen sich an. Die Frucht des Fleisches gedeiht reichlich auf dem Baum des einsamen Selbst, das sich zu allem berechtigt glaubt, wonach ihm der Sinn steht.

Gottes Geschichte geht also etwa so: *Zusammenfinden, Bosheit, Entfremdung, Gericht, Versöhnung.* Die Versöhnung beruht nicht auf Sentimentalität oder auf einem Entschluss; weder auf herzzerreißenden Emotionen noch auf willensstarken Bemühungen, besser miteinander auszukommen. Die Versöhnung, die Gott bewerkstelligt, beruht auf einem reinigenden Gericht, das das Böse tötet und das Gute, das in echter, auf andere gerichteter, sich selbst vernachlässigender Liebe besteht, lebendig macht.

Realismus ist allerdings auf den ersten Blick nichts besonders Verlockendes. Also sagen wir mit Agnes: Wenn die Realisten, einschließlich Gott selbst, alles etwas heiterer nehmen und weniger vom Gericht reden würden, dafür mehr über Herzlichkeit und Freundlichkeit und Verletzungen und Heilung und bessere Kommunikation und verbesserte Beziehungsfähigkeit und echte Hingabe, dann würde uns das christliche Dasein viel mehr Spaß machen. Und das würde es auch, vielleicht sogar für eine lange Zeit. Doch eine Versöhnung ohne reinigendes Gericht, ohne den Zerbruch des Stolzes und ohne eine Buße, die unser Denken verändert, würde nie zu einer geborgenen Vertrautheit führen. Dann gäbe es keinen

Tanz. Jedenfalls nicht einen, wie er innerhalb der Dreieinigkeit vor sich geht. Nicht die Art, die auch andere Leute zu dem Fest hinführt.

Doch Realismus ist schwer. Er verlangt uns ab, zuzugeben, dass Gottes Geschichte nicht immer Spaß macht und vorerst auch gar nicht soll; jedenfalls nicht vor dem nächsten Leben. Das macht sein 66. Liebesbrief deutlich. So deutlich, dass es manchmal eine Menge Glauben erfordert, weiterhin daran festzuhalten, dass die Geschichte, die wir erzählen wollen, eine großartige Liebesgeschichte mit einem wirklich glücklichen Ende ist.

Manchmal wird unser Glaube schwer durchgerüttelt. In solchen Momenten ist die Versuchung am stärksten, Gottes Geschichte zu überarbeiten und die Stellen, die vom Gericht handeln, zu streichen. Wir möchten es gerne ein bisschen heiterer haben, es angenehmer machen, ein paar Schikanen löschen und bessere Verheißungen für mehr Segnungen hinzufügen. Wir möchten gern, dass in Gottes Geschichte konkret wirkungsvolle Strategien zur Sprache kommen (glaubendes Gebet? Täglicher Gehorsam?), damit unser Leben gelingt. Und wenn der Weg doch einmal steinig wird, wünschen wir Wege, die Gott ehren (geistliche Übungen? Seelsorge?), die uns verlässlich reiche Erfahrungen der Gegenwart Gottes verschaffen. Zumindest so lange, bis unsere effektiven Strategien Wirkung zeigen und die Lage angenehmer wird, so dass wir wieder besser tanzen und das Leben mehr genießen können.

Es geht mir um Folgendes: Wenn wir den Realismus verwerfen, indem wir die unentschuldbare, allgegenwärtige Selbstsucht in uns herunterspielen oder ignorieren, die das göttliche Gericht zu einem entscheidenden Kapitel in Gottes Liebesgeschichte macht, dann wird uns sein 66. Liebesbrief nicht gefallen. Er wird für uns einfach keinen Sinn ergeben. Die bizarren, blutigen Visionen – besonders diejenigen, die den Zorn des Lammes drastisch darstellen –, die Johannes empfing, als er auf einem Inselkerker namens Patmos gefangen saß, werden uns wie ein Overkill vorkommen, der für das Ziel guter Beziehungen, eines angenehmen Lebens und jeder Menge Spaß unnötig ist. Warum haben wir uns nicht einfach alle lieb und leben fröhlich dahin? Wo liegt das Problem? Was soll das ganze Gerichtsgerede?

Was Johannes auf Patmos zu sehen bekam, war die Auflösung der Geschichte Gottes. Gottes Sohn wurde ihm enthüllt, wie er ist, nicht wie wir ihn vielleicht gerne hätten. Johannes' Visionen machen klar, dass Gott ganz anders handelt als wir. Die ganze Geschichte war (bildlich gesprochen) auf einer Schriftrolle aufgeschrieben, einem altertümlichen, buchähnlichen Dokument, das Gottes Versöhnungsplan enthielt, seinen Weg, um alles neu zu machen (Offenbarung 21,5). Diese versiegelte Schriftrolle, das ungeöffnete Buch, verzeichnet alles, was jetzt mitten in all dem Guten und dem Schlechten des Lebens vor sich geht. Es erzählt die Geschichte, wie Gott uns zur Liebe befreit, wie er für eine gründliche Versöhnung sorgt.

Jahrhunderte zuvor hatte Daniel eine ähnliche Schriftrolle gesehen, eine Vorschau auf das, was Gott Johannes zeigte. Jene Schriftrolle erzählte die Geschichte einer bevorstehenden Zeit unerträglicher Not (Daniel 12,1), *durch* die (nicht *von* der) Gott sein Volk erlösen würde. Darin war keine Verheißung für «Wohlstand und Freude», jedenfalls nicht in dieser Welt. Realismus macht nicht immer Spaß.

In Daniel 12 hörte ich die merkwürdige Verheißung, die «Kraft des heiligen Volkes» werde gebrochen werden (Vers 7). Aus dieser Verheißung entnahm ich, dass sich jeder Anspruch der Nachfolger Gottes auf Schutz vor Not in dieser Welt als grundlos entpuppen würde. Doch gerade durch schwere Zeiten, die zu demütigender Zerbrochenheit führen, würde sein Volk «geprüft und gereinigt und geläutert» werden (Vers 10; Elberfelder). Erst Gericht, dann Versöhnung.

Ich hörte auch, dass Menschen, die Gott «böse» nennt, den Realismus verwerfen und sich an einen falschen Optimismus hängen würden. Sie würden weiter fröhlich so leben, dass sie gut durchkommen, und sich dabei vielleicht sogar geistlich lebendig vorkommen, ohne die Liebesgeschichte zu verstehen, die Gott erzählt. Schließlich wird uns gesagt, dass die Bösen eines Tages «zur Schande, zu ewigem Abscheu» erwachen werden (Vers 2; Elberfelder).

Als Daniel all dies hörte, konnte er sich keinen Reim darauf machen. «Ich hörte zwar, was der Engel sagte, aber ich konnte es nicht begreifen» (Vers 8). Gottes Antwort darauf hört sich recht kurz angebunden an: *Geh jetzt, Daniel, dieses Gespräch ist beendet. Ich habe dir schon gesagt, dass du die Worte dieser Schriftrolle verschließen und versiegeln sollst, bis das Ende gekommen ist. Ich weiß, dass du nicht alles verstehst, was ich dir offenbare. Es ist noch nicht so weit. Jetzt lass die Schriftrolle erst einmal zu. Die Worte sind verschlossen und versiegelt, bis das Ende kommt* (vergleiche die Verse 9 und 4).

Und jetzt kommt die große Neuigkeit: Die Zeit, in der das Ende kommt, ist jetzt! Sie hat begonnen, als Jesus kam. Hören Sie auf die Schreiber des Neuen Testaments. Paulus: «Bald ist die Nacht vorüber, und der Tag bricht an» (Römer 13,12). Petrus: «Bald wird das Ende dieser Welt kommen» (1. Petrus 4,7). Johannes in einem früheren Brief, den er vor der Offenbarung schrieb: «Das Ende dieser Welt ist nahe, meine geliebten Kinder! Ihre letzte Stunde ist angebrochen» (1. Johannes 2,18). Und hören Sie Jesus selbst: «Jetzt ist die Zeit gekommen» (Markus 1,15).

Und das bedeutet: Es ist Zeit, die Schriftrolle zu öffnen. Nicht nur, um von Gottes Plan zu hören, sondern um zu beobachten, wie er sich entfaltet. Um ihn Wirklichkeit werden zu sehen. Und darum geht es im 66. Liebesbrief. Er enthüllt in Form von Visionen, was Gott jetzt gerade durch seinen Sohn tut. Genauer gesagt, er ist die Enthüllung, die Apokalypse, die Offenbarung Jesu Christi. Er macht sichtbar, wer er ist und was er vorhat.

Gott öffnet in seinem letzten Liebesbrief an uns die Tür zum Himmel und lässt uns sehen, welche Geschichte er im Augenblick erzählt – in jedem von uns, rings um uns her und überall auf der Welt. In Amerika, China, im Irak, in Neuseeland, in Frankreich, überall. Er lässt uns sehen, was wir mit unseren natürlichen Augen nicht sehen können. In beunruhigenden und anschaulichen Bildern bekommen wir einen symbolträchtigen Einblick in die kosmische Liebesgeschichte von einem *Zusammenfinden*, das durch *Bosheit* gestört wird, auf die eine *Entfremdung* folgt, die ein *Gericht* erforderlich macht, bevor *Versöhnung* möglich wird. Das ist reinster, wahrer Realismus.

Aber ist es auch Evangelium? Ist es eine gute Nachricht? Lustig hört sie sich jedenfalls nicht an. Wenn wir die Offenbarung lesen, müssen wir uns eines klarmachen: *Das Fest hat bereits begonnen.* Die Nachfolger des Lammes können schon anfangen zu tanzen. Wir können schon jetzt wie Jesus leben, in dieser Welt, so wie sie ist, und in unseren Beziehungen, so wie sie sind. Wir können Leiden ohne Rache oder Klage annehmen, während wir Gottes Geschichte erzählen, indem wir andere lieben, ob sie nun unsere Liebe erwidern oder nicht.

Es macht nicht immer Spaß, wie Jesus zu tanzen. Zu viele Tanzpartner treten uns auf die Füße. Manchmal verdrehen wir uns auch durch unsere eigene Ungeschicklichkeit den emotionalen Knöchel oder brechen uns ein Beziehungsbein. Und dann wollen wir nichts als runter von der Tanzfläche und uns stattdessen vielleicht mit Shopping, Sport, Sex oder Schlafen beschäftigen. Die neue Art zu leben ist radikal, und sie ist schwierig. Die alte Art – sieh zu, dass du auf deine Kosten kommst, und liebe nur dann, wenn es sich gut anfühlt – ist viel leichter und macht mehr Spaß.

Und wir fragen uns: Ob die Guten wohl gewinnen werden? Wird das Gute über das Böse siegen? Es sieht nicht gerade danach aus, nicht in dieser von Gier getriebenen Welt. Spielt es denn irgendeine Rolle, ob wir mit Jesus tanzen? Ist es überhaupt möglich? Wird das Leben je so funktionieren, wie es sollte?

Ende des neunzehnten Jahrhunderts schrieb ein Bibelforscher namens James Denney einige ungewöhnlich scharfsinnige Worte nieder, die auch heute noch Bedeutung haben. Sie helfen mir, mich auf das Lesen des 66. Briefes vorzubereiten. Die Sprache hört sich altmodisch an, aber die Botschaft ist aktuell:

> «Manchmal wird die Frage gestellt, ob die Welt besser oder schlechter werde, je älter sie wird, und Optimisten und Pessimisten beziehen gegensätzliche Standpunkte dazu. Beide … irren sich. Es wird weder nur besser noch nur schlechter, sondern beides. Ihr Fortschritt ist nicht einfach ein Fortschritt im Guten, bei dem das Böse allmählich vom Felde vertrieben wird. Er ist auch nicht einfach ein Fortschritt im Bösen, vor dem das Gute beständig dahinschwindet. Er ist ein Fortschritt, in dem Gutes und Böses gleichermaßen heranwachsen, ihre reifste Frucht tragen, alles zeigen, was sie können, und ihre Kräfte bis zum Äußersten aneinander erproben. Der Fortschritt liegt nicht im Guten selbst oder im Bösen selbst, sondern in der Gegnerschaft des einen zum anderen.»

Mit anderen Worten, die Schlacht hat begonnen. Und wir stehen an der Front. Das Reich Christi, seine Art, Beziehungen zu leben, bricht durch uns, durch seine Nachfolger, durch seine Gemeinde in diese Welt ein. Und das gefällt dem Satan überhaupt nicht. Je mehr sich dieses Gute zeigt, desto stärker wird das Böse sich dagegen wehren. Die beiden Reiche prallen aufeinander. Das ist die Geschichte, die im Buch der Offenbarung zwanzig Kapitel lang erzählt wird. Die letzten beiden handeln durchweg von dem errungenen Sieg.

Dieser letzte Liebesbrief mag wie eine seltsame Art wirken, eine Liebesgeschichte zu beenden. Auf den ersten Blick – und vielleicht auch auf das nächste Dutzend Blicke – wird uns sein Realismus eher störend als anziehend, eher verwirrend als tröstlich vorkommen. Doch hören Sie: «Glücklich ist, wer die prophetischen Worte dieses Buches liest, auf sie hört und danach handelt. *Denn schon bald wird dies alles in Erfüllung gehen»* (Offenbarung 1,3; Hervorhebung vom Verfasser).

Und dann, nachdem Johannes gesehen hat, wie die Rolle geöffnet wurde, sagt Jesus zu ihm: «Halte die prophetischen Worte nicht geheim, die du aufgeschrieben hast, *denn bald wird alles in Erfüllung gehen»* (22,10; Hervorhebung vom Verfasser).

Und nun kommt die entscheidende Pointe. Gott hatte Daniel gesagt, wenn die Zeit gekommen sei, würde die Schriftrolle, die er «geheim halten und versiegeln» sollte, geöffnet werden. Die Siegel würden aufgebrochen werden. Die nie gesehene Geschichte würde offenbar werden. Und wenn das geschieht, werden *«die Weisen … sie begreifen»*. (Daniel 12,4.10; Hervorhebung vom Verfasser).

Lassen Sie uns um Weisheit beten, wenn wir uns anschicken, Gottes Geschichte vor unseren Augen in lebendigen Farben enthüllt zu sehen. Ich möchte zu den Weisen gehören, die die Geschichte begreifen, die Gott mir in seinem letzten Liebesbrief auf eine neue Art erzählt. Ich sehne mich nach Weisheit. Das Leben ist zu schwierig, als dass man sich ohne sie hindurchnavigieren könnte.

Nun ist es richtig, wie Eugene Peterson in seinem Buch *Reversed Thunder* darlegt, dass die ersten 65 Briefe mir alles sagen, was ich wirklich wissen muss. In diesem 66. steht nichts, was ich nicht schon gehört hätte. Aber ich höre es jetzt anders. Ich *sehe* Wahrheit. Der Geist gebraucht die Bilder, Symbole und Visionen der Offenbarung, um meine Vorstellungskraft aufzuwecken. Sie helfen mir, die Worte Jesu zu visualisieren und über die schiere Brillanz seines Handelns zu staunen, so dass ich motiviert werde, auf Kurs zu bleiben, wie übel es auch werden mag. Und sie helfen mir, weiterhin mein Möglichstes zu tun, um sein Reich auf die Erde zu bringen – gegen alle Widerstände, Kämpfe und Misserfolge –, bis das Fest beginnt.

Machen Sie sich für die Enthüllung bereit. Der Geist schickt sich an, das Tuch von einem großen Kunstwerk abzuziehen. Ein größeres gibt es nicht. Wir sind im Begriff, Wirklichkeit zu *sehen*. Die ersten 65 Briefe haben uns einen Sitz in der ersten Reihe verschafft für die Offenbarung des Sohnes Gottes und der rechtschaffen schwierigen, aber erstaunlich barmherzigen Geschichte, die er erzählt.

Wenn die Realisten ein bisschen heiterer wären, würde das Dasein viel mehr Spaß machen. Aber niemand würde tanzen. Jedenfalls nicht so wie Jesus. Und das Leben würde zwar eine Weile lang Spaß machen, aber dann für immer leer bleiben.

Der Realismus der Offenbarung führt uns vor Augen, dass der Tanzboden ein Schlachtfeld ist. Aber er ist der Ort, wo wir tanzen lernen. Dort sehen wir Jesus. Ich glaube, ich bin bereit für die letzte Tanzstunde. Ich hoffe, Sie auch.

# *66. Liebesbrief*
## Offenbarung

## Herrsche jetzt mit dem Lamm, und du wirst singen, wenn der Löwe brüllt!

«Vater, ich habe gerade etwas von Francis Schaeffer gelesen, was mir, glaube ich, die richtige Brille verschafft, durch die ich deinen 66. Brief lesen kann.

Er schreibt Folgendes: ‹Sowohl die Schrift als auch die Kirchengeschichte lehren, dass da, wo der Heilige Geist wirkt, der ganze Mensch mit einbezogen wird und es dem Christen einen hohen Preis abverlangen wird. Je mehr der Heilige Geist wirkt, desto höher wird dieser persönliche Preis, desto größer die Müdigkeit sein. Es ist genau das Gegenteil von dem, was wir zuerst denken mögen. Oft rufen Leute nach dem Wirken des Heiligen Geistes, doch sie vergessen, dass immer dann, wenn der Heilige Geist wirkt, das Volk Gottes einen enormen Preis an Erschöpfung, Tränen und Kämpfen dafür zahlt.›

Diese Worte machen mir Mut, Vater. Nachdem wir über 65 deiner Briefe geredet haben, fühle ich mich immer noch müde, bisweilen sogar mehr denn je, sowohl seelisch als auch körperlich. Und ich stelle fest, dass ich eher zu herzzerreißenden Tränen neige als zu herzhaftem Lachen. Besonders, wenn etwas mich an einer empfindlichen Stelle berührt. Und der Kampf, der in mir und um mich her tobt, lässt nicht nach. Eher nimmt er noch an Intensität zu. Ist das wirklich das Wirken deines Geistes? Gehört das zum Reifungsprozess? Ist das eine Strecke auf dem schmalen Weg zum Leben?»

«Wenn das Reich meines Sohnes in deines hineinbricht, musst du mit einem Zusammenprall rechnen. Wenn seine Art des Umgangs demjenigen der Welt, auch deinem, entgegentritt, dann sind Himmel und Hölle los. Der Kampf hat begonnen – ein Kampf bis zum Tod und bis zum Leben. Die scheinbar unterlegene Seite ist auf dem Vormarsch und wird siegen, sichtbar und endgültig. Dafür wird mein Sohn sorgen. Und die jetzt scheinbar übermächtige Seite, deren gottlose Agenda weltweit immer mehr Unterstützung findet, verliert *für immer.*»

«Vater, ich möchte vollkommen auf deiner Seite sein. Wie immer auch der Sieg in diesem Leben aussieht, das ist es, was ich will. Ich will kein mittelmäßiger Christ sein. Ich will mir nicht einbilden, reifer zu werden, wenn es gar nicht stimmt. Und lass bitte nicht zu, dass ich Erschöpfung, Tränen und Kämpfe als Zeichen der Unreife auffasse, wenn sie in Wirklichkeit gerade das prägende Wirken deines Geistes sind. Ich fürchte, wenn ich diesen Fehler mache (und ich glaube, ich habe ihn schon gemacht), dann werde ich alles daransetzen, mehr Kraft zu gewinnen, die Tränen hinter geselligem Lachen niederzukämpfen und es zu vermeiden, mich mit Verletzungen der Liebe auseinanderzusetzen, wo es notwendig ist. Vater, das alles wäre nur ein einziges Kreisen um mich selbst.

Was es auch kosten mag – ob noch mehr Müdigkeit, noch mehr Tränen oder noch schwerere Kämpfe –, ich will ganze Sache mit dir machen. Du hast mich durch deine Briefe schon eine Menge gelehrt. Doch jetzt, wo wir diesen letzten vor uns haben, merke ich, dass ich mich nicht nach mehr Erkenntnis sehne (auch wenn es vieles gibt, was ich nicht weiß). Ich sehne mich vielmehr danach, dass alles, was ich gelernt habe und noch lernen muss, durch den Heiligen Geist ‹in mein Leben aufgenommen› wird. Ich möchte richtig lieben, egal, wie müde ich bin. Ich möchte mehr so lieben wie dein Sohn, auch dann, wenn ich gerade Tränen vergieße oder wieder einmal einen Kampf ausfechte.

Mir gefällt diese Formulierung, *in mein Leben aufgenommen*. Ich habe sie gerade erst gestern Abend bei Søren Kierkegaard gelesen, und sie hat in mir nachgehallt. Doch seine nächsten Worte haben mich erschreckt. Er vergleicht einen Menschen, der deine Wahrheit erkennt, aber nicht von ihr gepackt wird, mit einem Mann, der ‹ein großes Schloss baut und nebenan in einem Schuppen haust›.

Vater, deine Wahrheit ist ein Palast. Ich möchte jeden Tag darin leben und nie mehr daraus fortgehen. Ich möchte jedes Zimmer, jeden Flur und jeden Winkel erforschen. Während ich durch diese Welt gehe, möchte ich in deiner Wahrheit leben. ‹In geistlichen Dingen›, fährt Kierkegaard fort, ‹müssen die Gedanken eines Menschen das Gebäude sein, in dem er wohnt – wenn nicht, ist etwas furchtbar falsch.›»

«Wir haben eine ganze Menge miteinander geredet. Was hast du jetzt bei dir als falsch erkannt?»

«Oh Vater, da ist so vieles. Mein Anspruchsdenken. Meine Forderung, gut behandelt zu werden, die so oft stärker ist als mein Wunsch, andere gut zu behandeln – dieses Alles-dreht-sich-um-mich-Syndrom. Meine suchtartige Neigung zu Vergnügen und Erleichterung, wo ich sie nur bekommen kann. Mangelndes Gespür für meine Wirkung auf andere. Und meine Selbstbeglückwünschung dafür, wie freundlich und einfühlsam und witzig ich manchmal sein kann – und wie hilfsbereit, wenn es mir gerade in den Kram passt.

Ich könnte noch vieles nennen. Aber ich frage mich, ob es nicht meine Selbstgefälligkeit ist, die mich am meisten daran hindert, ganze Sache mit dir zu machen. Ich glaube, ich hänge im Stillen an der Illusion, ich wäre eigentlich ein ganz anständiger Christ. Vielleicht bilde ich mir ein, das Reich deines Sohnes wäre schon ziemlich weit damit gekommen, in mein Leben einzubrechen und mich zu zerbrechen. Vater, ich bringe es fertig, sogar auf meine Demut stolz zu sein.

Ich möchte nicht auf die Art sogenannter *christlicher* Lehre hereinfallen, die Kierkegaard verachtete: Die Art, die ‹nicht deutlich macht, was von einem Christen gefordert ist – vielleicht, weil sie befürchtet, die Leute würden erschaudern, wenn sie sähen, wie weit davon entfernt wir leben›. Ich weiß nicht, wieso mir das jetzt gerade einfällt, aber im *Tagebuch eines Landpfarrers* fand Georges Bernanos es sehr bedeutsam, dass Jesus nicht gesagt hat: ‹Ihr seid der *Honig* der Welt›, sondern: ‹Ihr seid das *Salz* der Erde.› Honig macht alles süß. Salz dagegen brennt ebenso sehr, wie es heilt und das Fortschreiten der Fäulnis verhindert. Mir ist klar geworden, dass echte christliche Lehre eher salzig als süß ist.»

«Wenn du siehst, wie weit deine Liebe noch von der Liebe meines Sohnes entfernt ist, dann weißt du auch, dass es für sein Reich noch viel zu tun gibt. Es muss noch mehr Salz auf deine Wunden gestreut werden, bevor du gut und liebevoll Salz auf die Wunden anderer streuen kannst. Du kannst nicht singen, ehe du erschaudert bist. Du wirst nicht aufrecht in meiner heiligen Gegenwart stehen, ehe du wie Johannes hilflos vor meinem Sohn niedergefallen bist. Du wirst nicht in meinem Geist leben, ehe du deinem Fleisch abgestorben bist.

Du suchst mich schon seit vielen Jahren. Du hast mich in meinen ersten 65 Briefen zu dir reden hören. Nun bist du bereit, meinen letzten Liebesbrief an dich zu lesen. Aber lies ihn nicht nur. Schau hin! Sieh! Höre!

- Mach dich bereit, auf die Wirklichkeit meines Reiches zu *schauen*. Es bricht genau jetzt in deinem Leben und in dieser Welt an.
- Mach dich bereit, meinen Sohn zu *sehen*, wie du ihn noch nie zuvor gesehen hast.
- Mach dich bereit, zu *hören*, wie meine Erzählung die Bewegungsrichtung der Geschichte sichtbar macht, die dich beständig an den Kreuzweg bringt, an dem dir lebensverändernde Entscheidungen abverlangt werden.»

«Vater, ich möchte schauen und sehen und hören. Aber das ist gar nicht so einfach, so, wie du diesen Brief geschrieben hast. Diese Visionen, Bilder und Symbole verschleiern mehr, als sie offenbaren, für mich zumindest. Warum hast du nicht einfach im Klartext beschrieben, was du mir zu verstehen geben willst?»

«Weil ich möchte, dass du mehr tust, als nur meine Geschichte zu verstehen. Ich möchte, dass du von ihr mitgerissen wirst, dass meine Wahrheit in dein Leben aufgenommen wird. Wenn ich die Wirklichkeit *beschreibe*, sei es durch eine Erzählung im Klartext oder konkrete Lehre, wie ich es in meinen Briefen bisher größtenteils getan habe, erreiche ich deinen Verstand mit zutreffender Wahrheit. Das ist auch notwendig, aber darin liegt die Gefahr, dass du nur Fakten begreifst, die in einer Lehraussage zutreffend formuliert sind. Indem ich dagegen die Wirklichkeit in anschaulichen Bildern *darstelle*, umgehe ich nicht deinen Verstand, sondern dringe durch ihn hindurch vor zu deiner Vorstellungskraft, wo wahre Fakten zu lebendiger Wahrheit und erfahrener Lehre werden. Nur so kann meine Wahrheit in dein Leben aufgenommen werden.

Mein letzter Brief hat die Kraft, dich in der Tiefe aufzurühren, wie es bis jetzt noch nicht geschehen ist. Johannes sah die Wirklichkeit. Während die sichtbare Welt auf ihn einstürmte, sah er, was in der unsichtbaren Welt vor sich ging. Er sah, dass mein Sohn dabei ist, sein Reich mit einer neuen Art des Umgangs in diese nur auf sich selbst bedachte Welt hineinzubringen. An der Wirklichkeit ist mehr dran, als man mit bloßem Auge sieht. Erst wenn du von dem gepackt wirst, was in der unsichtbaren Welt vor sich geht, wirst du in der sichtbaren Welt richtig leben können. Ich habe diesen Brief geschrieben, um dich in schweren Zeiten mit einem lebendigen Bewusstsein dafür zu stärken, was mein Sohn im Augenblick tut und was er noch tun wird.»

«Vater, ich weiß ein bisschen über den Hintergrund dieses Briefes Bescheid. Was mich verwirrt, ist der Inhalt. Vielleicht kann der Inhalt mein Herz leichter erreichen, wenn ich mir den Hintergrund noch einmal klar vor Augen male: Soviel ich weiß, ist die Offenbarung ein persönlicher Brief von einem Pastor an Gemeinden, die er liebte und die gerade schwere Zeiten durchmachten. Der Apostel Johannes war schon hoch betagt, als du ihn inspiriertest, ihn zu schreiben, Mitte achtzig etwa. Und er schrieb ihn von der Insel Patmos aus – eigentlich nur ein großer Felsen mitten im Meer. Rom nutzte sie als Gefängnis für seine politischen Gefangenen.

In den Geschichtsbüchern habe ich gelesen, dass Domitian, der wahnsinnige, grausame römische Kaiser während der letzten Lebensjahre des Johannes, von allen im Reich verlangte, dass sie sich vor seinem Abbild verneigten und dabei *Caesar Kyrios* sagten, ‹Cäsar ist Herr›. Johannes weigerte sich. Er wollte dich nicht auf diese Weise verleugnen. Deshalb brandmarkte ihn die römische Justiz als aufwieglerischen Atheisten und verschiffte ihn auf die Insel Patmos, wo er unter der sengenden Sonne verrotten sollte.

Mir ist auch deutlich geworden, dass Johannes seinen pastoralen Brief als prophetische Ermutigung an seine Mitgläubigen schrieb, die unter Domitian schwer zu leiden hatten. Johannes wusste, dass sie einen schrecklichen Preis dafür zahlten, dass sie sich ihrer verkommenen Kultur entgegenstellten. Er wusste auch, dass die Versuchung, durch Kompromisse den Problemen aus dem Weg zu gehen, enorm stark war. Was du ihm in all jenen Visionen offenbartest, wollte Johannes den Gemeinden weitergeben. Er war der offensichtlich starken Überzeugung, sie würden, wenn sie sahen, was er gesehen hatte, standhaft und treu bleiben, egal, wie übel das Leben ihnen noch mitspielen mochte. Sie würden mitten in einer Kultur der alten Lebensweise auf die neue Weise leben.

Interessant fand ich, wie er sich ihnen vorstellt: ‹Ich, Johannes, euer Bruder und Mitteilhaber an der Bedrängnis und am Königtum und am Ausharren in Jesus› (Offenbarung 1,9; Elberfelder). Ihm muss wohl klar gewesen sein, dass man sich Bedrängnis einhandelt und die Fähigkeit zum Ausharren braucht, wenn man deinem Sohn nachfolgt, während er sein Reich auf die Erde bringt. Das war's dann wohl mit einer honigsüßen Botschaft.

Doch die Art und Weise, wie du ihn dann an seine leidenden Freunde schreiben ließest, finde ich wirklich verwirrend. Könntest du in ein paar Worten ausdrücken, was jene Christen damals aus diesem Brief heraushörten, damit ich es auch hören kann?»

«Vor allem hörten meine Kinder damals das, was ich auch dir jetzt zu verstehen geben will, nämlich dies:

**Nichts ist so, wie es scheint. Das Böse breitet sich zwar überall aus, aber es obsiegt nicht. Treue kostet zwar einen hohen Preis, aber sie ist nicht vergeblich. Die Anfechtung geht zwar weiter, aber sie wird ein Ende haben. Das Brüllen des Löwen wird bald zu hören sein. Bis dahin herrsche mit dem Lamm. Lebe, um zu lieben, nicht um zu manipulieren.**

Ich wollte ihnen, ebenso wie dir, die Bewegungsrichtung der Geschichte vor Augen führen. Trotz aller korrupten Politiker, aller um sich greifenden Unmoral, aller Wirtschaftskrisen, Naturkatastrophen, Seuchen und aller weitverbreiteten Ablehnung meines Sohnes ist er es, der *in diesem Augenblick* auf dem Thron des Universums sitzt. Er bewegt die Geschichte voran, ganz nach meinem Plan. Nichts geschieht ohne seine Erlaubnis. Das ist noch nie geschehen und wird nie geschehen.

Er führt seine Braut durch die Wüste zur Stadt hin. Er überwindet die *Macht* des Bösen mit der *Schwachheit* der Liebe. Durch den Sieg auf Golgatha hat er bereits jetzt das Heft in der Hand. Und er hilft meinen Kindern, unter großen Schwierigkeiten durchzuhalten, bis er sie alle, ohne Ausnahme, zum Hochzeitsfest in meinem Haus bringt.»

«Vater, könntest du mir nur ganz kurz zeigen, wie du all das in diesem Brief ausdrückst?»

«Während unserer bisherigen Gespräche hast du immer bequem gesessen. Setz dich jetzt aufrecht auf die Kante deines Sessels. *Schau* durch die Türen, die ich dir in die unsichtbare Welt öffne. *Sieh*, wer dort ist und was dort geschieht. Und *höre* aufmerksam jedem zu, der spricht.

- Im ersten Kapitel schaue ich auf meinen Sohn, wie er sich Johannes offenbarte, der, als er meinen Sohn sah, anbetend niederfiel. Sei du nun still und erkenne: ICH BIN Gott. Mein Sohn ist Gott. Mein Geist ist Gott. Sieh deinen großen Hohenpriester, wie er die goldene Schärpe als Gürtel für sein Gewand um die Brust trägt. Wenn damals ein Mann einen Gürtel um die Taille trug, bedeutete das, dass es Arbeit zu tun gab. Trug man den Gürtel um die Brust, hieß das, dass die Arbeit getan war. *Es ist vollbracht.* Das Böse ist besiegt. Deine Zukunft ist sicher.

  Sieh sein weißes Haar, das seine Weisheit zeigt. Niemand ist so weise wie er. Sieh seine lodernden Augen, die sich durch alle Verstellung hindurchbrennen. Seine bronzenen Füße, die unter keinem Gewicht zusammenbrechen werden. Hör seine Stimme, die alle anderen Stimmen übertönt. Die Stimme, die seine Nachfolger gerne hören. Sieh die sieben Sterne in seiner rechten Hand. Diese Sterne schmückten einst den römischen Thron und erhoben so Anspruch auf eine Macht, die meinem Sohn zukommt. Sieh den scharfen Dolch, der aus seinem Mund ragt. Er wird jeden geistlichen Krebs wegschneiden, wenn du ihm nahe genug für die Operation kommst. Und sieh sein Gesicht, das so hell leuchtet, dass schon ein einziger Blick für immer offenbart, was wahre Schönheit ist.

  *Schau auf ihn. Sieh ihn. Fall vor ihm nieder. Dann spüre seine rechte Hand an deiner Schulter. Höre, wie er dir sagt, dass du dich nicht fürchten sollst. Erst erschauderst du, und dann fängst du an zu singen.*

- Im zweiten und dritten Kapitel sieh meinen Sohn mitten in deiner Gemeinde stehen. Höre, was er zu den Gemeinden sagt:
  - Zu *Ephesus* (und zu dir): Du dienst mir, du glaubst mir, aber du liebst mich nicht – nicht mehr so wie am Anfang. Deine Liebe zu mir ist erkaltet.
  - Zu *Smyrna* (und zu dir): Du lebst unter der *thlipsis,* unter dem erdrückenden Gewicht des Zusammenpralls der Reiche. Ich werde die Last der Widerstände und Kämpfe in diesem Leben nicht von dir nehmen. Bleib treu, bis mein Reich ganz da ist.

- Zu *Pergamon* (und zu dir): Du tust jeden Tag Gutes. Aber du passt dich auf eine Weise, die du dir nicht genau bewusst machen und nicht vor mir bekennen willst, an die gottlose Kultur um dich her an.
- Zu *Sardis* (und zu dir): Du bist mit lauter frommen Dingen beschäftigt, aber geistlich bist du leer. Die Aktivitäten in deiner Gemeinde nähren dein Ego. Du siehst lebendig aus, aber du bist tot.
- Zu *Philadelphia* (und zu dir): Du fühlst dich schwach. Nach dem Maßstab für Stärke in deiner Gemeindewelt bist du auch schwach. Aber du hast meinen Namen nicht verleugnet. Du hast an meinem Wort festgehalten. Du bist stark. Geh durch die Tür, die ich dir öffne, damit du mir weiter dienen kannst. Was du tust, ist wichtig für mich und für mein Reich.
- Zu *Laodizea* (und zu dir): Bei allem, was du tust, kreist du nur um dich selbst. Du bildest dir ein, einen guten Stand zu haben. Für dich ist nichts wichtiger, als dass du dich selbst gut findest. Du widerst mich an.

*Schau auf deine Gemeinschaft und auf dich selbst. Sieh meinen Sohn, wie er dich ansieht. Höre auf das, was er sagt. Prüfe dich selbst im Licht seiner Worte.*

- Im vierten und fünften Kapitel schau durch die offene Tür in den Himmel. Sieh den Thron, auf dem ich sitze. Sieh mitten auf dem Thron ein geschlachtetes Lamm, nicht einen wilden Löwen. Mein Sohn ist beides, aber er erringt den Sieg nicht durch Kontrolle, nicht durch gewaltsame Macht, sondern durch Opfer. Bis er brüllt, um den Sieg in Anspruch zu nehmen, den sein Opfer errungen hat, herrsche mit ihm als ein Lamm in deinen Beziehungen.

*Gib die Kontrolle auf. Opfere dein Wohlergehen für eine größere Sache. Mein Reich bringst du voran, indem du als opferbereites Lamm herrschst, nicht als brüllender Löwe.*

- In den Kapiteln sechs bis elf schau und höre voller Zuversicht, wie der Löwe brüllt. Sieben Siegel werden geöffnet. Das Böse zerstört sich selbst. Es geschieht schon jetzt! Sieben Posaunen erschallen. Gericht breitet sich über die Erde aus. Es geschieht schon jetzt. Bald wird es noch mehr geschehen.

*Herrsche mit dem Lamm, das das Böse erträgt, so wirst du nicht erzittern, wenn der Löwe das Böse vernichtet. Hör auf, Gerechtigkeit zu fordern. Entlarve die Ungerechtigkeit, aber offenbare die Liebe. Es ist eine neue Art zu leben, die Art des Lammes. Aber sei gewiss: Die Ungerechtigkeit hat ein Ende. Der Löwe wird brüllen.*

- In den Kapiteln zwölf bis zwanzig sieh das Zeichen der mit der Sonne bekleideten Frau [12,1]. Sieh Maria meinen Sohn gebären, ein Baby, das eines Tages mit eisernem Zepter über alle Völker herrschen wird [12,5]. Schau noch einmal hin. Sieh den Drachen, Satan selbst, vergeblich versuchen, die Frau und das Kind zu töten. Dann sieh, wie er allen nachsetzt, die sich zu meinem Sohn bekennen, ‹alle anderen Nachkommen dieser Frau› (12,17).

Sieh, wie der Drache zwei Kollegen anheuert, das Tier aus dem Meer (das sind all die politischen Strukturen und Führer, die sich meinem Reich entgegenstellen) und das Tier aus der Erde (das sind alle religiösen Systeme und Führer, die ein gutes Leben versprechen, das nicht von meinem Sohn kommt). Dann sieh zu, wie aus sieben Schalen der letzte Zorn meines Sohnes ausgegossen wird. Sieh, wie die beiden Tiere in das ewige Feuer geworfen werden [19,20]. Sieh ihre Anhänger sterben [19,21]. Sieh, wie Satan seine Armeen mobilisiert, um Krieg gegen meinen Sohn zu führen. Sieh, wie sie durch ein einziges Wort aus dem Mund meines Sohnes in den Feuersee geworfen werden [20,7–10].

*Lebe niemals in Furcht vor dem Teufel! Erkenne ihn. Widerstehe ihm. Aber sei gewiss, dass mein Sohn stärker ist als er. Sein Untergang ist so sicher, wie dein Leben unangreifbar ist.*

- Im 21. und 22. Kapitel schau! Alles wird neu [21,5]. Schalom: Alles ist so, wie es sein sollte. Sieh meinen Sohn hoch erhoben. Als Jesaja die Herrlichkeit Gottes sah, rief er: ‹Ich bin verloren!› (Jesaja 6,5). Wenn du an jenem Tag meinen Sohn siehst, wirst du singen. Erschaudert bist du bereits. Du wirst auch wieder erschaudern. Aber dann ist Zeit zu tanzen, zu lachen und zu singen wie noch nie zuvor.

Sieh, was Johannes sah. Bald werden sie da sein – ein neuer Himmel und eine neue Erde [Offenbarung 21,1]. Sieh, wie die himmlische Stadt herunter auf die Erde kommt. Sieh, wie lebendiges Wasser von meinem Thron durch die Straßen der Heiligen Stadt fließt [21,2; 22,1–2].

*Höre meinen Sohn sagen: ‹Ich komme bald› (22,7). Stell jetzt keine Forderungen. Erdulde jetzt alles. Er ist gekommen. Er kommt in diesem Moment. Er wird bald wiederkommen. Warte. Halte durch. Hoffe. Deine Bestimmung ist ewige Seligkeit, in der sich all deine Träume für immer erfüllen.»*

«Vater, mein Herz ist ein See voller Sehnsucht, ein Brunnen voller lebendigen Wassers, das an die Oberfläche drängt. Ich bin müde. Ich weine. Ich kämpfe. *Aber nichts ist so, wie es scheint.* Vater, ich glaube. Hilf meinem Unglauben. Lass mich deinen Sohn sehen. Ich kann nur mit Johannes rufen: ‹Ja, komm, Herr Jesus!› (22,20).

«Mein Sohn, du hast mir gut zugehört. Francis Schaeffer hatte recht. Wo mein Geist wirkt, müssen meine Kinder, die in dieser Zeit leben, immer einen hohen Preis dafür zahlen. Aber der Preis ist nicht zu vergleichen mit dem, was sie dafür gewinnen. Und das Ende ist nahe. Hör nicht auf, zu schauen, zu sehen und zu hören. *Wir sehen uns bald!»*

# *Epilog:*
# Die Geschichte, die jeder Mensch hören muss

## (in 66 Absätzen)

*Wo bist du?* Das war die Frage, die Gott Adam stellte, nachdem er alles ruiniert hatte und nun versuchte, es zu vertuschen. Das öffnete Adam die Ohren, um den Anfang einer unglaublichen Geschichte zu hören, die Gott von nun an erzählen würde.

Und nun hat er sie erzählt, von Anfang bis Ende, in 66 Liebesbriefen. Würde dieselbe Frage an uns gerichtet, scheint mir, so könnte sie uns vielleicht die Ohren öffnen, um die ganze Geschichte so zu hören, dass sie uns auf dem Weg zu dem Fest bleiben lässt. Lassen Sie mich also diese Frage stellen, bevor ich die Geschichte noch einmal in 66 Absätzen nacherzähle.

Wo sind Sie jetzt gerade? Gibt es in Ihrem Glaubensleben im Moment größere Schwierigkeiten? Machen Sie sich Sorgen, was aus der Welt werden wird? Machen Ihnen persönliche Dinge zu schaffen? Sind Sie ohne erkennbaren Grund niedergeschlagen oder müde oder fühlen sich mehr unsicher als geliebt? Verstecken Sie Einsamkeit oder das Gefühl, versagt zu haben, hinter einer freundlichen Persönlichkeit, einem vollen Terminkalender oder einem kompetenten Gesichtsausdruck? Gibt es etwas, das Sie sich sehr wünschen und das Gott Ihnen nicht gegeben hat? Und sehen Sie keine großen Aussichten, dass Sie es noch bekommen werden?

Gehen Ihnen jene lächelnden Christen, die behaupten, mit genug Glauben und ernstlichem Gebet werde ein liebender Gott schon in diesem Leben alles nach Ihren Wünschen für Sie zum Guten wenden, genauso auf die Nerven wie mir? Ist das die Geschichte, die Gott erzählt?

Ich weiß, Sie wollen glücklich sein. Das will ich auch. Jeder will das. Und die gute Nachricht ist folgende: Ein glücklicher, ein sehr glücklicher Gott hat Sie geschaffen, damit Sie glücklich sind. Und er hat einen unfehlbaren Plan, um Sie glücklich zu machen.

Das Komische aber ist Folgendes: Wenn unser jetziges Glück sich nicht auf seine Geschichte gründet und unsere guten Gefühle in etwas anderem wurzeln als darin, dass wir unsere Chance nutzen, an Gottes Geschichte teilzuhaben, so wie er sie erzählt, dann wirkt das Glück, das wir empfinden, wie ein Betäubungsmittel. Es betäubt einen Schmerz, der irgendwo tief in unserem Innern sitzt und den wir weder ertragen noch ausschalten können. Es macht uns blind dafür, wie verstrickt in uns selbst wir wirklich sind, und hält uns davon ab, das sehr schlimm zu finden. Das sollten wir aber.

Es hört sich nicht an wie eine gute Nachricht, aber es ist eine – und es ist wahr: Das Glück, das Gott in diesem (nicht im nächsten) Leben schenkt, entdecken wir, wenn wir die tiefe Enttäuschung empfinden und annehmen, die daher rührt, dass wir in einer Welt leben, die unser tiefstes Verlangen nicht befriedigen kann. Es wird uns dadurch zuteil, dass wir wahrnehmen und vor Gott bekennen, mit welchem Anspruchsdenken wir schon jetzt völlige Zufriedenheit für uns einfordern. Genau dann berührt uns der Geist Gottes mit der Hoffnung, aus der der Glaube und die Liebe entspringen, die uns fähig machen, in das Leben anderer Menschen hineinzutanzen. Und das ist vorerst unser Glück. Angenehm finde ich diesen Prozess nicht. Ich hatte mir nicht vorgestellt, auf diese Weise nach Glück zu streben.

Aber vielleicht geht es auch gar nicht darum, nach Glück zu streben. Wenn wir aus unserem Wunsch nach Glücklichsein eine Forderung machen, dann werden wir uns kaum für die Geschichte interessieren, die Gott erzählt. Und wenn wir Glück einfordern, uns aber die Illusion erhalten wollen, wir folgten Jesus nach, dann denken wir uns vielleicht eine nette Geschichte über einen netten Gott aus, der nichts weiter will, als seinen Kindern eine schöne Zeit zu bereiten. Wir stellen uns vor, wie Gott uns – wie so viele törichte Eltern – Abend für Abend ins Bett bringt und uns fragt: «Hattest du heute eine schöne Zeit?»

Wissen Sie, wenn wir uns glücklich fühlen und eine positive Haltung zum Leben haben, ist es ganz leicht möglich, uns einzubilden, es käme daher, dass wir Gott ziemlich gut kennen und in seiner Liebe leben. In Wirklichkeit aber kann es sein, dass diese Gefühle und diese fröhliche Haltung mehr, als wir meinen, damit zu tun haben, dass unsere Geschichte nach unseren Plänen läuft.

Wenn wir Gott fragen hören, wo wir sind, wäre es gut, wenn wir alle still und lange genug sitzen und unverwandt der unerfreulichen Realität ins Auge sehen könnten, dass es absolut keine Garantie dafür gibt, dass uns auch nur irgendetwas von dem, was uns jetzt Freude macht, bleiben wird. Wir alle werden schwere Zeiten durchmachen, ehe wir sterben. Und das Glück, nach dem wir uns legitimerweise sehnen, braucht eine bessere Grundlage als all die schönen Dinge, die diese Welt zu bieten hat.

Wenn uns die in unseren Seelen brennenden Wünsche, die sich in diesem Leben nicht erfüllen und auch nicht erfüllen werden, auch nur schwach bewusst werden, bewegen wir uns entweder auf Gott zu und richten den Blick begierig auf das Fest, das er geplant hat, oder wir verkriechen uns tiefer in uns selbst, in Zynismus und Verzweiflung. Es ist riskant, der Realität ins Auge zu sehen. Aber es nicht zu tun ist noch riskanter, zumindest auf lange Sicht.

Wenn wir die Leere spüren, die wir nicht ausfüllen können, und uns Gott zuwenden, entdecken wir schließlich etwas unter dieser Leere, was uns überrascht. Wir finden eine Sehnsucht, von der wir vorher nichts ahnten. Ein Verlangen nicht nur danach, glücklich zu sein (obwohl auch das noch da ist). Nicht nur danach, die Leere auszufüllen (obwohl wir sie immer noch füllen wollen). Sondern ein starkes, reines Verlangen danach, jemand anderen außer uns selbst zu lieben, für eine Sache zu leben, die größer ist als unser persönliches Glück.

Und wenn wir erkennen, dass Gottes Liebe uns dazu befreit, dieses Verlangen in erheblichem Maße schon in diesem Leben und vollständig im nächsten Leben zu stillen, dann begreifen wir, wieso Gottes Geschichte Evangelium ist, eine gute Nachricht. Dann kommt durch die Geschichte, die wir von ihm hören, das *Halleluja* in den «Halleluja-Chorus».

Diese Geschichte enthält auch manche schwierigen Kapitel. Es ist die Zerbrochenheit darüber, wie verstrickt wir in uns selbst sind, die uns die Ohren öffnet, um alles zu hören, was Gott sagt. Und die Buße spült uns das Wachs aus den Ohren. Wir hören von einem Fest, das Gott für seinen Sohn gibt. Dass leere, selbstsüchtige Leute wie wir dazu eingeladen sind. Bis wir dort ankommen, ist die Vorfreude unser Glück. Es lässt uns auf dem Weg zu dem Fest bleiben und unser Möglichstes tun, um andere durch unseren Umgang mit ihnen auf den schmalen Weg einzuladen, der zu einem größeren Glück führt, als wir es uns je hätten erträumen können.

Gottes Geschichte ist die Geschichte, die jeder Mensch hören muss. Und diejenigen, die sich ehrlich dem stellen, was bei ihnen fehlt und an ihnen nicht stimmt, hören die Geschichte am besten. Nur diese Geschichte macht das geprüfte Leben lebenswert. Und nur diese Geschichte löst – wenn auch nicht nach unserem Zeitplan – ihr Versprechen ein, uns ein Glück zu bescheren, das wir nicht mehr verlieren können.

Und nun möchte ich in einer Kürze, neben der sich eine gekürzte «Reader's-Digest»-Ausgabe ausnimmt wie die Gesamtausgabe aller Werke eines produktiven Schriftstellers, die Geschichte Gottes wiedergeben, so gut ich kann, und sie so kurz wie möglich in 66 kurzen Absätzen nacherzählen. Um ins Licht zu rücken, wie ihr Realismus die Ohren öffnet und ihre Romantik das Herz erweckt, erzähle ich die Geschichte mit Gott selbst als Erzähler, der sich direkt an den Zuhörer wendet, den er vor sich weiß.

Natürlich hat er seine Geschichte bereits in 66 Liebesbriefen unterschiedlicher Länge erzählt. Ich wiederhole nur, was ich gehört habe. Erinnern Sie sich an die schlichte Gliederung, die Sie in diesem Buch bereits vorgefunden haben. Sie wird Ihnen helfen, die Handlung zu verfolgen:

- Erster Teil:
  Ein Sturz, ein Versprechen, und die Geschichte beginnt
  *Genesis bis Deuteronomium*
- Zweiter Teil:
  Die Handlung tritt in der Weltgeschichte zutage
  *Josua bis Esther*
- Dritter Teil:
  Leben im Mysterium mit Weisheit und Hoffnung
  *Hiob bis Hoheslied*
- Vierter Teil:
  Ein Wort an die Törichten
  *Jesaja bis Maleachi*
- Fünfter Teil:
  Der Held betritt die Bühne
  *Matthäus bis Johannes*
- Sechster Teil:
  Tanzstunden für Schwerfällige
  *Apostelgeschichte bis Judas*
- Siebter Teil:
  Das Versprechen wird eingelöst – Glückseligkeit für immer
  *Offenbarung*

# Die Geschichte

**Erster Teil:**
**Ein Sturz, ein Versprechen, und die Geschichte beginnt**
***Genesis bis Deuteronomium***
Schon lange vor Anbeginn der Zeit beschlossen wir drei, Leute wie dich zu erschaffen, an denen wir uns erfreuen könnten, so wie sie sich an uns und an der schönen Welt erfreuen könnten, die wir ihnen als ihr Zuhause bereitet hatten. Doch deine Ureltern kamen in ihrer Torheit zu dem Schluss, sie könnten auf eigene Faust ohne mich mehr Glück finden. Unterschätze niemals, wie sehr ihre Entscheidung alles kaputt gemacht hat und wie sehr deine Entscheidungen immer noch alles kaputt machen. Und unterschätze niemals meine Fähigkeit, das Kaputte wieder zu heilen und alle, die kommen wollen, zu unserem Fest zu bringen. Ich habe einen Plan. (Genesis)

Ich werde tun, was immer nötig ist, um meine Familie vollkommen wiederherzustellen und sie für immer bei mir zu haben. Mein Plan dreht sich darum, zu zeigen, wie weit meine Liebe gehen wird, um dich zu meinem Fest zu bringen. Du bist von mir weggegangen, aber wenn du erkennst, wer ICH BIN, wirst du wieder zurückkommen wollen. (Exodus)

Du hast wirklich keine Ahnung, wie töricht du geworden bist. Du glaubst tatsächlich, du könntest so gut lieben, dass du meine Anerkennung verdient hättest. Weit gefehlt. Dich dazu zu bringen, richtig zu denken und richtig zu lieben, ist der schwierigste Teil meines Plans. Es wird mich den Tod meines Sohnes kosten. (Leviticus)

Und auch du wirst einen Preis zahlen müssen. Ich muss dich erkennen lassen, dass das Durcheinander, das durch deine Entscheidungen entsteht, das Glück, das du dir wünschst, außer Reichweite rücken lässt. Demut fällt stolzen Menschen schwer. Der Weg zu mir zurück ist mit Leiden und Elend verbunden. Manchmal wirst du denken, es wäre der Weg in die Hölle. Aber das ist er nicht. Vertrau mir. (Numeri)

Du lernst nur langsam. Ehe du lernst, mir dicht nachzufolgen, wirst du ein noch größeres Durcheinander anrichten und dich in echte Not bringen. Du bist ein geborener Gesetzesbrecher, ein

Sünder von Natur aus. Aber vergiss nicht, deine Sünde kann meine Liebe nicht übertrumpfen. (Deuteronomium)

**Zweiter Teil:**
**Die Handlung tritt in der Weltgeschichte zutage**
***Josua bis Esther***
Dass mein Plan funktioniert, wirst du erkennen, wenn du merkst, dass du anfängst, deine Selbstsucht mehr zu hassen als dein Unglücklichsein. Diese Erkenntnis setzt den eigentlichen Kampf in Gang: den Kampf gegen die Sünde, gegen deine natürlichen Neigungen. Solange du dein Unglücklichsein als dein schlimmstes Problem siehst, wirst du meinen, dass ich dich besser behandeln sollte, als ich es tue. Aber sobald du siehst, wie in dich selbst verstrickt du bist, wirst du dich nur wundern, dass ich dich nicht schon von der Einladungsliste zu meinem Fest gestrichen habe. (Josua)

Diese Erkenntnis wird dir nicht leichtfallen. Du weigerst dich erbittert, einzusehen, wie dumm und böse es ist, für dich selbst zu leben. Solange du nicht erkennst, dass deine Art, mit mir und anderen umzugehen, böse ist, wirst du keinerlei Notwendigkeit zur Buße sehen. Was dich überraschen sollte, sind die Segnungen, die du erfährst. Stattdessen bist du verblüfft, wenn Gericht über dich kommt. (Richter)

Aufgrund von Enttäuschungen und Benachteiligungen fühlst du dich berechtigt, auf den eigenen Vorteil zu schauen und dich zu beklagen, wenn die Dinge nicht nach deinen Wünschen laufen. Hab Mut. Ich habe die Macht, alles Schwere in deinem Leben zu gebrauchen, um deine Füße auf den Weg zur Freude zu stellen. (Ruth).

Doch der Krebs deiner Selbstsucht hat Metastasen gebildet. Er hat sich durch deine ganze Seele ausgebreitet. Aber ich habe das Heilmittel dagegen. Eine Operation ist notwendig … ohne Narkose. Ich zwinge meinem Plan niemandem auf. Du musst wach sein, um bei dem Prozess mitzuhelfen. (1. Samuel)

Die Operation ist immer erfolgreich … wenn du auf dem Tisch bleibst. Unterwirf dich meiner harten Gnade, und du wirst lieben lernen. Manchmal wirst du immer noch nach dem Takt der Hölle tanzen, aber du wirst lernen, nach dem Takt des Himmels zu tanzen, und das wird dich zu einem großartigen Menschen machen, der immer mehr im Einklang mit meinem Plan lebt. (2. Samuel)

Achte darauf, dass du nicht auf die höllische Lüge des Teufels hereinfällst, die Größe nach den Maßstäben einer gefallenen Welt bemisst. Größe wird weder durch Geld noch durch Talent noch durch Macht bestimmt. Große Menschen sind diejenigen, die große Liebe haben. (1. Könige)

Aber du wirst elend scheitern. Das ist in meinem Plan schon berücksichtigt. Jedes Scheitern gibt dir Gelegenheit, dich vor meiner Heiligkeit tief zu verneigen und in meiner Gnade aufrecht zu stehen. Ich gebe niemanden auf. (2. Könige)

Mein Geist wird dich davon freimachen, dein Glück von irgendjemandem oder irgendetwas anderem als mir abhängig zu machen. Die Befriedigung, die du jetzt noch aus *zweitrangigen* Dingen beziehst, wird weniger werden. Deine innere Leere wird neue Dimensionen annehmen, so dass du dich fragen wirst, ob mein Geist aufgehört hat, in dir zu wirken. Doch das wird er niemals. Die Leere, die du empfindest, wird sich langsam in einen brennenden Durst verwandeln, und zwar Durst nach mir, nicht nach noch mehr zweitrangigen Dingen. (1. Chronik)

Echtes Vertrauen entwickelt sich in der Dunkelheit. Wenn das Leben keinen Sinn mehr ergibt, wenn das Leiden willkürlich oder maßlos erscheint, wenn deine Seele die Last unerträglicher Leere und Furcht empfindet, dann lass dich auf den Kampf ein, mir zu vertrauen. Mein Reich ist in Sichtweite. (2. Chronik)

Durch meinen Sohn und meinen Geist bin ich immer bei dir. Auch wenn du es manchmal nicht spürst oder erkennst, tun wir alles, was nötig ist, um dich heil und heilig zu machen. Das war mein Versprechen zu Beginn dieser Geschichte. Ich habe vor, es zu halten. Ich *werde* dich bei meinem Fest dabeihaben. (Esra)

Rechne mit heftigen Rückschlägen. Bei dir, bei deiner Familie und in deinem Freundeskreis und in deiner Gemeinde. Aber mach immer wieder kleine Schritte, auch wenn damit nichts erreicht zu sein scheint. Schon der kleinste Akt der Treue und Opferbereitschaft ist ein großes Werk, wenn er deiner Liebe zu mir entspringt. Ich sehe es. Ich werde es nicht vergessen. Ich werde es gebrauchen. Du bist wichtig für mich und für meinen Plan. (Nehemia)

Selbst wenn du weit von deinem Zuhause in mir abschweifst, werde ich hinter den Kulissen daran arbeiten, dich wieder zurückzubringen. Aber es wird reichlich Widerstände geben. Vieles wird schiefgehen, egal, ob du dich im fernen Land aufhältst oder in meiner Gemeinschaft lebst. Aber niemand kann meinen Plan vereiteln. Niemand. Du stehst auf der Gewinnerseite. (Esther)

**Dritter Teil:**
**Leben im Mysterium mit Weisheit und Hoffnung**
***Hiob bis Hoheslied***

Es liegt nicht in deiner Hand, ob du die Segnungen, die du dir wünschst, bekommen oder behalten kannst. Was immer in dein Leben hineinkommt, kommt mit meinem Wissen und meiner Erlaubnis dorthin. Die Dinge, die ich zulasse, sind manchmal schmerzhaft, oft auch verwirrend. Du wirst nach dem Warum fragen und keine Antwort bekommen. Nur im Mysterium wirst du Demut und Hoffnung finden. (Hiob)

Wenn du leidest, dann weine. Stramme Haltung wird dich nur von mir isolieren. Wenn etwas Schönes passiert, dann feiere. Sei dankbar. Und wenn nichts einen Sinn ergibt und du dich fragst, ob ich überhaupt existiere oder, wenn ja, was für ein Gott ich eigentlich bin, dann komm mit deinen ehrlichen Fragen zu mir. Gemeinsam mit anderen, die kämpfen und weinen und lachen, bring immer alles, was du bist, zu mir. (Psalmen)

Versuche nie, deine echte Verwirrung mit Hilfe von Formeln loszuwerden, die dir die Illusion verschaffen, du hättest die Dinge im Griff: Tu dies, dann bekommst du das; bete so, dann wird Gott so antworten. Stattdessen falle in deiner Verwirrung in Ehrfurcht vor mir nieder (du weißt nicht genug, um mich herauszufordern) und folge mir nach mit der Weisheit, die ich dir gebe (du bist einfach nicht klug genug, um deinen eigenen Kurs zu wählen). (Sprüche)

Das Richtige zu tun führt nicht immer dazu, dass alles richtig läuft. Diese Lektion zu lernen ist schwer. Das Anspruchsdenken, das Formeln und Kontrolle liebt, ist stark. Ich muss dich in die Verzweiflung der Demut herabsenken – du hast nichts im Griff –, bevor ich dich wieder in das Entzücken der Freude emporhebe. Ich habe alles im Griff. Und ich bin gut. Mein Plan ist auf Kurs. Egal, wie unglücklich du zeitweise bist, gib niemals auf. (Prediger)

Ich liebe dich. Mein Sohn liebt dich. Mein Geist liebt dich. Du schmeckst nur ein kleines bisschen von unserer Liebe, verglichen mit ihrer Fülle. Durch alles, was geschieht, ziehen wir dich näher zu uns und machen dich meinem Sohn ähnlicher. Wir bringen dich zu unserem Fest. Wir bringen unser Fest zu dir. Du wirst unser Festmahl der Liebe genießen. (Hoheslied)

**Vierter Teil:**
**Ein Wort an die Törichten**
***Jesaja bis Maleachi***

Ja, du bist wirklich sehr töricht. Du klammerst dich an die Überzeugung, ein schweres Leben sei ein schlimmeres Problem als eine selbstsüchtige Seele. Wie ein Vater es bei einem törichten Kind tut, muss ich deine Torheit mit Schmerz belohnen. Doch der Schmerz, den ich zufüge, ist immer heilsam. Er macht dich offen dafür, den Trost der Vergebung und die sichere Hoffnung zu empfangen, dass aus dir der Mensch wird, der zu werden ich dich erschaffen habe. (Jesaja)

Wenn du dich entscheidest, mir gehorsam zu sein, wird es dir oft so vorkommen, als wäre ich abwesend. Mir nachzufolgen macht dein Leben schwerer, nicht leichter, als von mir wegzugehen. Zumindest eine Zeitlang. Und während dieser Zeit wird mein Geist dir immer geben, was du brauchst, um mir geduldig zu vertrauen, wenn alles auseinanderbricht. (Jeremia)

Wenn das geschieht, wenn dir das Herz bricht, dann weine laut. Weine heftig. Nur im Leiden werden die Abgründe deines fordernden Geistes offengelegt werden. Nur im Leiden wirst du dich ganz meiner verborgenen Treue überlassen. (Klagelieder)

Erst wenn du über das erschreckende Übel deines fordernden Geistes so bekümmert bist, dass meine herrliche Heiligkeit dich überwältigt, wird meine Liebe dich verändern. Erst wenn du die böse Energie in deinen Beziehungen erkennst, wirst du über die Schönheit meines Sohnes staunen, und du wirst dich danach sehnen, diese Schönheit widerzuspiegeln. (Hesekiel)

Eine Rückkehr zu den glücklichen Tagen einer naiven Unschuld wird es für dich nicht geben. Das ist nicht mein Plan. Worte können nicht fassen, was vor dir liegt. Das Leben wird schwierig werden. Träume werden sich zerschlagen. Ich rufe dich auf, dir vorzustellen, was noch *weiter* entfernt vor dir liegt. Eine neue Art von Glück erwartet dich. (Daniel)

Am glücklichsten wirst du sein, wenn deine Liebe der meinen am meisten gleicht. Wenn Leute, die dich hassen, furchtbar mit dir umspringen, wirst du anfangen zu verstehen, wie sehr ich dich liebe. Du hast mich tief verletzt. Deine Ablehnung lässt mich nicht unberührt. Aber ich werde dich nicht im Stich lassen. Das kann ich nicht. Ich liebe dich. (Hosea)

Meinem Sohn gleichgestaltet zu werden bedeutet, so zu lieben wie er: Diejenigen zu lieben, die dir Nägel durch die Hände und Füße schlagen. *Wach auf!* Mach dir bewusst, dass es dies ist, wonach du dich am meisten sehnst. *Verliere die (falsche) Hoffnung!* Hör auf, dich davon abhängig zu machen, dass dein Leben gelingt und dass andere für dich da sind. *Bete richtig!* Bete, dass mein Wille geschehe, nicht deiner. (Joel)

Manchmal bildest du dir ein, du wärst schon weiter, als du bist. Dein Mangel an opferbereiter Liebe ist unter begeisternder Anbetung verborgen. Aber ist das überhaupt Anbetung? Echte Anbetung führt zu echter Veränderung. Betest du an? (Amos)

Es ist leicht, das Augenmerk darauf zu richten, dass andere sich noch mehr verändern müssen als du, und zu meinen, du trätest für meine Gerechtigkeit ein, wenn du sie zur Rechenschaft ziehst. Ich kümmere mich um alles, was bei den anderen nicht stimmt. Mach du es dir zur Priorität, dich mit dem zu beschäftigen, was bei dir nicht stimmt. (Obadja)

Von Natur aus willst du Leute bestraft sehen, die dein Wohlbefinden bedrohen. Wenn mein Plan vorsieht, dass jemand, der dich schlecht behandelt hat, ungeschoren davonkommt, wirst du die Sache selbst in die Hand nehmen wollen. Aber ich werde nie mit deinem Verlangen kooperieren, dich vor Feinden zu schützen, die zu lieben du dich weigerst. Dieses Verlangen wird dich von dem Weg zu meinem Fest abbringen. (Jona)

Mach es dir nicht zum Ziel, andere dazu zu bringen, richtig zu leben. Konzentriere dich lieber darauf, mit mir zu gehen, Gerechtigkeit zu üben und andere zu lieben. Hör nicht auf Prediger, die dich auffordern, die Segnungen des Lebens höher zu schätzen als die Vergebung der Sünden. Nur Leute, denen vergeben wurde, vergeben auch anderen und leben in Gerechtigkeit mit ihnen zusammen. (Micha)

Du musst deine Feinde nicht loswerden. Ich werde jeden Feind besiegen, der deiner Freude (nicht deinem Wohlbefinden) im Weg steht. (Nahum)

Doch mein Plan, deine Feinde zu besiegen, wird nicht dem entsprechen, wie du meinst, dass ich diesen Kampf führen sollte. Ignoriere nicht den Kampf und die Verwirrung, die in dir ausbrechen werden, wenn du mich dabei beobachtest, wie ich für dich gegen deine Feinde kämpfe. Du musst zittern, bevor du vertraust, und kämpfen, bevor du singst. (Habakuk)

Mein Plan, deine Beziehungen von Grund auf zu verändern,

wird dich frustrieren. Du wirst denken, dass ich zu viel verlange. Du wirst in Versuchung sein, dich mit einer oberflächlichen Veränderung zufriedenzugeben, die dir leichter fällt. Inzwischen solltest du aber wissen, dass Veränderung ohne Zerbrochenheit und Buße weit hinter der Veränderung zurückbleibt, die ich beabsichtige. (Zefanja)

Doch wie wenig tiefe Veränderung du auch an dir selbst oder an anderen siehst, arbeite weiter für mich. Bau meinen Tempel. Du bist dieser Tempel. Deine Seele muss von jeder Spur Selbstsucht gereinigt werden. Nur ich, der Herr der Heerscharen, kann den Schmutz ausräumen und meinen Tempel als Haus der Anbetung wiederherstellen. (Haggai)

Und tue ich das? Gewiss. Kannst du es sehen? Nicht immer. Doch nichts ist so, wie es scheint. Meine Gemeinde sieht einem Einkaufszentrum ähnlicher als einem heiligen Tempel. Und doch geschieht viel Gutes und wird viel Gutes geschehen, das du bald sehen wirst. Bis dahin lebe als ein Gefangener der Hoffnung. Mein Plan ist auf Kurs. (Sacharja)

Noch siehst du sehr wenig davon, was bei dir immer noch nicht stimmt. Wenn ich dir die Augen öffne, wirst du deine Torheit und meine Treue sehen. Verschließe deine Augen davor, und du wirst mir als deinem Richter gegenübertreten. Wende dich mir in Buße und Anbetung zu, und das wahre Leben wird beginnen. (Maleachi)

**Fünfter Teil:**
**Der Held betritt die Bühne**
***Matthäus bis Johannes***

Denke niemals, ich hätte mich von dem zornigen Gott des Alten Testaments in den liebenden Gott des Neuen Testaments verwandelt. Ich bin immer derselbe. Ich erzähle eine einzige Geschichte von einem Gott, der die Sünde hasst, aber dich liebt. Von nun an wird die Liebe in meiner Liebesgeschichte für jeden, der Augen hat zu sehen, klar erkennbar. Mein Sohn, der ewige Gott, die zweite Person in unserer Dreiergemeinschaft, kommt, um alles zu verändern. Er macht alles neu, auch dein Herz. Er hat das Ruder übernommen. Er ist der König des kommenden Reiches. Seine Mission: die Selbstsucht zu entlarven und zu vernichten und unsere Art zu leben in dich und deine Welt hineinzubringen. Er bringt den Himmel in dich hinein und durch die Art, wie du dann anderen begegnest, auch in sie mehr vom Himmel hinein. (Matthäus)

Mein Sohn lebte eine neue Art von Beziehung vor. Nur auf diese Art kann in jeder Beziehung die pure Freude wachsen, die wir seit vor dem Anbeginn der Zeit genießen. In deiner Welt, die so voller Stolz und Gier und Selbstsucht ist, sind Veränderungen nur durch demütiges Dienen und aufopferungsvolles Leiden zu bewirken. Mein Sohn kam, um dir zu dienen und für dich zu leiden. Der König der Könige wurde zum leidenden Gottesknecht. Das ist eine radikal neue Art zu leben. Bald wirst du aufwachen und merken, dass es die einzig kluge und gute Art zu leben ist. Denn nur so kann das Himmelreich auf die Erde gebracht werden. (Markus)

Mein Sohn diente und litt mit einer zielstrebigen Leidenschaft dafür, meinen Plan auszuführen und meine Familie nach Hause zu bringen. Ein vollkommener Mensch ordnet sein Leben einem höchsten, edlen Zweck unter. Er zielt mit seinem Leben in eine einzige gute Richtung, von der er niemals abweicht. Meinem Sohn, dem einzigen vollkommenen Menschen, der jemals lebte, war nichts wichtiger, als mich zu offenbaren und mein Leben in der ganzen Welt auszubreiten, was es ihn auch kosten mochte. Dir ist es bestimmt, so zu werden wie er. Das ist mein Plan. (Lukas)

Wenn du dich an mir freuen willst, dann lebe so wie er. Es gibt keinen anderen Weg, in unserer Beziehung Freude zu erfahren. Bete vor der Krippe von Bethlehem an. Was für eine Demut! Beobachte, wie mein Sohn lebt. Hör zu, wie er spricht. Was für eine Schönheit! Was für eine Weisheit! Fall unter dem Kreuz nieder. Was für eine Liebe! Was für ein dramatischer Wendepunkt in der Geschichte! Steh vor dem leeren Grab, und dann wende dich mit einer Mission wieder der Welt zu. Was für ein Privileg für dich! Was für eine Kraft steht dir zur Verfügung, um deine Mission auszuführen! Mein Sohn hat offenbart, wie wir leben und handeln. Geben, auch wenn niemand etwas zurückgibt. Lieben, auch wenn niemand diese Liebe erwidert. Vergeben, auch wenn niemand Vergebung verdient. Anstelle anderer leiden, statt sie bezahlen zu lassen. Das ist die Art des Reiches. (Johannes)

**Sechster Teil:**
**Tanzstunden für Schwerfällige**
***Apostelgeschichte bis Judas***

Komm mit anderen Nachfolgern meines Sohnes zusammen, damit ihr gemeinsam die ganze Botschaft von diesem neuen Leben besser kennenlernen und an die Welt weitergeben könnt. Verlasst euch auf eure neue Kraft, für eure neue Mission leiden zu können, während ihr euch zu einer neuen Art von Gemeinschaft mit einer neuen, lebendigen Hoffnung entwickelt. Das Fest ist auf dem Weg. *Fangt an zu tanzen.* (Apostelgeschichte)

Höre auf alles, was ich durch meinen Sohn und meinen Geist sage. Werde dir über die Botschaft klar, die du hören durftest, die dir offenbart wurde und die du weitergeben sollst. Wenn du dich um Weisheit bemühst, mach dir eines bewusst: *Klarheit kommt durch das Kreuz.* Der Tod und die Auferstehung meines Sohnes garantieren den Erfolg meines Plans. (Römer)

Je mehr meine Geschichte dich packt, desto mehr wirst du dich danach sehnen, dass es besser läuft, als es der Fall ist. Du wirst entmutigt sein. Du wirst im einen Moment begeistert sein, im nächsten niedergeschlagen. Deine Gemeinschaft wird dich enttäuschen und frustrieren. Hab Geduld. Bleib auf Kurs. Ich werde meinen Zweck in dir und in meiner Gemeinde erreichen. Ich werde meinen Plan für die Welt durch dich und durch meine Gemeinde ausführen. Hör nicht auf, meine Geschichte zu erzählen. (1. Korinther)

Es wird schwierig werden. Wenn die Wirklichkeit nicht deinen Erwartungen entspricht, wirst du dich verraten fühlen. Dein Anspruchsdenken stirbt nur langsam. Aber es wird sterben. Lebe für die Erkenntnis meiner Wahrheit. Erkenne meine Wahrheit, um sie zu leben. Je klarer du siehst, was in dir und in dieser Welt vorgeht, und je besser du erkennst, wie tief die Selbstsucht immer noch in meinen Kindern steckt (auch in dir), desto mehr wirst du in Tränen versinken und mit Hoffnung erfüllt sein. Veränderung ist notwendig. Die Veränderung kommt! (2. Korinther)

Mit der Hoffnung kommt die Freiheit. Du kannst leben. Du kannst atmen. Alles ist dir vergeben. Aber Freiheit ist auch leicht zu missbrauchen. Du bist frei zu lieben, nicht, um deinen Launen nachzugehen. Du bist frei, dich auf meinen Geist zu verlassen, um ganz der zu werden, der zu sein du bestimmt bist. Aber die Freiheit, dich einfach durch Willenskraft selbst zu verändern, hast du nicht. Das wird nicht funktionieren. Lebe in meinem Geist. Halte Schritt mit seinem Takt. Eine größere Freiheit gibt es nicht. (Galater)

Du bist frei zu lieben. Liebe nicht nur *wie* mein Sohn, sondern auch *für* meinen Sohn. Du bist jetzt Teil einer Gemeinschaft, die ihn repräsentiert. Du bist sein Leib auf Erden. Lebe, um ihn durch dein Lieben zu *ergänzen*. Du bist sein Tempel in der Welt. Lebe, um ihn durch dein Lieben *sichtbar zu machen*. Du bist seine Braut, für die er sein Leben gab. Lebe, um ihn durch dein Lieben zu *erfreuen*. Feiere das hohe Vorrecht, das ich dir gegeben habe. (Epheser)

Halte nichts zurück. Gib mir alles. Du wirst nichts verlieren, was wirklich von Wert ist. Christus ist Leben. Die Haltung, die in meinem Sohn herrscht, kann nun in dir herrschen. Die Sehnsucht danach, ihn zu kennen, wird nach und nach alle anderen Wünsche verblassen lassen. Durch meinen Geist hast du jetzt die Kraft, auf eine neue Weise zu leben, auf dem Weg der Liebe. Tanze! Singe! Dir ist wahres Leben zuteilgeworden. (Philipper)

Mach aber nicht den Fehler, den so viele machen, deren Wunsch nach Glück zu einer Forderung wird. Rechne nicht damit, in diesem Leben die Freude zu erfahren, die dir zuteilwird, wenn mein Sohn wiederkommt. Eine Verlobung schenkt den Vorgeschmack der vollständigen Freude. Ihre Erfüllung ist die Ehe. Mein Sohn ist jetzt in dir als die *Hoffnung* der Herrlichkeit, nicht als ihre *Erfahrung*. Lebe nicht dafür, dich erfüllt zu fühlen. Lebe von der Wahrheit einer Erfüllung, die du eines Tages ganz und gar genießen wirst. (Kolosser)

Mein Sohn wird wiederkommen. Klammere dich an diese Hoffnung, als hinge dein Leben davon ab. Das tut es nämlich. Ohne diese Hoffnung wäre mein Plan ein Luftschloss, eine grandiose Täuschung, die du lieber ignorieren solltest, als ihr zu erliegen. Mit dieser Hoffnung ist mein Plan dein Anker in stürmischen Gewässern. Er verspricht dir einen sicheren Hafen, in dem du schon erwartet wirst. Wende dich nie von mir ab. Hör nicht auf, mir mit all deiner Kraft zu dienen. Und warte. Warte geduldig, erwartungsvoll und sehnsüchtig auf die Wiederkunft meines Sohnes. Sein Kommen ist deine Hoffnung. (1. Thessalonicher)

Deute alles, was jetzt geschieht, im Licht dessen, was dann kommen wird. Was kommt, ist das Gericht, das Ende der Selbstsucht und die Vernichtung des Bösen. Was kommt, ist Gemeinschaft, die Wiedervereinigung der Familie, die Befriedigung allen Verlangens und das ewige Fest der Liebe. Bis dahin bleib aktiv! Es gibt Arbeit für dich zu tun. (2. Thessalonicher)

Mein Feind wird mit aller Macht versuchen, dich aufzuhalten. Viele, auch leitende Leute in den Gemeinden, wird er dazu verleiten, meine Geschichte so zu verdrehen, dass dein Stolz einen Platz in ihr findet, anstatt vernichtet zu werden. Er wird meine Geschichte verfälschen. Statt einer Wahrheit, die Unterordnung verlangt, wird er daraus eine Gelegenheit machen, dich für deine eigene, selbst erschaffene Wahrheit zu begeistern. Du kannst mit «höherer Erkenntnis» aufwarten, die nur einer «aufgeklärten Elite» zugänglich sei? Vergiss es. Halte stattdessen fest an der Wahrheit, die ich dir sage. Es wird ein Kampf sein. Kämpfe für die Wahrheit. Es ist ein guter Kampf. Bewahre alles, was du von mir in meinen Liebesbriefen an dich gehört hast. Setze alles auf das, was du als wahr erkannt hast. (1. Timotheus)

Hör auf diejenigen, deren Lebensweise meine Wahrheit bestätigt. Bewährte Heilige haben eines gemeinsam: Sie haben einen Preis dafür gezahlt, meinem Sohn nachzufolgen. Und sie glauben alle, dass es diesen Preis wert war. Schöpfe Zuversicht aus dem, was sie sagen. Finde Kraft in ihrem Vorbild. Bleib auf dem schmalen Weg, zusammen mit den wenigen, die ihn gefunden haben und wissen, dass er zu dem Leben führt, das ich dir zugedacht hatte. Das Fest wartet schon. (2. Timotheus)

Das Fest hat sogar bereits begonnen. Du kannst jetzt schon zur Musik des Himmels tanzen, indem du die *Schönheit der Gnade* offenbarst, die mit dem ersten Kommen meines Sohnes sichtbar wurde. Führe weiter das neue Leben der Gnade, bis bei der Wiederkunft meines Sohnes die *Schönheit der Herrlichkeit* die Erde erfüllt. Gnade ist nichts für schöne Menschen. Die sehen gar keine Notwendigkeit dafür. Offenbare die Schönheit der Gnade den Hässlichen. Vergiss nicht, dass du selbst einer von ihnen warst. Aber jetzt nicht mehr. Jetzt bist du schön in meinem Sohn. Du kannst dich verändern. Sie können es auch. Enthalte niemandem meine gute Nachricht vor, nicht einmal den Kretern. (Titus)

Das Leben, das ich anbiete, verändert alles. Echtes Leben verwandelt dramatisch jeden Menschen und jede Beziehung in etwas Schönes. Doch deine Zuversicht auf seine Kraft wird auf die Probe gestellt werden. Wenn du dich bemühst, anderen auf gute Weise zu begegnen und in der Liebe zu tanzen, wirst du anderen an die Schienbeine treten, und die anderen werden dir hart auf die Zehen treten. Denk immer daran, dass du mir mehr Unrecht getan hast als irgendjemand anderem, und mehr, als irgendjemand anderes dir Unrecht getan hat. Geh mit ihnen so um, wie ich mit dir umgehe. (Philemon)

Es wird nicht leicht sein. Echte Liebe kostet etwas. Du wirst versucht sein, einen Rückzieher zu machen, zurückzuweichen, dich mit weniger als wahrer Gemeinschaft zufriedenzugeben. Es ist leichter, mein Liebesgebot zu verwässern und einfach nur so gut wie möglich miteinander auszukommen und alles zu genießen, was an Vergnügungen zu haben ist. Doch ich berufe dich zu viel mehr als dazu. Und du kannst antworten. In diesem Moment steht mein Sohn an meiner Seite. Er garantiert dir, dass deine unzulängliche Liebe dir vergeben worden ist, dass du in all deinen Verletzungen und Kämpfen verstanden wirst und dass du das Rüstzeug hast, ihm durch jegliche dunkle Nacht zu folgen. Sei du keiner von den vielen, die zurückweichen. Mit meinem Sohn als deinem Fürsprecher kannst du vorwärtsgehen. Tu es! (Hebräer)

Und schwafele anderen nichts von meiner guten Nachricht vor, wenn du die gute Nachricht nicht in deinen Beziehungen auslebst: indem du mehr auf andere hörst, als deinen Standpunkt klarzumachen, und indem du Leuten, die dir auf die Nerven gehen, Barmherzigkeit erweist. Du bist auf einer Mission, die von dir verlangt, dass du, wenn du anderen begegnest, mehr an ihr mögliches Glück denkst als an dein eigenes. Vollende deine Mission, und du wirst deinen Lohn dafür empfangen. (Jakobus)

Mein Plan wird all deine Träume erfüllen. Bald. Schon in kurzer Zeit. Doch du musst dir klarmachen, dass ich außerhalb der Zeit lebe. Mein Blickwinkel ist viel weiter als deiner. Da du in der Zeit lebst, erlebst du jetzt Läuterung, aber dann Freude für immer. Zuerst kommt der langsame Prozess der Heiligung. Dann, wenn die Heiligung vollendet ist, kommt das vollendete Glück. Alles Gute wird dir zur Verfügung stehen, damit du es genießt. Bald! (1. Petrus)

Warten ist schwer. Viele werden sich über dein Verständnis meiner Geschichte lustig machen und von Jenseitsvertröstung reden. Sie wollen alles, und zwar sofort. Beweise ihnen, dass sie unrecht haben. Mein Wesen ist in dir. Führe ein Leben, wie es nur einer führen kann, der weiß, dass ihn mehr erwartet als ein Luftschloss. Es ist ein üppiges Festmahl. Schon jetzt kannst du kleine Häppchen davon kosten, bis du an meiner Tafel Platz nimmst. Dein Platz ist dir reserviert. (2. Petrus)

Du hast mich noch nie gesehen. Du hast noch nie meinen Sohn vor Augen gehabt. Du hast nie buchstäblich gespürt, wie er dich in den Arm nahm. Und deshalb hast du noch nie die Fülle der unvermischten Freude erlebt, die mein Geist ist. Doch den einen oder anderen Vorgeschmack hast du schon bekommen. Die Wirklichkeit echten Lebens schmeckst du immer dann, wenn du andere liebst, um unsertwillen und um ihretwillen. Indem du liebst, kannst du schon jetzt, in diesem Leben, Gemeinschaft mit mir genießen, bis dann im nächsten Leben unsere Vereinigung vollkommen ist. (1. Johannes)

Ich möchte, dass du liebst, dass du im wirklichen Leben wirklichen Menschen begegnest. Jungen Menschen, die mehr im empfundenen Moment leben als in meiner nachhaltigen Wahrheit. Älteren Leuten, die sich wünschen, es würde sich nichts ändern. Und der großen Mehrzahl der Leute, die ihr Bestes tun, um ihren Alltag zu meistern, ohne ihre Werte zu kompromittieren oder ihre Visionen von einem guten Leben preiszugeben. Lebe als wirklicher Mensch in der wirklichen Welt. Du bist niedergeschlagen, du bezahlst Rechnungen, du fühlst dich einsam, du hast Spaß an Golf. Mein Sohn war ein wirklicher Mensch. Ein Junge, der bei seiner Mutter und seinem Vater lebte. Ein junger Mann, der einen Beruf erlernte. Ein Erwachsener, der auf einer Hochzeit tanzte, auf einer Beerdigung weinte, betete, wenn es dick kam, und für eine Sache starb, an die er glaubte. Mein Sohn lebte das wirkliche Leben, zu dem ich auch dich berufe: *göttliche Kraft in gewöhnlicher Menschlichkeit.* (2. Johannes)

Diese Kraft war es, die ihn weiter lieben ließ in einer Welt voller Menschen, die keine Liebe hatten. Wenn du bei einem anderen etwas Kritikwürdiges siehst, dann prüfe erst dein eigenes Leben, bevor du auf die Fehler dieses Menschen reagierst. Sind deine Haltung und die Worte, die du sagen willst, von göttlicher Liebe angetrieben? (3. Johannes)

Behalte meine Geschichte immer klar im Bewusstsein. Ich habe dich zu meinem Fest eingeladen. Ich habe dich ausgerüstet, damit du lieben kannst. Ich habe dich in Hoffnung verankert. Du wirst auf schreckliche Widerstände stoßen, wenn du dafür lebst, meine Geschichte zu erzählen. Halte meine Geschichte in deinem Denken lebendig, und ich werde dich unermüdlich auf dem schmalen Weg tanzen lassen. Geh weiter. Warte weiter. Mein Plan wird bald seinen spektakulären Höhepunkt erreichen. (Judas)

**Siebter Teil:**
**Das Versprechen wird eingelöst – Glückseligkeit für immer**
***Offenbarung***

Vertrau mir. Nichts ist so, wie es scheint. Mein Sohn ist schon dabei, sein Reich auf die Erde zu bringen. Der Zusammenprall der

Reiche, der Widerstand all dessen, was meinem Plan entgegensteht, ist die Quelle allen Aufruhrs in der Welt. Mein Sohn wird ein strenges Gericht halten. Die Mächte des Bösen werden vernichtet werden. Und er wird überreichlichen Segen austeilen. Meine Geschichte wird bald am ewigen Tag einer neuen Lebensweise in einer neuen Welt enden. Hörst du schon die Musik? Das Fest fängt bereits an. Nicht mehr lange, dann wird mein Sohn alles neu machen. Und dann wirst du erst richtig tanzen! (Offenbarung)

# Zitierte Quellen

**Prolog**

N. T. Wright, zitiert aus einem Interview in «Christianity Today», Januar 2007, Vol. 51, Nr. 1, Seite 40.

**Dritter Teil: Leben im Mysterium mit Weisheit und Hoffnung**

*18. Liebesbrief: Hiob*

Søren Kierkegaard, *Provocations* (New York: Plough Books, 2007).

**Vierter Teil: Ein Wort an die Törichten**

*24. Liebesbrief: Jeremia*

Rhonda Byrne, *The Secret* (New York: Atria Books/Beyond Words, 2006).
Søren Kierkegaard, *Provocations* (New York: Plough Books, 2007).

*25. Liebesbrief: Klagelieder*

*The Weight of Glory* von C. S. Lewis © C. S. Lewis Pte. Ltd. 2001. (Dt. Ausgabe: *Das Gewicht der Herrlichkeit*, Basel: Brunnen, 1. Taschenbuchauflage 2005.)

*32. Liebesbrief: Jona*

*The Problem of Pain* von C. S. Lewis © C. S. Lewis Pte. Ltd. 1940. (Dt. Ausgabe: *Über den Schmerz*, Gießen: Brunnen, 5. Taschenbuchauflage 2005.)
*A Grief Observed* von C. S. Lewis © C. S. Lewis Pte. Ltd. 1961. (Dt. Ausgabe: *Über die Trauer*, Düsseldorf: Patmos 2005.)

*34. Liebesbrief: Nahum*

Martin Luther, *A Commentary on Saint Paul's Epistle to the Galatians*, 1833.

*38. Liebesbrief: Sacharja*

Mother Teresa, *Come Be My Light*, hrsg. von Brian Kolodiejchuk (New York: Doubleday Religion, 2007). (Dt. Ausgabe: *Komm, sei mein Licht*, München: Knaur, 2010.)

**Fünfter Teil: Der Held betritt die Bühne**

*41. Liebesbrief: Markus*
*The Lion, the Witch and the Wardrobe* von C. S. Lewis © C. S. Lewis Pte. Ltd., 1950. (Dt. Ausgabe: *Der König von Narnia,* Moers: Brendow, 2007.)

**Sechster Teil: Tanzstunden für Schwerfällige**

*44. Liebesbrief: Apostelgeschichte*
Peter Kreeft, *The Philosophy of Tolkien* (Fort Collins, CO: Ignatius Press, 2005), Seite 72.

*45. Liebesbrief: Römer*
G. K. Chesterton, *Orthodoxy* (New York: NuVision Publications, LLC, 2007).
Garrett Green, *Imagining God* (Grand Rapids, MI: Wm. B. Eerdmans, 1998), Seite 151.
*Collected Letters* von C. S. Lewis © C. S. Lewis Pte. Ltd., 2000.
James T. Como, *Remembering C. S. Lewis* (Fort Collins, CO: Ignatius Press, 2005), Seite 97.

*46. Liebesbrief: 1. Korinther*
C. S. Lewis, zitiert in: *When Heaven is Silent* von Ronald Dunn (Fort Washington, PA: Christian Literature Crusade, 2008).

*47. Liebesbrief: 2. Korinther*
*Mere Christianity* von C. S. Lewis © C. S. Lewis Pte. Ltd., 1942, 1943, 1944, 1952. (Dt. Ausgabe: *Pardon, ich bin Christ,* Basel: Brunnen, 15. Taschenbuchauflage 2001.)

*48. Liebesbrief: Galater*
John Owen, *The Holy Spirit* (Carlisle, PA: Banner of Truth, 2005).

*50. Liebesbrief: Philipper*
Thomas Chalmers, *The Expulsive Power of a New Affection,* http://scholar.google.de/scholar?q=Thomas+Chalmers,+The+Expulsive+Power+of+a+New+Affection&hl=de&as_sdt=0&as_vis=1&oi=scholart.

*51. Liebesbrief: Kolosser*
R. C. Lucas, *The Message of Colossians and Philemon* (Downers Grove, IL: InterVarsity, 1980).

*52. Liebesbrief: 1. Thessalonicher*
Leon Morris, *New Testament Theology* (Grand Rapids, MI: Zondervan, 1990), Seite 86.
Tim Farington, *A Hell of Mercy* (New York: Harper, 2009).

*53. Liebesbrief: 2. Thessalonicher*
Dante, *Die göttliche Komödie* (1306).

*57. Liebesbrief: Philemon*
Martin Luther, zitiert in *1 and 2 Timothy, Titus, and Philemon* von H. A. Ironside (Grand Rapids, MI: Kregel Academic & Professional, 2007).
Alexander Smellie, *On the Hour of Silence* (1906), Seite 396.

*58. Liebesbrief: Hebräer*
Martin Luther, *The Evangelical Repository and Bible Teacher* (1880), Seite 144.

*62. Liebesbrief: 1. Johannes*
Dietrich Bonhoeffer, «Wer bin ich?», in: *Widerstand und Ergebung* (Gütersloh: Gütersloher Verlagshaus, 19. Taschenbuchauflage 2008), Seite 188.
John Owen, *The Holy Spirit* (Carlisle, PA: Banner of Truth, 2005).

*63. Liebesbrief: 2. Johannes*
*The Business of Heaven* von C. S. Lewis © C. S. Lewis Pte. Ltd., 1984.
M. Scott Peck, *Further Along, The Road Less Traveled* (New York: Touchstone, 1998), Seite 160.
Henri Nouwen, *Out of Solitude* (Notre Dame, IN: Ave Maria Press, 2004).
Emil Brunner, *The Mediator* (Cambridge, UK: Lutterworth Press, 1934), Seite 341. (Dt. Ausgabe: *Der Mittler*, Zürich: Zwingli, 1957[4].)

*64. Liebesbrief: 3. Johannes*
Leo Tolstoi, *War and Peace* (New York: Signet Classics, 2007).
Dorothy L. Sayers, *The Greatest Drama Ever Staged* (London: Hodder and Stoughton, 1938). (Dt. Ausgabe: *Das größte Drama aller Zeiten*, Berlin: Evang. Verl., 1986.)

**Siebter Teil: Das Versprechen wird eingelöst – Glückseligkeit für immer**

*Agnes*, Cartoon von Tony Cochran. Veröffentlicht von ArcaMax © 29. Juni 2009.
Dorothy L. Sayers, *The Divine Comedy, Part 2: Purgatory* (New York: Penguin, 1955).
James Denney, *The Epistles to the Thessalonians* (1892), Seite 213.
Eugene Peterson, *Reversed Thunder* (New York: Harper, 1991).

*66. Liebesbrief: Offenbarung*
Søren Kierkegaard, *Provocations* (New York: Plough Books, 2007).
George Bernanos, *The Diary of a County Priest* (New York: Avalon, 2002).

# Über den Autor

**Dr. Larry Crabb** ist ein bekannter Psychologe, Referent, Bibellehrer, Bestseller-Autor sowie Gründer und Leiter von «NewWay Ministries». Er veröffentlichte bei Brunnen bereits 16 Bücher. Neben seinen vielfältigen Vortragstätigkeiten bietet Dr. Crabb eine einwöchige Seelsorgeschulung (School of Spiritual Direction) und eine Wochenendkonferenz unter dem Titel «Life on the Narrow Road» an. Außerdem ist er «Scholar in Residence» an der Colorado Christian University und wirkt als Seelsorger für die American Association of Christian Counselors. Crabb führte zehn Jahre lang eine private Praxis für klinische Psychologie. Zu seinen vielen beliebten Büchern zählen: *Von innen nach außen / Glück suchen oder Gott finden? / Connecting: Das Heilungspotential der Gemeinschaft / SoulTalk: Die Sprache des Herzens / Gemeinde. Aber richtig!*

Larry Crabb ist verheiratet mit Rachael, hat zwei Söhne und drei Enkelkinder.

Weitere Informationen unter www.newwayministries.org